L'EUROPE

ET LA

RÉVOLUTION FRANÇAISE

L'auteur et les éditeurs déclarent réserver leurs droits de traduction et de reproduction à l'étranger.

Ce volume a été déposé au ministère de l'intérieur (section de la librairie) en mai 1891.

DU MÊME AUTEUR :

Histoire diplomatique de la guerre franco-allemande, 2 vol. in-8°. E. PLON, NOURRIT et Cie, éditeurs. (*Épuisé*.)

La Question d'Orient au dix-huitième siècle, 2e édition. 1 vol. in-18. E. PLON, NOURRIT et Cie, éditeurs.

Essais d'histoire et de critique, 1 vol. in-8°. E. PLON, NOURRIT et Cie, éditeurs.

Précis du droit des gens, 1 vol. in-8°, en collaboration avec M. FUNCK-BRENTANO. 2e édition. E. PLON, NOURRIT et Cie, éditeurs.

Le Traité de Paris du 20 novembre 1815, 1 vol. in-8°. ALCAN, éditeur.

Recueil des instructions données aux ambassadeurs et ministres de France en Autriche, 1 vol. in-8°. ALCAN, éditeur.

Montesquieu, 1 vol. in-18. HACHETTE et Cie, éditeurs.

Madame de Staël, 1 vol. in-18. HACHETTE et Cie, éditeurs.

L'Europe et la Révolution française. PREMIÈRE PARTIE : **Les Mœurs politiques et les traditions**, 2e édition. 1 vol. in-8°. — DEUXIÈME PARTIE : **La Chute de la Royauté, 1789-1792**, 2e édition. 1 vol. in-8°. E. PLON, NOURRIT et Cie, éditeurs.

(*Ouvrage couronné par l'Académie française, grand prix Gobert, 1887 et 1888.*)

Sous presse :

L'Europe et la Révolution française. QUATRIÈME PARTIE : **Les Limites naturelles, 1793-1795**, 1 vol.

PARIS. — TYPOGRAPHIE DE E. PLON, NOURRIT ET Cie, RUE GARANCIÈRE, 8.

L'EUROPE
ET LA
RÉVOLUTION FRANÇAISE

PAR

ALBERT SOREL

MEMBRE DE L'INSTITUT

TROISIÈME PARTIE

LA GUERRE AUX ROIS

1792-1793

PARIS

LIBRAIRIE PLON

E. PLON, NOURRIT ET Cⁱᵉ, IMPRIMEURS-ÉDITEURS

RUE GARANCIÈRE, 10

1891

Tous droits réservés

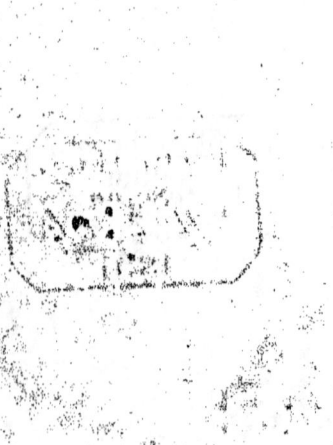

LA
GUERRE AUX ROIS

LIVRE PREMIER
L'INVASION ET LA RÉPUBLIQUE

CHAPITRE PREMIER
LA GUERRE D'INDÉPENDANCE NATIONALE
1792

I

Le 29 août 1792, le comte de Provence, le comte d'Artois et leur petite armée d'émigrés franchirent la frontière française. « J'éprouvai, dit le plus illustre soldat de cette troupe féodale, un saisissement de cœur lorsque arrivés, par un jour sombre, en vue des bois qui bordaient l'horizon, on nous dit que ces bois étaient la France. Passer en armes la frontière de mon pays me fit un effet que je ne puis rendre ; j'eus comme un pressentiment de l'avenir[1]. » Les princes ne menaient guère à leur suite plus de 4,500 hommes. C'était comme une image pâle et flétrie de l'ancien régime. On y voyait des gens de toute provenance et de toute origine, mais surtout des « coalitions », des

---

[1] CHATEAUBRIAND, *Mémoires d'outre-tombe*, t. III. — Voir, pour le détail des opérations militaires du 10 août au 30 octobre 1792, pour la composition et l'esprit des armées française, prussienne et émigrée, CHUQUET, *la Première Invasion prussienne, la Campagne de l'Argonne, la Retraite de Brunswick*, 3 vol. Paris, 1886-1887.

gentilshommes groupés par province, confondant l'âge et la fortune dans les mêmes rangs, dans le même service et dans le même dénuement. Chateaubriand fit la campagne avec un mousquet dont le chien ne s'abattait pas. A côté de cette infanterie, des marins destinés à servir les douze méchantes pièces qui composaient toute l'artillerie de l'armée; à la suite quelques plébéiens, combattants obscurs et désintéressés, des militaires que leurs chefs avaient entraînés dans l'émigration, des serviteurs qui avaient suivi leurs maîtres.

Les soldats qui avaient de la naissance s'écartaient soigneusement de ceux qui n'en avaient point. Les officiers titrés en usaient de même avec les officiers simples gentilshommes. L'état-major, où figuraient deux ducs et maréchaux de France, Broglie et Castries, contrastait par son éclat avec cette troupe indigente et incohérente. Peu soumis dans la marche, frondant avec impatience un commandement frivole, imprévoyant et hautain, capables de se bien battre, mais chacun pour son compte, incapables d'obéir, toujours prêts à payer de leurs personnes, jamais de leur amour-propre, raffinant, par le point d'honneur, sur l'indiscipline habituelle aux troupes de volontaires, ces nobles opposaient à l'égalité démocratique une hiérarchie à laquelle ils ne croyaient plus et qu'ils ne respectaient pas. Cette armée « pleine de valeur, mais peu instruite dans l'art militaire », ainsi que le constataient ses chefs [1], représentait bien un parti qui prétendait régenter une nation fière, alors que sa propre vanité le rendait indocile à tout gouvernement. Puérils dans leurs vues, braves dans leurs combats, odieux dans leur politique, les émigrés se lançaient à la conquête de la France en révolution, dans la même cohue que la chevalerie de Philippe de Valois lorsqu'elle s'en allait châtier les mutins des Flandres.

A la façon dont ils se comportent dans les territoires qu'ils occupent en France, on peut juger ce qu'aurait été le gouvernement de vengeance, de répression brutale et de réaction

[1] Les princes à Catherine II, 31 octobre 1792, FEUILLET DE CONCHES, t. VI, p. 398.

stupide qu'ils auraient établi s'ils en avaient eu la force : tous les excès de la Révolution, sans aucun de ses bienfaits[1]. Ils y préludent dans leur passage en Allemagne, pays allié qui les héberge. « Ils ont fait des horreurs, pillé et ravagé tout dans le pays de Trèves », écrit Fersen. « Jeunes et vieux semblent être l'écume de la nation, rapporte un secrétaire du roi de Prusse. Ils sont d'une sottise épouvantable… Leurs propos sont atroces : si on voulait abandonner leurs concitoyens à leur vengeance, la France ne serait bientôt plus qu'un monstrueux cimetière[2]. » « L'exagération était poussée au delà de toutes les bornes, raconte un témoin, et la plupart des émigrés voulaient condamner à mort, en rentrant en France, tout ce qui y était resté[3]. » Ils ne voient qu'un moyen de remettre la France au pas, c'est de la frapper d'épouvante, en retournant la Révolution contre les révolutionnaires. « J'ai une idée à laquelle tout me paraît devoir se subordonner, dit une des fortes têtes de l'émigration[4] : c'est que les Jacobins ont parfaitement constitué la nation ; ils y ont mis un art merveilleux et sur lequel l'histoire aura à reposer son attention. Eh bien ! il faudra organiser l'ordre de la même manière qu'ils ont organisé l'anarchie ; il faudra prendre la vipère et la serrer sur la plaie. » « Il faut les exterminer », répètent Fersen et Mercy[5]. Point de « pernicieuse miséricorde », écrit Mallet du Pan, la clémence serait un crime contre la société[6]. Ils prennent à leur compte le manifeste de Brunswick[7] et le notifient aux

---

[1] « Ils ne parlaient que des justes rigueurs qu'ils exerceraient quand ils seraient les maîtres, et, en attendant, ils se dévoraient entre eux ; en un mot, ils n'omettaient rien pour entretenir les antipathies dont ils étaient l'objet, et pour faire imaginer aux Français un ancien régime plus odieux que celui qu'on avait détruit. » Tocqueville, *Fragments, Correspondance*, t. I, p. 289.

[2] Fersen, *Journal*, 27 septembre, t. II, p. 38. — Lettre de Lombard, 23 juillet 1792, publiée par H. Hüffer, *Deutsche Revue*, 1883. — L'archiduc Charles à l'Empereur, 21 septembre 1792 ; Zeissberg, *Archiv für œsterreichische Geschichte*, t. LXXIII, p. 50.

[3] *Souvenirs du comte de Contades*. Paris, 1885, p. 45.

[4] Montlosier à Mallet du Pan. Mallet, t. I, p. 327.

[5] Fersen, t. II, p. 361, 365, 376.

[6] Lettre à Castries, 17 septembre 1792, *Moniteur*, t. XIV, p. 382.

[7] Cf. t. II, p. 509, 526-529 et suiv.

populations : « Sachez, déclarent les princes aux habitants de Thionville, que ne pas se hâter de désavouer les crimes des usurpateurs, c'est y tremper ; que rester armés avec des factieux, c'est mériter les peines qui leur sont dues, et qu'il faut ou redevenir Français fidèles ou périr révoltés. »

Calonne demeure l'homme d'État de cette monarchie nomade. Il ramène, avec sa chancellerie volante, tous les procédés qui ont précipité la chute de Louis XVI. Suivi de deux fourgons qui contiennent les appareils d'une fabrique de faux assignats [1], il fait rétablir partout les anciens impôts. On expulse les prêtres *intrus*, on réinstalle les prêtres réfractaires ; on exige des agents de l'État le serment d'obéir à Louis XVI et « de ne rien entreprendre contre S. M. Prussienne » ; on exempte des contributions les personnes bien pensantes et on sauvegarde leurs biens, avec menace de piller le village où elles demeurent, s'il leur est causé quelque dommage. Ce qui rend l'entreprise plus dangereuse pour les émigrés et plus révoltante pour le reste des Français, c'est que la force, le seul instrument de leur politique, les émigrés ne la possèdent point : ils l'empruntent à l'ennemi. Ils ne se montrent pas comme un parti national armé pour une guerre civile, ils ne sont pas les éclaireurs d'une armée royale ; ils sont l'arrière-garde d'une invasion étrangère : les Prussiens étaient entrés en France dix jours avant eux, le 19 août.

L'armée que le duc de Brunswick commandait et qui marchait sur Paris comptait, y compris le contingent des princes, plus de 80,000 hommes, dont 42,000 Prussiens, avec 200 canons et 5,500 Hessois, qui formaient le centre, soutenus par les Autrichiens, 15,000 à droite, sous Clerfayt, et 14,000 à gauche, sous Hohenlohe-Kirchberg. Le duc de Saxe-Teschen couvrait la Belgique et menaçait Lille avec 25,000 hommes et 4,000 émigrés du duc de Bourbon. 17,000 Autrichiens et le petit corps de Condé, environ 5,000 hommes, protégeaient le haut Rhin et le Brisgau. Le 2 septembre, Verdun capitula.

---

[1] GOETHE, *Campagne de France*, 13 octobre 1792.

L'armée de Sedan était séparée de l'armée de Metz; la première était menacée par Clerfayt, la seconde par Hohenlohe. Brunswick, avec le gros de ses troupes, s'avançait entre les deux. Il comptait balayer, vers le 16 septembre, les Français désorganisés qui se risqueraient à l'affronter, et il se flattait d'arriver à Paris vers le 10 octobre. Les émigrés encourageaient ces illusions et excitaient les alliés aux mesures de rigueur. Les Prussiens, selon ces royalistes, n'y mettaient ni assez d'empressement ni assez de bonne grâce. Ils pillaient cependant, saccageaient, brûlaient et pendaient vigoureusement. C'était la guerre telle que les armées de Louis XV, de Frédéric et de Marie-Thérèse la pratiquaient naguère en Allemagne, telle que les alliés la rapportèrent en France en 1814[1]. Ils levaient des contributions en nature et procédaient à des exécutions militaires dans les villages dont les habitants osaient résister. Le port d'armes était puni de mort[2].

Voilà le péril qui s'amoncelait sur la France dans les derniers jours d'août 1792. Il faut ajouter à l'invasion qui descendait du Nord, la guerre civile qui couvait sourdement dans l'Ouest, guerre de religion autant que de politique. C'était pour l'indépendance de la nation, pour l'intégrité du territoire, pour la liberté des citoyens, pour les conquêtes civiles et sociales de la Révolution, causes désormais indissolublement liées, une question de vie ou de mort. La France ne pouvait opposer aux alliés que 24,000 hommes à l'armée du Nord, 19,000 à l'armée des Ardennes, 17,000 à Metz, 22,000 à l'armée du Rhin, ensemble 82,000 hommes, plus les garnisons; tout compte fait, une centaine de mille hommes échelonnés, en petits paquets, du Rhin à la mer, derrière des

---

[1] Cf. t. I, liv. I, ch. i, *Les mœurs politiques*, *La guerre*, p. 84 et suiv.

[2] « Tout passant et surtout tout Français sera fouillé par les postes de la chaîne qui entoure le camp, et celui sur lequel on trouvera une arme offensive quelconque, canne avec une dague ou tout autre moyen homicide, sera puni d'une mort ignominieuse devant le camp, sans rémission et sans aucune forme de procès. » Déclaration du 11 septembre 1792. — Dans les États autrichiens, « tout voyageur français sera regardé comme espion, et doit être traité en conséquence ». Ordonnance du 2 septembre 1792.

places à demi démantelées et dépourvues de munitions. A part l'artillerie, l'arme classique de la France, qui a conservé ses cadres et ses officiers, la troupe est de qualité douteuse et de médiocre consistance. Ce sont des soldats privés de leurs chefs anciens, encore étrangers à leurs chefs nouveaux, désorganisés, désorientés, agités par les soupçons, travaillés par la propagande anarchiste, aigris par les privations, secoués par les paniques. Si le duc de Brunswick eût poussé seulement un corps de 10,000 hommes sur Sedan, affirme Dumouriez, l'armée se serait dispersée dans les places ou aurait fui jusqu'à Paris[1]. Les volontaires affluent ; ce sont ceux de la levée du 11 juillet 1792, qui a suivi la déclaration du danger de la patrie. Bien différents de ceux de 1791, partis spontanément, beaucoup de ces nouveaux venus sont soldés par les communes et rappellent de trop près les anciennes milices. Ils sont très mélangés, indociles, ignorants, turbulents, pillards au besoin. Ils effrayent les pays qu'ils traversent et troublent les corps où ils arrivent. Cependant il y a en eux un fonds solide de courage, de bonne volonté et même d'enthousiasme. Qu'on les habille, qu'on les nourrisse, qu'on les encadre, et ils fourniront à leur tour de bonnes recrues. — « Il faut les pacifier et les purger au feu de l'ennemi, disait Servan : il faut remplacer en eux l'exaltation par le patriotisme et le fanatisme par la discipline. » — On y arrivera ; on entrevoit déjà le moyen : « Compléter les troupes de ligne avec les gardes nationales volontaires, écrit Kellermann dès le 20 août 1792 ; incorporer les nouveaux dans les anciens bataillons, seul moyen d'avoir une armée sans laquelle l'État est perdu[2]. » C'est ce qu'on appellera l'*amalgame*, et ce sera le salut de la France. Custine, Dumouriez, Kellermann le discernent en même temps et l'essayent.

Quant aux officiers, ceux qui sont demeurés à leur poste et ceux que l'on a fait sortir des grades inférieurs pour remplacer les émigrés, leur esprit est excellent, pur et patriotique, tel qu'il

---

[1] *Mémoires,* liv. V, ch. v.
[2] Camille Rousset, *les Volontaires.* Paris, 1870, ch. xii et xiii.

restera. C'est par là qu'ils disciplineront la troupe et se feront obéir. Quand on parle de la France, le sentiment est unanime, chefs et soldats s'entendent. Il n'y a pour tous qu'une patrie et, par suite, qu'un devoir : défendre le sol national et faire face à l'ennemi. Ils se refusent à la politique. La Fayette entreprend de sauver le Roi et la constitution. Il convie les départements à nommer de nouveaux représentants; il promet à ce congrès la protection de ses troupes. Les troupes se déclarent contre lui. Décrété d'accusation par l'Assemblée, abandonné par les soldats, il est réduit à passer la frontière. Les Autrichiens l'arrêtent et le traitent en otage, c'est-à-dire sans humanité et sans respect. Proscrit par sa patrie, comme un factieux, il est saisi par les alliés comme traître à son Roi, et il n'évite la Conciergerie de Paris que pour passer dans les casemates d'Olmütz. Cette déroute cruelle d'un homme dont le nom était lié aux plus nobles souvenirs de la Révolution marque bien l'esprit de l'armée. Avec de tels éléments le salut est possible; mais ces éléments, il faut les ordonner. Cette œuvre veut une direction, une autorité, un gouvernement; or c'est précisément ce que l'état des partis à Paris rend très difficile, sinon à constituer, au moins à soutenir.

II

La royauté de Louis XVI n'était qu'une fiction; mais cette fiction suffisait à déguiser les rivalités des partis et à masquer l'impuissance de l'Assemblée. Il y avait un nom à jeter au peuple dans toutes les réclamations, un prétexte à donner à tous les désordres de l'État. En déclarant la déchéance, l'Assemblée s'est découverte. Elle se voit débordée, et se sent perdue. La crainte des proscriptions la vide. Le 8 août, 680 membres avaient répondu à l'appel nominal pour juger la lettre de Lafayette; le 10 août, il n'y en a que 284 pour nommer le Conseil exécutif provisoire; le 2 septembre, il n'y en aura que 257 pour nommer le président. Malgré le patriotisme de tous et l'éloquence de quelques-uns, l'Assemblée n'est plus qu'une machine à décréter les mesures que les violents imposent. Les violents de l'Assemblée ne sont eux-mêmes que les porte-paroles de la Commune. C'est la Commune qui a vaincu au 10 août : la force révolutionnaire est là. Tout s'y plie. On ne peut gouverner ni sans elle, ni contre elle. Elle se met en permanence à l'Hôtel de ville, s'empare des affaires, envoie des commissaires aux armées, saisit les courriers d'État, ordonne des perquisitions, emprisonne les citoyens ; pouvoir anonyme exercé par des énergumènes inconnus que leur fanatisme et leur brigue ont portés à la tête des assaillants, et qui sont poussés eux-mêmes par une minorité de séditieux plus forcenés, plus atroces, plus nouvellement issus de l'anarchie.

Le Conseil exécutif est un gouvernement provisoire, sans action contre l'émeute qui l'a suscité, sans prestige sur l'Assemblée dont un tiers seulement l'a élu ; instrument d'une constitution renversée et d'une chambre frappée de déchéance. Roland, Clavière et Servan avaient été rappelés par acclamation à l'intérieur, aux finances et à la guerre. On leur adjoignit Danton pour la justice, avec 222 voix ; Monge, pour la marine, avec 154 ; Lebrun, pour les affaires étrangères, avec 109. Roland, qui fut stoïque devant la mort, était irrésolu dans les affaires, timide envers les séditieux, faible et solennel dans son ministère, austère de cœur, rigide de formes, très dépendant, en réalité, d'une femme jeune, passionnée et vertueuse, qui se croyait née pour la politique et qui s'en mêlait avec autant d'indiscrétion et de maladresse que de courage. Il avait montré, dans la Cour, le masque d'un pédagogue puritain ; il déploya, devant la Commune, la gêne d'un précepteur consterné. Clavière était tout à ses partialités genevoises, beaucoup plus capable, d'ailleurs, de révolutionner sa patrie d'origine que de gérer les finances de sa patrie d'adoption. Monge, bonhomme, honnête, lent, épais, apportait à la marine la science d'un mathématicien, dont on n'avait que faire, et la confusion d'un esprit abstrait, éperdu dans les réalités. Lebrun, subalterne et zélé, facile au travail, rédacteur rapide, répandu dans le monde des journalistes et des agents cosmopolites, initié par Dumouriez, capable d'apprendre davantage, était assez avisé pour accepter des collaborateurs plus expérimentés que lui-même : il sentait le besoin d'un maître et savait obéir à qui savait lui commander [1]. Servan, sans étendue de génie, mais instruit, laborieux, probe, avait la modestie et le courage de consulter les hommes les plus aptes à le seconder, un Grimoard, un Lacuée, maîtres des anciennes armes ; n'ayant d'ailleurs qu'une pensée : ralentir l'ennemi, faire le vide sur son chemin, armer la nation, et pendant qu'on l'exerce, réunir assez de troupes pour faire front à l'envahisseur.

Un commis excellent à la guerre, un commis de bonne volonté aux affaires étrangères, des comparses effarés et insuffisants à l'intérieur, à la marine et aux finances, voilà ce conseil qui devait pourvoir au salut de la France. Nul en politique, médiocre dans les affaires, il aurait défailli à la tâche et n'aurait su s'imposer ni au pays ni à l'Assemblée, sans un homme qui en faisait partie, homme en dehors des mesures communes, qui allait, durant la crise décisive de la défense, occuper toute la scène et jouer, dans la révolution démocratique et républicaine, un rôle analogue à celui que Mirabeau avait joué dans la révolution oligarchique et monarchiste.

« On m'a reproché, dit Condorcet dans son testament politique [2], d'avoir donné ma voix à Danton pour être ministre de la justice. Voici ma raison. Il fallait dans le ministère un homme qui eût la confiance de ce même peuple dont les agitations venaient de renverser le trône ; il fallait, dans le ministère, un homme qui, par son ascendant, pût contenir les instruments, très méprisables, d'une révolution utile, glorieuse et nécessaire… Danton, seul, avait ces qualités ; je le choisis, et je ne m'en repens point. » Condorcet avait bien jugé et de très haut Danton. Ce formidable démagogue était né homme de gouvernement : il possédait les parties essentielles de l'homme d'État,

---

[1] Cf. t. II, p. 296, 409.
[2] *OEuvres*, Paris, 1847, t. I, p. 602 : *Fragments de justification*

mais il les possédait avec un tel mélange d'excès de tempérament, de défauts de caractère et de vices d'origine, qu'il ne put, malheureusement pour l'État et pour lui-même, en tirer tout le parti qu'exigeaient les circonstances [1].

Il sortait de la basoche, issu de ce même sang provincial et bourgeois, mais tout chaud encore de la source populaire, qui animait Diderot. Il n'était ni homme d'étude rassise, ni homme de méditation. Il avait cependant de la lecture : Diderot en première ligne, Helvétius, l'*Encyclopédie*, Adam Smith. Il savait l'anglais. Il fit son droit. Mais il était de ceux qui s'instruisent au courant de la vie beaucoup plus que par les livres, et concluent plus volontiers des faits aux idées que des systèmes aux faits. Avocat aux conseils du Roi, il vendit sa charge et se jeta dans la Révolution. Il y alla tout de suite aux extrémités : la démocratie et la république. Familier, exubérant, sans aucun scrupule sur les moyens, encore moins sur les liaisons, tenant que la politique, ce sont les hommes, et que les hommes sont faits pour qu'on joue de leurs passions, de leur sottise et de leurs vices, on le voit mêlé à toutes les agitations, répandu dans tous les complots, la main dans toutes les séditions, orateur aux Cordeliers, meneur dans les sections. Assez effronté pour qu'on le croie vénal, se souciant peu de passer pour incorruptible, sûr de n'être jamais dupe dans les affaires parce qu'il demeure toujours sincère avec lui-même et fidèle à son parti, il avait trouvé moyen, tout en paraissant se prodiguer et se débaucher de la sorte dans les tripots politiques, de rassembler ses forces, de concentrer l'action populaire entre ses mains et de rester le tribun favori de la multitude. Le 10 août, qui était son œuvre, lui livra le pouvoir. Le voilà tout d'un coup maître du gouvernement et lancé dans ces terribles et gran-

---

[1] Buchez et Roux, *Histoire parlementaire*, t. XIX, *Mémoires de Garat*. — Robinet, *Mémoires sur la vie privée de Danton*. Paris, 1865. *Procès des Dantonistes*. Paris, 1879; *Danton émigré*, Paris, 1887. — Antonin Dubost, *Danton et la politique contemporaine*. Paris, 1880; *Danton et les massacres de septembre*. Paris, 1885. — Aulard, *Danton; l'Éloquence parlementaire pendant la Révolution*, t. II, p. 168. Paris, 1885. — Louis Blanc, *Histoire de la Révolution française*, t. X, p. 409. — Taine, *la Révolution*, t. III, p. 174.

dioses aventures qui ont fait les Rienzi, les Étienne Marcel et les Cromwell.

A le considérer, on s'étonne d'apprendre qu'il n'a pas trente-trois ans. Il n'a rien du jeune homme [1]. Il apparaît mûr, puissant, massif, presque monstrueux. « Figure de dogue, sanguin »; le teint rouge, le visage sillonné de petite vérole, mobile aux émotions; des yeux impérieux, une voix « stentoriale », le masque de la violence et du commandement; cependant ces traits, hideux dans la colère, s'illuminent tout à coup et s'adoucissent sous l'éclat d'un sentiment généreux, sous le frisson de l'amour, dans l'effusion de la sympathie, dans l'emportement de l'enthousiasme. Il est homme : il l'est surtout par l'intensité de ses passions et la fougue de ses revirements. Il supprime qui lui fait obstacle; il ne saurait demeurer vindicatif à ses ennemis vaincus. Il sera toujours prenable par les entrailles, accessible à la pitié; il conserve dans les pires fureurs un fonds toujours sensible d'affection : des larmes qui montent à ses yeux comme l'écume à ses lèvres. « Heureux, dira-t-il, au moment où tout sera perdu pour lui, heureux qui n'a jamais calomnié la vie! » Et tous ces contrastes se succèdent spontanément, par accès, par sursauts. La raison et la politique procèdent en lui comme chez d'autres l'instinct et la passion.

Il sent, il discerne, il comprend que la Révolution est non le fait de quelques-uns, mais l'œuvre nationale par excellence, qu'elle accomplit l'histoire des Français et ne la rompt pas. Il voit d'un côté de prétendus chefs, partisans inférieurs, divisés par les rivalités et tirant chacun à soi l'État et la Révolution; de l'autre, un peuple habitué à l'obéissance, épris d'unité, avide d'union. Rassembler ce peuple qui ne demande qu'à défendre ses droits, sa patrie, son repos et son travail; rallier ou du moins subjuguer à la fois ces chefs qui, malgré leurs partialités, poursuivent cependant le même dessein que ce

---

[1] ROEDERER, OEuvres, Paris, 1856, t. III, p. 171. — MIOT, Mémoires, t. I, p. 39. — MOREAU DE JONNÈS, Aventures de guerre, Paris, 1858, t. II, p. 273. — GARAT, p. 447.

peuple : voilà le fond de sa politique, le nerf de tous ses discours, le lien de tous ses actes, sa vue d'homme d'État. Au dedans l'organisation de la démocratie, au dehors la puissance et le prestige de la nation, « la splendeur de la République[1] ». Rien d'abstrait et de chimérique en ses propositions; elles sont toutes pratiques et toutes réalistes. Il ne se pique pas de théories sociales, il ne se soucie point de gouverner l'homme idéal; il s'occupe de mener les hommes qui l'entourent, qu'il connaît, avec lesquels il vit. La patrie n'est pas pour lui la cité cosmopolite d'une utopie, c'est la France dont ses pieds foulent le sol et dont il respire l'air. Il parle comme il sent, méprisant les rhéteurs autant que les sophistes. Point de phrases. Rien de préparé : l'expression rapide, en images saillantes, tour à tour triviale, terrible, superbe, toujours efficace. Il déploie dans les crises une capacité d'intelligence que la vie a laissée singulièrement vacante et qui s'ouvre à toutes les expériences; une singulière lucidité de coup d'œil; la faculté d'isoler les objets; le tact des occasions; l'invention des expédients; une sorte de bon sens véhément qui commande plutôt qu'il ne persuade; une circonspection surprenante qui corrige et atténue l'exaltation; par-dessus tout le discernement et le maniement des hommes. L'esprit plein des anciennes révolutions de Paris, il considère la révolution où il est jeté comme une guerre; il y porte les vues et les moyens de la guerre, comme l'ont fait autrefois les grands factieux de la Ligue et les machiavélistes licencieux de la Fronde.

Mais il lui manque l'harmonie des facultés, la tension de l'esprit, l'impulsion sourde et continue de la volonté, cette persistance de vues et de moyens que donne l'ambition personnelle et concentrée. Le travail méthodique l'excède; les écritures l'énervent; il les évite, non seulement parce qu'elles sont compromettantes, mais parce qu'elles le fatiguent. Dans le péril, il a toutes les audaces; dans le courant de la vie, il a toutes les paresses. La combinaison, la subtilité, la tenue des

---

[1] Discours du 8 mars 1793.

affaires, le labeur du bureau épuisent ce tribun qui fait trembler les assemblées. Il aura la nausée du sang, le dégoût des brigues, une lassitude effroyable de la politique. On le verra tout d'un coup broncher dans les incertitudes, s'arrêter, se dérober au moment où il faudrait donner en plein, cédant à un irrésistible besoin de détente, d'oubli, de repos, de bonheur. Il agite la multitude, il exerce sur tous les hommes une sorte de pouvoir fascinateur; mais comme il ne pense que pour agir, comme il n'agit que par nécessité; qu'il se montre aussi méprisant des prétextes qu'insouciant de l'opinion; qu'il se livre tout entier en chaque crise, que sa conduite est tumultueuse comme les événements qui l'emportent; qu'il dédaigne de se composer un personnage de théâtre et de créer en lui un moule à l'idolâtrie populaire, il faut que les circonstances le soulèvent et qu'il donne toujours de sa personne. Bien que plusieurs de ses paroles aient porté loin dans l'avenir, son action présente s'arrête à l'étreinte de ses bras. A défaut de la vertu qui s'impose aux hommes et du caractère qui les soumet, il n'a ni l'hypocrisie qui les trompe, ni le fanatisme qui les aveugle. Enfin ses origines l'enchaînent. Les démagogues l'ont porté au pouvoir; il ne s'y soutient qu'avec eux et par eux; il ne conserve leur alliance qu'en leur sacrifiant les modérés. Il voudrait gouverner par l'union des Français, et il n'a d'instruments d'action et de moyens de gouvernement que dans une bande de forcenés. Il sait qu'en essayant de les combattre, il perdra tout et se perdra lui-même. Ne pouvant rien sans eux, il ne pourra rien contre eux. Il est condamné à demeurer avec eux et à périr de leurs mains. Ce vice d'origine qui le paralyse durant son ministère le frappe d'infirmité pour toute sa vie.

Cependant il est tout le gouvernement dans le Conseil exécutif. Il domine ses collègues, il les préside, il les talonne. A l'intérieur, où Roland moralise, c'est lui qui met toute la nation en branle pour la défense. Monge lui obéit, et c'est ce qu'il fait de mieux. « C'est Danton qui le veut », répond ce savant à toutes les objections; « si je le refuse, il me fera pendre. » Il anime et dirige Lebrun; il est à la guerre l'adjoint de Servan. Ce dont il s'occupe le moins, c'est de la justice qui est dans son département et dont il ne se soucie. Le chaos où il opère est son propre élément; il s'y débrouille, il s'y retrempe. Il a des hommes pour toutes les places, des décrets pour toutes les affaires. Ses collègues n'ont qu'à signer. On devine sa main dans toutes les tentatives de négociations du Conseil exécutif.

III

Ce conseil comprenait la double nécessité de limiter la guerre et de conserver à la France des relations diplomatiques avec les neutres. L'œuvre était ardue. La révolution du 10 août suspendait naturellement la mission des diplomates accrédités auprès de Louis XVI; les usurpations de la Commune rendaient le séjour de Paris insupportable et dangereux à ceux de ces agents que le ministère essayait d'y retenir. La Commune les tracassait, les vexait, les inquiétait de toutes façons, violant leur domicile, saisissant leurs dépêches, les citant même à comparaître et à s'expliquer devant elle sur leurs sentiments. La plupart réclamaient leurs passeports, et dès qu'ils les tenaient, ils prenaient la poste [1]. Il importait d'arrêter cette panique, si l'on voulait tenter de prendre rang en Europe et d'intéresser quelques États à la paix de la France. Danton s'employait à ramasser les fils, attirant à lui les agents, et accaparant le maniement des fonds secrets [2]. Il conférait avec son ami Herault de Sechelles, que son éducation, ses fréquentations et ses manières rendaient propre à devenir l'intermédiaire entre un gouvernement démocratique et les diplomates de l'ancien régime. Il trouva un conseiller assez imprévu, mais singulièrement avisé, dans la personne de Talleyrand.

[1] Masson, *le Ministère des affaires étrangères pendant la Révolution,* p. 259-262. — Governor Morris, *trad. fr.*, t. II, p. 177, 17 août 1792.

[2] Il se fit remettre plus de 148,000 livres, sur ces fonds, du 27 août au 27 septembre. Masson, p. 262. — Cf. t. II, p. 297, 409.

A la nouvelle des événements du 20 juin, Talleyrand avait quitté Londres, où il ne voyait alors rien à faire[1]. Il demandait maintenant à y retourner, non qu'il espérât y négocier plus utilement, mais il lui fallait un passeport pour sortir de France et une pseudo-mission pour assurer la sécurité de sa personne qu'il jugeait menacée et la conservation de ses biens, qu'un départ non autorisé aurait fait confisquer. Il avait rencontré Danton au département de Paris où ils avaient été un moment collègues[2]. Ils n'étaient ni l'un ni l'autre gens à se méconnaître et à se négliger. Talleyrand donna un gage au parti républicain : il rédigea une circulaire destinée à expliquer à l'Europe la révolution du 10 août et à présenter aux États le gouvernement provisoire[3].

En même temps, pour rassurer les peuples et pour se placer en quelque sorte sous le patronage des esprits les plus généreux et des penseurs les plus nobles de l'Europe, l'Assemblée, sur la proposition de Guadet, affirma les « sentiments de fraternité universelle chers à une nation qui a proclamé sa renonciation à toute conquête, et son désir de fraterniser avec tous les peuples » ; elle accorda le titre de citoyen français aux hommes de tous les pays qui s'en étaient montrés dignes, les Anglais Priestley, Paine, Wilberforce, Bentham, David William ; l'Italien Gorani ; les Allemands Clootz, Campe, Klopstock, Schiller ; le Suisse Pestalozzi ; l'Américain Washington ; le Polonais Kosciusko[4].

Lebrun lut, le 23 août, à l'Assemblée un court exposé de l'état des relations extérieures. Il s'y montrait optimiste, affirmant que les choses n'avaient point changé depuis le rapport qu'avait fait son « prédécesseur » Chambonas, le

---

[1] Cf. t. II, p. 488.
[2] Talleyrand élu le 18 janvier, Danton le 31 janvier 1791, administrateurs du département de Paris. Charavay, *l'Assemblée électorale de Paris en 1790 et 1791*. Paris, 1890, p. 387 et 430.
[3] 18 août. *Affaires étrangères, Correspondance de Londres* ; note de Talleyrand : *Angleterre : Supplément*. — Texte dans Pallain, *le Ministère de Talleyrand sous le Directoire*. Paris, 1891, p. v-x.
[4] Décret du 26 août 1792.

10 juillet[1]. Il comptait sur la neutralité « parfaite » du Danemark, « sympathique » de la Suède, « stricte » de l'Angleterre et de la Hollande. Il ne disait rien de celle de la Suisse. Il montrait la Russie plus malintentionnée que malfaisante; les cours d'Italie plus désireuses de nuire que capables de le faire; l'Empire hésitant. Il ne parlait ni de la Turquie, sur laquelle il fondait des espérances, ni de l'Espagne, qui menaçait de rompre[2].

Lebrun ne manquait pas d'idées : il avait celles de Dumouriez, qu'il accommodait avec souplesse aux circonstances nouvelles. Il correspondait avec son ancien chef, resté son ami. Il lui écrivait sur le ton de la déférence; Dumouriez répondait avec familiarité et appelait le ministre « son compère ». Faute de combinaisons directes, Lebrun en recherchait d'éloignées, et, réduit aux mouvements tournants, il en concevait de fort étendus. Il se flattait de gagner la Suède : cette puissance s'était habituée au rôle de mercenaire. La France obtiendrait sa flotte en la payant. La Suède aurait à craindre le ressentiment de la Russie. La France en préserverait la Suède et obligerait Catherine à s'occuper des Turcs. Dumouriez avait dressé le plan de cette diversion classique[3]. Sémonville devait l'exécuter. Cet ambassadeur attendait toujours son ordre de départ. Dumouriez pressait Lebrun de le donner; il demandait que pour appuyer la mission l'escadre de Toulon se tînt prête à faire voile pour la Crimée, que l'on envoyât des émissaires pour agiter la Hongrie, que l'on ne reculât point surtout devant la dépense, et que l'on mît Sémonville en mesure de se montrer magnifique. « Vingt millions, disait-il, ne seraient pas de trop, si on pouvait les donner[4]. » Il ne se contentait pas d'animer le Turc et de soulever le Hongrois, il voulait aussi révolutionner les cantons suisses et faire de la sorte, à peu de frais, sa cour aux brouillons

---

[1] Rapport de Chambonas, *Moniteur*, t. XIV, p. 185; de Lebrun, *id.*, p. 513.
[2] Le chargé d'affaires, Yriarte, demanda un passeport le 11 août.
[3] Cf. t. II, 2° édit., p. 455.
[4] ERNOUF, *Maret, duc de Bassano*. Paris, 1878, p. 67-69.

de Paris[1]. « Établissez, écrivait-il à Lebrun, un plan révolutionnaire lié entre les sujets de Berne et les Allobroges, entre les sujets de Bâle et les Alsaciens, entre les Gruériens et les indomptables habitants du Jura. » Il conseillait d'effrayer Genève, de caresser les Grisons qui tenaient une des routes de l'Italie, et de ménager Neufchâtel par égard pour le roi de Prusse. Il engageait Lebrun à envoyer en Suisse des émissaires « bien révolutionnaires, d'une éloquence simple et forte », et il recommandait à ce ministre « de donner dans l'avenir la plus grande consistance » au club helvétique qui s'était fondé à Paris[2]. C'était mettre en question la neutralité de la Suisse; mais on en faisait assez bon marché à Paris. Il n'en allait pas de même de celle de l'Angleterre.

Cette neutralité formait un des chapitres principaux du système de Dumouriez[3]. Elle était l'objet des vues directes et personnelles de Danton. C'est sur ce point aussi que Talleyrand était le mieux en mesure d'éclairer ses nouveaux patrons et de les servir. « Le 10 août[4], disait-il, a dû nécessairement changer notre position; il a peut-être sauvé l'indépendance et la liberté françaises, il a du moins écarté et puni des traîtres, mais il nous a paralysés. Dès ce moment, il n'est plus possible de répondre des événements; il faut agir sur des bases nouvelles, ou plutôt, en s'abstenant d'agir, il faut se borner à prévenir et à surveiller les coups qui pourraient être portés de ce côté. » Ces coups ne laissaient pas d'être redoutables. Le ministère anglais donna, le 17 août, à lord Gower l'ordre de réclamer ses passeports et d'avertir le gouvernement français que si le Roi était décidé à « observer les principes de neutralité en tout ce qui regarde l'arrangement du gouvernement intérieur de la France », il ne croyait pas se départir de cette neutralité en manifestant sa sollicitude pour la famille royale de France et son espérance

---

[1] KAULEK, *Papiers de Barthélemy*. Paris, 1886, t. I; Dumouriez à Lebrun, 24 août 1792, p. 253.

[2] Voir, sur ce club, STERN, *Das Leben Mirabeau's*. Berlin, 1889, t. II, ch. xii, et *Revue historique*, t. XXXIX, p. 282.

[3] Cf. t. II, p. 418.

[4] Fragment sur sa mission. Affaires étrangères, *Correspondance de Londres*.

qu'elle serait à l'abri de tout acte de violence « qui ne manquerait pas d'exciter un sentiment d'indignation universelle dans tous les pays de l'Europe ». Chauvelin, tout suspect et séquestré qu'il était à Londres, et tout jacobin qu'il s'efforçait de paraître à Paris, ne pouvait se refuser à l'évidence de ces sentiments ni les dissimuler au Conseil exécutif. « Je ne puis vous cacher, écrivit-il à Lebrun le 31 août, que la position particulière et individuelle du Roi inspire un intérêt assez général, et je ne crains pas d'affirmer que les amis de la liberté dans tous les pays n'apprendraient pas sans indignation que, commettant un crime inutile, on déshonorât la plus belle des causes, en attentant à sa vie. » Lebrun avait jugé politique, pour expliquer aux Anglais l'événement du 10 août[1] et les engager à reconnaître le gouvernement provisoire, de rappeler les précédents de 1648, ainsi que les relations de Cromwell et de Mazarin. Chauvelin fit observer que le nom de Cromwell était en horreur auprès des Anglais, que le souvenir de la révolution de 1648 serait fort importun à tout le monde, et que l'on célébrait, tous les ans, un jour d'humiliation pour la mort de Charles I[er][2]. Il n'avait jamais rien écrit de si judicieux. Il ajouta que le cabinet de Londres ne reconnaîtrait plus aucun agent français.

Le Conseil exécutif décida de rappeler Chauvelin; mais Danton et Lebrun persistaient à vouloir négocier. Danton comptait sur les amitiés qu'il avait nouées avec plusieurs démocrates anglais[3]. Lebrun fondait de grandes espérances sur un publiciste aventureux, Miles, qui se disait son ami, qui voulait le rapprochement des deux pays et se faisait fort de mettre en relation avec Pitt l'agent que l'on enverrait pour remplacer Chauvelin[4]. Lebrun proposa pour cette mission Noël, chef de bureau à la seconde division politique, affaires

---

[1] Dépêche à Chauvelin, 18 août 1792.
[2] Rapport du 28 août 1792.
[3] Voir ROBINET, *Danton émigré*, ch. II.
[4] Ch. POPHAM MILES, *The correspondence of W. Augustus Miles*, Londres, 1890.

d'Allemagne¹. Noël devait demander aux Anglais de garantir à la France un emprunt de 3 ou 4 millions sterling; il offrirait, en retour, la cession de Tabago et le renouvellement du traité de commerce de 1786; enfin il insinuerait l'idée d'une action commune destinée à ouvrir au négoce des deux pays les colonies espagnoles de l'Amérique du Sud. Tel serait le prix dont la France récompenserait la neutralité de l'Angleterre. L'Angleterre y gagnerait la sécurité en Irlande. Quant à la Hollande, Noël rassurerait les Anglais et déclarerait que la France ne soutiendrait en aucune façon le parti révolutionnaire dans cette république. Il éviterait d'échauffer ostensiblement le zèle des sociétés démocratiques, des *Amis du peuple* en particulier, et il se garderait des fausses mesures qui avaient décrédité, du temps de Chauvelin, la légation française; mais il s'attacherait à légitimer par ses conversations privées et par les papiers qu'il répandrait, la révolution du 10 août, en dévoilant les complots qui avaient nécessité la suspension du Roi².

Restait à savoir si Noël serait toléré à Londres, s'il serait reçu par les ministres et s'il aurait quelques chances d'être admis plus tard à déployer un caractère public. Pour se renseigner et pour préparer les voies, le Conseil multiplia les émissaires. Benoît, qui avait naguère négocié en Prusse pour le compte de Dumouriez, fut adjoint à Noël; Reinhard et Scipion Mourgne faisaient toujours partie de la légation. Chauvelin fut autorisé à rester. L'Italien Gorani, cosmopolite chaleureux et fécond publiciste, vint à la rescousse à titre de volontaire. On lui remit de l'argent; il avait du coup d'œil et savait se ménager des relations³. Enfin Talleyrand repartit pour Londres, le 8 septembre. Il se proposait de payer cette faveur en bons conseils et de faire valoir, s'il le pouvait, le grand projet d'affranchissement des colonies espagnoles, esquissé par

---

[1] Sur les relations de Danton avec Noël et l'envoi à Londres de Mergez, cousin de Danton, voir ROBINET, *Danton émigré*, p. 29, 114; *Procès*, p. 150, 290.

[2] Instructions de Noël, 29 août 1792. Cf. t. II, p. 419-423, Instructions de Chauvelin, avril 1792.

[3] MASSON, *Affaires étrangères*, p. 262. — MARC MONNIER, *Un aventurier italien au dix-huitième siècle*, Paris, 1885.

Dumouriez, qu'il avait médité et qui devint une de ses conceptions favorites [1]. L'attitude de plus en plus hostile de l'Espagne y engageait le Conseil [2], les conjonctures paraissaient favorables, et l'homme qui semblait destiné à l'accomplissement de ce dessein était venu se donner à la France.

Le contre-coup de la Révolution française avait été ressenti dans l'Amérique du Sud, et les sentiments d'indépendance que la guerre des États-Unis avait éveillés parmi les créoles s'étaient ranimés. Ces créoles attendaient beaucoup de l'Angleterre ; ils croyaient pouvoir tout attendre de l'Angleterre et de la France réunies. C'est ce que répétait l'un des plus ardents et l'un des plus distingués d'entre eux, Francisco Miranda [3]. Patriote enthousiaste, admirateur convaincu de la France et de la Révolution, il était venu à Paris prêcher la croisade américaine, après avoir vainement essayé d'y entraîner Pitt. Il savait toutes les langues de l'Europe, il en avait visité toutes les capitales, il avait eu des entretiens avec tous les chefs ou meneurs d'États ; lié avec Sheridan, avec Fox, avec Priestley, il s'était fait présenter à la grande Catherine. Il se répandit dans le parti de Brissot. Ce dernier le fit nommer maréchal de camp, au mois d'août 1792. Attaché à l'armée de Dumouriez, il trouva dans ce général un homme préparé à l'écouter et décidé à le soutenir dans son projet d'affranchir l'Amérique du Sud. Le Conseil exécutif découvrait dans cette combinaison « un appât » propre « à décider les Anglais à tourner leurs armes » contre l'Espagne, et à « détourner par là l'orage » dont la France paraissait menacée. Lebrun en écrivit à Chauvelin le 14 septembre. « Nous sommes informés, ajoutait-il, que les habitants de la Louisiane désirent secouer le joug. L'Angleterre aurait d'autant plus beau jeu dans ce moment-ci, pour cette conquête, que l'Espagne est livrée à ses propres forces et sans espoir de secours de notre part. » Noël devait propager cette

---

[1] Cf. t. II, p. 422.
[2] Cf. Aulard, t. I, p. 55.
[3] Aristide Rojas, *Miranda dans la Révolution française*. Caracas, 1889 ; Gervinus, *Histoire du dix-neuvième siècle*, traduction française, t. VI, p. 61 et suiv.

idée dans le public. On pouvait, à tout le moins, présumer que l'Espagne prendrait peur et suspendrait ses armements contre la France pour s'occuper davantage de protéger ses colonies.

Cependant l'Empire s'était décidé à rompre. Caillard, ministre accrédité près de la Diète, mais éconduit par ce corps, l'annonça le 16 septembre à Lebrun. Il ajoutait : « L'exécution éprouvera des lenteurs inévitables. D'après un examen réfléchi de la situation des cercles, je crois pouvoir assurer que l'Empire n'est pas en état d'inquiéter la France avant la fin de cette année. » Une politique adroite pouvait ralentir davantage ces mouvements. Avant que les troupes des cercles fussent rassemblées, quelques spéculateurs se flattaient de diviser la coalition et d'en détacher, avec la Prusse, la plus grande partie du corps germanique. Ces négociations semblaient s'offrir à Paris même, dans les alentours du ministère. L'agent qui gérait provisoirement la légation française aux Deux-Ponts, Desportes, tête assez écervelée, très empressé de se faire valoir, se disait en mesure de nouer secrètement avec la Prusse. — « On m'a vanté votre génie et votre patriotisme, écrivait-il à Lebrun le 3 septembre. Vous pouvez faire briller l'un et l'autre et vous couvrir d'une gloire immortelle en enchainant aux pieds de la France le plus redoutable de ses ennemis. » Brunswick est revenu de ses illusions. « Ce héros n'a jamais aimé l'Autriche. » La France est, à ses yeux, la véritable alliée de la Prusse. — Ces vues sur la Prusse étaient celles de tous les hommes qui, dans le parti de la Révolution, se piquaient de connaître l'Europe. Elles survivaient à la déclaration de Pilnitz, à l'alliance autrichienne, au manifeste de Brunswick, à l'invasion même. Le baron prussien Anacharsis Clootz avait, le 12 août, dans une lettre à l'Assemblée, flétri « les satellites du Sardanapale brandebourgeois »; mais il ajoutait aussitôt : « Tous les Prussiens éclairés partagent les sentiments du prince Henri, des généraux Möllendorff, Kalkreuth et Schlieffen. L'opinion du ministre Hertzberg, d'abord flottante, est décidément favorable à la France. Berlin et Paris s'accordent parfaitement dans l'aversion des tyrans lorrains. »

Tout ce qu'il y avait en France et en Allemagne d'émissaires en disponibilité, d'intrigants sans emploi, de publicistes en quête, de fureteurs à jeun, de correspondants de gazettes, d'initiés en sous-ordre aux secrets de Louis XV ou à ceux de Frédéric, se mettait en campagne, flairant l'occasion, avide de s'illustrer et de s'enrichir en contribuant à rétablir la paix entre Paris et Berlin, pour le plus grand bonheur de l'humanité, le plus grand avantage des hommes éclairés, la plus grande diffusion des lumières et la plus large extension de la puissance prussienne, choses que ces empiriques ne séparaient jamais dans leurs propositions. C'est le caractère significatif des plans formés alors en vue de la paix d'Allemagne, que la condition nécessaire et la conclusion en sont toujours l'agrandissement de la Prusse. « Les vues de Votre Majesté doivent se porter sur la Bohême, sur la Moravie et sur les trois principautés de la Silésie qui restent encore à la maison d'Autriche. Ces États conviennent à Votre Majesté. Ils lui appartiendront quand Elle le voudra. » Ainsi opinait le *Moniteur* de Paris ; cette gazette célébrait encore : « La grande vue d'une ligue germanique, projet sublime que le roi de Prusse ne doit jamais négliger [1]. »

Le résident de Prusse à Cologne, Dohm, paraît avoir tenu dans ses mains la plupart des fils de ces intrigues. C'était une ancienne connaissance de Lebrun. Publiciste enrôlé autrefois par Frédéric dans sa diplomatie, Dohm appartenait à la classe « des Prussiens éclairés », ce qui ne l'empêchait pas d'être, en même temps, un Prussien fort délié. Très activement mêlé aux affaires de la *Confédération des Princes*, ami du major Mauvillon, connu de Mirabeau, intelligent, remuant, phraseur, un des boute-feu de la réaction stathoudérienne en Hollande contre le parti français, de la révolution belge contre le parti autrichien, de la révolution liégeoise contre le prince-évêque, zélateur emphatique des *Droits de l'homme*, zélateur pratique des prétentions de la Prusse, il était de ceux qu'une haine commune contre la cour de Vienne désignait à l'aveugle

---

[1] Lettre de Gorani au roi de Prusse, 18 juin. *Moniteur*, 15 juillet 1772, t. XIII, p. 129.

confiance des Français disciples de Favier. Il les endoctrinait, s'engageait à leur ouvrir les portes secrètes de la chancellerie prussienne, leur fournissait des idées et faisait lancer par eux celles qu'il mettait sa gloire à suggérer dans l'intérêt bien entendu de son maître.

C'est de cette officine que paraît sortir un mémoire adressé à Lebrun, le 15 septembre, par un Allemand ami de la France. « Il faut, écrivait cet insidieux donneur de conseils, reprendre les négociations du maréchal de Belle-Isle avec Frédéric II ; ils avaient résolu et concerté la ruine de l'Autriche au profit de la Prusse, ils s'étaient promis de lui donner le coup de grâce, et de montrer à la Prusse qu'elle ne peut jamais arriver au plan de puissance prépondérante et dominante en Allemagne qu'en perdant l'Autriche par le secours des Français, à l'avantage de la Prusse, de la Savoie, et, s'il le faut, du Hanovre. » Une note rappelait à Lebrun un dessein plus ancien de Frédéric-Guillaume Ier, père du grand Frédéric. « Ce plan consiste dans le projet de devenir non pas empereur, mais roi de la Germanie jusqu'au Rhin, laissant à la France de s'emparer de tout ce qui est au delà du Rhin... » Cette note était peut-être d'un historien hasardeux, mais l'auteur montrait au moins quelque sens et quelque préoccupation des intérêts français. Les autres faiseurs de projets payaient uniquement la France en monnaie philosophique. Ainsi un projet d'alliance intitulé : *Question à résoudre au conseil*. L'alliance comprend trois chapitres ; le premier est celui de la France : le roi de Prusse reconnaît solennellement la souveraineté du peuple français et lui fait amende honorable de l'avoir attaqué injustement ; le second est celui de l'humanité : la France et la Prusse reconnaîtront et défendront de concert l'indépendance du Brabant ; le troisième, qui contient toute la moelle de l'ouvrage, est le chapitre de la Prusse : « La France s'engagera à ne rien prétendre sur les provinces de la maison d'Autriche qui, étant à la convenance du roi de Prusse, auraient été conquises par les armes combinées de cette puissance et de la France qui persiste à renoncer aux conquêtes. » Ces documents forment le lien entre la tradition faussée de l'ancienne politique royale et la tradition décevante de politique nationale qui tendait à sortir de la Révolution [1]. La République allait, par un étrange phénomène d'atavisme, s'approprier, en l'exaltant, la rivalité héréditaire des Bourbons contre la maison d'Autriche.

L'Autriche n'avait point laissé de hasarder quelques avances, ou, pour être plus exact, des amis de cette cour avaient essayé de tâter, à son profit, des négociations. Ces tentatives se reproduisirent à différentes époques ; elles furent toujours gauches, fugitives et aussitôt déconcertées par les Autrichiens que hasardées par leurs officieux. Elles vinrent d'abord de la Toscane. Le grand-duc Ferdinand était un souverain intelligent, les principes de la Révolution ne le troublaient pas ; mais il redoutait fort les suites d'une guerre révolutionnaire en Italie. Il tenait à conserver à ses sujets et à leur commerce de Livourne les bénéfices de la neutralité. Son ancien précepteur, devenu son principal conseiller, Manfredini, que sa liberté d'esprit, ses « lumières » et son goût pour les philosophes avaient fait qualifier de « vertueux », l'encourageait dans ces vues. Il y avait ramené le sénateur Serristori, qui gérait les affaires étrangères du grand-duché. Le rôle de pacificateur tentait Manfredini. Cet Italien y aurait mis très volontiers sa gloire, et il apportait avec une inclination sincère pour la France, une réelle noblesse d'esprit. Il était bon Européen ; il le montrait en toute occasion. On le savait à Paris, et l'on entretenait autant qu'on le pouvait ses bonnes dispositions.

« C'est un des objets de votre mission », écrivait le ministre au dernier agent envoyé à Florence [2], « de se ménager, dans le cas où il y aurait quelque ouverture à faire ou à recevoir, un intermédiaire secret sur les principes et l'influence duquel il fût possible de compter. » Après le 10 août, la Toscane

---

[1] Cf. t. I, p. 306 et suiv.; t. II, p. 573 et suiv. — Talleyrand à Sieyès, 27 octobre 1798; Pallain, *op. cit.*, p. 399.
[2] Instructions de La Coste, 19 juillet 1792.

laissa un chargé d'affaires à Paris. La France en conserva un, La Flotte, à Florence. Manfredini lui avait insinué à diverses reprises le désir de son maître de contribuer au rétablissement de la paix. Ces insinuations avaient été faites avant la chute de Louis XVI ; elles se répétèrent ensuite. La Flotte en informa Lebrun. Ce ministre ne voulut point s'y arrêter. — Il ne croyait pas, manda-t-il à La Flotte le 4 septembre, aux dispositions pacifiques de l'Autriche. Les ouvertures n'étaient que des feintes dans l'intérêt de Louis XVI et de la monarchie. La France ne s'en laissera point abuser. « Le peuple français voudra la guerre parce qu'il voudra la liberté. » Dites à M. Manfredini que « la nation française n'acceptera aucun accommodement qui tendrait à restreindre son indépendance... Le peuple français vient de s'élever à une trop grande hauteur pour que, des deux côtés, des ouvertures ne fussent pas disconvenables [1]. » — Quelles qu'elles fussent d'ailleurs, la guerre en devait décider. Elle était engagée, et Paris en subissait les terribles contre-coups.

IV

Il fallait remplacer La Fayette à l'armée du Nord. Le 18 août, le Conseil fit connaître à l'Assemblée qu'il avait choisi Dumouriez [2]. Le choix était intelligent ; il marquait de la grandeur d'âme de la part de Servan, que Dumouriez avait congédié deux mois auparavant ; il marquait du courage de la part de Danton, car Dumouriez ne passait pas pour révolutionnaire. Danton l'avait entrevu : il le jugeait le plus ingénieux et le plus hardi des généraux français. Il le prit, mais sans se fier à lui. L'Assemblée d'ailleurs s'était prémunie. Le

---

[1] Voir BORNAREL, *Relations de la France et de la Toscane*, 1792-1795. Paris, 1888, extrait de la *Révolution française*.
[2] AULARD, *Recueil des actes du Comité de salut public, avec la correspondance des représentants en mission et le registre du conseil exécutif provisoire*, t. I, 10 août 1792-21 janvier 1793. Paris, 1889.

10 août, elle avait chargé douze de ses membres de se rendre, en qualité de commissaires, aux quatre armées des frontières. Ils devaient faire connaître les événements, exhorter les troupes à défendre la Révolution et la patrie. Ils avaient le pouvoir de suspendre provisoirement les généraux. Un des vainqueurs du 10 août, l'Alsacien Westermann, rude sabreur dans les rencontres, intrigant par goût, brouillon par tempérament, s'offrit à surveiller Dumouriez. Il brûlait de se lancer dans la politique et de se rapprocher de Danton; Pétion le patronnait. Il fut envoyé auprès du nouveau général en chef.

Dumouriez était disposé à manifester les sentiments les plus républicains. Il avait la sincérité mobile, l'enthousiasme souple et communicatif. Lorsque, le 18 août, les trois commissaires désignés pour son armée, Bellegarde, Dubois et Delmas, arrivèrent à son camp, à Maulde, il leur fit rendre les honneurs souverains. Le décret qui le nommait commandant en chef fut accueilli par des cris de : *Vive la liberté! vive l'Assemblée!* Dumouriez prêta serment devant les commissaires et écrivit une lettre pathétique au président de l'Assemblée. Deux jours après, il mandait à Servan que tous les généraux étaient *sans-culottes*. Lequel d'entre eux, déclarait-il, « serait assez audacieux pour jouer le rôle de La Fayette ou de Bouillé » ? Il flétrissait la conduite de Lafayette et le qualifiait de *petit Sylla*.

Son élévation l'avait affermi dans son dessein d'invasion de la Belgique. C'était l'idée maîtresse de son ministère et le ressort de toute sa politique. « C'est ainsi, disait-il dans sa lettre à l'Assemblée, que le peuple romain transportait son armée en Afrique, pendant qu'Annibal était aux portes de Rome. » Il estimait que l'offensive était le seul moyen d'entraîner une armée encore incertaine d'elle-même, plus incertaine encore de ses chefs et peu propre aux manœuvres. Il ne croyait pas à l'audace de Brunswick; il n'attendait de ce général qu'une guerre de sièges, et Paris ne lui semblait pas sérieusement menacé. Servan estimait, au contraire, que dans l'état des esprits, en France et à Paris en particulier, il était nécessaire de rassurer l'opinion, et que la fièvre où l'on vivait ne se prêtait point au jeu hasardeux de la grande guerre. Avant tout, il fallait empêcher l'ennemi de pénétrer en France. Servan invita Dumouriez, le 22 août, à concerter, dans cette vue, ses mouvements avec ceux de Kellermann, qui venait de remplacer Lukner à l'armée de Metz. Servan avait raison; les nécessités de la politique s'accordaient ici avec celles de la guerre.

Le 24 août, on apprit à Paris que Longwy était bloqué. Cette alerte raviva les dissentiments des partis. Les girondins songeaient à transporter le gouvernement hors de Paris. Ils croyaient pouvoir gouverner la Révolution par les provinces. Danton ne la pouvait gouverner que par Paris. Il fit décider que le gouvernement y demeurerait. Dès lors, et à tout prix, il importait que Paris ne parût point exposé. Servan écrit lettres sur lettres à Dumouriez. Il le presse de se rendre à Sedan : « Dans la position dans laquelle nous nous trouvons... il faut uniquement empêcher les ennemis d'arriver jusqu'à Paris. » La conquête de la Belgique sera facile en hiver; présentement, elle serait funeste. « C'est mon avis, l'opinion du Conseil et celle du public[1]. » — Le 26 août, on reçoit la nouvelle de la capitulation de Longwy. L'Assemblée prête serment de rester à son poste jusqu'à ce que la Convention soit réunie. « Vous serez sans doute étonné, écrit Servan à Dumouriez, le 27 août, de recevoir chaque jour un courrier extraordinaire de moi, vous disant toujours la même chose, et surtout contrariant vos désirs les plus vifs... Croyez bien que, puisque j'insiste, c'est que je vois le salut de l'État et votre gloire attachés aux mesures que je vous prescris. »

Les alarmes croissent. La Commune guette les défaillances du ministère, afin de le supplanter. Danton n'est pas homme à se laisser dépasser. Il tient, comme l'a enseigné un maître, que « dans les révolutions qui sont assez grandes pour tenir tous les esprits dans l'inquiétude, ceux qui priment sont

---

[1] Servan à Dumouriez, 24 et 25 août, *Archives de la guerre*.

toujours applaudis, pourvu que d'abord ils réussissent [1] ».
« Le 10 août, disait-il à ses collègues du Conseil, a divisé la France en deux partis, dont l'un est attaché à la royauté et l'autre veut la république... Celui-ci, dont vous ne pouvez vous dissimuler l'extrême minorité dans l'État, est le seul sur lequel vous puissiez compter pour combattre... » « La France est dans Paris... C'est dans Paris qu'il faut se maintenir par tous les moyens... Mon avis est que pour déconcerter leurs mesures et arrêter l'ennemi, il faut faire peur aux royalistes. » « Nous ne pouvons, répétait-il quelques jours après, gouverner qu'en faisant peur [2]. »

La Commune l'exige [3], Danton prend les devants. Il provoque les visites domiciliaires et l'arrestation des suspects. L'Assemblée décrète la confiscation des biens des fauteurs de guerre civile, l'internement des parents et enfants des émigrés, le bannissement des prêtres réfractaires. Danton se flatte ainsi de prévenir la Commune. Il s'abuse. La Commune s'empare de ces décrets et en précipite l'exécution. Le gouvernement remplit les prisons. Quand les prisons seront remplies, la Commune opérera [4]. Elle sait bien que le gouvernement ne la gênera pas.

---

[1] *Mémoires de Retz*, année 1652, à propos des desseins de M. le Prince sur Paris.

[2] Robinet, *Procès des Dantonistes*, p. 39, 46; Ségur, *Mémoires*, t. I, p. 12.

[3] Un libelliste aux gages des princes, sorte de Marat de la Fronde, Montandré, donne les mêmes conseils à Condé, en 1652 : « Il faut renforcer le parti le plus juste, ou le seul juste... par un soulèvement et par une émeute générale dans Paris.. Le fer sera notre juge. Le plus fort sera le plus juste... Faisons carnage de l'autre [parti], sans respecter ni les grands ni les petits, ni les jeunes ni les vieux, ni les mâles ni les femelles... Alarmons tous les quartiers, tendons les chaînes, renouvelons les barricades, mettons l'épée au vent, saccageons, brisons, sacrifions à notre juste vengeance tout ce qui ne se croisera pas pour marquer le parti de la liberté... Paris n'aura pas plus tôt remué qu'il remuera toute la France... » C'est sur ces détestables conseils que se prépara le massacre de l'Hôtel de ville, destiné, dans la pensée de Condé, à frapper Paris de terreur et à le soumettre par là. Sainte-Aulaire, *Histoire de la Fronde*. Paris, 1857, t. III, p. 146, 205 et suiv., 379 et suiv., appendice. — Cf. Chéruel, *Histoire de France sous le ministère de Mazarin*. Paris, 1879, t. I, p. 218-226.

[4] Procédé classique : Remplir les prisons et les vider par le massacre. Comparer, dans Michelet, *Histoire de France*, liv. IX, ch. ii, l'histoire du massacre des Armagnacs en 1418, et celle des massacres du Midi en 1815; Ernest Daudet, *la Terreur blanche*. Paris, 1878; Duvergier de Hauranne, *Histoire parlementaire*, t. I, p. 209; madame de Rémusat, *Lettres*, t. I, *passim*.

L'idée du meurtre monte dans les esprits, non seulement parmi les anarchistes fanatiques et dans les bas-fonds populaciers, mais jusqu'à la tribune de l'Assemblée. Le 26 août, Jean Debry propose d'organiser un corps de douze mille volontaires qui attaqueront corps à corps les tyrans et leurs généraux. Vergniaud fait ajourner cette motion sanguinaire. Elle n'en marque pas moins sa date, comme un signe sinistre des temps. Chaque désastre sur la frontière, chaque progrès de l'ennemi sera le prétexte d'une nouvelle explosion de fureur. C'est pourquoi le Conseil attache tant de prix à barrer la route à l'invasion.

Dumouriez le comprenait enfin : Westermann, arrivé à Maulde dans la nuit du 24 au 25, lui avait annoncé la capitulation de Longwy. Il se décida à partir pour Sedan, en poste, n'emmenant avec lui que Westermann et son valet de chambre. A Sedan, où il arriva le 29 au soir, l'armée l'accueillit par des murmures. On attribuait sa nomination aux cabales. Il montra qu'il était capable et digne de commander. Il parcourut les rangs, tint tête aux mutins, harangua la troupe, la reconquit. Mais cette troupe indisciplinée ne lui semblait pas de taille à affronter les Prussiens, et il trouva dans ce qu'il venait d'observer de nouveaux motifs de revenir à son plan d'offensive en Belgique. Toutefois, il entendait se couvrir, et il convoqua un conseil de guerre. Il endoctrina les généraux, et ils opinèrent, comme lui, pour une diversion.

— L'armée, écrivit-il à Servan, est dans l'état le plus pitoyable. « Si nous marchons en arrière, je crains qu'elle ne se débande, et si nous marchons en avant, comme elle paraît le désirer, nous serons indubitablement battus...; elle n'a ni habits, ni souliers, ni chapeaux... Il lui manque beaucoup de fusils. Soyez parfaitement sûr que nous ne sommes pas en état de faire la guerre défensive... Il n'y a pas d'autre parti à prendre que de tenter un coup hardi qui étonnera et déconcertera l'ennemi... Renforcez Kellermann à son camp de Metz, portez une grande force sur Châlons, et attendez nos succès dans la Belgique. Il est impossible que les Autrichiens ne se séparent pas de l'armée prussienne pour nous suivre, et, dès que cette séparation aura lieu, il est impossible que les Prussiens s'avancent seuls [1]. »

Dumouriez partit pour Bazeilles, où il arriva le 31 août. Il entendit le canon du côté de Verdun et jugea que les Prussiens investissaient cette place. Il apprit, en même temps, que Clerfayt, avec 15 à 18,000 hommes, se disposait à passer la Meuse à Stenay. Tout changeait. Les Autrichiens menaçaient de tourner Dumouriez et de le couper. Sedan n'était plus tenable; on y serait pris entre deux feux. Dumouriez, ne pouvant plus arrêter l'ennemi ni l'attirer à sa suite en Belgique, n'a plus qu'une ressource : le devancer sur la route de Paris. « Jamais, écrit-il à Servan, le danger n'a été plus grand dans aucune guerre de la France... Pour éviter de plus grands malheurs, je serai peut-être forcé d'abandonner Montmédy et Verdun à leurs propres forces, d'abandonner entièrement le cours de la Meuse et de me porter par le chemin le plus court, c'est-à-dire par Chemery, Bruille et Grandpré, sur la rivière d'Aire, pour défendre la trouée d'Autry, tandis qu'un corps particulier se portera dans les gorges du Clermontois [2]. » La campagne qui devait l'immortaliser s'esquissait ainsi dans sa pensée, non d'un trait médité et concerté, mais d'une inspiration fortuite, d'un coup d'œil, sous l'empire des événements : c'était le caractère de son génie d'aventurier. Il conjure Servan de porter l'armée de Châlons au-devant des Prussiens, tandis qu'avec les 25 à 30,000 fantassins et les 6,000 cavaliers dont il dispose, il se jettera sur les derrières de l'ennemi, par une offensive « imprévue, audacieuse, et dont le succès est presque immanquable ».

Mais Servan ne voulait pas entendre parler d'offensive. Dans ce même jour, 31 août, où Dumouriez apercevait la marche sur l'Argonne comme la manœuvre nécessaire au salut de l'armée, Servan lui conseillait cette marche. — J'écris à Lukner et à Kellermann, lui mandait-il, de laisser Metz et Thion-

---

[1] 29 août. *Archives de la guerre.*
[2] A Servan, 31 août, *Guerre.*

ville et de se rapprocher de vous « pour défendre ensemble le pays entre Meuse et Marne, rempli de grands moyens de défense ».

Dans la nuit arriva le plan élaboré par le conseil de guerre de Sedan. Servan le communiqua au Conseil, qui le repoussa ; il envoya ensuite des instructions formelles à Dumouriez. — Si l'ennemi veut marcher sur Paris, lui disait-il, votre marche sur la Belgique ne l'en détournera pas. « Vous ne leur ferez pas changer le projet de marcher en avant, bien assurés, s'ils réussissaient, de se faire rendre le Brabant ou de le reprendre dans un instant. » D'ailleurs, le plan d'offensive fût-il excellent, le public y verrait une trahison et l'abandon de Paris. En conséquence, il faut tirer des places tout ce qu'on en peut tirer, et, sur-le-champ, réunir l'armée de Sedan « pour diriger sa marche sur l'Argonne... Dans cette circonstance, qui gagne du temps remporte des victoires... Kellermann peut vous joindre ou vous seconder de près. »

Cette jonction des deux armées était l'idée principale de Servan ; il ne cessa plus d'y travailler, et s'occupa d'acheminer vers le Nord les recrues qu'il faisait affluer de toutes les autres parties de la France. Du 3 au 25 septembre on vit sortir de Paris plus de deux mille hommes par jour, Parisiens enrôlés et volontaires des provinces dirigés sur la capitale. Cette grande manifestation nationale était l'honneur de la France et de la Révolution. La Commune insurrectionnelle la souilla.

Cette Commune était en lutte ouverte avec l'Assemblée. « Elle désorganise tout, elle entrave tout, elle n'est pas légale », disait un républicain, Choudieu. « Ce sont des usurpateurs, déclarait Cambon, ils doivent être punis comme tels [1]. »

Le 30 août, sous prétexte de poursuivre un journaliste qui lui déplaisait, la Commune fit envahir le ministère de la guerre. L'Assemblée décréta la dissolution du conseil factieux de l'Hôtel de ville. La Commune résista, décidée à terrifier l'Assemblée, le gouvernement, Paris et la France. L'occasion

---

[1] Séance du 30 août.

était propice : les prisons étaient pleines ; la Commune décida le massacre des prisonniers. Le massacre accompli par son ordre, elle l'attribuera à la fureur populaire, à l'effroi causé par la capitulation des forteresses, la marche des ennemis, les menaces féroces des émigrés, la grande conspiration de tous les adversaires et de toutes les victimes de la Révolution, prétextes sophistiques, dont les fauteurs du massacre ne seront pas un instant les dupes, mais dont ils croiront néanmoins, à tout hasard, prudent de se masquer : comme leurs modèles du seizième siècle et leurs copistes du dix-neuvième, ces scélérats tortueux déguisaient les véritables motifs de leurs crimes : le fanatisme chez quelques-uns, la haine, la convoitise, la peur chez presque tous.

Le ministère n'avait, pour s'opposer à cette machination atroce, ni force ni prestige. Roland, à l'intérieur, ne voulait rien savoir et n'osait rien tenter. Danton louvoya. Il essaya, sans rompre avec la Commune et sans lui résister ouvertement, de dériver le flot du côté de la défense. Il fit proposer, le 1er septembre, à l'Hôtel de ville, par le procureur-syndic Manuel, et voter par la Commune que, le 2, le tocsin sonnerait, le canon d'alarme serait tiré, la générale serait battue, tous les citoyens en état de porter les armes seraient convoqués au Champ de Mars : Paris serait invité à fournir soixante mille volontaires. Cette diversion devait entraîner, loin des prisons, la majorité du peuple de Paris ; mais, en même temps, elle faisait l'affaire des massacreurs : elle leur livrait la ville. Dans la nuit, ils s'adjoignirent six associés, dont Marat, répartirent les rôles et préparèrent la comédie odieuse des jugements populaires à la porte des prisons. Le 2 au matin, l'Assemblée rapporte son décret de dissolution, et essaye de noyer la Commune en ordonnant des élections complémentaires. Danton qui a suggéré cette mesure espère qu'elle fortifiera les modérés de l'Hôtel de ville. Vergniaud appuie d'une improvisation magnifique la convocation des patriotes au Champ de Mars. Danton vient à la rescousse : « L'Assemblée nationale va devenir un véritable comité de guerre. Nous demandons que vous concouriez avec nous à diriger ce mouvement sublime du peuple en nommant des commissaires qui nous seconderont dans ces grandes mesures. Nous demandons que quiconque refusera de servir de sa personne ou de remettre ses armes soit puni de mort... Le tocsin qui va sonner n'est point un signal d'alarme; c'est la charge sur les ennemis de la patrie. Pour les vaincre, il nous faut de l'audace, encore de l'audace, toujours de l'audace, et la France est sauvée. » L'Assemblée porte les décrets qu'il réclame, et il se rend au Champ de Mars pour haranguer les patriotes.

Cependant le complot s'exécute. Les massacreurs envahissent les prisons, et leur œuvre s'accomplit non dans l'exaltation d'une foule forcenée, mais avec l'ordre et la méthode de bourreaux embrigadés, d'assassins à programme et à gages. Nul fanatisme populaire. Peu de monde dans les rues. Beaucoup de Parisiens se sont rendus au Champ de Mars. Ceux qui restent sont épouvantés, se cachent et laissent opérer une bande d'assassins.

Le ministère de l'intérieur est envahi. Roland se sent sous le couteau. Danton, honteux de son impuissance, cherche, dans la soirée, à dérober « à droite et à gauche autant de victimes qu'il lui est possible à la hache ». Les autorités demeurent stupides. L'Assemblée décrète des mesures que nul n'essaye d'exécuter. Les massacreurs, suivant jusqu'au bout les précédents de la Saint-Barthélemy, expédient dans les départements une circulaire invitant les patriotes à imiter l'exemple de Paris [1]. Ils la font passer sous le couvert du ministre de la justice [2]. Danton ferme les yeux. Il sent qu'il se perdrait en

---

[1] « En avertissant les gouverneurs du complot qu'il disait avoir déjoué à Paris, Charles IX leur commandait d'arrêter les protestants, de les cerner, de les tenir en lieu sûr et d'exiger d'eux une abjuration. Ces ordres reçus, des agents catholiques arrivaient, sans mission bien déterminée, les commentaient, armaient le peuple et lâchaient la bride au fanatisme, à l'avidité, aux vengeances. » Dareste, *Histoire de France*, t. IV, p. 286. — Michelet, *les Guerres de religion*, ch. xxvi. — Henri Martin, t. IX, p. 338.

[2] Mortimer-Ternaux, *Histoire de la Terreur*, t. III, p. 307-309. — Madame Roland, *Mémoires*, édit. Dauban, p. 270, dit : Cette « infâme circulaire » fut expédiée « dans les bureaux et sous le contreseing du ministère de la justice »; elle ajoute

luttant. Il n'a pu ni prévenir ni réprimer le crime, il saura au moins en profiter. Il n'en laissera pas le bénéfice, c'est-à-dire l'effroi répandu et l'autorité conquise, aux seuls énergumènes de l'Hôtel de ville. Il veut de la force, à tout prix. Il aime mieux passer pour l'auteur d'un forfait, qui effraye, que pour le comparse d'un gouvernement énervé. Il revendiquera, au besoin avec cynisme, le prestige sauvage de l'attentat. « C'est moi qui l'ai fait[1] », dira-t-il à un prince de la maison royale qui sert dans l'armée de Dumouriez. On lui prête ce mot : « C'était nécessaire[2] ! » Le propos circule. Il ne le dément point. Si on le presse, si, autour de lui, on argumente et l'on dispute sur les responsabilités, il répond avec emportement à ceux qui cherchent des excuses quand ils n'ont pas su trouver de remèdes : « Vos discussions sont misérables. Je ne connais que l'ennemi, battons l'ennemi ! Vous qui me fatiguez de vos contestations particulières au lieu de vous occuper du salut de la République, je vous répudie tous comme traîtres à la patrie. Je vous mets tous sur la même ligne. Que m'importe ma réputation ! Que la France soit libre et que mon nom soit flétri ! Que m'importe d'être appelé buveur de sang[3] ! »

(*id.*, p. 414) : « Une circulaire bien connue que Danton faisait expédier sous son couvert. » Le contreseing et le couvert ne sont pas la même chose. Le seul exemplaire de la circulaire qui ait été retrouvé n'est revêtu d'aucun contreseing. (Antonin Dubost, *Danton et les massacres de septembre*, p. 55-56.) Quant à l'expédition sous le couvert du ministre, il ne s'ensuit pas nécessairement, comme le suppose Mortimer-Ternaux, que Danton et Fabre d'Églantine l'aient autorisée. — Mortimer-Ternaux (t. III, p. 309) appuie cette supposition sur l'ordre extraordinaire qui régnait, selon lui, au ministère de la justice : « Tout s'y passait, pour ainsi dire, comme sous l'ancien régime, par poids et par mesure, avec des commis d'ordre, des chefs de bureau... Certes, aucun subalterne n'aurait pris sur lui d'expédier la circulaire de Marat sans l'avoir portée au ministre, ou du moins au secrétaire général. Ce fut donc évidemment avec leur assentiment qu'elle fut expédiée. » Cette hypothèse est détruite par un passage des *Mémoires de madame Roland*, qui infirme, en grande partie, et corrige singulièrement les deux passages cités plus haut. « Il (Danton) s'embarrassait fort peu de remplir les devoirs de sa place et ne s'en occupait guère ; les commis tournaient la roue ; il *confiait sa griffe*, et la manœuvre suivait telle quelle, sans qu'il s'en inquiétât. » (*Mémoires*, éd. Dauban, p. 261.)

[1] Récit du roi Louis-Philippe. Taine, *la Révolution*, t. II, p. 284.
[2] Récit de Prudhomme. Sur la valeur suspecte de ce témoignage, voir Antonin Dubost, *op. cit.*, p. 66 et suiv.
[3] Discours du 10 mars 1793, rétrospectif. *Moniteur*, t. XV, p. 680

Roland, plus engagé encore que le ministre de la justice, montra, avec plus d'hypocrisie, autant de ménagements pour les fauteurs du massacre. « La Commune provisoire a rendu de grands services, écrivait-il le 3 septembre au président de l'Assemblée ; elle n'a pas besoin de mon témoignage ; mais je le lui rends avec effusion de cœur… Elle s'abuse actuellement par l'exercice continué du pouvoir révolutionnaire. » Il l'invita à se renfermer dans « de justes limites ». Puis, ayant témoigné, par ce discours, qu'il savait dire la vérité aux peuples comme il l'avait dite aux rois, il ajouta, répétant à son tour sa leçon d'histoire de la Saint-Barthélemy [1] : « Hier fut un jour sur les événements duquel il faut peut-être jeter un voile… Je sais que le peuple, terrible dans sa vengeance, y porte encore une sorte de justice [2]. »

Au milieu de ces ignominies, Servan reçut un courrier de Dumouriez annonçant que ce général marchait sur l'Argonne. « Vous voilà sur la voie », lui manda-t-il aussitôt. « Ou j'en juge mal, ou vos concitoyens vous loueront [3]. »

Il s'agissait de devancer les Prussiens et de leur couper la route de Paris. L'opération était hasardeuse : l'armée manquait de vivres et de charrois, l'ennemi la serrait de près. Avec un peu d'audace il aurait pu l'anéantir : il ne le fit point. Le 4 septembre, Dumouriez occupait à Grandpré un des défilés de l'Argonne avec 13,000 hommes ; Dillon le rejoignit le

---

[1] On ne cessait de rejeter sur le peuple de Paris « des excès qu'on déplorait hautement ». Charles IX écrivait aux cantons suisses : « Sa Majesté n'y a pu pourvoir, étant la chose montée avec telle rage et fureur populaire… » Dareste, t. IV, p. 290. — Le 25 août, Charles IX écrit à ses agents « que ce qui était advenu à Paris avait été fait seulement pour empêcher une maudite conspiration ». Guizot, *Histoire de France*, t. III, p. 364. — Dialogue entre un geôlier et une bande d'assassins à Uzès, août 1815 : « Ces gens doivent être massacrés à dix heures. — Par quel ordre? — Sans ordre, mais n'essayez pas de l'empêcher, il y va de votre vie… Le peuple le veut. » Le commandant de place, à qui le geôlier en réfère, lui répond : « Obéissez, le peuple le veut. » Ernest Daudet, *la Terreur blanche*, p. 123.

[2] Roland savait fort bien que « les journées de septembre ne furent que l'ouvrage d'un petit nombre de tigres enivrés ». Madame Roland, *Mémoires*, édit. Dauban, p. 46.

[3] Dumouriez à Servan, 1ᵉʳ septembre; Servan à Dumouriez, 3 et 4 septembre, *Guerre*.

lendemain avec 7,000. Le 7, Duval arrivait avec 6,000 hommes.

Les collines qu'ils occupaient s'étendent sur seize lieues environ ; elles sont couvertes de bois épais, coupées de ruisseaux, d'étangs et de marécages qui les rendent impraticables partout ailleurs que par les cinq passages de routes. Il est aisé de s'y retrancher ; Dumouriez le fit, mais il se garda mal. Le 12, un des passages, la Croix-aux-Bois, fut surpris par l'ennemi. L'armée était tournée. Dumouriez la dégagea grâce à son sang-froid. Sa légèreté le mettait souvent dans le péril, sa vivacité et sa résolution l'en sortaient. Il lui fallait un coup d'éperon. Exposé « à être enveloppé, sans vivres, sans munitions », il tira de ce danger extrême, non seulement le salut, mais un admirable coup de guerre. Il donna à ses hommes l'ordre de décamper dans la nuit du 14 au 15 et de se retirer sur Sainte-Menehould. Il écrivit à Beurnonville d'y conduire les 10,000 hommes qu'il amenait de Flandre, et il pressa Kellermann de l'y venir rejoindre. L'ennemi le pressait et le surveillait ; il importait de ne point donner l'éveil. Dumouriez sut masquer ses préparatifs, et les Prussiens mêmes lui offrirent l'occasion de leur dérober ses mouvements.

L'inaction apparente de Dumouriez inquiétait Brunswick. Le 14 septembre, voulant se renseigner à la fois sur l'état de l'armée française et sur les dispositions du commandant, il dépêcha vers Dumouriez un officier qui avait toute sa confiance, connaissait les affaires et parlait passablement le français : le major Massenbach. Il devait proposer à Dumouriez une entrevue soit avec le duc de Brunswick, soit avec le prince de Hohenlohe. Massenbach s'attendait à tomber dans une horde de Huns ou de Vandales, une émeute en mouvement, une populace en expédition. Il n'était pas, au fond, sans quelque appréhension en arrivant aux avant-postes français ; son inquiétude changea promptement de nature, mais n'en devint que plus vive.

Il vit un camp établi selon les règles ; on l'accueillit avec toutes les formes voulues ; l'officier qui l'accompagnait se montra plein de courtoisie ; les soldats qui l'escortaient n'avaient rien de féroce ni de débraillé ; ils étaient allègres, de belle tenue et de bonne humeur. Il fut reçu par le général Duval : c'était un vétéran de l'ancienne armée, qui avait fait la guerre de Sept ans et connaissait l'Allemagne. Il avait de beaux cheveux blancs, une taille majestueuse, et s'exprimait avec une dignité familière, sans emphase et sans violence.

« Croyez-moi, dit-il à Massenbach, tandis qu'ils attendaient la réponse de Dumouriez, les alliés font une folie de se mêler des affaires intérieures de la France. Ils n'en ont pas le droit, et ils supporteront les conséquences d'une guerre où ils se sont laissé entraîner par la frivolité des émigrés. Vous vous imaginez que vous allez arriver tout droit à Paris. Écoutez-moi, j'ai servi longtemps, j'ai réfléchi à mon métier : votre marche sur Paris tournera comme celle de Charles XII sur Moscou ; vous trouverez votre Pultava... Et comment le roi de Prusse peut-il marcher avec sa rivale, la perfide Autriche, contre une puissance qui est son alliée naturelle? Vous ne ferez pas de contre-révolution en France ; au contraire, vous y fortifierez la Révolution. Ne comptez pas surtout sur les défections et ne vous fiez pas aux émigrés... » La conversation se poursuivit jusqu'à dix heures du soir. Dumouriez fit alors répondre qu'il refusait l'entrevue. Massenbach se retira, emportant l'impression qu'il y avait encore une armée française et des généraux capables de la conduire.

Le camp fut levé après minuit. Les soldats, convaincus qu'ils marchaient en avant, se mirent en route sans confusion. Mais quand le jour parut, ils se trouvèrent au milieu de la brume et de la pluie, dans des chemins défoncés, transis, et harassés par les piétinements de la nuit : leur courage s'ébranla. Ils s'aperçurent qu'ils battaient en retraite, et ils s'agitèrent. Douze cents hussards prussiens se jetèrent sur une des divisions, qui se mit en déroute. Il y eut des hommes qui s'enfuirent jusqu'à trente lieues de là en criant à la trahison. Les chefs parvinrent à en rallier le plus grand nombre. Le lendemain, le même vertige égara d'autres troupes. Dumouriez, qui était resté vingt heures à cheval et venait de mettre pied à terre, remonta en selle, sabra les fuyards, harangua les alarmés, et l'on campa. Les alliés, heureusement, ne parurent point. Le 17, la petite armée de Dumouriez arrivait à Sainte-Menehould, elle était sauvée. Elle pouvait attendre les renforts qu'on lui envoyait de toutes parts et Kellermann, qui avait l'ordre de la rejoindre. Dumouriez s'établit fortement dans son camp. L'expérience qu'il venait de faire de ses troupes l'avait convaincu de la nécessité de temporiser jusqu'au moment où elles auraient repris confiance, acquis de la fermeté, et se sentiraient en nombre. Le 19 septembre, la division de Beurnonville opéra sa jonction avec Dumouriez. Tandis que le général en chef saluait ces troupes, le lieutenant Macdonald lui annonça l'arrivée de Kellermann. Il amenait avec lui 16,000 hommes, presque tous de troupes de ligne. L'armée s'élevait à 52,000 hommes. Le soir, Dumouriez écrivait à l'un de ses lieutenants qu'il avait laissés à l'armée du Nord : « Les Prussiens sont accablés de maladies, exténués de fatigue et mourants de faim. En tenant cette position-ci, j'achèverai de ruiner leur armée : c'est l'affaire de quinze jours, et je réponds du succès... Je vous promets, avant le 10 octobre, de mener 30 ou 40,000 hommes à votre secours et de pénétrer encore cet hiver en Belgique. » Le lendemain, un événement qu'il n'attendait pas allait, en le couvrant de gloire, justifier toutes ses conjectures. Mais, pour comprendre cet événement, son caractère, ses conséquences, les négociations singulières qui en furent la suite, il faut pénétrer dans le camp des alliés, rechercher pourquoi, après avoir négligé tant d'avantages, ils allaient commettre tant de fautes, et nous rendre compte des mobiles compliqués qui décidèrent de l'issue d'une campagne où la politique joua un plus grand rôle que la stratégie.

V

Les Prussiens étaient entrés en France pleins de mépris pour l'armée qu'ils auraient à combattre, convaincus, sur la foi des émigrés, que les populations allaient les recevoir en sauveurs : les villes ouvriraient leurs portes ; quant aux bandes révolutionnaires, on les balayerait jusque devant Metz, où le canon anéantirait ce que la peur n'aurait point dispersé. Ils trouvèrent les populations hostiles ; ils les traitèrent en peuple conquis et achevèrent de les révolter. La désillusion fut prompte. « Leur enthousiasme insensé et surtout leur exaspération contre nous dépassent la mesure et les moyens permis », écrivait le 20 août un secrétaire du roi de Prusse. Comptant sur la soumission du pays, les Prussiens n'avaient point pris leurs précautions. Dès les premiers jours, ils manquèrent de tout. Leurs énormes bagages s'entassaient et s'embarrassaient sur les routes détrempées par la pluie. Le mauvais temps durait depuis le 30 juillet ; la marche harassait les troupes, le bivouac les épuisait : la dysenterie les gagna, et avec elle le découragement. Cependant, on s'était arrêté un jour à Longwy pour se refaire ; on s'était arrêté à Verdun ; on piétinait dans la boue plutôt qu'on n'avançait. Deux lieues en une journée suffisaient à mettre sur le flanc les hommes et les chevaux. Les troupes se décimaient sur les chemins. Embourbée et détraquée, cette lourde machine de guerre se disloquait. Quand l'armée prussienne rejoignit les Français, elle était méconnaissable. Le jeune prince de Ligne fut tué dans le combat du 14 septembre. On trouva sur lui une lettre inachevée : « Nous commençons à être las de la guerre ; les émigrés nous promettaient plus de beurre que de pain, mais nous avons à combattre des troupes de ligne dont aucun ne déserte, des troupes nationales qui résistent ; tous les paysans, qui sont armés, ou tirent contre nous, ou nous assassinent quand ils trouvent un homme seul ou endormi dans une maison... Le temps, depuis que nous sommes en France, est si détestable... que nous ne pouvons retirer nos canons; de plus, la famine... Nous avons tout le mal imaginable pour que le soldat ait du pain. La viande manque souvent. Bien des officiers sont cinq, six jours sans trouver à manger chaud. Nos souliers et nos capotes sont pourris... Je ne sais comment nous ferons, et ce que nous deviendrons [1]. » C'était la question que se posait le général en chef, le duc de Brunswick. Il blâmait la guerre qu'il était chargé de conduire et le plan qu'il était chargé d'exécuter. Les obstacles qu'il rencontrait confirmaient ses appréhensions secrètes; et les difficultés augmentaient chaque jour en lui les irrésolutions d'un esprit naturellement perplexe.

Il avait reçu de Gorani deux lettres qui l'avaient fort agité. Elles venaient d'un de ces révolutionnaires raisonneurs et « éclairés » sur lesquels Brunswick croyait pouvoir s'appuyer en France. Gorani le détrompait [2]. Il lui montrait la France décidée à se défendre : les menaces, disait-il, ne feront qu'exaspérer les Français. Comment Brunswick engage-t-il sa gloire, sa réputation dans « une guerre de Titans, aussi injuste qu'impolitique » ? Et sur la foi de qui ? De ces gentilshommes émigrés, « si généralement renommés par leur ignorance, par leur immoralité, et surtout par leur orgueilleux dédain pour tous les étrangers ». Gorani exprimait tout ce que Brunswick avait pressenti et craint. Brunswick ne pouvait se refuser à l'évidence. — On ira certainement à Paris, disait-il à l'envoyé russe, le comte d'Alopéus [3], mais tout ne sera pas fini par là. « L'esprit de vertige et de révolte a jeté en France de trop profondes racines pour que ce soit l'ouvrage d'un ou deux ans de l'étouffer. » Quant aux émigrés, ajoutait-il, ce sont des

[1] Cf. lettre de l'archiduc Charles à l'Empereur. ZEISSBERG, *Erzherzog Carl, Archiv für œsterreichische Geschichte*, t. LXXIII. Vienne, 1888. — H. HÜFFER, *Kabinetsregierung in Preussen und J. W. Lombard*, Leipzig, 1891.

[2] CHUQUET, t. I, p. 168. Les lettres sont du 6 et du 11 août; *Moniteur*, t. XIII, p. 461, 537.

[3] Rapport d'Alopéus, 5 septembre. MARTENS, *Traités de la Russie*, t. VI, p. 159.

gens pour lesquels « la faveur est substituée à la justice, et dont l'arrogance envers le roi de Prusse, malgré qu'ils reçoivent l'aumône de sa main », ne connaît pas de bornes.

Brunswick, ainsi que Dumouriez l'avait justement supposé, opina désormais pour une guerre de sièges sur les frontières. Après qu'on se serait fortement établi dans les places conquises, on marcherait sur Paris, en 1793, et l'on frapperait à coup sûr. Mais les émigrés ne l'entendaient point de la sorte. A ce plan de guerre méthodique, ils opposèrent la guerre politique, à marches forcées, à grands effets de surprises et de terreur, à grands éclats de bataille et à grands triomphes. Ils avaient leurs raisons de la réclamer, et ces raisons ne procédaient pas toutes de leur impatience de revanche et de vengeance. Ils pensaient encore à délivrer Louis XVI. Ils redoutaient aussi qu'en se prolongeant, la guerre ne dégénérât en conquête, et ils n'avaient que trop de motifs de le redouter. Ils affectaient de louer le désintéressement de leurs alliés. Ils ne le vantaient si fort que pour en obtenir l'assurance ; ils ne l'obtenaient point, et, de ce côté-là comme de la part des populations françaises, ils ne recueillaient que des démentis et des déceptions. Ils demandèrent qu'on leur remît les places occupées par l'armée alliée. Les Prussiens répondirent que ces places appartenaient au roi de France, non à un parti, et qu'ils en conserveraient la garde. Le comte de Provence réclama la reconnaissance du titre de régent qu'il s'était arrogé. Il y eut, à ce propos, une conférence à Verdun, le 9 septembre, entre M. de Moustier, qui représentait Monsieur, et les diplomates du quartier général. Le prince de Reuss refusa la reconnaissance au nom de l'Empereur, Schulenbourg la refusa au nom du roi de Prusse, et Breteuil, qui intervint, la refusa au nom du roi de France[1]. Ce représentant de Louis XVI n'était d'accord avec les émigrés que sur un point : la marche sur Paris.

Tous les efforts se réunirent sur ce point-là, et ils finirent

---

[1] *Récit de Nassau-Siegen*, Feuillet, t. VI, p. 342.

par avoir raison des incertitudes de Frédéric-Guillaume. La gloire de délivrer un roi, l'orgueil d'une entreprise qu'aucun Allemand n'avait encore accomplie : sauver l'ordre européen et porter l'aigle prussienne dans la capitale de Louis XIV, il y avait de quoi flatter à la fois ses sentiments chevaleresques et son ambition. Il ordonna la marche en avant. Brunswick se soumit, mais à regret, déplorant la décision du roi, condamnant les conseils qui l'avaient inspirée. Trop courtisan pour résister à son maître, il était trop entêté de ses idées pour se plier à celles d'autrui. Il exécuta mollement une entreprise téméraire et s'exposa à tous les inconvénients de l'imprévoyance sans s'assurer aucun des bénéfices de l'audace. C'est ainsi qu'il laissa, sans l'inquiéter, Dumouriez accomplir sa périlleuse marche de flanc. Après la surprise du 12 septembre, au lieu de l'attaquer de front, il prétendit l'envelopper, et il le laissa s'échapper. Ce qu'il apprit de l'armée française à la suite de cette rencontre n'était pas fait pour diminuer ses hésitations.

Sur la foi des intrigants de toute sorte qui affluaient dans le camp des alliés, on s'y était flatté que les généraux français transigeraient avec l'ennemi et se prêteraient à rétablir la royauté. Le passé de Dumouriez, son rôle au ministère, les négociations qu'il avait essayé d'ouvrir à Berlin, le langage de plusieurs personnes qui se disaient ses amis permettaient de croire qu'il écouterait des propositions de cet ordre. On espérait agir sur lui par sa maîtresse, la baronne d'Angelle, qui était la sœur de Rivarol, et se rattachait ainsi à l'émigration. Au commencement de septembre, un émissaire l'avait abordé avec une lettre qui contenait des avances; le général déchira cette lettre, en jeta les morceaux aux pieds du porteur, et lui dit très froidement : « J'y répondrai à coups de canon. » Le rapport de Massenbach sur son entrevue avec Duval convainquit Brunswick de l'erreur où l'on était autour de lui. Ce prince en conclut qu'il fallait attendre des renforts. Ces renforts n'arrivaient point.

Les Autrichiens se montraient plus lents encore que leurs

alliés à entrer en campagne. Obéissant à des arrière-pensées de conquête qu'ils dissimulaient de moins en moins chaque jour, ils avaient décidé d'assiéger, avec 25,000 hommes et une puissante artillerie, ille, qui n'était défendue que par 4,000 hommes de ligne et 6,000 gardes nationaux. Leurs forces principales devaient couvrir le Rhin et assurer ainsi les communications de l'armée d'invasion. La Prusse ne les voyait pas en mesure de le faire; elle redoutait, de ce côté, une pointe des Français, qui aurait compromis la sécurité de son armée. Après avoir blâmé ces retards, qu'elle attribuait à des calculs politiques, elle commençait à s'en inquiéter. C'est que, pour s'être alliées contre un ennemi commun, les deux puissances allemandes n'étaient point devenues amies et n'avaient pas cessé d'être rivales. A vrai dire, elles ne s'étaient jamais accordées ni sur le but de la guerre ni sur la manière de la conduire. Le roi de Prusse, circonvenu par les émigrés, excité par la Russie, inclinait à rétablir en France la monarchie absolue, comptant se ménager dans le gouvernement restauré un allié puissant. L'Autriche trouvait son intérêt à maintenir la France dans un état de trouble intérieur qui la paralyserait : il suffisait à l'Empereur que le Roi gardât sa couronne et parvînt à régner décemment, par une sorte de compromis, de façon à n'inquiéter ses voisins ni par la force ni par la faiblesse de son gouvernement. Enfin rien n'était encore arrêté sur l'article des indemnités de guerre, « le plus important de tous », comme le disait, avec une grande sincérité, le ministre prussien, Schulenbourg. Les alliés n'étaient guère plus avancés sur cet article, au mois de septembre, qu'ils ne l'étaient à Mayence au mois de juillet[1]. Toutefois, s'ils ne parvenaient pas à sauver le roi de France, ils pourraient tailler dans son royaume, et un nouveau champ s'ouvrirait ainsi, croyaient-ils, aux applications du « principe » de l'égalité des acquisitions respectives. Mais ce « principe », le seul qui dirigeât la vieille Europe, était justement ce qui la divisait le plus.

[1] Voir t. II, p. 498-501 : *les Conférences de Mayence.*

A Vienne, il s'était fait une petite révolution de chancellerie. Le vieux Kaunitz avait décidément pris sa retraite ; le vice-chancelier, Philippe Cobenzl, le remplaçait depuis le 19 août. Dans des conférences ministérielles qui eurent lieu le 3 et le 7 septembre, on discuta longuement sur la révolution de France et sur son étrange corollaire, la question des indemnités[1]. L'Autriche persistait à réclamer, outre l'échange de la Belgique contre la Bavière, un supplément de bénéfices : elle demanderait Anspach et Baireuth ; faute d'obtenir ces margraviats, elle se rejetterait sur l'Alsace ou sur la Pologne. Elle considéra que l'Alsace était loin, que les Alsaciens montraient peu de dispositions, que la France chercherait toujours à reprendre cette province, et elle conclut pour la Pologne. Il restait à prévoir un cas très délicat : celui où, la Prusse ayant pris son lot en Pologne, l'échange de la Bavière ne se pourrait opérer, soit que les Bavarois s'y refusassent, soit que, par le fait des Français, la Belgique ne fût plus disponible. Pour se garantir contre ce danger, les Autrichiens jugèrent prudent d'occuper, à titre de nantissement, autant de districts polonais qu'en occuperaient les Prussiens. Si l'échange de la Bavière s'opérait, l'Autriche évacuerait une partie de ces districts, et elle ne conserverait que les territoires constituant le complément, le *surrogat* d'indemnité, comme on disait à Vienne. Il fut décidé qu'une négociation serait ouverte, à cet effet, avec la Prusse, et le référendaire Spielmann, qui fut chargé de la conduire, partit le 12 septembre pour le quartier général de Frédéric-Guillaume. Ses instructions[2], quant aux affaires de France, prévoyaient le cas où, le Roi et le Dauphin venant à succomber, Monsieur serait en position de faire valoir ses droits. L'Autriche estimait qu'alors il serait aussi imprudent que dispendieux de poursuivre la guerre pour imposer à la nation un gouvernement dont elle ne voulait point. Il faudrait au moins que l'Espagne et l'Angleterre s'en mêlassent, ce qui semblait douteux. L'instruction admettait donc l'hypothèse

---

[1] Vivenot, *Quellen*, t. II, p 180-186. — Sybel, *Trad.*, t. I, p. 591.
[2] Vivenot, t. II, p. 216.

d'une paix qui laisserait la France démembrée : une partie, les départements royalistes, sous Monsieur, le reste en États confédérés. Si, par bonheur, le Roi et le Dauphin conservaient la vie, Spielmann était autorisé à approuver une négociation entre le gouvernement français et le duc de Brunswick : le salut de la famille royale et le rétablissement de Louis XVI sur le trône en formeraient les conditions essentielles. Le sentiment des difficultés de la guerre, la crainte que la Prusse n'obtint des succès trop prononcés, l'arrière-pensée de ne se point engager à fond sans être sûr d'avoir la Bavière ou au moins des palatinats polonais, l'abandon éventuel de la cause monarchique, la tendance à négocier et à transiger avec la Révolution, telles étaient les vues qui perçaient à travers les instructions de Spielmann et qui retardaient la marche des Autrichiens.

Des préoccupations analogues assiégeaient, dans le même temps, l'esprit des Prussiens et suspendaient leurs mouvements. La Russie se montrait d'une réserve extrême ; on ne pouvait obtenir de cette cour des explications précises. Après avoir tant excité les convoitises, elle semblait prendre plaisir à les décevoir. La Prusse ne savait qu'une chose, c'est que, profitant de l'éloignement des alliés, la Tsarine s'établissait en Pologne et y opérait à sa guise. L'Autriche, d'autre part, s'enveloppait de mystère ; les Prussiens pouvaient craindre qu'au lieu d'employer ses forces contre les Français, elle n'occupât tout simplement la Bavière, et ne s'entendit avec la Russie pour régler les affaires de Pologne au détriment de la Prusse. Était-il prudent, dans ces conditions, de compromettre l'armée prussienne ? Ces réflexions fortifiaient Brunswick dans son dessein de gagner du temps, de parlementer, de négocier jusqu'à ce que l'on sût à quoi s'en tenir. Frédéric-Guillaume répugnait à cette politique, mais on y inclinait autour de lui, et ce prince, véhément et mobile, n'échappait jamais longtemps aux influences de son entourage. Là, tout était petites fins et petits moyens. Le ministre Schulenbourg, le seul homme d'affaires que le roi eût auprès de lui, repartit pour Berlin, en demi-disgrâce, débordé par les événements, contrarié par les favoris. La direction de la diplomatie passa aux mains d'un Italien élevé dans la chancellerie de Frédéric, adroit, habile même, insinuant, mais ondoyant au possible, fugitif dans ses idées, insaisissable dans ses actes, un parfait égoïste au fond et toujours inquiet de flairer le vent favorable. C'était Lucchesini, naguère ministre à Varsovie, où il s'était montré l'adversaire ardent de l'Autriche. Il arriva le 14 septembre au quartier général. Il y fut bientôt suivi par Haugwitz, qui, pendant tout l'été, avait représenté la Prusse à Vienne. Lucchesini était le beau-frère de Bischoffswerder; Haugwitz était le compère de ce thaumaturge, sortant comme lui de l'officine des rose-croix. Bischoffswerder les aida, de son mieux, à se faufiler aux premiers rangs; mais à mesure que l'alliance autrichienne, qui était son œuvre, perdait du crédit, il était contraint de s'effacer. Dans la cabale, où il avait régné, la confiance intime passait alors à un aide de camp du roi, le colonel Manstein. Laborieux, borné, courtisan mystique devant la galerie, homme de plaisir dans le secret, mélange du théosophe et de l'intrigant, imposant par ses manières réservées, la correction de sa tenue, son air sombre, ses allures taciturnes, Manstein visait à prendre dans l'esprit du roi la place de Bischoffswerder. Il prévoyait un revirement et se préparait à en profiter. Tous d'ailleurs inclinaient à juger la partie perdue; ils ne s'étaient mis en route que pour une promenade militaire; ils ne voulaient point d'une expédition sérieuse qui, en se prolongeant, substituerait nécessairement l'influence des militaires à celle des favoris. Ils préféraient la diplomatie à la guerre et l'intrigue à la diplomatie.

Ainsi, dirigés par des motifs divers, tous ceux qui tenaient les fils dans ces conjonctures critiques se trouvaient disposés aux négociations : Dumouriez, pour gagner du temps et attendre ses renforts; les alliés, pour se tirer d'une affaire qui leur semblait inextricable, s'épargner de nouvelles dépenses et s'assurer plus vite leurs indemnités; les émigrés, enfin, pour hâter l'événement et décider leur succès. Ces gentilshommes prenaient leurs mesures pour corrompre Dumouriez, comptant fort sur l'intervention de la baronne d'Angelle. C'était l'évêque de Pamiers qui menait ce petit complot. Il s'agissait d'obtenir de Dumouriez que, dans le cas où son armée serait repoussée sous Paris, il se prononçât pour Louis XVI. « Je ne sais point, écrivait le baron de Breteuil, de bornes à mettre aux gains que Dumouriez pourrait demander pour lui et ses adjoints en pareille circonstance. » Ils affectaient, d'ailleurs, une imperturbable confiance. « Il ne restait plus qu'une bataille à gagner, rapporte Bertrand de Molleville, bataille que le mauvais temps empêchait de livrer ; mais je n'avais pas le moindre doute que, le jour où la pluie cesserait, l'armée de Dumouriez ne fût taillée en pièces. L'impatience de voir ce beau jour me réveillait. » Le baron de Breteuil le croyait prochain. « Les Prussiens marchent sur Paris, écrivait-il à Fersen le 12 septembre ; M. le duc de Brunswick ne compte s'arrêter à Valmy, où il sera dans quatre jours, que le temps qu'il lui faudra pour renouveler et assurer les vivres de son armée[1]. » Brunswick arriva, en effet, à Valmy à peu près au jour dit ; mais il y trouva Kellermann, qu'il ne s'attendait point à y rencontrer.

VI

Le soir du 19 septembre, Dumouriez avait son quartier général à Sainte-Menehould ; Kellermann avait le sien, à quatre lieues de là, à Dampierre. Ils pouvaient, en se réunissant, mettre en ligne 36,000 combattants. Le reste de l'armée était occupé à garder les passages. Les Prussiens disposaient de 34,000 hommes avec cinquante-huit canons. Ils se trouvaient entre les Français et la route de Paris ; les Français s'étaient placés entre les Prussiens et la route d'Allemagne. Les deux adversaires s'étaient ainsi tournés l'un l'autre. Le

[1] FERSEN, t. II, p. 366, 370. — BERTRAND DE MOLLEVILLE, *Mémoires*, t. II, ch. XXXI.

roi de Prusse jugea l'occasion bonne à couper les Français de leurs communications. Craignant que Dumouriez ne lui échappât une seconde fois, il ordonna d'occuper, le 20 septembre, la route de Châlons. Les Prussiens se mirent en marche le matin par un brouillard intense, qui se résolut bientôt en une pluie fine et froide. Ils se heurtèrent à l'avant-garde de Kellermann, et l'on commença de se canonner en tâtonnant dans la brume. Kellermann prit position sur le plateau de Valmy. Dumouriez le fit appuyer sur ses ailes et se mit en mesure de déborder la gauche des Prussiens. Ces dispositions étaient prises avant midi. A ce moment les Prussiens se préparaient à attaquer Kellermann.

Le brouillard se dissipa, et le jour, en s'élevant, découvrit l'une à l'autre les deux armées. Les Prussiens s'étaient formés en colonnes : c'était la fameuse infanterie de Frédéric ; depuis la guerre de Sept ans, elle n'avait pas livré de grande bataille. L'ardeur de combattre, le sentiment qu'elles avaient de leur prestige rendaient à ces troupes, abattues la veille, leur allure redoutable. Sous le feu violent des artilleurs français, elles se déployaient, rapporte un officier russe [1], « avec cet ordre qui caractérise les troupes prussiennes ; à quelques boulets près, on eût cru se trouver à une manœuvre de Potsdam bien compassée. Jamais je ne vis rien de plus beau et de plus imposant, et jamais je n'avais plus fermement cru à une victoire. » Les alliés s'attendaient à voir les Français plier et se débander devant cette forteresse vivante qui s'avançait vers eux. Ils les aperçurent, au contraire, fermes à leur poste, en bel ordre de bataille, rangés en amphithéâtre sur le plateau, devant le moulin qui le dominait, attendant l'assaut. Cependant quelque agitation se manifesta dans le rang des Français. Kellermann leva au bout de son épée son chapeau décoré de la cocarde tricolore, et parcourut le front des troupes, animant les cœurs. Des cris enthousiastes de : Vive la nation ! lui répondirent. Les Prussiens s'arrêtèrent. Une canonnade furieuse s'engagea.

---

[1] *Nassau-Siegen*, FEUILLET, t. VI, p. 354.

Les Prussiens avaient cinquante-quatre pièces en batterie. Les Français ne leur en opposaient que quarante, mais parfaitement servies. Vers deux heures, des caissons firent explosion sur le plateau; les Français parurent tourbillonner un instant, et leur feu cessa. Sur l'ordre de Kellermann, le duc de Chartres amena deux batteries montées qui couvrirent l'infanterie. Les artilleurs se remirent de leur alerte, et leur tir reprit, serré, continu. Déconcertés par l'aplomb de ces troupes, qu'ils se figuraient chancelantes, troublés par le feu de cette artillerie, qu'ils avaient cru désorganisée et qu'ils reconnaissaient encore « pour la première de l'Europe », les Prussiens hésitèrent. Brunswick jugea l'opération manquée et la suspendit. On vit alors ces colonnes, tout à l'heure fières et menaçantes, osciller un instant, pivoter et s'éloigner. La canonnade seule continua jusqu'au soir. La bataille coûtait à peine deux cents hommes aux Prussiens, trois cents aux Français. Si l'on ne regarde qu'au sang versé, c'était une escarmouche; si l'on mesure les conséquences, c'était un des grands événements de l'histoire.

Dumouriez n'avait point pris part au combat. Il sut en retirer tous les fruits. Il échauffa les troupes, leur inspira confiance en elles-mêmes et dans leurs chefs. Elles avaient fait reculer les phalanges de Frédéric, elles se crurent invincibles. L'entrain succédait à la panique. Les Prussiens se sentirent vaincus; ils doutèrent, non de leur force, mais de la faiblesse de l'ennemi et de l'utilité de la guerre. Il suffit de cette rencontre pour réveiller chez eux leur animosité traditionnelle contre ce rival d'hier, cet allié d'aujourd'hui, l'Autrichien, pour lequel, répétaient-ils, ils s'épuisaient sans en être soutenus. Ils n'éprouvaient alors aucune haine contre les Français; les trouvant forts, ils se reprirent à les respecter, et se souvinrent que la France avait été longtemps une amie fidèle. Entre une armée luttant pour une cause nationale, se croyant appelée à régénérer le monde, et des soldats soutenant, loin de leur patrie, une guerre toute politique, sous des chefs incertains, la partie cessait d'être égale. Valmy fit passer toutes les forces morales du côté des Français.

On le sentit au camp prussien : « Vous allez voir, dit le major Massenbach, comme ces petits coqs-là vont se dresser sur leurs ergots. Ils ont reçu le baptême du feu... Nous avons perdu plus qu'une bataille. Le 20 septembre a changé la tournure de l'histoire. C'est le jour le plus important du siècle. » Le soir, autour du feu de bivouac, Gœthe, interrogé par ses compagnons sur la portée de l'événement, leur répondit : « De ce lieu et de ce jour date une nouvelle époque de l'histoire du monde, et vous pourrez dire : J'y étais. » Ce que Massenbach exprimait en soldat, ce que Gœthe résumait en philosophe, chacun en avait l'instinct, et la dépression des âmes était d'autant plus profonde que les souffrances matérielles s'y joignaient. Depuis quatre jours, les troupes vivaient d'une décoction de blé : le pain manquait, et, qui pis est, l'eau potable, au milieu des marécages et sous la pluie battante. « Le 21, au matin, rapporte Gœthe, on se sentait dans une situation humiliante et désespérée. Nous nous trouvions placés sur le bord d'un vaste amphithéâtre, et, de l'autre côté, sur des hauteurs dont le pied était couvert par des rivières, des étangs, des ruisseaux, des marais, l'armée ennemie formait un demi-cercle immense... Si belliqueux qu'on eût été la veille, on avouait qu'un armistice était désirable, car les plus courageux et les plus ardents étaient forcés de reconnaître qu'une attaque serait l'entreprise la plus téméraire du monde. »

Si la position des Prussiens était mauvaise, celle de Dumouriez restait dangereuse. Le découragement de l'ennemi le servait plus que ses propres ressources. Ses troupes ne lui paraissaient pas encore de taille à risquer une bataille rangée. Avec un peu de résolution et d'audace, les Prussiens pouvaient le tourner et le couper. Il comprit avec une sagacité rare que le temps travaillait pour lui. Dans cette rencontre singulière, il ne s'agissait que de payer de contenance : il suffisait d'agir en vainqueur pour s'assurer les avantages de la victoire. La partie se présentait comme Dumouriez aimait à la jouer ; il se trouvait dans son élément. « Je suis arrivé au point d'épuiser cette armée par les bivouacs, la famine, les maladies et la désertion, écrivait-il ¹. J'ai eu l'avantage dans tous les combats particuliers : c'est en quoi le brave Kellermann m'a vigoureusement aidé. J'ai été le Fabius, il a été le Marcellus, et nous minons ensemble l'Annibal Brunswick. » Il se proposait de réunir quatre-vingt mille hommes, et, en attendant, de maintenir une « espèce de trêve » en amusant l'ennemi « par de vaines négociations ». Vaines, au début peut-être, mais, dans sa pensée, elles ne devaient point le demeurer toujours. Il désirait, au fond, que l'ennemi prît l'amusement au sérieux. L'idée de détacher le roi de Prusse de la coalition lui revenait naturellement à l'esprit, et il se croyait dans son camp plus maître de la diplomatie qu'il ne l'était, trois mois auparavant, aux Affaires étrangères. Toutefois, ignorant les sentiments de la Convention, qui se réunissait alors à Paris, il ne voulait se hasarder qu'avec une extrême prudence. Il se contenta de reconnaître le terrain. Le hasard lui en fournit l'occasion.

Il y avait dans la maison civile du roi de Prusse un jeune secrétaire du nom de Lombard ; c'était un garçon avisé, mais d'un naturel fort pacifique. Cependant, lorsqu'il entendit le canon, il ne put contenir sa curiosité et voulut, comme tous les autres, aller voir la bataille. Mal lui en prit, car il tomba dans un parti de cavaliers français qui le ramassèrent. On prétendait qu'ils ne faisaient point de quartier aux Prussiens ; Lombard s'estima trop heureux de leur abandonner sa bourse, sa montre, sa bague, ses éperons et son cachet. Tandis qu'ils l'emmenaient, ils rencontrèrent une troupe de volontaires, et ce fut, avoue Lombard, un très mauvais moment à passer. Lombard était d'une famille de réfugiés ; il parlait français ; les volontaires, à son costume civil et à son langage, le prirent pour un émigré et voulurent le pendre. Les hussards le dégagèrent et l'entraînèrent à bride abattue jusqu'au camp du général Duval, entre les mains duquel ils le laissèrent. Duval, en apprenant sa qualité, le traita fort poliment, et ordonna qu'on le conduisît chez Dumouriez, à Sainte-Menehould. Il partit

¹ A Servan, 26 septembre 1792.

avec un convoi de blessés et erra toute la nuit dans les chemins, sous la pluie, sans manteau, affamé, transi, et par-dessus tout consterné de la déplorable aventure dans laquelle son imprudence l'avait jeté. Dumouriez lui envoya le lendemain un de ses aides de camp, qui tâcha de le faire parler ; puis il le vint voir et l'effraya. « Pas un Prussien ne sortira vivant de notre territoire », lui dit-il. Cependant le roi de Prusse réclamait son secrétaire. Dumouriez aperçut là un moyen d' « amorcer une négociation [1] ». Il mit Lombard en liberté et lui confia un mémoire rédigé sous son inspiration par Fortair, un de ses aides de camp, très mêlé à ses intrigues belges et l'un de ses confidents intimes. L'auteur du mémoire insistait sur le péril où l'alliance autrichienne entraînait la Prusse, sur les forces, chaque jour plus formidables, que lui opposerait la France. Après avoir insinué que Dumouriez se trouvait placé « par l'universelle confiance au plus haut degré du pouvoir », le mémoire concluait en ces termes : « L'examen de tout ce qui vient d'être dit, joint à une multitude de motifs intéressants au roi de Prusse lui-même, porterait volontiers M. Dumouriez, général en chef, à prendre la liberté de lui conseiller de se retirer d'abord de sa personne et, ensuite, d'entrer en négociation sur le pied qui lui a été proposé par ce général lorsqu'il était ministre des affaires étrangères ; alors le roi de Prusse retirerait son armée du pas dangereux où elle se trouve et s'en servirait, ainsi qu'il y sera infailliblement appelé par une nécessité supérieure, à achever le vrai plan de la monarchie prussienne, qui est de contre-balancer la maison d'Autriche... »

Lombard se mit en route, mais il n'était pas au bout de ses peines. Westermann [2], qui avait eu vent de l'affaire, le rejoignit, l'arrêta et le ramena à Sainte-Menehould, demandant qu'au lieu de le renvoyer purement et simplement, on l'échangeât contre George, maire de Varennes, que les Prussiens avaient pris et gardaient en otage à Verdun. Dumouriez ne

---

[1] Lettre à Lebrun, 24 septembre 1792.
[2] En mission officielle depuis le 14 septembre. AULARD, t. I, p. 56.

pouvait s'y refuser; il ne pouvait non plus dissimuler à l'envoyé du Conseil exécutif la mission qu'il avait confiée à Lombard. Il vit d'ailleurs dans cette confidence forcée l'avantage d'associer à une affaire assez scabreuse un homme qui se targuait de la confiance de Danton. Lombard dut rentrer dans la prison, fort douce d'ailleurs, où on l'avait détenu. Il écrivit à son maître pour lui annoncer les propositions d'échange, ajoutant avec un beau stoïcisme de style qu'il s'en remettait à la sagesse du roi et subordonnait sa liberté aux nécessités de la politique.

Westermann était impatient d'entrer en scène, de se tailler un rôle, de se mesurer avec les rois et de jouer le grand jeu des intrigues. Il porta au camp prussien la lettre de Lombard et le mémoire de Fortair. Il ne se contenta point de remettre ces écrits, il insinua que l'on pourrait négocier un arrangement qui assurerait le salut de Louis XVI, et que l'on en saurait davantage si l'on envoyait quelque personne autorisée auprès du général en chef. Les Prussiens désiraient s'aboucher avec Dumouriez; Dumouriez leur proposait, en réalité, de reprendre les pourparlers au point où ils les avaient rompus, au mois d'avril, à Berlin. Son émissaire d'alors, Benoit, avait dit, en partant, que la négociation serait peut-être plus aisée sur le territoire français[1]. C'était le cas. Le roi accepta la proposition d'échange. Brunswick et Manstein l'engagèrent vivement à ne point repousser les ouvertures de Dumouriez. L'état de l'armée, la nécessité où l'on croyait être de battre prochainement en retraite, les inquiétudes que donnaient la conduite de l'Autriche et celle de la Russie, enfin l'espoir de sauver la vie de Louis XVI décidèrent Frédéric-Guillaume. Il autorisa Manstein à se rendre au camp français, en compagnie de Heymann, ancien lieutenant de Bouillé, qui se piquait d'avoir de l'action sur Dumouriez et des intelligences dans le parti de la Révolution. L'entrevue eut lieu le 23 septembre à Dampierre, au quartier général de Kellermann. On échangea force compli-

[1] Cf. t. II, p. 448.

ments et prévenances ; Manstein tâcha d'amener Dumouriez à se déclarer pour Louis XVI. Sans se prononcer sur le fond, Dumouriez prodigua les encouragements et les promesses vagues, « amplifia beaucoup sur tous les points touchés dans le mémoire », et consentit à transmettre au Conseil exécutif les propositions que Manstein lui laissa par écrit sous ce titre : *Points essentiels pour trouver le moyen d'accommoder à l'amiable tout malentendu entre les deux royaumes de France et de Prusse.* Le texte était court et précis :

1° Le roi de Prusse ainsi que ses alliés désirent un représentant de la nation française dans la personne de son roi pour pouvoir traiter avec lui. Il ne s'agit pas de remettre les choses sur l'ancien pied, mais, au contraire, de donner à la France un gouvernement qui soit propre au bien du royaume.
2° Le roi ainsi que ses alliés désirent que toute propagande cesse.
3° L'on désire que le roi soit mis en entière liberté.

A ces conditions, disait Manstein, le roi de Prusse ne se mêlerait pas de la constitution intérieure de la France, encore moins des affaires des émigrés : il abandonnerait ces derniers sans aucune difficulté. La conférence terminée, on se mit à table, puis on convint de se revoir et l'on décida de cesser provisoirement le feu[1].

Manstein arriva plein d'espoir au camp prussien, et fit partager cette confiance autour de lui. Pour éviter à son maître le reproche de déloyauté, il eut soin d'avertir le prince de Reuss et l'envoyé de Catherine, le prince de Nassau-Siegen. Il invita Dumouriez et Westermann à dîner, le 25, au quartier général, offrant de les présenter au roi de Prusse. Dumouriez reçut cette invitation le 24. Il accepta d'abord ; puis, à la réflexion, il se ravisa. Il avait appris, la veille au soir, en rentrant à son quartier, la réunion de la Convention et les premiers actes de

---

[1] Rapport de Nassau, FEUILLET, t. VI, p 358; HÆUSSER, t. I, p. 381. — SYBEL, *Trad.*, t. I, p. 558-559. — FERSEN, t. II, p. 389. — Reuss à Spielmann, 26 septembre ; VIVENOT, t. II, p. 233. — Dumouriez à Lebrun, 24 septembre ; Kellermann à Servan, 24 septembre. — CHUQUET, t. III, ch. II, *la Négociation de Manstein.* — ZEISSBERG, *Errherzog Carl.*

cette assemblée souveraine : l'abolition de la royauté, la proclamation de la république. Ces nouvelles coupaient court à la négociation entamée par Manstein. Dumouriez n'était point homme à se compromettre sans profit et à risquer prématurément sa fortune dans la partie que venait de perdre La Fayette. Il écrivit à Manstein, lui fit ses excuses et lui manda les nouvelles de Paris, ajoutant qu'il attendait les ordres de son gouvernement pour reprendre les pourparlers. Il terminait par des compliments emphatiques et par l'expression sentimentale des regrets que lui causait une guerre contraire aux principes de l'humanité, de la philosophie et de la raison. Dumouriez savait aussi bien parler le jargon des rose-croix que celui des jacobins et jouait tour à tour, avec la même désinvolture, les personnages divers qui convenaient à ses desseins.

Cette négociation avec les Prussiens était encore la moindre des affaires qu'il avait à conduire. Il lui fallait défendre contre son propre gouvernement la position dans laquelle il s'était retranché et dont il tirait un si grand parti. Servan le pressait de battre en retraite et de couvrir Paris. Les troupes françaises souffraient moins que les prussiennes, mais elles étaient très éprouvées cependant. Dans l'inaction de la vie campée, au milieu des bois trempés de pluie, l'indiscipline tendait sans cesse à renaître. Ces allées et venues d'émissaires, ces entrevues de généraux agitaient les esprits, naturellement portés au soupçon. Enfin Kellermann, qui s'estimait le véritable vainqueur de Valmy, repoussait avec impatience la suprématie que s'arrogeait Dumouriez et prétendait n'agir qu'à sa guise. Il voulait se retirer sur Châlons. Il ne laissait pas d'ailleurs d'avoir aussi ses visées politiques, et, sans contredire Dumouriez sous ce rapport, il le contrariait en battant les buissons sur son chemin. Ardent patriote, excellent officier dans le service, mais envieux de prestige et fort susceptible, plus soldat, plus soudard aussi que Dumouriez, Kellermann, comme tous ceux qui avaient fait leur apprentissage dans la guerre de Sept ans, admirait Frédéric, détestait l'Autriche et se flattait d'intriguer et de négocier aussi finement que tous ses compagnons d'armes. Il y allait très franchement, estimant les propositions prussiennes sincères et profitables. Il conseillait à Servan de les accepter pour rompre « la monstrueuse alliance », ramener la Prusse à la France et rejeter tout le faix de la guerre sur l'Autriche[1].

Dumouriez voyait de même sur ce point-là; mais il voyait de plus loin, en diplomate et en politique. Il ne croyait pas impossible de détacher les Prussiens de l'Autriche; avant tout il voulait se débarrasser d'eux. Ne leur prêtant pas plus de bonne foi qu'il n'en mettait de sa personne dans la négociation, il entendait les obliger à se retirer, et pendant que Kellermann inquiéterait leur retraite, il se rejetterait lui-même sur la Belgique. Il tâcha de gagner Kellermann à ce projet, lui représentant l'honneur qu'il gagnerait à tenir tête seul au roi de Prusse. Faute de pouvoir le convertir, il en appela au Conseil.

Il se mit en règle avec le nouveau gouvernement et reconnut bruyamment la République. « Je suis enchanté, écrivit-il à Clavière, que nous ayons sauté le pas de la République. Actuellement il n'y a plus d'incertitude. Les modérés n'ont qu'à lire Plutarque et à changer de peau comme le serpent[2]. » Cela dit, il revint aux affaires, c'est-à-dire à son plan d'invasion des Pays-Bas. Il en écrivit à Servan, et croyant que Westermann avait ses entrées chez Danton, il le dépêcha à Paris en le chargeant de son courrier. Il comptait d'ailleurs sur Lebrun, pour convaincre le Conseil. « Les points essentiels de Manstein ne sont point une base de négociation, lui écrivit-il le 24 septembre, mais cette pièce, qui n'engage à rien, peut servir de prétexte pour entrer en conversation. Elle prouve la détresse de l'armée prussienne. — Je crois, ajouta-t-il, le roi de Prusse très embarrassé et très fâché d'avoir été si avant, et qu'il désirerait trouver un moyen de sortir d'embarras... Si je le tiens encore en panne huit jours, son armée sera entièrement défaite, d'elle-même, sans combattre. » D'ailleurs, il n'enta-

---

[1] 24 septembre. CHUQUET, t. III, ch. II et ch. IV : *le Camp de Sainte-Menehould.*
[2] 26 septembre. CHUQUET, t. III, ch. II.

merait aucune négociation sans un ordre formel. « Répondez-moi à cet égard; en attendant, je continuerai à tailler ma plume à coups de sabre. »

Des émissaires choisis parmi les Alsaciens de l'armée se rendaient aux avant-postes prussiens, y répandaient des écrits contre l'Autriche et des appels à la liberté; ils engageaient les Allemands à déserter, et à s'établir en France pour jouir des bienfaits de l'égalité : Vous y trouverez des emplois et des terres, car les Français, disaient ces naïfs apôtres, « aiment les Prussiens comme des frères et ne détestent que les Autrichiens ». Les Autrichiens et les émigrés se plaignaient de cette propagande que les Prussiens semblaient favoriser. Ceux-ci se décidèrent à y mettre fin, et, le 24 septembre, Massenbach fut chargé de déclarer que si les émissaires persistaient dans leurs tentatives d'embauchage, on les repousserait à coups de fusil. Reçu aux avant-postes français par le général Stengel, Allemand d'origine et qu'il connaissait de longue date, Massenbach fut conduit chez Kellermann. Il y trouva réunis les généraux La Barollière et Dillon, avec les ducs de Chartres et de Montpensier, « les deux princes Égalité », comme on disait alors. On se mit à causer de la campagne en gens du métier, qui se faisaient la guerre ainsi que l'entendaient, à la fin du dix-huitième siècle, les militaires de profession, sans esprit de haine nationale, sans passion dénigrante et sans mépris : une sorte de milieu entre une affaire d'honneur et une partie d'échecs. On s'estimait justement parce que l'on se battait ensemble, et, pendant les pauses, on causait en hommes qui, pour risquer leur vie les uns contre les autres, ne se sentent pas moins du même monde, nourris de la même civilisation et liés encore, quoique ennemis, par la grande franc-maçonnerie des armes[1]. Massenbach trouva les Français très préoccupés des événements politiques. Ils n'osaient pas, disaient-ils, considérer l'avenir. Dillon, soldat vaillant et royaliste convaincu, partagé entre son ardeur guerrière et son attachement pour

---

[1] Cf. I, p. 81, 157 et suiv.

Louis XVI, se montrait plus agité, plus perplexe, plus communicatif aussi que ses compagnons. Il avait autrefois connu Frédéric-Guillaume et Brunswick. Après le dîner, il prit à part Massenbach : « Dites au roi et au duc, lui dit-il, que la vie du roi ne peut être sauvée que si la coalition reconnaît la République et fait la paix avec elle. Cette paix la ruinera, car les partis se déchireront, mais la guerre les exaspérera, la monarchie et la noblesse seront anéanties. Qu'on ne songe pas à ramener les frères du roi : toute la nation les méprise et les déteste. » Puis, attirant son interlocuteur dans l'embrasure d'une fenêtre ouverte, où il était sûr de n'être point entendu de ses compagnons, il ajouta plus bas : « Dites au roi qu'on prépare à Paris une invasion de l'Allemagne, car on sait que le Rhin est découvert de troupes allemandes, et qu'on espère ainsi hâter la retraite des armées du sol français. » Cette confidence était peut-être, dans la pensée de Dillon, un moyen de décider les Prussiens à la retraite. L'avis dépassait singulièrement la mesure, et des confidences de ce genre équivalaient à trahison. Il n'y avait qu'une façon de comprendre le devoir : se battre et se taire, loyal conseil que Danton donna au duc de Chartres [1]. Autrement la pente était trop glissante, et c'était le péril de ces entrevues. Dumouriez était trop avisé, trop maître de lui pour laisser échapper de ces paroles redoutables ; mais il avait, et comme général et comme diplomate, trop d'intérêt à continuer les pourparlers pour ne pas employer tout son art à tenir les Prussiens en haleine.

Il trouva dans Manstein un interlocuteur plein de zèle. Refusant de se rendre au camp prussien, sous le prétexte que ses soldats s'y opposaient, il invita l'aide de camp du roi à venir le voir : « Nous causerons à fond sur les intérêts de deux nations faites pour s'aimer et être alliées. » Manstein dîna le 25 septembre à Dampierre, chez Dumouriez, avec Kellermann, Valence et les « deux princes Égalité ». Dumouriez démontra que le roi de Prusse serait nécessairement conduit à traiter

---

[1] Taine, *la Révolution*, t. II, p. 284.

avec la Convention. Manstein n'en écarta pas absolument la pensée et fit entendre que, « malgré la répugnance du monarque prussien », de nouvelles propositions seraient probablement faites. Pour les faciliter, on résolut de négocier un cartel d'échange des prisonniers de guerre, et l'on arrêta que Thouvenot, l'aide de camp de confiance de Dumouriez, se rendrait à cet effet, le lendemain, au quartier général prussien [1].

Les Prussiens reconnurent qu'ils s'étaient flattés d'étranges illusions. Cependant, comme les terrains étaient impraticables, que la cavalerie perdait ses chevaux, que la dysenterie continuait de sévir, ils ne pouvaient songer à une attaque nouvelle avant d'avoir reçu des renforts. Des bruits sinistres circulaient; on assurait que des troupes arrivaient chaque jour à Dumouriez, que des bandes de forcenés battaient le pays, rompant les communications, massacrant les soldats isolés. L'inquiétude était extrême. Ce fut « de la consternation » lorsque Manstein rapporta, le 25, des exemplaires du *Moniteur*, avec le compte rendu des premières séances de la Convention, et que Massenbach révéla les projets des Français sur le Rhin[2]. Les partisans de la négociation perdirent leur confiance en eux-mêmes et leur crédit auprès du roi. Frédéric-Guillaume refusa dès lors de croire à la possibilité d'une entente. Lucchesini, arrivé le 24 au quartier général, le confirma dans ce sentiment. Tout adversaire qu'il était de l'Autriche, il était homme de précaution. Il se méfiait de Dumouriez, et ce général allait rencontrer désormais un partenaire digne de lutter avec lui de finesse et de subtilité.

Lorsque, le 26 septembre, Thouvenot se présenta, il fut reçu par le duc de Brunswick. Le cartel d'échange fut signé sans difficultés; puis on en vint aux affaires politiques. Thouvenot s'en tira avec esprit, éludant les questions compromet-

---

[1] Hæusser, t. I, p. 381; Dumouriez à Servan, 26 septembre. — Mortimer-Ternaux, t. IV, p. 543.

[2] Reuss à Spielmann, 26 septembre; Vivenot, t. II, p. 233. — Hæusser, t. I, p. 384. — Massenbach, t. I, p. 122.

tantes. « Nos nations, disait Brunswick, ne sont pas faites pour être ennemies. N'y aurait-il pas moyen de nous accommoder à l'amiable? Nous savons que nous n'avons pas le droit d'empêcher une nation de se donner des lois, de tracer son régime intérieur; nous ne le voulons pas. Le sort du roi seul nous occupe. » Qu'on les rassurât sur la vie de Louis XVI, qu'on donnât à ce prince une place dans le nouvel ordre de choses, et le roi de Prusse se retirerait, il deviendrait même un allié de la France. — « Je ne vois, répondit Thouvenot, qu'un seul moyen d'arrangement : c'est de traiter avec la Convention nationale. » Sur ces entrefaites, Lucchesini survint. Il trouvait des difficultés à négocier avec la Convention : ne pourrait-on pas s'arranger avec l'armée? — « Chez nous, monsieur, répliqua Thouvenot, la force armée ne traite pas de politique[1]. »

Dumouriez jugea que son aide de camp avait montré trop de réserve. « J'espère, écrivit-il à Clavière le 26 septembre, que ceci ne sera pas long, et que, si on m'y autorise, avec quelques escarmouches et de bonnes paroles, je vous débarrasserai des Prussiens. Quant aux Autrichiens, c'est autre chose. Mon avis n'est pas que nous les tenions quittes à si bon marché, et mes braves amis belges doivent y gagner leur liberté et nous leur alliance. » Il attendait beaucoup des « bonnes paroles »; mais il souhaitait qu'on lui permît d'aller plus loin. « Comme les Prussiens paraissent me témoigner une confiance exclusive, parce que j'ai été ministre des affaires étrangères, écrivit-il à Servan le même jour, je pourrai, si la République le juge à propos et si on m'envoie des bases, travailler activement et profiter des circonstances. » Reconnaissance de la République, rupture de la coalition, neutralité entre la France, l'Autriche et l'Empire, une simple intercession pour Louis XVI, évacuation du territoire : « Si ces articles peuvent être accordés, il s'ensuivra très vite un traité d'alliance entre

---

[1] *Résultat de la conférence qui a eu lieu entre MM. le duc de Brunswick, le comte de Lucchesini et le lieutenant-colonel Thouvenot* : Journal de Prudhomme, 1792.

la France et la Prusse, qui donnera, presque sans combattre, la liberté aux peuples de la Belgique [1]. »

Dumouriez ne différa point à reprendre les pourparlers. Sachant que le roi de Prusse manquait de sucre et de café, il imagina, le 27 septembre, de lui en envoyer; il y joignait un second mémoire, beaucoup plus long que le premier et beaucoup plus emphatique, sur le danger que l'alliance autrichienne faisait courir à la Prusse. Le tout était accompagné d'une lettre adressée à Manstein, « le vertueux Manstein », comme le qualifiait la missive. Dumouriez protestait de l'estime où tous les Français tenaient le roi de Prusse, de leur désir de renouer avec lui l'utile alliance dont les avait privés « une cour légère et perfide ». Il montrait les calamités qu'entraînerait la continuation de la guerre : « Il faut traiter avec nous ou il faut nous détruire, et on n'efface pas de la surface du globe une nation courageuse de vingt-cinq millions d'habitants. D'ailleurs, concluait-il, ce succès serait un crime contre l'humanité, s'il pouvait avoir lieu, nous passerions de l'amour de votre roi à l'horreur d'un homme inhumain et injuste. Non, cela ne peut pas être; vous m'avez peint le cœur et les vertus du roi, vous devez être son garant. Je vous embrasse cordialement. » Il comptait sans doute que ces fadeurs humanitaires et cet épais encens enivreraient le sombre théosophe. Il se mettait au ton des bizarres courtisans de Frédéric-Guillaume, espérant ainsi gagner ce monarque à ses insinuations et l'amener à quelque proposition précise. Il l'amena, en effet, à se prononcer, mais dans un sens fort différent de celui qu'il désirait.

Ce fut Lucchesini qui commenta le message et qui inspira la réponse. Depuis son entretien avec Thouvenot, et en raison même de la réserve observée par cet officier, Lucchesini s'était convaincu que Dumouriez n'avait point de pouvoirs; que la Convention, selon toute vraisemblance, ne l'autoriserait point à traiter aux seules conditions compatibles avec l'honneur de

---

[1] Mortimer-Ternaux, t. IV, p. 541.

la Prusse ; que l'armistice ne profiterait qu'aux Français, et que toutes ces négociations n'aboutiraient qu'à brouiller en pure perte la Prusse avec l'Autriche. Le second mémoire de Dumouriez à Manstein l'affermit dans cette opinion. Le roi fut d'ailleurs blessé du ton que le général français prenait à son égard, de la manière dont il lui faisait la leçon sur ses propres intérêts, et de la hauteur avec laquelle il lui conseillait de trahir l'Autriche. Il désapprouva Brunswick, blâma Manstein, et l'obligea d'écrire sur-le-champ à Dumouriez. La lettre était fort sèche : elle coupait court, dans les formes les moins sentimentales, aux effusions du général français. — Le roi ne manquait de rien, les présents étaient superflus. « J'ose vous prier de ne plus vous donner de pareilles peines. » Manstein priait aussi Dumouriez de ne plus parler de l'Autriche. « Chacun a ses principes : celui du roi mon maître est de demeurer fidèle à ses engagements. Ce principe ne pourra qu'augmenter la bonne opinion que la nation française a de ce prince... » Cette ironie, qui sentait son Frédéric, trahissait la collaboration de Lucchesini à la correspondance du « vertueux » Manstein [1].

La lettre rompait la négociation ; mais elle ne changeait point le fond des choses. Elle n'empêchait pas la pluie de tomber sans relâche, la terre de se détremper encore davantage, les convois de s'embourber et de rester en chemin, le fourrage de manquer, les chevaux de dépérir, les soldats de mourir de la dysenterie, les Russes de s'établir en Pologne et les Autrichiens de s'attarder en Allemagne. En huit jours, l'armée prussienne s'était affaiblie de six mille hommes. Le ministère ne recevait aucune offre réelle de Vienne ou de Saint-Pétersbourg. Le 21 septembre, lorsque les Prussiens pouvaient encore livrer bataille, ces considérations les avaient engagés à différer le combat ; maintenant que l'attaque devenait téméraire, elles leur commandaient la retraite. C'est à quoi ils se

[1] Sybel, *Trad.*, t. I, p. 562. — Heusser, t. I, p. 384. — Lucchesini aux ministres prussiens, 29 septembre ; Ranke, *Ursprung und Beginn der Revolutionskriege*. Leipzig, 1875, p. 371.

résignèrent. Pour se couvrir, et faute d'autre engin de guerre, ils lancèrent un manifeste. Brunswick qui avait déjà signé celui de juillet, qu'il trouvait détestable, signa encore celui d'octobre, qu'il ne jugea pas meilleur. Le premier était un manifeste d'invasion, destiné à faire peur; le second était un manifeste de retraite, destiné à faire illusion : il était tout plein de faux-fuyants, les équivoques de la pensée atténuaient les rodomontades du style, et les sommations étaient doublées d'échappatoires. Cet épouvantail de chancellerie était l'œuvre de Lucchesini. Ce diplomate en paraissait fier, parce qu'il y avait glissé nombre de malentendus : « J'ai dû, écrivait-il aux ministres prussiens, me borner à insister sur la liberté, la sûreté et le rétablissement de la dignité du Roi Très Chrétien, points qui pourront être accordés en tout cas sans entraîner implicitement l'idée de son autorité. J'ai évité soigneusement de rien dire qui puisse nous compromettre par rapport à cette formation subite d'un État républicain ; enfin les termes employés nous laisseront toute la liberté et la facilité d'appliquer leur sens aussi bien à un avenir heureux qu'à un état de succès imparfaits et insuffisants pour l'exécution de nos vues. »

Une missive de Manstein transmit, le 28 septembre, ce manifeste à Dumouriez et lui en annonça la publication. Ce document prussien produisit sur Dumouriez le même effet que le mémoire français avait produit sur le roi de Prusse : « Le duc de Brunswick me prend sans doute pour un bourgmestre d'Amsterdam, dit-il à l'officier qui apportait le message. Annoncez-lui que, dès ce moment, la trêve cesse et que j'en donne l'ordre devant vous. » Puis, prenant la plume, il écrivit : « Je suis affligé, vertueux Manstein, de recevoir pour unique réponse à des raisonnements que m'inspiraient l'humanité et la raison une déclaration qui ne peut qu'irriter un peuple libre... Ce n'est pas ainsi qu'on traite avec une grande nation et qu'on dicte des lois à un peuple souverain. » Dumouriez n'avait point à dissimuler le manifeste ; il prit les devants, le fit imprimer, y joignit son second mémoire au roi de Prusse, la lettre de Manstein, sa réponse, et fit lire le tout aux soldats avec cet ordre du jour : « Voici, mes compagnons d'armes, les propositions raisonnables que j'ai faites aux Prussiens après avoir reçu d'eux des messages pour une pacification. Le duc de Brunswick m'a envoyé un manifeste qui irritera la nation entière et augmentera le nombre des soldats. Plus de trêve, mes amis ; attaquons ces tyrans et faisons-les repentir d'être venus souiller une nation libre. » Correspondance, mémoire, manifeste et ordre du jour furent envoyés à la Convention. Dumouriez eut soin que quelques exemplaires s'égarassent chez les Prussiens.

Ce ton péremptoire et cette fermeté de décision ne laissèrent point de leur causer de l'inquiétude. Ils trouvèrent que Dumouriez allait bien vite en besogne et que, pour le prendre de si haut, il devait se sentir en mesure d'agir avec vigueur. S'il le faisait, leur retraite était plus que compromise et pouvait se terminer en déroute. Il leur parut que le général français avait pris trop à la lettre la rhétorique du manifeste et n'en avait pas saisi toute la diplomatie. Dumouriez les avait abusés par des négociations illusoires et s'était ainsi donné le temps de recevoir ses renforts. Ils tâchèrent de lui rendre la pareille et de l'amuser à leur tour jusqu'au moment où leur retraite semblerait assurée. Le plus pressé était de prolonger la trêve, ne fût-ce que d'un jour. Brunswick le déclarait indispensable ; Manstein écrivit le 29 septembre à Dumouriez, l'assurant qu'il s'était mépris sur le sens de la déclaration : « Cette réflexion et l'amour de l'humanité me prescrivent de vous demander un entretien pour demain. »

Dumouriez, qui disposait alors de plus de soixante-dix mille hommes, méditait un mouvement qui devait, selon lui, forcer les Prussiens à se retirer sur la Meuse ; mais il avait besoin de quelques jours pour se concentrer. Pour les gagner, il comptait harceler l'ennemi, le fatiguer, couper ses convois. Tout en les « tracassant » ainsi, il espérait encore les amener à la paix par les voies de persuasion ; mais il ne croyait plus possible de décider le roi de Prusse à rompre avec l'Autriche : « Ces gens sont insolents, écrivait-il le 29 septembre à Lebrun ; mais ils ont besoin de la paix, et je les crois très fâchés de s'être enfournés. La grande difficulté pour eux est de savoir comment ils pourront garder le *decorum* dans cette négociation. Je crois que décidément le roi de Prusse n'abandonnera pas l'Autriche. Mon avis est aussi qu'il vaudrait mieux consentir à la paix générale, si nous pouvions la faire glorieusement, que de courir les hasards d'une guerre très longue dans notre propre patrie. J'espère qu'ils ne s'aviseront pas de nous demander de l'argent ou des cessions de territoire, et que dans un aucun cas nous ne serons assez lâches pour rien céder qui compromette la dignité nationale. » Mais que voulait-on à Paris? Dumouriez, dans l'ignorance où il était sur ce point, ne pouvait faire un pas de plus : « Voilà plusieurs courriers très importants qui restent sans réponse. Il est cependant bien essentiel qu'on prenne un parti, ou pour traiter ou pour rompre entièrement. Je le demande avec insistance. » La veille, il avait usé des grands moyens et écrit directement à Danton : « On ne m'envoie point, lui disait-il, de décision sur le commandement, qui doit être dans les mains d'un seul, tant que les armées sont réunies... Ayez soin de vous faire représenter mes quatre ou cinq dernières dépêches au patriote Servan... Pesez tout cela dans votre sagesse, brave Danton ; chargez-vous de me faire des réponses précises, des oui ou des non [1]. »

Dans tous les cas, si l'on voulait renouer, il y avait une condition préalable à remplir : la rétractation du manifeste. Persuadé qu'il l'obtiendrait en tenant ferme, Dumouriez écrivit à Manstein que, tant que ce manifeste subsisterait, les pourparlers ne pourraient être repris. Il ajouta que, d'ailleurs, il l'avait envoyé à la Convention : « Je ne peux, disait-il en terminant, qu'attendre les ordres de mon souverain, qui est le peuple français, rassemblé en Convention nationale par ses représentants. » Ainsi, le 29 septembre, les rôles étaient sensiblement changés. Le lendemain de Valmy, les Prussiens

---

[1] CHUQUET, t. III, ch. IV.

avaient eu réellement la pensée de négocier ; maintenant la négociation n'était plus pour eux qu'une ruse de guerre. Ils cherchaient à arrêter Dumouriez par le moyen que ce général avait employé pour les contenir. Dumouriez les avait joués, cependant, au fond, et, tout en profitant de son artifice, il était prêt à engager sur cette invite une partie sérieuse. De part et d'autre, on était disposé à reprendre la conversation. Mais toutes les résolutions étaient subordonnées aux volontés du souverain qui venait de prendre, pour les trois années les plus orageuses de l'histoire de France, possession de l'État français : la Convention.

CHAPITRE II

LA GUERRE D'AFFRANCHISSEMENT

1792

I

La Convention nationale se réunit le jeudi 20 septembre 1792. Elle comprenait 782 députés pourvus de 298 suppléants destinés à remplacer ceux qui viendraient à disparaître [1] ; il ne s'en présenta que 371, sur lesquels 253 seulement répondirent à l'appel nominal pour la nomination du président; Pétion fut élu par 235 voix [2]. On pouvait rejeter sur l'éloignement et sur les difficultés du voyage cette défection de tant d'absents qui formaient, en réalité, la majorité absolue de l'Assemblée ; mais cette défection se continua presque constamment, pour une infinité de causes, et elle fut une des grandes faiblesses de la Convention. Le 21 septembre, à l'unanimité des membres présents, cette assemblée souveraine décréta que la royauté était abolie en France [3], et, le 22, que tous les actes publics porteraient dorénavant la date de l'an premier de la République française. L'abolition de la royauté était la constatation d'un fait ; la proclamation de la République était la reconnaissance d'une nécessité. Il fallait à la France un gouvernement, et il n'y en avait pas d'autre possible que le républicain. Un an auparavant, une très petite minorité d'agitateurs audacieux

---

[1] Jules GUIFFREY, *les Conventionnels*, liste des députés et des suppléants à la Convention nationale, Paris, 1889.

[2] *Procès-verbaux de la Convention nationale*, Paris, 1792-1795.

[3] L'appel nominal du 21 septembre au soir, pour la nomination d'un vice-président, constate la présence de 349 votants.

se hasardait seule à prononcer le mot de république. En réalité, depuis l'arrestation de Louis XVI à Varennes jusqu'à l'établissement de l'impraticable constitution de 1791, la France avait vécu sous le régime républicain. Les esprits s'y étaient habitués. Louis XVI n'avait recouvré les apparences du pouvoir que pour achever de perdre tout prestige. L'intervention des étrangers rompit ce pacte équivoque et sépara définitivement la royauté de la nation. La nation, menacée dans ses droits fondamentaux et dans son indépendance, avait repris l'exercice de sa souveraineté; l'Assemblée qui représentait la nation se déclara souveraine. La question était de savoir comment elle userait de cette souveraineté.

La Convention a passé par tous les extrêmes. Elle a étonné le monde par son audace guerrière, entraîné la France, fait trembler l'Europe, imposé la paix à des rois. Elle s'est avilie sous la tyrannie de quelques fanatiques sanguinaires, elle n'a su ni se gouverner soi-même ni garder son indépendance devant la populace armée de Paris. Elle a prétendu inaugurer le règne de la raison pure, elle s'est constamment soumise à la raison d'État. Elle n'a proclamé le droit abstrait que pour le confondre avec les caprices de la force populaire. Elle a fait, dans le même temps, des choses sublimes, des choses exécrables, des choses absurdes. Son nom reste lié au souvenir de la défense nationale et au souvenir de la Terreur. Elle a porté, presque sans les débattre, de grandes lois sociales qui engageaient l'avenir, et elle a gaspillé d'innombrables séances à discuter des expédients arbitraires, des questions de personnes, des mesures de circonstance, des utopies, des décrets de proscription et de persécution. Elle a scellé l'unité nationale et s'est consumée dans les factions. Son règne a donné plusieurs des dates les plus glorieuses de l'histoire de France et quelques-unes des plus funestes. Elle a suscité à la fois des héros comme Desaix, Marceau, Hoche, et des scélérats comme Carrier. Jamais la France n'a été si splendide au dehors et si souillée au dedans que sous son gouvernement. Composée en très grande partie de légistes, elle n'a excellé que dans la guerre; nommée pour établir la liberté en France, elle y a préparé la dictature d'un chef d'armée. Elle a prétendu asseoir la paix sur des bases éternelles, assigner à la France des limites prescrites par la nature même et propager la fraternité parmi les peuples du vieux monde : elle a, par les conséquences fatales de ses principes, déchaîné entre les Français et leurs voisins des luttes épouvantables; elle a provoqué la révolte universelle des peuples contre les rois, et sa politique a conduit la France à entrer en marché avec les rois pour partager des territoires et des nations. Tout est gigantesque dans ses actes; ses contradictions confondent, ses revirements déconcertent. On ne pourrait asseoir sur l'ensemble de sa carrière aucun jugement ferme, si, à travers ses aberrations mêmes, elle n'était demeurée constamment fidèle à deux résolutions qui constituent sa raison d'être, son unité et sa grandeur historique : sauver l'indépendance nationale de la France et assurer les droits conquis aux Français par la Révolution.

Il ne faut point oublier, quand on essaye de la juger, qu'elle a régné trois ans, du mois de septembre 1792 au mois d'octobre 1795, et qu'elle a subi, durant ces trois années, plusieurs transformations. Selon les époques, elle a présenté dans sa composition même des différences profondes[1]. La timidité de la plupart de ses membres l'a presque constamment réduite à n'être qu'une portion d'elle-même, ou, si l'on peut parler ainsi, sa propre minorité[2]. Les députés les plus courageux et les plus actifs se sont dispersés dans les missions ou se sont vu

---

[1] Nombre, composition, groupement des membres, ce sont comme des assemblées différentes : dans les premiers mois; après le 21 janvier 1793; après la proscription des Girondins, juin 1793; après la proscription des Dantonistes, avril 1794; après la chute de Robespierre, juillet 1794; après le retour des Girondins, mars 1795, et la proscription des Montagnards, mai 1795. Sur 782 députés élus et 170 suppléants qui furent appelés à siéger, 35 ont quitté l'assemblée, 19 sont morts de maladie, 9 ont été tués à l'ennemi, 4 prisonniers de guerre, 76 tués ou exécutés, 126 détenus, dont les 73 Girondins, de mars 1793 à mars 1795. Les suppléants vinrent remplacer les morts, les proscrits et les détenus, puis ils demeurèrent même après le retour des titulaires. Jules GUIFFREY, op. cit.

[2] La majorité absolue des membres composant la Convention était de 392. Les appels nominaux constatent la présence de 417 députés en décembre 1792 ; de

décimer par la proscription et par la guillotine. Les représentants en mission se sont remplacés les uns les autres ; les proscrits se sont succédé ; les suppléants ont pris la place des victimes. Non seulement les majorités se sont déplacées, mais la composition même des partis a varié. Il n'y avait de lien entre les conventionnels que leur passion commune du salut de l'État. Cette passion était celle de la France ; elle a inspiré tout ce que la Convention a fait de grand ; elle a plané en quelque sorte sur cette Assemblée, et elle est demeurée comme impersonnelle dans l'âme des conventionnels. Tant qu'il s'est agi de combattre l'étranger, cette passion les a soutenus, et ils ont triomphé : ils exprimaient la volonté générale et ordonnaient les mouvements que la nation voulait accomplir. Quand il s'est agi d'organiser la Révolution et de constituer la République, ils ont été abandonnés à eux-mêmes, c'est-à-dire à leurs illusions et à leurs partialités, et ils y ont succombé. De là cette obéissance extraordinaire qu'a rencontrée la Convention, jusque dans ses excès, lorsqu'elle a commandé la guerre nationale ; de là aussi, malgré tous les services rendus et les prodiges accomplis, son impopularité et son discrédit final lorsqu'elle a essayé de gouverner ; de là enfin la disproportion de ses mesures et le spectacle étonnant qu'elle présente d'efforts si énormes pour obtenir du peuple ce qu'il offrait avec tant d'enthousiasme : ses bras, son sang, tout son cœur.

Ce qui a manqué le plus à cette Assemblée, déchirée par les rivalités personnelles et les factions d'amour-propre, ce sont des chefs de parti et des partis disciplinés. Non seulement il n'y en avait point, mais les esprits les plus éclairés considéraient comme funeste qu'il y en eût. « Les constitutions fondées sur l'équilibre des pouvoirs supposent ou amènent

---

721 à 355 en janvier 1793 ; de 600 à 365 en février ; de 630 à 293 en mars. Ces chiffres tombent à 241 après le 2 juin 1793, à 186 en juillet 1793 ; à partir de cette époque jusqu'après le 9 thermidor (juillet 1794), ils oscillent entre 220 et 250. Ils se relèvent en 1794, le jour de l'élection de Robespierre à la présidence, mais ce jour-là seulement, à 485.

l'existence de deux partis, disait Condorcet ; et un des premiers besoins de la République française est de n'en connaître aucun[1]. » Au fond de tous les paradoxes et de tous les sophismes qui ont égaré la Convention, on découvre ce terrible *postulat* de l'unanimité. Tous la veulent, tous la jugent nécessaire ; mais chacun l'imagine selon son utopie ou selon son ambition, et c'est la notion même que chacun se fait de l'unité de doctrine et de pouvoir qui engendre les plus acharnées discordes. Faute de se pouvoir convaincre, on cherche à s'exclure et se supprimer l'un l'autre. Cet esprit de proscription est l'effet même du fanatisme, mais tous les fanatiques ne sont point nécessairement entreprenants, dominateurs, inflexibles ; quelques-uns naissent prophètes et conducteurs d'hommes ; le grand nombre nait disciple et subalterne, servile pour obéir aux plus forts, tyrannique pour commander aux plus faibles.

Dans toute Assemblée, il y a un fond mouvant toujours prêt à se déplacer selon la vigueur des impulsions données aux extrémités, et qui décide de tout par ses reflux. Dans la Convention, ce fond se composait d'hommes nouveaux et d'hommes obscurs. Il y en avait 476 qui n'avaient siégé dans aucune assemblée, et parmi ces 476 quatre seulement se firent un nom dans les débats : Danton, Saint-Just, Barbaroux et Louvet[2]. Presque tous sortaient du barreau, des prétoires ou de la basoche. Cette origine explique la moyenne relativement élevée de leurs connaissances, leur esprit procédurier, leur aptitude aux affaires, leur goût aux harangues solennelles et aux raisonnements subtils, leur soumission à la raison d'État, leur conception toute concrète de la souveraineté du peuple, leur facilité à appliquer à cette souveraineté qu'ils s'identifiaient, les maximes et les habitudes de la souveraineté royale, leur docilité au commandement du maître, pourvu que le maître commandât selon les formes, leur souplesse aux mesures violentes, pourvu qu'elles conservassent un masque

---

[1] Discours du 23 février 1793, *Moniteur*, t. XV, p. 460.
[2] Aulard, *l'Éloquence parlementaire*, t. I, p. 65.

de légalité. Ils étaient, avec ce caractère, sincèrement patriotes, très bien intentionnés, laborieux, presque toujours désintéressés, sains de cœur [1].

Leur sincérité fut précisément la cause de leurs défaillances. Ils avaient une confiance absolue dans leur bonne volonté et dans leur raison ; ils ne doutaient pas que la lumière jaillît de leurs délibérations : l'ennemi serait repoussé par l'effort de tous les bons citoyens; la République s'organiserait par le concours de tous les honnêtes gens. Ils s'imaginaient que l'obstacle de la coalition et celui des discordes civiles une fois écartés, tout s'accommoderait de soi-même pour le bonheur public. Ce serait l'œuvre de quelques mois. Il ne s'agissait que d'anéantir les obstacles, et ils se sentaient capables de grands efforts. Ils ne voyaient pas que l'obstacle de la coalition qui leur semblait le plus formidable était, en réalité, le plus facile à supprimer, car l'immense majorité des Français travaillait, de concert, à le détruire. Mais il était peu de chose en comparaison de celui que les conventionnels, comme tous les Français, portaient en eux-mêmes. Cet obstacle-là s'opposait à l'organisation du gouvernement idéal, parce que chacun concevait l'idéal du gouvernement à sa façon, et que presque personne n'en avait une notion claire, applicable, vivante et nationale. Tous s'irritaient d'être entravés, et chacun s'en prenait à ses rivaux. Ce trouble de leurs esprits les livra déconcertés aux événements, aux séditions populaires, aux audacieux qui exploitèrent, pour les soumettre, leur impatience d'unanimité et leur inaltérable illusion de concorde. Ils dérivèrent ainsi au jour le jour, selon les courants, et se virent poussés de l'extrême énergie dans l'extrême faiblesse, presque malgré eux et sans l'avoir voulu [2].

La plupart des représentants ne comptaient, dans les

---

[1] « Il faut le dire à l'honneur de la France, quelque désastreux qu'ait été le résultat des travaux de nos premières assemblées délibérantes... dans ces assemblées la majorité fut presque toujours saine. — Quoi ! même la Convention ?... — Oui, monsieur, même la Convention... » Comte DE SERRE, discours du 14 avril 1819.

[2] Sur l'état des esprits à l'époque du 10 août et sur la marche des factions, voir

séances publiques, que par leur nombre, et ils ne servirent qu'à former la pluralité ; mais il s'en trouva parmi eux beaucoup qui cherchèrent dans les comités d'affaires à la fois un refuge pour leur timidité et un atelier pour leur zèle. Ils y trouvèrent des conseillers et des précepteurs dans les survivants de la Constituante et de la Législative, qu'un même état d'âme portait, comme Sieyès et Cambacérès, à prendre les mêmes expédients et à suivre les mêmes voies. Ces comités, volontairement obscurs pour la plupart, se fermèrent, autant qu'ils purent, pendant la tourmente et ne se révélèrent que pendant l'accalmie ; ils ont été cependant les instruments les plus efficaces de l'œuvre sociale, de l'œuvre législative et de l'œuvre administrative de la Convention [1]. Ils continuèrent l'ouvrage des comités des assemblées précédentes. Ce qui a été accompli alors de durable leur appartient. Les mesures dont on fait, à juste titre, honneur à la Convention, ont été préparées, sauf de très rares exceptions, par les membres les plus modérés de cette Assemblée.

Sur les côtés, toujours incertains, de cette foule vacillante que l'on appela la Plaine et le Marais, se groupaient les hommes plus résolus et plus ambitieux qui se disputèrent la Convention ; à droite, ceux que l'on a l'habitude de nommer les Girondins ; à gauche, ceux que l'on désigne sous le nom de Jacobins et de Montagnards, rapprochés, chacun dans leur groupe, par leurs caractères plus que par leurs idées, réunis par des passions et surtout par des antipathies communes, rassemblés par les circonstances plus que par les systèmes et moins liés par les principes que par les intérêts.

Les Girondins étaient appelés à jouer dans la Convention le rôle des Feuillants dans la Législative. Quelques-uns étaient républicains de vœu spontané, et d'autres de raison ; tous

---

t. II, liv. IV, ch. III : *le Règne des violents et des fanatiques*, p. 521 ; *la Terreur et la défense nationale*, p. 574.

[1] Décrets organisant les comités, 1ᵉʳ et 2 octobre 1792. Comités : de législation, des finances, de l'instruction publique, des travaux publics, de constitution, de liquidation, diplomatique, des colonies, de la marine, de la guerre, des domaines, des secours publics, du commerce, de l'agriculture.

l'étaient devenus sincèrement. Ils croyaient à la toute-puissance de la liberté. Ils se présentaient en politiques de doctrine; ils réprouvaient, au moins en théorie, les mesures d'exception et les maximes de la raison d'État; mais ils confondaient trop aisément, dans la pratique, la politique avec l'intrigue, quand l'intrigue servait leurs desseins et travaillait selon leur doctrine. Ils voulaient fonder un gouvernement de droit, où domineraient les esprits cultivés; mais ils confondaient encore trop aisément le gouvernement de droit avec le règne des esprits cultivés, c'est-à-dire avec leur règne. Ils ne se posaient pas sur leurs propres moyens d'action les mêmes scrupules qu'ils affectaient sur les moyens de leurs adversaires. Ils détestaient le désordre, méprisaient la démagogie et aimaient l'humanité. Ils considéraient que, le peuple se composant de l'ensemble des Français, les départements devaient compter plus que Paris : c'était, dans leur politique, la part du droit, et ils la défendaient avec courage. Paris était contre eux; ils voulaient le noyer dans les départements : c'était la part de l'intérêt, et ils la poursuivaient avec passion. Ils arrivaient ainsi à concevoir une sorte de république plus américaine que romaine, où le pouvoir, très dispersé, serait exercé par une oligarchie de philosophes. Cette conception ne trouvait aucun fondement dans le passé de la France; les circonstances, qui voulaient un gouvernement très puissant et très concentré, s'y opposaient; les Girondins ne rencontraient ni en eux-mêmes ni dans le pays les éléments nécessaires pour l'appliquer. Ils n'avaient ni plan ni chefs, et parmi les hommes que leur éloquence aurait pu appeler à les diriger, il n'y en avait aucun qui fût homme d'État. Les départements qui devaient leur servir de levier ne leur offraient aucun point d'appui assuré. Rien n'y était préparé à leurs vues. La seule puissance qui y fût organisée rayonnait de Paris et travaillait contre eux.

C'était la société des Jacobins. Ceux qui la dirigeaient désormais et en exploitaient les affiliations siégeaient à la gauche de la Convention. Les Girondins n'étaient qu'une coterie; les Jacobins étaient une faction. Autoritaires et démocrates, ils considèrent que Paris a pour mandat de gouverner la France, et qu'avoir Paris pour soi, c'est tenir le gouvernement français. Paris est aux chefs de la démagogie et à la Commune : les Jacobins entendent capter ces forces populaires, les absorber, s'ils le peuvent, s'en faire soutenir, dans tous les cas. Leur conception de l'État est simple : c'est la conception romaine; la France y est dressée [1]. Ils seront républicains, sous Marius ou sous César, comme peuvent l'être des sujets émancipés de Louis XIV, élevés dans les collèges monarchiques et catholiques à la doctrine de l'Unité, et la transportant toute vive de la souveraineté royale à la souveraineté démocratique. Bonaparte était jacobin en 1793; quand il devint empereur, il gouverna avec des Jacobins. Dans une révolution où règne une logique implacable, il n'y a rien eu de plus logique que cet enchaînement. Cette logique, qui fit plus tard dégénérer la révolution jacobine en empire démocratique, assura dans la Convention le triomphe de la Montagne sur la Gironde.

Un seul homme peut-être aurait pu, dans les tâtonnements de l'Assemblée, détourner ce courant des choses, et donner aux modérés ce qui leur manquait, un homme d'État, un chef pratique, la force populaire. Mais les principaux des modérés, les Girondins, détestaient Danton, précisément parce que, voyant en lui le seul homme capable de gouverner l'État, ils voyaient également en lui le plus redoutable rival à écarter du gouvernement. Ils recommencèrent contre lui la guerre néfaste que les monarchistes avaient menée contre Mirabeau. Tout en Danton leur était odieux ; il leur semblait suspect par ses origines, repoussant par ses alliances, indigne par son caractère, méprisable par son empirisme, atroce par ses moyens, avant tout, enviable pour son influence et dangereux par sa popularité. Madame Roland envenima leur haine de toute l'aigreur

---

[1] « L'idée fondamentale de la République était que l'Empire romain était identifié avec la cité de Rome; les magistrats municipaux de la capitale étaient traités comme des magistrats de l'Empire. » MOMMSEN, *Histoire romaine*, liv. V, ch. XI, trad. fr., t. VII, p. 199.

d'une animosité féminine. Elle s'était crue régente de France après le 10 août; mais en s'enorgueillissant des effets de cette journée, elle aurait voulu en voiler les événements. Danton les lui rappelait trop volontiers, répétant à tout propos, de sa grosse voix : « Nous sommes de la canaille, nous sortons du ruisseau [1] ! » Il ravalait la vanité bourgeoise de l'Héloïse girondine et révoltait sa pruderie politique. Elle le voyait toujours avec du sang sur les mains, « le chef de la horde », la torche ou le poignard à la main [2]. Elle parlait de lui comme Marie-Antoinette de Mirabeau, mais avec plus de ressentiment, abhorrant de moins haut.

Danton sentait très bien que ses rivaux et même ses amis ne le supporteraient point au ministère : c'était parmi les conventionnels un préjugé invincible qu'un député ne pouvait participer directement au pouvoir exécutif. Il se démit de ses fonctions le 21 septembre. L'Assemblée décréta, le 29, que les ministres ne pourraient être pris parmi ses membres. Danton visait à devenir le chef d'une majorité : il lui fallait pour y arriver l'appui des modérés. Il les recherchait par politique et aussi par goût, car il les estimait, les aimait et désirait placer en eux le centre de gravité de son gouvernement. Leur confiance aurait pu seule lui permettre de se dégager des complicités démagogiques et de faire front à l'anarchie. « Vingt fois, disait-il plus tard, vingt fois je leur ai offert la paix. Ils ne l'ont pas voulue [3]. » Les Girondins l'accusèrent d'aspirer à la dictature : ils entreprirent de l'avilir afin de le mieux ruiner. Il le rejetèrent ainsi vers la Commune, et avant de le perdre, ils se perdirent eux-mêmes dans cette lutte qui fut le fléau de la Convention.

Danton ne fut remplacé au ministère de la justice que deux semaines après sa démission. Il eut pour successeur Garat, littérateur inconsistant, qui n'avait, en politique, que « l'esprit de l'escalier » et qui n'a guère montré de jugement que

---

[1] Mots à Ségur. *Mémoires* de Ph. DE SÉGUR, t. I, p. 12.
[2] Expressions de ses lettres à Bancal. Paris, 1835.
[3] GARAT, *op. cit.*, p. 451.

dans ses Mémoires. Servan se retira aussi, estimant qu'il ne serait plus longtemps libre de faire le bien. Il obtint un commandement à l'armée des Pyrénées. Il eut pour successeur, le 3 octobre, Pache, commis à tout faire, officieux du ménage Roland dont il avait gagné la faveur par ses dehors de bonhomie vertueuse et subalterne. Au fond, un intrigant onctueux qui abandonna ses patrons dès qu'il les jugea compromettants : probe et laborieux de sa personne, mais faible aux fripons, docile aux scélérats, tutélaire aux coquins que ses calculs d'ambition sournoise l'obligeaient à ménager ou qui savaient lui faire peur. Appliqué dans le détail des paperasses, brouillon dans les affaires, niais en fait d'armée, il ne voulut et ne sut être que le suppôt de la Commune dans le ministère[1]. Lebrun devenait l'aigle de ce cabinet, un des plus pauvres qu'il y eût alors en Europe. Le Conseil exécutif eût été plus qu'insuffisant si Danton, directement jusqu'au 12 octobre, indirectement dans les semaines qui suivirent, n'avait continué de l'inspirer, au moins pour les affaires extérieures. On sut l'action de son influence dans les négociations avec la Prusse.

II

Le Conseil reçut, le 25 septembre, les lettres apportées par Westermann et prit connaissance des *Points essentiels* posés par Manstein. Le Conseil se prononça pour les négociations[2]. Sans accorder « beaucoup de croyance à la sincérité des ouvertures faites par le roi de Prusse, il était cependant dans l'intention de ne pas les repousser ». Sur le premier et le troisième des articles indiqués par Manstein, la mise en liberté de

---

[1] Sur Pache, son ministère et son rôle de « désorganisateur de la victoire », voir Chuquet, *Jemmapes*, Paris, 1790, en particulier ch. v : Pache; et *La trahison de Dumouriez*, Paris, 1891, ch. i.

[2] Procès-verbal du Conseil exécutif, 36ᵉ séance, Aulard, t. I, p. 70. — Lebrun à Dumouriez, 26 septembre; Lebrun à Noël, 28 septembre. — Cf. ci-dessus, p. 54.

Louis XVI et son rétablissement sur le trône, il n'y avait point de conciliation possible; mais en serrant de près, en sollicitant avec insistance le texte du premier article, le Conseil en retirait « l'aveu formel de cette base fondamentale de la République... la souveraineté de la nation française »... « En demandant Louis XVI comme un représentant avec lequel il pût traiter, le roi de Prusse, par une contradiction bizarre, faisait une demande conforme à ce qu'avait établi la Constitution contre laquelle les puissances liguées avaient pris les armes et dont elles avaient accéléré la chute... » Ce premier *point essentiel*, qui contenait tant de choses, contenait aussi « l'aveu formel que l'ancien gouvernement n'était pas propre au bien du royaume ». Le Conseil concluait que, tout en écartant ces articles relatifs à Louis XVI, on pourrait peut-être s'accommoder sur les intérêts mêmes du roi de Prusse. Il décida, en conséquence, de renvoyer Westermann auprès de Dumouriez et de lui adjoindre Benoît « avec des pouvoirs suffisants ». Benoît arrivait de Londres; il était en mesure de renseigner Dumouriez; il devait se concerter avec lui, et conduire l'affaire sous sa direction.

Il fallait quelque dextérité pour concilier les *Points essentiels* de Manstein, qui ne touchaient que Louis XVI, avec une négociation dont la personne de ce prince devait être exclue. Ce n'était point simplement pour calmer leurs scrupules juridiques que les membres du Conseil s'étaient livrés à cette joute de subtilités. Ils jugeaient opportun de négocier, mais ils savaient qu'il serait dangereux de passer, aux yeux de leurs terribles commettants, pour suspects de pactiser avec les tyrans[1]. Sous ce rapport, un procès-verbal succinct et des dépêches diplomatiques, nécessairement secrètes, ne suffiraient point à les couvrir, du moins au début. Il fallait se mettre en règle avec la Convention, et comme l'évacuation du territoire était l'objet qu'ils se proposaient d'atteindre, ils jugèrent expédient de poser comme une condition préalable de

---

[1] Voir les articles des journaux sur les négociations. CHUQUET, t. III, ch. v.

leurs négociations ce qui en devait être le résultat. En conséquence, ils rédigèrent la déclaration suivante :

« Les généraux ayant fait connaître au Conseil qu'il leur a été fait des ouvertures de la part du roi de Prusse, qui annoncent quelques dispositions à entrer en négociations, le Conseil, après avoir délibéré sur cette communication, arrête qu'il sera répondu : Que la République française ne peut entendre aucune proposition avant que les troupes prussiennes aient définitivement évacué le territoire français. »

Le lendemain, 26, Lebrun porta cet arrêté à la Convention [1]. Il le fit précéder d'un rapport violent. Il y parlait, notamment, « de ces perfidies profondes dont la politique du cabinet de Berlin avait souvent donné le scandale ». Le reste allait du même ton. Si Brunswick ignorait le langage qu'il faut tenir aux peuples libres dont on désire l'amitié, Lebrun n'avait aucune notion de l'art de parler aux rois dont on recherche l'alliance. Il y avait sans doute quelque finesse cachée et des arrière-pensées qui se dissimulaient sous l'emphase de son rapport, comme il y en avait dans le manifeste de Lucchesini; mais chacun gardait pour soi les restrictions mentales; manifeste et discours s'adressaient à la galerie, et la galerie, qui les prenait à la lettre, n'y voyait que des menaces et des provocations. La lecture du rapport fut suivie de celle de l'arrêté. L'un et l'autre furent accueillis par des applaudissements. Lebrun annonça en terminant que désormais la politique « serait aussi franche que peu compliquée », et qu'il n'y aurait plus lieu de recourir « à cette diplomatie qui n'était que l'art de la dissimulation, de la perfidie, de l'imposture et de la tromperie ». Cela fait, il rentra dans son ministère et signa les instructions destinées au négociateur qu'il chargeait de jouer au plus fin avec un de ces poten-

---

[1] Le texte du *Moniteur*, t. XIV, p. 56, diffère légèrement de celui du registre du Conseil : *annonce le désir,* au lieu de : *annonçaient quelques dispositions; veut entendre,* au lieu de : *peut entendre; entièrement,* au lieu de *définitivement; les généraux des armées du Nord et du Centre,* au lieu de : *les généraux.* AULARD, t. I, p. 70.

tats qu'il venait de flétrir et dont il repoussait si superbement les avances.

Considérant les *Points* posés par Manstein, Lebrun déclarait que Louis XVI ne représentait plus la France et que l'on ne pouvait le mettre en liberté. « Il sera jugé, et la nation ne souffrira point qu'aucun étranger vienne influer sur sa justice ou sur sa clémence [1]. » C'était avec le Conseil exécutif qu'il convenait désormais d'entrer en négociations. Sur le second point, la propagande, il s'expliquait nettement : il la réprouvait, comme une calomnie des émigrés : — la propagande n'avait jamais reçu ni organisation ni autorisation. « La nation française crut toujours que le livre éternel de la nature et de la raison était une propagande infaillible et plus puissante que ses orateurs et ses pamphlets. C'est donc sur la raison, sur les intérêts bien entendus des princes, plutôt que dans l'exaltation même de ses sentiments de bienveillance universelle, qu'elle s'est reposée du bonheur de l'humanité. Elle ne souffrira jamais qu'on s'autorise de son nom et de sa puissance pour porter le trouble dans les États de ses alliés. » La Prusse pourrait être un de ces alliés : le sort de Louis XVI n'importe point à son bonheur. « Si le roi de Prusse renonçait à une guerre désastreuse..., ses propositions seraient écoutées avec intérêt, et l'alliance des deux nations deviendrait possible » ; mais il y aurait un préliminaire indispensable, ce serait la retraite des Prussiens en territoire neutre. « Dans cette hypothèse, l'alliance ne tarderait pas à être promise, on s'occuperait promptement d'en régler les bases. » Ces dispositions ne s'appliquaient qu'à la Prusse : l'Autriche en était exclue ; la France ne poserait les armes qu'après s'être vengée de la cour de Vienne. Ce qui suivait était d'une nature extrêmement délicate et montrait que le Conseil avait lu et médité les *mémoires* que des diplomates officieux lui avaient remis [2]. On voit dans quelle mesure ce conseil, tout en conservant encore pour lui-même les principes de la Révolution, était déjà disposé, dans

---

[1] Lebrun à Dumouriez, 26 septembre 1792.
[2] Cf. ci-dessus, p. 23-24.

ses transactions avec les États de la vieille Europe, à se plier à la coutume des démembrements et des échanges, à concilier enfin le système de la convenance d'État avec le principe de la souveraineté du peuple. « Si même le roi de Prusse ressentait contre la maison d'Autriche la juste indignation qui doit l'animer, s'il prétendait à s'indemniser des frais d'une guerre entreprise sur les exposés insidieux et les folles espérances de la cour de Vienne, on ne serait peut-être pas éloigné de trouver convenable qu'il s'emparât du reste de la Silésie ; mais alors il s'engagerait à garantir l'indépendance des provinces belgiques, que la France ne tarderait point à couvrir de ses armées. Par une suite des principes que la volonté nationale a consacrés, l'indépendance de ces provinces serait absolue, et la nation française promettrait formellement que jamais, même dans le cas où les Belges délivrés en exprimeraient le vœu librement, elle ne consentirait à l'accession d'aucune partie des territoires des Pays-Bas à l'empire français. »

Sentant bien que les articles relatifs à Louis XVI étaient la partie très faible de ce plan de négociations, le Conseil fit remettre à Westermann des pièces tendant à prouver que, dans sa captivité, le monarque déchu était traité avec égards [1]. Muni de ces documents, de ces instructions et de celles qui étaient destinées à Dumouriez, Benoît et Westermann partirent, le 27 septembre au soir, pour rejoindre ce général. Ils étaient chargés de lui annoncer qu'il commanderait, vu son ancienneté, les deux armées tant qu'elles seraient réunies ; il aurait à se concerter avec Kellermann pour se retirer sur la Marne, couvrir Reims et Châlons. Le Conseil attribuait le premier rang à Dumouriez, mais c'était pour l'obliger à accomplir le dessein de son compétiteur.

C'est que Lebrun entrevoyait une combinaison dans laquelle il conviendrait non seulement d'abandonner à eux-mêmes les patriotes wallons, mais de rassurer entièrement les alliés sur l'article de la Belgique. Il manda, le 28 septembre, à Noël

---

[1] *Moniteur*, t. XIV, p. 63.

de s'enquérir sur le degré de confiance des Prussiens à l'égard du cabinet de Londres. Il lui communiqua les dépêches adressées à Dumouriez : « Vous en conclurez aisément, ajouta-t-il, que l'accession de la France à la triple alliance de la Prusse, de la Hollande et de l'Angleterre peut devenir un résultat nécessaire de nos nouvelles négociations avec le roi de Prusse, qui doit désirer que nous cessions d'influer dans les querelles intérieures de la Hollande. »

Les choses en étaient là, lorsque Lebrun reçut le courrier de Dumouriez du 29 septembre et Danton la lettre particulière du 28. Ces lettres découvraient les dissentiments des deux généraux. Danton s'en inquiéta. Il envoya un de ses confidents, Fabre d'Églantine, à Sainte-Menehould pour accorder les deux rivaux, « caresser l'amour-propre » de Dumouriez, « le persuader qu'il serait généralissime et Kellermann qu'il serait nommé maréchal de France[1] ». Quant aux pourparlers avec les Prussiens, le Conseil approuva la conduite et les vues du général[2]. Sur la foi de rumeurs, assez fondées d'ailleurs, et qui annonçaient des troubles en Prusse, Lebrun croyait que Frédéric-Guillaume ne cherchait qu'à sortir honorablement de son expédition. Il allait même maintenant jusqu'à admettre l'idée d'une paix générale. Trois jours auparavant, il déclarait à l'Autriche une guerre à outrance ; sous l'impression de la lettre de Dumouriez, il se faisait à l'idée de traiter même avec cette ennemie héréditaire. « Je conçois, écrivit-il, qu'il est de l'honneur du roi de Prusse de ne pas abandonner son alliée aussi subitement, et que, si l'on peut faire une paix générale sur les seules bases que la République française peut maintenant admettre, il y aurait une obstination mal placée de ne pas en saisir l'occasion. » Ce ne serait d'ailleurs que partie remise : avant trois mois, l'Autriche serait en guerre avec la Prusse, et la Prusse serait alliée de la France. « Ainsi, mon cher général, il ne faut pas trop tenir à l'idée de ne traiter qu'avec la Prusse seule ; mais, dans tous les cas,

---

[1] ROBINET, *Procès*, p. 153.
[2] Lebrun à Dumouriez, 30 septembre.

il ne faut pas consentir à l'ouverture d'un congrès pour des négociations suivies, qu'au préalable les troupes ennemies ne soient hors de notre territoire; vous pourrez seulement convenir de quelques bases préliminaires, sous la ratification de la Convention, pour faciliter leur sortie de France. » Ainsi, dans le temps même où les Prussiens désiraient des négociations pour masquer leur retraite, le Conseil exécutif leur offrait de négocier à la condition qu'ils se retireraient.

III

Benoît et Westermann arrivèrent le soir du 29 septembre au camp de Dumouriez. Ils y trouvèrent trois commissaires de la Convention qui venaient se rendre compte de l'état des troupes et proclamer la République. C'étaient Prieur (de la Marne), Sillery et Carra. Prieur était un avocat, Jacobin prononcé; Sillery, un officier ci-devant marquis, ami du duc d'Orléans et mari de madame de Genlis; Carra, un journaliste, dont les violences se prêtaient à des compromis étranges : il faisait profession de célébrer la « vertu » de Brunswick et paraissait même y croire [1].

Les soldats les accueillirent par des cris de : Vive la République! Vive la Convention! La République, c'était la guerre nationale et l'avancement ouvert à tous. « Le mot de *République*, rapporte un contemporain [2], avait produit dans les armées le même effet que le mot *tiers état* au commencement de la Révolution; s'il y eût eu des incertitudes dans les déterminations des chefs, la détermination des soldats eût suffi pour les porter en avant. » Les commissaires enchantés de ces acclamations furent bientôt sous le charme de Dumouriez [3].

---

[1] Cf. t. II, p. 334.
[2] Toulongeon, *Histoire de France*, t. II, p. 358; Chuquet, t. II, ch. iv.
[3] Voir leur rapport, *Moniteur*, t. XIV, p. 98, 105. — Lettres de Sillery à Pétion; Mortimer-Ternaux, t. IV, p. 551, 555. — Aulard, t. I, p. 80, 85-86.

« Il fait, écrivait Sillery à Pétion, la plus belle et la plus savante campagne que la France ait jamais faite... Il n'y a pas deux partis à prendre : il faut donner à Dumouriez le grade de maréchal de France qui ôte tout prétexte de division entre les chefs; lui seul a tenu tête à toutes les opinions différentes, et le résultat est qu'il a sauvé la France. » Assuré de leur concours, Dumouriez sut par Fabre qu'il pouvait compter sur celui de Danton. Il le prit alors plus à son aise avec Kellermann et de plus haut avec les envoyés du Conseil, Benoît, en particulier, qu'il ne jugeait pas de taille à se mesurer « avec un vieux renard comme le marquis Lucchesini, élevé à l'école du grand Frédéric ». Ni Carra, ni Sillery n'étaient gens à s'effaroucher d'une intrigue. Tout le monde se trouva d'accord pour renouer les pourparlers. Benoît et Westermann se rendirent au camp prussien.

On trouva, dans ce camp, qu'ils arrivaient fort à propos. Au départ, dans les passages de Grandpré, les Prussiens pouvaient être assaillis et arrêtés. Ils profitèrent de l'occasion qui s'offrait pour retourner contre Dumouriez son propre jeu. Brunswick était aussi « cunctator » et « grec » que son adversaire. Lucchesini qui ne voulait point négocier au fond n'avait point d'objections à négocier par stratagème, et tous les deux avaient sous la main le général Kalkreuth, combattant de la guerre de Sept ans, « vertueux » et philosophe à ses heures, qui était l'homme le mieux fait pour endormir les Français de propos flatteurs et insidieux. « Il est Français de cœur et de goût, écrivait à Dumouriez un de ses lieutenants, Beurnonville; je l'ai trouvé très humain et très disposé à la paix. » Benoît et Westermann furent donc accueillis avec force compliments; on leur prodigua l'eau bénite de cour, qu'ils reçurent très civilement. Disposés comme ils l'étaient, on n'eut aucune peine à les amuser de vaines paroles et à les tenir en patience. C'était alors tout ce que voulaient les Prussiens.

Leur retraite commençait, et elle s'opérait dans des conditions désastreuses. L'ordre de marcher fut donné dans la nuit du 30 septembre au 1ᵉʳ octobre. L'armée s'ébranla tristement et lentement. Les bagages et l'artillerie s'enchevêtraient et barraient les chemins. La troupe marchait à travers des champs d'argile rougeâtre, gluants, tenaces, coupés de flaques marécageuses. Cavaliers et fantassins risquaient à tout instant de s'abîmer dans cette fange. C'était, selon l'image évoquée par Gœthe, une sinistre parodie du désastre de Pharaon dans la mer Rouge. Les routes se jonchaient d'hommes et de chevaux morts; le 3 octobre, il fallut abandonner les malades à la générosité des Français. On se pressait, on s'encombrait, et la confusion achevait de déprimer les esprits. C'est qu'on se sentait à la merci de l'ennemi. « On avouait, écrit Gœthe, qu'il n'y avait pas de salut à espérer aussitôt que l'ennemi que nous avions à dos, à droite et à gauche, jugerait à propos de nous attaquer... Mais l'attaque ne s'étant point faite dans les premières heures, les cœurs qui avaient besoin d'espérance se rassurèrent bientôt... On se disait que les négociations entre les quartiers généraux s'étaient terminées à notre avantage. » Elles n'étaient qu'une feinte, mais cette feinte suffit pour sauver l'armée prussienne.

Dumouriez jugeait cette armée encore trop redoutable pour s'exposer lui-même à un désastre en la poussant à « un coup de désespoir ». Il se réservait pour la Belgique et il croyait pouvoir gagner les Prussiens en leur faisant « un pont d'or », c'est-à-dire en facilitant leur retraite. On le vit errer sur les chemins, courir d'un poste à l'autre, prodiguant les ordres afin de les embrouiller, combinant de faux mouvements qui se contredisaient, cherchant beaucoup plus à tromper ses propres troupes que celles de l'ennemi et à communiquer avec les Prussiens qu'à les attaquer. Il laissa passer ainsi les heures décisives et ces journées, du 1ᵉʳ au 4 octobre, durant lesquelles il aurait pu faire beaucoup de mal à Brunswick. Kellermann, gagné aux négociations, se prêtait à cette tactique.

Les Prussiens, pour gagner du temps, n'avaient qu'à flatter les espérances des généraux français. Ils s'y employaient adroitement. Leurs généraux, dans les entretiens qu'ils eurent avec Westermann et Benoît, parlaient peu de la République; ils se montraient réservés sur l'article de la paix, plus retenus encore sur celui de l'alliance; mais, en revanche, ils se répandaient en diatribes véhémentes contre l'Autriche. Les envoyés du Conseil exécutif se laissèrent prendre à cette ruse classique. Comme la haine de l'Autriche les obsédait, il suffisait que l'on parût d'accord avec eux sur cet article pour qu'ils s'imaginassent qu'on l'était sur les autres. Qui détestait leur ennemi devait nécessairement les aimer. Ils n'apercevaient pas de moyen terme entre ces propositions; les Prussiens n'avaient garde de dissiper l'équivoque et de contrarier ces profitables illusions. Entre gens qui s'entendaient si bien à demi-mot l'alliance semblait facile; les envoyés du Conseil exécutif la voyaient déjà conclue. On prétend que Westermann reçut 250,000 livres pour se laisser jouer de la sorte : c'est faire trop d'état de la générosité des Prussiens et trop peu de cas de la sottise humaine. Westermann était convaincu. Il écrivait à un de ses amis : « J'ai été au camp prussien dîner avec le roi de Prusse; j'ai fait plus que jamais l'on n'a espéré de moi; dans ce moment, je suis tout-puissant... Tout va bien : les Prussiens se séparent d'avec les Autrichiens; toutes leurs armées sont en déroute... La République sera établie malgré l'univers. » Les commissaires de la Convention envoyèrent Westermann porter ces bonnes nouvelles au Conseil exécutif. Il partit le 3 octobre. La manœuvre des Prussiens avait réussi. Il était désormais trop tard pour leur couper la retraite [1].

Dès qu'on leur avait laissé franchir les défilés, l'occasion était perdue de les écraser. Les difficultés de la marche étaient les mêmes pour les Français que pour l'ennemi, et les Français, moins aguerris, moins fortement encadrés, en auraient peut-être été plus ébranlés encore. « Le temps et les chemins sont détestables, écrivait Dumouriez, le 6 octobre, au ministre de la guerre; nous n'avons ni vivres ni fourrages, et nous fini-

[1] CHUQUET, t. III, ch. v : *l'Evacuation du territoire*; MORTIMER-TERNAUX, t. IV, Appendice; GOVERNOR-MORRIS, t. II, p. 259.

rions par nous mettre aussi mal qu'eux si nous suivions leur marche avec plus d'acharnement que de prudence. » Il revint alors à son plan primitif, qu'il n'avait jamais abandonné. Il donna, le 6, des ordres précis : Dillon suivrait les Autrichiens et les Hessois; Kellermann, avec 28,000 hommes, pousserait lentement les Prussiens, obtiendrait sans effusion de sang la restitution de Verdun et de Longwy, et achèverait de ramener le roi de Prusse à la France; cependant il se dirigerait lui-même vers les Pays-Bas et débloquerait Lille, tandis que Custine menacerait le Rhin, et que Montesquiou envahirait la Savoie. Au cours de ces combats, on continuerait les négociations. « C'est ainsi, écrivait Dumouriez à Biron, que nous pourrons travailler en grand… J'espère que je finirai par faire préférer au roi de Prusse l'alliance de la France à celle de la dangereuse et perfide Autriche. Je charge Kellermann d'achever sa conversion à coups de canon… Je fais filer 30,000 hommes pour aller délivrer le département du Nord; j'y marche à leur tête, et vous jugez d'avance, mon ami, que je ne compte pas m'en tenir là et que j'espère passer mon carnaval à Bruxelles. C'est la seule récompense que je demande pour avoir sauvé la patrie. » Tout alors se pliait à ses vues.

Le Conseil exécutif prenait fort au sérieux les négociations dilatoires des Prussiens. « Le roi de Prusse et Brunswick, écrivait Lebrun[1], rabattent de l'orgueil de leur manifeste. Déjà, ils reconnaissent et la souveraineté de la nation et le droit qu'elle a de se donner un gouvernement… Ils seraient très disposés à la paix, s'ils pouvaient la faire avec une sorte d'honneur. La réponse du Conseil exécutif en offre, à cet égard, au roi de Prusse un moyen avantageux et facile. » Le 1er octobre, Lebrun communiqua à l'Assemblée les dernières pièces officiellement échangées, le manifeste et la lettre qui rompaient la trêve. Il les commenta avec modération : « L'Europe entière, dit-il, reconnaîtra dans notre conduite un peuple qui sait apprécier la paix, mais qui ne craint pas la guerre. » Wester-

---

[1] A Noël, 1er octobre 1792.

mann arriva le 5 et découvrit le dessous des cartes. Le Conseil n'en fut que fortifié dans ses illusions. Les journaux commençaient à les partager et à insinuer au public l'espérance de la paix prussienne. Lebrun écrivit à Desportes de rester aux Deux-Ponts où pourraient peut-être se continuer les négociations entamées en Champagne. Il manda à Dumouriez que le Conseil le chargeait « de diriger en chef l'expédition projetée dans les Pays-Bas autrichiens », afin de « poursuivre, jusque sur son territoire, le plus mortel ennemi de la République [1] ». Il ajoutait : « C'est une véritable jouissance pour moi d'être encore l'organe du Conseil pour vous transmettre une autorité exclusive et une confiance sans bornes. » Il restait à régler les détails d'exécution et à combiner l'expédition de Belgique avec l'offensive générale sur le Rhin et sur les Alpes. Dumouriez jugea nécessaire de donner de sa personne; il partit pour Paris.

Cependant le landgrave de Hesse, informé des mouvements offensifs des Français sur le Rhin, déclara à Brunswick qu'il emmenait ses troupes pour défendre ses États. Il s'en alla lui-même, et le plus vite qu'il put, le 8 octobre. Le duc de Saxe-Teschen rappela, pour défendre les Pays-Bas, le contingent autrichien de l'armée de Brunswick, qui se trouva réduite à 30,000 hommes. Les deux tiers étaient malades. Cette armée, « hôpital ambulant trainant une marche lente [2] », s'en allait semant ses morts et ses agonisants sur les routes, pillant, dévastant, brûlant par misère, par colère, par vengeance, et joignant aux violences de l'invasion l'insubordination d'une retraite en désordre. Les déboires politiques s'ajoutaient, pour troubler le quartier général, aux difficultés militaires.

L'envoyé autrichien, Spielmann, était arrivé à Luxembourg le 28 septembre [3]. Ce qu'il apprit des manœuvres des Prussiens lui parut louche. Il y vit un motif de plus de s'en tenir à ses

---

[1] Lebrun à Desportes, 7 octobre; à Dumouriez, 6 et 7 octobre 1792. — AULARD, *Actes*, t. I, p. 100.
[2] GOETHE, *Campagne de France*.
[3] Spielmann à Cobenzl, 30 septembre et 5 octobre; Reuss à Spielmann, 2 octobre; VIVENOT, *Quellen*, t. II, p. 238, 242, 250.

instructions qui lui prescrivaient de déterminer l'indemnité qui serait attribuée à l'Empereur, de hâter la fin de la guerre et de traiter avec les Français « au meilleur marché possible », en se contentant, au besoin, d'une « quasi-liberté pour le roi ». Le prince de Reuss, qui suivait le roi de Prusse, demeurait en grande méfiance. Les déclarations de Lucchesini ne le rassuraient point. Il redoutait quelque paix séparée et quelque trahison. Il pria Spielmann de le venir rejoindre à Verdun. Spielmann y arriva le 8 octobre et y trouva Haugwitz. Ce Prussien annonça que le roi, son maître, était disposé à régler l'article des indemnités; il refusait de céder les margraviats, mais il consentait à l'échange de la Bavière avec un *surrogat* convenable. Il ajouta que Spielmann serait reçu, le 11 octobre, par Frédéric-Guillaume [1].

Il fallait se donner le temps de se réunir. Dillon serrait les alliés de près et leur faisait beaucoup de mal avec l'artillerie de son avant-garde. Les Prussiens eurent recours à l'expédient qui les avait jusque-là si bien servis. Dillon leur en donna le moyen. Un des généraux qui commandaient sous ses ordres, La Barolière, avertit Kalkreuth, par un billet au crayon, qu'il avait ordre de déloger les alliés d'un bois qu'ils occupaient, mais qu'il suspendrait ce mouvement jusqu'à ce qu'ils en eussent conféré. Kalkreuth en informa Brunswick, qui autorisa l'entrevue et annonça qu'il s'y rendrait en personne. Cette entrevue eut lieu, en vue de Verdun, sur une colline, en plein air. Les généraux La Barolière et Galbaud s'y abouchèrent avec Kalkreuth. On parla d'une suspension d'armes. Les Français y mettaient des conditions que, selon Kalkreuth, le général en chef pouvait seul décider. Ce fut un prétexte pour aller querir Brunswick. Ce prince arrivé, Kalkreuth se tint à l'écart; un peu plus loin, Hohenlohe-Kirchberg et l'émigré français Klinglin voyaient la conférence, sans entendre ce qui se disait. L'entretien se tourna promptement sur les affaires générales [2].

---

[1] Spielmann à Cobenzl, 15 octobre 1792; Vivenot, t. II, p. 272.
[2] Compte rendu de Galbaud, Vivenot, *Quellen*, t. II, p. 262. — *Mémoires de Nassau-Siegen*, Feuillet, t. VI, p. 365. — Haeusser, t. I, p. 389 et suiv. —

« Causons de votre nation, dit Brunswick; je l'aime, et je l'ai prouvé plus d'une fois. Je suis fâché que Dumouriez, au sujet de mon dernier manifeste, ait pris la mouche pour quelques expressions insignifiantes qui s'y trouvent. Ces expressions se jettent dans le peuple, mais les personnes instruites savent les apprécier. » Galbaud fit observer que la nation ne pouvait admettre des négociations avec ceux qui niaient la souveraineté nationale. Il aperçut Klinglin. Brunswick ne cacha point ses sentiments envers les émigrés. « Je n'ai jamais aimé les traîtres, dit-il, faites-en tout ce que vous voudrez, peu nous importe. Mais j'insiste pour que la nation française, connaissant mieux ses intérêts, revienne à des principes plus modérés. » La Barolière répondit que la retraite de l'armée prussienne serait la meilleure preuve de ces dispositions : les Français étaient en mesure de contraindre les Prussiens à évacuer le territoire, mais les Prussiens avaient intérêt à éviter toute effusion de sang. Ces propos ramenèrent les interlocuteurs à l'armistice, qui fut décidé pour une durée de vingt-quatre heures. On convint, en outre, qu'il y aurait une nouvelle conférence, dans laquelle on traiterait de la capitulation de Verdun; mais le duc avait besoin de prendre auparavant les ordres du roi. « Je suis charmé, dit-il à La Barolière en le quittant, d'avoir fait votre connaissance; quant à vous, général Galbaud, j'ai vu avec plaisir un officier d'artillerie : vous m'avez montré, par votre batterie, un échantillon des talents de l'ancien corps royal. Continuez à bien servir votre patrie, et croyez que, malgré la teneur des manifestes, on ne peut s'empêcher d'estimer ceux qui travaillent avec loyauté à assurer l'indépendance de leur pays. » Après cet entretien, « le prince philosophe » se retira dans son camp.

 Dillon s'établit devant Verdun et somma la place de se rendre. Il s'agissait, pour les Prussiens, de la rendre à de bonnes conditions. C'est à quoi s'employa Kalkreuth dans la conférence qu'il eut, le 11 octobre, avec Dillon et Galbaud. L'Autriche

Chuquet, *loc. cit.* — Zeissberg, *Erzherzog Carl*, p. 62-66. — *Politische Annalen*, 1793, t. III, p. 59 : compte rendu de Kalkreuth.

fit les frais de l'accommodement. « Vous n'ignorez pas, dit le général Dillon, que, de tout temps, la nation française a estimé les Prussiens, qu'elle a toujours blâmé le monstrueux traité de 1756... Puissent les deux nations, connaissant mieux leurs intérêts, se réunir contre leur ennemi commun! — Croyez, repartit Kalkreuth, qu'il ne dépendra pas de moi que cet heureux événement n'arrive promptement. Je n'ai point été consulté sur la guerre présente; je la trouve aussi impolitique, de la part du roi, que celle de 1756, de la part de Louis XV. » Dillon insista pour que la Prusse se séparât de l'Autriche. « J'espère, dit-il à Kalkreuth en prenant congé, que la campagne prochaine ne s'ouvrira pas sans que la France et la Prusse soient réunies, que vous nous aiderez à affranchir les Pays-Bas. Rappelez au roi de Prusse qu'il ne saurait avoir une plus belle alliance que celle d'un peuple libre. » Kalkreuth n'y contredit point. La reddition de Verdun fut conclue. Les Prussiens évacuèrent cette place le 12 octobre sans être inquiétés, et Dillon y entra.

A mesure que l'armée alliée avançait vers la frontière, sa retraite tournait à la déroute. Les Prussiens en étaient réduits à dépecer les chevaux morts. Les chariots embourbés restaient dans les ornières. Il fallait encore gagner du temps, et Kalkreuth fut chargé de négocier un nouvel armistice. Le 14 octobre, il eut une entrevue avec Kellermann et Dillon. Il promit de rendre Longwy, pourvu qu'on n'inquiétât point les alliés, ajoutant que la suite des affaires éclairerait certainement le roi de Prusse sur ses vrais intérêts. Kellermann, flatté de tâter, à son tour, de la diplomatie et de reprendre Longwy « d'un coup de plume », s'engagea à ne poursuivre les Prussiens « que pour la forme ». — « Si la guerre continue, dit-il à l'un des officiers qui accompagnaient Kalkreuth, on veut absolument rendre libres les Pays-Bas autrichiens. On sait en France que vous visez à un second partage de la Pologne; la France verrait avec plaisir augmenter par là les forces d'une puissance qui doit tôt ou tard être son alliée. » C'était toucher les Prussiens à l'endroit sensible. Lucchesini, qui affectait de blâmer « ces négociations insidieuses », fut forcé de reconnaître que la tactique des Français avait porté ses conséquences. Les Autrichiens s'en inquiétaient [1], et les Prussiens, de leur côté, découvraient chaque jour de nouveaux motifs de se méfier de l'Autriche. Les généraux français allaient trop vite en besogne quand ils croyaient possible de séparer immédiatement les alliés et d'amener le roi de Prusse à se faire républicain; mais le fait est que les relations des deux cours étaient fort loin d'être cordiales, que ces Allemands en étaient à la suspicion légitime, et que, tout éloignés qu'ils étaient encore de la rupture, ils en prenaient le chemin.

Le roi de Prusse ne savait plus à quoi s'en tenir sur les intentions de la cour de Vienne [2]. Les uns insinuaient que l'empereur voulait traiter avec la République, parce que, sous ce gouvernement, la France serait moins redoutable; les autres mandaient au contraire que François II continuerait la guerre, mais seulement dans le dessein de faire des conquêtes; qu'il laisserait la Prusse opérer à ses risques et périls, et qu'il s'entendrait secrètement, à ses dépens, avec la Russie. La conduite de Hohenlohe, qui commandait le contingent autrichien, confirma ces dernières conjectures. Ce général refusa péremptoirement d'aider Brunswick à défendre Longwy. Ce fut le coup de grâce. A la suite d'une conférence orageuse avec le général autrichien, Frédéric-Guillaume, rejetant sa colère sur Bischoffswerder : « Voilà, s'écria-t-il, les f..... alliés que vous m'avez donnés; je suis près de rompre avec eux. » Il fit déclarer à Spielmann que la Prusse ne songerait plus qu'à ses intérêts; en d'autres termes, que ses acquisitions en Pologne ne pouvaient être différées. Il écrivit dans le même sens à Catherine, le 17 octobre. Goltz fut chargé de déclarer à cette impératrice que son roi était dans l'impossibilité de continuer la guerre, si on ne lui procurait pas de subsides :

---

[1] Lettres de Hohenlohe-Kirchberg et de l'archiduc Charles à l'empereur, 8 octobre 1792. Zeissberg, *op. cit.*, p. 63-66.

[2] Lettre de Lucchesini, 15 octobre; Hæusser, t. I, p. 399 et suiv. — Sybel, *Trad.*, t. I, p. 589 et suiv. — Feuillet, t. VI, p. 367.

il n'avait plus d'argent et ne pouvait poursuivre plus loin une affaire « qui ne l'intéressait pas personnellement [1] ».

Disposés comme ils l'étaient envers leurs alliés, les Prussiens n'en apportèrent que plus d'empressement dans leurs feintes avec les Français. Les Français ne restèrent point en arrière de politesses. Kalkreuth rencontra Valence le 18 octobre; ce général vit Brunswick le 22. Il fit entendre que la France ne consentirait point d'armistice avant l'évacuation totale du territoire; mais que si la Prusse reconnaissait alors la République, elle obtiendrait, avec la paix, l'alliance du peuple français. La guerre continuerait contre l'Autriche tant que les Pays-Bas ne seraient point érigés en république; lorsqu'ils le seraient, peut-être la France consentirait-elle à rendre la liberté à Louis XVI[2]. Ces insinuations furent communiquées aux Autrichiens. Ceux-ci n'étaient pas moins soupçonneux, impatients et irrités que les Prussiens. « La liaison de ces deux souverains est un miracle des circonstances », écrivait un émigré[3]. Le 24 octobre, Frédéric-Guillaume eut un entretien avec Nassau-Siegen, l'envoyé de Catherine II[4]. « J'ai bien à me plaindre des Autrichiens, lui dit-il. — Je le sais, Sire, repartit Nassau; mais Votre Majesté me permettra-t-elle de lui dire que les Autrichiens pourraient aussi avoir à se plaindre de ces conférences continuelles qui existent entre les généraux prussiens et les révoltés, de cette espèce d'accord qui existe entre eux, qui fait que, tandis que les révoltés tiennent les propos les plus affreux contre les Autrichiens et les cherchent partout pour les harceler, ils évitent les Prussiens et leur font des compliments quand ils sont forcés de les rencontrer?... Je n'accuse personne, Sire, je parle en général, et malheureusement le nombre des démocrates est grand à votre armée. Le mal gagne l'Allemagne et même vos États. Deux courriers qui sont arrivés hier m'ont dit que sur leur route ils avaient trouvé plus de gens charmés

---

[1] Martens, t. VI, p. 164.
[2] Relation de Kellermann, Feuillet, t. VI, p. 368. — Sybel, Trad., t. I, p. 594. — Valence à Dumouriez, 22 octobre 1792.
[3] Breteuil, 17 octobre 1792; Fersen, t. II, p. 386.
[4] Relation de Nassau, Feuillet, t. VI, p. 393, en français.

de nos malheurs qu'ils n'en avaient rencontré qui y prissent part... — Je le sais bien. — Cependant Votre Majesté permet que les conférences continuent ; je sais que le duc de Brunswick doit en avoir une demain avec Kellermann et Valence, et l'on dit publiquement qu'il y aura une trêve particulière avec les Prussiens... — Je ne ferai rien sans le consentement de l'impératrice. La conférence de demain doit avoir lieu, je n'y ai consenti qu'à condition qu'il y aurait des ministres autrichiens ; je ne ferai aucune trêve particulière, quoiqu'il ne tiendrait qu'à moi ; mais je sais le mal que je ferais aux Autrichiens, et je ne veux pas les abandonner. Je veux faire une seconde campagne, mais je ne veux pas faire la guerre seul ; si l'on veut, j'agirai, mais il faut que l'on agisse aussi. »

Cette conférence, motivée par de graves nouvelles reçues des pays du Rhin et par la nécessité où les Prussiens étaient d'empêcher Kellermann de soutenir les progrès que les Français faisaient sur la rive gauche, eut lieu le 25 octobre[1]. Kellermann et Valence y rencontrèrent Brunswick, Lucchesini, Reuss et Hohenlohe, l'Autrichien. La conversation se porta tout de suite sur les conditions de la paix générale. Valence indiqua la reconnaissance de la République, la déclaration de ne se mêler ni des affaires de Louis XVI ni de celles des émigrés, le démantèlement de Luxembourg. La France, ajouta-t-il, veut s'entourer de peuples libres et va consommer la révolution des Pays-Bas ; l'Autriche devrait, à tout le moins, faire le troc de cette province avec l'électeur palatin qui en deviendrait le stathouder. Il demanda si la paix serait suivie d'une alliance. Les Prussiens écartèrent l'idée d'une déclaration ; le dessein de la France de s'entourer de peuples libres les mettra, dirent-ils, aux prises avec toute l'Europe ; pour le démantèlement de Luxembourg, il sera temps d'y aviser quand la France aura démantelé sa triple rangée de forteresses ; quant à l'alliance, c'est le dernier terme de l'intimité ; il

---

[1] Valence à Dumouriez, 26 octobre 1792. — Relation de Lucchesini, 26 octobre, VIVENOT, t. II, p. 297. — Relation de Kellermann, *la Révolution française*, t. VII, p. 369. — FEUILLET, t. VI, p. 374. — CHUQUET, t. III, ch. V.

convient de parler auparavant d'un armistice qui serait le premier pas vers la réconciliation. Kellermann insista sur l'article des Pays-Bas ; l'empereur, ayant attaqué, devait supporter les conséquences de la guerre. Reuss prit ce discours en fort mauvaise part. On convint que les généraux français informeraient la Convention des dispositions des alliés. Lucchesini ajouta que les alliés n'avaient point de propositions à présenter, mais qu'ils ne repoussaient pas l'idée de la paix ; que si l'on désirait en conférer, en forme et selon les règles, le baron Thugut et lui demeureraient à Luxembourg quelque temps encore et seraient en état de répondre aux personnes autorisées qui se présenteraient de la part de la France. Brunswick confirma ce dire, et laissa les généraux sous l'impression que l'on pourrait s'accorder, même sur l'article des Pays-Bas : il suffirait que la France « consentît à y laisser établir un gouvernement semblable à celui de la Hollande, et dont le chef serait désigné par la Prusse et agréé par la France ». Cela fait, « l'indépendance ainsi constituée des provinces belgiques et l'engagement (de la France) de ne pas se mêler des affaires des Provinces-Unies, deviendraient la base d'une quadruple alliance, entre la France, l'Angleterre, la Prusse et la Hollande [1] ». Lucchesini put le donner à entendre ; mais il ne l'entendait point lui-même avec cette précision. Il gardait au contraire de la conférence l'opinion que les Français cherchaient uniquement à brouiller les alliés, afin de s'emparer de la Belgique. « S'ils manquent leur coup, disait-il, ils deviendront plus traitables ; s'ils réussissent, toutes les puissances de l'Europe seront dans le cas de s'opposer à leurs projets. » Il conseilla de rompre « ces négociations insidieuses [2] ». Son avis l'emporta ; les pourparlers s'arrêtèrent ; mais, pour avoir donné aux Autrichiens ce gage de leur loyauté, les Prussiens ne leur inspirèrent pas plus de confiance.

Les émigrés les accusaient hautement de trahison. Le petit corps des princes partageait toutes les misères de la retraite

[1] Lebrun à Chauvelin, 31 octobre 1792.
[2] Rapport du 8 novembre. Hæusser, t. I, p. 389.

de ses alliés[1]. « Ils sont nus et meurent de faim », écrivait un général républicain. Les Prussiens les protégeaient contre les attaques de l'armée républicaine ; ils ne les défendaient pas contre les embuscades des paysans. Les émigrés étaient entrés en France comme s'ils s'étaient rendus à une parade féodale ; ils s'en retournaient, en déroute, « sans tentes, sans équipages, affligés de la dysenterie, sans secours, manquant absolument de vivres », massacrés par les paysans dès qu'ils s'écartaient des routes[2]. Ils demeuraient d'ailleurs constants dans leur tactique de terreur : inexorables dans la défaite comme ils avaient annoncé qu'ils le seraient dans la victoire. Auprès de Stenay leur arrière-garde fut attaquée par une troupe de soldats et par des paysans armés[3]. Le marquis d'Autichamp qui commandait défendit de faire quartier et ordonna de mettre le feu à cinq villages suspects, placés sur les hauteurs d'où l'on avait tiré. L'exécution eut lieu. Les représailles des paysans furent terribles. Les émigrés n'avaient d'autre consolation que de maudire leurs alliés, de flétrir comme « l'opprobre des souverains » le prince qu'ils qualifiaient naguère d' « Agamemnon moderne », et d'affirmer que si Brunswick avait battu en retraite, c'est que Billaud-Varenne, Carra et Tallien avaient payé ses dettes avec trente millions provenant du pillage du garde-meuble[4].

Ainsi se terminait l'invasion de 1792. A ce moment la France délivrée prenait l'offensive et débordait ses frontières. Le 23 octobre, trois salves d'artillerie tirées par le canon de Longwy annoncèrent que l'ennemi avait évacué le territoire de la République. Custine était déjà dans Mayence, et la rive gauche du Rhin s'ouvrait aux Français.

[1] Voir Chuquet, t. III, ch. vi, *Dispersion des émigrés.*
[2] Fersen, t. II, p. 39, 41.
[3] Contades, *Souvenirs*, p. 80-81.
[4] *Mémoires de Dampmartin*, ch. iv. — Lettres interceptées, *Moniteur*, t. XIV, p. 290. — Feuillet, t. VI, p. 376, 398. — Fersen, t. II, p. 42.

IV

Les alliés n'avaient pris aucune précaution pour défendre ce pays[1]. Les gouvernements y étaient incapables de se défendre eux-mêmes. Ils ne possédaient ni force militaire ni prestige moral. Ils étaient impopulaires et méritaient de l'être. Électifs dans la plus grande partie de ces territoires, ils n'avaient même pas de liens dynastiques avec les peuples. Les peuples, comme flottants sur les flancs de l'Empire, n'étaient unis à l'Allemagne ni par un patriotisme national, ni par un patriotisme local. Leur condition sociale leur rendait désirables les réformes que la Révolution avait accomplies tout près d'eux. Rien ne protégeait donc ces États contre une invasion des Français armés et contre la propagation des idées françaises. Cette propagation se faisait, de soi-même, le long des frontières enchevêtrées, par le va-et-vient continuel des habitants, commerçant ensemble et souvent apparentés. Strasbourg en était le foyer. Des Allemands que la Révolution avait séduits s'y étaient réfugiés et prêchaient de là, par leurs écrits et leurs émissaires, la grande réforme sociale à leurs compatriotes. On y avait vu passer Georges Kerner, médecin wurtembergeois, qui avait poussé jusqu'à Paris; on y avait vu arriver le ci-devant Récollet Schneider, professeur d'humanités à Bonn, qui s'était fait vicaire constitutionnel, et publiait dans un journal, l'*Argus*, ses rêveries démagogiques; on y rencontrait le docteur en théologie Dorsch, ci-devant professeur de métaphysique à Mayence, devenu aussi vicaire constitutionnel, et membre actif

---

[1] Hæusser, t. I, liv. II, ch. iv. — Perthes, *Politische Zustände und Personen in Deutschland*. — Klein, *Geschichte von Mainz, 1792-1793*. Mayence, 1861. — Remling, *Die Rheinpfalz, 1792-1798*. Spire, 1865. — Rambaud, *les Français sur le Rhin*. Paris, 1873. — Mortimer-Ternaux, t. IV. — Gouvion-Saint-Cyr, *Mémoires*. — Venedey, *Die Deutschen Republicaner*. Leipzig, 1870. — Forster, *Werke*. — Wohlwill, *Weltbürgerthum und Vaterlandsliebe; Georg. Kerner*. — Cf. Hettner, Biedermann, Sybel, Jomini, etc.

du club des Jacobins ; le ci-devant Prémontré Georges Pape, vicaire-directeur au séminaire ; le publiciste et jurisconsulte Cotta, de Stuttgard, qui rédigeait une gazette « pour les lumières et pour la liberté ». Tous ces Allemands poussaient les Français à affranchir la rive gauche du Rhin et disposaient les habitants de ces territoires à se laisser affranchir par les Français. Les circonstances se réunissaient ainsi pour faciliter un coup de main révolutionnaire dans ce pays. C'est à quoi se trouvaient particulièrement propres la petite troupe française qualifiée pompeusement d'armée du Rhin, et l'aventurier militaire qui en commandait l'avant-garde.

Biron, qui avait remplacé Lukner, exerçait le commandement en chef. Il disposait d'environ 45,000 hommes, disséminés, qu'il travaillait à encadrer et à instruire. Il ne visait point à autre chose. Son principal lieutenant, le général Custine, était chargé de garder Landau et d'observer l'ennemi. Ce rôle passif ne convenait ni au caractère ni à l'ambition de Custine. Ce ci-devant comte était alors âgé de cinquante-deux ans ; soldat de la guerre de Sept ans et de la guerre d'Amérique, il entra aux États généraux, député par la noblesse de Metz. La monarchie avait, selon lui, méconnu son génie ; il se jeta dans la Révolution, et comme il devait se faire pardonner sa naissance, il affecta les passions, les allures et le langage d'un ardent démocrate. Il y mit sa fatuité, qui était démesurée ; ses habitudes militaires s'y plièrent facilement. Il y avait en lui du soudard ; il aimait la troupe, y vivait familièrement, plein de sollicitude pour ses hommes dans les camps et dans les marches; le plus actif, le plus téméraire même des chefs dans les rencontres. Il portait d'énormes moustaches qui rendirent vite sa physionomie populaire. Il aimait à haranguer les soldats; comme il possédait un fond d'enthousiasme facile et qu'il s'échauffait réellement de ses discours, ce batteur d'estrade d'ancien régime se transforma aisément en conquérant révolutionnaire. Cerveau brûlé, s'engageant à l'aveugle, s'étourdissant au feu et y perdant la tête ; plus brouillon encore en politique qu'en stratégie ; se croyant propre pourtant aux négociations comme tous ceux qui avaient fréquenté le grand « tripot » de Berlin; jaloux, indocile, plein de cabales et de rivalités; jouant de la Révolution comme on jouait auparavant des séditions civiles et des agitations religieuses, du dehors, sans y croire, il était, comme beaucoup de ses pareils, pénétré de l'idée classique de la frontière du Rhin. Il voulait mettre sa gloire à conquérir cette frontière à la France. Dumouriez avait jeté son dévolu sur la Belgique; il jeta le sien sur les pays allemands.

Il en méditait l'invasion depuis le mois d'août. Il travaillait à gagner le ministère à ses plans et, en attendant qu'on les approuvât, en préparait secrètement l'exécution. Il avait appelé Cotta à son quartier général, et il s'était adjoint un autre propagandiste, Stamm, qui connaissait bien les populations rhénanes. Il obtint vers la fin de septembre l'autorisation de pousser une pointe sur Spire. Il disposa son expédition selon les anciennes traditions des guerres d'Empire où l'on s'attachait à diviser les Allemands et à ménager les uns afin de pouvoir mieux accabler les autres. Il n'entendait ménager que les laïques, les moins riches des princes du Rhin. Il avertit le gouvernement de l'électeur palatin qu'il traverserait son territoire, mais que les troupes y observeraient une exacte discipline; il tenait « à prouver à S. A. Électorale son sincère désir de conserver l'étroite union qui existe entre Elle et les Français ». Il emmenait 13,000 fantassins, près de 4,000 cavaliers et 40 canons. C'est avec cette troupe qu'il entreprenait de révolutionner le Saint-Empire. Un ordre du jour, lu aux soldats le 29 septembre, leur commandait le respect des personnes et celui des propriétés des habitants paisibles : « Le Français, combattant pour la liberté... leur offre d'une main le symbole de la paix pendant que de l'autre il plonge ses armes dans le sein de leurs oppresseurs; que les soldats qui défendent l'esclavage soient les seuls qui tombent sous nos coups ! » C'était un commentaire du fameux programme : *Guerre aux châteaux, paix aux chaumières !* Custine l'appliqua dès son entrée en campagne.

Le 30 septembre, il parut devant Spire, canonna la ville et enfonça les portes ; sur quoi la garnison s'empressa de capituler. Il fit 2,700 prisonniers et prit cinq drapeaux qu'il envoya à la Convention. Le 1er octobre, quelques soldats commencèrent à piller. Le souvenir des dévastations des armées de Louis XIV était encore vivant dans le pays. Custine fit un exemple et rassura les populations : les pillards furent passés par les armes. En même temps il frappa le gouvernement électoral, les nobles et le clergé d'une contribution de 1,450,000 livres en espèces. Il planta l'arbre de la liberté, toucha la plus grosse part de la contribution, prit des otages pour le reste, marcha sur Worms, y arriva le 4 octobre, s'en empara et taxa les privilégiés à 1,200,000 livres, dont 350,000 furent payées avant le 9 octobre. Il joignit à sa chancellerie révolutionnaire Bœhmer, professeur de droit canon à Gœttingue, établi à Worms où ses écrits l'avaient rendu suspect ; il fit de lui son secrétaire et son principal trucheman auprès des Allemands.

Ce n'était pas la première fois que les Français, entrant en Allemagne, y répandaient ces belles paroles de liberté et ces grandes promesses d'affranchissement. Au seizième siècle, le roi Henri déclarait également aux Allemands qu'il n'apportait dans la guerre aucune vue d'intérêt : il ne se battait que par royale munificence, pour défendre « la liberté de la nation allemande et du Saint-Empire [1] ». Les mots avaient changé de sens depuis deux siècles ; mais pour sonner d'un autre son, ils ne sonnaient qu'un appel plus entraînant aux oreilles allemandes. Cet appel d'indépendance que Custine soutenait de si brillants faits d'armes trouva plus d'écho qu'il n'en pouvait espérer. Les garnisons avaient capitulé ; le pays se soumit. Il se soumit de bonne foi, pour être à soi-même ; pour s'affranchir du régime seigneurial, pour se débarrasser de maîtres onéreux, haïs ou indifférents ; pour changer, en un mot, et gagner au change toute la différence qu'il y a entre des impôts très lourds payés au profit de privilégiés détestés,

---

[1] Janssen, *Frankreichs Rheingelüste*, 2e édition. Fribourg, 1883.

et des taxes, perçues au profit de tout le monde, très allégées pour le bourgeois et le menu peuple, rejetées en très grande partie sur les privilégiés. Les Rhénans avaient intérêt à croire aux promesses des Français : ils prirent à la lettre leurs proclamations.

Ils étaient rompus aux passages des armées. Les Français leur parurent les plus doux des envahisseurs, comparés aux compatriotes qu'ils venaient d'héberger : les Prussiens, les Hessois, les Autrichiens qui rançonnaient l'habitant et le maltraitaient, même en temps de paix et d'alliance. Les nobles et les prêtres supportèrent seuls le poids de la guerre. La cordialité des soldats conquit à l'armée les sympathies du populaire. « Les Français arrivaient, mais ils ne semblaient apporter que l'amitié, et réellement ils l'apportaient, raconte le plus grand témoin de ces temps [1] ; ils avaient tous l'âme exaltée ; ils plantaient allègrement les gais arbres de la liberté. Ils promettaient à chacun son droit et son gouvernement propres. Ils gagnèrent bientôt, ces Français prépondérants, d'abord l'esprit des hommes par leur ardente et vaillante entreprise, puis le cœur des femmes par leur irrésistible aménité. Le poids même de la guerre et toutes ses exigences nous paraissaient légers. L'espérance flottait devant nos yeux autour de l'avenir et attirait nos regards vers les voies nouvellement ouvertes. »

« Les villes sont prises sans coup férir, écrivait un diplomate, et la *Déclaration des droits de l'homme* produit l'effet de la trompette de Josué [2]. »

Le bruit en retentit dans tout l'Empire. La journée du 10 août et surtout les massacres de septembre avaient enlevé, en Allemagne, beaucoup d'admirateurs à la Révolution ; mais ceux qui demeuraient se montraient plus convaincus et plus enthousiastes. L'esprit qui dominait parmi eux était l'esprit cosmopolite [3]. La Gironde personnifiait, à leurs yeux, la nouvelle France. Les conceptions vagues des orateurs de ce

---

[1] GOETHE, *Hermann et Dorothée*. Klio.
[2] GOVERNOR-MORRIS, t. II, p. 223.
[3] Voir l'ode de Klopstock sur la guerre. Il l'envoya à Roland.

parti, leur langage dithyrambique, leurs sentiments généreux, leur culte de l'humanité, leurs exhortations à l'affranchissement des peuples, permettaient à leurs disciples allemands de se réclamer de leur exemple et d'invoquer leur concours, sans cesser pour cela de se sentir Allemands et sans trahir l'Allemagne. La Révolution française exaltait à la fois chez ces Allemands l'amour de la liberté et l'amour de la patrie : ils entendaient par ces grands mots qu'ils répétaient, leur liberté propre et leur propre patrie, et ils n'aperçurent d'abord ni de malentendu ni de conflit de sentiments entre eux et les Français. On en vit beaucoup qui, lors de l'invasion, reprochaient à leurs princes d'avoir si mal défendu l'Empire, applaudir ensuite aux victoires de ces mêmes Français sur ces princes incapables. Nombre de bourgeois chantaient successivement la *Marseillaise* et l'ode de Schiller à la liberté. Ils unissaient dans leurs acclamations la France libératrice à l'Allemagne délivrée. Très peu partagèrent les impressions de Perthes qui disait, en apprenant les succès de Custine : « Comme homme et citoyen du monde, je m'en réjouis ; comme Allemand, j'en devrais pleurer. »

Cet enthousiasme confus et sincère exerçait son mirage sur la petite république intellectuelle qui s'était formée à Mayence. Il s'y trouvait des fanatiques et des « éleuthéromanes », à la manière d'Euloge Schneider : le professeur de droit naturel Joseph Hoffmann, le professeur de mathématiques Mathias Metternich, le professeur de médecine Vogt, le médecin Wedekind ; mais la plupart de ces patriotes mayençais étaient des bourgeois, des savants, des fonctionnaires « éclairés », hommes de caractère timide, de tempérament humain, de bonhomie sentimentale. On rencontrait parmi eux peu de zélateurs d'une révolution jacobine. Leurs véritables chefs de file étaient de nobles rêveurs : le théologien Blau, sorte de précurseur de Schleiermacher ; Adam Lux, poète égaré dans la politique ; Georges Forster enfin, une des plus belles et plus pures intelligences du temps.

Forster semblait né pour cette révolution cosmopolite, dont

il personnifia avec tant de candeur les illusions et dont il paya
la déroute d'une mort si douloureuse. Né à Danzig, fils d'un
voyageur et naturaliste célèbre, il avait, avec son père, suivi
le capitaine Cook dans son tour du monde. Il écrivit la relation de cette expédition, et il révéla dans cet ouvrage un
esprit scientifique et un talent littéraire original. Alexandre de
Humboldt le proclame son maître. Forster passa par Paris,
où il connut Buffon, et revint en Allemagne en 1778. Il y
vécut dans la gêne et y connut toutes les épreuves. Son père,
très prodigue, s'était fait enfermer à Londres dans la prison
pour dettes. Georges Forster tâcha de l'en tirer, de le faire
vivre et de suivre en même temps sa vocation scientifique. Son
imagination mobile et passionnée le livra à tous les souffles du
siècle. Il traversa « la période de tempête et d'assaut » ; il tâta
de la religiosité de Jacobi ; il connut Gœthe et s'affilia aux
rose-croix. La droiture de son esprit et le sentiment qu'il
avait de la réalité le dégoûtèrent vite des théosophes. Il revint
à l'étude des hommes vivants et de la nature animée, avec
une soif d'idéal, un culte de la civilisation, une aspiration
vers la liberté qui le tinrent constamment au-dessus du labeur
souvent fastidieux auquel il était contraint de se livrer. Il fit
des traductions et parcourut, en enseignant, la Pologne et l'Allemagne. L'électeur de Mayence l'appela, en 1788, et le
nomma bibliothécaire. Forster se lia avec l'historien suisse
Jean de Müller, alors secrétaire de l'électeur, et devint l'honneur du petit monde savant de Mayence. Il avait trente-huit
ans ; il s'était marié ; il avait trouvé le bonheur intime, mais
il lui restait un fond toujours instable d'inquiétude et de
curiosité. La Révolution le captiva et éveilla dans son âme
une passion qui dormait encore, celle de l'action politique et
de la lutte pour l'humanité. Il fit une excursion sur le Rhin,
en 1790, en compagnie d'Alexandre de Humboldt. Ils vinrent
à Paris, où ils assistèrent à la fête de la Fédération ; puis ils
allèrent observer la révolution de Belgique. Forster publia un
récit de leur voyage, qui popularisa son nom en Allemagne
et contribua fort à y faire admirer la Révolution française.

Il ne désirait cependant pas que cette révolution s'étendît à sa patrie; ni les temps ne lui semblaient venus, ni les peuples ne lui paraissaient mûrs. Il pressentait une banqueroute de la liberté. Il ne pardonnait point aux princes allemands d'avoir, par leur injuste coalition, précipité cette crise et compromis les destinées du peuple allemand, sans modifier celles du peuple français. Il estimait la Révolution invincible en France; mais il demeurait Allemand d'instinct et de cœur, sous sa draperie de cosmopolite, tout comme les cosmopolites de France demeuraient très Français d'instinct et de tradition. Il assista au couronnement de François II, et rien ne trahit mieux ses sentiments intimes, que l'impression qu'il rapporta de ce spectacle, dans le temps même où il condamnait la croisade monarchique et où la vue des émigrés français lui inspirait l'horreur de la contre-révolution. « L'empereur, écrivait-il, a l'air si jeune, si innocent, si honnête, qu'en le voyant passer avec la couronne, sortant de l'église, les larmes m'en sont venues aux yeux! »

L'approche des Français le troubla. Il inclinait toutefois à s'accommoder le mieux possible avec eux, mais sans les appeler. Il ne fut pour rien dans les démarches que certains « patriotes » de Mayence firent auprès de Custine. Bœhmer, Dorsch et Stamm étaient au quartier général français leurs intermédiaires naturels. Ces Mayençais persuadèrent Custine que leurs concitoyens n'aspiraient qu'à être délivrés des nobles et des prêtres; ils le renseignèrent sur les côtés faibles de la place et l'assurèrent qu'elle était hors d'état de résister. Servan, Biron et Dumouriez redoutaient cette aventure. Custine lui-même la jugeait hasardeuse. Cependant il la préparait par ses émissaires. Les Mayençais, avant même d'être attaqués, se disposaient à capituler et s'occupaient d'amadouer le vainqueur. Le gouvernement électoral perdit la tête; ses troupes s'étaient fondues dans le corps autrichien; l'argent de son trésor avait servi à héberger les émigrés et à fêter les princes allemands. L'électeur était à Aschaffenbourg; il arriva en hâte à Mayence, le 5 octobre, engagea les habitants à se défendre à outrance, fit effacer les armoiries de sa voiture et s'en alla coucher à Würtzbourg La panique commença; les agents de la cour ne songèrent plus qu'à emballer les trésors des églises et ceux des palais. Gentilshommes, ecclésiastiques, émigrés français, tout ce qui avait à redouter l'invasion s'entassa sur des bateaux ou dans des voitures, emportant tout ce qu'on pouvait sauver, jusqu'au vin des caves. Le 9 octobre, raconte Forster, il n'y avait plus dans ma rue que deux maisons, dont la mienne, qui ne fussent pas abandonnées.

Il restait dans la forteresse 1,300 soldats d'Empire et 800 Autrichiens. Le gouvernement réquisitionna les paysans et parvint à mettre 190 canons en batterie. Si les casernes étaient vides, les arsenaux étaient encore bien remplis. Le landgrave de Darmstadt, appelé à la rescousse, répondit que les Français avaient trop ménagé ses possessions d'Alsace pour qu'il voulût se brouiller avec eux. Les ministres de l'électeur invoquèrent l'intervention de la Diète. Cette assemblée lança une circulaire et écouta, le 11 octobre, la lecture d'un rescrit impérial. La postérité, déclarait l'empereur, s'étonnera d'apprendre qu'à la fin du dix-huitième siècle, il n'y avait plus d'esprit public en Allemagne. L'empereur invita les Allemands à montrer leur patriotisme.

Celui des défenseurs de Mayence ne se manifestait point. Les gens de Fulda et ceux de Nassau qui servaient dans la garnison s'en retournèrent chez eux, jugeant inutile de se faire exterminer pour le compte des Mayençais. Ces derniers formaient le vœu qu'on n'exterminât personne. Les préparatifs de guerre leur parurent dangereux pour leur sécurité. Ils refusèrent le service du rempart, et, dès le 5 octobre, on vit partout dans les rues la cocarde tricolore. Custine n'était pas sans inquiétude sur les mouvements des Autrichiens; l'effroi qu'il répandait raffermit son audace. Il se dit que la conquête de Mayence jetterait la consternation dans l'Empire, et que cette conquête, très facile, serait prestigieuse. Le 19 octobre, il parut devant la ville, déploya ses troupes, fit allumer de grands feux, apporter des échelles, étaler des fascines, et se démena de telle façon que les Mayençais, très disposés d'ailleurs à se soumettre, se prirent d'épouvante à la lecture des sommations qu'il leur adressa : « Si vous hésitez, demain vous ne serez plus. Vous avez à choisir entre la destruction et la fraternité que nous vous offrons... J'ai tous les moyens de faire réduire votre ville en cendres : grils pour tirer à boulets rouges, obus d'artifice pour incendier... » Custine releva ces belliqueuses figures de rhétorique de quelques volées de son artillerie légère, et Mayence se prononça pour la fraternité. La capitulation fut signée le 21 octobre. On ne peut, à proprement parler, dire que la garnison obtint les honneurs de la guerre, mais elle sortit avec armes et bagages. Les agents, officiers et serviteurs de l'électeur, ainsi que les membres du clergé, eurent la faculté de se retirer. La sécurité des personnes et celle des propriétés furent garanties aux habitants.

Vers midi, les portes de la ville s'ouvrirent. C'était un dimanche, la population se porta en foule vers le camp français. Forster s'y rendit avec sa femme. « Vive la République! » cria-t-il en saluant le premier soldat qu'il aperçut. « Elle vivra bien sans vous! » répondit le républicain. Les Français distribuèrent force cocardes, et la populace allemande profita de l'événement pour saccager les vignes de l'Université. A six heures, Custine fit son entrée. Il se rendit au palais épiscopal où la valetaille le reçut princièrement, puis il s'en alla à la maison de ville. Il y avait convoqué le conseil, le magistrat, ainsi que l'on nommait cette assemblée. Des bourgeois s'étaient joints aux conseillers ; il y avait là environ une centaine de personnes. Custine les harangua. Il annonça que la République leur offrait son amitié : elle ne leur imposerait aucune contribution et elle les laisserait libres de se gouverner à leur guise : « Dans le cas même où vous préféreriez l'esclavage aux bienfaits de la liberté, vous resterez libres de décider de quel despote vous voulez recevoir les chaînes... Vous êtes donc en possession de décider souverainement si vous voulez conserver l'ancienne constitution, vous en choisir une nouvelle ou accepter celle des Français. » Bœhmer traduisit en allemand ce discours encourageant. Il fut d'autant mieux accueilli que la belle discipline des troupes et la bonne humeur des soldats inspiraient une entière confiance dans les promesses du général.

Les propagandistes s'empressèrent de former une « Société des amis allemands de la liberté et de l'égalité ». Ce club s'ouvrit le 24 octobre; un millier de Mayençais assistaient à la cérémonie. Custine tint un nouveau discours qui confirma le précédent : « Nous ne faisons cette guerre que pour n'en plus faire à l'avenir, pour punir les iniquités qu'on a exercées contre nous, pour faire connaître aux peuples qui sont nés pour être libres, les *Droits de l'homme*. » L'assistance applaudit; on cria : Vive la nation! cri que chacun pouvait prendre pour soi et qui, par conséquent, mettait tout le monde d'accord.

Forster ne s'était point fait inscrire au club; mais son parti était pris, il allait à la France. Il écrivit, le 21 octobre, le jour de la capitulation, à un de ses amis de Berlin : « Il faut faire la part du feu. Heureusement pour l'Allemagne que le Rhin est là. Il doit former la frontière entre le pays de la République et l'Allemagne. Ce serait une pure folie de s'attacher encore aux vieilles chimères de l'inviolabilité et de l'indivisibilité de l'Empire. On s'expose à tout perdre pour vouloir retenir quelque chose. L'exemple de la puissance royale en France en est la preuve. Tout conseille de faire la paix en cédant Trèves et Mayence à la France. » Jean de Müller partageait ce sentiment; il donna le même avis. Le 25 octobre, Forster se rendit chez Custine avec une députation de l'Université. Le général français fit lire le même soir, au club, un « appel à la nation allemande ». Il y reprenait, en le commentant, le thème de ses précédentes harangues. Il promit de ne frapper d'impôt que les privilégiés, de respecter le libre vœu des peuples et de défendre leur indépendance contre les despotes. Le 26 octobre, il convoqua les corporations et les invita à exprimer leurs vœux sur le gouvernement futur du pays. Les membres des corporations inclinaient vers une sorte d'oligarchie bourgeoise et de commune dans l'esprit du moyen âge ; mais c'étaient des gens circonspects. Ils répondirent qu'ils s'en remettaient à l'ordre des commerçants. Cet ordre comptait 97 membres. Trois étaient absents, 13 votèrent pour la constitution française et 81 pour une constitution monarchique tempérée par des états, et pour le maintien de l'union avec l'Empire. Les professeurs, les médecins, les juristes, les prêtres, ne furent point consultés : les uns avaient adhéré au club et travaillaient pour la République ; les autres y étaient hostiles.

Custine s'était beaucoup avancé dans ses discours. Il jugea prudent de prendre les ordres de son ministre et de s'assurer des dispositions de la Convention. Il se rendait compte, d'ailleurs, que son succès était tout de contenance. Comme il avait peu de suite dans les idées, et qu'il demeurait homme de plaisir, il se divertit en attendant les instructions de Paris et se complut à jouir de sa victoire. Il refit d'ailleurs son armée, la reposa, forma des magasins ; mais il perdit l'occasion de pousser à fond ses avantages, d'embarrasser la retraite des Prussiens et de profiter de l'effroyable panique que l'invasion avait jetée dans l'Empire.

Le duc de Deux-Ponts s'était mis en règle. Il avait reconnu Desportes comme ministre de la République et promis de voter à la Diète en faveur de la paix. L'électeur de Trèves, qui ne pouvait espérer de la part de la France les mêmes ménagements, ne songea qu'à se dérober par la fuite. Il résidait à Coblentz : il fit empaqueter tout ce qui se pouvait emporter ; la cour, les fonctionnaires, les magistrats et les moines firent comme l'électeur et passèrent le Rhin. Il y avait quelques soldats à Ehrenbreitstein : les habitants parlèrent de défendre cette forteresse. Le conseil de guerre s'y opposa. Les gens de Coblentz prirent peur, barricadèrent leur ville et arrêtèrent les voitures de l'électeur. Les États se réunirent et délibérèrent de députer vers Custine pour régler d'avance la capitulation. L'électeur parvint enfin à quitter sa résidence le 21 octobre. Il se réfugia à Bonn, où l'on avait aussi peur qu'à Coblentz. Le

Rhin ne suffisait pas à rassurer les gouvernants de la rive droite. La famille du landgrave de Cassel ne se jugea pas en sûreté dans cette ville, et s'en alla plus loin dans l'Allemagne; le landgrave de Darmstadt ne s'arrêta qu'à Giessen; le margrave de Bade et le duc de Wurtemberg protestèrent de leur neutralité; l'électeur de Bavière fit élever sur ses frontières des poteaux où on lisait : « Territoire neutre du Palatinat. » Wetzlar se déclara neutre comme siège du tribunal d'Empire, et la diète de Ratisbonne loua des bateaux pour descendre le Danube.

Le 26 octobre, les délégués de Coblentz arrivèrent à Mayence, offrant de livrer la ville et la forteresse : il n'y avait plus de poudre à Ehrenbreitstein, affirmaient-ils : le prince électeur avait tout abandonné aux émigrés; ils ajoutaient qu'un coup de main suffirait pour s'emparer de Rheinfels. Custine avait alors d'autres soucis. Il trouvait glorieux et lucratif de faire de l'argent en propageant la liberté. Il envoya ses lieutenants battre le pays jusque sur la rive droite du Rhin, annoncer la bonne nouvelle aux peuples et la grande réquisition aux tyrans. Houchard fut chargé de rançonner Hombourg; il poussa jusqu'à Manheim. Neuwinger, avec 3,000 hommes, somma Francfort de capituler. La ville capitula. Neuwinger saisit chez un banquier 14,000,000 de florins qui appartenaient à l'Autriche et taxa les privilégiés à 2,000,000 de florins. Le Sénat protesta qu'il n'y avait point de privilégiés dans Francfort et que chacun y payait l'impôt, selon ses ressources. Les représentations de ces républicains oligarques déconcertèrent Neuwinger : il consentit quelques concessions et permit aux magistrats de députer vers Custine. Ce général ne voulut rien écouter et fit lever 300,000 florins par voie d'exécution militaire. Les Francfortois étaient gens de conseil : ils payèrent, mais en spécifiant que leur argent constituait un dépôt, et, pour se couvrir, ils décrétèrent un emprunt forcé qui frappait tout le monde. Custine n'entendait pas l'égalité de cette manière. Il répliqua en déclarant que les habitants possédant moins de 30,000 florins n'auraient rien à payer. Les Français, dit-il, ne forment qu'un vœu[1], « celui de protéger les faibles et de faire sentir à l'homme injuste, dans l'opulence, que les hommes, nés égaux en droits, ne doivent pas porter le joug de l'homme riche ». Pour en convaincre les banquiers francfortois, il résolut de les endoctriner, en personne, avec un millier d'hommes, des canons et l'interprète Bœhmer. Il arriva dans la ville libre impériale le 27 octobre après midi, passa une revue, exigea le payement du premier million et leva sept otages. Le million fut payé le 31, les otages furent relâchés, et Custine permit à cinq Francfortois de se rendre à Paris afin de solliciter de la Convention la remise du second million.

Le 28, il avait lancé une proclamation aux soldats hessois, les invitant à passer au service de la France. Le 30, il en lança une autre, protestant que « l'unique intention des Français était de donner la liberté aux Allemands ». Les Hessois ne se laissèrent point tenter. Leur maître avait fait une telle diligence qu'il était de retour avec sa petite armée. Ses troupes occupaient, depuis le 28, Coblentz et Ehrenbreitstein. Les habitants, en les voyant arriver, crurent avoir affaire aux républicains, et crièrent : Vive la France! Ils reconnurent qu'ils se trompaient, retinrent leurs cris et réfléchirent au revirement des choses. Tout l'entrain qu'ils mettaient la veille à se donner à Custine se tourna en soumission aux Hessois revenus et aux Prussiens qui s'annonçaient. Custine avait perdu l'occasion. Il comprit sa faute, et la rejeta aussitôt sur son collègue Kellermann. Il le dénonça à la Convention; le procédé était classique sous l'ancien régime, et la Révolution n'y prêtait que trop de facilités nouvelles : « Je dénonce Kellermann, indigne du nom de général, plus indigne encore de diriger les forces de la République[2]. » Custine, pour détourner l'orage, redoubla de fanfaronnades, de propagande et de proclamations. Mais sa rhétorique commençait à sonner creux. L'option qu'il avait laissée aux Mayençais, la tolérance qu'il avait observée à l'égard des anciens agents de l'Électeur, tour-

[1] Proclamation du 27 octobre 1792.
[2] Custine au président de la Convention, 30 octobre 1792.

naient contre la France. Il s'occupa d'organiser une administration nouvelle, interdit de rendre la justice au nom de l'Électeur et ordonna le 30 octobre de la rendre « au nom de la nation française ».

Cependant le club de Mayence délibérait sur l'avenir du pays. Pour réchauffer les esprits, Custine fit planter, le 3 novembre, un arbre de la liberté. Ce fut l'objet d'une grande fête, où l'on brisa solennellement un bloc de fer que l'archevêque Adolphe de Nassau avait élevé en symbole de son pouvoir : « Quand le soleil fondra ce bloc, avait dit ce tyran aux Mayençais, vous recouvrerez vos privilèges. » Le soir au club on vit arriver à la fois Dorsch et Pape qui venaient de Strasbourg. Forster fit publiquement acte d'adhésion à la Révolution. Il demanda à devenir Français; il apportait au parti de la réunion l'exemple d'une conviction sincère et l'appui d'une parole persuasive.

Custine vacillait entre la liberté qu'il avait proclamée et la rigueur que lui commandaient les nécessités militaires. Il en appela à la Convention et réclama des commissaires. Il sentait qu'il serait difficile de laisser Mayence aux Mayençais et de conquérir en même temps cette place à la République. L'argent ne rentrait plus. On avait beau taxer les seuls privilégiés; la plupart étaient partis, et ceux qui restaient ne payaient point. Custine annonça l'abolition de tous les droits injustes et flétrit les abus du gouvernement ecclésiastique; il ajouta qu'en attendant la réforme de ces abus et l'établissement d'un gouvernement définitif, les Mayençais devaient se montrer dignes d'être libres en respectant les lois établies, c'est-à-dire en payant les anciennes taxes. « La liberté, dit-il, consiste à n'obéir qu'aux lois que l'on s'est données. » C'était une belle sentence, il la corrigea aussitôt par cette autre : « Les seuls représentants du peuple français peuvent prononcer sur les droits de ceux que la puissance des armes a réunis à la société fraternelle que forme notre gouvernement. C'est dans un profond respect pour leur autorité que j'attends leurs députés. Ils seront proclamateurs de vos droits, de votre liberté. » Cette théorie toute romaine de la suprématie des citoyens français sur les peuples d'alentour s'éloignait singulièrement des adjurations tout américaines du début. Custine n'en avait cure, ne se piquant point de droit public et ne professant jamais que des opinions de circonstance. Il estimait peu les paroles en général, il prodiguait les siennes et il s'étonna, jusqu'au pied de l'échafaud, qu'on attribuât quelque importance à des discours auxquels il avait donné si peu de réflexion.

Il n'eût point été de son temps et de son école, s'il n'eût tracassé dans les agences secrètes et tâté des négociations prussiennes. Ne pouvant arrêter Frédéric-Guillaume dans sa retraite, il se flattait de le détourner. Je travaille « à endormir le Prussien dans l'espoir de l'alliance de la France », mandait-il à Lebrun. Il renoua ses anciennes relations de Berlin, écrivit à Mœllendorf et rechercha la princesse de Hohenlohe. Comme en Champagne, les courtiers diplomatiques flairaient le marché et quêtaient autour du quartier général. « Nos antichambres, écrivait Custine, sont pleines de conseillers intimes de tous les princes de l'Empire, d'estafettes arrivant de quarante lieues, apportant des dépêches de la part de ces messieurs[1]. » Custine trouvait dans Desportes un collaborateur zélé jusqu'à l'intempérance. Cet ancien maire de Montmartre brûlait de se mettre au ton, et à défaut d'autre théâtre, il offrait de faire aux Deux-Ponts ses débuts dans la haute comédie politique. « J'ai quelques intelligences sûres dans cette cour que les femmes gouvernent et qui va nous devenir tout à fait subordonnée », mandait-il à Lebrun le 20 octobre. Il écrivit à Hertzberg, et l'accabla de compliments indiscrets dans l'espoir qu'il y répondrait du même style. Le vieux comte ne s'occupait qu'à « filer de la soie, à organiser des sociétés agathoniques et à compiler la vie de Frédéric ». On n'en tira rien. Desportes confia à Custine ses vues sur le pays de Deux-Ponts : « Le gouvernement tremble. Il m'en a fait la confidence. Je le rassurai ce matin ; mais je le tuerai, quand vous

---

[1] Custine à Lebrun, 2 octobre 1792; Custine à Biron, fin octobre : étude de G. AVENEL, *République française*, 27 février 1876.

voudrez, avec deux mille hommes... Je peux mettre tout en feu; je peux aussi faire la paix[1]. »

Gorani, après avoir touché barre à Londres, se rabattit sur le Rhin et tâcha d'y atteindre Lucchesini au passage. Un homme de lettres, Mandrillon, rédacteur du *Spectateur américain*, offrit ses services à Lebrun et proposa de s'aboucher avec Dohm. Comme tous ceux qui cherchaient à intriguer avec la Prusse, Mandrillon devançait pour les combler les ambitions de cette cour. C'est en l'animant à développer la *Confédération des princes*, c'est-à-dire à grouper autour d'elle les États allemands du Nord, qu'il se proposait de l'attirer dans le jeu de la France. Dohm, mandait-il à Lebrun, « m'écrit sur cette ligue un excellent mémoire[2] ». Dohm trouvait, dans le même temps, un autre truchemen de ses insinuations dans le journaliste Mettra, publiciste mêlé de spéculateur, qui menait de front, à la façon de presque tous ses pareils, la propagande française, le prosélytisme prussien, le courtage de la paix et le commerce des fournitures de guerre. Il avait déjà travaillé en 1768 et en 1771 à un rapprochement entre Louis XV et Frédéric. Il se présenta à Paris comme ayant accès près de Dohm, et Dohm le présenta en Allemagne comme ayant accès près de Lebrun. Le fait est que Mettra ne connaissait point Lebrun. Il lui était adressé par un agent plus qu'équivoque, Andrea de Nerciat, pornographe fort répandu dans le beau monde, qui, sous le pseudonyme de Certani, mêlait la diffusion « des lumières » à la fabrication des écrits licencieux. Nerciat se porta fort pour Mettra, qui se portait fort pour Dohm. Mettra offrit de se rencontrer avec ce diplomate chez la princesse de Neuwied, et Nerciat offrait de le présenter dans cette cour.

Dohm fit connaître au quartier général prussien les démarches de Mandrillon et celles de Mettra. Lucchesini et Haugwitz estimèrent qu'il n'y avait là qu'une nouvelle cabale destinée à brouiller l'Autriche et la Prusse. Frédéric-Guillaume coupa court à toute cette diplomatie occulte par une lettre

---

[1] Desportes à Lebrun, 20 et 23 octobre; Desportes à Custine, 22 octobre 1792.
[2] *Note relative à la politique du moment actuel*, 15 octobre 1792.

qu'il écrivit à Dohm, le 1ᵉʳ novembre[1] : « J'attendrai que le sieur Custine ait repassé la frontière avant de prendre un parti sur la négociation qu'on me propose... » Il refusait de s'expliquer avec un émissaire inconnu « tandis que le ministère français gardait un silence de mauvais augure sur la demande préalable qu'il lui avait fait faire touchant ses intentions et les moyens qu'il pourrait employer pour sauver le roi et sa famille... Au reste, ajoutait-il, je ne me laisserai jamais aller à aucune négociation avec les Français à l'insu et contre les intérets de l'empereur, mon allié. »

Il était beau de conquérir et sage de négocier; mais sur quel pied la République engagerait-elle les négociations? Que ferait-elle des conquêtes? Comment se régleraient les rapports de la République avec les nations et avec les États? Custine le demandait pour les pays du Rhin, Dumouriez le demandait pour l'expédition qu'il projetait en Belgique. Les mêmes questions se posaient à l'autre extrémité du théâtre de la guerre.

V

Montesquiou était entré en Savoie, le 21 septembre, avec 18,000 hommes. Tandis qu'il s'avançait dans ce pays, la Convention le destituait, sous le prétexte qu'il refusait de marcher[2]. Elle rendit ce décret le 23 ; le 24, elle apprit que Montesquiou avait obéi. Elle nomma trois commissaires, Dubois-Crancé, Lacombe et Gasparin, pour examiner sa conduite et faire exécuter le décret de destitution, s'il y avait lieu. Ce jour-là même, Montesquiou entrait à Chambéry. La municipalité l'attendait aux portes. « Nous ne sommes pas un peuple conquis, mais un peuple libre », dit le syndic. — « Nous sommes frères », répondit Montesquiou. Le peuple cria : Vive

---

[1] Vivenot, t. II, p. 325.
[2] Bianchi, *Storia della monarchia piemontese*. Turin, t. II. — Botta, *Storia d'Italia*. — Mortimer-Ternaux, liv. V.

la France ! Les soldats français chantèrent la *Marseillaise*, distribuèrent des cocardes et plantèrent l'arbre de la liberté. Montesquiou promit de respecter les personnes, les propriétés, les lois, la religion. Il annonça que le peuple allobroge serait rétabli dans ses droits et déciderait de ses destinées. « Séparez-vous de vos tyrans, disait-il aux Savoisiens, ce sont les seuls que nous venons combattre [1]. » Il écrivit au ministre de la guerre : « La marche de mon armée est un triomphe. Le peuple des campagnes, celui des villes accourent au-devant de nous... Il me paraît que les esprits sont disposés à une révolution semblable à la nôtre. J'ai déjà entendu parler de proposer à la France un quatre-vingt-quatrième département ou une république sous sa protection. » Il demandait des instructions, et en les attendant, il flattait les espérances.

Sa lettre n'exagérait rien. Le peuple savoisien était, de tous les peuples voisins de la France, le plus disposé et le mieux préparé à une réunion. Il y était disposé par ses mœurs et son état social, identiques avec ceux de la France ; il y était préparé par la propagande des démocrates du pays et par les émissaires des départements français limitrophes. Les commissaires de la Convention reçurent les témoignages de la confiance touchante des habitants. « En franchissant la frontière, écrivaient-ils, nous n'avons pas cru changer de pays [2]. » Ils découvraient « une France inconnue, une vieille France naïve qui, dans la langue de Henri IV, bégayait la Révolution. Ces pauvres gens, cruellement étouffés par le Piémont, avaient depuis longtemps coutume d'aller chercher leur vie en France. Et cette fois, c'était la France qui venait les voir, s'asseoir à leur foyer [3]... » Dubois-Crancé manda au Conseil qu'il convenait « de laisser le général Montesquiou achever ce qu'il avait si heureusement commencé ». Le décret de révocation fut rapporté [4]. Les Savoisiens réfugiés à Paris réclamaient l'annexion ; un club se fonda

[1] Proclamation du 21 septembre.
[2] A la Convention, 20 octobre 1792 ; AULARD, t. I, p. 92.
[3] MICHELET, *Histoire de la Révolution*, t. IV, p. 267.
[4] 7 octobre 1792. — Lettre de Dubois-Crancé, 2 octobre. Voir JUNG, *Dubois-Crancé*. Paris, 1884, t. I, p. 173.

à Chambéry pour en répandre l'idée. Les commissaires invitèrent le peuple à se réunir dans ses assemblées primaires pour exprimer ses vœux et nommer des députés à une Assemblée nationale qui siégerait à Chambéry. Les votes eurent lieu le 14 octobre. Trois communes étaient encore occupées par les Piémontais; dans toutes les autres les électeurs se présentèrent en grand nombre. Sur 658 communes, 583 se prononcèrent pour la réunion, 72 laissèrent à leurs députés le pouvoir de statuer.

Le 21 octobre, l'Assemblée nationale des Allobroges se constitua à Chambéry; elle constata les vœux des populations, abolit la royauté, le régime seigneurial et l'impôt sur le sel, supprima la torture, décida la liberté de commerce avec la France, ferma les couvents, sécularisa les religieux, saisit les biens du clergé et mit sous le séquestre ceux des émigrés. Enfin, considérant qu'il était « instant de montrer la loi et de la faire exécuter », elle vota une constitution. Les Allobroges accomplirent ainsi en quatre jours ce que les Français avaient accompli en trois années. Il n'y fallut ni efforts ni effusion de sang. Tout le monde se soumit; le clergé, avec son évêque, en donna l'exemple. Les légistes se présentèrent à l'Assemblée et prêtèrent serment. « Ce que vous appeliez crime de lèse-majesté, leur dit Doppet, qui présidait, vous le qualifierez de crime de lèse-nation. » Le 29 octobre, l'Assemblée se sépara après avoir député quatre de ses membres pour porter à la Convention le vœu des Allobroges. « Si M. Anselme est aussi heureux que moi, avait écrit Montesquiou, les États du roi de Sardaigne seront bientôt réduits au Piémont et à la Sardaigne [1]. »

Anselme était un bon soldat, zélé, actif, mais très brouillon. Il marcha sur Nice, appuyé par des démonstrations de la flotte de Truguet. Les Piémontais, bien que supérieurs en nombre, se retirèrent. Les Niçois furent livrés à eux-mêmes; la populace commença de piller la ville, et les gens paisibles s'épouvantèrent. Ils appelèrent Anselme, qui entra, le 28 sep-

---

[1] Lettre à la Convention, *Moniteur*, t. XIV, p. 70.

tembre, dans Nice. Il n'avait avec lui que 3,000 hommes ; le mauvais temps força Truguet de gagner la haute mer. Un retour offensif des Piémontais était à craindre. Anselme ne sut ni rétablir l'ordre dans la ville, ni imposer à ses troupes cette discipline qui faisait tant d'honneur à celles de Custine et à celles de Montesquiou. Il ne rivalisait avec ces généraux que par l'ardeur de son prosélytisme. Les clubistes de Nice célébraient ses vertus et multipliaient les adresses à la Convention, sollicitant pour Anselme le bâton de maréchal. « On chérit Anselme, écrivait-on de Nice le 12 octobre [1], on admire sa sœur qui, non moins courageuse que la Pucelle d'Orléans, sert une meilleure cause. » Une administration jacobine s'établit, le 21 octobre, et envoya deux délégués à Paris pour demander, au nom des Niçois, « l'adoption à leur primitive patrie, la République française, dont ils n'auraient jamais dû être séparés ». En même temps que ces vœux du peuple et que ces louanges hyperboliques d'Anselme arrivaient à Paris, la Convention recevait des plaintes contre la mollesse du général à réprimer les anarchistes. Il en fut fait un rapport à l'Assemblée. « Les vols, dit le rapporteur, les pillages, les viols, les concussions arbitraires, la violation des droits de l'hospitalité, la bonne foi trahie, la chaumière du pauvre insultée, l'asile du laboureur dévasté, l'impunité de tous ces crimes, qui se continuent, voilà les fléaux qui affligent une région que vous avez rendue à la liberté [2]... »

Ces excès répandirent la terreur dans tout le pays. Le 23 octobre, la flotte se présenta devant Oneille avec des troupes de débarquement. Les habitants, sommés de les recevoir, répondirent en tuant les parlementaires. Truguet, pour les châtier, fit bombarder la ville ; les troupes l'occupèrent le 30, la saccagèrent, et mirent à mort les moines qui avaient excité le peuple contre les Français.

Au lieu de songer à organiser le pays conquis et à le paci-

---

[1] Lettre lue à la Convention, *Moniteur*, t. XIV, p. 317.
[2] Goupilleau, 18 novembre 1792, rapport rétrospectif. *Moniteur*, t. XIV, p. 509. — AULARD, t. I, p. 246, 248, 278.

fier, Anselme rêvait de nouvelles et de plus extraordinaires entreprises. La gloire de Custine ne lui suffisait plus. Il méditait de devenir le Pyrrhus de la République. Le Conseil exécutif avait pensé à faire occuper l'île de Sardaigne [1]. Arena, ci-devant député de la Corse à l'Assemblée législative, fut nommé commissaire du pouvoir exécutif, et chargé de préparer cette expédition d'accord avec Anselme et Truguet. Il écrivit de Nice, le 24 octobre, à Lebrun, puis à Brissot : « L'expédition de Sardaigne ne peut avoir lieu dans ce moment. Anselme pense que la République doit envoyer une armée à Rome pour disperser la Cour qui nous fait une guerre plus dangereuse que celle des Prussiens et des Autrichiens. Délivrer les Romains, passer dans le Milanais, dans la Lombardie, revenir dans le Piémont pour assiéger les places fortes du roi de Sardaigne, voilà le plan qu'Anselme a conçu. Jamais la France n'aura une plus belle occasion pour se débarrasser de la cour de Rome, pour y installer un évêque et pour donner le mouvement à une insurrection générale. Nous sommes les maîtres de la Méditerranée, notre armée sera la plus forte pendant l'hiver ; elle vivra aux dépens des tyrans et nous procurera mille autres avantages que vous discernerez facilement [2]. »

L'idée d'intervenir à Rome hantait déjà nombre d'esprits. Le ci-devant baron de Mackau [3], diplomate de naissance et de carrière, tombé dans la Révolution, mais plus intrigant que républicain et plus voisin de Chauvelin que de Barthélemy, se trouvait alors ministre à Naples. Nommé par Dumouriez, il n'était arrivé à son poste que dans les premiers jours d'août, et la Cour le tenait en stricte quarantaine. Il avait hâte de faire ses preuves de civisme en se gagnant la réputation d'un politique de grande envergure. Rome lui paraissait le théâtre le plus propre à déployer son génie et à favoriser ses intérêts. La France n'y entretenait plus qu'un maître de postes, Digne, un

---

[1] Aulard, t. I, p. 58, 123.
[2] Mortimer-Ternaux, t. V, p. 79.
[3] Masson, *les Diplomates de la Révolution*. Paris, 1882. — Grosjean, *les Relations de la France avec les Deux-Siciles*, 1789-1793. Paris, 1888.

agent consulaire, Moulte, en même temps banquier, les élèves de l'Académie et quelques artistes. Deux de ces derniers, Chinard et Rater, furent emprisonnés, le 26 septembre, sous l'inculpation de propos séditieux. Mackau jugea l'occasion propice, intervint à Rome de son autorité privée et pressa le Conseil exécutif d'admonester vigoureusement le Saint-Siège. Gorani, fort écouté en ces matières, marqua le ton et admonesta le Pape dans une lettre qui fut rendue publique [1]. Il invitait ce pontife à se rendre « à la raison éternelle, à la vérité, à la nature, à Dieu » qui lui parlait par la *Déclaration des droits* : « Jamais Zoroastre et Confucius, Moïse et Pilpay [2], Solon et Lycurgue, Numa ni Jésus… n'ont présenté un code de morale plus simple, plus sublime, plus attrayant… » Gorani exhortait Pie VI à déposer la tiare ; à ce prix il obtiendrait sa grâce ; sinon le peuple ferait justice et l'écraserait, lui, athée et immoral, avec toute sa caste.

Naillac, ministre à Gênes, donnait, dans le même temps, aux mêmes suggestions, une forme plus politique. « Il me paraît probable, écrivait-il à Lebrun le 29 octobre, que pour assurer la liberté de la République française vous chercherez à l'entourer de petits États qui, dégagés des chaînes du despotisme, lui resteront attachés pour maintenir leur indépendance ; dans ce sens, je ne doute point que vous ne reculiez bien loin les frontières de l'Autriche et que votre projet ne soit de faire des provinces belgiques, du Luxembourg et du Brisgau, autant de républiques qui forment une ceinture de liberté autour du foyer dont ce feu sacré sera parti. » Naillac avait composé sur l'Italie un mémoire « assorti à ce grand cadre », et il l'envoya à Lebrun. Il concluait, d'ailleurs, à maintenir l'Italie morcelée, afin de la maintenir subalterne. Il estimait la terreur telle à Turin et même à Milan, qu'avec de l'audace les Français pouvaient se rendre maîtres de ces deux villes [3].

---

[1] Lettre du 10 octobre, publiée dans le *Moniteur* du 31.
[2] « C'est là [aux Indes] que le célèbre Pilpay écrivit, il y a 2,300 années, ses fables morales… etc. » VOLTAIRE, *Essai sur les mœurs*, ch. III : *Des Indes*.
[3] Naillac à Anselme, 21 novembre 1792, rétrospectif.

Ces vues ont cela de particulier qu'elles sont ouvertes par des hommes d'ancien régime; ce sont les anciennes vues d'agrandissement royal, et elles n'ont de révolutionnaire que le prétexte. Félix Hénin, chargé d'affaires à Venise, les avait développées avant Anselme et Naillac, conseillant de prendre Gênes, d'envahir Parme et Plaisance, où l'on trouverait des fourrages, des denrées, des toiles, des bêtes de somme; de tomber sur Modène, où l'on ramasserait de l'artillerie, des munitions et un trésor de plusieurs millions; de menacer Venise, qui ne résisterait pas et qui fournirait des vivres : les peuples, sachant qu'on ne les voulait point assujettir, se prêteraient facilement à l'invasion. « C'est en Italie, concluait cet agent prévoyant, que nous devons vaincre les Allemands; attaquons-les donc en Italie [1]. » Voilà, dès 1792 et sortant pour ainsi dire des cartons de la diplomatie classique, les desseins et les moyens de 1796, ceux de l'expédition de Bonaparte et ceux de la politique du Directoire.

Cette politique germait dans les esprits des nouveaux républicains, et par un contraste assez singulier des choses, ce fut une des rares républiques subsistant en Europe qui en fit la première, à ses dépens, l'expérience. Les gouvernements de l'ancien régime n'avaient point de préjugés contre les républiques : ils ne considéraient point la forme de la constitution de ces États, mais seulement l'intérêt qu'ils avaient à les conserver ou à les démembrer [2]. Les gouvernements issus de la Révolution en usèrent aussi librement. On vit le Directoire partager la République de Venise, qui était inoffensive, avec la Cour d'Autriche qui demeurait l'ennemie déclarée de la République française. On vit, dès 1792, les mêmes ministres qui cherchaient à pactiser avec le roi de Prusse et à lui livrer le peuple de provinces entières, parce que l'agrandissement de la Prusse entrait dans les convenances de leur politique, inquiéter la Suisse et menacer Genève, parce que les lois de cette petite cité gênaient leurs calculs ou contrariaient leurs passions.

[1] Projet, Venise, juin 1792.
[2] Cf. t. I, p. 14 et suiv.

Il n'y avait, d'ailleurs, que trop de motifs de méfiance et trop d'occasions de brouille entre la France républicaine et les Cantons[1]. L'insurrection du 10 août, le massacre qui avait été fait des gardes-suisses et la responsabilité que l'on rejetait publiquement sur ces soldats d'avoir ensanglanté cette journée, avaient blessé le patriotisme suisse, en même temps que les menaces d'incursion et de prosélytisme alarmaient cette république pour son indépendance. Les Cantons refusaient de reconnaître le gouvernement provisoire, et s'occupaient de rappeler les soldats suisses qui restaient en France. Lebrun, tout en faisant appel à la concorde, le prit d'abord de haut avec eux. C'était le prendre maladroitement avec une nation libre, fière de ses droits et dont la neutralité loyale était d'un si grand prix pour la défense des frontières françaises. Il y avait heureusement en Suisse un ambassadeur judicieux et éclairé, capable de voir les choses, de les rapporter fidèlement et de tempérer la rigueur imprévoyante des instructions qu'il recevait. Barthélemy, qui devait occuper un si grand emploi dans la diplomatie de la République, avait alors quarante-deux ans. Neveu de l'auteur d'*Anacharsis*, il était entré, sous le patronage de Choiseul, dans la carrière des ambassades, et il avait rempli le poste de secrétaire en Suède, à Vienne et à Londres, où la Révolution l'avait trouvé. Il résidait en Suisse depuis le mois de février 1792. C'était, en diplomatie, un disciple de Vergennes; bon observateur, négociateur circonspect, rédacteur médiocre; avisé, pacifique, sans autre système que l'intérêt bien entendu de la France; cherchant, d'après l'expérience du passé, l'intérêt durable de l'avenir, habitué à considérer son pays du dehors et à considérer la France en elle-même sans se lier à aucune des factions qui s'y disputaient le pouvoir; bon patriote et homme d'affaires par-dessus tout; attaché par ses origines aux opinions libérales et modérées, par ses goûts et ses manières à la bonne compagnie; soucieux de son repos, de ses biens, de sa place, il se proposait de poursuivre

---

[1] KAULEK, *Papiers de Barthélemy*, t. I. Corr. d'avril à octobre 1792.

avec dignité sous la République une carrière honorablement commencée sous la monarchie.

Barthélemy ne dissimula point à Lebrun les sentiments des Suisses. « La douleur et l'irritation causées par les événements du 10 août sont au comble », écrivait-il. Nous estimons en France que les soldats qui composaient le corps des gardes-suisses sont des traîtres; en Suisse, on leur décerne avec enthousiasme tous les honneurs du dévouement le plus généreux. « L'Autriche presse les cantons de se déclarer contre le nouveau gouvernement de Paris; ils ne prendront certainement pas l'initiative de le reconnaître : tout ce qu'on peut obtenir, c'est qu'ils ne se montrent point hostiles, et ils le deviendront si on ne les ménage pas. » « Les cruels événements du 2 septembre, dont tant d'officiers suisses ont encore été les malheureuses victimes, en rendant ma position particulière chaque jour plus dangereuse, mettent aussi en très grand péril notre situation politique avec la Suisse. » Il fallait, concluait Barthélemy, donner au peuple des cantons le temps d'oublier; il fallait rassurer les gouvernements; il importait surtout d'éviter les provocations [1].

C'était ce dont on se souciait le moins à Paris. Les militaires avaient occupé le pays de Porentruy, qu'ils jugeaient nécessaire à leurs opérations défensives; les propagandistes s'y étaient aussitôt répandus pour insurger les populations contre leur souverain, l'évêque de Bâle. Les habitants des pays de Vaud et d'Argovie, sujets de Berne et tenus en chartre privée par les aristocrates qui gouvernaient ce canton, s'agitaient sous l'impulsion des émissaires français. Le conflit qui couvait un peu partout éclata à Genève.

Genève était indépendante; elle ne faisait point partie de la Confédération helvétique, mais elle s'était liée, en 1558 et en 1584, par une alliance perpétuelle avec les cantons de Berne et de Zurich. En 1782 [2], les démocrates tentèrent d'y opérer une révolution. Les trois puissances voisines, la France, la Sar-

---

[1] Rapports de Barthélemy, 18, 22, 31 août, 8, 11 septembre 1792.
[2] Cf. t. I, p. 66, 142.

daigne et la Suisse, intervinrent, firent rendre un édit de pacification, et rétablirent la constitution aristocratique qu'elles placèrent sous leur garantie collective. Elles stipulèrent que si deux d'entre elles se faisaient la guerre et que cependant le cas se présentait d'exercer la garantie, Genève serait déclarée neutre. On déciderait alors si cette république serait occupée par les troupes des trois puissances garantes ou seulement par les troupes de celle de ces puissances qui ne serait point engagée dans les hostilités. La guerre de la France et de la Sardaigne posa ce *casus fœderis*.

Un des meneurs de la révolution genevoise de 1782, Clavière, faisait partie du gouvernement français. Les réfugiés de son parti se groupaient naturellement autour de lui et cherchaient impatiemment leur revanche. La France royale avait écrasé leur faction; la France républicaine la relèverait. Clavière avait gagné à ce dessein Brissot et ses amis. Il voulut envoyer Gorani à Genève pour y agiter les esprits et les exciter à demander leur réunion à la France. Gorani avait des scrupules de bon sens dans les affaires qu'il connaissait. Il refusa la mission, affirmant « que ce projet n'était ni honnête, ni équitable, ni politique, ni moral, ni raisonnable[1] ». De tous les fanatismes, celui de la rancune est le plus aveugle. Clavière se tourna vers Servan et s'efforça de lui démontrer l'intérêt qu'il y aurait à occuper Genève, à confisquer le matériel de l'arsenal et à réquisitionner le trésor de cette république, qui passait pour bien garni[2].

Les démocrates genevois se remuaient; ils faisaient grand état des projets d'intervention qu'ils prêtaient à la France. Les aristocrates prirent peur et offrirent d'eux-mêmes au parti de l'intervention le prétexte dont il avait besoin. Le conseil général se réunit le 24 septembre, décida l'armement de la population et autorisa le gouvernement à réclamer, en vertu des traités de 1558 et de 1584, le secours de ses alliés, les cantons de Berne et de Zurich. Cette délibération fut

---

[1] Marc Monnier, *Un aventurier italien*, p. 230.
[2] Savous, *Mallet du Pan*, t. I, p. 332. — Sybel, *Trad.*, t. I, p. 570.

prise à la majorité de 948 voix contre 736. Le gouvernement de Berne était disposé à répondre à l'appel. Il avait rassemblé un corps de dix mille hommes à Nyon; il en avait levé cinq mille pour observer Porentruy. Genève demandait mille six cents hommes; il les envoya immédiatement. En même temps, le corps helvétique, réitérant sa déclaration de neutralité, réclamait le respect de cette neutralité de la part des Français, attendant, disait-il, que d'après les anciens usages Genève y serait comprise [1].

Cependant les Genevois, protestant de leur bon vouloir, reconnurent, le 26 septembre, à l'envoyé français, Châteauneuf, le caractère de ministre de la République. Mais ils avaient donné barre à Clavière, et ce ministre ne perdit pas de temps à en profiter. Le 28 septembre, le Conseil exécutif, considérant que les événements de Genève trahissaient dans cette république l'action d'un parti « composé d'ambitieux et d'intrigants [2] », dévoué à la Sardaigne, favorable aux émigrés, hostile à la Révolution; que d'autre part l'intervention de Berne était contraire aux stipulations de 1782, donna à Montesquiou l'ordre de s'opposer à l'entrée des Suisses dans Genève ou de les en chasser, s'ils y entraient. Châteauneuf en informerait les Genevois; il ajouterait que la nation française ne voulait nullement « porter atteinte à la liberté et à l'indépendance de la République, mais qu'elle exigerait la punition des magistrats traîtres à leur pays et à la foi des traités, qui avaient fait cette réquisition ».

Les notifications furent faites. Les Genevois se réclamèrent de leur traité de 1584, que celui de 1782 n'avait point abrogé et qui n'avait rien d'offensif contre personne. Les Suisses furent introduits dans la ville. A titre de compensation, le gouverneur de Genève fit sortir les émigrés français. Les

---

[1] Le corps helvétique à Montesquiou, 27 septembre. *Papiers de Barthélemy*, t. I, p. 319.

[2] Lebrun au président de la Convention, 30 octobre. *Barthélemy*, t. I, p. 317, 323. — Arrêté du 28 septembre, *Moniteur*, t. XIV, p. 114; AULARD, t. I, p. 74.

Suisses arrivèrent par le lac, au milieu d'acclamations patriotiques ; les émigrés s'embarquèrent « au milieu d'une scène de confusion, d'effroi et de douleur[1] ». Châteauneuf protesta et partit le 4 octobre. Montesquiou se porta à Carouge avec quatre mille hommes et des canons. Il y reçut, le 6, une lettre de Servan lui prescrivant d'occuper Genève « de gré ou de force ». Il ne pouvait le faire qu'en bombardant la ville, car il n'était pas en mesure de l'enlever d'un coup de main ; il hésita, comme il le dit, à « se conduire à la Louis XIV ». — « Nous allons peut-être, écrivit-il à Servan, gâter ici toute la fortune de cette campagne. Le premier coup de canon tiré sur Genève sera le signal d'armement de toute la Suisse. » Genève ne servait à rien, la neutralité suisse couvrait la frontière de l'Est : Montesquiou prit sur lui de négocier et entra en conférences, le 8 octobre, avec des commissaires genevois[2].

Le Conseil exécutif ne l'entendait point ainsi. Il crut avoir assez fait pour s'assurer la neutralité suisse en mandant à Barthélemy de rester à son poste et en lui envoyant une belle adresse à la nation helvétique, rédigée par Mailhe et votée par la Convention le 9 octobre[3]. Le lendemain il arrêta que Montesquiou persisterait à exiger la retraite immédiate des Suisses, à défaut de quoi ce général userait de tous les moyens pour « forcer les Genevois à l'observation des traités et maintenir l'honneur national ». Le Conseil confirma, d'ailleurs, les assurances données par Châteauneuf « qu'il ne serait porté aucune atteinte à la sûreté des personnes et des propriétés, non plus qu'à la liberté et à l'indépendance de la République ». Les pièces de la négociation furent renvoyées au comité diplomatique. Brissot en fit, le 16, un rapport à la Convention. Il n'admettait point que les Genevois eussent le droit de s'effrayer. Leurs craintes étaient un outrage aux Français ! Mais Genève est un passage, ce passage est nécessaire à la France. La faculté

---

[1] Mallet du Pan, t. II, p. 332.

[2] Lettres de Montesquiou, 6 et 13 novembre; Mortimer-Ternaux, t. V, p. 28 et suiv.

[3] *Barthélemy*, t. I, p. 321-324; *Moniteur*, t. XIV, p. 162.

pour les troupes françaises de passer par Genève ne compromet en rien la liberté des Genevois et leur indépendance. Les troupes suisses ne peuvent être appelées à Genève que du consentement de la France ; donc elles n'y peuvent être appelées contre la France. Brissot considère que le traité de 1782 a infirmé les autres traités de Genève et notamment celui de 1584. Dans le traité même de 1782, il distingue deux sortes de clauses : celles qui garantissent à la France la neutralité de Genève, il entend les conserver ; et celles qui garantissent à Genève sa constitution aristocratique, « c'est un acte de brigands que la République française ne peut maintenir ». La Convention vota les conclusions du rapport, « considérant que toute garantie de constitution est un attentat à l'indépendance de la puissance garantie ». Le Conseil exécutif invita Barthélemy à réclamer des cantons la convocation d'une diète extraordinaire pour régler les différends entre les deux nations ; il attesterait le désir qu'avait la République de maintenir l'alliance, il épuiserait toutes les voies de conciliation ; mais s'il n'obtenait point l'évacuation immédiate de Genève, il était autorisé à déclarer la guerre aux Bernois [1].

Cependant Montesquiou disposait une transaction. Il signa, le 22 octobre, avec les Genevois un traité par lequel ces républicains s'engageaient à faire partir les Suisses avant le 1er janvier, moyennant quoi l'artillerie française s'éloignerait aussitôt après la ratification. Le traité ne parlait ni de la proscription des aristocrates, ni de l'abrogation de la garantie de la constitution de 1782. Clavière ne s'intéressait pas à autre chose. Le Conseil exécutif accueillit les propositions de Montesquiou avec indignation. Il tint le premier article pour inconvenant et repoussa formellement le second [2]. Genet fut chargé d'éperonner Montesquiou. Ce général comprenait tous les inconvénients d'une occupation armée de Genève ; il en sentait l'injustice, il

---

[1] *Barthélemy*, t. I, p. 362-364. — Arrêté du 17 octobre; Lebrun à Montesquiou, 19 octobre. — AULARD, t. I, p. 155.

[2] Arrêté du 26 octobre 1792. Cf. *Barthélemy*, t. I, p. 414; AULARD, t. I, p. 193.

n'avait aucun goût à compromettre la sécurité de ses troupes et à risquer de perdre la neutralité de la Suisse pour servir les passions de Clavière ; il reprit les pourparlers. On convint que les Suisses se retireraient et que l'artillerie française s'éloignerait avant le 1ᵉʳ décembre. Quant à l'abrogation des garanties de 1782, Montesquiou ne put rien obtenir, les Genevois considérant cette garantie de leur constitution « comme le plus ferme appui de leur indépendance ». Ils reconnaissaient toutefois qu'en maintenant l'intégrité des traités, ils ne préjudiciaient en rien au droit qu'avait la France d'en poursuivre et d'en négocier la revision. Le traité, qui fut signé le 2 novembre, était précédé d'un long préambule. Montesquiou y déclarait que la France « ne prétendait exercer aucune autorité sur la République de Genève, aucune espèce d'influence sur son gouvernement ». Il écrivit à Lebrun : « Il dépend de vous, à présent, que l'affaire de Genève soit terminée, et peut-être avec elle la mésintelligence de la Suisse... Comme militaire et comme citoyen fort attaché à la République française, je désire qu'une très chétive querelle en elle-même n'ait pas des suites si considérables[1]... »

La correspondance de Barthélemy corroborait ces sages conclusions. Elle montrait les impressions hostiles s'affaiblissant, chez les Suisses. « Elles feront place, et assez promptement si nous le voulons, à celles de l'affection pour la nation française, qui est héréditaire parmi ce peuple, et nous ne devons craindre de sa part ni trahison ni mauvais procédés[2]. » Les mêmes avis, très politiques, de modération venaient quotidiennement de Londres ; ils étaient signés par des conseillers moins suspects que Montesquiou et plus écoutés que Barthélemy. Ils répondaient à la situation réelle des affaires en Europe. Ces agents, dans leur isolement, n'en jugeaient que par conjectures ; s'ils avaient mieux connu l'état des choses, ils auraient encore insisté davantage.

[1] *Moniteur*, t. XIV, p. 441.
[2] Rapport du 29 octobre. Cf. rapports du 27 octobre et du 3 novembre. *Barthélemy*, t. I, p. 355, 375, 385.

CHAPITRE III

LA GUERRE D'EXPANSION

1792

I

Les armées alliées se disloquaient en se retirant, et l'alliance même se dissolvait. Le 24 octobre, l'envoyé autrichien Spielmann avait été reçu par le roi de Prusse à Merle, près de Luxembourg. Il pressa Frédéric-Guillaume de s'expliquer sur l'avenir de la guerre. Haugwitz, qui fut chargé de suivre cette négociation, répondit par une note datée du 25 octobre [1]. — Si, portait cette note, toutes les cours européennes s'entendent pour combattre la Révolution française et rétablir Louis XVI sur le trône, le roi de Prusse prendra à ce concert une part proportionnée à sa puissance. Si, à défaut de ce concert, l'Empire soutient contre la France une guerre d'Empire, le roi de Prusse remplira ses obligations de prince allemand. Mais si, en dehors de ces deux cas, le roi se décide à continuer la guerre, il ne le fera qu'après s'être assuré ses indemnités. Il attend, en conséquence, que la Russie et l'Autriche le mettent immédiatement en possession de l'arrondissement qu'il a réclamé en Pologne.

Cette déclaration fut suivie, le 26 et le 27 octobre, de conférences assez agitées entre Spielmann et Haugwitz. Haugwitz annonça que les conditions de son maître étaient irrévocables; il déploya la carte de Pologne et fit voir à Spielmann la ligne

---

[1] Vivenot, t. II, p. 292.

des conquêtes, tracée de la main même du roi. « Si la possession immédiate de l'arrondissement proposé pouvait rencontrer le moindre obstacle, dit-il, la retraite de l'armée prussienne s'ensuivrait immédiatement et sans retour. » Spielmann ne manqua point d'invoquer le grand principe de l'égalité ; il déclara que la Prusse n'obtiendrait, du consentement de sa cour, aucune acquisition en Pologne, avant que l'Autriche eût pris possession de la Bavière et fût assurée de son « superplus ». Haugwitz objecta que les circonstances étaient peu opportunes pour entamer une affaire de troc dans l'Empire ; toutefois, ajouta-t-il, le roi est prêt à le faire, si l'Empereur l'exige [1].

Spielmann en voulut recevoir personnellement l'assurance. Frédéric-Guillaume la lui donna le jour même. Spielmann profita de l'occasion pour insinuer au roi de Prusse que si les trois cours copartageantes tombaient d'accord sur un nouveau démembrement de la Pologne, chacune pourrait occuper préalablement le lot qu'elle se serait attribué. L'Autriche prendrait le sien à titre de gage, et si, dans la suite, ayant obtenu ailleurs son indemnité et son « superplus convenable », elle évacuait la Pologne, on présenterait aux Polonais cette évacuation comme un avantage qui les déciderait à ratifier les démembrements opérés par les deux autres cours. Ce plan captieux plut à Frédéric-Guillaume qui l'approuva. Spielmann résumait ainsi toute sa négociation : « Si nous refusons au roi de Prusse une juste indemnité en Pologne, nous l'amenons indubitablement à se retirer de la coalition ; rien ne lui sera plus facile, et les Français, sans aucun doute, lui feront un pont d'or [2]. »

C'était toute la confiance que l'on avait à Vienne dans la fidélité de la Prusse. — On s'est flatté de suppléer à tout par la force, écrivait un des conseillers les plus écoutés de l'Empe-

---

[1] Rapport de Spielmann, 6 novembre 1792; note verbale de Haugwitz, 15 mai 1793; Vivenot, t. II, p. 338; Vivenot, continué par Zeissberg. Vienne, 1882, t. III, p. 65. — Sybel, *Trad.*, t. I, p. 595-96.

[2] Rapport du 6 novembre 1792; Vivenot, t. II, p. 344.

reur, Mercy, et la force a manqué. Les Français ont supporté l'épreuve décisive, celle qui a fait la ruine des Polonais et la puissance des Américains. « Cette nation a vu les armées étrangères sur son territoire, et elle est restée unie, inébranlable dans ses idées... Il faut renoncer au fol espoir d'enchaîner une nation entière, de comprimer par la force une masse de vingt-quatre millions d'hommes. Il faut enfin abandonner et la contre-révolution et les émigrés, et, pour le moment, le projet de rétablir la monarchie en France. » Mercy était néanmoins d'avis de continuer la guerre, mais seulement pour défendre les Pays-Bas. « Au bout de cinq mois, ajoutait-il avec mélancolie, après une grande dépense d'hommes et d'argent, on serait heureux de pouvoir se retrouver au point d'où l'on est parti [1]. » C'était le vœu de Kaunitz ; ce vieux ministre conseillait de traiter, pourvu que Louis XVI fût délivré, que les possessionnés d'Alsace obtinssent une indemnité, et qu'Avignon fût restitué au Pape ; sur ce dernier article, il était disposé à transiger [2]. L'Empereur inclinait aussi à la paix, moyennant le troc de la Bavière [3]. Cobenzl écrivit à Spielmann, le 26 octobre : « La restauration de la monarchie et le rétablissement de la famille royale dans ses droits ne peuvent plus être aujourd'hui l'objet principal de nos efforts. Cet objet ne peut plus être autre chose désormais que de châtier l'attaque de l'ennemi, d'en obtenir réparation et d'imposer, s'il est possible, des conditions de paix qui nous indemnisent en partie, et assurent d'une manière ou de l'autre l'exécution des traités à l'égard des princes de l'Empire [4]. »

Ainsi, dans les derniers jours d'octobre, ni la Prusse, ni l'Autriche ne songeaient plus à restaurer la monarchie, encore moins à rétablir l'ancien régime en France. Tout leur zèle royaliste s'arrêtait à sauver la personne de Louis XVI et à trouver un prétexte décent d'abandonner sa cause. Elles

---

[1] Rapport du 2 octobre 1792. *Corr. de La Marck*, t. III, p. 347.
[2] Réflexions, octobre 1792; VIVENOT, t. II, p. 283.
[3] ZEISSBERG, *Erzherzog Carl*, p. 52-53.
[4] VIVENOT, t. II, p. 303.

continuaient la guerre, mais l'Autriche ne la faisait que pour garder les Pays-Bas et les troquer contre la Bavière; la Prusse ne considérait que la Pologne. La guerre reprenait le caractère des entreprises ordinaires de l'ancien régime. L'alliance n'était plus qu'une association de lucre, une concurrence d'avidité, d'intrigues, de jalousie et de soupçons. La guerre de principe n'avait pas résisté aux épreuves d'une campagne de six semaines. Les émigrés, qui se flattaient de cueillir tout le fruit de la victoire, furent les premiers à ressentir les conséquences de la défaite.

L'objet de la guerre n'ayant plus de rapport avec leurs desseins, écrivait le vice-chancelier Cobenzl [1], il n'y a plus qu'à se débarrasser d'eux. « Ils sont la cause de nos fautes, de nos malheurs, de nos embarras, disait de son côté Mercy; ils sont un obstacle à tout; il faut, à quelque prix que ce soit, les éloigner et se garer d'eux. » On ne le pouvait faire qu'aux dépens de l'humanité; mais cette considération n'était point pour arrêter les alliés. Cependant, Thugut, qui ne se piquait pas de sensibilité en politique, redoutait le désespoir où la catastrophe de leur fortune et de leur parti pousserait ces malheureux. « Ils sont réduits à un tel dénuement, écrivait-il, qu'ils ne pourront même pas exécuter l'ordre qui les dispersera. Ils se répandront dans les bois, ils infesteront les chemins, et si l'on prétendait les expulser à main armée, les États voisins refusant de les recevoir, l'on finirait par être forcé de les exterminer [2]. » Le 23 octobre, les émigrés rassemblés aux Pays-Bas et privés de domicile, les ecclésiastiques aussi bien que les laïques, eurent l'ordre de franchir la frontière dans le délai de huit jours, « à peine d'être traités comme des gens sans aveu ». La cocarde blanche fut interdite aux Français dont on toléra le séjour dans le pays. Quant à l'armée des princes, l'autorité militaire autrichienne accorda des congés à tous ceux qui en demandèrent et se réserva de

---

[1] A Spielmann, 26 octobre 1792; VIVENOT, t. II, p. 303.
[2] Lettre du 23 octobre 1792; VIVENOT, *Thugut*, t. I, p. 3.

licencier le reste[1]. « Le courage abandonna presque tout le monde », rapporte un émigré. Beaucoup tentèrent de rentrer en France; quelques-uns s'y hasardèrent sous des déguisements; d'autres en sollicitèrent l'autorisation. Desportes le mande des Deux-Ponts, le 12 octobre; Noël, de Londres, le 18. « Les décrets sur leurs biens les consternent », dit-il. « Tout ce qui peut retourner en France retourne, écrit Chauvelin, le 24. Presque tous ceux qui ne se sont pas prononcés à leur départ se font républicains[2]. » Quelques-uns même s'engagèrent dans l'armée nationale : ils y trouvèrent un refuge honorable; leurs passions s'accordaient au moins sur deux points essentiels avec celles de leurs concitoyens : la haine des Autrichiens et la résolution de s'opposer au démembrement de la France. L'extrême misère commença pour la plupart d'entre eux. Proscrits de leur patrie, abandonnés de l'Europe, chassés d'État en État, ils perdaient à la fois leur famille, leur foyer, leurs biens, plus que leurs privilèges même, la raison d'être de ces privilèges. Ils voyaient surgir du sol national, et s'élever en quelque sorte sur leurs pas, une génération militaire et conquérante qui reprenait, en les rajeunissant, les traditions glorieuses de leurs ancêtres, et ils n'en étaient pas ! Il ne leur resta plus que l'eau bénite de Catherine II et le service mercenaire de l'Autriche dans le petit corps de Condé.

Les motifs qui avaient embarrassé la marche des alliés empêchaient les autres États d'entrer dans l'alliance. Les gouvernements de l'Italie redoutaient une invasion des Français[3]. Ils demandèrent du secours à Vienne. Cette cour les engagea à se défendre eux-mêmes, et leur insinua qu'ils pourraient, en formant une ligue, mettre sur pied une armée de cent mille

---

[1] Le licenciement eut lieu le 27 novembre 1792.

[2] Beaucoup demandent à rentrer. Lettre de Dumouriez, de Liège, 3 décembre 1792. Voir CONTADES; LESCURE, *Mémoires sur l'émigration*; MARCILLAC; CHUQUET, *la Retraite de Brunswick*, ch. VI : Dispersion des émigrés; PINGAUD, *Correspondance de Vaudreuil*, Paris, 1889.

[3] BIANCHI, t. II, ch. II, p. 53 et suiv. — Cobenzl à Spielmann, 20 octobre; VIVENOT, t. II, p. 319.

hommes. Cette ligue italique, les politiques du Piémont rêvaient depuis longtemps de la former et d'en prendre la direction. Ce serait, pensaient-ils, assurer le salut de la monarchie sarde dans le présent, et fonder sa grandeur pour l'avenir. Le comte d'Hauteville avait, dès 1791, dressé un plan de *Confédération italienne :* l'objet en était « de mettre l'Italie en mesure de figurer sur la scène politique des grandes nations de l'Europe, sans avoir besoin de rechercher l'appui des étrangers ». Victor-Amédée, quand il vit ses États envahis, s'en ouvrit au Pape, au grand-duc de Toscane, au roi des Deux-Siciles, aux doges de Venise et de Gênes. Les négociations prirent quelque corps avec Venise, où le gouvernement était épouvanté, et avec Naples, où la reine se montrait passionnément hostile aux Français. L'Empereur se montra disposé à entrer, comme duc de Milan, dans une ligue où il aurait la haute main, et qui lui donnerait la suprématie dans l'Italie entière; il entendait toutefois exclure de la garantie la Savoie, Nice, la Sicile et les îles vénitiennes. C'était déclarer qu'il n'y aurait point d'Italie, ou que l'Italie serait autrichienne. Venise conçut, dès lors, plus de crainte de cette association défensive que de l'agression possible des Français; elle se déclara neutre. La Toscane en fit autant. Naples demanda l'avis des Anglais. Le Piémont s'adressa aux Espagnols.

Les Espagnols s'inquiétaient. Ils lisaient dans les journaux français qu'une armée de 40,000 hommes se formait sur leurs frontières [1]. Bourgoing, qui était resté à Madrid, répétait que 30,000 hommes étaient déjà réunis à Bayonne, que rien n'égalait l'ardeur des patriotes du Midi, et que la France venait de montrer à Spire et en Savoie qu'elle ne craignait personne [2]. Cependant les paysans et les prêtres français, émigrés des départements frontières, menaient parmi les populations très catholiques et très royalistes du nord de l'Espagne une contre-propagande plus dangereuse à la République française que celle des émissaires républicains ne pouvait l'être au gou-

[1] *Moniteur* du 24 octobre 1792, t. XIV, p. 275.
[2] Rapport du 18 octobre 1792.

vernement espagnol[1]. Les esprits commençaient à se passionner, et pour les apaiser le gouvernement de Madrid faisait grand état de ses préparatifs. La réalité se réduisait à peu de chose. Le trésor était vide : il y avait eu, en 1791, un déficit de cent soixante-huit millions de réaux ; un déficit plus considérable s'annonçait pour 1792. L'armée manquait d'arsenaux et manquait d'hommes. On était parvenu très péniblement à rassembler 13,700 hommes de ligne et 18,600 miliciens sur la frontière du Nord. On y achemina dix régiments vers la fin d'octobre, environ 16,000 hommes. Pour cela, il fallut dégarnir le reste du pays, et l'on tremblait de voir arriver une flotte française[2].

Aranda recevait Bourgoing à titre officieux et tâchait de l'amadouer ; Bourgoing se montrait comminatoire avec les Espagnols ; mais, dans ses lettres, il s'efforçait de modérer son propre gouvernement. « Il n'y a, écrivait-il le 22 octobre, qu'un cri dans cette capitale pour éviter tout ce qui pourrait provoquer la guerre... Il est à souhaiter que les Français ne se portent à aucune mesure provocatrice. L'Espagne n'a rien de menaçant, et, dans tous les cas, elle ne peut rien avoir de redoutable... » Il ajoutait le 29 octobre : « Je conclus de tout ceci que nous n'avons absolument rien à craindre de l'Espagne, que, par une fausse gloire, elle ne voudra pas suspendre ses préparatifs militaires, mais que les nôtres lui en imposent beaucoup et qu'elle va faire pour nous calmer tout ce que lui permettra sa dignité. » C'était cette dignité qu'il s'agissait de ménager. Le point d'honneur était le sort de Louis XVI. Charles IV ne sortait de sa torpeur que sur ce seul article. Il parlait alors de monter à cheval et de se mettre à la tête de ses troupes. Les autres affaires le laissaient indifférent, et il les abandonnait à son ministre.

Aranda louvoyait entre les coalisés qui le pressaient de se

---

[1] Sur cette dernière propagande, voir MOREL-FATIO, *Revue historique*, t. XLIV, p. 72 et suiv.

[2] BAUMGARTEN, liv. I, ch. IV. — Rapports de l'agent autrichien, VIVENOT, t. II, p. 231. — Rapports de l'agent russe, TRATCHEVSKY, *Revue historique*, t. XXXI. — AULARD, t. I, p. 42, 133.

déclarer contre la France, et les Français qui le pressaient de reconnaitre la République. L'Angleterre, sollicitée par lui de s'expliquer, s'était renfermée dans sa déclaration de neutralité. Au fond, il avait conservé du goût pour la France et il la ménageait. Il attendait ainsi les événements, suspect à tout le monde et décrédité dans tous les partis. Les grands lui reprochaient son « jacobinisme »; les hommes « éclairés », ses anciens amis, lui reprochaient ses complaisances pour la cour; les émigrés lui reprochaient sa faiblesse; les agents russes, autrichiens et prussiens l'accusaient de trahir l'Europe; les vieux Castillans l'accusaient de trahir la couronne. La reine, le jugeant suffisamment amoindri, se débarrassa de lui. Elle ne l'avait appelé au ministère que pour garder la place et tenir, en quelque sorte, le manteau à son amant[1]. Elle ourdissait déjà la trame scandaleuse qui devait se découvrir quinze ans plus tard, et elle s'occupait d'écarter du trône son fils, le prince des Asturies. Elle voulait le pouvoir afin de le partager avec Godoy. Ce chevalier d'alcôve était conseiller d'État depuis le mois de juillet. Marie-Louise jugea l'Espagne mûre pour le gouvernement de son favori. Elle obtint de Charles IV la destitution d'Aranda. L'Espagne tombait aux mains d'une femme qui n'avait que des passions et d'un aventurier qui n'avait que de l'intrigue, l'un et l'autre haïs du peuple et méprisés des grands.

« Où en serions-nous », s'écriait un révolutionnaire ingénu, « si le génie de Frédéric aux yeux d'aigle veillait encore à Berlin[2]? » Le génie de Frédéric ne veillait qu'à Pétersbourg, dans l'âme de la grande Catherine, élève et disciple de ce roi : il n'y veillait que pour étaler cyniquement devant l'histoire les vices politiques de la vieille Europe et les excès de la raison d'État. Catherine avait « nettoyé » Pétersbourg des Français qui l'y gênaient; elle comblait de compliments et gratifiait de roubles les émigrés et leurs princes qui servaient ses calculs. Ces mesures lui suffisaient du côté de la Révolution. « Nous

[1] Voir t. II, p. 558.
[2] Desportes à Lebrun, 28 octobre 1792.

ne marcherons pas de sitôt », écrivait-elle. Elle conspuait les alliés, la « cacade » et le « fumier » de Brunswick dans la Champagne pouilleuse [1]. Ses soldats restaient en Pologne, et ses diplomates, pleins de sarcasmes pour les alliés, pleins de zèle pour les princes français, pleins de chaleur pour les principes monarchiques, demeuraient muets sur l'article des subsides et insaisissables sur celui des secours. Ils ne s'occupaient que des affaires polonaises et ne se remuaient qu'en Orient. A Varsovie ils obligèrent les Confédérés, qui gouvernaient la république pour le compte de la Russie, à expulser le ministre de France, Descorches. A Constantinople, ils s'employèrent à empêcher tout rapprochement entre les Turcs et la République française. La Tsarine trouva un Français pour jouer son jeu contre la France, et les princes frères de Louis XVI mirent toute leur politique à servir sa cabale.

Ce n'était pas sans motif que Dumouriez et après lui Lebrun attachaient tant de prix à l'envoi à Constantinople d'un agent insinuant et abondamment pourvu de moyens de persuasion. On ne peut dire que Sémonville aurait été cet homme-là et qu'il aurait su élever la brigue des factions, où il excellait, jusqu'à la diplomatie. Mais il suffisait que sa mission fût annoncée en Turquie, pour que les ministres des alliés l'y redoutassent. Les négociations pour l'exécution des traités de Sistova et d'Iassy traînaient encore; on pouvait toujours craindre de la part des Turcs un coup de fanatisme, qui, dans les circonstances, eût été un coup de politique. Les ministres des cours alliées s'employèrent donc à décréditer Sémonville, afin de détourner la Porte de le recevoir. Il se passa autour du Divan quelque chose d'analogue à ce qu'on avait vu à Berlin lors de la mission de Ségur. Personne n'y mit plus d'empressement que l'ambassadeur même de France, Choiseul-Gouffier, et l'ardeur qu'il déploya, en cette conjoncture, pour les intérêts russes, explique la libéralité dont la Tsarine fit preuve à son égard. Dès le mois de juin, Choiseul-Gouffier était décidé à

---

[1] Lettres à Grimm, août et octobre 1792.

passer au service des princes. Il fit ses offres à Monsieur, qui ne reçut pas la lettre ou ne répondit pas. Choiseul, en attendant, estima que son devoir était de conserver à la bonne cause « une place que les ennemis de la monarchie pourraient occuper avec tant d'avantages ». Il continua donc d'écrire au ministère de Paris et de recevoir les dépêches. Il se trouva de la sorte instruit de la mission de Sémonville, et il en révéla l'objet à Monsieur dans une lettre datée des premiers jours d'août. Les motifs qui l'avaient dirigé jusque-là lui prescrivaient, disait-il, de prévenir les ordres des princes. Il jugea que ces ordres devaient être de se liguer avec les ennemis de l'État afin de « multiplier les obstacles » devant le futur ambassadeur, et s'il ne pouvait « l'empêcher d'arriver », de contrarier, au moins, « constamment ses efforts ». Louis XVI était encore roi, les affaires étrangères étaient confiées aux soins d'un royaliste avéré, lorsque Choiseul-Gouffier se lança dans cette criminelle intrigue[1].

Le ministre de Naples se prêta à lancer le brûlot. Il communiqua à la Porte une dépêche d'Acton où, selon l'expression même de Choiseul, « Sémonville était dépeint sous les couleurs les plus odieuses ». Acton le représentait comme un fauteur d'anarchie, qui avait conçu « le plan scélérat » de dévaster l'Italie « plus que n'ont fait les Huns et les Goths », de révolutionner l'Orient et de corrompre le Divan. Il fallait supposer au Grand Turc beaucoup de désintéressement et peu de traditions pour attendre qu'il s'émût de ces propos. On avait plus de chances de l'agiter en lui montrant dans Sémonville un brandon de discordes : il tenterait, disait-on, d'entraîner, par des promesses fallacieuses, la Turquie à recommencer avec les Russes une guerre dont elle serait seule à supporter le poids. Peindre la France comme déchirée par les séditions, ruinée, envahie, à deux doigts d'être conquise, c'étaient des

---

[1] Lettres de Choiseul-Gouffier aux Princes, 10 août 1792. *Moniteur*, t. XIV, p. 269. — ZINKEISEN, liv. VIII, ch. III. — *Correspondance de Turquie*, Aff. étrang. — GROSJEAN, *la Mission de Sémonville*, Paris, 1887. — PINGAUD, *Choiseul-Gouffier*, Paris, 1887.

moyens captieux, et la cabale russe que conduisait Choiseul ne laissa pas d'en user. Les Turcs, toutefois, demeurant insensibles à ces insinuations, la cabale recourut aux notes ministérielles. L'internonce autrichien, Herbert, et le ministre prussien, Knobelsdorf, en remirent une au Divan le 9 août. Elle était d'un style emphatique, que Brissot n'aurait pas désavoué. Il est permis d'y soupçonner la plume de Choiseul. Ces Allemands peignaient Sémonville comme « le plus dévoué des factieux, chargé des propositions les plus insidieuses ». « M. de Sémonville, disaient-ils, est d'une secte scélérate, composée de fanatiques effrénés, ennemis jurés et assassins avoués de tous les souverains contre lesquels ils emploient la trahison, la perfidie, le poignard et le poison... et un tel monstre s'approchera jusqu'au pied du trône sacré de l'empereur des Ottomans ! Cette idée m'a saisi d'horreur... » Les deux Allemands ajoutaient qu'ils considéreraient l'admission de Sémonville comme un acte d'hostilité, et ils exprimaient la confiance que la Porte ne tomberait point dans ce piège.

Le Divan était peu empressé de se brouiller avec les Français ; il était resté jusque-là fort indifférent d'ailleurs à ce qui se passait en France ; les menaces contenues dans les notes du 9 août le décidèrent à sortir de sa réserve. Il écrivit à Paris, le 20 août, que Sémonville ne serait point admis.

Le 14 septembre, Choiseul, instruit de la révolution du 10 août, annonça qu'il considérait sa mission comme terminée, et, le 24, il demanda des firmans de voyage. Le secrétaire de l'ambassade, Chalgrin, emboîta le pas et écrivit à Lebrun qu'il s'était « mis aux pieds de Monsieur ». Choiseul déclara qu'il se trouvait sans moyens « pour répondre du maintien des Capitulations ». Il avait, avant le 10 août, trahi un gouvernement qu'il continuait en apparence de représenter ; après le 10 août, il ne se contenta point de quitter son poste, ce qui n'eût été de sa part qu'un acte de loyauté, il abandonna au bon vouloir des Turcs la colonie française et livra à leur honneur ces Capitulations, considérées, à juste titre, comme une partie du patrimoine national de la France. Les Turcs sont payés depuis longtemps pour ne pas prendre à la lettre les discours des « Infidèles ». Ils adressèrent à Choiseul une réponse évasive, lui permirent de se retirer en Russie et continuèrent d'observer les Capitulations. Le renversement d'un trône chrétien n'était pas fait pour les émouvoir. En apprenant la proclamation de la République, le grand vizir ne fit que cette réflexion : « Bon, cette République-là n'épousera pas des archiduchesses ! » Cette réflexion était d'un politique avisé ; l'événement toutefois ne la justifia point ; mais on ne peut taxer ce grand vizir de frivolité pour n'avoir point prévu une aventure aussi peu vraisemblable. Le scepticisme ottoman était d'ailleurs soutenu en toutes ces affaires par la politique des Anglais. L'ambassadeur d'Angleterre travaillait contre ses collègues d'Autriche et de Russie. C'était l'intérêt immédiat de son gouvernement, c'était aussi la suite de la neutralité dont Pitt désirait ne se point départir[1].

Le marquis de Breteuil avait dépêché à Londres l'évêque de Pamiers. Ce prélat pressa Pitt de déclarer que tout attentat contre la famille royale serait considéré comme un cas de guerre. Pitt se contenta de charger lord Gower d'exprimer à Paris l'intérêt que le gouvernement anglais portait à Louis XVI et à sa famille. Lord Gower fut rappelé, et les relations officielles cessèrent entre Paris et Londres. Le 20 septembre, MM. de Stadion, ministre d'Autriche, et de Castelcicala, ministre des Deux-Siciles, demandèrent à Pitt d'annoncer que l'Angleterre refuserait l'asile à quiconque aurait pris part à un attentat contre la famille royale. Pitt reçut ces diplomates assez froidement et répondit qu'il n'avait plus aucun moyen de communiquer avec la France, le roi ayant interdit toutes relations avec MM. de Chauvelin et Noël. Toutefois, lord Grenville rédigea une note, datée du 21 septembre, qui fut répandue dans tout le corps diplomatique : elle contenait

---

[1] Oscar BROWNING, *Despatches of earl Gower*, Cambridge, 1885 ; England and France in 1793, *Fortnightly review*, février 1883. — STANHOPE, *William Pitt*, t. II. — FERSEN, t. II. — DUMONT, *Souvenirs*. — ROBINET, *Procès des Dantonistes ; Danton émigré*. — VILLEMAIN, *Souvenirs*, t. I.

la déclaration sollicitée par l'Autriche. Chauvelin y vit, avec raison, la preuve que l'Angleterre demeurait constante dans ses intentions de neutralité [1]. Il ne fallait pas attendre davantage des ministres anglais, pas même une audience secrète ou un entretien officieux.

On change les agents à sa fantaisie; on ne change ni la politique ni les intérêts des pays où on les envoie. Noël n'était pas à Londres depuis une semaine, qu'il renouvelait, dans ses lettres, les doléances de Chauvelin. Il n'avait conservé de relations qu'avec trois Anglais, Miles, Perry, éditeur du *Morning Chronicle*, et Holcroft, ami de Danton. « Mais, disait-il, je ne pourrai pas trop me livrer au plaisir de voir ces deux personnes (Perry et Holcroft), parce que je ne dois pas avoir l'air de rechercher le parti de l'opposition, et que le dernier est un rigide républicain, ce qui est très malsonnant dans ce pays où la superstition du royalisme est fondée sur le fanatisme religieux. Si je suis signalé ici comme jacobin, je n'ai rien à faire. Vous ne pouvez vous faire une idée de l'horreur qu'inspire ce mot ici... Le massacre des prisonniers a fait le plus mauvais effet. Nos amis n'osent plus nous défendre. L'opposition, et notamment M. Fox... s'est absolument refroidie. La marche rétrograde de l'Assemblée nationale à l'égard de la Commune et le refus qu'a fait celle-ci d'obéir à la seule autorité que les bons citoyens reconnaissent, ont fortifié ces mauvaises impressions... Il est impossible aux agents de traiter au nom de la Commune de Paris [2]. »

Talleyrand arriva le 15 septembre et en informa aussitôt lord Grenville, assurant qu'il n'avait ni caractère ni mission, mais qu'il était à même de faire connaître l'état des choses en France. Grenville ne l'y invita point. Ce que Talleyrand recueillit lui donna l'espoir que l'Angleterre resterait neutre. Il le manda, le 23 septembre, à Lebrun, et il ajouta : « Je ne dois pourtant pas vous laisser ignorer que si la Révolution de France a toujours de zélés partisans en Angleterre, les crimes

---

[1] Rapport du 26 septembre 1792.
[2] Noël à Lebrun, 10 septembre 1792.

des premiers jours de ce mois… nous en ont fait perdre plusieurs que je regrette sincèrement. » Gorani confirmait ces jugements. « On ne parle de nous, écrivait-il le 13 septembre, qu'avec la même exécration qu'on parlait autrefois des flibustiers et des assassins. » Marc Jullien, jeune jacobin très fanatique, qui était arrivé à Londres avec des lettres de Brissot et de Condorcet, pour travailler à la propagande, écrivait le 14 septembre : « Ce même peuple qui naguère couvrait les murs de cette inscription terrible pour George : Point de guerre avec la France, ou nous nous révoltons ! *No French war or revolution !* ce même peuple… égaré par des suggestions criminelles, ne voit plus [dans les Français] que des anthropophages… qui confondent avec la sainte liberté la plus exécrable licence. » Benoît ne put que constater l'impossibilité où se trouvait Noël d'approcher des ministres. Le gouvernement anglais, dit-il, se fait « une espèce de bienséance de refuser toutes les communications[1] ».

Faute de négocier avec les Anglais, tous ces agents français cabalaient les uns contre les autres. « Ces missions croisées ne valent pas le diable », disait Noël. Noël aurait voulu qu'il n'y en eût qu'une, que ce fût la sienne, qu'elle fût somptueuse et qu'elle confondît par sa prodigalité la corruption de la vieille Europe. « Faisons un pont d'or à l'ennemi, écrivait-il à Danton le 4 octobre. Cette maxime de tous les temps trouve toujours son application… Rappelez-vous que Ségur avait été envoyé en Prusse avec des millions[2]. En un mot, l'occasion est très favorable. Mais il me faut un caractère et de grands moyens. Il n'y a pas un instant à perdre. » Le fait est que Noël, toujours à la veille d'une rencontre avec Pitt, se trouvait toujours le lendemain avoir manqué l'occasion.

Cependant l'échec des Prussiens, le bruit des pourparlers de paix engagés avec eux, la possibilité d'une défection de leur part, la créance que ce soupçon rencontrait partout, sur la seule réputation du cabinet de Berlin, produisirent une sorte

---

[1] Benoît à Lebrun, 18 septembre 1792.
[2] Sur ces prétendus millions de Ségur, voir t. II, p. 338 et suiv.

de retour d'opinion en faveur de la République. Ceux des Anglais qui s'intéressaient à la France admiraient cette défense nationale dont le spectacle déconcertait les ennemis. Fox en triomphait au moment où Mercy s'en désespérait. Valmy atténua les impressions de septembre. « Aucun événement, écrivait Fox, sans en excepter Saratoga et York-Town, ne m'a donné autant de joie... Les défaites des grandes armées d'invasion m'ont toujours causé la plus grande satisfaction. » Mais il ne fallait point que la Révolution se mît à envahir, et surtout ces petits peuples que l'Angleterre tenait pour ses clients. Il ne fallait point davantage que la Révolution se fît provocante et sanglante : la sympathie de l'Europe éclairée, on dirait aujourd'hui de l'Europe libérale, était à ce prix. Or, en même temps que les gazettes racontaient la retraite de Brunswick, elles annonçaient l'expédition de Dumouriez en Belgique. Les libéraux anglais ne commencèrent à se rassurer sur le salut de la France que pour s'inquiéter des suites possibles de la victoire des Français.

« L'expédition de Dumouriez en Brabant est aujourd'hui l'objet de la plus sérieuse attention du ministère britannique, écrivait Chauvelin le 26 octobre : il est décidé à employer tous les moyens de l'intrigue pour la faire échouer, et en supposant qu'elle réussisse et qu'il (Dumouriez) s'établisse cet hiver à Bruxelles, ainsi qu'il l'a promis, M. Pitt paraît déterminé à ne plus garder de mesure avec nous, et même à nous déclarer la guerre, plutôt que de nous laisser achever paisiblement la conquête du Brabant. Il croit qu'au mépris de nos déclarations multiples, ou même en nous autorisant du vœu librement exprimé du peuple brabançon, nous songeons à adjoindre un jour la Belgique à la République française. Il croit de plus qu'il entre dans nos résolutions de soulever ensuite la Hollande, et, en nous étendant ainsi jusqu'à la mer, d'acquérir sur cet élément une puissance qui réduirait à jamais celle de l'Angleterre à la nullité ou au moins à l'infériorité la plus décidée. » Les causes de la guerre qui couvait alors, et qui tint l'Europe en feu jusqu'à Waterloo, se posent ainsi dès le lendemain même de la proclamation de la République ; le prétexte qui devait déchaîner cette guerre apparaît en même temps.

Chauvelin, qui multipliait dans ses lettres les protestations de civisme, multipliait aussi les avertissements : « Soyons humains et magnanimes envers cet homme qui a été roi et qui n'est plus que malheureux, et je vous garantis qu'avant peut-être que la constitution de la République soit terminée par la Convention nationale, elle sera reconnue, respectée chez toutes les puissances neutres... » La destinée de Louis XVI et de sa famille, ajoutait-il, touche tout le monde, et très vivement. « Ceux-là mêmes qui ont toujours montré le plus d'attachement à la Révolution française s'accordent à considérer tout attentat qu'on voudrait porter à leurs jours, de quelque manière que ce fût, comme un événement des plus funestes à la liberté[1]. » « On paraît persuadé ici, mandait Noël, que le sort du roi et de la reine influera beaucoup sur les résolutions du cabinet de Saint-James... L'opinion de ceux qui s'intéressent ici aux affaires de France est que la Convention doit se hâter d'organiser un gouvernement et ne pas s'embarquer de prime abord dans le jugement du roi et de la reine, car l'important est de sauver la France... » Ces réflexions parurent à Noël de telle conséquence qu'il envoya Benoît pour les développer verbalement à Paris[2]. Miles, cet Anglais qui s'était offert pour ménager un rapprochement, assurait que la grâce de Louis XVI et de sa famille serait la première condition mise par l'Angleterre à la reconnaissance de la République. — Pitt n'arme point, écrivait Noël à la fin d'octobre ; il incline toujours à ne se point mêler des affaires de France ; il laissera l'Europe s'user afin de la dominer. Il n'y aura de chances de renouer avec les Anglais, que si la France se donne un gouvernement, si l'ordre se rétablit et si la famille royale est épargnée. « Si, au contraire, la Convention ne leur paraît pas raisonnable, et je ne sais pas encore ce qu'ils entendent par ce

---

[1] Rapports de Chauvelin, **26 septembre, 17 octobre 1792.**
[2] Rapports de Noël, **20, 23, 26 septembre, 22, 26, 29 octobre 1792.**

mot, ils sont d'avis qu'on laisse agir les autres puissances et que l'Angleterre prenne sa part du gâteau, si on le coupe. »

II

Trois questions se posaient entre l'Europe et la France. Elles engageaient l'avenir de la France aussi bien que celui de l'Europe. C'étaient : la question de propagande révolutionnaire, celle de la conquête des pays voisins de la France et celle de la vie de Louis XVI. L'offensive était un moyen de hâter la paix en rejetant le poids de la guerre sur l'ennemi; la propagande et la conquête étaient le moyen de prolonger la guerre et de la rendre acharnée, en y intéressant le repos futur et l'existence même de l'ennemi; la libération de Louis XVI était la condition préalable que les puissances mettaient à la reconnaissance de la République et au rétablissement de la paix. La condamnation à mort de Louis XVI ne pouvait que susciter des ennemis à la France. Ni la propagande révolutionnaire n'était nécessaire à l'établissement de la République, ni la conquête des pays limitrophes nécessaire à la conservation de l'État. Mais la propagande était dans le génie de la Révolution, la conquête dans le génie du peuple, et la mort de Louis XVI dans les intérêts des révolutionnaires. C'est pourquoi la mort de Louis XVI fut décidée, la propagande fut entreprise et la conquête des frontières naturelles liée à l'idée du triomphe de la Révolution.

La Convention ne s'y porta point d'un mouvement d'ensemble, d'un seul coup et d'un seul concert. Elle n'avait aucun parti pris sur aucun de ces problèmes. Le plus redoutable en soi et le plus compromettant pour l'avenir de la France, celui de la conquête, la sollicita et l'inquiéta sans cesse. Elle ne l'aborda que par incidents, elle ne le toucha que dans les crises et d'une main fiévreuse, elle différa toujours de le discuter au fond, et elle ne le trancha qu'à la dernière heure, par un vote de circonstance et un décret de faits accomplis. Ces vacillations entre les principes et l'intérêt, entre la tradition d'État et l'utopie révolutionnaire, l'intérêt national et les illusions cosmopolites, le fanatisme propagandiste et les nécessités du salut public, sont le caractère même et le tempérament de la Convention.

On lit dans une déclaration destinée à expliquer à l'Europe l'avènement de la République et les causes de la déposition de Louis XVI[1] : « La République ne prétend point, par cet exposé, insulter à ce ci-devant chef de l'État dont elle plaint les malheurs, en condamnant ses fautes qui furent peut-être les crimes de la royauté plus que les siens... Elle déclare, de plus, qu'elle ne prétend s'immiscer dans le gouvernement intérieur d'aucun peuple. Résolue à respecter les droits de tous, elle a droit d'attendre que tous respecteront aussi les siens. » Voilà bien les intentions du plus grand nombre des conventionnels; il s'agissait de les appliquer aux nécessités de la politique. Les événements obligèrent l'Assemblée à statuer sur les faits avant qu'elle eût pris le temps d'éclaircir ses idées et d'arrêter ses desseins.

Dès le 3 septembre, un Jacobin fougueux, Duhem, s'écriait : « Je demande qu'on suspende les remerciements et les lettres de félicitation aux généraux jusqu'à ce que le Brabant soit libre et que les Électorats soient envahis[2]. » Le 28 septembre, la Convention entendit la lecture d'une lettre de Montesquiou. Ce général annonçait la soumission de la Savoie et demandait ce que l'Assemblée souveraine entendait faire de ce pays : un quatre-vingt-quatrième département ou une république sous la protection de la France? Un modéré, Bancal, opina pour que la Savoie fût libre de se donner un gouvernement particulier. Delacroix, un ami de Danton, objecta que la France devait s'assurer au moins cet avantage que la propagation des principes de la liberté serait sûre et stable. Elle

[1] Sur la conformité de cette pièce avec les idées de Danton, voir ROBINET, *Danton émigré*, p. 169, 170, texte, p. 252.
[2] *Moniteur*, t. XIV, p. 608.

ne peut rendre, dit-il, un pays aux despotes : elle ne trouverait plus un ami. Le Girondin Louvet le reconnut ; mais, ajouta-t-il : « Vous avez consacré le principe que vous ne vouliez point faire de conquêtes ni attenter à la souveraineté d'aucun peuple. — Qui nous indemnisera des frais de la guerre? interrompit Delacroix. — La liberté que vous aurez conquise et affermie pour jamais », répondit Louvet. Danton intervint : toutes les contradictions du débat se présentaient à la fois et se heurtaient dans sa pensée. La propagande était une passion populaire, et il la partageait ; le parti de la propagande était une force révolutionnaire, et il ne voulait pas abandonner cette force à ses rivaux ; le cosmopolitisme girondin lui semblait une duperie, et son sens politique y répugnait ; l'extension de la France était une gloire, et son ambition en était tentée ; mais la paix lui semblait nécessaire à l'établissement de la République, et il désirait négocier. Le fonds de politique qu'il y avait en lui l'emporta. « En même temps, dit-il, que nous devons donner aux peuples voisins la liberté, nous devons leur dire : Vous n'aurez plus de roi, car, tant que vous serez entourés de tyrans, leur coalition pourra mettre votre liberté en danger. En nous députant ici, la nation française a créé un grand comité d'insurrection générale des peuples ; remplissons notre mission, mûrissons le principe et ne précipitons pas nos décisions. » Il fit décider le renvoi au comité diplomatique, réclamant, comme il le fit souvent, un vote de transaction, par une harangue de combat.

La question ne pouvait être longtemps ajournée. Le Montagnard Choudieu demanda, le 13 octobre, que l'Assemblée prescrivît des règles de conduite aux généraux. « Vous avez dit : Guerre aux tyrans, paix aux peuples ! Il faut tenir parole », déclara le Girondin Lasource. « Il ne faut pas que les peuples chez lesquels la République porte ses armes essuient des dévastations ; mais il ne faut pas que la France conquière à ses dépens la liberté des autres nations... Je demande que, lorsque les généraux français entreront en pays étranger, ils soient autorisés et, en même temps, tenus de mettre sous la main de la nation française tout ce qui appartient aux princes, seigneurs et nobles. » — « Et aux prêtres ! » ajouta Cambon. La proposition fut renvoyée au comité diplomatique et au comité de la guerre pour qu'ils préparassent un projet de loi. Les forcenés réprouvaient ces délais de réflexion et d'étude. Il leur fallait des têtes. Gossuin [1] proposa de mettre à prix celle du duc de Saxe-Teschen. Quelqu'un protesta, invoquant les vertus républicaines. Jean Debry, qui devint préfet et baron avec majorat, s'écria : « Je ne conçois pas quel est cet honneur féodal qui consiste à épargner les tyrans qui font la guerre aux peuples. Il faut détruire ces bêtes fauves. J'avais présenté à la Législative un projet contre les tyrans ; je suis encore dans le sens de ce projet, qui, je crois, est dans les principes de la morale universelle. » — Debry faillit payer de sa vie, quelques années plus tard, l'expérience de cette morale universelle [2]. La majorité ajourna cette motion sauvage.

Telle était l'incertitude des conventionnels, lorsque Dumouriez vint à Paris, précisément pour sonder la Convention, s'assurer des intentions du nouveau souverain et étudier le théâtre où il prétendait prendre le premier rôle. Celui de Protecteur de l'État français le tentait. Il était homme de gouvernement ; il détestait le désordre ; le gâchis l'impatientait ; l'incapacité des administrateurs anarchiques qui avaient envahi les bureaux l'exaspérait ; il se disait que la nation, désireuse de paix, d'ordre et d'autorité, acclamerait l'homme qui délivrerait le territoire de l'invasion étrangère et qui assurerait ensuite la sécurité publique à l'intérieur en garantissant les conquêtes civiles de la Révolution. Dumouriez pouvait être cet homme-là : une expédition glorieuse le mettrait hors de pair dans l'opinion publique et lui gagnerait l'armée. Victorieux et populaire, il aurait aisément, avec ses troupes, raison

---

[1] Administrateur des eaux et forêts, 1801-1814. Séance du 8 octobre 1792.

[2] Il fut un des trois plénipotentiaires au Congrès de Rastadt ; ses deux collègues, Bonnier et Roberjot, furent assassinés, le 28 avril 1798, par des hussards autrichiens, qui s'inspiraient des maximes de Jean Debry ; celui-ci, laissé pour mort, parvint à s'échapper.

des Jacobins ; il rétablirait la monarchie au profit de Louis XVII et se ferait décerner la tutelle d'une minorité qui satisferait son ambition, car elle atteindrait les limites vraisemblables de sa vie.

Ces vues, qu'il agitait, assez vaguement encore, dans sa pensée, et qu'il arrêta quelques mois plus tard, sortaient des circonstances mêmes de la Révolution. Des desseins analogues avaient troublé l'esprit de La Fayette ; Pichegru en sera séduit, Moreau en sera tenté ; Hoche semblera destiné à les accomplir au profit de la République ; Bonaparte les accomplira au profit de sa propre gloire et de la suprématie française en Europe. La force des choses devait livrer la République à un général d'armée. Les causes s'en annoncent dès les débuts de la Convention ; il n'est pas étonnant qu'un général d'armée en ait eu le pressentiment. Dumouriez était capable d'imaginer ce personnage ; il ne possédait point le caractère qu'il fallait pour le jouer. Il lui manquait la jeunesse et la légende ; il restait trop aventurier d'ancien régime, il décelait trop d'intrigue. Son passé inquiétait les modérés, effrayait les violents et le rendait justement suspect à tous les démocrates. Il ne s'identifiait point assez intimement avec la nation émancipée. Pour entraîner les âmes, il fallait pouvoir dire au peuple : « Je suis la Révolution », et le croire en le disant. Dumouriez le disait, mais avec trop d'esprit, et tout le monde en doutait, lui-même plus que personne. Apte à lutter de finesse et d'expédients avec les généraux et les diplomates de la vieille Europe, il ne l'était point à maîtriser la France, à dominer les factions, à absorber la démocratie. L'esprit de la Révolution lui échappait, comme à tous les hommes du vieux monde. Enfin, la Révolution n'était pas mûre à ces entreprises. Jusqu'au 18 fructidor, on vit des généraux briguer vainement le pouvoir et tâcher de se former un parti ; après le 18 fructidor, il se forma de soi-même un parti pour le général quelconque qui saurait s'en saisir. La place fut alors à prendre, et, comme celui qui la prit était le plus extraordinaire des hommes, la France en fut comme fascinée ; mais en 1792 la

France s'appartenait encore à elle-même. La République offrait aux imaginations toutes les séductions de l'inconnu et se soutenait de tout l'enthousiasme de la liberté. Elle était au-dessus des conjurations militaires. Personne n'attendait Dumouriez, personne ne vint à lui : il ne rencontra que des soupçons, et le prestige de Valmy, au lieu de séduire les esprits, ne fit que les inquiéter davantage.

Arrivé le 11 octobre, il se rendit le 12 à l'Assemblée, fut admis à la barre et protesta de son dévouement à la liberté. Il alla à l'Opéra, où il se fit acclamer suivant l'usage traditionnel des généraux victorieux. Il alla aux Jacobins, où il embrassa Robespierre et reçut la bienvenue de Danton, qui présidait. « Allez, lui dit Danton, effacez par de nouveaux services ceux que vous venez de rendre à votre pays. Que partout la pique du peuple brise le sceptre des rois, et que les trônes disparaissent devant le bonnet rouge dont cette société vous a honoré ! » Dumouriez recherchait Danton, voyant bien que toutes les réalités de la République vivaient en ce tribun. Il recommandait aux Girondins de s'entendre avec lui et de le suivre. Il déclarait aux modérés que le seul moyen de sauver la vie de Louis XVI était de se confier à lui. Il se trompait s'il espérait attirer Danton dans son jeu. Danton considérait les dangers extérieurs de la République : il lui fallait un général, celui-là lui paraissait le plus audacieux, il le poussait en avant ; mais il se méfiait des coups d'État militaires. Dumouriez apportait dans cette crise la routine des conspirations d'ancien régime, Danton l'instinct des révolutions démocratiques. Il pouvait se former entre eux une accommodement d'occasion, aucun accord de fond n'était possible. C'est ainsi que, tout en différant sur l'objet même et sur les effets à tirer de l'entreprise, ils travaillèrent en commun à l'expédition de Belgique.

Dumouriez demandait pour cette expédition des pouvoirs illimités. Il prétendait conquérir les Pays-Bas, y faire vivre son armée, y former une république alliée de la France, affaiblir l'Autriche par cette perte, isoler cette monarchie et détacher du même coup la Prusse de la coalition. Il conseillait donc de ménager, durant cette campagne, la Prusse et l'Empire : l'armée d'Allemagne, qui serait surtout une armée d'appui, ne devait pas dépasser le Rhin. Ce plan contrariait celui de Custine, et donnait à ce général un rôle secondaire. Custine mettait à révolutionner l'Allemagne la même ardeur que Dumouriez à affranchir les Pays-Bas. Il se flattait, comme Dumouriez, de tirer le roi de Prusse hors de la coalition ; mais, au lieu de spéculer sur les ménagements, il comptait sur la peur et sur l'avidité. Il réclamait la préférence pour son projet, persuadé qu'en se portant sur la rive droite du Rhin et en attaquant l'Autriche dans l'Empire, on ébranlerait plus fortement sa puissance et on la contraindrait plus rapidement à la paix. Plus hâbleur, plus emphatique, plus obséquieux que Dumouriez avec les révolutionnaires, Custine les effarouchait moins ; ils ne pressentaient point en lui le dictateur. Les sacs d'écus allemands qui accompagnaient ses dépêches et fournissaient à l'État des ressources inattendues donnaient à ses propositions un commentaire très probant et très pratique.

Le conseil se décida pour un plan mixte qui conciliait, en apparence, ceux des deux généraux, mais qui, en réalité, divisait leurs forces, et ouvrait le champ à leur rivalité. Il avait arrêté, dès le 6 octobre, que Dumouriez dirigerait en chef l'expédition des Pays-Bas, destinée « à affranchir des peuples opprimés et à poursuivre jusque sur son territoire le plus mortel ennemi de la République [1] ». Dumouriez eut l'ordre de s'emparer de la Belgique tandis que Kellermann se porterait sur Cologne. Custine recevrait des renforts et achèverait l'occupation de la rive gauche du Rhin. Dumouriez quitta Paris, et rejoignit son quartier général à Cambrai, le 19 octobre.

Ce jour-là, la Convention vota une adresse aux volontaires de 1791. Il y avait un assez grand nombre de ces volontaires qui revenaient chez eux, il y en avait davantage qui demandaient à revenir, estimant que l'ennemi ayant repassé la

[1] AULARD, t. I, p. 100. Voir CHUQUET, *Jemappes*. Paris, 1891, ch. II.

frontière et la patrie n'étant plus en danger, leur engagement était rompu : « Citoyens soldats, disait la Convention, la loi vous permet de vous retirer ; le cri de la patrie vous le défend. Les Romains ont-ils abandonné leurs armes quand Porsenna était encore aux portes de Rome?... *L'ennemi a-t-il passé le Rhin?...* A-t-il reconnu la majesté de la République et la souveraineté du peuple? Soldats, voilà le terme de vos travaux. » Cette adresse ne fut pas discutée, le conventionnel qui la rédigea, Faure, était un Girondin. Barère qui fit adopter le texte, le recommanda parce qu'il était « le plus clair, le plus concis, le plus énergique ».

A mesure que les armées ennemies s'éloignaient, que Dumouriez se rapprochait de la Belgique et que Custine s'avançait dans l'Empire, l'idée classique de la frontière du Rhin, ce grand rêve des rois de France dont huit siècles d'histoire avaient fait un rêve national, se trahissait dans les discours et s'échappait pour ainsi dire des imaginations pour s'insinuer dans les actes publics[1]. Le Conseil exécutif jugea nécessaire, au moment où la guerre allait changer de nature et devenir offensive, d'en expliquer l'objet et d'en indiquer le terme au peuple et à l'armée. Il obéissait, dans la décision qu'il prit, à des motifs complexes. Les plus pressants étaient tout politiques. Il s'agissait de faire vivre les armées, qui ruineraient l'État en demeurant dans ses frontières, et qui menaceraient de troubler la République si on ne les portait point au dehors. « Il faut, dit un jour Roland, faire marcher les milliers d'hommes que nous avons sous les armes, aussi loin que les porteront leurs jambes, ou bien ils viendront nous couper la gorge[2]. » Cependant il était nécessaire d'assigner une limite à cette marche, ne fût-ce que pour ménager l'esprit public et retenir au camp les volontaires. Le nom magique du Rhin se présenta naturellement aux ministres, et ils s'occupèrent de dresser en forme d'arrêté solennel les considéra-

---

[1] Voir t. I, liv. II, *Les traditions politiques*, ch II : *Les limites actuelles*, p. 319 et suiv.
[2] CHUQUET, *Jemappes*, p. 69.

tions, fort pratiques, qui les préoccupaient. Quelqu'un[1] proposa le considérant suivant :

« Considérant que la patrie ne sera point hors de danger, que la République ne sera point établie, que la confiance et la paix ne pourront renaître dans le sein de la France, tant que la terre de la liberté n'aura pour voisins que des peuples opprimés par les tyrans; considérant que la nation et la Convention nationale ont sur ce point manifesté leur vœu d'une manière qui ne laisse aucun doute, et que le patriotisme des citoyens armés pour la défense de la République adoptera avec transport toute mesure nécessaire pour l'honneur et la sûreté de la République... »

Ces vœux de la nation n'étaient rien moins que manifestes; la Convention n'avait rien décrété sur cet article. Le Conseil, par cette déclaration, aurait engagé gravement sa responsabilité. Il s'en rendit compte. Le paragraphe compromettant fut effacé et remplacé par une disposition très politique et très vague, qui réservait tout, y compris la faculté pour le vainqueur de réunir, d'échanger ou d'affranchir, selon ses intérêts, les peuples qu'il aurait conquis. C'est ainsi que fut rendu l'arrêté fameux du 24 octobre[2] :

« Le Conseil, délibérant sur la situation de la République relativement à la guerre qu'elle a entreprise contre les despotes coalisés; considérant qu'en vain le patriotisme des citoyens, la valeur des soldats et l'habileté des généraux auraient repoussé au delà des frontières les armées ennemies, si elles pouvaient encore, en s'établissant dans les pays circonvoisins, s'y renforcer avec sécurité et y préparer impunément les moyens de renouveler incessamment leur funeste invasion; considérant que toute résolution généreuse et nécessaire pour l'honneur comme pour la sûreté de la République ne peut qu'être avouée par la nation et par la Convention nationale arrête que les armées françaises ne quitteront point les armes et ne prendront point de quartiers d'hiver, jusqu'à ce que les ennemis de la République aient été repoussés au delà du Rhin. »

Le même jour, le Conseil adressait aux troupes cette proclamation : « Vous poursuivrez les ennemis jusqu'à ce que leurs

---

[1] Lebrun très vraisemblablement.
[2] AULARD, t. I, p. 188-189, note.

regards mêmes ne puissent plus atteindre au sol de la France ; vous les poursuivrez jusqu'au delà de ce fleuve rapide qui, comme pour balayer leurs souillures, coule entre la terre des hommes libres et la terre des hommes esclaves. » — Le Conseil, écrivait quelques jours après un des ministres, n'avait pas entendu par là déterminer le caractère de la guerre et engager la politique républicaine ; il ne s'était proposé que d'éloigner le théâtre de la guerre du territoire français, de couvrir ce territoire d'une barrière infranchissable aussi sûre que le Rhin, et de raccourcir la frontière qui séparait les peuples libres de ceux que les princes peuvent armer contre nous [1]. — Le Conseil exécutif n'avait cru prendre qu'une mesure de guerre, et la forme qu'il avait employée était tout oratoire. Elle l'emporta sur le fond. Cet arrêté de circonstance devint le premier article d'un programme de politique nationale. Il faut au peuple des idées simples et de grandes images. La limite du Rhin apparut dès lors comme le terme naturel de la guerre d'indépendance et le gage assuré de la paix. Cette conception ne procédait en rien des principes révolutionnaires ; elle provenait exclusivement du passé ; les républicains se l'approprièrent presque à leur insu. Mais une fois évoquée, cette vision ne s'effaça plus, et la même impulsion séculaire qui conduisit la Révolution française à ressusciter la République romaine, identifia l'idée de la République avec celle des limites de la Gaule de César.

Que ferait-on cependant des peuples de ces contrées ? Le Conseil, en effaçant le considérant relatif aux nations libres, avait prudemment réservé la réponse. C'était affaire à la Convention d'en décider. Le 24 octobre, le jour même où le Conseil rendait son arrêté, Lasource présenta le rapport du comité diplomatique sur la conduite que les généraux devaient tenir envers les populations conquises. Ce rapport se résumait en trois propositions : *Sûreté des personnes, respect pour les propriétés, indépendance des opinions.* Les généraux ne peuvent

---

[1] Pache à Dumouriez, 6 novembre 1792.

« municipaliser » d'office et militairement les pays conquis : « c'est un droit que vous n'avez pas », disait Lasource à ses collègues, « vous ne sauriez le transmettre ». Les généraux, après avoir expulsé les tyrans, peuvent et doivent proclamer les *Droits de l'homme,* inviter les peuples à se donner des lois conformes à ces droits; ils ne peuvent aller au delà et proposer aux peuples conquis une forme de gouvernement, « pas même les inviter à adopter les lois françaises,... car leurs propositions ressembleraient à des ordres et leurs invitations à des lois... Vous ne voulez point, comme les Romains, être les vainqueurs de la terre, mais les bienfaiteurs du genre humain. Vous ne voulez point asservir, mais délivrer. Hors des limites de son empire, la République française ne veut avoir d'autre domaine que la reconnaissance des peuples. » Toutefois, il y aurait un frein à cette indépendance que la France reconnaîtrait aux peuples affranchis par ses soldats : elle ne leur permettrait point de rappeler leurs tyrans : « Si la majorité voulait des fers, vous avez des armes. » Malgré cette restriction, le rapport de Lasource était, dans son ensemble, inspiré de l'esprit girondin et demeurait fidèle aux premiers principes de la Révolution. L'Assemblée l'écouta en silence. Il ne plut point. Dubois-Crancé, qui revenait de l'armée de Savoie, le déclara inopportun, et fit ajourner le décret proposé par le Comité.

Le 1er novembre, la Convention reçut la communication de l'arrêté du Conseil du 24 octobre, d'un manifeste de Dumouriez aux Belges et d'une proclamation de ce général à son armée. Le manifeste était un appel à la liberté, la proclamation un appel à la fraternité. Ces pièces furent enregistrées, sans débat. Barère seul fit une observation : les commissaires de la Convention à l'armée du Nord avaient annoncé l'intention « d'accompagner la victoire dans le Brabant ». Barère considérait que cette démarche serait compromettante pour la République. « Vous avez, dit-il, montré un grand respect pour la souveraineté des peuples. Que font des commissaires en suivant l'armée? une invasion politique. » La Convention décréta que les commissaires ne franchiraient pas la frontière [1].

Ces instructions servaient le dessein de Dumouriez. — « Quand le peuple belge sera rendu à sa dignité naturelle et à ses droits imprescriptibles, mandait-il à un de ses lieutenants, il pourra traiter comme il voudra avec son ci-devant souverain, et nous n'entrerons que comme garants dans cette négociation... Nous tenons l'ennemi, il ne faut pas le laisser respirer [2]. » Dans les pays du Rhin, on en prendrait plus à l'aise et l'on s'attribuerait de plus larges droits de tutelle. Dumouriez n'accordait pas aux Allemands les ménagements qu'il réservait aux Belges. Il écrivait à Kellermann, le 26 octobre : « Vous avez une fort belle mission à remplir, c'est de municipaliser la *Rue aux prêtres,* c'est-à-dire les gros évêchés, archevêchés et abbayes qui farcissent cette frontière d'Allemagne. J'espère qu'au printemps vous viendrez me donner la main par Cologne. Le Rhin doit être la seule borne de notre campagne, depuis Genève (!) jusqu'à la Hollande et peut-être jusqu'à la mer. Arrivera ensuite ce qui pourra; mais lorsque nous aurons rempli cette tâche, la révolution de l'Europe sera bien avancée. » C'était bien la pensée du Conseil. Lebrun, en l'exposant à Custine, y ajoutait des réflexions, assez inconséquentes, mais parfaitement pratiques. « Il faut balayer tout ce qui est devant et à côté de vous, le long du Rhin, en traitant les villes impériales et, partant, les peuples avec fraternité... Je crois qu'il serait bon aussi que vous profitassiez des circonstances pour enrichir la Bibliothèque nationale de plusieurs bons et précieux ouvrages qui doivent se trouver dans les bibliothèques des places que vous aurez conquises à la liberté [3]. » Point d'armistices d'ailleurs, point de ces négociations d'avant-postes qui sont une perte de temps. — « Chassons les ennemis, écrivait Lebrun, ensuite nous verrons s'il est de notre intérêt de les écouter; mais tant que nous aurons quelque chose

[1] *Moniteur*, t. XIV, p. 367-369.
[2] Dumouriez à Valence, 28 octobre 1792.
[3] Lebrun à Custine, 20 octobre 1792.

de bon à faire devant et à côté de nous, faisons-le d'abord ¹. »

Pour interdire aux généraux les négociations, le Conseil ne se les interdisait point à lui-même. Les choses, sous ce rapport, ne faisaient que rentrer dans l'ordre naturel. Lebrun trouvait un collaborateur utile dans le ci-devant ministre de France près la Diète, Caillard, qui connaissait bien l'Europe et en particulier l'Allemagne. Les convoitises de l'Empereur sur la Bavière fournissaient un moyen d'alarmer l'Empire; Lebrun fit promettre l'appui de la République à la maison palatine, et tâcha d'attiser le feu chez tous les ennemis de l'Autriche. « La perte inévitable de cette maison, écrivait-il à Desportes, formera une époque éclatante dans les grandes ruines qui se préparent ². »

Il s'était fort refroidi sur l'alliance anglaise dont il avait un instant caressé la chimère. Il en revenait aux vieilles maximes : l'Angleterre jalousera incessamment la France; si la France devient forte, elle lui suscitera partout des ennemis; si la France paraît faible, elle prétendra lui dicter la loi. « Le projet d'alliance, disait-il, est donc une chose sur laquelle il est impossible de compter et qu'il faut absolument écarter de nos spéculations politiques. » Lebrun ne désirait que la neutralité de l'Angleterre, et il ne désespérait pas de la conserver. Pour rassurer les Anglais, il déclara que la République ne songeait pas à s'incorporer la Belgique ³. Il se montra moins affirmatif sur l'avenir de Louis XVI. Il n'admettait point que le sort du roi déchu pût être l'objet d'une négociation quelconque. « La nation seule a le droit de juger Louis; aucune puissance étrangère ne doit intervenir dans la résolution qu'elle prendra. » Il le faisait dire à Londres, afin que le roi de Prusse en fût averti par ses agents en Angleterre⁴. Avec les Espagnols, il s'avança un peu davantage. Il savait que la paix ou la guerre avec l'Espagne dépendrait du traitement qui serait infligé à

---

¹ Lebrun à Dumouriez, 30 octobre 1792.
² Lebrun à Desportes, aux Deux-Ponts, 12, 28 octobre 1792.
³ Lebrun à Noël, 19 et 30 octobre 1792.
⁴ Lebrun à Chauvelin, 19 octobre 1792.

Louis XVI. Désirant retenir les Espagnols dans la paix, il négociait officieusement à Madrid, par l'entremise de Bourgoing, un désarmement simultané[1]. Il espérait que l'Espagne y consentirait, dans l'intérêt même du roi. Mais, pour le cas où elle se montrerait récalcitrante, Lebrun se ménageait les moyens de l'occuper ailleurs. Miranda était venu conférer avec lui du grand projet de révolution des colonies espagnoles. Il décida d'envoyer Genet aux États-Unis avec la mission secrète de fomenter cette révolution[2].

La révolution était le châtiment naturel des ennemis de la République. Les républicains inclinaient de plus en plus à l'appliquer aux gouvernements malintentionnés de l'Italie. Cinq vaisseaux de guerre russes vinrent faire escale à Livourne. Le Conseil exécutif, considérant que la Russie s'était mise en état d'hostilité avec la France, arrêta, le 19 octobre, que l'amiral Truguet s'emparerait de ces vaisseaux. Monge représenta qu'on ne pouvait les attaquer sans violer la neutralité de la Toscane; le Conseil arrêta, le 22 octobre, que Truguet sommerait les Toscans de les livrer, sinon la guerre serait déclarée. Le ministère toscan protesta de ses intentions pacifiques, et le Conseil se ravisa, considérant « qu'il paraîtrait plus convenable et plus politique de ne faire à l'égard de la Russie aucun acte hostile jusqu'à ce que l'état des forces navales de la République fût assez imposant pour que l'on pût l'attaquer ouvertement avec quelque succès[3] ». Mais la flotte, qui était insuffisante contre la Russie, ne l'était point contre la Sardaigne; le Conseil avait déjà décidé un débarquement dans cette île, il se rabattit sur cette diversion. Il en projetait encore une autre, que Sémonville lui avait suggérée.

Cet ambassadeur *in partibus* résidait à Gênes; il s'agitait dans le vide et faisait grand étalage de zèle révolutionnaire. Il dépêcha à Lebrun un jeune journaliste, candidat à la fortune diplomatique, qui s'habillait en garde national, se faisait

---

[1] Lebrun à Bourgoing, 23 octobre, 3 et 10 novembre 1792.
[2] Lebrun à Dumouriez, 6 novembre 1792.
[3] Délibération du 26 octobre 1792. — AULARD, t. I, p. 166, 176, 190, 193.

appeler le grenadier Belleville, projetait d'aller à Constantinople et cherchait un accès aux affaires étrangères. Belleville, qui avait, selon l'ambassadeur, « la tête très bien meublée », exposa à Lebrun les mesures que Sémonville croyait propres à déjouer les intrigues des ennemis de son ambassade et de la République à Constantinople. Le Conseil exécutif les approuva. Il décida que Mackau quitterait Naples et voyagerait en Italie, en attendant que le gouvernement napolitain consentît à le recevoir. Ce gouvernement y serait d'ailleurs péremptoirement invité. Le Conseil arrêta, le 24 octobre, que Truguet se porterait devant Naples, exigerait, sous la menace d'un bombardement, une réparation publique des manœuvres d'Acton auprès de la Porte, sommerait le roi de désavouer ces manœuvres et se ferait livrer le ministre en otage jusqu'à ce que Sémonville fût admis par le Divan. Il arrêta en outre que, vu les griefs de la France contre la cour de Rome, « cette monstrueuse puissance », Truguet serait chargé « de châtier, en passant, le Pape et son sacré collège, et de les ramener au sentiment du respect dû à la République française [1] ». Le grenadier Belleville fut adjoint à l'expédition; le *Moniteur* publia un article où le gouvernement napolitain, dénoncé comme un des plus perfides ennemis de la France, était menacé de la vengeance du peuple français.

Pensant que cet exemple donnerait à réfléchir aux Turcs, Lebrun fit dresser une instruction pour Chalgrin, qu'il croyait encore fidèle et qui devait gérer l'intérim de l'ambassade; puis il minuta des lettres qu'il projetait d'adresser directement au grand vizir. Il s'efforçait, dans ces lettres, de dissiper les préventions répandues contre Sémonville, et il y répondait en dévoilant les trames de Choiseul. Cet ambassadeur, disait-il, a publié un ouvrage « où il forme le vœu sacrilège de voir un jour l'ambitieuse Catherine II dominer sur la partie européenne de l'Empire ottoman et s'asseoir sur les débris du trône de Constantin ». Pendant que la diplomatie spéculait de la

---

[1] Arrêté du 24 octobre 1792. — Masson, *les Diplomates de la Révolution; Bassville*. Paris, 1882, p. 37. — Aulard, t. I, p. 189.

sorte, les armées marchaient et l'événement décidait ce que la Convention avait laissé en suspens : la nature de l'offensive et le caractère de la conquête.

III

Dumouriez avait sous ses ordres directs 40,000 hommes ; il était soutenu à sa droite par Valence avec 20,000 hommes, à sa gauche par La Bourdonnaye avec 18,000 environ [1]. Les Autrichiens ne pouvaient lui opposer que 26,000 hommes, dont 13,000 étaient concentrés devant Mons sous le duc de Saxe-Teschen ; le reste était éparpillé. L'armée de Dumouriez possédait la supériorité numérique ; mais elle était dans la misère ; les chevaux manquaient pour traîner les canons, la poudre pour tirer. Les soldats, mal vêtus et souffrant du froid humide, n'en apportaient que plus d'entrain à marcher à l'ennemi. Le patriotisme et l'enthousiasme de la liberté échauffaient en eux l'ardeur belliqueuse et l'impétuosité nationales. Dumouriez mit tout en œuvre pour s'assurer le concours des populations. Il les connaissait de longue date, et il n'avait pas cessé de se tenir en rapports avec les patriotes belges. Ses faveurs étaient acquises au parti démocratique qui désirait établir en Belgique une république à la manière française. Dumouriez savait que ce parti ne formait point la majorité, et il ménageait les aristocrates catholiques, les *statistes,* qui demeuraient attachés aux institutions nationales et fidèles à l'esprit de la révolution de 1789[2]. Toute la diplomatie du général français s'employait à se concilier ces deux partis et à les rassembler

---

[1] Jomini, liv. III, ch. x. — Borgnet, t. II, ch. xii et xiii. — Mortimer-Ternaux, t. V, liv. XIX, ch. iii. — Fersen, Correspondance. — *Mémoires de Dumouriez.* — *Correspondance de Dumouriez avec Pache.* — Chuquet, *Jemappes*, ch. iii, ch. iv.

[2] Cf. t. II, liv. I, ch. ii. *La Révolution belge.*

momentanément par les seuls sentiments qui leur fussent communs, l'amour de l'indépendance et la haine de la maison d'Autriche. Conformément aux décisions de la Convention, les représentants à l'armée du Nord reçurent l'ordre de s'arrêter à la frontière. Ils répudièrent hautement toute intention « d'influencer les opinions d'un peuple qui veut se donner une constitution parce qu'il en a le droit[1] ». « Entrons dans ces belles provinces, disait Dumouriez à ses soldats, comme des amis, des frères, des libérateurs !... » Et s'adressant aux Belges : « Brave nation belge !... nous entrons sur votre territoire pour vous aider à planter l'arbre de la liberté, sans nous mêler en rien à la constitution que vous voudrez adopter. Pourvu que vous établissiez la souveraineté du peuple et que vous renonciez à vivre sous des despotes quelconques, nous serons vos frères, vos amis, vos soutiens. Nous respecterons vos propriétés et vos lois. »

Il pourvut cependant aux nécessités de la guerre et disposa, pour les généraux, une instruction où les coutumes militaires de l'ancien régime étaient appliquées à une guerre d'affranchissement. Le général français qui entrait dans une ville devait rassembler « tout le peuple » sur la place publique, annoncer à ce peuple qu'il était libre et souverain, l'inviter à nommer des délégués qui seraient chargés de l'administration provisoire du pays et faire procéder à cette élection dans toutes les communes du ressort. « Les généraux, disait l'instruction, ne se mêleront en rien d'ordonner ou même d'influencer la forme du gouvernement ni la constitution politique que voudront adopter séparément ou ensemble les provinces belges. » Si des villes ou villages sont assez « avilis par l'esclavage » ou assez « abrutis » pour ne pas sentir les avantages de la liberté et y préférer le joug de l'Empereur, les généraux annonceront qu'ils les traiteront en ennemis, et que « les armées de la République, pour se venger des atrocités commises par les féroces soldats de ce féroce despote, mettront les villes en

---

[1] Les commissaires à la Convention, 7 novembre 1792 ; AULARD, t. I, p. 230.

cendres et lèveront des contributions qui feront souvenir longtemps de leur passage ». Les détachements autrichiens et les garnisons qui refuseront de se rendre seront menacés d'exécution militaire, et, après le délai prescrit, seront passés au fil de l'épée. Les émigrés français, pris les armes à la main, seront jugés et mis à mort dans les vingt-quatre heures. Partout ailleurs, les généraux feront percevoir les contributions publiques par des magistrats belges, et opéreront les réquisitions nécessaires à l'entretien de l'armée [1].

Dumouriez se mit en mouvement le 28 octobre. Les Autrichiens lui présentèrent la bataille, le 6 novembre, devant Mons, sur les hauteurs de Jemappes. Les troupes impériales, quoique inférieures en nombre, étaient aguerries et solides; elles s'étaient assuré l'avantage du terrain. Mais Dumouriez avait pris de bonnes dispositions, il paya intrépidement de sa personne, enleva ses soldats, déborda les Autrichiens et les culbuta. L'effet moral de cette journée, la seconde de la guerre, fut immense des deux côtés. La canonnade de Valmy avait donné confiance aux Français; la bataille de Jemappes leur donna l'élan. A Valmy, ils avaient rencontré les Prussiens et les avaient arrêtés; à Jemappes, ils rencontrèrent les Autrichiens et les mirent en déroute. La tactique révolutionnaire d'agir par masses, par poussées impétueuses, en s'assurant la double supériorité du nombre et de l'attaque, sortit, ce jour-là, de la nature même des choses. Cette victoire en créait d'autres; l'instinct avait révélé à Dumouriez le procédé dont Carnot devait tirer un système.

Dumouriez aurait anéanti les Autrichiens s'il avait pu les poursuivre; mais son armée était affamée et harassée. Il était obligé d'attendre ses lieutenants. Il entra à Mons le 7 novembre; le *Comité des Belges et des Liégeois unis* le suivait et travaillait aux élections. Elles eurent lieu le 8, et l'élément démocratique y domina. Les trente administrateurs élus déclarèrent aussitôt la rupture éternelle des liens de leur cité avec la maison d'Au-

---

[1] *Moniteur*, t. XIV, p. 367. 413.

triche. Dumouriez laissa ses hommes se reposer et se refaire à Mons jusqu'au 11 novembre.

Cependant, une effroyable panique se répandait dans Bruxelles. Dès qu'il connut la défaite, le gouvernement annonça qu'il s'en allait et invita les autorités locales à rester à leur poste. Il fit ouvrir les prisons, déchaîna les bandits, livra la ville aux malfaiteurs et partit le 8 novembre. Les nobles n'avaient plus qu'à s'enfuir. Leurs voitures s'entassaient sur les routes. Les plus misérables de ces fugitifs étaient les émigrés français, car ils savaient que pour eux le vainqueur serait inexorable. « C'était, raconte un témoin, un spectacle déchirant ; des jeunes gens et des vieillards du corps de Bourbon étaient demeurés en arrière, pouvant à peine se traîner avec leur fusil et leur sac ; d'autres... à pied et en charrettes, portant le peu qu'ils avaient pu emporter... Des femmes... à pied, les unes portant leur enfant sur le bras, les autres un petit paquet. » Cette cohue déplorable s'écoulait vers l'Est, au milieu des chariots qui s'encombraient, pressée, écrasée par les troupes impériales qui se hâtaient, en désordre, vers les frontières.

Poussant devant eux cette déroute de l'ancien régime, les républicains triomphants entrèrent, le 14 novembre, dans Bruxelles. Les magistrats apportèrent les clefs de la ville à Dumouriez. « Citoyens, leur dit-il, gardez vos clefs vous-mêmes et gardez-les bien. Ne vous laissez dominer par aucun étranger ; vous n'êtes point faits pour l'être. Joignez vos citoyens aux nôtres pour chasser les Allemands. Nous sommes vos amis, vos frères. » Il les rassura sur la chose qu'ils avaient le plus à cœur, le respect de leurs églises ; il pourvut au rétablissement de l'ordre et fit procéder aux élections. Un comité révolutionnaire y prépara les esprits, et l'autorité militaire prit ses dispositions de façon que les démocrates eussent la majorité. Quatre-vingts délégués de ce parti furent élus, le 18 novembre, par acclamation, dans l'église Sainte-Gudule. Dumouriez les reçut le lendemain à l'Hôtel de ville ; il les engagea à abandonner les anciennes divisions par provinces et à former « une seule et même nation libre sous le nom de

Belges ». Les délégués se constituèrent, proclamèrent la déchéance des états de Brabant et celle de la maison d'Autriche ; puis ils envoyèrent des députés à la Convention, pour exprimer leur reconnaissance à cette assemblée, demander des garanties contre le cours forcé des assignats français et combattre l'idée qui commençait à se répandre, d'une incorporation de leur pays à la République.

Dumouriez se remit en marche. Il atteignit Liège le 28 novembre ; le même jour, Anvers capitulait entre les mains de Miranda. La Belgique était conquise. Liège n'avait pas attendu les Français pour opérer sa révolution. L'évêque s'enfuit, et les démocrates, exilés naguère, reprirent l'administration de la ville. Les élections avaient eu lieu dans toute la Belgique ; elles n'étaient pas dans l'ensemble aussi favorables aux démocrates que celles de Mons et de Bruxelles. La majorité des administrateurs provisoires appartenait aux partisans de l'indépendance nationale ; elle était nettement hostile à la réunion à la France et à l'application du système français. La minorité se partageait entre les aristocrates qui réclamaient le maintien pur et simple de l'ancien régime, et un petit groupe de révolutionnaires fanatiques qui voulait « municipaliser » la Belgique et recevait le mot d'ordre des Jacobins de Paris. La quasi-unanimité se prononçait pour la constitution d'un État libre. Les Autrichiens considéraient la Belgique comme perdue pour eux. Leur armée n'avait de retraite que dans le Luxembourg, déjà ruiné par les passages de troupes. Ils voyaient la rive gauche du Rhin aux mains des Français et la Hollande à la veille d'une révolution démocratique[1]. C'étaient pour les Impériaux des conjonctures désespérantes. Les emportements de la Convention, les folies de Custine et la discorde des généraux français allaient, en peu de semaines, changer la face des choses. Les causes de ce revirement apparaissent au lendemain même de la victoire de Dumouriez.

[1] Lettres de Mercy, novembre 1792. — Thurheim, *Briefe des Grafen Mercy*, Innsbrück, 1884.

IV

L'idée de commander aux rois et de dominer l'Europe en la révolutionnant, partie des officines de propagande cosmopolite, fermentait dans les clubs, dans la Convention, dans les journaux, dans le public. On avait été tout patriotisme dans les premiers moments du péril, tout enthousiasme dans les premiers moments de la délivrance ; l'heure de l'orgueil arrivait. Au lieu d'une république, forte et politique, s'introduisant par le jeu des intérêts et des affaires dans le monde des États, comme l'avait fait la république de Cromwell, et, tout récemment, celle de Washington, on commençait à imaginer une république glorieuse et entreprenante, qui régénérerait le vieux monde, pour le plus grand bien de l'humanité, le triomphe de la Révolution et la suprématie de la France. Ces idées s'annonçaient çà et là par des explosions soudaines et incohérentes, jaillissant partout où il s'offrait quelque ouverture. Le Conseil exécutif suivait cette marche de l'opinion publique, d'un pas incertain : il ne la réglait pas. Ses dépêches trahissent les tiraillements qu'il subissait, entre les maximes officielles qui devaient lui servir de règle, et les dispositions des esprits qui se transformaient incessamment.

Lebrun éprouvait le besoin de s'en expliquer, avec ses agents autant qu'avec lui-même. « L'Autriche nous a envahis, écrivait-il, nous l'envahissons à notre tour. Que nous cherchions à priver la maison d'Autriche de ces riches provinces, tel a éternellement été et tel sera éternellement le droit de la guerre. » C'est le droit public de l'Europe ; l'Europe ne serait point fondée à reprocher aux Français de s'en appliquer le bénéfice. « Mais nous osons dire que la République française est infiniment trop éclairée sur la justice universelle et sur les droits des nations pour adopter de pareils principes de politique. Politique et justice sont deux idées qu'on a trop longtemps séparées, mais que la République est bien déterminée à ne désunir jamais. » La France a renoncé solennellement aux conquêtes ; l'Europe doit être sûre que la France tiendra son serment. La Belgique sera libre de se choisir le gouvernement qui lui conviendra « sans avoir jamais à craindre la moindre violence, directe ou indirecte, de notre part[1] ». Au reste, pourquoi se mêler du gouvernement des peuples étrangers ? « Il est bien certain que nos principes pénétreront partout d'eux-mêmes, un peu plus tôt, un peu plus tard, précisément parce que ces principes sont ceux de la saine raison, pour laquelle la plus grande partie de l'Europe est mûre à présent[2]. »

Lebrun ne pouvait tenir un langage plus politique, ni se proposer une politique plus loyale. Il appliquait les mêmes règles de conduite aux désirs de réunion que commençaient à manifester les habitants des communes limitrophes de l'Allemagne. « Ce respect pour les droits des peuples, même après l'occupation armée, écrivait-il, nous le devons bien évidemment à ceux qui d'eux-mêmes se rendent à la liberté, et il ne faut pas que nous abusions du premier élan qui les porte à s'incorporer à nous... L'utilité de l'adoption pour l'un doit s'étendre à l'autre, et souvent la nature peut y avoir mis des obstacles[3]. » Desportes, l'agent aux Deux-Ponts, à qui ces conseils étaient adressés, proposait de régler, au moment de la paix, la question des possessionnés par des échanges opérés aux dépens des Électeurs ecclésiastiques ; ces échanges permettraient à la France de rectifier ses frontières. Lebrun lui répondit : « Vos réflexions... tiennent un peu de la diplomatie germanique... Il ne paraît pas que vous ayez fait attention aux habitants de ces électorats... Ne les faites-vous point ainsi passer sous un autre joug ?... Vous dites que ces arrangements ne contrarient point le principe qui nous a fait renoncer aux conquêtes. Mais un autre principe bien supérieur, celui de la souveraineté des

---

[1] Lebrun à Chauvelin, 6 novembre 1792.
[2] Lebrun à Noël, 11 novembre 1792.
[3] Lebrun à Desportes, aux Deux-Ponts, 13 novembre 1792.

peuples, nous l'avons aussi adopté, et il serait violé [1]. » La réclamation des habitants de Francfort arriva sur ces entrefaites. Le Conseil exécutif fut d'avis de l'admettre. « Il pense, écrivit Lebrun, que toute imposition de ce genre est indigne de la République; que c'est régénérer sous une autre forme cet esprit de conquête qu'elle abjure, que nos armes ne doivent pas plus nous approprier l'or des peuples que la terre qu'ils habitent [2]. »

Cependant, il faudrait, tôt ou tard, négocier la paix avec l'Europe. Comment amener les gouvernements de l'ancien régime à reconnaître l'existence des nouveaux États formés, sous la tutelle de la France, avec les nations affranchies par elle? Faudrait-il indemniser ceux des États anciens qui seraient ainsi expropriés au profit de la liberté? « Des compensations aux dépens des gouvernements ecclésiastiques situés à la droite du Rhin seraient un moyen que la République française ne pourrait avouer, écrivait Custine le fils. Elle ne doit et ne peut trafiquer des peuples; mais il faut ou conquérir le monde, ou tolérer provisoirement quelques traces de ces maximes auxquelles on a façonné l'espèce humaine [3]. » Ce dilemme était le préalable de toute négociation. Le Conseil exécutif l'avait débattu, et l'on a vu dans quelle large mesure ce conseil, à ses débuts, sous l'influence de Dumouriez et de Danton, était prêt à user de tolérance envers les anciennes coutumes. Mais les gouvernements étrangers ne s'y montraient pas encore disposés. La République n'était pas encore en mesure de distribuer des territoires et par suite de pactiser avec les princes. Faute de rois pour trafiquer, Lebrun s'abandonna tout à la propagande et à la vertu. « Vous me demandez, écrivait-il à un agent [4], si nous voulons la paix ou la guerre; nous voulons la paix, sans doute, mais les circonstances sont telles que nous ne pouvons l'avoir que par la guerre. Une

---

[1] Desportes à Lebrun, 29 octobre; Lebrun à Desportes, 13 novembre 1792.
[2] Lebrun à Desportes, 2 novembre. — Roland à Lebrun, 18 novembre 1792. *Moniteur*, t. XIV, p. 545.
[3] A Lebrun, 23 décembre 1792.
[4] A Desportes, 16 novembre 1792.

pacification générale ne peut être prochaine, parce que cette guerre est la lutte du despotisme et de la liberté. C'est une calamité dont il faut se consoler pour le grand bien qui doit en être le résultat. »

Il y avait à Paris nombre de réfugiés hollandais de la révolution de 1787. Ces « patriotes bataves », comme on les appelait, représentaient l'ancien parti français vaincu par l'intervention prussienne. Soutenus de loin et animés par Dumouriez, ils circonvenaient le ministère, les comités, la Convention, assurant que le parti démocratique n'attendait que l'arrivée des Français pour renverser le stathouder. L'Angleterre, le cas échéant, défendrait le prince d'Orange : le repos de la Hollande était une condition formelle de la neutralité britannique; le Conseil exécutif en était averti [1]; mais il estima que le temps des ménagements était passé. Le 16 novembre, ce conseil, « considérant que nulle relâche ne doit être laissée aux ennemis de la République, que tous les moyens doivent être employés pour vaincre et détruire leurs armées avant qu'ils aient pu les renforcer et se mettre en état d'attaquer de nouveau soit la France, soit les contrées mêmes où les armées françaises ont porté leurs armes », arrêta que si les Autrichiens se réfugiaient sur le territoire hollandais, Dumouriez les y devrait poursuivre. « A la gloire d'avoir affranchi les Belges catholiques, lui écrivit Lebrun, j'espère que vous joindrez celle de délivrer leurs frères bataves du joug stathoudérien [2]. »

En même temps, le Conseil prit une mesure qui était propre à satisfaire les intérêts des Belges, mais qui constituait aux yeux des Hollandais un acte d'hostilité. Il décréta la liberté de la navigation de l'Escaut. Cette navigation appartenait à la Hollande en vertu de traités anciens; Joseph II avait voulu, en 1784, leur en enlever le monopole : il s'en était suivi un conflit assez grave; la médiation de la France l'avait suspendu, et le

---

[1] Voir ci-dessus, p. 142. « L'Angleterre, écrivait encore Chauvelin le 31 octobre, ne s'inquiétera pas de nos conquêtes en Savoie; elle ne s'inquiète que de la Hollande. »

[2] A Dumouriez, 23 novembre 1792. Cf. Aulard, t. I, p. 239-240.

traité de Fontainebleau l'avait réglé, en 1785, par la reconnaissance du privilège des Hollandais. Cependant, au moment où il allait attaquer ainsi un des petits États naguère protégés par la France, le Conseil exécutif crut nécessaire de montrer que la République ne menaçait pas l'ordre européen plus gravement que ne le faisaient les prétendus défenseurs de cet ordre. Il s'efforça de donner aux entreprises de la France un caractère de représailles; ses agents secrets lui fournirent un argument qui lui parut probant. Il fit publier dans le *Moniteur* du 18 octobre, comme secrètement conclu à Pavie, au mois de juillet 1791, un traité entre la Prusse, l'Autriche, l'Espagne et la Russie, avec l'adhésion de l'Angleterre et de la Hollande : « monument authentique, disait le *Moniteur*, de l'audace des rois et de la patience des peuples ». Authentique était inexact; le traité était l'œuvre d'un faussaire, mais d'un faussaire avisé, et comme il attribuait à chacun ce qu'il convoitait, l'ouvrage parut vraisemblable à tout le monde[1]. C'était un plan général de partage : la Flandre était réunie aux Pays-Bas qui formaient un royaume d'Austrasie où l'on transportait la maison Palatine; l'Autriche prenait la Bavière pour elle-même et la Lorraine pour l'archiduchesse Marie-Christine; l'Alsace passait à l'Empire; Porentruy, à la Suisse; le pays de Gex et le Bugey, à la Savoie; le Roussillon et le Béarn, à l'Espagne; la Prusse et la Russie trouvaient leurs convenances dans la Pologne qui disparaissait de la carte. Cette publication mit à l'aise les esprits qui, dans la Convention, conservaient encore des scrupules sur l'agrandissement de la République.

Tout sollicitait les conventionnels à cet agrandissement. Ce n'étaient que comités de patriotes des pays limitrophes, que députations, qu'adresses et que vœux de réunion. Brabançons, Savoisiens, Niçois, Bataves, Allemands se succédaient à la barre, escortés par des cosmopolites parisiens. Sous l'impression de ces cortèges, de ces harangues, de ces acclamations, il se formait dans l'imagination des conventionnels la vision

---

[1] Cf. t. II, p. 239 et suiv.

magnifique d'une République française, entourée de nations amies, affranchies par elle et scellant avec elle, par la reconnaissance, la grande fédération de la liberté. La Convention acclama ces délégués des nations, mais elle ajourna de délibérer sur les demandes de réunion. Elle en renvoya l'examen aux comités et déclara que les vœux d'incorporation, pour être admis, devaient être manifestés par le seul souverain, c'est-à-dire le peuple réuni dans ses assemblées primaires [1]. Le premier précédent posé consacra donc le principe du vote express... et librement émis par les populations. La Convention v... it, avant de s'engager, connaître la portée de l'engagement et se donner le temps de réfléchir. Mais l'enthousiasme montait, et les incidents qui se succédaient brusquèrent les décisions.

Le 9 novembre, l'Assemblée apprit la victoire de Jemappes. Jean Debry proposa une fête nationale. Vergniaud la fit décréter. « Chantez donc, s'écria-t-il, chantez une victoire qui sera celle de l'humanité; il a péri des hommes, mais c'est pour qu'il n'en périsse plus. Je le jure... chacun de vos combats sera un pas fait vers la paix, l'humanité et le bonheur des peuples! » Le 19 novembre, l'Alsacien Rühl dit, à la tribune, que les patriotes mayençais craignaient d'être abandonnés par la France. « Je demande, ajouta-t-il, que vous déclariez que les peuples qui voudront fraterniser avec nous seront protégés par la nation française. » Brissot fit observer que le comité diplomatique préparait un rapport d'ensemble sur la conduite à tenir envers les populations affranchies, et que ce rapport serait prêt dans quatre jours. C'était trop pour les ardents. Barra,

---

[1] Vote du 4 novembre 1792. On avait déjà lu, le 28 octobre, une adresse des citoyens de Nice demandant à être Français; 3 novembre, on lit une lettre du club de Strasbourg annonçant que les Mayençais demandent la réunion; 4 novembre, députation de Nice apportant un vœu de réunion; 11 novembre, députation des Savoisiens demeurant à Paris et demandant la réunion; 11 novembre, discours d'un patriote batave : « Mes concitoyens brûlent de devenir Français »; 15 novembre, adresse de huit communes du pays de Nassau-Saarbrück, demandant la réunion : « La France est notre ancienne patrie... Nos relations commerciales et la conformité de langue semblent nous placer naturellement dans le département du Bas-Rhin »; 18 novembre, vœu de Bergzabern.

La Réveillière, Treilhard proposèrent de rendre, séance tenante, un décret de principe, sauf aux comités à en régler l'application. Brissot se rallia à cet avis, et le décret fut rendu :

« La Convention nationale déclare, au nom de la nation française, qu'elle accordera fraternité et secours à tous les peuples qui voudront recouvrer leur liberté, et charge le pouvoir exécutif de donner aux généraux les ordres nécessaires pour porter secours à ces peuples et défendre les citoyens qui auraient été vexés ou qui pourraient l'être pour la cause de la liberté. »

V

Cette déclaration aurait dû combler les vœux des Belges et assurer le succès du plan de Dumouriez. Il n'en fut rien. Le décret du 19 novembre ne fut, à Paris, qu'un pompeux incident de séance, et hors des frontières, qu'une lettre morte. Il n'apporta aux Belges qu'une déception et ne fit qu'ajouter un conflit de plus à tous ceux au milieu desquels se débattait Dumouriez. Ce général avait achevé sa conquête en moins de temps et plus brillamment qu'il ne pouvait l'espérer. Mais il avait à vêtir son armée et à la nourrir ; il avait à organiser la république des Pays-Bas. Ces deux objets exigeaient tous ses soins. Il se heurta dans l'une et l'autre entreprise au même obstacle : l'opposition que le parti révolutionnaire de Paris et le ministre de la guerre faisaient à sa personne et à ses desseins[1]. Pache envoyait des démagogues où il fallait des intendants. Ses agents, déprédateurs et désorganisateurs, laissaient l'armée souffrir de froid et de faim, les malades sans hôpitaux, les soldats sans vêtements, la cavalerie sans fourrages. Les Belges étaient contraints de payer les contributions de guerre en numéraire, que le ministère réclamait pour Paris. L'armée, quand elle payait ses vivres, payait avec des assignats. Les

---

[1] Chuquet, *Jemappes*, ch. v, Pache.

Belges n'en voulaient point. Dumouriez décida que l'armée payerait en numéraire, et que ce numéraire serait prélevé sur les biens du clergé. Le ministère de la guerre prétendait régler tous les achats, et il ne procurait rien. Dumouriez fit des marchés, Pache refusa de les approuver, et l'armée, réduite à vivre sur le pays, commença de vexer les habitants ; elle se mit à marauder et se relâcha de sa discipline. « Quoique mes progrès vous paraissent très rapides, écrivait Dumouriez à Lebrun le 22 novembre, je n'en juge pas de même. Je manque de tout et je suis obligé de m'arrêter souvent, faute de moyens, quoique mon armée soit pleine d'ardeur et de volonté. Si l'effroi des Autrichiens n'était pas si grand, ils m'arrêteraient souvent, car cette armée diminue beaucoup par la désertion des volontaires, grâce au décret qui a prononcé trop tôt que la République n'était plus en danger. »

La Bourdonnaye, ancien gouverneur des enfants du comte d'Artois, militaire incapable, courtisan, cabaleur, délateur, mais par cela même populaire dans les clubs et considéré de Pache, avait frappé des contributions écrasantes à Tournay. Dumouriez rapporta la mesure, et demandant le rappel de La Bourdonnaye, il écrivit à Pache : « Ce général agit en conquérant, ses agents menacent les villes d'exécution militaire comme les Prussiens faisaient en Champagne. Je ne serai ici ni l'Attila ni le fléau de la Belgique. » Espérant être mieux écouté et mieux compris de Lebrun, il lui manda : « Je vous annonce que j'ai beau battre les Autrichiens, cette superbe expédition se terminera mal, parce qu'on contrarie tous mes plans, parce qu'on tyrannise le pays, parce que des spéculateurs avides, soutenus par les bureaux de la guerre, accaparent toutes les subsistances, sous prétexte de nourrir l'armée, et la laissent manquer de tout. Mon indignation est à son comble... Lorsque j'aurai posé les quartiers d'hiver sur la Meuse, j'enverrai ma démission. Il faut que tout le monde concoure à mes plans ou que je les abandonne tous[1]. »

---

[1] Dumouriez à Pache et à Lebrun, 22, 23 et 24 novembre 1792.

A l'exception de Pache, le Conseil exécutif était encore tout acquis à Dumouriez. Il décida de rappeler La Bourdonnaye. « Je ne souffrirai pas, le Conseil exécutif ne souffrira pas, écrivit Lebrun à Dumouriez le 25 novembre, que vous soyez intéressé par qui que ce soit dans vos opérations. » Cependant, comme les conflits s'aigrissaient entre le commandement de l'armée et l'administration de la guerre ; qu'il fallait d'ailleurs prendre, et au plus tôt, un parti sur le gouvernement de la Belgique, la Convention y envoya, le 30 novembre, quatre commissaires. Danton, qui voulait juger par lui-même de la guerre de conquête et voir à l'ouvrage les généraux, les troupes et les peuples affranchis, prit la tête de cette délégation. On lui adjoignit un de ses suivants, Delacroix, spadassin politique, Gossuin, le Montagnard qui voulait qu'on mît à prix la tête des généraux ennemis, et Camus, légiste étroit doublé d'un janséniste, incapables de comprendre le caractère d'un peuple étranger et de concilier les nécessités de la guerre avec l'affranchissement d'une nation.

Les Belges voulaient être libres à leur manière ; c'était pour ces conventionnels un crime de lèse-Révolution. Les administrations provisoires, justement parce qu'elles étaient nationales, résistaient au prosélytisme montagnard et repoussaient l'inondation des assignats. Les conventionnels ne séparaient point, sur cet article-là, les intérêts des principes. Ils décidèrent qu'il fallait mettre les Belges au pas et les convertir à la Révolution en les obligeant à la pratiquer. « On ne fait pas, disaient-ils, des révolutions avec du thé ; les principes de justice et d'humanité sont bons en théorie et dans les livres des philosophes ; mais dans la pratique, il faut d'autres moyens pour opérer : il faut avoir des coupe-jarrets à gages. » Ils en réclamaient dans les départements voisins de la frontière. « Ce n'est pas, écrivaient-ils, de nouveaux soldats que nous vous demandons, mais bien des patriotes déterminés à protéger efficacement les patriotes belges et à seconder vigoureusement nos opérations politiques. » Delacroix se fit en cette mission de Belgique un « renom sinistre » ; Danton se livrait à la jouissance de la force révolutionnaire et semblait comme enivré des abus de la victoire. Il poussa, de toute sa véhémence de tribun « éleuthéromane », à toutes les mesures destinées à assujettir et à exploiter la Belgique. En attendant, les coupe-jarrets ne manquaient pas. Fiscaux d'instinct, sbires par vocation, ces agents organisaient du même coup la propagande et la rapine [1].

La lutte s'établit dès lors entre une minorité révolutionnaire, exaltée et protégée par les émissaires de la République, et la grande majorité des Belges qui entendait se donner un gouvernement national. Ces dissensions compromettaient le succès des entreprises de Dumouriez. Il considérait qu'une Belgique indépendante serait pour la France « une barrière beaucoup plus solide que celle des places fortes et beaucoup moins dispendieuse ». Il estimait que, bien traités par la France et trouvant en elle la garantie de leur indépendance, les Belges se prêteraient à *substanter* l'armée française et même à recevoir les assignats. Dès le 8 novembre, il les avait conviés à se confédérer. « Faites vous-mêmes vos lois, leur disait-il ; nommez une Convention, fondez un gouvernement populaire, formez une République. » Il leur proposait, en même temps, de réunir une armée nationale, et il calculait que cette armée pourrait, en quelques semaines, s'élever à quarante mille hommes [2]. Les commissaires de la Convention ne voulaient que des clubs et des bandes de démagogues armés. Dumouriez se trouva conduit, par la force des choses, à faire cause commune avec les Belges contre les commissaires de la Convention. Ce n'était point, d'ailleurs, qu'il comptât s'éterniser en Belgique. S'il s'attachait si vivement à pacifier, à organiser et à gagner ce pays, c'était moins par respect des *Droits de l'homme* et par sympathie pour les Belges, que par calcul de général impatient de profiter de sa victoire. La Belgique devait être pour lui une base d'opérations et au

---

[1] Chuquet, *Jemappes*, p. 229-231, 195, 181. — Mortimer-Ternaux, t. VI, p. 135.
[2] Chuquet, *Jemappes*, p. 204, 205-209.

besoin une ligne de retraite. Il se proposait, dès que ses troupes seraient en état, de reprendre l'offensive pour contraindre l'ennemi à la paix, pour affermir son prestige dans la République, son autorité sur l'armée, et avancer ainsi tous les desseins qu'il poursuivait en même temps.

Il obéissait à l'impulsion générale des idées. Les mots subissaient dans son esprit les mêmes tranformations que dans les imaginations du public, et leur sens s'étendait avec les conquêtes. L'expression de limites naturelles n'avait eu pour lui, au début de la guerre, qu'une signification toute stratégique. Il y attache désormais une signification politique. « Il est très nécessaire, écrit-il à Pache, et très conforme à mon principe de faire du Rhin la barrière de l'empire français, de s'en assurer, au moins pour tout le temps de la guerre, et d'achever la conquête philosophique de ces États ecclésiastiques en les municipalisant. » Il écrit à Custine : « Il est certain que nous ne devons pas poser les armes avant de nous être assurés que le Rhin servira de limites à notre empire, soit par agrégation de républiques libres, sous notre protection, soit par acceptation des peuples qui s'offriront à nous et entreront dans la composition de l'empire français. Les gens timides diront que c'est aller contre nos principes et nous jeter dans les conquêtes. Il y a à leur répondre qu'il y a une différence infinie entre conquérir, qui est un acte de violence, et recevoir dans son sein des peuples qui s'offrent volontairement, ce qui est un acte de fraternité. » « Allez donc jusqu'à Coblentz, poursuit-il, mais arrêtez-vous là. Quand vous serez une fois maître de ce confluent, la République sera en sûreté, parce que vous aurez fixé la barrière naturelle, parce que nous serons sûrs de pouvoir défendre et maintenir ce que nous aurons pris [1]. »

Dumouriez n'était pas d'avis de passer sur la rive droite du Rhin : ce serait, pensait-il, rejeter l'Empire dans les bras de l'Autriche. Il suffisait de fermer la route de l'Allemagne aux Autrichiens; ils n'auraient alors de refuge que sur le territoire

---

[1] Dumouriez à Pache, 10 novembre; à Custine, 20, 29 novembre 1792.

hollandais. Dumouriez les y poursuivrait et les réduirait ainsi à la paix. Il comptait sur une révolution le jour où il entrerait en Hollande. Il la préparait, tout enflammé de ce projet, dont la réussite devait entraîner le succès de tous les autres. L'expédition serait si vite faite que l'Angleterre n'aurait pas le temps de s'y reconnaître. D'ailleurs, la France menacerait et séduirait à la fois l'Angleterre ; elle la mettrait en demeure de choisir entre une guerre maritime et l'immense bénéfice que lui donnerait l'affranchissement des colonies espagnoles. « Maîtres de la marine hollandaise, écrivait Dumouriez, nous serions assez forts pour écraser l'Angleterre, surtout en intéressant les États-Unis d'Amérique au soutien de nos colonies et en exécutant un superbe projet du général Miranda [1]. »

Ainsi, l'Angleterre était encore neutre ; la Hollande se dérobait à la guerre ; la Belgique était à peine occupée, et déjà, pour garder cette conquête, même à titre de république protégée, apparaissait la nécessité de s'emparer de la Hollande, d'enlever aux Anglais tout pied-à-terre sur le continent, et de les intéresser aux succès de la France, faute de pouvoir les contraindre à en accepter les effets. Pour les réduire à la paix, on ne trouvait d'autre artifice qu'une diversion prodigieuse. Dumouriez la cherchait dans une association de commerce dans l'Amérique du Sud ; Bonaparte la cherchera dans une rivalité de commerce en Égypte et aux Indes.

VI

Dumouriez conseillait à Custine de s'arrêter à Coblentz. Custine alors y tournait le dos. Cependant, son établissement sur le Rhin avait présenté infiniment moins de difficultés que

---

[1] Dumouriez à Lebrun, 30 novembre 1792.

celui de Dumouriez en Belgique. Les Allemands du Rhin n'avaient ni l'esprit patriotique, ni les libertés locales, ni les institutions nationales des Belges. Ils se montraient plus dociles à une conquête qui leur offrait plus d'avantage. Néanmoins les armées françaises reculaient, et la propagande ne progressait point. Custine, à force de dénoncer Kellermann, l'avait fait envoyer à l'armée des Alpes. Le départ de ce vieux soldat raisonneur et jaloux, mais brave, prudent et expérimenté, ne donna à Custine ni plus de réflexion, ni plus de talent. Il laissa les Prussiens s'établir à Coblentz[1], s'y refaire et s'y renforcer. Il ne pouvait entreprendre de les en déloger. Sa petite armée, très inférieure par le nombre à la prussienne, l'était encore plus par la qualité des soldats et par le défaut d'organisation. Enfin, elle était dispersée dans les villes, conséquence du système des réquisitions et de celui du prosélytisme. Il fallait percevoir sur place les taxes imposées au clergé, il fallait soutenir les clubs et protéger les partisans de la République.

Le club de Mayence demeurait le foyer de la propagande française ; les harangues que l'on y prononçait semblaient traduites d'un journal de Paris. C'étaient les mêmes amplifications banales sur les mêmes maximes. Élevés à la lecture de Plutarque, prédicateurs en maraude ou moines défroqués pour la plupart, sortant presque tous d'écoles ecclésiastiques, ces démagogues allemands s'assimilaient d'instinct le galimatias des rhéteurs de Paris. Ils travaillaient à la réunion avec la France, soit sous la forme d'une annexion pure et simple, soit sous la forme d'un protectorat. Les violents le réclamaient, les sages le conseillaient. C'était, disait Jean de Müller, même en cas de retour à l'Empire, le moyen de s'assurer quelques réformes. Forster se prononça publiquement : « Le Rhin, dit-il le 15 novembre au club de Mayence, est la frontière naturelle d'un grand État libre qui ne prétend faire aucune conquête : il reçoit, seulement, dans son sein les nations

---

[1] 6 novembre 1792.

qui se donnent librement à lui, et il est en droit de réclamer de ses ennemis une juste indemnité pour la guerre qu'ils lui ont, de gaieté de cœur, déclarée. Le Rhin sera, conformément à la justice, la frontière de la France. » C'était le commentaire rhénan de l'arrêté du Conseil exécutif du 24 octobre et comme le réveil, en ces pays, de ces souvenirs de l'ancienne Gaule qui agitaient alors en France les imaginations.

Les adhérents du club de Mayence ne dépassaient pas 450, parmi lesquels beaucoup de Français. Ce nombre, à partir de la fin de novembre, ne s'augmenta pas, et la fréquentation diminua sensiblement. Bœhmer eut l'idée de déposer à l'Académie un livre rouge, dit *livre de vie,* et un livre noir, dit *livre d'esclavage.* Il fit inviter tous les citoyens qui voudraient vivre libres à s'inscrire dans le premier, et tous ceux qui voudraient être esclaves à s'inscrire dans le second. Il ne se présenta personne pour faire aveu d'esclavage; mais il ne s'inscrivit qu'un millier de citoyens pour être libres. La *Gazette de Mayence* menaça de considérer comme esclaves tous ceux qui ne se déclaraient point libres, c'est-à-dire de les envoyer travailler aux fortifications, de les déporter au besoin et de confisquer leurs biens. Wedekind proposa au club d'instituer un comité secret d'inquisition qui prendrait contre les suspects des mesures de salut public. La proposition ne fut point goûtée des clubistes : ces Allemands voulaient bien applaudir des harangues sonores et voter des résolutions magnanimes, mais ils redoutaient de se compromettre et n'avaient point de goût à se laisser terroriser. Dans les autres villes conquises des sociétés s'organisèrent et se mirent en rapport avec le club de Mayence. On planta des arbres de la liberté. Sur les confins de la France les communes allemandes fraternisaient avec les Français, et plusieurs demandèrent leur réunion. Les habitants de Bergzabern la votèrent le 10 novembre.

Le 19 novembre, Custine installa à Mayence une administration provisoire qui embrassait dans son ressort Mayence, Worms, Spire, avec leurs territoires et le comté de Falkenstein. Il s'en réserva le contrôle supérieur, mais ce fut pour le déléguer aussitôt à Bœhmer, qui devint, en réalité, gouverneur du pays. Dorsch reçut le titre de président, s'installa dans le palais électoral, se fit rendre des honneurs et ne s'occupa de rien. Il convoite la mitre, disait le démocrate Hoffmann, qui n'aimait point ce ci-devant prêtre. L'administration se composait de neuf délégués, parmi lesquels un ancien conseiller électoral, Reuter, capable et modéré, le sage Blau et Forster qui était l'honneur et l'intelligence de ce conseil provisoire. Les curés reçurent une instruction qu'ils devaient lire en chaire aux populations. Elle leur annonçait l'abolition du régime féodal, l'accessibilité des emplois à tous les citoyens, la liberté, la sécurité, le bien-être : « Fiez-vous-en à Dieu qui soutient si visiblement les entreprises des Français! » L'abolition immédiate des anciens impôts eût été la conséquence naturelle et eût paru le commentaire le plus persuasif de ces déclarations. Mais Custine avait besoin d'argent. Il n'osa pas prendre sur lui de modifier le système des contributions publiques. Ses agents, d'ailleurs, donnèrent à entendre que l'affranchissement complet, c'est-à-dire la suppression des impôts antérieurs et la réforme financière, serait la récompense des peuples qui s'uniraient à la France. C'était, dans le présent, se réserver les ressources de la conquête et se préparer pour l'avenir la plus efficace des propagandes en faveur de l'annexion.

Dans ce pays, très catholique, une administration dirigée par un professeur luthérien et un prêtre renégat ne pouvait être populaire. Le clergé la combattait. Les anciens agents de l'Électeur reprenaient courage et répandaient de petits pamphlets contre la conquête. Ces peuples n'avaient point de mœurs républicaines. Doux, enclins au plaisir, ennemis de la gêne, la même légèreté, le même goût aux nouveautés, la même indolence qui les avaient vite pliés à l'obéissance des Français, les en pouvaient détourner. La misère commençait à se faire sentir. Le petit peuple avait applaudi au départ des nobles; mais depuis que les nobles étaient partis, le travail manquait aux artisans et les secours aux misérables. Les bourgeois s'étaient plu à abaisser les aristocrates; mais l'égalité démocratique froissait leur vieille vanité de caste. Les contributions leur semblaient onéreuses. Les paysans en souffraient davantage, forcés de payer leurs services en nature. Enfin le retour offensif des Prussiens donnait à réfléchir à tout le monde. Ces Rhénans, si empressés à acclamer Custine à son arrivée, se refroidissaient sensiblement, passant de l'enthousiasme à la réserve et se ménageant de passer de la réserve à l'hostilité, lorsque la force changerait de main et reviendrait à l'Allemagne.

C'est ce que l'on vit à Francfort. Custine y avait laissé deux mille hommes. Les Prussiens et les Hessois parurent en nombre devant la ville, le 2 décembre. La population s'insurgea, et il fallut évacuer la ville. L'effet de cette retraite fut désastreux. Vainement les clubistes de Mayence déclarèrent-ils qu'il suffirait d'un choc pour que la Prusse se mît en république. Le choc le plus proche ne poussait point de ce côté-là. Les Français cessèrent de paraître invincibles, et le prestige de Custine s'évanouit. Les paysans demeuraient sourds aux exhortations. « Ils sont stupides, écrivait Forster. Que sera-ce, quand ces pauvres diables abrutis seront persuadés qu'ils n'ont pas d'autre maître que leur volonté?... Ils useraient pour se replacer sous le joug, au premier signe menaçant de leurs anciens seigneurs. » Beurnonville, qui avait remplacé Kellermann, écrivait au ministre de la guerre : « Excepté à Francfort, où je n'ai pas été, je n'ai pas encore vu un seul pays qui désire pleinement être libre. J'aurais pu, comme tous mes collègues, vous envoyer un millier de brillants procès-verbaux qui constatent des plantations d'arbres de la liberté et l'emphase patriotique des habitants du pays de Trèves ; mais tout cela n'eût annoncé que des grimaces auxquelles je ne crois point, qui ne sont dictées que par la peur[1]. » C'est dans ces conditions fort précaires que Custine, réduit à se concentrer en se retirant devant l'ennemi, rentra dans Mayence[2].

Chemin faisant, « accablé d'une immense correspondance,

[1] Beurnonville à Pache, 8 décembre 1792.
[2] 14 décembre 1792.

passant les nuits, passant les jours à cheval », agité par l'effort même de « ces immenses fatigues », il avait essayé au moins d'arrêter les Prussiens par la ruse et de les contenir par les négociations. « Il faut me revêtir tour à tour de la peau du renard et de celle du lion. » Il écrivit au roi de Prusse : « Par quelle fatalité un des premiers admirateurs des actions de la nation prussienne, le citoyen français le plus attaché à la gloire du roi est-il destiné à combattre ceux que leurs intérêts invitent à être les alliés de la République française? » Il invitait Frédéric-Guillaume à supprimer le monstre, c'est-à-dire l'alliance autrichienne; il l'engageait à supprimer aussi le landgrave de Hesse, à incorporer les troupes de ce prince dans l'armée prussienne et à encaisser les trésors des Hessois dans sa cassette royale prussienne. Ces trésors « sont teints du sang de ses sujets, poursuivait Custine; il n'est qu'un moyen de purifier une source aussi impure, c'est de les faire servir à une guerre qui aurait pour but l'anéantissement de la maison d'Autriche [1]. » Biron, toujours enclin aux intrigues prussiennes, en essaya aussi par Heymann, qui résidait à Bâle. Tous ces tâtonnements se perdirent dans le vide. Custine, le fils, errait au milieu de l'armée et sur les frontières, attendant l'occasion de se rendre au quartier général de Frédéric-Guillaume. Il écrivit à Lebrun : « Rien de plus certain que les mauvaises dispositions du roi de Prusse en ce moment. » Il avouait le dédain où le prince avait tenu ses compliments : « Il ne nous reste, mandait-il à Dumouriez, d'autre moyen que de l'anéantir, avec ses ennemis naturels [2]. »

Le roi de Prusse ne voulait traiter que d'accord avec l'Autriche et avec la garantie de l'existence de Louis XVI; mais sur ces principes-là, plusieurs de ses conseillers l'engageaient à traiter. La lettre de Custine parut une avance, et sans répondre à ce général, les Prussiens cherchèrent à s'éclairer sur les vues du ministère français. Après l'échec de ses pourparlers avec

---

[1] Custine à Lebrun, à Biron, au roi de Prusse, 11 novembre 1792.
[2] Custine le père à Dumouriez, 20 novembre; Custine le fils à Lebrun, 25 novembre 1792.

Dohm, Mettra était revenu chez lui à Neuwied[1]. Il y reçut la visite du duc de Saxe-Weimar, beau-frère de Frédéric-Guillaume. Ce prince ne dissimula pas que le roi désirait la paix ; il suggéra l'idée d'une médiation de la Prusse entre la France et l'Autriche, et proposa à Mettra de l'aboucher avec Lucchesini. L'entrevue eut lieu à Coblentz, Lucchesini parla dans le même sens que le duc, insistant sur l'impossibilité de rompre l'alliance autrichienne. « Cette conversation, rapporte Mettra, fut à peu près la même que celle où Frédéric me dit en 1771 que, pour être prince, on n'en est pas moins obligé d'être honnête homme. » Mandrillon vint rejoindre son collègue Mettra, et tous deux conférèrent encore avec Lucchesini. Celui-ci annonça que les deux puissances allemandes avaient déjà désigné leurs plénipotentiaires, et déclara que si la République envahissait la Hollande, la guerre deviendrait générale : l'Angleterre et l'Empire entreraient dans la lutte. Mettra jugea que l'affaire valait un voyage, et il se rendit à Paris pour y prendre des directions. Lebrun ne lui donna qu'une lettre de créance pour Custine : il rappelait à ce général que Mettra, « littérateur estimable », avait été « longtemps l'agent de la cour de Prusse à Paris ».

La mission de Mettra consistait uniquement à observer les choses ; mais il est probable que, dans les conversations, Lebrun s'était ouvert davantage, et c'est vraisemblablement à cet essai de négociation que se rapporte un « projet d'instructions d'après lesquelles il convient de négocier avec le roi de Prusse », daté du 10 décembre. C'était un plan de paix préliminaire et d'entente indirecte avec la Prusse, la République « ne voulant et ne pouvant dans aucun cas ni aucun temps faire la paix avec la maison d'Autriche ». La Prusse ferait filer ses troupes en Allemagne et entrerait, au printemps, en guerre contre l'Autriche. Soutenue par la Bavière, elle envahirait la Bohême, où l'on aurait eu soin de fomenter des insurrections ; la Hongrie se soulèverait ; les Polonais attaqueraient la Russie,

---

[1] Rapport de Mettra, 27 novembre 1792. — SYBEL, *Trad.*, t. II, p. 40.

appuyés par les Prussiens et par les Turcs, que la flotte française porterait en Crimée. La Prusse « trouverait bientôt à se dédommager » ; devenue prépondérante en Allemagne, elle restituerait la Galicie aux Polonais et obtiendrait, en échange, Thorn et Danzig. L'Autriche serait partagée en trois royaumes : Hongrie et Croatie, Autriche avec Illyrie et Moravie, Bohême. Les Turcs reprendraient la Crimée, et la Transylvanie redeviendrait leur vassale. « Les Français ne prendraient rien pour eux et trouveraient la récompense suffisante de leurs travaux et de leurs dépenses dans la satisfaction d'avoir procuré aux peuples qui bordent le Rhin, la Meuse et l'Escaut, la liberté et l'indépendance et à l'Europe une paix solide et durable, sans compter l'anéantissement de l'infâme maison d'Autriche. » A part les derniers mots qui trahissent le jargon de Paris, ce plan était infiniment plus prussien que français, et tel ministre brouillon et peu scrupuleux de Frédéric-Guillaume, Hertzberg, par exemple, aurait pu le signer ; mais les dispositions avaient beaucoup changé à la cour de Prusse, et ce n'était pas le temps de chercher à y « travailler dans le grand ». Le plan du 10 décembre n'est intéressant qu'à titre de commentaire diplomatique du décret du 19 novembre. Il montre à quelles conditions les publicistes qui prenaient ce décret au sérieux imaginaient que l'on pourrait l'appliquer.

L'Allemagne, cependant, montrait moins que du zèle pour la guerre : les plus belliqueux des Allemands ne poussaient pas leurs vœux au delà de la délivrance du territoire de l'Empire. « C'est, écrivait Custine le fils, un propos assez commun dans les armées prussienne et hessoise que celui-ci : les Français occupent une partie du territoire germanique, il faut réunir tous nos efforts pour les en repousser, mais le ciel nous préserve de rentrer en France ! » S'il fallait en croire l'agent français resté à Stuttgard[1], les Souabes se montraient encore moins exigeants : « Il est certain, mandait-il à Biron, que si la nation française se contente de voir ses voisins, sur la fron-

---

[1] Maisonneuve à Biron, 9 décembre 1792.

tière où vous commandez, spectateurs tranquilles de son triomphe, elle trouvera dans les habitants du cercle de Souabe des sentiments sincères de paix, de bon voisinage et de neutralité. » La cour de Bavière ne pensait qu'à représenter des opéras [1]. Koch, qui venait de faire un tour dans l'Allemagne du Sud, constatait « une disposition des esprits rien moins que favorable aux cours alliées ». Cette disposition était « généralement répandue dans tout l'Empire et notamment dans les villes libres où le parti démocratique est partout prépondérant [2] ».

S'il se fût agi d'une «guerre commune», guerre de politique ou de limites, la France aurait pu, dans la campagne suivante, contraindre ses ennemis à la paix : elle tenait le gage de cette paix. Mais il aurait fallu que la République ne rendît pas la paix impossible aux alliés, que la coalition ne se fortifiât point de l'adhésion de l'Angleterre, de la Hollande et de l'Espagne, encore neutres toutes les trois; que les populations conquises enfin fussent, sinon gagnées entièrement, au moins assez sagement ménagées pour ne point devenir dangereuses aux armées d'occupation. L'Europe eût-elle accepté cette paix? L'épreuve ne fut faite ni des velléités apparentes d'accommodement des chancelleries, ni de la réelle bonne volonté des peuples. Ce qui est certain, c'est que dans les circonstances où se trouvaient l'Europe et la France, la France ne pouvait être respectée de l'Europe que dans la mesure où elle en serait crainte; elle ne pouvait soutenir son indépendance qu'à condition de se rendre redoutable. Les causes qui avaient déchaîné la guerre continuèrent d'agir après que l'objet immédiat de la guerre semblait atteint; les impulsions qui avaient donné la victoire aux Français continuèrent de les emporter après la victoire. La Convention, par des actes simultanés, poussa les États neutres à la guerre et les peuples conquis à la révolte.

[1] Catherine à Grimm, 18 décembre 1792.
[2] Koch à Lebrun, 17 novembre 1792.

CHAPITRE IV

LA GUERRE DE RÉVOLUTION

1792-1793

I

La République avait abattu ses ennemis au dedans et au dehors. La Convention avait à statuer sur le sort des vaincus. Des affaires à régler, la plus simple était celle des émigrés. La Convention n'avait qu'à suivre les précédents de la monarchie et à continuer l'ouvrage de l'Assemblée législative. Les émigrés formaient à l'extérieur un parti en armes, allié aux étrangers; ils entretenaient des correspondances avec des royalistes demeurés en France et qui y fomentaient la guerre civile. Les mesures que la Convention prit contre les émigrés et leurs complices furent votées au jour le jour, sous l'empire des circonstances; cependant l'ensemble de ces mesures est fortement coordonné. Commandées tumultuairement dans les colères d'une assemblée, elles semblent avoir été combinées dans l'application minutieuse d'un prétoire de procureur. Elles sont incohérentes dans les motifs qui les provoquent; elles s'enchaînent dans les conséquences qu'elles portent. Ces contrastes apparents s'expliquent par la double origine de ces lois : la Convention décide les mesures et fait, en les décidant, acte de guerre politique et sociale; les légistes des comités disposent les articles des décrets, et font métier de procureurs fiscaux et de procéduriers. Ils y sont experts. Ils s'y sont exercés dans leurs provinces, en débrouillant l'inextricable écheveau des procès dérivés de la révocation de l'édit de Nantes.

L'expérience de la proscription en masse de toute une classe de citoyens et de la confiscation des biens de toute une classe de propriétaires, au milieu d'une civilisation très avancée et dans un état de législation très complexe, a été faite sous Louis XIV. Toutes les suites de la mort civile, tous les rapports imprévus qui se produisent entre des exilés et leurs parents demeurés dans leur patrie, les ouvertures d'héritage et de tutelle, la validité des mariages, le séquestre des biens litigieux, le règlement des créances privilégiées et des hypothèques, les moyens de prévenir les ventes simulées, la poursuite des personnes interposées, il n'est pas un seul de ces cas qui n'ait été posé depuis cent ans et que la jurisprudence n'ait résolu[1]. Les légistes de la Convention en possèdent le répertoire [2] ; ils y fouillent à pleines mains [3]. D'où la rapidité de leurs décrets,

---

[1] C'était une des charges les plus onéreuses des anciens conseils royaux. Saint-Simon constata en entrant au Conseil de régence « toutes les contradictions et toutes les difficultés dont les édits et déclarations du feu Roi sur les huguenots étaient remplis, sur lesquels on ne pouvait statuer par impossibilité de les concilier, et d'autre part de les exécuter à l'égard de leurs mariages, testaments, etc. J'étais souvent témoin de cette vérité au Conseil de régence, tant par les procès qui y étaient évoqués, parce qu'il n'y avait que le Roi qui pût s'intéresser lui-même dans ces diverses contradictions, que par les consultations des divers tribunaux au chancelier sur ces matières, qu'il rapportait au Conseil de régence pour y statuer. » *Mémoires*, année 1716.

[2] *Édits, déclarations et arrêts concernant la religion prétendue réformée.* Paris, 1714, 1716, 1729, 1752, réimprimé, Paris, 1885.

[3] Rapprocher, par exemple, pour suivre la comparaison (cf. t. I, p. 231, et t. II, p. 190, 306), le décret du 6 septembre sur la confiscation des biens séquestrés des émigrés invités à rentrer en France dans le délai d'un mois par le décret du 30 mars-8 avril 1792, et l'édit de janvier 1688 sur la confiscation des biens séquestrés des réformés invités par l'édit de juillet 1686 à rentrer en France avant le mois de mars 1687 et à se faire catholiques : articles parallèles du décret et de l'édit au sujet des créanciers. — Décrets du 30 août et du 3 septembre 1792 : destitution de tout fonctionnaire qui aura conduit en pays étranger ses enfants mineurs ou favorisé leur émigration ; déclaration du 17 juin 1681 : interdiction, sous peine de privation de la moitié de leur revenu, aux réformés d'envoyer leurs enfants à l'étranger. Cf. art. 4 de l'édit du 22 février 1724. — Décret du 9 octobre 1792 : peine de mort contre les émigrés pris les armes à la main ; 23-25 octobre : bannissement perpétuel des émigrés et peine de mort contre ceux qui rentreront ; déclaration du 1er juillet 1686 : peine de mort contre les Français faisant des assemblées de religion autres que la catholique ; édit du 14 mai 1724 : peine de mort contre les réformés assemblés les armes à la main.

la fermeté de leurs textes, la subtilité de leurs solutions, les inépuisables ressources de leurs procédés. Le premier de ces légistes, Merlin de Douai, avait une mémoire merveilleuse, une puissance, une ténacité et une souplesse de travail inouïes[1]. Il s'était habitué dès sa jeunesse au labeur acharné et attentif des procès, et il collaborait depuis quatorze ans déjà, en 1792, au *Répertoire universel et raisonné* de Guyot[2]. Le comité de législation était rempli des émules de Merlin.

Les conventionnels accommodèrent ainsi les moyens de l'ancien régime aux nécessités de la Révolution, mais ils appliquèrent ces moyens à un objet nouveau et très particulier qui distingue leur système de confiscation de tous ceux que les monarchies avaient pratiqués jusque-là, et qu'elles continuaient encore de pratiquer dans le temps même de la Révolution française : le système de Louis XIV envers les réformés, celui du Parlement anglais envers les Irlandais, les catholiques et les jacobites, celui de Catherine II envers les Polonais. Ces gouvernements confisquèrent purement et simplement au profit de l'État et employèrent les biens confisqués : Louis XIV, à favoriser « l'accroissement de la véritable religion »; les Anglais, à doter les églises anglicanes, à payer les serviteurs du pouvoir, à enrichir les nobles aux dépens des paysans[3]; Catherine, à pensionner ses généraux et surtout ses amants. La Convention mit les biens confisqués aux enchères et employa l'argent tiré ainsi de la nation même, à soutenir la

---

[1] Il avait alors trente-huit ans.

[2] Comparer dans le *Répertoire de Guyot*, ant. à 1789, l'article *Religionnaire* avec l'article *Émigration*, dans le *Répertoire de Merlin*. Paris 1812-1815. Ce dernier article commence ainsi : « *Émigration*. Dans notre usage, ce terme juridique s'applique à la sortie d'un Français hors de sa patrie. » I, *Lois de l'ancien régime :* Merlin commence ce paragraphe par l'analyse, à titre de texte fondamental, du « célèbre » édit d'août 1669, contre les Français qui sortent du royaume.

[3] « Au dix-septième siècle, l'aristocratie anglaise ne s'est pas contentée de se substituer à l'aristocratie irlandaise vaincue ; elle a, contrairement à toute justice, transformé en fermiers les tenanciers irlandais vrais propriétaires du sol... elle a acquis la propriété du sol que n'avait pas l'aristocratie irlandaise sa devancière... » C'est le contraire de la Révolution française. D'Arbois de Jubainville, *Revue critique*, 1890, p. 286. *Recherches sur les origines de la propriété foncière.* Paris, 1890, p. 13.

guerre nationale. Elle opéra de la sorte le plus vaste déplacement de propriété qui se soit vu dans les temps modernes; elle ne l'opéra point par voie de distribution arbitraire. C'est au moyen de l'épargne bourgeoise et paysanne qu'elle hâta l'extension du principe que l'Assemblée constituante avait placé dans les lois : la suppression de la propriété seigneuriale et la constitution de la propriété démocratique [1]. Mais ce n'étaient là, pour ainsi dire, que des affaires de comités. La Convention les votait à l'unanimité; elles ne soulevaient point de débats publics. Le règlement du sort de Louis XVI fut, au contraire, la grande crise de cette assemblée. La Convention en fut d'abord sourdement remuée, puis bouleversée quelques semaines et troublée jusqu'à la fin de son existence.

Le procès de Louis XVI est une des plus émouvantes tragédies de l'histoire. Si l'on n'en considère que le spectacle, on ressent toutes les passions qui s'y agitèrent et l'on n'en peut juger avec discernement. Il faut scruter les mobiles politiques, descendre dans les machines et découvrir le fond du drame dont les scènes pathétiques de la Convention et de la prison du Temple n'ont été en quelque sorte que la représentation. Ce procès n'a eu de juridique que l'appareil : en réalité, c'est un acte politique.

Les accusateurs de Louis invoquent pour le mettre en jugement et le faire condamner une constitution qui n'existe plus; ils lui reprochent d'avoir voulu détruire cette constitution, et ils l'ont eux-mêmes anéantie; ils en retiennent les articles qui obligeaient le roi à se soumettre aux lois, ils écartent ceux

---

[1] On verra dans la suite de cet ouvrage les mesures de Catherine II en Pologne. — Comparer le décret du 6 septembre 1792 prescrivant, dans les ventes, le fractionnement des biens confisqués « dans la vue de multiplier les propriétaires », et l'édit de janvier 1688 ordonnant la réunion au domaine des biens confisqués pour être employé, le revenu, « tant à fonder et entretenir des maîtres et maîtresses d'école pour enseigner gratuitement tous les enfants des lieux où l'établissement en sera jugé nécessaire », qu'à fonder des églises, hôpitaux, etc., « nécessaires, pour l'avantage des nouveaux convertis et le bien de la religion »; le tout « pour l'accroissement de la véritable religion ». Arrêt du 8 janvier 1689, accordant aux nouveaux convertis des pensions sur les biens séquestrés des consistoires.

qui plaçaient au-dessus des lois la personne royale, la déclaraient « inviolable et sacrée » et n'admettaient contre le roi qu'une peine, dans le cas même où il trahirait son serment et se mettrait à la tête d'une armée dirigée contre la nation, la déchéance de la royauté ; ils s'arment contre le roi déchu d'un droit public qu'ils déclarent imprescriptible et supérieur à la lettre des constitutions, mais que le roi ne reconnaît point et qui n'est celui d'aucune monarchie européenne ; ils imputent à crime au roi des complots qu'il aurait noués avec les étrangers, ennemis de l'État, mais ils n'en ont que le soupçon et ils ne peuvent en produire la preuve. Louis, pour se défendre, invoque cette même constitution qu'il a subie par contrainte, qu'il n'a acceptée que d'un consentement forcé, vicié à ses yeux et aussitôt rétracté par lui, qu'il n'a jurée que pour se donner les moyens de la supprimer [1] ; il s'autorise, en ce dessein, d'une souveraineté que ses accusateurs nient, d'un droit monarchique qu'ils réprouvent, d'une conception de l'État qu'ils n'admettent pas ; il conteste enfin, en équivoquant sur les termes de l'accusation, des actes que ses accusateurs ne sont pas en mesure d'établir matériellement, mais qu'il sait être réels, qu'il sait avoir réellement consentis dans l'intention même qu'on lui impute et qui ont eu, dans le fait, plus de gravité et d'étendue que la haine des pires ennemis de la couronne n'a pu encore le soupçonner [2].

Entre Louis XVI et ses accusateurs il n'y a point de droit commun. La lutte engagée entre eux porte précisément sur les fondements du droit public. Il s'agit de savoir ce qui prévaudra dans ce droit public, la souveraineté royale dont se réclame Louis XVI, ou la souveraineté du peuple dont procède la Convention. Chacun a confondu le salut de l'État avec sa propre cause. Louis XVI a combattu pour le droit qu'il tenait de ses ancêtres, pour le principe de la monarchie, pour l'honneur et la puissance de la couronne, pour sa liberté, sa vie, la liberté et la vie des siens. Les républicains combattent pour les droits

---

[1] Cf. t. II, p. 270-277, 329-333, 489.
[2] Cf. t. II, p. 329, 331-332, 436, 476-477, 489, 519-520.

des Français, les principes de la Révolution, les libertés publiques, l'indépendance de la nation, l'intégrité du territoire, la patrie, menacée d'usurpation et de démembrement par les alliés de la couronne, pour leurs propres personnes menacées par ces mêmes alliés de châtiments terribles. Ni Louis XVI ne s'est senti criminel en formant des alliances avec les rois étrangers, pour combattre la révolution des Français, ni ses juges ne se sentiront coupables, pour le frapper en vertu de cette Révolution même qui l'a renversé. Louis a joué sa couronne et sa tête dans la partie; les républicains jouent leur liberté et leur vie. Ils savent ce qui les attend si la coalition l'emporte[1]. Louis XVI connaissait le sort qui lui était réservé, s'il était vaincu[2]. Pour Louis XVI, l'Assemblée législative était une réunion de rebelles; pour les conventionnels, Louis est un traître. Mais s'il n'y a pas de droit commun entre Louis et ses accusateurs, il y a eu une commune mesure. La raison d'État est la seule justification de la conduite de Louis XVI depuis 1790, de ses restrictions mentales, de ses serments illusoires, des cabales de ses agents à l'intérieur, de leurs complots au dehors. Elle est aussi la justification de la révolution du 10 août. Elle crée et elle explique l'omnipotence de la Convention. Elle a décidé les actes qui ont amené la déchéance de Louis XVI ; elle dirige la procédure; elle dicte l'arrêt. Le procès tout entier relève de la raison d'État.

Il y avait trois solutions possibles : bannir le roi, le détenir, le tuer. La suite des événements a prouvé que le bannissement eût été sans péril. Louis XVI n'aurait pas trouvé, comme Jacques II, un Louis XIV pour embrasser sa cause; cependant, malgré Louis XIV, Jacques II est mort en exil. L'Europe, en 1792, dispersait les émigrés. Nul Bourbon, au dedans ou au dehors, n'eût été redoutable à la République victorieuse et à la France maîtresse de soi-même. Après la mort de Louis XVI, il y eut au Temple un héritier de la couronne, et personne en Europe ne s'intéressa à son infortune; après la mort de

[1] Cf. t. II, p. 510, le manifeste de Brunswick.
[2] Cf. t. II, p. 315, 488, les discours d'Isnard et de Vergniaud.

Louis XVII, il y eut un prétendant à Vérone, l'Europe le laissa dans le dénuement, le continent l'expulsa et l'Angleterre ne lui accorda que ce qu'elle accordait à tous les proscrits : un asile. Mais on ne pouvait attendre des conventionnels tant de confiance dans l'avenir et un si complet détachement des dangers prochains. Ce qui est devenu, après un siècle écoulé et l'exemple de révolutions multiples, un fait d'expérience, eût passé alors pour une présomption téméraire. Rien ne s'opposait, au contraire, à la détention de Louis XVI jusqu'à la paix. C'était la mesure la plus politique et la plus humaine. Elle était dans les vœux de la grande majorité des conventionnels. Le Conseil exécutif, très intimidé et très circonspect quand il s'agissait d'interpréter les intentions de l'Assemblée, ne craignit point de se compromettre en lui prêtant ce sage dessein. « La République, écrivait Lebrun, ne peut donner aux étrangers aucune garantie sur cet article; ce serait un abandon absolu de ses droits... La nation seule a le droit de juger Louis »; mais, ajoutait-il, « on peut préjuger que, non par crainte, non par des considérations étrangères, mais par générosité, par magnanimité, la nation croira Louis suffisamment puni par la perte du trône, et la vengeance nationale suffisamment satisfaite par l'anéantissement de la royauté. Vous pouvez présenter ces considérations comme étant le vœu présumé de la nation française[1]... » Lebrun s'exprimait ainsi avant que la Convention eût décrété le procès du roi; il ne changea point d'avis quand il vit le procès imminent. « Il ne me paraît pas possible d'empêcher que le ci-devant roi ne soit jugé, écrivait-il alors[2]. Toute la nation paraît d'accord pour le demander. Quant à l'issue, je crois la nation disposée à donner, en cette occasion, un grand exemple de clémence et de générosité. » C'eût été, en effet, un grand exemple, et de toutes les nouveautés de la Révolution, la mieux faite pour étonner le monde, frapper les imaginations des peuples, gagner les âmes nobles et déconcerter les ennemis

---

[1] Lebrun à Chauvelin, 19 octobre 1792.
[2] A Bourgoing, à Madrid, 1er décembre 1792.

de la France. Les meneurs de la Révolution en décidèrent autrement; mais ils en décidèrent d'après des maximes d'État, qui étaient celles de l'ancien régime, et ils obéirent à des passions, qui sont de tous les temps.

« Quiconque, a dit Machiavel, se sera nourri de la lecture des événements anciens sentira que tout changement de gouvernement, soit d'une république en une tyrannie, soit d'une tyrannie en une république, doit être suivi et marqué de quelque coup terrible porté contre les ennemis de l'état présent[1]. » Voilà tout le fond de la politique des Montagnards dans cette affaire, où ils forcèrent peu à peu la Convention à servir leurs calculs.

Les Montagnards sont fanatiques de leurs idées et ambitieux pour leurs personnes. Ils veulent s'établir dans la République et la dominer, mais ils ne sont pas les maîtres : ils ne forment qu'une faction dans l'Assemblée. Pour régner, il faut que, par une manœuvre audacieuse, ils prolongent l'état révolutionnaire qui leur procurera les moyens de parvenir au pouvoir, et que le succès de la Révolution paraisse dépendre de la durée de leur règne. Il faut que le salut de la nation, celui de la République et celui de leurs personnes se confondent; qu'ils obligent les partis à se compter et à se classer sur cette question de salut public; qu'ils subjuguent les uns, qu'ils proscrivent les autres; qu'ils fassent prévaloir dans tout l'État la maxime implacable : Qui n'est pas avec nous est contre nous. Il faut qu'ils rendent la restauration de la monarchie impossible; toute transaction de ce chef, avec l'Europe, inacceptable; que les intérêts et la sécurité de tous y soient engagés; que l'Europe, aussi bien que la France, se sente contrainte de pactiser avec eux ou de soutenir une guerre sans merci. La mort du roi fera tout cela. Le parti qui tuera le roi sera le maître de la République. Il obligera les modérés et les incertains à abdiquer ou à se livrer; il obligera tout ce qui prétend jouer un rôle dans la Révolution à recevoir le baptême

---

[1] *Discours sur Tite-Live*, liv. III, ch. III.

du sang, et il enchaînera par le régicide tout ce qui s'en sera fait le fauteur ou le complice. D'un seul coup, les Montagnards materont leurs adversaires, car les Girondins répugnent à cette extrémité. Ils n'y viendront que par capitulation de politique et de conscience, en chancelant et comme à reculons, pour conserver la faveur populaire et la direction de la République; mais, par cette capitulation même, ils perdront à jamais le prestige, l'influence et le pouvoir. Le procès de Louis XVI anéantira la République bourgeoise, comme la déchéance du roi a anéanti la monarchie constitutionnelle.

Il n'y a jamais eu de calculs plus concertés et plus hautement avoués. « Nous ne voulons pas juger le roi, dit Danton, nous voulons le tuer[1]. » — « Le roi, déclare Saint-Just, doit être jugé en ennemi. » — « Louis Capet, dit Jeanbon, a été jugé le 10 août; mettre son jugement en question, ce serait faire le procès à la Révolution et ce serait vous déclarer rebelles[2]. » « Il faut, dit Robespierre, le condamner sur-le-champ à mort, en vertu du droit d'insurrection. » Et il résume toutes ces raisons d'État dans une harangue, la plus machiavélique et la plus fortement conçue qu'il ait prononcée[3] : « Il n'y a point ici de procès à faire. Louis n'est point un accusé, vous n'êtes point des juges; vous êtes, vous ne pouvez être que des hommes d'État et des représentants de la nation. Vous n'avez point une sentence à rendre, mais une mesure de salut public à prendre, un acte de providence nationale à exercer. Quel est le parti que la saine politique prescrit pour

---

[1] Mot à Prudhomme, ROBINET, *Procès*, p. 296. Vote du 16 janvier 1793.

[2] Saint-Just, 13 novembre; Jeanbon, 2 décembre 1792. — Discours du président de la Chambre des communes à la reine Élisabeth, requérant la mort de Marie Stuart : N'est-elle pas l'espoir de tous les mécontents, l'appui de tous les conspirateurs? L'épargner, c'est nous frapper. Toute pitié envers elle n'est que de la cruauté envers nous : *Est quædam crudelis misericordia.* Celui qui n'a pas de bras ne peut combattre; celui qui n'a pas de jambes ne peut pas fuir : il est plus vrai encore que celui à qui on a tranché la tête ne peut plus faire aucun mal. — 22 novembre 1586. KERVYN DE LETTENHOVE, *Marie Stuart*, Paris, 1890, t. II, p. 66, 118.

[3] 3 et 4 décembre 1792. *Moniteur*, t. XIV, p. 646, 657.

cimenter la République naissante? C'est de graver profondément dans les cœurs le mépris de la royauté et de frapper de stupeur tous les partisans du roi..... » Ainsi raisonnent les Montagnards, et c'est ainsi qu'avaient raisonné dans l'antiquité tous ces politiques fameux dont les maximes ont formé le code de la raison d'État; c'est ainsi que sur les exemples de ces anciens avaient, dans les temps modernes, raisonné Henri III quand il conjurait la mort de Guise, Élisabeth et les puritains quand ils conjuraient celle de Marie Stuart, Richelieu quand il conjurait celle de Montmorency[1]; Cromwell quand il conjurait celle de Charles Ier; ainsi raisonnera Bonaparte quand il conjurera la mort du duc d'Enghien.

Ces raisonnements conviennent au secret des complots. Ils sont inefficaces dans une assemblée. La Convention n'était pas encore dressée à ce spectacle de la raison d'État toute nue et cynique. Elle en eut toujours horreur; même en ces pires jours d'aveuglement et de servitude, elle n'osa jamais la regarder en face. Elle y voulut toujours un voile et un fard de sophisme. Les Montagnards comprirent qu'il fallait compter avec les scrupules et avec les alarmes des modérés dans une affaire où il s'agissait moins de les convaincre que de les compromettre. Ils réclamèrent bruyamment la mort de Louis, sans procès et sans phrases; ils s'assurèrent ainsi, devant la multitude fanatique, tous les avantages de l'événement quand

---

[1] Représentations de Richelieu à Louis XIII sur le point de savoir s'il convenait de pardonner au duc de Montmorency ou de le mettre entre les mains de la justice : « ...Que ceux qui estimaient qu'il valait mieux châtier le duc de Montmorency disaient que l'état présent des affaires avait besoin d'un grand exemple;... qu'ils appuyaient cette raison des exemples de l'histoire :... que la privation des charges sans la vie n'était rien en ces occasions... Ils disaient de plus que la garde d'un tel personnage était difficile et dangereuse, et que, quoique la plus grande grâce que l'on pût faire à une telle faute fût une prison perpétuelle, chacun étant injuste en ses intérêts, si le prisonnier venait à se procurer la liberté par son artifice, il n'aurait autre soin que de rechercher les moyens de se venger de sa prison... et que si on lui pardonnait, tant s'en faut qu'en ce cas on éteignit le parti, qu'au contraire il subsisterait plus que jamais;... que si on le gardait prisonnier, quelques autres têtes qu'on pût couper, il lui demeurerait toujours des amis secrets d'autant plus attachés qu'ils vivraient en espérance de se relever avec lui et en rechercheraient sourdement tous moyens. » Année **1632** Éd. Petitot, t. VIII, p. **208** et suiv.

il serait accompli. Ils s'en remirent à la Gironde du soin de poser juridiquement la question, de disposer les draperies du prétoire et de conduire, selon les formes, ce procès qui devait être sa propre condamnation.

L'occasion était belle et tentante à des âmes généreuses et à des orateurs éloquents. Les arguments des Montagnards pour l'exécution sans procès révoltaient les consciences et blessaient les cœurs du plus grand nombre des conventionnels. Il y avait des motifs de haute politique et d'intérêt tout aussi logiques, plus probants et plus pressants même, à donner en faveur de l'ajournement du procès. En proposant cet ajournement, on se montrait plus habile que les Montagnards, car on invoquait, au lieu de l'intérêt d'une faction, celui de la nation entière, et l'on présentait à cette nation, au lieu du fantôme d'une guerre acharnée, l'image d'une paix prochaine. Il y avait dans l'Assemblée, et à plus forte raison dans le pays, beaucoup plus de personnes intéressées à ménager une transaction avec l'Europe qu'il n'y en avait à l'empêcher. La détention jusqu'à la paix était une de ces demi-mesures toujours propres à rallier les incertains. Ceux qui la conseilleraient au nom de l'humanité seraient sûrs de trouver un écho sur les bancs des modérés, qui formaient la majorité de la Convention et qui n'étaient pas encore compromis avec les violents. S'ils suivaient cette politique, les Girondins demeuraient d'accord avec leurs sentiments, qui étaient nobles; avec leurs principes, qui étaient équitables; avec leur intérêt, qui était de consacrer l'existence de la République tout en sauvant la vie du roi. Ils avaient le talent et le courage que voulait ce rôle; mais ils avaient aussi leur calcul d'ambition. Comme pour les Montagnards, le sort du roi n'était pour eux que le prétexte du débat, l'objet réel était le gouvernement de la République. Ils s'imaginaient le tenir; ils voulaient le garder, et, pour le garder, il fallait qu'ils demeurassent populaires. Déclarer, selon la lettre de 1791, la personne « du roi inviolable et sacrée », c'était encourir l'accusation de royalisme, opposer aux clameurs de trahison et aux cris

de mort des Montagnards une sorte de question préalable.
Ils crurent faire une manœuvre habile en proposant une procédure pompeuse, qui déconcerterait les violents par ses lenteurs, offrirait des occasions à l'éloquence, permettrait de dénoncer au public les projets de dictature que la Montagne dissimulait sous ses hurlements, donnerait satisfaction à la multitude, lui offrirait, à défaut de mesures de rigueur, au moins un grand spectacle, et permettrait d'acheminer le dénouement vers la clémence.

Les Montagnards pénétrèrent aisément le calcul de leurs rivaux, et ils n'eurent garde de le contrarier. Ils avaient pris l'avance; ils occupaient très ostensiblement une position inexpugnable. Ils se prêtèrent sans peine à un procès où ils seraient les juges et dont les débats permettraient d'organiser des *journées* populaires et de terrifier la Convention.

Une commission d'enquête avait été nommée. Valazé présenta, le 6 novembre, un rapport énumérant les charges réunies contre Louis XVI. Mailhe fit, le 7, au nom du comité de législation, un rapport qui concluait à la légalité d'un jugement. Mais qui jugerait? Nombre de conventionnels hésitaient à assumer ce rôle redoutable. Pétion proposa, le 13 novembre, qu'avant de statuer sur la juridiction on statuât sur la poursuite. Cette proposition permettait aux modérés de décider qu'il y aurait un procès, tout en se réservant encore de n'en être pas les juges. La Convention commença de délibérer sur cette proposition, interrompue constamment par les incidents de séance, par les députations, surtout par les nécessités plus urgentes du gouvernement et de la guerre. La discussion traînait, et les retards profitaient aux partisans de la clémence, lorsque, le 20 novembre, Roland annonça la découverte, aux Tuileries, d'une armoire secrète qui renfermait des papiers importants. Une commission fut nommée pour les examiner. L'armoire de fer contenait des bribes de la correspondance de Mirabeau avec la cour et des rognures du grand atelier de corruption imaginé par lui, organisé après lui par Bertrand de Moleville. Tout fragmentaires qu'étaient ces papiers, la découverte en était accablante pour Louis XVI ; elle lui devint désastreuse par le désarroi qu'elle jeta parmi les modérés. Le soupçon couvait partout ; il se transforma en certitude et obséda les imaginations. Mirabeau, traître et vendu, avait voulu tout acheter, et tout avait paru à vendre ; tout parut suspect, sauf un seul homme, qui, de cette plaie du siècle, la vénalité, et de cette maladie des âmes, le soupçon, se fit une sorte de prestige et s'éleva désormais, dénonçant la corruption d'autrui, se déclarant incorruptible et l'étant réellement, Robespierre.

Toutes les factions cherchèrent des armes dans ces papiers déparcillés, dont le désordre même n'en rendait les morceaux que plus redoutables. Ce qui subsistait permettait d'imaginer le pire pour ce qui avait été détruit. Très peu parmi les hommes qui avaient joué un rôle se sentaient invulnérables ; tous craignirent d'avoir à se justifier d'une accusation que l'absence même de preuves ferait plus périlleuse. Il y eut comme une sorte d'écroulement des partis. Les Girondins tombèrent au degré où étaient les Feuillants avant le 20 juin. Dès lors, Louis fut perdu. Naguère, il aurait suffi pour épargner sa vie de demeurer humain et de se montrer politique : ce n'étaient point des vertus excessives, la majorité en était capable. Pour le défendre, désormais, il fallut être désintéressé non seulement de la popularité, mais de la vie même. Il parut dangereux de s'opposer à la mise en jugement et de refuser d'être juge ; il devint bientôt héroïque de parler de clémence. Le 3 décembre, Pétion fit voter que le roi serait jugé par la Convention. Quelques jours auparavant, Grégoire s'écriait[1] : « L'impulsion est donnée... le volcan va faire explosion et opérer la résurrection politique du globe... Qu'arrivera-t-il si, au moment où les peuples vont briser leurs fers, vous assurez l'impunité à Louis XVI ? L'Europe douterait si ce n'est pas pusillanimité de votre part ; les despotes saisiraient habilement ce moyen d'attacher encore quelque importance à l'absurde

---

[1] 15 novembre 1792.

maxime qu'ils tiennent leur couronne de Dieu. » La guerre aux rois était la conséquence naturelle du procès fait au roi de France; la propagande conquérante devait être liée au régicide. Les deux entreprises procédaient des mêmes passions et des mêmes calculs; elles sortirent ensemble des débats de la Convention.

II

Les peuples voisins de la France avaient été, le 19 novembre, conviés à s'affranchir. Ils furent instruits, en même temps, que si la France se rendait la dispensatrice et la protectrice de la liberté des nations, elle entendait en demeurer l'arbitre, et qu'elle ne prendrait en sa protection que les peuples convertis à la liberté française. Genève en fournit un exemple significatif. Lorsque la Convention reçut le second traité conclu par Montesquiou avec les Genevois [1], avant même de l'examiner, elle décréta Montesquiou d'accusation pour « avoir fait une transaction honteuse », « livré les patriotes genevois au despotisme militaire et à l'aristocratie des magistrats [2] ». Le comité diplomatique cependant étudia le traité, le trouva presque acceptable et se laissa convaincre par les adjurations d'un Genevois patriote, Dumont, qu'en violentant la « république lilliputienne », comme on la nommait, la France aliénerait de soi la République helvétique entière et tous les autres neutres. Brissot fit voter que les troupes françaises se retireraient dès que les Bernois auraient évacué Genève. Mais c'était sous la condition que Genève adopterait les principes français et se soumettrait au parti patronné par la France. « Satellite presque imperceptible d'une vaste planète, dit Brissot, elle obéit à son impulsion morale, quoique détachée de son système

[1] Voir ci-dessus p. 127.
[2] Séance du 8 novembre 1792.

politique[1]. La Révolution s'y fera, ou la nôtre doit rétrograder. » Cette révolution ne devait point s'arrêter au Léman. Kellermann, nommé au commandement de l'armée des Alpes, vint devant l'Assemblée protester de son civisme : « Il faut, dit-il, porter chez les peuples voisins l'étendard de la liberté et le tableau des droits de l'homme [2]... C'est vers l'Orient que vous dirigez nos pas ; c'est pour délivrer Rome antique du joug des prêtres que vous commandez aux soldats français de franchir aujourd'hui les Alpes ; nous les franchirons. » Le Piémont se trouvait sur la route ; il devait être révolutionné. Brissot l'annonça, le 21 novembre : « Le Piémont doit être libre ; votre épée ne peut être remise dans le fourreau que tous les sujets de votre ennemi ne soient libres, que vous ne soyez environnés d'une ceinture de républiques. »

Les imaginations étaient montées par ces discours, et Brissot venait de terminer le sien, lorsque les députés de la Savoie furent amenés à la barre et présentèrent à l'Assemblée le vœu de réunion régulièrement émis par les Savoisiens. Grégoire présidait. Cet évêque constitutionnel possédait une faconde très sonore de prédicateur ; il était agité d'une exaltation sincère et trouble. Il se mit à prophétiser : « Depuis l'origine des sociétés, les rois sont en révolte ouverte contre les nations ; mais les nations commencent à se lever en masse pour écraser les rois... Il arrive donc ce moment où l'orgueil stupide des tyrans sera humilié, où les négriers et les rois seront l'horreur de l'Europe purifiée. Un siècle nouveau va s'ouvrir... La liberté, planant sur toute l'Europe, visitera ses domaines, et cette partie du globe ne contiendra plus ni forteresses, ni frontières, ni peuples étrangers. » Il donna l'accolade aux Savoisiens, au milieu des acclamations. On se mit à crier : « Aux voix, la réunion ! » Les prudents eurent quelque peine à obtenir que le vote fût ajourné jusqu'au dépôt du rapport du comité diplomatique et du comité de constitution.

Ce rapport était une œuvre épineuse. Grégoire avait, selon le

[1] Séance du 21 novembre 1792.
[2] Séance du 14 novembre.

mot de Barère, prononcé le *manifeste de tous les peuples contre les rois*, et la Convention, en y applaudissant, avait bien marqué qu'elle se l'appropriait. Elle avait dicté les conclusions du rapport; les motifs n'en étaient que plus difficiles à développer. La Convention, en effet, ne se contentait pas de faire acte d'omnipotence, elle prétendait faire acte de justice et preuve de raison. Cette assemblée véhémente et changeante avait le culte des principes et le besoin de la logique. Après qu'elle avait décidé sous le coup de la nécessité ou sous le coup de la passion, elle entendait ramener ses décisions à des vérités universelles qui en feraient une loi de l'humanité. Elle demandait à ses rapporteurs non seulement d'exposer ses volontés, mais de les justifier. Depuis les grands rapports sur l'affaire d'Avignon, à l'Assemblée constituante, aucun comité n'avait eu à concilier plus de contradictions entre des maximes abstraites que tout le monde avait proclamées sans les analyser, et des passions ardentes auxquelles tout le monde cédait sans y réfléchir [1]. Les commissaires partageaient ces passions. Les desseins d'agrandissement dont la monarchie avait fait une tradition nationale s'enflammaient en eux de toute la chaleur du prosélytisme révolutionnaire. Il se trouvait, parmi eux, nombre de légistes retors et rompus au manège de la dialectique d'État, et quelques théologiens qui, pour avoir abandonné l'Église et la foi chrétienne, n'en demeuraient pas moins de très subtils casuistes en politique. Aux uns et aux autres, il ne fallait qu'un texte souple et extensible, pour en déduire la justification de la conquête révolutionnaire et de la convenance démocratique. Il leur suffit d'ouvrir le Coran de l'ère nouvelle. Ils y trouvèrent l'oracle. La réponse leur parut propre à tout accorder : c'était une belle maxime, flottante, radieuse et vide, que chacun, en l'animant de son souffle, faisait voler dans la direction qui lui plaisait.

Rousseau avait écrit dans le *Contrat social*, au livre II : *De la législation*, chapitre IX : *Du peuple :* « Il y a dans tout corps

---

[1] Cf. t. II, p. 99 et suiv.

politique un maximum de force qu'il ne saurait passer et duquel souvent il s'éloigne à force de grandir... Il y a des raisons de s'étendre et des raisons de se resserrer, et ce n'est pas le moindre talent du politique de trouver entre les unes et les autres la proportion la plus avantageuse à la conservation de l'État. » Pour éclairer les politiques, la même main qui a écrit dans la conscience de l'homme le code de ses droits, a tracé sur les continents la limite des empires : le souverain infaillible et absolu, la nature, a prononcé, et l'homme n'a qu'à en suivre les lois. Rousseau écrit dans son *Traité de la paix perpétuelle* : « La situation des montagnes de l'Europe, des mers et des fleuves qui servent de bornes aux nations qui l'habitent, semble avoir décidé du nombre et de la grandeur de ces nations, et *l'on peut dire que l'ordre politique de cette partie du monde est à certains égards l'ouvrage de la nature.* » Pour la France, ces bornes naturelles sont *les Alpes, le Rhin, la mer, les Pyrénées*. Ce sont en même temps les frontières de l'ancienne Gaule, ce sont les limites que, par une intuition confuse de « cet ouvrage de la nature », les rois assignaient aux droits de leur couronne ; c'est le terme où les militaires arrêtent la guerre offensive, où les politiques marquent l'étendue du pays qu'ils croient pouvoir gouverner ; ce sont enfin des contrées où des aspirations communes portent les peuples à se donner à la France et où la Révolution a étendu, comme de soi-même, sa propagande [1]. Voilà donc la loi de l'avenir, et voilà tout en ordre, les idées pures, les intérêts et les passions. Voilà, dégagé des artifices de la rhétorique, le fond du rapport que Grégoire, au nom des comités de diplomatie et de législation, présenta le 27 novembre à la Convention.

Ce jour-là même, Brissot écrivait à Dumouriez : « C'est un combat à mort entre la liberté et la tyrannie ; entre la vieille constitution germanique et la nôtre... Pas un Bourbon ne doit rester sur le trône !... Ah ! mon cher, qu'est-ce que Alberoni, Richelieu, qu'on a tant vantés ? Qu'est-ce que leurs projets

---

[1] Cf. t. I, p. 323-325.

mesquins comparés à ces soulèvements du globe, à ces grandes révolutions que nous sommes appelés à faire?... Ne nous occupons plus, mon ami, de ces projets d'alliance de la Prusse, de l'Angleterre : misérables échafaudages, tout cela doit disparaitre. *Novus rerum nascitur ordo!* Je vous dirai qu'une opinion se répand assez ici : c'est que la République française ne doit avoir pour bornes que le Rhin. Les esprits sont-ils disposés de votre côté à cette réunion? Il faut les y préparer. On nous parle d'une députation des États. Elle sera éconduite, la Savoie sera réunie aujourd'hui [1]. » On vit en effet paraitre ce « nouvel ordre de choses » qui naissait en 1792 : on vit toute la rive gauche du Rhin, la Savoie et Nice réunies à la France, la Hollande subjuguée, la Prusse écrasée, l'Autriche domptée, la constitution germanique détruite, l'Angleterre tenue pour néant et les Bourbons rayés du nombre des dynasties, on vit cela en 1808 ; mais cet ordre de choses n'arriva que par d'étranges détours, auxquels ne pouvaient s'attendre les hommes qui allaient y engager la Révolution française.

« Vous avez voulu, dit Grégoire à ses collègues, avant d'accueillir le libre vœu de la Savoie, « compulser les archives de la nature. » « Voici ce que le droit vous permet, ce que le devoir vous prescrit à cet égard. » Les nations, étant souveraines, peuvent se réunir à leur guise ; mais bien que les principes de la nature et les droits de l'homme soient de tous les temps et de tous les lieux, l'unité politique de l'univers est une chimère. Les peuples peuvent se confédérer ; ce système ne convient point à la France ; il serait « l'arrêt de mort de la République française ». La France ne se fédérera point avec d'autres nations. Dans quelle mesure peut-elle admettre d'autres nations à s'incorporer à la République française? « *La France est un tout qui se suffit à elle-même, puisque partout la nature*

---

[1] Brissot à Dumouriez. Rojas, *Miranda*, p. 1-4 ; la lettre porte la date du 28 novembre ; les derniers mots cités prouvent qu'elle a été écrite le 27. La députation des états de Brabant dont parle Brissot est celle qui fut « éconduite » le 4 décembre. Voir ci-après p. 203. — Voir dans Chuquet, *Jemappes*, p. 194, des extraits de brochures et de journaux contemporains prônant le système des annexions et des frontières naturelles.

lui a donné des barrières qui la dispensent de s'agrandir, en sorte que nos intérêts sont d'accord avec nos principes. » La France, poursuit Grégoire, ne contraindra personne. Mais, comme il n'y a point de liberté contre la liberté même, la France reconnait aux peuples tous les droits, sauf celui de se donner des maîtres. Elle l'a juré : point de conquêtes! point de rois! « Si des peuples occupant un territoire enclavé dans le nôtre ou renfermé dans les bornes posées à la République française par les mains de la nature désirent l'affiliation politique, devons-nous les recevoir? Oui, sans doute. En renonçant au brigandage des conquêtes, nous n'avons pas déclaré que nous repousserions de notre sein des hommes rapprochés de nous par l'affinité des principes et des intérêts, et qui, par un choix libre, désireraient s'identifier avec nous. Et tels étaient les Savoisiens... L'ordre de la nature serait contrarié si leur gouvernement n'était pas identique... » Grégoire ne se demandait point si ces vérités universelles seraient reconnues de l'univers; si les peuples étrangers ne placeraient point, comme les Français l'avaient fait eux-mêmes, leur indépendance nationale au-dessus de la liberté politique; s'ils n'opposeraient point à cette conception de la nature, toute césarienne et française, celle d'une nature germanique, russe, italienne ou espagnole; s'ils n'accommoderaient pas leurs anciennes ambitions au vêtement démocratique aussi aisément que le faisait la France; si les conflits des droits naturels des peuples ne seraient pas aussi sanglants que les conflits des droits héréditaires des princes; si le Coran républicain ne serait pas comme celui de Mahomet condamné à ne prévaloir que par la force des armes, par le fer et par le feu. Grégoire ne doutait pas du concours unanime des peuples : la France n'avait à vaincre que la résistance des rois. La nature avait condamné ces tyrans, la République exécuterait les arrêts de la nature. « Le sort en est jeté, conclut-il, nous sommes lancés dans la carrière, tous les gouvernements sont nos ennemis, tous les peuples sont nos amis, nous serons détruits ou ils seront libres... Ils le seront, et la hache de la liberté, après avoir brisé les trônes, s'abaissera sur la tête de quiconque voudrait en rassembler les débris. »

La voie où ce rapport engageait la Convention était pleine de pièges et de surprises. Toutefois il se dégageait de cette dialectique oratoire une idée vraie et simple ; il suffisait de se guider sur ce point fixe et lumineux pour se garder des plus redoutables égarements. C'était le seul principe indiscutable qu'eût posé Grégoire et le seul vraiment conforme à l'esprit de la Révolution française : la souveraineté nationale transportée dans le droit des gens, le vœu librement émis des populations, seule règle, seul frein, seule justification, seule sanction et seule garantie des conquêtes futures. La Convention appliqua ce principe aux Savoisiens et rendit le décret suivant :

« La Convention nationale..... après avoir reconnu que le vœu libre et universel du peuple souverain de la Savoie, émis dans les assemblées des communes, est de s'incorporer à la République française ; considérant que la nature, les rapports et les intérêts respectifs rendent cette réunion avantageuse aux deux peuples, déclare qu'elle accepte la réunion proposée, et que, dès ce moment, la Savoie fait partie intégrante de la République française[1]. »

« Ce n'est pas, dit Grégoire, le dernier hommage que la Convention se glorifie de rendre aux aspirations de la nature. » La nature devenait une sorte de providence sécularisée ; mais les philosophes qui l'invoquaient en usaient aussi librement avec elle que l'on avait accoutumé de le faire, de tout temps, avec la providence céleste : ils la traitaient en servante complaisante de leur politique et ils la soumettaient à tous les accommodements, même à celui des restrictions mentales. Le 4 décembre, les députés de Belgique et de Liège se présentèrent à la barre et demandèrent à la Convention de déclarer que la France ne traiterait pas de la paix, avant que l'indépendance absolue de la Belgique et du pays de Liège fût formellement reconnue. Barère présidait ; il se trouva fort em-

[1] Décret du 27 novembre 1792.

barrassé. Il répondit par une harangue emphatique et diffuse; mais il eut soin de ne prendre aucun engagement sur l'article de l'indépendance de la Belgique. « Il n'est besoin, déclarat-il, ni d'alliances ni de traités. Notre diplôme d'alliance et de défense réciproque est écrit des mains de la nature. »

Les habitants de Porentruy, animés par la propagande de Gobel, évêque constitutionnel de Paris et ci-devant suffragant de l'évêque de Bâle, s'affranchirent de toute sujétion envers cet évêque, et de tout lien avec l'Empire; ils se constituèrent, le 27 novembre, en république de Rauracie et demandèrent la protection des troupes françaises. Il était de l'intérêt des militaires d'occuper ce pays : la protection fut accordée aux Rauraciens, et Lebrun en informa, le 5 décembre, la Convention, qui approuva les ordres donnés aux généraux[1]. A Genève, dans le même temps, la révolution annoncée par Brissot s'accomplissait. Les troupes de Berne évacuèrent la ville le 1er décembre; le 4, les « patriotes » organisèrent un comité de sûreté générale qui fit décider une revision de la constitution, « afin d'y transporter l'esprit philosophique des *Droits de l'homme* ». Le 7 décembre, le Conseil exécutif en était informé et se félicitait des relations entre les deux républiques, « que les changements heureux que la constitution de Genève venait de recevoir ne pouvaient que rendre plus intimes et plus fraternels ».

Genève était le Lilliput du *Contrat social;* la propagande y pouvait impunément brasser des révolutions. La République française n'avait pas besoin d'un grand déploiement de forces pour y faire la loi. Elle ne trouvait pas les mêmes facilités dans les cantons helvétiques. Elle avait lieu de craindre que ces deux entailles qu'elle faisait sur les frontières de ces cantons, à Porentruy et à Genève, ne parussent aux Suisses menaçantes pour leur sûreté. Le Conseil exécutif entreprit de les rassurer. Les principes absolus ne connaissent point d'exceptions; mais comme ils sont universels, ils doivent s'appliquer

---

[1] Cf. Aulard, t. I, p. 206, 288.

à tous les cas, et par conséquent ils comportent des interprétations diverses selon les lieux. Lebrun écrivit à Barthélemy, le 10 décembre[1] : « A l'égard du décret du 19 novembre, ce serait mal en saisir le sens que de supposer que la République française y prend l'engagement de protéger toute insurrection étrangère dont la cause de la liberté serait l'objet. » Le décret s'applique, dans toute son étendue, aux peuples qui secouent le joug d'un prince; il ne s'applique plus, avec la même étendue, à « un peuple qui s'est donné librement la constitution à laquelle il s'est soumis ». Si une portion de ce peuple s'insurge, elle aurait tort de compter sur notre assistance. « Nous ne verrions dans ce projet qu'un vœu partiel, en opposition avec le vœu général. » Ce ne serait « à nos yeux qu'une sédition à laquelle nous ne prendrions aucune part ». Barthélemy le dit aux Suisses; il le leur répéta. Ces républicains ne demandaient qu'à demeurer en paix; ils écoutèrent l'ambassadeur, s'efforcèrent de le croire et attendirent pour prendre confiance que les événements confirmassent ses déclarations

C'étaient de sages tempéraments. Ils étaient particulièrement opportuns : la République, menacée de démembrement par ses voisins, pouvait éprouver d'un jour à l'autre sur ses frontières la propagande monarchique, et elle voyait déjà plusieurs de ses provinces s'agiter contre l'autorité de la Convention. Le succès obtenu par le rapport de Grégoire marque l'apogée de la politique girondine, libératrice et cosmopolite. Ce n'était qu'une politique d'apparat; elle n'avait qu'une consistance de rhétorique, elle ne reçut qu'une consécration éphémère de tribune. Grégoire lui-même restreignait singulièrement la portée de ses principes : il soumettait le vœu des peuples au contrôle des intérêts; il arrêtait l'extension de ces vœux aux territoires limitrophes de la France et compris dans les frontières de l'ancienne Gaule. La Convention allait, avant trois

[1] *Papiers de Barthélemy*, t. I, p. 440. Cf. *id.*, p. 402, 414, 447, 455, 464; Dépêches de Lebrun du 13 et du 19 novembre; Rapports de Barthélemy, 11, 12, 19 décembre 1792.

semaines, retourner toutes les données du problème et rétorquer, dans l'esprit comme dans le texte, le décret du 19 novembre. Elle y fut conduite par deux faits, qui étaient les conditions nécessaires de la guerre offensive ; Grégoire n'en avait pas tenu compte, les Girondins avaient négligé de les prévoir, et tous les manifestes du monde ne pouvaient en supprimer les conséquences : les armées envahissantes ont besoin d'argent, les peuples envahis refusent d'en donner ; les armées envahissantes doivent vivre sur le pays, les populations envahies se refusent à les héberger et à les nourrir : il faut les y contraindre, lever des contributions, requérir les objets et les services de première nécessité.

Les représentants envoyés en Belgique s'étaient heurtés du premier coup à cet obstacle. La résistance des Belges augmentait avec les exigences de l'armée d'occupation, et toutes les facultés accordées aux populations de manifester leur volonté tournaient en manifestations contre la conquête. Personne n'en jugea plus clairement que Danton. Il comprit que les Belges abandonnés à eux-mêmes ne se rallieraient point à la révolution démocratique et ne se donneraient pas à la République française. Les principes décrétés le 19 novembre l'inquiétaient peu ; il ne se faisait aucun scrupule d'obliger les Belges à subir malgré eux la révolution démocratique. Mais le politique réaliste accompagnait toujours chez lui le démagogue. Avant tout, il se préoccupait de nourrir la guerre et de la nourrir aux frais des étrangers : gouvernements, rois, nobles, prêtres, privilégiés, s'il était possible, ou à défaut de ces tyrans, tous les individus qui pouvaient payer en argent ou fournir en nature. Il se plaisait d'ailleurs à croire qu'il parviendrait à concilier ces deux desseins : la révolution et la réquisition, la conversion forcée d'un peuple conquis aux doctrines du conquérant et le cours forcé du papier-monnaie de l'État conquérant dans le pays conquis. Il étudia, d'accord avec ses collègues, les dispositions principales d'un décret destiné à régler les formes fiscales de la propagande et les conséquences financières de l'invasion. L'affaire était urgente. Camus fut chargé de porter ce projet à la Convention et d'en presser l'exécution. Il partit pour Paris le 10 décembre [1].

Dans le temps même où Danton et ses collègues proposaient ces mesures, l'opinion qui les devait faire prévaloir se manifestait à Paris et préparait le revirement de l'Assemblée. L'idée de confisquer les richesses de la Belgique gagnait dans les esprits. Les biens du clergé surtout semblaient une mine ouverte et presque inépuisable. « Pourquoi, écrivit un émissaire du Conseil exécutif, ne pas s'emparer de ces « revenus gigantesques de la superstition flamande » et ne pas en grossir le Pactole républicain [2] ? » Il y avait dans la Convention, sur les bancs de la Montagne et dans les alentours de l'Assemblée, un parti de politiques rudes et positifs, émules plutôt que disciples de Danton, qui devaient incliner de plus en plus la Révolution vers les réalités de la politique. On les verra prévaloir dans le gouvernement de l'an III. Ils se déclarent dès 1792. Leurs idées se dégagent dans un écrit contemporain du rapport de Grégoire et qui doit en être rapproché pour l'intelligence des événements qui vont suivre. C'est une réponse aux considérations qui avaient porté le Conseil exécutif à écouter les réclamations des habitants de Francfort [3]. Comment, dit ce publiciste anonyme, les Français sont-ils venus à Francfort? En guerroyant. « Qui veut la fin, veut les moyens. Les contributions sont un accessoire ordinaire de la guerre. La nécessité le veut, les publicistes l'avouent... Quand le glaive martial est levé, malheur à cette philanthropie intempestive qui prétendrait l'émousser et amortir ses coups! Alors c'est l'humanité même qui applaudit aux grands désastres... La guerre la plus ruineuse est aussi la moins inhumaine, parce qu'elle est la moins longue... On nous dit : Soyez conséquents à vos principes. Eh bien! soit, les voici, ces principes : c'est que les Français font la guerre aux gouvernements et non aux

---

[1] AULARD, t. I, p. 307-308.
[2] CHUQUET, Jemappes, p. 195-196; 232, notice sur Chaussard.
[3] Sur les réclamations des habitants de Francfort, Moniteur du 4 décembre 1792, t. XIV, p. 634. Cf. ci-dessus, p. 110-166.

peuples. Or, qui gouverne à Francfort? Les riches... Les principes sont que nous devons affranchir, c'est-à-dire franciser toute l'Europe... Affranchissez-vous? — Vous ne l'osez pas? — Eh bien! payez, nous vous affranchirons. Car il est reconnu que la constitution germanique et la République française ne peuvent subsister ensemble. » Le Conseil exécutif arrêta, le 8 décembre, que les commissaires députés pour porter à Paris les doléances des Francfortois seraient détenus en otages jusqu'à ce que la ville eût payé un million de florins et donné « une satisfaction suffisante de sa trahison [1] ».

L'idée de bouleverser la constitution germanique, cette œuvre la plus justement louée de la vieille diplomatie royale, était un des articles primordiaux dans les plans des rénovateurs parisiens de l'Europe. Ils en étaient comme obsédés. Cette proposition eût été la plus légitime du monde de la part de patriotes allemands ; elle était la plus intempestive et la plus inconsidérée que pût former un patriote français. Elle s'associa cependant, pour la confusion constante et la déroute finale de la politique française en Allemagne, à la conception même des limites naturelles. Ces frontières n'étaient pas encore atteintes par les armées républicaines que déjà elles ne suffisaient plus aux imaginations. Ce n'était pas assez d'une barrière : il fallait, au delà, pour protéger la barrière, un rempart de républiques confédérées. Ainsi cette conquête, destinée à donner la paix à la République, ne pouvait être affermie que par des conquêtes nouvelles, c'est-à-dire par de nouvelles guerres et de nouvelles révolutions. Les artisans de cette politique fomentaient une de ces révolutions en Hollande ; ils en méditaient une autre, plus vaste, en Allemagne ; ils cherchaient les occasions d'une troisième en Italie.

Mackau, toujours en quarantaine à Naples, n'avait rien à y faire que des sottises, et il n'y manquait point. Lebrun avait beau, dans toutes ses dépêches, recommander à ce ministre brouillon la réserve et le silence, Mackau n'y consentait pas.

---

[1] AULARD, t. I, p. 301.

Cet ancien diplomate de cour se piquait de déconcerter par son zèle l'ancien conspirateur de Liège porté par le jeu des révolutions au gouvernement de la France. Il recourut à l'entremise de Bernis, passé à Rome du rôle d'ambassadeur à celui d'émigré, pour obtenir la mise en liberté des deux artistes arrêtés en septembre[1]. Il aurait dû s'en tenir là. Mais prenant prétexte de cette aventure, il proposa à Lebrun d'envoyer à Rome un des secrétaires de sa légation, pour y suivre les intérêts des résidents français et surveiller secrètement le Saint-Siège. Lebrun le permit, sous la condition que ce secrétaire se présenterait en simple voyageur et ne déploierait aucun caractère public[2]. Cependant Mackau réclama son admission à la cour de Naples ; Acton lui répondit que les envoyés de la République seraient reçus à Naples comme dans les autres cours[3]. C'était dire ironiquement que Mackau ne serait point reçu. Mackau revint à la charge le 8 novembre et se montra plus pressant. Acton lui fit savoir qu'il serait autorisé à présenter ses lettres de créance dès qu'il aurait ces lettres en bonne forme. Pour lui faire prendre patience, le ministre napolitain leva les mesures prises contre les navires français. Sur ce, Mackau reçut de Paris l'ordre de se retirer. Acton, redoutant une rupture, le flatta de nouvelles promesses qui n'étaient que de nouvelles défaites, et Mackau qui, au fond, eût été désolé de quitter Naples, y demeura. Il apprit que les deux artistes arrêtés à Rome étaient mis en liberté ; mais comme il s'était mis en tête de cabaler à Rome, il y envoya, pour remercier le Pape, le secrétaire qu'il se proposait auparavant d'envoyer pour un motif assez différent.

L'agent qu'il choisit était l'homme du monde le moins propre à une mission inutile en soi, et qui d'ailleurs voulait du tact, de la politesse et de l'esprit. Ancien boursier de séminaire, puis petit collet et maître de théologie, Hugon de Bassville était passé de l'Église dans le monde et de la religion catho-

---

[1] Voir ci-dessus, p. 118.
[2] Lebrun à Mackau, 23 octobre 1792; Masson, p. 26 et suiv.
[3] Mackau à Acton, Acton à Mackau, 26 octobre 1792; Grosjean, p. 29 et suiv.

lique dans la mythologie. Il publia, en 1784, des *Éléments de la Fable à l'usage de l'un et l'autre sexe*. La mythologie le conduisit au *Mercure;* il y collabora du temps de Mallet du Pan, il y resta du temps de Carra et il suivit le journal dans ses diverses transformations. Il avait connu Lebrun en voyage, et c'est ainsi qu'il se trouva tout à coup dans la carrière des ambassades. Arrivé à Rome le 13 novembre, il y jeta la terreur. Le bruit courut que la flotte de Truguet se rapprochait des côtes. Le gouvernement pontifical dépêcha près de Sémonville, à Gênes, un agent officieux qui promit toutes sortes d'accommodements sur tous les articles en litige, depuis celui d'Avignon jusqu'à celui de la constitution civile du clergé[1]. Bassville en eut vent et redoubla de rodomontades, persuadé qu'en se posant en épouvantail, il obtiendrait tout de ces ecclésiastiques pusillanimes. Il rassembla les artistes et les voyageurs français, les harangua, les exalta, et leur fit croire qu'il possédait, avec de grands pouvoirs, les secrets de la République. Il réussit à répandre la panique. Les Romains commencèrent d'emballer leurs trésors. « Les cardinaux, écrivait Bassville, se font faire des habits laïques, avec des perruques à bourre, pour se déguiser. » Les nouvelles de France étaient faites pour soutenir ces menaces et porter au comble la frayeur des Romains.

L'arrestation des deux artistes était connue à Paris, mais on n'y savait rien encore ni de leur mise en liberté, ni de la modération dont le gouvernement pontifical avait donné la preuve en cette circonstance. Le peintre David porta l'affaire à la tribune ; la Convention demanda un rapport au comité diplomatique. Le Conseil exécutif recommandait à ses agents d'observer la mesure, mais il la gardait peu lorsque la Convention paraissait agitée. Ce conseil signa donc une lettre pompeuse et comminatoire adressée au Pape. Madame Roland l'avait composée et s'en divertissait fort : « Pontife de l'Église romaine, prince encore d'un État prêt à vous échapper, vous ne pouvez

---

[1] MASSON, p. 37 et suiv.

plus conserver et l'État et l'Église que par la profession désintéressée de ces principes évangéliques qui respirent la plus pure démocratie. » Madame Roland s'était appliquée à amplifier la fameuse lettre de Rousseau à l'archevêque de Paris : « Pourquoi faut-il, Monseigneur, que j'aie quelque chose à vous dire ? et qu'y a-t-il de commun entre vous et moi ? » Elle ne produisit qu'un médiocre pastiche de Gorani. Cette lettre fut publiée le 27 novembre. Deux jours avant, David avait proposé de détruire les bustes de Louis XIV et de Louis XV qui se trouvaient à Rome dans le palais de France. « Laissons, dit Carra, à Kellermann le soin de faire tomber tous ces monuments de l'orgueil et de la servitude, et de les confondre dans la poussière avec les emblèmes de l'oppression sacerdotale. » Il arriva, précisément, une lettre de ce général, qui fut communiquée à la Convention, le 29. « Citoyens, disait le guerrier, je vais reporter, sous vos auspices, aux anciens Romains, la liberté exclue depuis si longtemps de ces beaux climats. » Prudhomme commenta dans son journal tous ces manifestes [1]. « Les Gaulois, dit-il, sont en marche encore une fois sur Rome... Un Rienzi, plus sage que le premier, attend notre apparition pour se montrer... Ce n'est pas contre le droit des gens d'aller nous emparer de la personne du Pontife et, sur sa haquenée, de lui faire prendre le chemin de France. » Il viendra faire amende honorable, escorté de Kellermann qui trainera à sa suite « le gros bagage pris sur l'ennemi, c'est-à-dire Notre-Dame de Lorette et tous les riches *ex-voto* dont les dévots potentats de l'Europe ne cessent de l'affubler depuis plusieurs siècles... Ce serait un spectacle édifiant et digne de la Révolution qu'un pape servant de confesseur à un roi sur l'échafaud. » Pie VI prisonnier, donnant l'absolution à Louis XVI condamné à mort, n'eût ajouté qu'une scène et un personnage à la tragédie. Le spectacle que l'on vit fut plus extraordinaire et plus « édifiant » encore pour l'histoire. Le trésor de Notre-Dame de Lorette fut

---

[1] *Révolutions de Paris*, numéro du 24 novembre au 1er décembre 1792, t. XIV, p. 446 et suiv.

conquis, et le Pape vint à Paris; il y vint pour bénir le soldat qui lui avait pris son trésor et pour sacrer empereur, au milieu d'une cour d'impies et de régicides, un César sorti de la Révolution.

Lebrun écrivit au cardinal Zelada et réclama une réparation, sinon la République se ferait justice elle-même « en déployant la force des armes et en portant le fer et la flamme dans une terre où les hommes ne reçoivent depuis trop longtemps que des outrages ». En même temps, il autorisa Bassville à demeurer à Rome, en lui recommandant de ne s'y pas compromettre [1]. Bassville tint moins de compte de ce sage avertissement que des diatribes de Prudhomme et des apostrophes de madame Roland. Il acheva de tout gâter. A vrai dire, s'il jouait sa vie, en cette algarade, il ne jouait guère que cela. Ni la République n'était encore dangereuse aux Italiens, ni les Italiens n'étaient redoutables à la République. Les choses, à Rome comme à Naples, se passaient en démonstrations. Il n'en allait pas ainsi en Angleterre, et les affaires de France y trouvaient un retentissement de tout autre conséquence.

III

L'hostilité qui se manifestait en Angleterre était plus grave pour la République que celle d'un souverain, c'était l'hostilité d'une nation. Le revirement des Anglais ne provenait pas de la politique du ministère, mais de l'opinion du public. Cette opinion s'était montrée jusque-là pacifique, par goût autant que par intérêt. Les libéraux admiraient la Révolution pour ses principes et pour le bel exemple de patriotisme que donnaient les Français devenus libres. La grande masse des Anglais était indifférente aux agitations du continent; la Révolution ruinait la marine, compromettait les colonies et

---

[1] Lebrun à Bassville, 11 décembre 1792; MASSON, p. 55.

anéantissait le commerce de la France. Une paix de cette sorte faisait les affaires de tout le monde en Angleterre, et la guerre, dans l'état compliqué des finances britanniques, ne paraissait avantageuse à personne. Ces façons de voir étaient purement anglaises ; on ne devait point en attendre d'autres de l'Angleterre, et la plus grave erreur des Français de ce temps-là fut de s'imaginer, sur quelques apparences, qu'une propagande d'écrits et de discours pourrait modifier, par un mouvement de grâce révolutionnaire, ce que les siècles avaient formé, c'est-à-dire le caractère de la nation anglaise et les intérêts de l'empire britannique.

Le parti démocratique avait grandi sans doute en Angleterre ; mais il demeurait une petite minorité, et il faisait infiniment plus de bruit, de banquets, de toasts, de meetings et d'adresses qu'il ne faisait de besogne républicaine. La *Société des amis de la révolution de* 1688 buvait aux *Droits de l'homme*, à la souveraineté du peuple, à l'égalité des droits de l'Irlande, au triomphe de la France, à la confusion de Brunswick et des tyrans. Une association de laboureurs, dans le comté de Chester, votait le principe de l'égalité politique. La *Société de correspondance de Londres* répandait à profusion les *Droits de l'homme* de Thomas Paine ; elle rééditait d'anciens libelles niveleurs et des brochures anarchistes du temps de Cromwell, une, entre autres, que les Jacobites s'étaient appropriée en 1743, et où l'on enseignait que tuer les tyrans n'est pas assassiner ; elle propageait le principe du suffrage universel ; elle entretenait des relations avec les Jacobins de Paris et possédait des affiliés dans toutes les grandes villes de l'Angleterre. Ces démocrates se traitaient entre eux de « citoyens » et qualifiaient le roi Georges de « premier magistrat » de l'État. A Sheffield on fit de grandes fêtes en l'honneur des victoires des Français ; on tua un bœuf, on le rôtit en public, on le mangea, on promena le drapeau tricolore dans les rues. A Dundee on cria : « Point d'accise, point de roi ! » et l'on planta un arbre de la liberté.

Les clubs français encourageaient et animaient les républicains d'Angleterre. Les agents occultes du ministère à Londres ne faisaient pas d'autre métier que celui d'émissaires de la propagande. Ils s'abouchaient avec les comités insurrectionnels de l'Irlande, les soutenant de promesses vagues et de légers subsides. Ils signalaient à Paris, en les grossissant pour se faire valoir, les manifestations de cette agitation toute réflexe dont le foyer était à Paris même. Noël y déployait une imagination particulièrement féconde. A l'entendre, la fermentation croissait toujours ; les whigs voulaient se débarrasser des aristocrates ; le peuple de Londres voulait détruire la Tour, cette Bastille. « Tous les symptômes annoncent que les mouvements révolutionnaires ne peuvent être éloignés[1]. » Comment aurait-on douté à Paris de la véracité de ces rapports et s'y serait-on refusé à une évidence si flatteuse, lorsque des députations d'Anglais venaient confirmer à la barre de la Convention les dires des agents républicains? « Français, vous êtes déjà libres, lit-on dans une de ces adresses, les Bretons se préparent à le devenir. La triple alliance, non des couronnes, mais des peuples de l'Amérique, de la France et de la Grande-Bretagne, donnera la liberté à l'Europe et la paix à l'univers[2]. » Cette adresse fut imprimée et envoyée à tous les départements de France. Il en fut de même d'une autre qui arriva le 10 novembre. Le 28, on vit successivement paraître des députations d'Anglais, d'Écossais et d'Irlandais, résidant à Paris, puis des délégués de la *Société constitutionnelle de Londres*. Ils avaient, dirent-ils, des associés dans tout le royaume : « D'après l'exemple que vient de donner la France, les révolutions vont devenir faciles. Il ne serait pas extraordinaire que, dans un court espace de temps, il arrivât aussi des félicitations à une Convention nationale d'Angleterre. » Le président, Grégoire, répondit : « La nature et les principes

---

[1] Rapport de Noël, 24 novembre 1792; *Précis de la correspondance d'Angleterre*. Affaires étrangères.

[2] Adresse de plusieurs sociétés patriotiques anglaises, séance du 7 novembre 1792. *Moniteur*, t. XIV, p. 411. *Journal des débats*, novembre 1792, p. 103. — ROBINET, *Danton émigré*, ch. II, les Jacobins anglais.

rapprochent de nous l'Angleterre, l'Écosse et l'Irlande... Que les cris de l'amitié retentissent dans les deux républiques... La royauté est, en Europe, ou détruite ou agonisante sur les décombres féodaux, et la *Déclaration des droits*, placée à côté des trônes, est un feu dévorant qui va la consumer. Sans doute il approche, le moment où des Français iront féliciter la Convention nationale de la Grande-Bretagne. » Grégoire l'affirme, Lebrun l'écrit à Chauvelin. Il se persuade qu'il tient sous sa main la mine qui fera éclater des révolutions à la fois en Irlande, en Écosse, en Angleterre, et qu'il suffira de faire jaillir une étincelle pour que les deux îles se mettent en république [1].

C'était une étrange méprise. La vérité est que Pitt se refusait encore à la guerre. Cet homme d'État, qui devint l'âme de la coalition, fut le dernier à s'y engager. Il avait couvert le déficit, relevé les finances, diminué les armements, préparé l'extension des droits électoraux, conçu le plan d'une réconciliation de l'Irlande; la guerre renversait toute sa politique. Il était rebelle à l'inquiétude, porté à l'optimisme, lent à prévoir, et il gardait toujours un fond de dédain, où il entrait quelque paresse, pour la diplomatie et pour les affaires du continent. Ces affaires, d'ailleurs, n'étaient pas simples, et quand il y réfléchissait, il ne considérait pas seulement celles de France. Il mesurait les conséquences de la crise de la Pologne et les immenses avantages qu'en pourrait retirer la Russie dans le cas d'une guerre générale. C'était pour lui un motif de plus de se garder les mains libres. « L'Empereur, écrivait lord Grenville le 7 novembre, doit sentir qu'il a maintenant un ennemi qu'il faut qu'il dévore ou dont il faut qu'il soit dévoré... Le reste de l'Empire donnera son contingent, à moins qu'il ne soit assez heureux pour être forcé de signer une capitulation de neutralité... La Sardaigne et l'Italie se défendront comme elles pourront, probablement très mal. Ce que fera l'Espagne, elle ne le sait pas. Le Portugal et la Hollande feront ce que nous voudrons. Nous ne ferons rien. »

[1] Lebrun à Chauvelin, **29 novembre 1792**.

Les Autrichiens étaient persuadés que l'Angleterre « voudrait l'établissement d'une république en France ». Il ne leur restait, de ce côté, qu'une espérance, c'était que « la folie audacieuse des Français » forçât les Anglais à changer malgré eux de politique[1]. Ce fut en effet ce qui arriva, et par le contre-coup même de cette agitation démocratique sur laquelle reposaient toutes les illusions du ministère français. Il n'y avait rien de commun entre l'état de la France en 1789 et celui de l'Angleterre en 1792 : point de banqueroute, point d'antagonisme entre les classes, point de tiers état armé pour l'expropriation d'une aristocratie privilégiée ; point de voisins prêts à profiter des troubles intérieurs pour envahir la frontière et démembrer l'État ; enfin, la monarchie était populaire. « Pour une personne animée d'un esprit séditieux, dit un historien anglais, il y en avait mille prêtes à défendre la loi et la Constitution au prix de leur vie. » On le vit bien à l'événement. Les Anglais prirent peur, et la peur produisit chez eux des effets tout différents de ceux qu'elle avait produits en France. Tandis qu'en France la panique avait, dès 1789, déconcerté le gouvernement, discrédité le pouvoir, dissous les ordres privilégiés, mis les autorités en déroute, et livré l'État aux assaillants, en Angleterre, la nation se concentra et s'arma pour fortifier le pouvoir et pour défendre la constitution. Il se fit, contre « les républicains et les niveleurs », des associations infiniment plus redoutables à la démocratie, que les associations démocratiques ne l'étaient au gouvernement. Le pamphlet de Burke fournit aux conservateurs un point de ralliement et un programme. Les convictions religieuses, blessées par le prosélytisme antichrétien de Paris, s'ajoutèrent au loyalisme, et le souci des intérêts l'emporta sur le tout. « Les dix-neuf

---

[1] Lettres de Mercy, 11 décembre 1792 et 4 janvier 1793, THURHEIM, *op. cit.*, p. 26 et 33. — RÉMUSAT, *l'Angleterre au dix-huitième siècle*, t. II, p. 519. — Rapport de Stadion, 27 novembre 1792; VIVENOT, t. II, p. 376. — ERSKINE MAY, trad. franç., t. II, p. 157 et suiv. — SYBEL, trad., t. II, p. 52, 99, 100. — GREEN, *Histoire du peuple anglais*, trad. franç., Paris, 1888, t. II, p. 388-389. — Lord AUKLAND, *Journal and correspondence*, t. II, p. 464 et suiv. — MACAULAY, *William Pitt* — STANHOPE, *William Pitt*, trad. franç., t. II, p. 176.

vingtièmes de ceux qui avaient un bon toit au-dessus de leur tête et un bon habit sur leur dos devinrent ardemment et intraitablement antijacobins », dit Macaulay. La répression fut populaire, et l'on ne parla plus, dans les classes dirigeantes, que d'étouffer l'esprit démocratique.

Ajoutez la vieille rivalité toujours latente, la jalousie commerciale et le souvenir encore cuisant des défaites de la guerre d'Amérique. La peur se tourna spontanément en soupçon et en haine contre les Français. On accusait à Paris l'or anglais de payer toutes les séditions, à Londres on crut voir partout l'or de France. « Ce qui vous prouvera bien à quel excès les membres de l'opposition se tiennent maintenant sur la réserve, écrivait Chauvelin le 17 novembre, ce sont tous les efforts qu'a faits depuis trois jours M. Fox pour me faire prévenir qu'il serait très embarrassé que la Convention l'honorât du titre de citoyen français... » Les Anglais qui avaient montré de la sympathie à la France ne l'avaient fait d'ailleurs que sous la réserve constante que la France demeurerait fidèle à sa déclaration de renonciation aux conquêtes. C'est dans cette confiance qu'une *Société des amis du peuple* avait applaudi à la victoire de Jemappes; c'est à cette condition seulement que l'Angleterre entendait demeurer neutre. « Puisqu'il est décidé dans le conseil de la République que nous respecterons la Hollande, écrivait Chauvelin, le 14 novembre, vous pouvez compter aujourd'hui sur l'inaction entière du gouvernement anglais et même sur sa disposition favorable à notre égard... » Noël mandait, le même jour : « Si on ne veut pas avoir l'Angleterre pour ennemie, je crois qu'on doit s'en tenir au système de conduite... que vous m'avez constamment autorisé à annoncer ici comme un parti bien pris, c'est-à-dire, à la résolution de ne pas nous mêler du gouvernement intérieur des peuples dont nous n'avons pas à nous plaindre. » Sur ce point, qui était le point essentiel, l'accord était complet entre le cabinet anglais et la nation, et l'on peut presque dire qu'il n'y avait point de nuances d'opinion entre les partis.

Le Conseil exécutif ne l'ignorait pas. Les correspondances,

décevantes sur tant d'articles, ne laissaient prise à aucune illusion sur cet article-là. Mais comme Chauvelin et Noël n'avaient point d'accès près des ministres anglais et qu'ils ne parlaient que par ouï-dire, le Conseil voulut, pour lever tous les doutes, essayer encore d'un nouvel agent. Il envoya Maret. Maret avait de la tenue; il avait montré du tact en Belgique, et il croyait pouvoir se ménager quelque entrée, au moins en secret et de côté, chez Grenville et chez Pitt. Il arriva le 10 novembre et se présenta en voyageur, venant, disait-il, chercher madame de Genlis et son élève, mademoiselle d'Orléans[1].

Les circonstances devenaient critiques. La Hollande, se sentant menacée, avait, selon ses traités, réclamé le secours des Anglais. « Quelque pénible qu'il puisse être de voir ce pays-ci engagé, écrivait Pitt[2], il me paraît impossible d'hésiter... » Lord Auckland, ministre à la Haye, annonça le 16 novembre aux États Généraux qu'ils pouvaient compter sur l'alliance de l'Angleterre. En même temps, et pour la première fois, le cabinet anglais chercha à entamer avec les États du continent une de ces conversations sur les affaires françaises, qu'il avait jusque-là déclinées. Lord Grenville écrivit à Vienne et à Berlin que « la crise actuelle était trop importante aux intérêts généraux de l'Europe », pour que le cabinet anglais ne désirât point « d'entrer d'une manière franche et sans réserve dans une communication confidentielle à ce sujet » avec les cours d'Autriche et de Prusse. Il le faisait moins, d'ailleurs, en vue de nouer une coalition que pour ouvrir les voies à une médiation qui terminerait la guerre, arrêterait les conquêtes de la France, laisserait ce pays se consumer dans ses troubles intérieurs et préviendrait, en Orient et en Pologne, les manœuvres de la Russie[3]. Il écrivit dans le même sens à Madrid. Chauvelin, qui avait eu vent de ces

---

[1] Ernouf, *Maret*, p. 85 et suiv. — *Correspondence of William Miles*, nov.-déc. 1792.
[2] A lord Stafford, 13 novembre 1792; Stanhope, t. II, p. 170.
[3] Grenville à Straton, 13 novembre 1792; Rapport de Stadion, 27 novembre, Vivenot, t. II, p. 365, 374. — Sybel, *trad.*, t. II, p. 52. — Green, t. II, p. 389. — Baumgarten, p. 428-429.

dépêches, lui demanda, le 19 novembre, un entretien. Noël en sollicitait également un. L'intermédiaire officieux qui tâchait de procurer ces rencontres y mit pour condition que Noël conférerait auparavant avec Dumouriez. Noël partit pour la Belgique[1], et Maret écrivit, le 21 novembre, à Lebrun : « Si Dumouriez attaquait Maëstricht, comme il m'a dit qu'il en avait le projet, les assurances données par nos agents sembleraient, avec raison, un procédé par trop royal. »

Le décret du 16 novembre sur la libre navigation de l'Escaut et celui du 19 sur l'émancipation des peuples confirmèrent les craintes du public et modifièrent les desseins du gouvernement anglais. Le cabinet se vit comme irrésistiblement porté vers la guerre. En la déclarant un mois auparavant, il aurait provoqué des manifestations de la part des démocrates ; en demeurant plus longtemps inerte, il s'exposerait aux reproches des conservateurs et s'aliénerait cette grande population qui ne considérait, en toute cette crise, que l'intérêt britannique. « Le décret de la Convention et l'attaque des Pays-Bas forcèrent Pitt à prendre les armes, dit le plus libéral des historiens modernes du peuple anglais ; il était impossible que l'Angleterre souffrît de voir la flotte française à Anvers, ni qu'elle abandonnât une alliée comme la Hollande[2]. » Mais avant d'en arriver aux mesures hostiles, le cabinet de Londres se résolut à une démarche qui sans aucun doute lui coûta fort. Le 28 novembre, Chauvelin reçut un billet de lord Grenville l'invitant à venir conférer avec lui le 29[3]. Dans cet entretien, Chauvelin se montra rogue et solennel ; il insista maladroitement sur les points d'étiquette, alors que Grenville déclarait que ces questions-là n'arrêteraient jamais l'Angleterre « lorsqu'il s'agirait d'obtenir des déclarations rassurantes et profitables pour les deux pays ». Grenville affectait de désigner le Conseil exécutif par ces mots : « le Gouvernement établi à Paris. »

[1] Rapports de Chauvelin, 21 novembre ; de Noël, 24 novembre 1792.
[2] Green, *trad.*, t. II, p. 389.
[3] Rapport de Chauvelin, 28 et 29 novembre. Le rapport du 29, ainsi qu'un grand nombre de pièces relatives à cette négociation, est annexé au rapport lu à la Convention par Ducos, le 1er février 1793.

Chauvelin releva l'expression et débita un discours sur ce thème. Grenville le laissa parler, et quand il eut fini : — « Soit, dit-il, je l'appellerai : le gouvernement de la France », et il demanda à connaître les intentions de ce gouvernement français au sujet de la Belgique. « Les principes du gouvernement français sont immuables comme l'éternelle raison », répondit Chauvelin. Grenville réclama des éclaircissements. Chauvelin affirma que les vues du Conseil exécutif sur la Belgique étaient les plus pures du monde, et qu'elles ne changeraient pas. Il attesta le désir de la République de vivre en bonne intelligence avec l'Angleterre. « Quant aux Français, ajouta-t-il, l'idée qui leur serait le plus pénible serait celle qu'ils vont être forcés de se battre avec des Anglais. — Ce sera bien la faute de la France si cela arrive, reprit Grenville. Au reste, vous aurez peut-être d'ici à quelques jours quelque chose de plus à m'apprendre. Je serai charmé de vous voir alors, et toutes les fois que vous voudrez bien le désirer. » Chauvelin conclut de cette conférence que le ministère anglais redoutait une rupture. C'était aussi l'impression de Maret, qui se rencontra, dans le même temps, avec un membre très ardent de l'opposition parlementaire, William Smith. « L'empressement à se rapprocher de nous est d'une évidence palpable, écrivit-il le 29 novembre... Tout annonce dans le ministère anglais une inquiétude qu'il ne saurait dissimuler ; tout fait voir dans Pitt un grand éloignement pour des mesures hostiles... »

Les propos des envoyés français n'étaient ni assez clairs ni surtout assez autorisés pour que l'Angleterre s'exposât à être prise au dépourvu[1]. Un conseil de cabinet se réunit le 30 novembre. Une proclamation royale annonça, le 1ᵉʳ décembre, que le Parlement était convoqué pour le 13, que l'armée allait être renforcée sur terre et sur mer, et que la milice allait être appelée aux armes. Le lendemain, Pitt eut avec Maret une entrevue, ménagée par les soins de Miles. « La France républicaine, dit Maret, ne veut pas traiter l'Angleterre en rivale,

---

[1] « Nous ne pouvons conserver la paix qu'en étant prêts pour la guerre » Pitt à Dundas, 4 déc. STANHOPE, *trad.*, t. II, p. 174.

mais en amie. » Pitt exprima son regret de l'éloignement « contre nature » qui régnait entre les deux États ; il insista sur le désir qu'avait l'Angleterre d'éviter la guerre, et sur la résolution où elle était de l'entreprendre si la Hollande était attaquée. Maret protesta que le Conseil exécutif ne pensait point à attaquer les Hollandais, et que le décret du 19 novembre ne s'appliquait en aucune façon à l'Angleterre. L'entretien se termina par un vœu réciproque d'entente, et Pitt assura que si on lui dépêchait un agent autorisé, il « serait disposé à l'écouter et à traiter avec lui avec cordialité et confiance ». Maret avait présenté le décret du 19 novembre comme l'œuvre, non du Conseil exécutif, mais de quelques exaltés. — « S'il était possible, écrivit-il en rendant compte de cette conversation, de faire interpréter le décret du 19 dans ce sens qu'il n'est relatif qu'aux gouvernements avec lesquels nous sommes en guerre, vous verriez beaucoup de difficultés s'aplanir [1]. »

Ces avis, appuyés de la nouvelle des armements anglais, étaient de nature à faire réfléchir le Conseil exécutif. Il reçut, par le même courrier, un document qui aurait dû le persuader. Talleyrand vivait fort retiré dans Londres. Il avait peu de goût à se remuer dans le vide et à parler quand on ne l'écoutait point. Il crut cependant de son devoir de rassembler et d'exposer ses idées sur la grande crise qu'il voyait arriver. Il le fit dans un *Mémoire sur les rapports actuels de la France avec les autres États de l'Europe,* qu'il adressa, le 25 novembre 1792, à Lebrun. La guerre générale, la formidable guerre des bouleversements et des conquêtes n'est pas encore déchaînée ; Talleyrand la voit arriver ; il se demande à quel prix elle peut être évitée, et il propose de commencer par où tout annonce que l'on devra nécessairement finir [2].

---

[1] Rapport de Maret, 2 décembre 1792.
[2] Le texte de ce mémoire a été publié, pour la première fois intégralement, par Bonnet, *Danton émigré*, p. 243, et plus récemment par Pallain, *Le ministère de Talleyrand sous le Directoire*, Paris, 1891, p. xlii. Sur le rapport des vues de Talleyrand en 1792 avec ses vues en 1814 et en 1830, voir l'étude intitulée : Talleyrand au congrès de Vienne, *Essais de critique et d'histoire*, Paris, 1883. Pallain, *Ambassade de Talleyrand à Londres*, 1830-1834. Paris, 1891.

La politique qui convient à un peuple libre et à une constitution républicaine, dit-il, n'est pas la même que celle qui convient aux monarchies absolues. La France n'a plus à poursuivre cette *primatie* que les anciennes doctrines assignaient à son ambition. La véritable richesse consiste à faire valoir avantageusement ses biens ; la véritable primatie consiste désormais « à être maître chez soi et à n'avoir jamais la ridicule et funeste prétention de l'être chez les autres ». Les conquêtes ne sont que des usurpations de la force et de l'adresse, faux calculs de pouvoir. Rien de plus contraire aux lois et aux mœurs nouvelles de la France qu'un système de politique et d'alliances combinées pour l'agrandissement, la conquête et la prépondérance politique. Ces « arrangements domestiques entre des maîtres » sont « des conjurations contre les peuples ». La France ne peut vouloir des alliances que pour « hâter le développement complet du grand système de l'émancipation des peuples. C'est là que doit se trouver le seul objet de sa politique actuelle, parce que c'est là que se trouve le vrai principe des intérêts généraux et immuables de l'espèce humaine. » « Le territoire de la République française suffit à sa population et aux immenses combinaisons d'industrie que doit faire éclore le génie de la liberté… Ce territoire ne pourrait être étendu sans danger pour le bonheur des anciens comme pour celui des nouveaux citoyens de la France… On doit rejeter sans détour tous ces projets de réunion, d'incorporation étrangère qui pourraient être proposés par un zèle de reconnaissance ou d'attachement plus ardent qu'éclairé ; on doit être convaincu que toute acceptation ou même tout désir public de ce genre de la part de la France contrarierait d'abord sans honneur et sans profit, ensuite avec péril pour elle, ces renonciations faites si solennellement et avec tant de gloire, et dont l'Europe est loin d'attendre l'inexécution au moment où elle s'unit, par ses vœux, au succès d'une cause qu'elle croit ne pouvoir être souillée ni par l'ambition ni par l'avidité. La France doit donc rester circonscrite dans ses propres limites : elle le doit à sa gloire, à sa justice, à sa raison, à son intérêt et à celui des peuples qui seront libres par elle. » Elle s'alliera à ces peuples, non pour en tirer des secours, mais pour leur en offrir. Elle trouvera dans ce nouveau système fédératif la récompense de sa modération. « Après avoir rendu la liberté aux Savoisiens, aux Belges, aux Liégeois, etc., la France formera entre elle et tous ces peuples des traités solennels de fraternité, où les intérêts de la défense commune soient établis et déterminés d'une manière immuable, et où de nouvelles sources de commerce et d'industrie soient ouvertes avec libéralité aux besoins et à l'activité de l'espèce humaine. » Avec les autres États, il n'y aura lieu de former que des conventions passagères sur les intérêts politiques et commerciaux qui naîtront des circonstances. Ainsi de la Prusse, ainsi de la Turquie. L'Angleterre et la France, en s'accommodant de la sorte, peuvent s'ouvrir d'immenses débouchés. Talleyrand offrait à l'activité des deux nations unies l'affranchissement politique et l'exploitation commerciale de l'Amérique espagnole. Il concluait par cette réflexion profonde : « Après une révolution, il faut ouvrir de nouvelles routes à l'industrie, il faut donner des débouchés à toutes les passions. Cette entreprise-ci réunit tous les avantages. »

Quand le *Mémoire* de Talleyrand lui parvint, Lebrun venait de composer, à propos de l'Escaut, une grande dissertation de principes sur la liberté des fleuves et sur la liberté des mers. Il y déclarait que si les Belges, dégradés et affaiblis, avaient pu laisser prescrire leurs droits naturels, « la nation qui, en défendant sa propre liberté, a été assez courageuse pour leur rendre la leur, sera assez généreuse encore pour les aider à recouvrer tout ce qui leur appartient par les lois imprescriptibles de la justice universelle[1] ». En d'autres termes, la guerre aux Hollandais, s'ils se montrent récalcitrants, et, comme conséquence, la révolution en Angleterre, si le ministère anglais persiste à se croire lié par ses traités avec la Hollande. Le jour même où il signait cette dépêche belliqueuse, Lebrun reçut de

---

[1] Lebrun à Chauvelin, 30 novembre 1792.

Maulde, ministre à la Haye, l'avis que, le 21, le grand pensionnaire l'avait invité à venir chez lui et lui avait dit : « Je vous parle au nom de cet État et de l'Angleterre, vos vrais amis, qui vous présentent une paix honorable et sûre. Consentez à notre commune médiation. Présentez les bases : j'en vois une, la reconnaissance de votre nouvelle constitution. Comme médiateurs, nous la reconnaîtrons. Que voulez-vous de plus? Ne voulant pas de conquête, vous serez, et, dans ce cas, nous sommes les ennemis de ceux qui s'y refuseraient. » Cette ouverture parut considérable. Il restait à savoir si le grand pensionnaire était autorisé à parler comme il le faisait. Les rapports de Chauvelin et de Maret sur leurs conversations avec Grenville et Pitt ne permirent pas d'en douter. Le *Mémoire* de Talleyrand donna des motifs décisifs de se rallier à ces vues. Toutes ces correspondances étaient à Paris le 5 décembre; les ministres prirent, ce jour même, la délibération suivante : « Le Conseil, sans rejeter le projet de seconder par l'entrée des troupes françaises en Hollande une révolution conforme à la liberté, arrête qu'il convient, quant à présent, d'employer toutes les forces de la République contre les ennemis qui l'ont attaquée les premiers et de continuer à poursuivre les Autrichiens, les chasser au delà du Rhin, suivant le plan précédemment adopté. » Pache en informa Dumouriez le 6 décembre; le 7, le Conseil décida de fortifier Anvers, mais il déclara en même temps qu'il n'avait d'autre objet que de protéger la liberté des Belges; cette mesure n'impliquait aucun acte de propriété contraire aux principes que professe la République « et qui s'opposent à l'esprit de conquête [1] ».

Talleyrand avait été compromis par les papiers de l'armoire de fer; la Convention le mit en accusation. Lebrun fit composer, pour le défendre, un article où l'on parlait du *Mémoire* qu'il venait d'envoyer de Londres et « dont toutes les vues appartenaient aux principes les plus purs de la Révolution [2] ». La sagesse qui soufflait sur le Conseil exécutif n'alla point

---

[1] Aulard, t. I, p. 295, 300.
[2] *Moniteur*, 15 décembre 1792, t. XIV, p. 734.

cependant jusqu'à dissiper les préventions qui y régnaient : le Conseil choisit Chauvelin pour négocier avec Pitt, bien que ce ministre, en demandant une personne autorisée, alors que Chauvelin était à Londres, l'eût par cela même exclu de son crédit. Le Conseil fit ce choix par deux motifs aussi impolitiques l'un que l'autre : l'un était que Chauvelin, par le fracas même de ses maladresses, s'était fait une sorte de popularité dans les clubs de Paris; l'autre, que le Conseil entendait faire sentir à Pitt « l'inconvenance d'une marche secrète sur des objets d'une aussi haute importance, et sur des principes qui doivent devenir un jour ceux de toutes les nations civilisées[1]. »

Les instructions de Chauvelin, datées du 9 décembre, portent que le décret du 19 novembre ne s'applique qu'aux gouvernements en guerre avec la France : la Convention n'a pas promis une assistance illimitée à toutes les émeutes dans les pays neutres. Mais, ajoute Lebrun, « lorsqu'un peuple asservi par un despote aura eu le courage de briser ses fers... lorsque ce peuple... se sera constitué de manière à faire entendre clairement l'expression de la volonté générale ; lorsque cette volonté générale appellera sur sa nation l'assistance et la fraternité de la nation française, alors le décret du 19 novembre trouvera une application si naturelle que nous doutons qu'elle puisse paraître étrange à personne ». Ces propositions, en elles-mêmes, n'avaient rien d'extraordinaire. L'ancien régime n'en usait pas autrement, en matière de révolutions, d'interventions et de reconnaissance d'États nouveaux [2]. Mais l'ancien régime ne raffinait ni ne dogmatisait sur le droit public; il ne connaissait, en politique, que des intérêts et des occasions. L'Angleterre ne se souciait ni du droit naturel du peuple hollandais à se gouverner lui-même, ni de la « justice universelle » qui autorisait les Belges à naviguer sur l'Escaut. Elle prétendait que les Français n'exploitassent point le port d'Anvers et ne fissent point, à leur profit, de révolution en Hol-

---

[1] Lebrun à Maret, 9 décembre 1792; Lebrun à Chauvelin, 5 et 9 décembre 1792. Cf. AULARD, t. I, p. 300.
[2] Cf. t. I, p. 65 et suiv. : *Les Révolutions au dix-huitième siècle*.

lande. Chauvelin devait annoncer que, sur l'affaire de l'Escaut, la France ne ferait aucune concession. Quant à la Hollande, la République n'y interviendrait pas; elle demandait à l'Angleterre de n'y point intervenir davantage, « pour l'obliger à conserver une constitution qu'elle trouverait vicieuse et destructive de ses intérêts, car, dans ce cas, la Hollande serait visiblement opprimée, et la générosité de la République française l'appellerait aussitôt à son secours, puisqu'alors nous protégerions l'indépendance de la nation hollandaise au lieu d'y porter atteinte [1] ». Les garanties données par l'Angleterre et la Prusse au gouvernement de Hollande étaient, aux yeux de Lebrun, des actes radicalement nuls et des attentats manifestes aux droits des nations. Nous les regardons, concluait-il, comme s'ils n'avaient jamais existé. La République ne pouvait pas attendre que les anciens gouvernements de l'Europe respecteraient davantage les garanties que, par son décret du 19 novembre, la Convention accordait aux nations affranchies sous les auspices de la France, et c'est pourquoi la négociation de Chauvelin ne pouvait pas aboutir.

Le Conseil exécutif, cependant, agissait de bonne foi. Dumouriez eut l'ordre de laisser la Hollande en paix et de prendre lui-même ses quartiers d'hiver [2]. Mais ces ordres étaient secrets, ces mesures étaient négatives, et elles ne corrigeaient point, aux yeux des Anglais, ce qu'il y avait d'inquiétant dans les manifestes de la Convention, dans la marche envahissante des commissaires français en Belgique, dans l'ambiguïté des déclarations du ministère, dans l'inconsistance de sa conduite, dans l'incertitude de son pouvoir. Le 6, Grenville vit l'ambassadeur d'Autriche, Stadion; il lui exprima le désir de se rapprocher des puissances continentales, de s'expliquer avec cordialité et franchise « sur l'état des affaires [3] ». Fox voyait monter à l'horizon cette guerre qui le désespérait. Il rencontra Chauvelin en compagnie de Sheridan. « Une

[1] Lebrun à Chauvelin, 5 décembre 1792.
[2] CHUQUET, *Jemappes*, p. 120-122. — AULARD, t. I, p. 295.
[3] Rapport de Stadion, 7 décembre 1792; VIVENOT, t. II, p. 393.

insurrection de quelques mille hommes en Irlande suffirait donc pour motiver une invasion », dit-il, à propos du décret du 19 novembre. Et il ajouta : « Nous ne voulons pas de guerre pour l'Escaut ; mais nous vous déclarons en même temps que nous ferons cause commune avec le ministère, et que nous sommes assurés des neuf dixièmes des trois royaumes pour repousser l'intervention des Français dans nos affaires intérieures. Nous avons bien su, à nous seuls, leur donner l'exemple d'une révolution... Nous saurons bien, par nos propres forces, perfectionner notre gouvernement et ajouter à notre liberté[1]. »

Ainsi s'exprimaient les plus sincères amis de la France nouvelle en Angleterre et les plus déclarés adversaires de la guerre. Ils étaient en minorité dans le Parlement, et les passions du public s'élevaient contre leurs ménagements. La session du Parlement fut ouverte le 13 décembre. Le discours royal annonça les mesures de précaution qui avaient été prises ; il exprima le désir que la paix pût être conservée ; il fit allusion aux desseins « formés de concert avec plusieurs personnes de pays étrangers » pour tenter « la destruction de notre heureuse Constitution et le renversement de tout ordre et de tout gouvernement ». Le roi ajouta ces paroles significatives : « Je me suis interdit toute intervention dans les affaires intérieures de la France ; mais il m'est impossible de voir sans une inquiétude sérieuse la forte augmentation des indices qui manifestent son intention d'exciter des désordres dans les pays étrangers, sans égard aux droits des pays neutres et en suivant des vues de conquête et d'agrandissement. » La discussion de l'adresse s'engagea le jour même. Fox combattit les mesures belliqueuses. — La guerre n'a pas de raison d'être, dit-il ; l'affaire de l'Escaut s'est arrangée du temps de Joseph II ; elle s'arrangerait encore. « Qu'importe que la sainte ampoule ait été brisée et que l'huile n'ait pas coulé à Reims sur le front des membres du Conseil exécutif ? » On parle des dangers que la Révolution française fait courir à l'Europe ; le succès des

---

[1] Rapport de Chauvelin, 7 décembre 1792.

alliés eût été « non seulement la ruine de la liberté en France, mais la ruine de la liberté anglaise, la ruine de la liberté humaine ». Burke répliqua par une de ses plus ardentes invectives. Wyndham, se séparant de Fox, ne fit valoir que des raisons de politique, mais il le fit avec virulence : « Si la France avait rempli l'engagement de renoncer à toute conquête, elle n'eût pas armé les nations contre elle ; mais il n'est pas de la nature d'un Français de jamais tenir sa parole. Leur dessein est d'abaisser ce pays-ci. » Il les montra envahissant la Savoie, tyrannisant Genève, menaçant le Pape, préparant un débarquement et une révolution en Angleterre. Dundas exposa les vues du gouvernement : « Quant à la guerre, je prie Dieu qu'il nous en préserve ; mais elle est inévitable si les Français ouvrent l'Escaut, car les traités de ce pays-ci avec la Hollande nous forcent à maintenir la clôture de ce fleuve. » L'amendement que Fox proposait à l'adresse en conséquence de son discours fut repoussé par 290 voix contre 50.

Fox revint à la charge le lendemain, 14 décembre, et développa un nouvel amendement invitant le cabinet à faire tous les efforts possibles honorablement pour éviter la guerre. Il rappela des précédents dont les Anglais n'aimaient point à se glorifier : la république des États-Unis reconnue par l'Angleterre elle-même ; la république de Cromwell, reconnue par les monarchies du continent, malgré l'exécution de Charles I", exécution, il est vrai, moins injuste, ajouta Fox, que celle dont est menacé l'infortuné monarque français. Sheridan appuya la motion. Burke la combattit : — On a allégué l'Amérique et Cromwell : la république anglaise sous Cromwell n'était pas un maniaque dont les convulsions menaçaient tous les trônes de l'Europe ; elle n'avait pas fait le serment blasphématoire et insensé de transformer tous les États de la chrétienté en républiques ; elle n'avait pas déclaré la guerre aux rois ; elle n'avait pas formé un séminaire de propagande pour envoyer de nouveaux apôtres prêcher au monde la mauvaise nouvelle. L'Amérique n'était pas coupable du crime de lèse-majesté divine et humaine. Mais la France ! la France ! elle ne prendra pas de repos qu'elle n'ait fait de l'univers entier une république. C'est le sabre à la main, comme Mahomet convertissait au Coran, qu'elle essaye de convertir de force toutes les nations à la *Déclaration des droits de l'homme*. Maîtresse de l'Escaut, de la Meuse, du Rhin, elle ébranlera les antiques colonnes de l'Empire germanique et deviendra formidable à l'Europe. — La proposition de Fox fut encore rejetée. La Chambre vota l'adresse ministérielle.

Le 15, Fox demanda l'envoi d'un ambassadeur à Paris. Il souleva de bruyantes protestations. « O honte! s'écria un député ; descendrons-nous à ce degré d'abjection de sanctionner les premiers les crimes de brigands et de voleurs en reconnaissant ce qu'il leur plaît d'appeler leur République? » Jenkisson, le futur lord Liverpool, signala l'esprit envahisseur des Français : « La Convention vise à la République universelle comme Louis XIV à la monarchie universelle. La France est notre ennemie naturelle ; république, elle est plus ennemie encore qu'elle ne l'était royaume. On sait moins où veut s'arrêter un peuple qu'on ne sait où veut s'arrêter un roi. » Erskine et Sheridan épuisèrent en vain leur éloquence. Burke lança contre l'ennemi héréditaire l'imprécation de Didon contre la race troyenne :

> Nullus amor populis nec fœdera sunto ;
> Littora littoribus contraria, fluctibus undas
> Imprecor, arma armis ; pugnent ipsique nepotes !

Sur ce terrible vœu, que le *blocus continental* et vingt-trois ans de guerre acharnée devaient réaliser, la Chambre vota, et le projet de Fox fut repoussé. Ce vaillant orateur n'avait pu que révéler au public la défection de son parti et la ruine de son influence[1].

Le ministère se montra dès lors moins enclin aux pourparlers. Maret vit Pitt, le 14 décembre au soir, et lui apprit que le Conseil exécutif avait désigné Chauvelin pour négocier. Pitt détourna la conversation, et fit clairement entendre à

---

[1] Cf. MALMESBURY, *Diaries*, 15 décembre 1792.

Maret « qu'il cessait d'être autorisé à lui dire un seul mot sur les affaires de l'État ». Maret repartit quelques jours après pour Paris. Noël, qui était revenu de Belgique, eut une conversation avec William Smith, et il constata qu'une attaque de la part de la France suspendrait, en Angleterre, toutes les divisions de partis. — Il n'y aura plus qu'une opinion, lui dit le démocrate anglais. Jamais le cabinet n'admettra Chauvelin. Pourquoi vous refusez-vous à des ouvertures secrètes? Les plus grandes négociations se sont engagées de la sorte. Rien n'est désespéré tant que l'Angleterre n'est pas engagée; si elle s'engage, elle sera la clef de voûte, le ciment de la coalition. La liberté triomphera, mais au prix de quels déchirements ? — — « Nous nous sommes quittés, écrivait Noël, M. Smith avec une agitation qui tenait presque du délire, et moi avec une véritable douleur... Au nom de la patrie, citoyen ..., revenez sincèrement sur votre dernière détermination. » Miles avait donné maintes preuves de son zèle pour la France, ses lettres confirmaient les avis que donnaient les agents. Il ne faut pas s'imaginer, écrivait-il à Lebrun, que le peuple anglais soit disposé à se révolter, ni qu'il désire la guerre; mais on la fera si la France attaque la Hollande. Pourquoi rompre les conférences que Maret avait commencées? On aurait dû en profiter et s'en montrer satisfait[1].

La considération du sort de Louis XVI occupait dans la correspondance de Bourgoing plus de place que la politique espagnole. Godoy, arrivé au pouvoir, donnait tout ce que l'on attendait de lui, l'inconséquence dans les actes, la duplicité dans les discours, la pusillanimité dans le cœur. « L'Espagne, disait-il à l'ambassadeur de Russie, soutiendra les efforts de la bonne cause, comme elle l'a fait jusqu'ici. Mais elle ne peut agir par elle-même, car elle manque de troupes; de plus, elle est voisine de la France[2]. » Bourgoing écrivait dans le même temps : « Il me réitère l'assurance de ses vœux

[1] Rapports de Maret, 14 décembre; de Noël, 14 et 15 décembre. Lettre de Miles à Lebrun, 18 décembre 1792. — MILES, *Corr.*, t. Ier, p. 39.
[2] TRATCHEVSKY, *Revue historique*, t. XXXI, p. 37.

pour la paix et m'en allègue pour première preuve l'ordre donné pour suspendre la marche de plusieurs régiments qui étaient en route. » Toutefois Godoy répugnait à faire une déclaration de neutralité : « Il a prétendu que nous devions nous contenter de la promesse de la cour d'Espagne, lorsque surtout les faits venaient à l'appui[1]. » Ce qui le retenait, c'était la sollicitude sincère de Charles IV pour la vie de son cousin, et un reste de pudeur à désarmer publiquement devant la menace du régicide. Lebrun s'en rendit compte, et autorisa Bourgoing à tenter quelques insinuations confidentielles sur ce sujet « très délicat ». « Il ne me paraît pas possible, disait-il, d'éviter que le ci-devant roi soit jugé; toute la nation paraît d'accord pour le demander. Ainsi le procès sera fait. Quant à l'issue, je crois la nation disposée à donner en cette occasion un grand exemple de clémence et de générosité. » Il ajoutait, en recommandant à Bourgoing d'y apporter toutes les nuances convenables : « Lorsque M. le duc d'Alcudia vous fournira l'occasion d'entrer en matière sur ce sujet, il me paraîtrait utile de ne pas présenter l'indulgence de la nation d'une manière absolue, mais de la lier avec la conduite de l'Espagne à notre égard, en tâchant de lui faire croire que l'une serait, pour ainsi dire, une dépendance de l'autre[2]. »

Au reçu de cette dépêche, Bourgoing demanda un entretien à Godoy. Il l'obtint le 10 décembre. Il parla de Louis XVI en termes couverts et de la déclaration de neutralité en termes pressants. Godoy comprit. « Le sort de votre roi me touche infiniment », dit-il à Bourgoing, le 13 décembre. « Si vous épargnez sa tête, sa présence vous paraîtra embarrassante. » Il offrit de le recevoir. Bourgoing ne répondit point à cette question ; mais il apprit quelques jours après que des renforts allaient être envoyés à l'armée de Catalogne ; il s'en plaignit « amèrement », et menaça de se retirer s'il ne recevait pas

[1] Rapport de Bourgoing, 29 novembre 1792.
[2] Lebrun à Bourgoing, 1er décembre 1792. Le ministre de la guerre écrivait, le 23 novembre, à l'adjudant général Lacuée : « J'espère que la République n'aura rien à démêler avec l'Espagne. »

une explication satisfaisante. Ce n'est qu'un malentendu, répliqua Godoy ; et il produisit aussitôt plusieurs projets qu'il avait préparés pour une déclaration de neutralité. Il s'entendit avec Bourgoing sur un texte, et l'expédia le jour même, 17 décembre, à Ocaritz qui suivait la correspondance d'Espagne à Paris. Il proposait que l'on procédât à un désarmement respectif et qu'une commission fût chargée d'en régler l'exécution. Cette démarche, écrivait Bourgoing, me paraît « décisive ». Il conseilla à Lebrun de s'en contenter, sinon l'Espagne se jetterait dans les bras de l'Angleterre. Il joignait cette observation significative, qui était la véritable conclusion de l'incident : « Quelque légères qu'aient été mes insinuations, elles ont produit plus d'effet peut-être que je ne l'aurais désiré. Le ministre espagnol me les a rappelées... Après avoir rédigé les deux notes que mon courrier vous porte, il m'a dit avec le ton de la sensibilité : — Le roi, mon maître, était disposé à se rapprocher de votre gouvernement ; mais un des motifs pressants qui l'y ont décidé, c'est l'espoir de pouvoir influer sur le sort du roi son cousin. Vous me l'avez fait entrevoir, cet espoir. De grâce, tâchez qu'il ne soit pas trompé. Que votre nation, pour sa propre sûreté, se débarrasse de la présence de ce prince infortuné, et qu'elle lui permette de venir chercher un asile à la cour du roi son parent. » Godoy adressa, le lendemain, à Bourgoing une lettre plus pressante encore que ne l'avait été sa conversation, et il écrivit à Ocaritz de faire à Paris une démarche analogue auprès de Lebrun[1].

IV

Les comités des finances, de la guerre et de la diplomatie continuaient d'étudier la redoutable question des règles à pres-

---

[1] Rapports de Bourgoing, 10, 13 et 17 décembre; Notes relatives au désarmement et à la neutralité, *Moniteur*, t. XIV, p. 870.

crire aux armées en pays ennemi ; ils travaillaient à concilier l'application nécessaire des usages de la guerre, c'est-à-dire les réquisitions et les contributions, avec le principe du décret du 19 novembre qui promettait fraternité et assistance aux peuples. Au milieu de la discussion, le 11 décembre, Camus arriva avec le projet élaboré en Belgique sous l'inspiration de Danton. Les circonstances étaient urgentes, les propositions précises. Camus se montrait impatient de repartir pour la Belgique. Les comités réunis délibérèrent quatre jours avec le Conseil exécutif[1]. Ce conseil, sur les incitations de Clavière, se laissa convaincre de la nécessité d'exploiter la Belgique et ensuite de l'incorporer. Cambon fut chargé de résumer ces délibérations. Cambon était un homme de trente-huit ans, négociant à Montpellier, travailleur acharné, bon comptable, esprit étroit ; toutes les passions d'un démocrate niveleur avec le sens pratique, l'expérience, l'activité d'un homme d'affaires ; taxant par esprit de propagande, percevant avec fanatisme, il était né commissaire des guerres de la Révolution et procureur fiscal de la République. Il lut, le 15 décembre, son rapport à la Convention.

Ce document marque la seconde étape de la politique révolutionnaire, et signale une époque de cette histoire. La donnée en est simple : le décret du 19 novembre est une œuvre de dupes ; il expose la République à se désavouer elle-même ou à être désavouée par les peuples ; il la ruine : elle n'est pas assez riche pour affranchir gratuitement les nations européennes. L'Europe l'a condamnée à la guerre ; le salut de l'État dépend du succès de cette guerre. Elle est la première affaire de l'État, et il faut, avant tout, y pourvoir. Or, le déficit croit en France, les assignats s'y discréditent, les caisses se vident d'espèces. Il n'y a qu'un moyen de les remplir : c'est celui qu'ont employé tous les gouvernements : faire payer l'ennemi. Ce moyen s'accommode de soi-même à l'œuvre de la Révolution. L'ennemi a des privilégiés, qui possèdent

---

[1] Chuquet, *Jemappes*, p. 172, 196-197. — Aulard, t. I, p. 317.

des trésors, des édifices, des terres : on chassera les privilégiés, on confisquera les trésors, on mettra les biens sous séquestre ; on prendra hypothèque sur l'étranger lui-même des dépenses que l'on fait pour le combattre. On imposera les assignats, garantis de la sorte, aux populations des territoires occupés ; la circulation du papier diminuera en France ; les populations, forcées de recevoir le papier républicain en échange de leurs deniers, seront engagées par leur propre intérêt à adopter la cause de la République et à soutenir l'ouvrage de la Révolution. Elles comprendront que le retour des privilégiés et la restitution des émigrés dans leurs biens et dans leurs privilèges emporteraient l'assujettissement et la ruine des particuliers non privilégiés ; l'intérêt des particuliers contribuera, comme en France, par la vente des biens confisqués, à assurer la durée du régime révolutionnaire. L'idée qui devait bientôt amener Cambon à créer le grand livre de la dette publique se dessinait déjà dans son rapport du 15 décembre[1].

Notre premier soin, dit-il, en entrant dans un pays, doit être « de prendre, pour gage des frais de la guerre, tous les biens de nos ennemis... Nous augmenterons notre propre puissance... Un même intérêt réunira les deux peuples pour combattre la tyrannie. » C'est une nécessité de la guerre, c'en est une aussi de la Révolution. Quel est l'objet de la guerre ? C'est l'anéantissement de tous les privilèges. *Guerre aux châteaux, paix aux chaumières!* Voilà la maxime de la République. Or, qu'a-t-on fait? On s'est présenté « en triomphateurs, en frères » ; on a « annoncé de grands principes de philosophie », et l'on a tout toléré, « nobles, privilégiés, corvées, féodalité ». Dumouriez a cru, d'après les instructions du Conseil exécutif, devoir respecter l'indépendance et la souveraineté du peuple belge. C'est une faute. Tous les privilégiés sont nos ennemis. « Il faut les détruire ; autrement, notre propre liberté serait en péril. » ...« Ce n'est pas aux rois seuls que nous

---

[1] Rapport de Cambon, *Moniteur*, t. XIV, p. 758 et suiv.

avons fait la guerre; car, s'ils étaient isolés, ce ne serait que dix à douze têtes à faire tomber. Nous avons à combattre tous leurs complices, les castes privilégiées... Il faut que le système populaire s'établisse, que toutes les autorités soient renouvelées, ou vous n'aurez que des ennemis à la tête des affaires... Il faut que nous nous déclarions pouvoir révolutionnaire dans les pays où nous entrons... C'est à nous de sonner le tocsin... » Donc, qu'on se garde d'abandonner les peuples à eux-mêmes. On les convoquera en assemblées primaires; mais « personne ne doit être admis à voter, ni être élu, s'il ne prête serment à la liberté et à l'égalité, et s'il ne renonce par écrit à tous les privilèges et prérogatives dont il pourrait être pourvu ». Le peuple sera satisfait, il sera débarrassé de toutes les charges; elles seront rejetées sur les riches. Le peuple « ne payera rien et administrera tout ». La République ne permettra pas aux populations occupées par ses armées de se contenter d'une demi-liberté; les populations seront averties que la République ne pactisera jamais avec leurs anciens tyrans. « Il faudra dire aux peuples qui voudraient conserver leurs castes privilégiées : Vous êtes nos ennemis! et alors les traiter comme tels, puisqu'ils ne voudront ni liberté ni égalité. » Pour les initier et les organiser, on leur enverra des commissaires chargés d'instituer la liberté et de percevoir les contributions sur les riches. Les pouvoirs de ces commissaires cesseront dès qu'un « gouvernement libre et populaire » aura été fondé par le peuple et que ce peuple aura déclaré son indépendance.

Cambon présenta un décret conforme aux conclusions de son rapport. Ce décret fut voté séance tenante. La Convention y ajouta un modèle de proclamation aux peuples, et le Conseil exécutif commenta ces deux textes dans les instructions générales qu'il disposa pour les commissaires nationaux [1]. « Nous ne sommes point guidés, disait-il, par l'ambition turbulente des conquêtes; nous ne voulons dominer ni asservir aucun

---

[1] *Moniteur*, t. XIV, p. 762; t. XV, p. 137. — Aulard, t. I, p. 342, 345, 416.

peuple; plus que jamais, nous respectons l'indépendance des nations... » Mais « malheur au peuple qui essayera de s'affranchir, s'il ne rompt au même instant toutes ses chaînes !... Toute révolution veut une puissance provisoire qui ordonne ses mouvements désorganisateurs, qui fasse, en quelque sorte, démolir avec méthode... » A qui ce pouvoir révolutionnaire « peut-il appartenir, si ce n'est aux Français dans les pays où la poursuite de leurs ennemis entraîne leurs armées » ?

Ce mot « pays », qui revenait fréquemment dans le décret du 15 décembre et dans ses annexes, était singulièrement vague. Dans la pratique révolutionnaire, « affranchir » se traduisait par « municipaliser ». Il s'ensuivait que toute commune pouvait constituer « un pays » à affranchir, à municipaliser, à réunir au besoin. Cette extension indéfinie du système était d'une application aussi arbitraire que commode à l'égard des étrangers. Mais il ne fallait point que les étrangers prétendissent, par représailles, retourner contre la France les procédés du décret du 15 décembre. La Convention vit le danger et y pourvut, comme la Constituante l'avait fait lors de la réunion d'Avignon. La République française se mit au-dessus de ses propres principes et se plaça en dehors du droit public qu'elle prétendait imposer à l'Europe. Le 16 décembre, la Convention décréta, sur la proposition de Thuriot, « la peine de mort contre quiconque proposera ou tentera de rompre l'unité de la République française ou d'en détacher des parties intégrantes pour les réunir à un territoire étranger ».

Isnard et Condorcet avaient donné le manifeste de la guerre d'affranchissement, Grégoire celui de la guerre de prosélytisme; Cambon donna celui de la guerre de révolution et de conquête. En requérant des pays occupés l'entretien et la nourriture de la guerre, la Convention suivait les coutumes de tous les États de l'ancien régime; mais en « municipalisant » de force ces peuples, elle rompait avec les doctrines de 1789. Elle équivoquait sur les mots de « peuple » et de « liberté », qui n'ont qu'un sens vrai, le sens loyal et commun, où les avaient pris les premiers constituants. Elle créait un périlleux malentendu entre les nations européennes et la République : les nations comprenant par le mot « peuple » l'ensemble des citoyens, et par le mot « liberté » le droit du peuple à se gouverner à sa guise; la République ne reconnaissant pour peuple qu'une catégorie sociale, et pour liberté que le système révolutionnaire de la France. Elle excluait ainsi de son programme d'affranchissement le premier article de la charte des peuples : l'indépendance nationale. Elle formait, dans les pays occupés par les armées républicaines, une classe intermédiaire entre les vassaux du moyen âge et les citoyens français, une classe de feints affranchis, en tutelle et en surveillance, soumis à un impôt particulier. Elle ne les déclarait souverains que pour leur donner la facilité de s'enchaîner à la France et leur interdire, soit de vivre libres à leur manière, soit de se lier à un autre État. Ces légistes, imbus du droit romain, renouvelaient instinctivement l'ancienne *deditio* romaine, et cette prétendue révolution du droit des gens n'était qu'un retour aux procédés dont Rome avait usé pour conquérir l'Italie[1]. La Convention s'exposait de la sorte à soulever, et elle souleva promptement contre la République, dans les pays placés sous ce régime, une résistance plus redoutable que celle des rois et de leurs armées, la résistance nationale des peuples, suscitée par les principes mêmes de la Révolution française.

La raison d'État était entrée dans les affaires intérieures de la République avec le procès de Louis XVI; elle envahissait désormais, et pour n'en plus sortir, les affaires du dehors.

---

[1] « Le roi (Tarquin), s'adressant aux députés, leur demanda : « Êtes-vous les « députés et les orateurs envoyés par le peuple collatin, pour vous mettre, vous « et le peuple collatin, en ma puissance? — Oui. — Le peuple collatin a-t-il le « droit de disposer de soi? — Il l'a. — Donnez-vous, pour être en mon pouvoir « et en celui du peuple romain, vos personnes et le peuple collatin, la ville, les « champs, les eaux, les limites, les temples, les meubles, toutes les choses divines « et humaines? — Nous les donnons. — Alors, j'accepte. » Tite-Live, I, ch. xxxviii. — Fustel de Coulanges, *La cité antique*, liv. V, ch. ii : La conquête romaine. — D'Arbois de Jubainville, *Recherches sur les origines de la propriété foncière*, liv. I, ch. ii : Souveraineté et propriété foncière, la *deditio*, p. 18.

Dans les unes et dans les autres, elle minait la politique girondine. Les Girondins avaient engagé le procès, espérant le conduire à un grand acte de magnanimité. Les Montagnards menèrent la procédure et la conduisirent tout droit à un arrêt de mort. Les débats avaient commencé le 10 décembre; Louis comparut le 11; le 26, de Sèze présenta la défense et démontra, en deux phrases, l'iniquité du jugement : « Nul ne peut être jugé qu'en vertu d'une loi promulguée antérieurement au délit; nulle autre peine ne peut être prononcée que celle qui est inscrite dans le pacte fondamental. La nation avait, sans doute, le droit d'abolir la royauté; mais, en détruisant l'acte constitutionnel de 1791, elle ne peut priver Louis du bénéfice de ses dispositions. » Une discussion très vive s'engagea sur ce plaidoyer. Lanjuinais demanda que l'on déposât les masques : « Louis sera-t-il jugé, ou prendra-t-on à son égard une mesure de sûreté générale? » Les Montagnards étaient trop bons machiavélistes pour persister dans leurs propres opinions quand leurs adversaires s'en réclamaient. Ils avaient proposé la « mesure de sûreté » pour embarrasser les Girondins; ils s'attachèrent au jugement pour les confondre. Les Girondins ne pouvaient pas refuser de juger. Ils imaginèrent d'en appeler au peuple de l'arrêt qui serait rendu. Les Montagnards ne connaissaient d'autre peuple que la démagogie parisienne. Ils dénoncèrent à ce peuple-là l'appel des Girondins au peuple français. « On a parlé d'un appel au peuple, dit Saint-Just le 27 décembre. N'est-ce pas rappeler la monarchie? » Il n'en fallut pas davantage pour déclarer suspect de lèse-Révolution tout partisan de l'appel au peuple. Les Girondins virent que, pour faire acte d'humanité, il leur fallait d'abord, s'ils ne voulaient perdre tout crédit, faire acte de révolution. Beaucoup d'entre eux allaient être ainsi entraînés à se prononcer pour la mort. On les vit incliner peu à peu vers cette dernière capitulation, à travers les séances de la fin de décembre; les grandes affaires d'État qui se discutaient alors à la tribune n'étaient que le prétexte et la forme des rivalités personnelles les plus acharnées qu'une assemblée ait jamais présentées. Lorsqu'ils furent acculés au fond de l'impasse, Barère leur porta le dernier coup. Il proposa que, dans le jugement, le vote eût lieu à haute voix, publiquement, par appel nominal. C'était faire des juges du roi les justiciables des tribunes, des clubs et de la populace. Nul cependant ne pouvait repousser cette motion sans se déclarer suspect. Elle fut adoptée. Qui voulut sauver la tête du roi dut exposer la sienne et renoncer en même temps à gouverner la République. En faisant décréter le vote public, la Montagne commandait le vote de la mort.

Les Girondins aperçurent enfin l'abîme où cette marche fatale précipitait l'État. Le gérant de l'ambassade d'Espagne, Ocaritz, transmit à Lebrun les projets de notes relatives au désarmement simultané. Il lui écrivit en même temps : « C'est à la manière dont la nation française en usera envers l'infortuné Louis XVI et envers sa famille que les nations étrangères pourront juger avec certitude de sa générosité et de sa modération. » Ce message fut communiqué à la Convention le 28 décembre. La Montagne l'accueillit par de violents murmures. Déjà, le 12 décembre, Thuriot avait dit : « Les nations étrangères, pour leur propre liberté, réclament un grand exemple; il faut que le tyran porte sa tête sur l'échafaud. » Il prit la parole après qu'on eut entendu la lettre d'Ocaritz; il dénonça les visées de Charles IV sur le trône de France, et il exhorta l'Assemblée à secouer loin d'elle l'influence des représentants « des brigands couronnés ». Le bruit se répandit sur les bancs que l'Angleterre mettait pour condition à la reconnaissance de la République la remise de la famille royale à l'Espagne. La Convention passa à l'ordre du jour sur la communication d'Ocaritz. Après avoir tiré des menaces de l'Europe leurs arguments pour la déchéance de Louis XVI, les Girondins cherchèrent dans les dispositions des étrangers un argument pour défendre la vie du roi. Buzot se montra politique : « Louis, dans la tour du Temple, n'est rien pour les puissances ni pour les émigrés; mais Louis, descendu de l'échafaud dans la tombe, est un grand moyen d'attache à leur cause. » Vergniaud, troublé dans le fond de l'âme, divisé, en quelque sorte, contre lui-même, et trouvant dans son exaltation ses accents les plus pathétiques, eut comme une vision sinistre de l'avenir : le pays excédé, retournant contre la Convention les accusations dirigées contre Louis XVI, la République livrée à la dictature des démagogues sanguinaires et condamnée à une guerre sans merci avec toute l'Europe. Enfin, le dénonciateur du *Comité autrichien*, le premier boutefeu de la guerre continentale, Brissot, montra la France calomniée en Angleterre, ces Anglais, naguère sympathiques, désaffectionnés hier et demain hostiles : « Nous ne voyons pas assez l'Europe... » Nos ennemis nous peignent prêts à révolutionner le monde. « Il n'est qu'un seul moyen efficace de détruire ces calomnies, et le procès vous l'offre. » La mort de Louis servira les desseins de nos ennemis, jettera les neutres dans la coalition, déchaînera la guerre universelle[1]. Il concluait à la clémence pour le roi, en même temps qu'à la modération envers les peuples conquis. L'indépendance de la Belgique, la paix avec la Hollande, la vie de Louis XVI, la neutralité de l'Angleterre étaient, en effet, étroitement liées ensemble.

A mesure que le procès avançait à Paris et que la conquête se déployait en Belgique, les relations se tendaient davantage entre la France et l'Angleterre. Le Conseil exécutif n'avait pas osé avouer à la Convention les insinuations qu'il avait faites à l'Espagne; il craignit d'être accusé de tiédeur et de ménagements envers les Anglais. Lebrun prit les devants par une dépêche à Chauvelin, le 15 décembre, et il mit le cabinet anglais en demeure de répondre, nettement et promptement, s'il voulait la paix ou la guerre. Il fit, de toute la correspondance avec Londres, un rapport et le porta à la Convention le 19 décembre. Dans ce rapport, il opposa à l'hostilité de la couronne et des ministres anglais envers la France les sympathies de la nation britannique; il annonça que la République ferait appel à ces sympathies, si le gouvernement anglais persistait dans

---

[1] Buzot, 28 décembre; Vergniaud, 31 décembre 1792; Brissot, 1ᵉʳ janvier 1793.

son attitude hostile, malgré les déclarations pacifiques de la France. Ce rapport n'était qu'une pièce de tribune. La Convention l'envoya aux quatre-vingt-quatre départements, afin d'enflammer les esprits en France, et Lebrun l'envoya à Chauvelin, ce qui n'était pas fait pour apaiser les esprits en Angleterre. Il insista pour obtenir une réponse écrite de Grenville : « Nous l'attendons avec impatience. Ne perdez point un instant, citoyen, pour exécuter ponctuellement les nouveaux ordres que je vous transmets de la part du Conseil. » Noël reçut aussi le rapport avec une lettre qui trahissait le désarroi du ministère : « Cette pièce vous mettra au courant des idées de ce pays-ci, et vous fera voir que je ne suis presque plus le maître de l'affaire ; la nation s'en est en quelque sorte emparée par la grande approbation donnée à ce rapport [1]... »

La nation s'en emparait aussi en Angleterre, et Noël en instruisit Lebrun, le 22 décembre. — La guerre, lui mandait-il, est à la veille de devenir populaire, et l'on annonce des mesures contre les Français qui résident en Angleterre. — La Chambre des lords était saisie, depuis le 19, d'un projet de loi, dit *alien bill*, qui soumettait les étrangers à de rigoureuses règles de police et permettait au gouvernement de les expulser. Lord Lansdowne demanda, à ce propos, qu'une négociation fût tentée avec la France ; lord Grenville s'y refusa. Le bill, voté le 26 décembre par les lords, fut aussitôt porté aux Communes. Le 28, Burke prit la parole. Ses philippiques contre-révolutionnaires suivaient le ton des diatribes de Paris. Dans la péroraison de son discours, il tira un poignard qu'il dit fabriqué par les Jacobins de Birmingham, et s'écria : « Préservons nos esprits des principes et nos cœurs des poignards français ! Sauvons nos biens dans la vie et nos consolations dans la mort, toutes les bénédictions du temps et toutes les promesses de l'éternité ! » Les libéraux s'efforçaient vainement d'apaiser les passions ; mais ils tenaient à cœur et à honneur de déclarer aussi hautement que personne la pitié que

---

[1] Lebrun à Chauvelin, 20 décembre 1792.

leur inspirait Louis XVI et l'indignation que leur causait
« l'acte injuste, cruel et inhumain » qui se préparait à Paris[1].
Sur ces entrefaites, Chauvelin demanda un entretien à Pitt afin
de lui prouver que la France « détestait l'idée d'une guerre
avec l'Angleterre, et ne l'accepterait qu'après avoir épuisé
tous les moyens honorables de l'éviter ». Le 27 décembre,
il fit passer à Grenville une note conforme à ses instructions
du 15. Il n'en espérait aucun effet pacifique et s'attendait à
recevoir l'invitation de quitter Londres[2]. C'est à peu près ce
que signifiait le billet qu'il reçut, le 28, de Pitt. Il n'y aurait,
écrivait ce ministre, ni convenance ni utilité « à conférer dans
les conditions où nous sommes... Je suis obligé de vous prier
de permettre que j'évite l'honneur de vous voir. »

Les Communes délibéraient sur l'*alien bill;* elles prohibèrent
l'exportation des blés en France. Le 31 décembre, Grenville
répondit à la note de Chauvelin par un refus formel de le
reconnaître en qualité de ministre de la République. Il discuta
toutes les questions litigieuses posées par Lebrun, et il déter-
mina la cause du conflit, telle qu'elle devait persister jusqu'à
la fin de la guerre : La France, dit-il, ne peut déclarer la libre
navigation de l'Escaut et révolutionner la Belgique sans attaquer, par cela même, la Hollande. Elle ne peut faire prévaloir
ses volontés de ce côté « à moins que d'être la souveraine des
Pays-Bas et d'avoir le droit de dicter des lois à toute l'Europe...
L'Angleterre ne consentira jamais que la France puisse s'ar-
roger le droit d'annuler à sa volonté et sous le prétexte d'un
droit naturel dont elle se fait le seul arbitre, le système politique de l'Europe, établi par des traités solennels... Le gouvernement, fidèle aux maximes qu'il a suivies depuis plus d'un
siècle, ne verra jamais non plus d'un œil indifférent la France
s'ériger, directement ou indirectement, en souverain des Pays-
Bas ou en arbitre général des droits et des libertés de l'Europe.
Si la France désire réellement demeurer en amitié et en paix
avec l'Angleterre, il faut qu'elle se montre disposée à renoncer

[1] Sheridan, 20 décembre; Fox, 22 décembre.
[2] Chauvelin à Lebrun, 27 décembre 1792.

à ses vues d'agression et d'agrandissement, à se tenir à son propre territoire, sans outrager les autres gouvernements, sans troubler leur repos, sans violer leurs droits... » Lord Grenville notifiait à la France les conditions auxquelles la paix pouvait être conservée; il chercha à s'entendre avec les puissances continentales sur les conditions auxquelles une guerre d'intérêt commun pourrait être entreprise. « La politique française constitue un danger pour toute l'Europe, écrivit-il aux agents britanniques; il convient de s'en défendre; il ne s'agit pas de s'immiscer dans les affaires intérieures de la France, mais d'inviter les Français à ramener leurs armées dans leurs frontières, à renoncer à leurs conquêtes, à abroger les actes attentatoires à la souveraineté des autres nations, à donner un gage de renoncer à toute propagande contre les gouvernements étrangers. » S'ils s'y refusent, il y aura lieu pour les puissances de former une ligue pour les y contraindre [1].

Les ministres anglais, toutefois, répugnaient à prendre à leur compte la responsabilité de la rupture. Le Conseil exécutif en conclut qu'il pouvait les intimider; il se flatta qu'en leur parlant haut et en les menaçant d'une révolution, il les ferait reculer. Il arrêta, le 30 décembre, que Chauvelin réclamerait le retrait de l'*alien bill,* comme contraire au traité de commerce de 1786 : si l'Angleterre s'y refusait, la France romprait ce traité [2].

Cependant les ministres s'occupaient, sans aucun secret, de préparer une descente en Angleterre. Un projet, qui n'était guère qu'une reproduction d'un ancien projet du comte de Broglie, leur fut soumis, le 28 décembre. Monge adressa, le 31, des circulaires aux membres de la société des *Amis de la liberté et de l'égalité* dans les villes maritimes. Il leur annonçait une agression prochaine des Anglais; il les exhortait à prévenir cette agression; il leur promettait le concours « des républicains anglais »; il les invitait à presser les enrôlements de

---

[1] Lord Grenville à lord Whitworth, à Pétersbourg, 29 décembre 1792 : HERRMANN, *Pol. corr.*, p. 346.
[2] AULARD, t. I, p. 370-371.

marins en vue d'une descente : « C'est leur propre cause qu'ils vont soutenir... A ces considérations, toutes-puissantes pour des âmes républicaines, ajoutez celles de leur intérêt. Montrez-leur la vaste carrière des grades qui leur est ouverte... » Lebrun vint, le même jour, dénoncer à la Convention les « indécentes diatribes » des orateurs anglais, la prohibition du commerce des grains, le vote imminent de l'*alien bill*. Le 1er janvier, un gentilhomme breton, Kersaint, capitaine des vaisseaux de la marine royale, qui portait dans ses passions révolutionnaires toutes les patriotiques animosités de sa race et toutes les glorieuses partialités de son arme, flétrit la perfidie d'Albion et prêcha la guerre à outrance contre cette rivale détestée. Il railla Fox, « ami des droits de l'homme et flatteur du roi »; il montra que Pitt, s'il ne voulait pas la guerre, poursuivait une médiation destinée à arrêter les conquêtes de la France. La France ne doit pas s'en émouvoir, Pitt ignore les forces qu'elle possède et celles qu'elle réunira; elle soulèvera l'Irlande, elle agitera l'Écosse, elle révolutionnera l'Angleterre même; elle armera des corsaires; elle conviera à cette grande chasse aux Anglais tous les écumeurs de mer, « cette foule d'hommes hasardeux qui se trouvent chez toutes les nations de l'Europe ». « Cette multitude de vaisseaux richement chargés sera la proie de ses croiseurs. » Point de neutres! La République ne connaîtra, dans cette lutte, que des amis ou des ennemis! Et la lutte s'étendra aux deux hémisphères. « Il faut porter une armée auxiliaire à Tippoo-Saïb... Il faut attaquer Lisbonne... L'armée navale qui pénétrera dans le Tage, après avoir épuisé ce pays de contributions... doit terminer ses succès par la prise et l'affranchissement du Brésil... » Les colonies espagnoles seront également affranchies. L'invasion de l'Angleterre terminera la querelle : « C'est sur les ruines de la Tour de Londres que vous devez signer avec le peuple anglais détrompé le traité qui réglera les destinées des nations et fondera la liberté du monde[1]. » Kersaint découvrait dans son exaltation ce que

---

[1] « Alors les Anglais, menacés dans les Indes, chassés du Levant, seront écrasés sous le poids des événements dont l'atmosphère sera chargée. » — « C'est

l'expérience politique et l'intérêt d'État enseignaient dans le même temps aux ministres anglais. Une guerre qui s'annonçait ainsi ne pouvait finir que par l'anéantissement de l'Angleterre ou la retraite de la France dans ses anciennes frontières. Il fallait, selon l'expression de Grenville, « que la France eût le droit de dicter des lois à toute l'Europe », ou qu'elle renonçât à ses conquêtes. Tout ce qui s'est passé depuis le mois de janvier 1793 jusqu'au mois de juin 1815 se révèle dans ce premier débat. On discerne du premier coup toutes les conséquences de la lutte, les plus directes, comme le camp de Boulogne, les plus lointaines, comme le mouvement tournant par l'Inde, les plus démesurées, comme le *blocus continental*.

V

Il ne manquait à ces gigantesques entreprises que des vaisseaux, des armes, de l'argent, des soldats, un gouvernement enfin pour préparer tous les moyens et ordonner tous les mouvements. Les vaisseaux étaient à construire, les armes à forger, l'argent à requérir, les soldats à rassembler. Les armées qui avaient vaincu à Valmy, conquis la Belgique, occupé la rive gauche du Rhin, se dissolvaient dans les misères d'un hivernage plus meurtrier que la guerre même, sous les coups d'un ministre de la guerre plus funeste à la République que tous les généraux de la coalition. Au 1ᵉʳ décembre, la ligne comptait 112,000 hommes, les volontaires 289,000, en tout 401,000. Au 1ᵉʳ février, cet effectif total se réduit à 228,000 hommes « par la guerre, la rigueur de la saison, le dénuement absolu, le désir des volontaires de revoir leur foyer ».

d'une extrémité de l'Europe qu'il me faut reprendre à revers l'Asie pour y atteindre l'Angleterre. Ce serait l'expédition gigantesque, j'en conviens, mais exécutable, du dix-neuvième siècle. Par le même coup la France aurait conquis l'indépendance de l'Occident et la liberté des mers. » Napoléon à Alexandre, 2 février 1808, *Corr.*, t. XVI, p. 498. Napoléon à Narbonne, 1812, dans VILLEMAIN, *Souvenirs*, t. I, p. 175.

L'armée de Belgique, qui était de 100,000 hommes à la fin d'octobre, n'est plus que de 45,000 à la fin de décembre. Les volontaires de 1791 étaient libérables le 1er décembre : un très grand nombre partirent avant d'être libérés. Ce qui reste est « désorganisé, morcelé, dispersé », déclare Dubois-Crancé; dans « un état d'épuisement inconcevable », dit Merlin de Thionville; « sans souliers, sans bas, sans culottes, sans habits, sans chapeaux, dégoûtés, désespérés », écrit Beurnonville. Les nouveaux munitionnaires de la guerre pillaient les pays conquis, volaient l'État et affamaient les troupes. L'armée perdait ses forces, sa discipline, son entrain, sa confiance au milieu de populations déçues et exaspérées. La correspondance des généraux n'est qu'une longue doléance, un cri d'alarme, une dénonciation patriotique de l'ineptie de Pache, de l'incurie de ses bureaux, de la friponnerie et des malversations de ses agents [1].

En Belgique, la cavalerie et l'artillerie perdent leurs chevaux, faute de fourrages. « Nous sommes dans la pénurie la plus affreuse, écrit un officier général; nos chevaux meurent de faim; plusieurs refusent le service; le pays est épuisé, et les paysans sont obligés de tuer leurs bêtes, faute de pouvoir les nourrir. » Les agents du ministère de la guerre, les émissaires de Lebrun, les commissaires de la Convention sont en conflit avec les généraux. Le pays est livré à l'anarchie. Le décret du 15 décembre est à peine connu que, de toutes parts, les populations protestent. Des placards affichés exhortent le peuple à chasser les étrangers qui veulent anéantir les libertés séculaires de la nation, confisquer ses droits, lui imposer les

---

[1] Rapport de Dubois-Crancé, 7 février 1793; discours du même, 12 février, *Moniteur*, t. XV, p. 384, 437. — *Correspondance de Dumouriez avec Pache et avec Lebrun*; *Correspondance de Merlin de Thionville*; *Correspondance de Miranda*; *Mémoires de Dumouriez et de Gouvion Saint-Cyr*. — Camille Rousset, *Les volontaires*. — Mortimer-Ternaux, t. VI. — Chuquet, *Jemappes*, ch. IV, p. 130-133; ch. v: Pache. — Carnot, commissaire à l'armée des Pyrénées, écrivait, le 4 décembre, au comité de correspondance de la Convention : « Je vous envoie diverses pièces qui prouvent évidemment ou la malveillance du ministre de la guerre, ou son impéritie absolue, ou enfin qu'on ne veut point d'armée aux Pyrénées. Je pourrais vous en envoyer beaucoup d'autres qui prouvent son ignorance ou son mépris pour les lois dont l'exécution lui est confiée. »

assignats, supprimer sa religion. Les généraux, La Bourdonnaye lui-même, déclarent « qu'une révolution qui irait au delà des idées du peuple serait exposée à prendre bientôt après une marche rétrograde [1] ». « Les paysans, poussés au désespoir, rapporte Dumouriez, massacrent nos soldats, quand ils ne sont pas en grand nombre. » Il écrit à Lebrun : « Les plans très fâcheux qu'on prend pour opérer la révolution de Belgique, au lieu d'exciter les peuples à la liberté, ne feront que leur inspirer une juste haine contre leurs libérateurs. La Belgique elle-même ne fournira que des ennemis à combattre. Nous n'avons pas une seule place forte soit pour arrêter l'ennemi extérieur, soit pour tenir le peuple en bride. Attaqués par tous les côtés, nous en serons chassés plus facilement encore que nous n'y sommes entrés [2]. » Voilà où en étaient les ressources de la République, quand elle lançait un si orgueilleux défi à l'Angleterre et qu'elle se jetait dans une lutte de vie ou de mort pour entreprendre des conquêtes qu'elle était hors d'état de conserver, et soutenir une propagande révolutionnaire contre laquelle les peuples mêmes commençaient à se révolter.

Un despote armé d'un pouvoir sans limites pouvait seul poursuivre l'exécution de semblables desseins. La République, pour s'acharner à ces desseins, était condamnée à organiser en elle-même le despotisme. Elle y vint pas à pas, en suivant des chemins couverts et détournés, et comme aveuglément emportée par la nécessité. Dès les premiers jours de 1793, la même passion qui inspirait les projets d'une guerre indéfinie ébauchait le terrible instrument de règne nécessaire, sinon pour accomplir ces projets, au moins pour les tenter. Danton, aux mois d'août et de septembre, avait fait du Conseil exécutif une sorte de conseil de guerre. Depuis que Danton s'était retiré, le Conseil exécutif n'était plus qu'un bureau de commis. Roland, qui donna sa démission le 20 janvier, n'y venait plus depuis plusieurs semaines, et personne ne

[1] CHUQUET, *Jemappes*, p. 173, 132-133, 201-204, 227. — AULARD, t. I, p. 227.
[2] Dumouriez à Lebrun, 18 décembre 1792.

s'en apercevait. Pache ne s'occupait que de servir la Commune. Les autres ministres se renfermaient dans leur département, gérant tant bien que mal le détail des affaires, se dérobant à l'ensemble et soucieux avant tout de ne se point compromettre. La force exécutive qui échappait à ce Conseil se dispersait dans les comités de la Convention. Ces comités, aptes à légiférer, ne l'étaient point à agir. Ils se gênaient entre eux, et leurs contre-ordres enchevêtrés achevaient de paralyser ce qui subsistait encore de routine administrative dans les bureaux. La Convention ne voulait ni un chef d'État, ni même un conseil exécutif plus efficace. Elle entendait garder le pouvoir pour elle-même et l'exercer directement. Cependant la guerre exigeait un pouvoir très fort et très concentré. Il fallut pour que la Convention acceptât ce pouvoir qu'il lui échappât pour ainsi dire des mains, qu'elle le créât comme à son insu, qu'il parût émaner d'elle et qu'elle crût l'exercer. Ce pouvoir naissait de la guerre; il fut institué pour la guerre; il ne fut bon qu'à la guerre. Ce fut un militaire qui en suggéra l'idée.

Kersaint n'était point homme d'État, encore moins législateur; mais il avait commandé : il connaissait les conditions du commandement. Il termina son discours du 1er janvier par cette proposition : « Les comités de la guerre, des finances et des colonies, de la marine, diplomatique, de constitution et de commerce, nommeront chacun trois de leurs membres, lesquels se réuniront dans un local particulier, sous le nom de *comité de défense générale*. Ce comité s'occupera sans interruption, avec le ministère, des mesures qu'exigent la campagne prochaine et l'état présent des affaires, et lorsqu'il aura besoin de la parole pour rapporter une affaire, le président ne pourra la lui refuser. » Je ne recherche pas la part que pouvaient avoir, en cette proposition, les souvenirs très vagues des conseils de la régence et la notion confuse des conseils mouvants, dépendants et incessamment renouvelables, que Rousseau recommandait à la Diète de Pologne[1]. Je crois que Kersaint

---

[1] Cf. t. I, p. 224. — « Plus l'État s'agrandit, plus le gouvernement doit se resserrer; tellement que le nombre des chefs diminue en raison de l'augmentation

ne réfléchit à rien de pareil, que personne n'y réfléchit autour de lui, mais que tous les esprits étaient, comme le sien, secrètement disposés à cet expédient; sa motion fut adoptée parce qu'elle parut la plus simple et la plus opportune. Déjà l'Assemblée législative avait, dans ses crises, confondu en elle le pouvoir exécutif et le législatif, donné à ses décrets force de loi et improvisé, sous forme de commissions de contrôle, des comités éphémères de gouvernement[1]. La Convention suivit cette pente. Elle ne pouvait être jalouse de soi-même. Elle décréta la formation du *Comité de défense générale*. C'était, depuis 1789, le premier effort sérieux que l'on faisait pour reconstituer le pouvoir que tous les efforts jusque-là avaient tendu à désorganiser. Ce comité improvisé contenait en germe tous les gouvernements de l'avenir. La Convention, en le créant par expédient et comme d'instinct, ne se doutait pas qu'elle fondait une institution d'État qui anéantirait par son développement propre les plus savantes et subtiles combinaisons de ses législateurs. Ce comité devait représenter les autres, il les absorba.

Il fut nommé le 3 janvier et se constitua le 4. Il se composait de vingt-quatre membres. On y élut Kersaint, Brissot, Guyton pour la diplomatie; Dubois-Crancé, Lacombe Saint-Michel, Doulcet-Pontécoulant pour la guerre; Bréard pour la marine; Cambon pour les finances; Gensonné, Barère, Sieyès pour le comité de constitution[2]. La majorité pouvait être considérée comme girondine. Dès la première délibération, le 5 janvier, le Comité fut saisi d'une proposition tendant au remplacement de Pache. Il s'occupa aussitôt des plans de guerre. Il en examina plusieurs qui, sans se contredire précisément,

---

du peuple. Le gouvernement, pour être bon, doit être relativement plus fort, à mesure que le peuple est plus nombreux. » *Contrat social*, liv. III, ch. ɪ et ch. ɪɪ. — « Pour que l'administration soit forte, bonne, et marche bien à son but, toute la puissance exécutive doit être dans les mêmes mains; mais il ne suffit pas que ces mains changent; il faut qu'elles n'agissent, s'il est possible, que sous les yeux du législateur, et que ce soit lui qui les guide. » *Gouvernement de Pologne*, ch. ᴠɪɪ. Cf. Mably, *Du gouvernement de la Pologne*, 1ʳᵉ partie, ch. ᴠɪɪɪ.

[1] Aulard, t. I, Introduction, p. xlix-lx.
[2] Procès-verbaux du comité de défense générale, Aulard, t. I, p. 389 et suiv.

étaient néanmoins difficilement conciliables les uns avec les autres.

Custine tenait toujours pour la conquête de la rive gauche du Rhin. « Les puissances allemandes, écrivait-il[1], sentent que si les bornes de la République sont reculées jusqu'au Rhin, c'en est fait de l'empire d'Allemagne; et moi, je pense jusqu'à la conviction que si le Rhin n'est pas la limite de la puissance de la République, premièrement elle périra par ce qui a détruit la royauté, le désordre des finances; secondement, les prêtres reconquerront la Flandre et les pays que nous occupons... Il n'est plus qu'un moyen de salut pour nous, celui d'étonner l'univers, de nous étonner nous-mêmes par la masse de notre puissance; nous ne pouvons l'espérer qu'en changeant le gouvernement de l'Europe. » Il est naturel aux militaires de rêver des conquêtes, et les généraux de la République n'étaient pas les premiers qui confondaient leur ambition avec leur patriotisme. Il se rencontra pourtant des sages parmi eux. Scherer, dans un mémoire daté du 31 décembre 1792, combattit le dessein des limites naturelles; il était d'avis de garder la Savoie, d'arrêter la frontière du Nord au confluent de la Sarre et de la Moselle, de demander Luxembourg, d'attribuer les électorats ecclésiastiques à l'Électeur palatin en échange de la Bavière qui irait à l'Autriche, et de laisser les Belges se constituer en république, sous la protection de la France à laquelle cet État indépendant servirait de barrière. Scherer voyait à ces arrangements deux avantages : ils étaient conformes au principe de la renonciation aux conquêtes, et ils n'attribuaient à la France que ce qu'elle était sûre de pouvoir garder. Beurnonville se prononçait dans le même sens : « Chez nous, écrivait-il, tout sera pour nous, et nous serons invincibles; chez les autres, tout sera contre nous, et nous serons vaincus... » « Notre force armée est réduite de moitié; il lui faut une nouvelle organisation, et l'on ne s'occupe que de chimères. Nous ne pensons qu'à donner la

---

[1] A Lebrun, 21 décembre 1792.

liberté à des gens qui n'en veulent point, et nous ne savons pas être libres, tout en voulant l'être. » « Dumouriez, disait-il encore, prêche une guerre en Hollande qui ne présente qu'un but dangereux. Il vous dit que son armée ne désire que marcher ; comment le croire quand il se plaint de la fuite de tous les volontaires[1] ? »

Dumouriez savait trop bien que son armée ne pouvait, dans les conditions où elle était, ni conquérir la Hollande ni subsister en Belgique ; mais c'était pour lui un motif de plus de réclamer à Paris le ravitaillement de ses troupes, de rassurer et de pacifier la Belgique, et dès qu'il en aurait retrouvé les moyens, de marcher sur la Hollande. Il se flattait que ses soldats, rhabillés et nourris, verraient dans cette expédition la fin de leurs misères ; qu'en agissant par surprise, le succès lui serait facile ; que l'éclat de ce coup de main lui rendrait la confiance de l'armée et frapperait les esprits de la multitude. Il jugeait ses affaires très compromises, se trouvant déçu dans toutes ses espérances et menacé dans tous ses intérêts. En partant pour la Belgique, il comptait en revenir dictateur : il avait eu la victoire, mais la dictature ne se dessinait pas. Loin de là, sa popularité diminuait. On l'attaquait à Paris, dans les journaux. On le dénonçait dans les clubs. La Convention le soupçonnait. Il était persuadé que ses ennemis conspiraient non seulement sa perte, mais celle de son armée. « Vous ne pourrez l'arrêter qu'après l'avoir fait battre », s'était écrié l'un d'eux dans le cabinet de Lebrun. « Plus vous acquérez de gloire, plus la rage de vos ennemis augmente », lui mandait ce ministre. Il haïssait les Jacobins ; il se savait détesté par eux ; il méditait de les anéantir. « Il y a, écrivait-il à Miranda le 13 décembre, un tissu de scélératesse d'une part, et d'ignorance de l'autre, qui fera périr la République avant, pour ainsi dire, qu'elle soit née. Il n'y a ni gouvernement ni constitution. La Convention nationale ne s'en occupe point du tout. Au lieu de cela, elle passe son temps à devenir un tribunal inquisitorial...

[1] A Pache, 18 décembre 1792 : ROUSSET, *Les volontaires*, p. 140 ; à Cochon, 10 janvier 1793 : MORTIMER-TERNAUX, t. VII, p. 422.

Personne n'est sûr de son état… C'est un temps de proscription, de démence et de méchanceté, qu'on ne peut comparer qu'aux siècles de Tibère et de Néron. Les honnêtes gens de l'Assemblée se taisent par défaut de courage. Tel est le parti que les représentants de la nation tirent de nos victoires. » S'il voulait, selon son expression favorite, « travailler dans le grand », il n'avait plus de temps à perdre. Il avait trop parlé ; désormais il était compromis. Au train dont allaient les choses, le moment était proche où il n'aurait plus à choisir qu'entre un coup d'État, l'exil ou la guillotine. Son choix était fait.

Il avait successivement envoyé à Paris Westermann, à la fin de novembre, Thouvenot, au commencement de décembre, pour exposer « l'affreuse situation » où il se trouvait. Point de réponse. Pache continuait son œuvre de désorganisation. Le conflit entre le ministre et le général arrivait à l'état aigu. Le 18 décembre, Dumouriez demanda au Conseil exécutif l'autorisation de se rendre à Paris. Le décret du 15 décembre ajouta un nouveau grief à tous ceux qu'il nourrissait déjà. Ce décret transformait en code de lois les pratiques qui, selon lui, compromettaient le succès de la guerre, la conservation de la Belgique, l'existence même de l'armée. Il montra d'abord une velléité de révolte, et refusa de faire exécuter le décret. Les commissaires de la Convention le menacèrent de le suspendre, de l'arrêter et de le traduire à la barre. Il se soumit en apparence, mais il prépara la réunion d'une Convention belge qui constituerait une république indépendante et organiserait une force armée capable de protéger l'indépendance du pays. Les assemblées primaires furent convoquées pour les derniers jours de décembre, les électeurs définitifs pour le 10 janvier. Les agents de la propagande s'efforcèrent par tous les moyens de rompre ces mesures. Dumouriez ne compta plus que sur l'effet de son voyage à Paris pour sauver sa conquête de leurs mains. Il partit, dans les derniers jours de décembre. Il se proposait de renverser Pache et ses munitionnaires prévaricateurs, de plaider et de gagner la cause de l'indépendance de la Belgique, de faire rapporter le décret du 15 décembre, de faire prévaloir ses plans sur la Hollande, d'obtenir les moyens de les accomplir, enfin de déterminer la Convention à suspendre le procès de Louis XVI, « le hideux procès », comme il le qualifiait. Il était humain : il avait vu Louis XVI de près. Cette immense infortune, si noblement portée, le touchait; il redoutait pour la France, pour la République, pour lui-même, les conséquences du procès; enfin il avait du courage [1].

Arrivé le 1ᵉʳ janvier, il constata, dès le premier abord, qu'en se mêlant du procès du roi, il se perdrait lui-même sans sauver Louis XVI. Il ne s'occupa plus que du sort de la Belgique et des préparatifs de l'expédition de Hollande, deux affaires sur lesquelles désormais reposait tout son avenir. Il cherchait à Paris des partisans ou des complices, il y trouva à peine quelques amis. Venu pour observer et se faire voir, il fut contraint de se renfermer, à Clichy, dans une petite maison de campagne, ne recevant que ses intimes, composant des plans de campagne qu'il adressait à l'Assemblée, avec des doléances sur l'abandon où on laissait son armée et des menaces de démission. On l'appela au Comité de défense générale et dans le Conseil exécutif; on l'écouta, on approuva plusieurs de ses propositions, il ne domina nulle part. Il essaya de démontrer à Cambon le danger du décret de décembre; il ne parvint qu'à se brouiller avec ce conventionnel.

Il avait été suivi de près à Paris par Maulde, le ministre de la République à la Haye. Maulde avait vu lord Auckland et revu le grand pensionnaire van Spiegel. L'un et l'autre avaient assuré qu'ils désiraient la paix, et qu'elle était possible si la France renonçait à s'incorporer la Belgique : autrement ce serait la guerre. Ces déclarations commandaient la réflexion au Conseil exécutif. Saisi, le 3 janvier, d'une lettre de Custine qui proposait de négocier un armistice avec les Prussiens, il se réserva d'en délibérer lorsqu'il serait mieux informé des dispositions de l'Angleterre. Le même jour, une lettre de Kellermann

---

[1] Chuquet, *Jemappes*, p. 144; ch. v et vi; *id.*, *La trahison de Dumouriez*, ch. i.; Dumouriez à Miranda, *Rojas*, p. 21-22. — Convocation de la Convention belgique, *Moniteur*, t. XV, p. 57. — Aulard, t. I, p. 317, 321, 347.

annonça que Genève avait consommé sa révolution et appelé les démocrates au pouvoir [1]. Le Conseil se contenta d'envoyer à Kellermann des exemplaires du décret du 19 novembre et d'inviter ce général à notifier, le cas échéant, qu'il avait ordre d'occuper Genève si une intervention étrangère y menaçait le nouveau gouvernement [2]. Les esprits semblaient incliner, au moins momentanément, à la prudence, quand une nouvelle inattendue vint provoquer un incident de séance et rejeter les passions du côté des aventures. Le 6 janvier, le secrétaire de Sémonville, que le Conseil avait, le 24 octobre, chargé de porter les ordres relatifs à l'expédition de Naples, arriva à Paris avec des dépêches de l'amiral Latouche [3]. Monge, qui les reçut, ne se donna pas le temps de les ouvrir ; il se rendit à la Convention et demanda que Belleville fût admis à la barre. Belleville suivait Monge, le président le fit introduire et lui donna la parole. Voici les faits que Belleville exposa, dans un style fort apprêté, qui trahissait beaucoup plus le nouvelliste et l'intrigant de lettres que le « grenadier » et le diplomate.

L'amiral Truguet avait confié à Latouche [4] l'exécution des instructions du Conseil. Cet amiral se présenta devant Naples, le 16 décembre, avec quatorze vaisseaux. Un parlementaire l'invita à s'arrêter à l'entrée du port ; il répondit que si l'on osait tirer un seul coup de canon, il détruirait la ville. On le laissa se mettre à quai, et les démocrates napolitains vinrent embrasser les Français sous les fenêtres du palais du roi. Le 17, Belleville débarqua. Latouche avait tenu à choisir pour porte-parole de la République un « grenadier » de la garde nationale de Paris. Mackau se fit l'introducteur de cet ambassadeur-citoyen, et tous deux remirent à Acton une missive de l'amiral au roi. Latouche réclamait, dans le délai d'une heure, le désaveu du ministre des Deux-Siciles à Constantinople, le

---

[1] 28-30 septembre 1792. *Moniteur*, t. XV, p. 270.
[2] AULARD, t. I, p. 387-388.
[3] Cf. ci-dessus, p. 157.
[4] Discours de Belleville, séance du 6 janvier 1793. Rapport de Latouche, 25 décembre 1792. *Moniteur*, t. XV, p. 82, 310.

rappel de cet agent, l'envoi d'un ambassadeur à Paris ; sinon la paix serait rompue et les hostilités commenceraient immédiatement. « Je ne suspendrai la destruction et la mort, déclarait l'amiral, qu'après avoir fait de Naples un monceau de ruines. » Acton tremblait ; il porta la dépêche à Ferdinand. Ce roi, épouvanté par la vue de la flotte, ne demandait qu'à capituler pour se débarrasser au plus vite de Latouche et de ses vaisseaux. Marie-Caroline furieuse, humiliée, mais effrayée aussi, conseilla de tout céder, afin d'être plus tôt libre de se venger sur les démocrates napolitains de l'injure qu'elle recevait des Français. Au bout d'une demi-heure, Acton rapporta le désaveu et les promesses réclamées par Latouche. Belleville fut admis à saluer Ferdinand. Latouche refusa de paraître à la cour. Dès que Belleville se fut rembarqué, l'amiral fit mettre à la voile et quitta Naples.

Le récit de Belleville souleva l'enthousiasme de la Convention. « Encore un Bourbon au nombre des vaincus ; les rois sont ici à l'ordre du jour ! » dit le président, Treilhard, et il invita Belleville aux honneurs de la séance. La façon, toute militaire, dont Latouche avait mis au pas cette cour orgueilleuse fut un aiguillon aux partisans de la guerre. Le style de Latouche, qui n'était que de la rhétorique soldatesque, leur parut le style même de la diplomatie républicaine. Beaucoup se figurèrent qu'il suffirait de parler de ce ton aux Anglais pour que Pitt se courbât comme l'avait fait Acton. Brissot, sans aller jusqu'à ce degré de présomption, y inclinait cependant. Son élection au Comité de défense avait dissipé ses velléités de politique, réchauffé son exaltation brouillonne et ranimé sa brigue. Il rentrait dans son caractère, et soufflait de nouveau le feu. Persuadés que la nation anglaise était égarée par son gouvernement, que le ministère, en visant la République, cherchait réellement à atteindre les libertés anglaises, que la guerre dont Pitt faisait bruit était surtout une guerre parlementaire, guerre de contenance et de bills d'armements, qu'en devançant les préparatifs du cabinet, on déjouerait ses calculs, qu'il y avait en Angleterre une masse innombrable de citoyens disposés à exiger la révocation des ministres au premier éclat de la lutte avec la France, que le reste des Anglais, voyant leur commerce menacé, se prononcerait pour la paix, Brissot et ses amis se figurèrent qu'il suffirait de rassurer le public anglais sur le sort de la Belgique, pour que la nation se séparât du gouvernement, poussât les démocrates au pouvoir, confirmât la neutralité de l'État et imposât peut-être même une alliance avec la France [1].

Sous l'influence de ces spéculations, le Conseil exécutif décida, le 7 janvier, qu'il serait donné des lettres de créance à Chauvelin, et que cet agent remettrait à Grenville une réponse officielle à la note du 31 décembre [2]. Cette note reproduisait les commentaires restrictifs déjà donnés au décret du 19 novembre et ramenait, en quelque sorte, ce décret révolutionnaire à la coutume de l'ancien régime. La France n'interviendrait que là où la volonté générale, exprimée clairement et sans équivoque, l'y appellerait : « On ne fit point un crime à Henri IV de l'avoir écoutée, non plus qu'à la reine Élisabeth. » La République ne s'érige point en arbitre universel. Elle ne fera la loi à personne; elle ne la recevra de personne. « Elle a renoncé et renonce encore à toute conquête; l'occupation des Pays-Bas n'aura de durée que celle de la guerre et le temps qui sera nécessaire aux Belges pour assurer et consolider leur liberté. » Mais si, malgré ces explications, les mesures hostiles se continuent en Angleterre, la France se disposera à la guerre. « Nous combattrons à regret les Anglais, que nous estimons; mais nous les combattrons sans crainte. » Cette note fut expédiée à Chauvelin le 8; le 10, Lebrun lui écrivait : « Je vous préviens, citoyen, que nous sommes très pressés ici d'avoir définitivement une réponse de la cour de Londres sur ses dispositions soit pour la paix, soit pour la guerre... Il est donc très important que vous nous annonciez promptement l'ultimatum du ministère britannique. »

C'était marcher à la rupture avec ce ministère. Lebrun ne le

---

[1] Voir le discours de Brissot, du 12 janvier 1793.
[2] Texte de cette note, *Moniteur*, t. XV, p. 123.

redoutait pas, tout au contraire, pensant que cette rupture même entraînerait la chute de Pitt. Il cherchait, avec cette arrière-pensée, à renouer avec l'opposition. Ce fut l'objet d'une longue lettre que Maret, revenu à Paris, adressa, le 7 janvier, à Miles. Il y déduit, avec autant de lucidité que de complaisance, les arguments qui pourraient légitimer l'incorporation à la République des pays conquis par ses armées. Ces raisonnements, fort spécieux, étaient destinés à figurer, au cours même du règne de la Convention, dans les manifestes de l'État. C'étaient, au fond, ceux des dialecticiens de la Constituante[1]; mais ils se précisaient singulièrement sous la plume de Maret, et ils suivaient dans leur développement le progrès de la Révolution. « Les représentants de la nation française », disait Maret, ont déclaré « que la France n'entreprendrait jamais aucune guerre dans la vue de faire des conquêtes »; il ne s'ensuit pas que toute puissance ait le droit d'attaquer la France et d'en conspirer le démembrement sans courir d'autre risque que de se voir reconduite à la frontière. La France, attaquée, a le droit de s'indemniser des dommages que lui a causés une agression injuste. Elle n'a pas décrété l'inviolabilité des monarchies. « Si vous voulez qu'à l'avenir la France renonce à tout projet d'agrandissement, exigez, en même temps, que toutes les puissances renoncent à l'attaquer jamais. » En incorporant à son territoire la Savoie, Nice, Mayence, la France ne ferait que se payer de ses pertes en hommes et en argent ; elle se rembourserait, elle ne s'enrichirait pas ; elle se dédommagerait et ne s'agrandirait point, à proprement parler. Maret, toutefois, ne poursuivait cette dissertation que pour en venir à cette fin : la France aurait, d'après le droit public et les usages de l'Europe, le droit de conserver les territoires conquis ; elle ne les conservera pas. « Nous avons fait céder ces droits que la politique européenne a toujours regardés comme incontestables, à des droits que notre philosophie ne contestera jamais. Nous avons subordonné ces dédommagements légi-

---

[1] Voir t. II, p. 103.

times à la volonté des peuples conquis. » Et encore nous sommes-nous réservé le droit d'écarter les vœux de réunion que nous ne jugerions pas convenables. « Par exemple, de grandes victoires nous ont rendus maîtres de la Belgique. Nous consentirons volontiers à lui assurer une existence libre et indépendante. » Les Belges, rentrés dans leurs droits, accommoderont eux-mêmes avec leurs voisins l'affaire de l'Escaut. Maret terminait en indiquant que si le cabinet anglais persistait à refuser de traiter avec Chauvelin, le Conseil exécutif serait disposé à envoyer un autre négociateur, Barthélemy, par exemple. Cette lettre était faite pour rejeter tous les torts sur le cabinet anglais et suggérer à l'opinion qu'avec d'autres ministres, la France et l'Angleterre arriveraient aisément à s'entendre.

Mais tandis que ces dépêches étaient portées à Londres, la Convention ordonnait ostensiblement, et le Conseil exécutif prenait d'urgence, des mesures qui en contredisaient toutes les insinuations pacifiques. En même temps qu'arriverait le courrier de Lebrun, les journaux de Paris allaient apporter aux Anglais la conviction que si la République était disposée à garantir, d'accord avec l'Angleterre, « une existence libre et indépendante » à la Belgique, elle s'accommoderait de façon que ce pays fût auparavant dûment « municipalisé » et que la révolution y fût un fait accompli. Les agents de la propagande en Belgique s'étaient inquiétés, à juste titre, du voyage de Dumouriez à Paris. Le plus ardent, le plus rusé, le plus entreprenant et le plus « exacteur » de ces flibustiers démagogues, Chépy, employé, un instant, dans la diplomatie, qui débutait alors dans sa vraie carrière et qui finit, naturellement, dans la police de l'Empire, était accouru sur les traces du général. Les clubistes belges, enrégimentés et stylés par ses compagnons et par lui, protestaient contre l'élection des administrations provisoires ; ils réclamaient « de grandes mesures », une *journée* à la parisienne ; les correspondants des journaux de Paris les soutenaient ; les clubs parisiens se mirent en branle. Chépy, ainsi appuyé, se présenta, le 2 janvier, au Conseil exécutif. Les ministres, très perplexes, ajournèrent leur réponse jusqu'à ce qu'ils eussent entendu Dumouriez. Chépy se retourna vers la Convention. Les lettres des commissaires y avaient préparé les esprits aux violences. Le 8 janvier, des clubistes de Bruges parurent à la barre, félicitant l'Assemblée de son décret du 15 décembre et demandant la formation d'un quatre-vingt-cinquième département de la République. Cambon n'attendait que cette occasion. Le décret du 15 décembre, dit-il, a été rendu à l'unanimité. Il a été « la vraie pierre de touche que désirait la Convention ». Mais on l'a envoyé seul, sans commissaires. « On a donné aux partis le temps de se liguer contre son exécution ; et pourtant, c'est ici le cas de veiller sur les biens que Dieu nous a conservés pour sauver notre liberté ; c'est la terre de Chanaam, la terre promise, où tous les peuples trouveront la manne céleste... Je demande que le Conseil exécutif rende compte, séance tenante, et par écrit, de l'exécution du décret et de l'envoi des commissaires nationaux. » La Convention le décréta, et le Conseil exécutif en fut informé immédiatement.

Cette injonction du souverain traversait toutes les négociations. Le Conseil avait préparé l'expédition des commissaires, il avait trié ces agents sur le volet, et dressé pour eux un projet d'instructions fort détaillées ; mais il avait différé l'exécution de la mesure, voulant au moins écouter Dumouriez et surtout se réserver un dernier moyen d'entente avec l'Angleterre. Il n'osa pas résister au décret. Le jour même, il annonça à la Convention que ses volontés avaient été prévenues, que les dispositions étaient prises, et que, sous peu de jours, tous les commissaires seraient en route. Le 16 janvier, les instructions aux agents furent publiées à Paris. Le 18, le décret fut affiché à Bruxelles, l'exécution commença[1], et tous les fruits de la victoire de Jemappes furent anéantis. La Belgique ne

---

[1] Délibérations du Conseil exécutif, AULARD, t. I, p. 379-416. — *Instructions pour les commissaires en Belgique*, p. 416-419 ; *Moniteur*, t. XV, p. 137. — *Observations sur les mesures à prendre pour l'exécution de chaque article du décret du 15 décembre*, AULARD, t. I, p. 419-437. Nomination des commissaires, AULARD, p. 452-459. — CHUQUET, *Jemappes*, p. 179-180, 214-225, 233. — *Moniteur*, t. XV, p. 88, 121.

pouvait plus servir aux armées françaises ni de quartier d'hiver, ni de base d'opérations, ni de ligne de retraite. La campagne de 1793 était d'avance compromise. Le jour même où il notifiait aux Belges ce décret funeste, le gouvernement français se voyait contraint de surseoir aux préparatifs d'une expédition en Zélande, Miranda, chargé de ces préparatifs, ayant déclaré ce projet « bien difficile à exécuter dans la situation de nudité et le manque absolu de magasins où nos armées se trouvent[1] ».

Cependant, avec l'Angleterre, les choses se précipitaient vers la rupture. Le 10 janvier arriva un courrier de Chauvelin ; cet agent avait, selon ses instructions, adressé à Grenville, en qualité d'envoyé de la République, les notes sur l'*alien bill* et sur le commerce des blés. Grenville lui avait renvoyé son écrit « qu'il ne pouvait, mandait-il, considérer que comme totalement inadmissible, M. de Chauvelin s'y qualifiant d'un caractère qu'on ne lui reconnaît point ». Le Conseil exécutif communiqua, le 31, ces pièces au comité diplomatique. Ce comité décida que la Convention serait saisie de la note de Grenville du 31 décembre, et de celle de Lebrun du 7 janvier. Lebrun les lut dans la séance du 12. Brissot rédigea, séance tenante, un rapport au nom des comités diplomatique, de marine et de défense générale. Il se crut rajeuni de plusieurs mois, et refit, à l'occasion de l'Angleterre, une seconde édition de son rapport sur l'Autriche. L'Angleterre, dit-il, veut, comme le voulait l'Autriche, nous épuiser par une paix armée et attendre son heure pour nous déclarer la guerre. Il faut déjouer l'agression du cabinet de Saint-James comme on a déjoué celle de la cour de Vienne, prendre d'urgence des mesures vigoureuses et demander des explications catégoriques. Brissot, d'ailleurs, selon sa manière étourdie et fanfaronne, se hâte de déclarer que l'on peut, à cette entreprise, gagner de la gloire sans péril et faire de l'héroïsme sans danger. S'imaginant qu'il va, par ses épouvantails de rhétorique, terri-

---

[1] AULARD, t. I, p. 414, 439-444, 482. — ROJAS, *Miranda*, p. 26-28; Dumouriez à Miranda, 10, 19 janvier ; Miranda à Dumouriez, 15 janvier 1793.

fier les Anglais, et méprisant assez les « patriotes » britanniques pour croire qu'en insultant leur patrie, il les attirera dans l'alliance française, il présente un tableau, sinistre pour les Anglais, réconfortant pour les Français, de l'écroulement d'Albion[1]. Il « déchire le voile qui enveloppe ce colosse imposant ». Il met à nu « cet échafaudage de la grandeur anglaise »; il en « montre le vide » : point de finances, point d'hypothèque à offrir aux emprunts, point de troupes, rien que des flots d'émigrants qui désertent l'Écosse, trois millions d'Irlandais qui cherchent à se soulever; point d'amis ! « Jugez de la détresse de cette suprême puissance ! » Ajoutez l'insurrection de l'Inde : les Français se présenteront en Asie, « non pour remplacer les Anglais en les chassant, mais pour rendre l'Inde à son indépendance ». Brissot convie, en terminant, la nation anglaise à prévenir « cette lutte impie, fratricide », que la France abomine, et dont le cabinet anglais est le seul fauteur. La France est prête à rassurer le peuple anglais. « Nous voulons respecter vos droits, ceux de vos alliés; respectez nos principes ! »

La Convention rend un décret conforme à ces conclusions : le Conseil exécutif déclarera que la République désire vivre en harmonie et en fraternité avec la nation anglaise; il réclamera le retrait de l'*alien bill*, le rappel de l'acte prohibant la sortie des blés, et une explication satisfaisante des armements de l'Angleterre. Le lendemain, 13 janvier, sur la proposition du Comité de défense, la Convention ordonne un armement immédiat de trente vaisseaux et de vingt frégates, la mise en chantier de vingt-cinq vaisseaux et de vingt frégates; elle vote trente millions pour les préparatifs, envoie des commissaires dans les ports et lance un appel aux volontaires de la flotte. A titre de complément, pour contenir les Anglais s'ils veulent la paix, pour les accabler s'ils veulent la guerre, Genet, qui a été nommé ministre aux États-Unis, reçoit l'ordre de négocier avec cette République « un pacte national », « d'où résulterait

---

[1] Voir t. I, liv. III, ch. I : *Préjugés et erreurs des Français sur l'Angleterre*, p. 345-348.

une alliance pour l'extension de la liberté, de la souveraineté des peuples... » Ce pacte conduirait à affranchir l'Amérique espagnole, à ouvrir le Mississipi aux Américains, à délivrer la Louisiane, « à réunir peut-être à la constellation américaine la belle étoile du Canada ». Genet y préparera les esprits par une active propagande en Louisiane, dans les pays espagnols des États-Unis et dans le Kentucky. Il pourra délivrer des lettres de marque aux armateurs français et américains, ainsi que des brevets d'officiers aux chefs indiens armés contre l'Angleterre et l'Espagne [1].

Cependant l'*alien bill* voté par les Chambres avait été sanctionné le 8 janvier. Chauvelin sentit le poids de sa responsabilité. Il ajourna la dénonciation du traité de commerce, attendant quelque contre-ordre. Il n'en reçut point, et, le 12 au matin, il se décida à dénoncer le traité de 1786. Les dépêches de Paris, des 7 et 8 janvier, lui parvinrent dans la journée. Il demanda aussitôt une entrevue à lord Grenville, qui, cette fois, consentit à le recevoir. Chauvelin lui remit la note du Conseil exécutif du 7 janvier. Lord Grenville annonça qu'il y répondrait par écrit. Chauvelin demanda à présenter ses lettres de créance : là-dessus, la figure de Grenville se rembrunit, et il se retrancha sur la nécessité où il était de consulter ses collègues. Chauvelin insista pour obtenir une prompte réponse. Le même jour, Miles, qui avait reçu par le même courrier la lettre de Maret, lui écrivit : « Je vois avec une joie inexprimable un rapprochement. Encore un pas seulement, mon ami, et tout ira à merveille. » Mais ce pas était énorme. Avant d'exiger la reconnaissance préalable de la République, la France, selon Miles, devait « renvoyer » l'affaire de l'Escaut et donner « des explications satisfaisantes » sur les décrets du 19 novembre et du 15 décembre. « Faites-le, ajoutait cet Anglais humanitaire, et répétez les assurances que ce n'est nullement l'intention de la France d'incorporer les

---

[1] AULARD, t. I, p. 361, 393, 478. Décisions du 4 et du 17 janvier; Instructions supplémentaires de Genet, 17 janvier-18 mars 1793. — CORNELIS DE WITT, *Jefferson*, pièces.

provinces belgiques et vos autres conquêtes à la France, et vous verrez que tout sujet de crainte et de jalousie étant ôté, il n'y aura plus de prétexte de vous chercher querelle. »

La République se trouvait ainsi presque aussi loin de compte, en Angleterre, avec ses amis qu'avec ses ennemis. Les nouvelles qui arrivèrent les jours suivants de Paris, la marche fatale du procès du Roi, le rapport de Brissot, les préparatifs de guerre étaient faits pour décourager les uns et pour irriter les autres. Grenville envoya, le 18, sa réponse à Chauvelin. Elle était entièrement négative, et dans une forme très hautaine. Elle annonçait qu'en opposition aux armements de la France, l'Angleterre allait prendre les mesures nécessaires « pour opposer une barrière à des vues d'ambition et d'agrandissement, dangereuses en tout temps pour le reste de l'Europe, mais qui le deviennent bien plus, étant soutenues par la propagation de principes destructeurs de tout ordre social ». Chauvelin transmit, le 19, cette note à Lebrun. Ma situation, ajoutait-il, devient intolérable ; je ne puis plus envoyer de courrier, et il ne reste d'autre ressource que de courir aux armes.

La France en était avec l'Espagne à peu près au même point. Lebrun proposait de nommer des commissaires pour contrôler le désarmement respectif[1]. Mais il ne pouvait avoir grande confiance dans cette négociation, après les déclarations violentes et le refus de la Convention d'écouter les propositions d'Ocaritz. Le 14 janvier, il reçut une dépêche de Bourgoing, datée du 3 : « Citoyen ministre, je dois vous le répéter, sans me permettre l'expression d'aucun vœu, la conduite de cette cour à notre égard dépendra très probablement du sort de Louis XVI. S'il périt, la guerre me paraît certaine. S'il est sauvé, je crois qu'il ne sera pas impossible de faire entendre raison à l'Espagne, même sur ses armements maritimes. »

[1] Dépêche à Bourgoing, 4 janvier 1793.

VI

Ce procès qui troublait l'Europe mettait Paris en fièvre. Tous les éléments révolutionnaires surexcités bouillonnaient autour de l'Assemblée. Harangues et motions de club, libelles, délations, attroupements, ce n'étaient que menaces furieuses sous toutes les formes et à tous les instants. La majorité des conventionnels avait capitulé sur tous les articles. Ceux qui avaient entrepris de la subjuguer, la méprisaient de s'abaisser ainsi, et, redoutant qu'elle ne se relevât par un accès de courage, ils travaillaient à l'abaisser davantage [1]. Les votes commencèrent le 15, à la tribune, en public, par appel nominal. L'Assemblée était presque au complet : elle ne fut jamais si nombreuse. Tous sentaient qu'il fallait payer de sa personne, et qu'il n'y avait point d'excuse à l'absence. Sur 720 députés présents, 683 déclarèrent que Louis était coupable. Sur 717, 283 se prononcèrent pour l'appel au peuple et 424 contre cet appel. Le scrutin sur la peine s'ouvrit le 16, à huit heures du soir. Les conventionnels avaient siégé toute la journée. Ils étaient énervés déjà lorsqu'ils se rendirent, par une morne nuit d'hiver, à cette séance qui dura vingt-quatre heures. La salle formait un long parallélogramme, avec deux étages de galeries énormes qui surplombaient. Les lustres et les flambeaux n'y répandaient qu'une lumière trouble et fumeuse. Les députés allaient et venaient des couloirs dans la salle, attendant leur tour de paraître, soutenant leurs amis de leur présence ou intimidant leurs adversaires, puis, dans les intervalles, errant çà et là sur les bancs, agités et

---

[1] « La Convention nationale... est accablée sous le poids de son ignominie », écrit le 14 janvier la femme, très fanatique, d'un Montagnard. « Jamais réunion de talents et de vices ne se trouvèrent si bien assortis pour la honte et le malheur de l'humanité... » LOCKROY, *Journal d'une bourgeoise*, p. 331.

somnolents tour à tour. Les spectateurs, dans les tribunes, s'écrasaient pour mieux voir. Au premier étage, aux places réservées, quelques royalistes étaient parvenus à s'insinuer. La plupart des assistants étaient des curieux, parmi lesquels beaucoup de femmes, gens du bel air d'alors, car il y en eut toujours, même au pied de la guillotine; moins avides encore de voir le spectacle, que de faire parade, en y assistant, de leur qualité dans le monde. Au-dessus, les tribunes publiques où un millier d'énergumènes s'étaient entassés sous la voûte obscure et profonde du toit. Ces gens trépignaient, hurlaient, vociféraient, applaudissaient, mêlaient les quolibets aux invectives. Personne ne voulant perdre sa place, on se mit à collationner, comme au théâtre dans les représentations populaires. Cette foule jouissait grossièrement de ce spectacle unique où se décidait, à propos de la vie d'un homme, la vie de tant de milliers d'hommes. Les députés se succédaient à la tribune, applaudis ou hués, selon qu'ils votaient la mort ou qu'ils opinaient pour la clémence. Le véritable jugement était moins celui qu'ils portaient sur le Roi que celui qu'ils portaient sur eux-mêmes. Dans cette tragédie que les conventionnels donnaient aux nations, selon le mot de Danton [1], la personne de Louis XVI avait disparu de la scène. Le vote des conventionnels occupait toute l'action. Ils sentaient qu'ils votaient leur propre destinée dans la Révolution et dans l'histoire. Les deux grandes images que chacun aurait dû évoquer, la justice et la patrie, s'étaient comme obscurcies dans les ténèbres de cette nuit. Parmi ceux qui se crurent justes, combien n'étaient que fanatiques! Parmi ceux qui crurent sauver l'État, combien ne voulaient sauver que leur personne! De là l'espèce d'horreur sacrée que tant de régicides gardèrent de cette séance, le silence farouche où ils se renfermaient quand on leur demandait l'explication de leur vote, ou ces simples mots donnés pour toute réponse : Il le fallait [2]!

[1] Discours du 16 janvier, *Moniteur*, t. XV, p. 176.
[2] Rien de plus significatif que ce chapitre de trois lignes dans les mémoires d'un

Le scrutin fut clos le 17 janvier à huit heures du soir. Pendant qu'on le dépouillait, le président dit que l'agent espagnol, Ocaritz, annonçait une dépêche de son gouvernement. C'était une tentative suprême d'intercession. Danton, revenu de Belgique, dans la journée du 16, avait motivé son vote par ces paroles : « On ne compose point avec les tyrans, on ne frappe les rois qu'à la tête, on ne doit rien attendre de ceux de l'Europe que par la force des armes ! » Il reparut à la tribune : « Si tout le monde était de mon avis, dit-il, on voterait à l'instant la guerre à l'Espagne. Cependant, qu'on entende si on veut cet ambassadeur, mais que le président lui dise que les vainqueurs de Jemappes ne démentiront pas la gloire qu'ils ont acquise, et qu'ils retrouveront, pour exterminer tous les rois de l'Europe conjurés contre nous, les forces qui déjà les ont fait vaincre. » L'Assemblée refusa d'entendre la lecture de la dépêche, et le résultat du vote fut proclamé.

Malgré toute la machine d'intimidation que les Montagnards avaient montée autour des modérés, la révolte des cœurs et des consciences contre la raison d'État demeura telle, jusqu'à la dernière heure, qu'il s'en fallut de quelques voix que la mort ne fût point prononcée. Sur 749 membres, 721 prirent part au vote; la majorité absolue, requise pour la validité du vote, était de 361 voix; 361 voix se prononcèrent pour la mort pure et simple. Cependant 26 représentants avaient voté la mort en réservant la discussion d'un sursis, mais en déclarant leur vote de mort indépendant de cette réserve. Les scrutateurs ajoutèrent ces voix à celles qui avaient voté la mort, et la mort fut prononcée par 387 voix.

L'exécution eut lieu le 21 janvier. Le procès avait été théâtral; le supplice fut solennel. La Commune, qui disposait de la populace de Paris, fanatisée et armée, crut nécessaire de déployer toutes ses troupes et de mettre ses canons en batterie, pour faire respecter l'arrêt de la Convention.

des votants : Thibaudeau. « Mémoires : chapitre II, 21 janvier : Ici se présente l'événement le plus tragique de la Révolution; ce n'est pas encore assez de trente ans qui se sont écoulés depuis pour aborder ce sujet. » Et c'est tout.

Louis XVI, traîné à l'échafaud, semblait encore inquiétant à ceux qui l'avaient renversé du trône. On n'eut pas besoin d'un si formidable appareil pour mener à la guillotine les Girondins, Danton et Robespierre. Cet appareil était encore royal, en sa contrefaçon. Vainement les conventionnels avaient prétendu, par le sobriquet ridicule de Capet, faire rentrer le roi dans le droit commun; vainement ils prétendirent en jetant son cadavre dans la chaux vive anéantir la dernière dépouille de la royauté; ils continuaient, malgré eux, à traiter Louis en monarque, et le supplice du roi l'isolait encore au milieu des Français.

Ce supplice fit davantage. Il releva Louis XVI et le marqua pour l'histoire. Louis avait régné médiocrement; raillé de sa cour, moqué des autres rois qui se piquaient de force et de génie, destiné à sombrer misérablement dans la Révolution, il ne pouvait qu'ajouter un nom de plus à la série obscure des rois incapables ou débonnaires, voués à la déchéance, à la fuite et à l'exil. La guerre civile aurait rendu sa mémoire odieuse; la proscription aurait effacé son souvenir; l'échafaud lui fit une auréole. En lui ôtant le manteau royal et la couronne qui l'écrasaient, la Convention découvrit en lui l'homme qui était d'une mansuétude sans égale, et qui porta dans la séparation de tout ce qu'il avait aimé, dans l'oubli des injures qu'il avait reçues, dans la mort enfin, ce sacrifice de soi-même et cette confiance absolue dans la justice éternelle qui sont les sources des plus touchantes vertus du genre humain. La Convention l'exclut de la liste des souverains politiques, où son rang était inférieur; elle le plaça dans l'ordre des victimes de la destinée et lui conféra ainsi une dignité supérieure et rare dans la hiérarchie des rois. Pour la première fois, depuis qu'il régnait, Louis parut dominer sa tâche. Et comme on le présenta ce jour-là en spectacle au monde avec une solennité extraordinaire, que cette journée est une de celles qui comptent dans l'histoire des nations, son nom s'associe dans l'esprit des peuples à l'idée de la plus grande des infortunes soutenue par le plus noble courage. Son règne et sa chute disparaissent dans la Révolution française; sa mort reste la page la plus significative et la plus tragique de cette Révolution.

Si quelque chose avait pu ressusciter l'antique monarchie capétienne, l'événement du 21 janvier aurait, par cette sorte de transfiguration, opéré ce miracle. Mais la déchéance de la royauté était irrévocable : la royauté l'avait préparée de ses mains, la Révolution n'avait fait que la déclarer. Cette monarchie, presque sacerdotale à ses origines, s'évanouissait en quelque sorte du monde dans un acte de martyre chrétien. Il y avait un sens symbolique et profond dans la parole que l'on prête au confesseur de Louis XVI : « Fils de saint Louis, montez au Ciel! » La couronne, qui avait été longtemps le signe d'une union mystique entre la dynastie et le peuple français, ne fut plus désormais que la relique d'une religion disparue. Avec Louis XVI périt pour toujours la vieille royauté. Il y eut encore des monarques français, il n'y eut plus de roi de France. La France ne comporta plus que des monarchies précaires, issues de la guerre ou du coup d'État, destinées à succomber par la défaite ou par l'émeute. L'histoire compte sept règnes après le 21 janvier. Un seul se dénoua par la mort naturelle du prince, les six autres finirent par l'exil : trois d'empereur et trois de roi.

C'est ici que l'on découvre l'erreur politique des Montagnards. Un seul sentiment était capable de ranimer dans le cœur des Français l'affection monarchique, c'était la pitié; une seule nécessité était capable de ramener la nation au gouvernement d'un homme, c'était le salut de la Révolution. Les Montagnards firent le régicide pour supprimer jusqu'au souvenir de la royauté, pour rendre le gouvernement de leur parti inséparable du triomphe de la démocratie, pour identifier leurs personnes avec la République, pour déchaîner la guerre générale qui rendrait toute transaction impossible entre l'Europe de l'ancien régime et la France de la Révolution. Tous ces calculs tournèrent contre la République. Les Montagnards avaient compté sans la France et sans l'Europe : la France avec son caractère généreux, ses besoins d'ordre, de travail et de sécurité; l'Europe avec ses mœurs avides et ses coutumes conquérantes. La Terreur ne transforma point les Français en Spartiates, ni les rois de l'Europe en croisés. La France était humaine, c'était l'âme de sa Révolution; elle plaignit Louis XVI; elle abhorra les terroristes. Le régicide concerté, motivé, proclamé publiquement comme une déclaration de guerre à tous les rois, coalisa ces rois contre la France. La République entreprit une guerre de principes contre des monarques qui ne lui faisaient qu'une guerre d'intérêt; elle fournit un lien à cette Europe qui n'en avait pas; elle obligea, en quelque sorte, à se liguer contre elle, ne fût-ce que par mesure de prudence, des princes dont les divisions pouvaient être et furent, en réalité, son salut, lorsque cessant de les défier et de les menacer de mort, elle entra avec eux en transaction et en marché. Les rois de l'Europe avaient montré peu de zèle pour Louis XVI. S'armant pour rétablir sa monarchie, ils ne pouvaient la dépouiller; défendant sa personne, ils étaient tenus de ménager la République qui tenait cette personne en otage. Après le 21 janvier, il n'y eut plus de ménagements. L'Europe ne songea qu'à se défendre contre la propagande et contre la conquête. Elle répondit à la guerre de propagande et de conquête révolutionnaire par la guerre de démembrement et d'extermination. Cette guerre, justement parce qu'elle prit les proportions gigantesques qu'y souhaitaient les Montagnards, absorba toute la République et toute la Révolution. Elle amena le gouvernement militaire et le règne d'un soldat; mais ce fut un soldat issu de la République, victorieux des rois, destructeur de l'ancien régime et organisateur de la Révolution, couronnée dans sa personne. C'est par cette voie oblique, mais directe, que le régicide ramena la monarchie en France, et que tant de ceux qui avaient porté ce vote irréparable devinrent les dignitaires, les courtisans ou les serviteurs du monarque suscité par eux, depuis Barère, qui fut l'espion de la police impériale, depuis Fouché, qui en fut le ministre, jusqu'à David, qui peignit le sacre de l'Empereur et fit le portrait du Pape[1]. Le supplice de Louis XVI ne procédait que du salut public ; il ne relève, d'après la loi même de ceux qui l'ont réclamé, que de la raison d'État. L'histoire montre qu'il a été, en politique, un acte funeste au salut de la France ; la seule raison d'État obligerait à le réprouver.

[1] Sur les 361 votants pour la mort pure et simple et les 26 votants pour la mort avec sursis, soit 387, 34 sont morts sur l'échafaud, 21 sont morts de mort violente, 28 sont morts naturellement, en tout 83 ont disparu avant le 18 brumaire ; sur les 304 autres, 127 ont occupé des places sous Napoléon. MORTIMER-TERNAUX, t. V, p. 515. — Cf. QUINET, *La Révolution*, liv. XII, ch. II : Procès et mort de Louis XVI ; liv. XXIV, ch. VI : Les conventionnels en exil.

CHAPITRE V

LA GUERRE DE CONQUÊTE

1793

I

Les conséquences du 21 janvier parurent immédiatement. La rupture avec l'Angleterre était désormais inévitable. Les passions nationales y poussaient de part et d'autre, et les gouvernements y étaient entraînés. Quelques efforts furent tentés cependant pour retarder l'événement. Ils demeurèrent vains. Dumouriez voyait tous ses desseins rompus. Louis XVI était exécuté; le système révolutionnaire triomphait à Paris et en Belgique; la guerre générale, suscitée par les passions des gouvernants, semblait nécessitée par leurs actes. Il se sentait « le désespoir dans l'âme ». Cependant il ne renonçait point encore à frapper quelque grand coup de partie qui permettrait de procurer la paix au dehors, de la rétablir ensuite au dedans et de déconcerter successivement la coalition et les Montagnards par l'irruption, puis par le reflux des armées françaises. L'expédition dans l'Inde était impraticable par suite de la désorganisation de la flotte : le Conseil y renonça[1]. L'expédition de Hollande restait la dernière ressource de la guerre, mais, dans le dénuement de l'armée de Belgique, un répit de quelques jours était indispensable pour la préparer. Il importait, si l'on marchait sur la Hollande, d'y arriver avant que l'Angleterre fût entrée dans la coalition. Dumouriez repré-

[1] 25 janvier 1793; AULARD, t. II, p. 9-11.

senta aux ministres la nécessité de gagner du temps. De Maulde avait apporté des propositions de la part de lord Auckland et du grand pensionnaire : ces ouvertures étaient antérieures au 21 janvier. Dumouriez se flatta cependant qu'on trouverait les négociateurs encore accessibles. Benoit, qui arriva de Londres avec des avis de Talleyrand, l'encouragea dans cette illusion.

Danton le soutint. Malgré le revirement qui s'était opéré dans le langage et dans l'attitude des libéraux anglais, Danton croyait encore possible de les ramener à la France, de leur fournir une occasion de renverser Pitt, de les pousser au pouvoir et de traiter avec eux de la neutralité, au moins, peut-être d'une alliance. Mais ce serait une alliance que la République imposerait et qui consacrerait sa victoire. Danton se forgeait, à son tour, le dessein chimérique dont s'abusait Brissot, et que Bonaparte devait caresser quelques années plus tard. Il comptait terrifier les Anglais par l'audace et la rapidité des coups, les tenir en haleine cependant par des promesses de négociations, jusqu'au moment où Pitt succombant sous le coup de la crainte publique, les libéraux tremblant sous la responsabilité de la guerre, la peur serait assez forte pour que les Anglais cédassent à toutes les exigences de la France : les opérations militaires seraient alors assez avancées pour que la République négociât sur des faits accomplis, c'est-à-dire la Belgique révolutionnée et la Hollande soumise. L'aristocratie commerciale anglaise voyant ainsi couronnées ces entreprises qu'elle redoutait, se résignerait à en subir les effets pour ne les point aggraver, et abandonnerait la Belgique afin de sauver la Hollande. Les intérêts qui s'étaient coalisés pour soutenir Pitt et l'animer à la guerre se coaliseraient alors pour réclamer la paix et le changement des ministres[1]. Malgré la résistance de Clavière, de Pache et de Monge, Lebrun et Garat firent décider la reprise des négociations secrètes avec l'Angleterre.

---

[1] Voir le discours de Danton du 10 mars 1793. Cf. ROBINET, *Danton émigré*.

Le 23 janvier, Dumouriez écrivit à Miranda : « La catastrophe du 21 nous donne vraisemblablement pour ennemis tous les peuples de l'Europe... Nous sommes encore incertains sur le parti que prendra l'Angleterre, et c'est ce parti qui déterminera notre conduite pour la Hollande. Le Conseil, après le désir des Anglais et des Hollandais, a jeté les yeux sur moi pour aller en Angleterre, en ambassade extraordinaire, afin de faire décider cette nation catégoriquement pour la paix ou pour la guerre... Comme c'est un oui ou un non que je vais demander, comme Caton à Carthage, cette mission ne durera pas plus de huit jours... Cette mesure est grande et noble. Si elle réussit, nous diminuons le nombre de nos ennemis, et nous pouvons faire la même guerre que la campagne précédente. Si elle ne réussit pas, nous prévenons les Anglais et les Prussiens. Nous les étonnons par l'attaque de la Hollande ; nous faisons une grande diversion qui sauve l'armée de Custine, et nous aurons plus facilement la paix ; car c'est à quoi il faut tendre [1]... »

Le même jour, Dumouriez écrivit à lord Auckland, lui demandant une entrevue sur la frontière de Hollande, entre Anvers et Bréda. Maret partit pour l'Angleterre, afin de préparer Pitt, le cas échéant, à recevoir Dumouriez. Lebrun manda à Chauvelin de revenir en France, après avoir remis une dernière note à lord Grenville : « Vous ferez sentir que si le ministère britannique, rendu à des sentiments plus convenables, désirait un rapprochement, il nous y trouverait disposés ;... que cette guerre, ne fût-elle qu'une série de victoires, nous paraîtrait encore funeste, s'il en résultait le réveil de ces haines nationales que de longues années ne suffisent plus à détruire [2]. »

Dumouriez quitta Paris le 26 janvier, décidé à la lutte. Il avait assez de perspicacité pour pressentir que l'époque des belles aventures était passée ; mais il n'avait ni assez de clairvoyance, ni assez de vertu pour chercher dans la Révo-

[1] Rojas, *Miranda*, p. 42.
[2] Lebrun à Chauvelin, 22 janvier 1793.

lution autre chose que des aventures plus hasardeuses encore.

La nouvelle de l'exécution de Louis XVI se répandit à Londres le 23 janvier au soir. La consternation fut générale. Les théâtres se fermèrent. La cour prit le deuil. Le roi parut en public le 24, et fut accueilli par des cris de : Guerre aux Français! Cependant Pitt et Grenville hésitaient encore aux mesures irrévocables. Ils redoutaient de rompre entièrement avec ceux des whigs qui condamnaient le régicide, mais qui demeuraient opposés à la guerre. Ils ne désespéraient pas complètement d'obtenir, par la négociation de lord Auckland, un moyen décent de conserver la neutralité de la Hollande et d'obtenir l'évacuation de la Belgique. Mais George III était indigné. Il intervint personnellement et décida Grenville à expulser Chauvelin. Le cabinet enjoignit, le 24 janvier, à cet envoyé de quitter le royaume avant le 1er février. Il partit aussitôt. Le 28, le Parlement en fut informé, et le roi demanda, par un message, des armements contre la République. Maret arriva sur ces entrefaites. Il écrivit à Lebrun qu'il ne serait reçu nulle part. Je suis forcé, ajoutait-il, de ne pas sortir de chez moi « pour n'être pas exposé aux insultes et peut-être à la férocité de cette partie ignorante et trompée de la nation que l'on appelle encore ici la populace... La mort du roi a produit l'effet prévu ; la haine contre le nom français est maintenant portée à son comble... Le deuil ordonné par la cour a été pris d'une manière générale à Londres. Tout homme qui avait ou a pu se procurer un habit noir, s'en est revêtu. »
« L'opinion nationale nous est entièrement défavorable, mandait, de son côté, un secrétaire de l'ambassade, Reinhard, et, même dans le cas de moins d'unanimité, nous ne pouvons prudemment séparer le gouvernement de la nation [1]. » Le gouvernement anglais avait perdu toute illusion sur la possibilité d'un accommodement. Il s'engagea dans la guerre avec la résolution inébranlable de conduire cette guerre à ses fins, c'est-à-dire

---

[1] Maret à Lebrun, 31 janvier; Reinhard à Lebrun, 28 janvier 1793.

de réprimer la propagande révolutionnaire et de chasser les Français des Pays-Bas.

Grenville prononça, le 1ᵉʳ février, à la Chambre des lords, un discours violent contre les ambitions de la France. Stanhope, Lansdowne, Lauderdale et Derby persistèrent à protester contre la guerre. Le même jour, Pitt parlait aux Communes. Il dénonça le régicide du 21 janvier comme « le forfait le plus odieux et le plus atroce qui ait été raconté par l'histoire ». Il accusa la France d'avoir manqué trois fois à des engagements réitérés : la renonciation aux conquêtes, la renonciation à s'immiscer dans les affaires intérieures des nations neutres, la promesse de respecter les droits du roi d'Angleterre et de ses alliés. Il allégua les décrets du 19 novembre et du 15 décembre ; la maxime : *Guerre aux châteaux, paix aux chaumières!* la prétention des Français de distinguer, dans leur politique, les nations étrangères de leurs gouvernements ; le prosélytisme annexioniste ; la réunion déjà opérée de la Savoie ; l'ouverture de l'Escaut. Les Français, dit-il, en prétendant propager leurs principes, rendent leur révolution incompatible avec la paix de l'Europe. L'Angleterre doit pourvoir à sa sûreté propre, à celle de ses alliés, à celle du continent. Si elle ne le fait point, elle se déshonore et livre l'Europe au joug des Français. Si des explications sont proposées par la France, ajouta Pitt, on ne refusera pas de les écouter ; mais l'événement est peu vraisemblable. — Beauchamp appuya le cabinet. Il rappela que depuis la chute de la maison de Bourgogne, c'était un principe de la politique anglaise de ne jamais abandonner le Brabant aux Français [1]. Il montra le caractère incendiaire des principes français. Les whigs pacifiques opposèrent à ces accusations les prétendus principes de la coalition et le « sanguinaire, l'infâme » manifeste du duc de Brunswick. Whitbread compara ce soi-disant prince philosophe aux envahisseurs barbares. C'est, dit-il, l'esprit d'Attila qui anime les coalisés, esprit de destruction et de conquête. On fait grand

---

[1] Cf. t. Iᵉʳ, p. 338.

éclat des ambitions de la France ; on ne dit rien des agrandissements de la Russie et de l'invasion de la Pologne, qui, certes, rompent aussi la balance de l'Europe. Fox fut éloquent comme toujours ; mais il ne regagna point de voix à son opinion, et le cabinet garda sa majorité.

C'est qu'au fond les motifs qui avaient longtemps détourné les Anglais de briser avec la France contribuaient désormais à populariser la guerre. Les libéraux avaient admiré les principes de la Révolution, et tous les intérêts avaient profité de l'affaiblissement de la France. Mais dorénavant les Français entreprenaient de propager violemment au dehors leur système de liberté révolutionnaire : ils devenaient dès lors opposés aux libéraux anglais, précisément parce que ces Anglais tenaient au système des libertés anglaises. Les Français prétendaient étendre leurs côtes maritimes, acquérir des débouchés nouveaux, et les mêmes motifs d'intérêt pour lesquels on s'était félicité à Londres de la décadence du commerce français et de la ruine de notre marine y rendaient les esprits hostiles à ces vues de relèvement et d'extension des ressources de la France. C'était ce que Danton et ses amis ne comprenaient point : par cela seul que la République triompherait en Belgique et en Hollande, l'Angleterre en deviendrait l'ennemie irréconciliable. Il aurait fallu, pour qu'il en fût autrement, qu'elle cessât d'être l'Angleterre. Voilà ce qu'aucune révolution ne pouvait opérer. Les nations plient les idées abstraites à leurs passions héréditaires et à leurs intérêts permanents ; leurs révolutions procèdent de leur caractère, et elles manifestent ce caractère avec d'autant plus de puissance qu'elles sont plus profondes et plus populaires. La force des choses précipitait ces deux peuples dans une lutte qui mettait en jeu leurs conditions mêmes d'existence. Les objets principaux de la politique nationale de l'Angleterre : la Belgique, Anvers, la Hollande, devenaient les objets principaux de la politique nationale de la République. L'entrée d'une nation dans la coalition des rois modifia tous les éléments de la guerre. La République n'avait eu devant elle que les généraux temporisateurs et les diplomates effarés et subtils de l'Allemagne, Byzantins confondus devant les Musulmans. Elle affrontait maintenant un gouvernement populaire, un peuple passionné pour ses principes et armé pour ses intérêts, une assemblée quasi souveraine, une tribune éclatante, un forum en feu, des rivalités séculaires, rallumées et enflammées dans des milliers de cœurs, une force, en un mot, analogue à la sienne.

Après les déclarations du 1er février, il est invraisemblable que Pitt eût accueilli Dumouriez. Le gouvernement républicain ne laissa point à ce général le temps même de négocier une entrevue. Le 29 janvier, le Conseil exécutif, considérant l'expulsion de Chauvelin comme l'annonce d'hostilités immédiates, donna l'ordre à Dumouriez d'envahir sans délai la Hollande. Le lendemain, Lebrun rendit compte à la Convention des derniers événements de Londres, et exprima la confiance que la nation saurait venger « un outrage que rien ne peut pallier ». Cependant des députations et des adresses arrivaient des Pays-Bas. Les unes, celles de Namur, d'Anvers, de Louvain, de Malines, de Bruxelles, protestaient contre le décret du 15 décembre et réclamaient l'indépendance solennellement promise aux Belges [1]. On supprime la liberté, lorsqu'on en délègue l'exercice à quelques individus en vertu du droit de conquête, disaient les députés du Hainaut : « Ce pouvoir révolutionnaire sera à nos yeux, aux yeux de l'Europe entière, le pouvoir de la force... Généreux Français, retirez votre décret ! » D'autres demandaient la réunion à la République par zèle démocratique, par intérêt aussi, et pour se soustraire à l'horrible exploitation des commissaires : ainsi les habitants du Hainaut, ceux de Mons, l'immense majorité des communes du pays de Liège [2]. Ces démarches se succédèrent du 22 au 31 janvier. Ce jour-là, Pache communiqua les votes de Liège. Des voix crièrent : La réunion ! Un Girondin, Ducos, proposa

---

[1] Cf. Chuquet, *Jemappes*, ch. vi : La réunion, p. 207 et suiv.
[2] Vœu de Liège, 20 janvier : 9,660 citoyens sur 9,700, dans 378 communes ; mais 80,000 citoyens s'abstiennent. Chuquet, *Jemappes*, p. 223.

le renvoi au comité diplomatique. Cambon le combat : les diplomates girondins lui sont suspects; ils ménagent l'Angleterre. Cambon rappelle que depuis plus de deux mois le comité est saisi du vœu de Nice. Il propose de décréter séance tenante la réunion de ce dernier pays. « Ces réunions, répond Ducos, doivent influer pour des siècles, en bien ou en mal, sur le sort de la République : nous ne devons pas les décider sans examen. » Nice, s'écrie Lasource, est « une clef dont il faut se hâter de s'emparer ». La réunion de Nice est décrétée.

Danton paraît alors à la tribune. Il a l'esprit tout plein de ses combinaisons sur l'Angleterre. L'occasion lui paraît propice à porter le coup qu'il médite. L'Assemblée est engagée sur un principe : il veut tirer de ce principe les conséquences politiques qu'il comporte, en limiter aussi l'application, car les conquêtes que désire Danton sont des conquêtes lucratives et utiles; il entend fortifier la République, l'entourer de bastions et de contreforts, non la dissoudre dans une Europe bouleversée. D'autre part, la guerre n'est point encore déclarée officiellement aux Anglais; c'est l'instant de leur notifier les conditions auxquelles la République traitera avec eux de la paix et de fixer ces conditions immuables par un décret significatif de l'Assemblée. Ces conditions de paix, ce terme définitif des conquêtes de la République, Danton ne les cherche point longtemps : il les aperçoit dans la figure de la Gaule qui se dessine en traits saillants devant ses yeux. Il propose donc de décréter la réunion de la Belgique. « Je ne demande rien à votre enthousiasme, dit-il, mais tout à votre raison, mais tout aux intérêts de la République française... Vous avez tout consommé par cela seul que vous avez dit aux peuples qui sont dans la Belgique, dans le pays de Liège surtout : Nous vous organisons comme nous! Vous leur avez donné l'assurance que vous accepteriez leur réunion s'ils vous la proposent. Eh bien! ils la proposent aujourd'hui. Il ne faut pas de rapport là où tout est connu, là où tout est épuisé... Ne vous y trompez pas : l'homme du peuple, le vrai cultivateur dans la Belgique, veut la réunion... Tel est l'effet de l'abolition des droits féodaux sur ces peuples. » Puis, répondant à la fois à ceux qui redoutent pour la liberté un agrandissement démesuré de la France, et à ceux qui voudraient lancer la République dans une entreprise indéfinie d'affranchissements : « Je dis que c'est en vain qu'on veut faire craindre de donner trop d'étendue à la République. *Les limites de la France sont marquées par la nature. Nous les atteindrons dans leurs quatre points : à l'Océan, aux bords du Rhin, aux Alpes, aux Pyrénées.* Aucune puissance ne peut nous arrêter. C'est en vain qu'on nous menace de la colère des rois. Vous leur avez jeté le gant. Ce gant est la tête d'un roi. C'est le signal de leur mort prochaine. Il ne nous reste qu'à développer la force nationale; nous touchons le moment où l'univers va voir nos derniers efforts. On nous menace de l'Angleterre. Les tyrans de l'Angleterre sont morts. Ce peuple sera libre. Nous y aurons des amis. Vous avez la plénitude de la puissance nationale. Le jour où la Convention nommera des commissaires pour aller dans toutes les communes demander des hommes et des armes, elle aura tous les Français. »

Ces paroles échappaient, toutes véhémentes, à un homme qui était comme l'interprète spontané de la force des choses dans la Révolution. Elles s'enfoncèrent profondément dans les esprits, et devinrent la maxime fondamentale de l'État pendant toute la durée d'une guerre qui dura vingt-trois ans. On cherchera vainement l'explication de l'avénement et de la chute de Bonaparte, le secret de ses desseins et le lien de l'histoire de la France sous l'Empire avec l'histoire de la France sous la République, si on ne les cherche là. La portée du discours de Danton dépassait beaucoup sa pensée. Danton n'en discerna les conséquences qu'à l'application, quelques semaines plus tard, en quoi il se montra politique; il s'effraya ce jour-là et recula sur lui-même; mais il était trop tard. Les paroles du 31 janvier étaient de celles qui une fois lancées ne s'arrêtent plus : elles ont des ailes, et le souffle du temps les porte avec soi.

Deux des commissaires qui avaient été avec Danton en

Belgique, Camus et Delacroix, réclamèrent des mesures pour que, dans les pays conquis, « de prétendus représentants du peuple » ne gênassent point les opérations des assemblées primaires. Le décret du 15 décembre laissait encore aux peuples la faculté de l'abstention. C'était plus de liberté qu'il ne convenait à des affranchis. La Convention, « considérant que dans quelques-uns des pays actuellement occupés par les armées de la République, l'exécution des décrets des 15-22 décembre a été arrêtée, en tout ou en partie, par les ennemis du peuple, coalisés contre sa souveraineté », décréta que les généraux convoqueraient des assemblées primaires; que les commissaires de la Convention statueraient sur la validité des élections; que les peuples, ainsi consultés, seraient invités à émettre leur vœu sur la forme de leur gouvernement; que ceux qui, « dans la quinzaine après la promulgation des décrets des 15-22 décembre, ne se seraient pas assemblés, seraient déclarés ne vouloir être les amis du peuple français » et traités en conséquence [1].

Les Montagnards avaient pris les devants de la conquête: les Girondins, qui s'étaient une fois de plus laissé surprendre, déborder et déloger de leurs positions, recherchèrent le lendemain une revanche de popularité. Brissot présenta, le 1er février, le rapport du comité de défense générale sur les relations avec l'Angleterre. Il rejeta toute la responsabilité de la rupture sur le gouvernement anglais. La nation anglaise veut la paix, dit-il; ce n'est qu'à force d'argent et d'intrigue que le cabinet est parvenu à rendre la guerre populaire. « Voilà pourquoi dans peu de temps elle ne sera qu'un objet d'horreur et d'exécration. » C'est pour toutes les nations européennes que la France va combattre les tyrans de l'Europe. Brissot conclut à déclarer la guerre au roi d'Angleterre et au stathouder de Hollande. Un décret qui résumait tous les griefs de la République contre le ministère de Pitt fut adopté à l'unanimité. Ducos propose de lancer un manifeste qui décou-

---

[1] Décret du 31 janvier 1793. — Aulard, t. II, p. 13, 15. — Chuquet, *Jemappes*, p. 226. — *Moniteur*, t. XV, p. 328.

vrira au monde la perfidie du cabinet britannique. Le manifeste est discuté. Fabre d'Églantine demande qu'on y ajoute une adresse au peuple anglais, et que l'on place sous la protection de la loi les Anglais et les Hollandais qui sont en France. C'est la mise en pratique de la pensée de Danton : séparer le cabinet anglais de la nation, et ménager un rapprochement avec l'Angleterre après que le pouvoir y aura subi une révolution. Camille Desmoulins et Barère soutiennent le projet de Fabre, Ducos le combat : « Le fait est, dit-il, que tout le peuple anglais est pour la guerre…, que la guerre est nationale… » Cambon est du même avis. Marat déclare que l'adresse serait une inconséquence et une absurdité : — Aucun journal anglais ne la reproduira. « Sera-ce par les saltimbanques que vous la publierez? C'est à tort que l'on croit que le peuple anglais est pour nous… Nous n'avons pour nous en Angleterre que les philosophes, et cette classe n'est pas la plus nombreuse. » Quelqu'un fait observer que l'adresse éclairera les Français. L'adresse est ordonnée, et l'on charge Barère, Fabre, Condorcet et Thomas Paine de la rédiger.

Des patriotes bataves se présentèrent, le 6 février, à la barre ; ils félicitèrent l'Assemblée de n'avoir pas confondu leur cause avec celle des tyrans, et offrirent de combattre dans les rangs des républicains. « Ennemis de l'Autriche et de Pitt, les vrais Bataves sont nos amis, répondit le président. C'est dans le sein de leur pays que nous traiterons avec eux. La Convention nationale leur promet de tout sacrifier pour soutenir la guerre de la liberté. » Il s'agissait maintenant d'entrer dans la Hollande et de la révolutionner. Le Conseil exécutif ordonna à Dumouriez, le jour même, de rompre toutes négociations et de prendre l'offensive [1]. Lebrun écrivit à ce général : « Les dédains et les insultes » du ministère anglais avaient rendu la guerre inévitable ; les préparatifs de l'Angleterre avaient obligé la France à la prévenir. « Ces puissants motifs, les mêmes qui ont provoqué, sous votre ministère, la déclaration de guerre

[1] Aulard, t. II, p. 67.

contre le roi de Hongrie, ont engagé la République française à se décider contre le roi George et le stathouder, et à mettre un terme aux longues incertitudes du public. » Quelque périlleuse que fût l'entreprise, Dumouriez ne voyait plus pour sa personne et pour la France d'autre moyen de salut. Il fallait vaincre à tout prix. Cependant, malgré sa confiance en lui-même, il doutait de la victoire. C'est que les conditions, très mauvaises en décembre, étaient devenues pires, et sous tous les rapports. « Tout me manque, écrivait-il à Lebrun... Il faut un cas aussi désespéré que celui où nous nous trouvons pour que j'entreprenne une expédition pareille avant d'être pourvu de tous les moyens nécessaires pour y réussir...[1]. »

II

La Convention nationale française avait décidé qu'il n'y aurait point de Convention nationale belge. Une assemblée de ce genre aurait fourni un point de ralliement aux résistances des Belges. Cette résistance se déclarait plus vivement tous les jours, et l'arrivée des commissaires du pouvoir exécutif ne pouvait que l'exciter davantage. Ces trente missionnaires étaient pour la plupart des brutaux enivrés de leur pouvoir, des sots exaltés autant de leur vanité que de leur zèle démagogique; plusieurs parurent comme des bêtes fauves qui n'entraient dans ces riches provinces que pour piller et massacrer[2]. Le pays était dans l'anarchie, ils le saccagèrent en le terrorisant. Ils traitaient les populations en ennemis, et ils achevèrent de les rendre hostiles. La France avait convié les Belges à secouer le joug de l'Autriche; la plupart d'entre eux le détestaient uniquement parce que c'était un joug et qu'ils n'en voulaient aucun. Ils tenaient à leurs coutumes. Ils s'étaient

---

[1] Lebrun à Dumouriez, 6 février; Dumouriez à Lebrun, 4 février 1793.
[2] DUMOURIEZ, *Mémoires*. — CHUQUET, *Jemappes*, ch. VI : La réunion, p. 207, 210, 213, 228-229, 231-238.

révoltés contre Joseph II, parce qu'il avait violé les vieilles chartes et prétendu constituer la Belgique selon l'esprit du siècle, centraliser le gouvernement, subordonner l'Église à l'État, dissoudre les congrégations, fermer les séminaires. La liberté, pour les Belges, c'était ce que Joseph II leur avait pris, ce que ses successeurs ne leur avaient rendu qu'à demi. Au lieu de cette liberté, on leur apportait une révolution. Ils trouvaient trop dur le gouvernement des fonctionnaires autrichiens : on les mit au régime des clubistes de Paris. Ils protestaient contre les impôts levés par l'Autriche : on les accabla de réquisitions et de contributions de guerre. Ils réclamaient leurs moines et leurs séminaires : on chassa les moines et on pilla les églises. Ils prétendaient constituer, dans une république fédérative, une oligarchie paisible, commerçante, prospère, à la flamande : ils se virent soumis à toutes les rigueurs de l'occupation militaire, ruinés par les assignats et poussés à s'engloutir malgré eux dans la démocratie révolutionnaire d'une grande république centralisée.

Tout l'art des agents du pouvoir exécutif s'employa à empêcher les Belges de former un foyer de révolte. Les instructions du Conseil prescrivaient à ces agents de « municipaliser » les villes et les districts, non d'organiser et de constituer un État; ils devraient ensuite « appuyer, encourager, faciliter » dans cette nation éparpillée et disloquée des votes fragmentaires de réunion. Le Conseil en faisait ressortir les avantages. Ce serait « d'augmenter notre population de trois millions d'hommes, l'hypothèque de nos assignats de plus d'un milliard par la vente des biens nationaux, nos revenus annuels d'environ quarante millions et nos forces de cinquante mille soldats… de propager plus facilement la liberté, d'amener enfin la Hollande à une révolution et l'Angleterre à une composition qui fissent respecter notre république autant qu'il lui importe de l'être [1] ».

Les procédés prescrits par le Conseil exécutif offraient

---

[1] Circulaire du 31 janvier 1793.

des ressources infinies à l'intimidation. Les commissaires en usèrent largement. Ces zélateurs à poigne se réunirent à Bruxelles pour délibérer sur leurs instructions; considérant déjà que la Belgique leur appartenait, ils se consultèrent sur le sort qu'il leur convenait de lui attribuer. Ils décidèrent à l'unanimité de provoquer et de commander des votes d'annexion à la République. Il ne fallait point que les Belges opposassent des votes contraires. « Le vœu d'un peuple enfant ou imbécile serait nul parce qu'il stipulerait contre lui-même », dit le commissaire Chaussard. Chépy opina que la réunion devait être opérée « par la puissance de la raison, par les touchantes insinuations de la philosophie, de la fraternité, et par tous les moyens de tactique révolutionnaire. — Au cas, ajoutait-il, que nos efforts soient infructueux, et que l'on continue à nous opposer le système désespérant de la force d'inertie, j'estime que le droit de conquête, devenu pour la première fois utile au monde et juste, doit faire l'éducation politique du peuple belge [1]. »

Les commissaires se présentèrent partout en maîtres. Ils eurent soin d'échelonner les élections afin d'y faire intervenir la force armée, qui était leur principal moyen de persuasion. « Il faudra, disait encore Chépy, déployer l'appareil imposant de la force nationale pour éloigner du théâtre des assemblées primaires des scènes scandaleuses. » S'inspirant de l'exemple des intendants missionnaires de Louis XIV, ils réclamèrent « des dragons de la République » pour activer les conversions. « Nous ne vous dissimulerons même point, écrivaient-ils, que nous n'oserions pas, avant leur arrivée, faire convoquer les assemblées primaires. Tout ce que nous voyons nous assure que le sang coulerait dans ces assemblées si une grande force ne venait contenir les malintentionnés [2]. » Mons était la ville la mieux disposée. Les électeurs

[1] Sur les élections et les vœux de réunion, voir CHUQUET, *Jemappes*, p. 238-252.
[2] Gossuin, Delacroix et Merlin à la Convention, 17 février 1793; 13, 18 février; AULARD, t. II, p. 151, 159.

s'y réunirent le 11 février; il fallut cependant que la troupe intervînt pour expulser les opposants de l'assemblée électorale. Cela fait, le commandant militaire français qui présidait invita ceux qui souhaitaient la réunion à passer à sa droite, ceux qui n'en voulaient point à passer à sa gauche, et la réunion fut déclarée à l'unanimité. Les mêmes mesures, avec les mêmes effets, se succédèrent à Bruxelles, à Bruges, à Louvain, à Namur, à Ostende. Camus et Treilhard, qui parcouraient le pays, écrivaient le 22 février : — A Courtrai, « l'esprit du peuple n'est pas favorable à la République »; Bruges redoute les assignats; Ostende, ville de commerce, est indifférente; Gand est plein d'ardeur et a illuminé après les votes de réunion; dans le Tournaisis règne une « inertie expectante et taciturne » : on regrette peut-être le passé, on espère mieux de l'avenir, on n'aime pas le présent; dans les Flandres, la langue oppose de sérieuses difficultés au progrès des idées démocratiques, « surtout lorsqu'il s'agit d'émouvoir des esprits pesants et qui, partie par habitude, partie par incertitude, affectent de ne vouloir que délibérer sans agir... Les avantages, concluaient les représentants, que ce peuple trouve à la Révolution par la suppression des impôts contre-balancent ces difficultés. C'est le levier dont on peut se servir pour soulever la masse des villes et des campagnes [1]. »

Mais il ne fallait point parler des assignats. C'était la pierre d'achoppement. Bruxelles, Bruges, Tournai, en émettant leur vœu de réunion, l'accompagnèrent de réclamations contre l'excès de la circulation du papier républicain. A Gand, où il ne vint que cent cinquante électeurs, dont un tiers sortait de prison, ils demandèrent « que le papier monnayé n'eût pas d'effet rétroactif ». Liège, la commune la mieux disposée pour la République, leur avait donné l'exemple de cette restriction à leurs votes. Delacroix déclara aux Liégeois « l'inconvenance de pareilles conditions de la part d'un peuple qui veut se réunir à une grande République ». D'accord avec Gossuin,

[1] AULARD, t. II, p. 178 et suiv.

Camus et Merlin, il écrivit au président de la Convention de ne pas permettre que l'expression de ces vœux conditionnels arrivât jusqu'à l'Assemblée. L'effet en serait funeste : toutes les villes qui « restent à réunir ne manqueraient pas de s'expliquer conditionnellement ». Les représentants ne se faisaient d'ailleurs et ne laissaient à leurs collègues de Paris aucune illusion sur la valeur des votes auxquels ils présidaient : « Il y a, écrivaient-ils, dans l'administration provisoire de Liège deux partis. L'un, composé de patriotes excellents, veut la réunion pure et simple; mais c'est la minorité. L'autre, plus nombreux... ne veut point de réunion, et c'est lui qui a fait voter la réunion avec des conditions [1]. » Ainsi rien n'était fait; toute cette contrainte n'avait obtenu de la Belgique que des lambeaux de vote, et ces suffrages forcés ne représentaient que le vœu tumultuaire d'une minorité de « sans-culottes ». « Il n'y eut qu'eux qui votèrent, raconte un témoin. » « La réunion n'a pas eu une voix sur mille. » Le Conseil exécutif avait comme invalidé d'avance ces votes opérés par ses agents, lorsque déclarant illégales les premières assemblées formées en Belgique, au mois de novembre, il écrivait, dans ses instructions pour l'exécution du décret du 15 décembre : « Elles ont été formées irrégulièrement; leurs membres ont été élus par acclamation, espèce d'élection peu propre à donner des suffrages libres et éclairés [2]. »

La grande majorité des habitants se taisait, souhaitant la défaite des Français ou conspirant déjà contre eux. « Si le ministre de la guerre ne nous envoie pas à l'instant de grands renforts, écrivaient les commissaires de la Convention, il faut nous attendre à de grands mouvements révolutionnaires. Et que serait-ce si malheureusement nos troupes qui sont en avant essuyaient des échecs qui les forçassent à un seul pas rétrograde ? Très certainement alors les *Vêpres siciliennes* sonneraient dans toute la Belgique sur les Français, sans que les patriotes

---

[1] Les commissaires en Belgique au président de la Convention, 25 février 1793. AULARD, t. II, p. 205.
[2] AULARD, t. I, p. 422.

belges, tremblants eux-mêmes, pussent leur être d'aucun secours[1]. » Voilà ce que le décret du 15 décembre avait fait, en un mois, d'un peuple qui avait naguère, pendant plus de deux ans, lutté contre le despotisme d'un prince.

Dumouriez n'avait cessé de prédire ce péril. Il en suivait le progrès. Il en mesurait l'étendue, au moment d'évacuer ces contrées en révolte, pour se jeter sur la Hollande, tandis que les Autrichiens, se reformant sur le Rhin, menaçaient de le tourner et de couper ses communications. « Ce qui m'engage à tout hasarder, écrivait-il au ministre de la guerre, c'est le danger de l'insurrection totale de la Belgique. » Et à un de ses lieutenants : « Si nous n'étonnons pas, si nous ne prévenons pas les Hollandais et les Anglais, tout est perdu au printemps, surtout ce pays-ci étant mal disposé par notre faute ; ainsi faisons des choses incroyables, j'ose dire impossibles. » « C'est bien ici qu'il faut dire : Vaincre ou mourir... Je regarde notre entreprise comme le seul moyen de sauver la République... » « Si nous ne réussissons pas dans notre invasion de la Hollande, n'ayant ni l'amour des Belges que nous avons au contraire exaspérés contre nous, ni une armée propre pour la défensive, nous serons chassés de la Belgique avec la même promptitude que nous nous en sommes rendus maîtres. Toutes les disgrâces et la consternation suivront cette retraite qui ne pourrait être que désordonnée, et nous aurons bien de la peine ensuite à défendre notre propre pays[2]. »

Sur la rive gauche du Rhin la guerre s'annonçait aussi alarmante ; mais les mêmes soulèvements n'étaient point à craindre de la part des populations. Les Allemands de ces territoires ne possédaient point le ressort national des Belges ; ils présentaient au plus haut degré cette « inertie expectante » que les conventionnels reprochaient aux Flamands. Ils se courbaient sous la conquête, et la propagande coulait sur eux sans

---

[1] 18 janvier 1793. AULARD, t. II, p. 151.
[2] Dumouriez à Beurnonville, ministre de la guerre depuis le 4, 15 février 1793 ; Dumouriez à Miranda, 8, 11, 15 février 1793. — CHUQUET, *La trahison de Dumouriez*, ch. I. — ROJAS, *Miranda*, p. 49, 51, 63.

les pénétrer. En rassemblant les Belges, on aurait concentré la résistance nationale ; en dispersant la propagande en Allemagne, on risquait de la noyer. Il fallait créer un organe à la Révolution, susciter une sorte d'esprit républicain qui tiendrait la place de l'esprit national. Les partisans de la réunion trouvaient tout avantage et ne voyaient aucun inconvénient à former une assemblée nationale. Les démocrates seuls y figureraient, et leurs votes revêtiraient au moins les apparences d'une opinion publique. C'est ainsi que les représentants en mission à l'armée du Rhin furent conduits à convoquer une Convention rhénane à Mayence, tandis que leurs collègues refusaient de convoquer à Bruxelles une Convention belge. Mais il était déjà bien tard pour y procéder.

Des vœux préparatoires, émis selon le décret du 19 novembre, avaient eu lieu les 18 et 19 décembre dans une partie du pays. « De Spire jusqu'à Bingen, rapporte Forster, tous les suffrages se sont prononcés unanimement pour l'acceptation de la République française et pour la réunion à la France. » Mais, depuis lors, les Prussiens avaient avancé ; les Français s'étaient repliés devant eux. Les populations, déjà fort tièdes auparavant, ne songeaient plus qu'à se dérober aux instances des Français afin de pouvoir échapper aux châtiments des Prussiens. A Mayence même, le zèle se ralentissait. Le bruit se répandit que la liste des clubistes avait été livrée au roi de Prusse, et le club commença de se disperser. Une déclaration impériale, datée du 19 décembre, menaça de peines sévères toutes les personnes qui prêteraient le serment à la liberté et à l'égalité, ou qui accepteraient de servir la République.

Custine se voyait menacé d'investissement. Il prononça la dissolution de la garde nationale mayençaise, annonça que quiconque parlerait de capituler serait pendu, et fit dresser quatre potences à titre d'avertissement. Le 1ᵉʳ janvier arrivèrent trois commissaires de la Convention, chargés de procéder à l'exécution du décret du 15 décembre. C'étaient Reubell, de Colmar, Merlin, de Thionville, et Haussmann, de Strasbourg : tous les trois hommes d'action et portant, tous les trois, à la féodalité germanique, surtout à l'ecclésiastique, une haine de légistes et de démocrates. Custine leur fit rendre des honneurs souverains ; ils en montrèrent peu de souci et se mirent immédiatement à la besogne. Le 5 janvier, les Prussiens occupèrent Castel, la tête du pont de Mayence sur la rive droite du Rhin. Le danger pressait. Les divisions se mirent parmi les « patriotes » mayençais, on y vit éclater entre les énergumènes conduits par Hoffmann, et les prudents dirigés par Dorsch, les factions qui, de tout temps et en tout pays, ont déchiré les villes assiégées.

Sur 459 membres inscrits dans le club, 121 seulement payèrent leur cotisation au 1er janvier 1793, et, parmi les autres, beaucoup tâchaient de faire rayer leur nom de la liste. Pour ranimer le zèle des républicains et réchauffer le patriotisme populaire, les conventionnels organisèrent, le 13 janvier, une plantation solennelle d'arbre de la liberté. Le cortège, précédé de musiques et semé de groupes allégoriques, se mit en marche au son des cloches et au bruit de cinq cents canons. Tout ce fracas ne conjura point l'orage. Les Prussiens cernaient la place, et la confiance dans l'invincibilité des Français disparaissait à mesure que Custine procédait aux mesures indispensables à la défense. Deux nouveaux représentants, Grégoire et Simon, vinrent activer la propagande et les préparatifs de guerre. Ils répondirent à la déclaration impériale par un manifeste, daté du 17 février : « Si des Allemands, dans les veines desquels coule le vieux sang germanique, luttant pour la liberté, las du despotisme, veulent servir un peuple libre, quelle puissance humaine peut les en empêcher ? » La République usera, si on les frappe, de terribles représailles : pour un Allemand mis à mort pour avoir prêté le serment civique, les Français fusilleront deux officiers de la coalition. Cette promesse ne rassura personne, parce que l'on s'attendait à voir Mayence bloquée. Custine annonça que tous les agents des anciens gouvernements des pays entre Rhin et Moselle, qui n'auraient pas prêté le serment avant le 23 février, seraient expulsés. La plupart prirent les devants et se réfugièrent dans les lignes allemandes.

Le serment était la condition préalable des élections. La difficulté de l'obtenir retardait la convocation des assemblées primaires, et, dans les derniers jours de février, le décret du 31 janvier[1] n'avait encore reçu aucun commencement d'exécution. Les commissaires de la Convention firent expulser de Mayence les Allemands les plus obstinés. Pour contenir les séditieux, ils ordonnèrent l'entier désarmement de la population, et pour rassurer les timides, ils annoncèrent que la prestation du serment n'entraînerait point de service militaire. Ces mesures furent prises le 23 février.

Les élections eurent lieu le 24, dans les églises. Le chant du *Veni creator* précéda le vote, auquel étaient conviés tous les Mayençais âgés de vingt et un ans. Il s'en présenta environ 260. Un nouvel appel fut adressé aux électeurs le 4 mars. « On transporte tous les jours de l'autre côté du Rhin des trentaines de gens qui refusent le serment, écrivait Forster. On en viendra à dépeupler la ville, s'ils ne se laissent persuader. » Mais tous les moyens de persuasion ne triomphèrent ni du « fanatisme », ni de l' « ignorance », et le nombre total des assermentés ne s'éleva qu'à 345. Ainsi furent nommés les six députés de Mayence à la Convention rhénane. Forster en faisait partie. Les choses se passèrent à peu près de même dans les autres pays occupés, malgré les adjurations des propagandistes, les promenades de canons, les garnisaires, les expulsions, les arrestations même, et tous les procédés du prosélytisme militaire. A Worms, il vint 250 électeurs; à Spire, 479.

Un détachement républicain occupa la ville de Deux-Ponts, y publia le décret du 15 décembre et y planta l'arbre de la liberté. Le ministre, d'Esebeck, protesta, alléguant la neutralité de son gouvernement; il fut emmené à Nancy, où il resta prisonnier. Les gens d'Aix-la-Chapelle ne montraient que de l'hostilité. Le général Dampierre fit nommer un maire, le 22 janvier, et pour obliger l'élu à remplir sa fonction, il dut le menacer de trente garnisaires. « Vous n'êtes pas mûrs pour la

---

[1] Cf. ci-dessus, p. 280.

liberté, dit le général à ces récalcitrants. Vous êtes comme des malades que leurs amis doivent contraindre à une opération salutaire. » Ils répondirent, en vrais bourgeois du moyen âge qu'ils étaient : « Nous n'avons d'autres maîtres que ceux que nous élisons et que nous pouvons révoquer. » Convoqués, le 12 février, pour nommer des représentants à une Convention, ils déclarèrent qu'ils ne voulaient ni Convention ni constitution. Ils votèrent néanmoins, parce qu'ils étaient prudents ; mais les Autrichiens entrèrent dans la ville le 2 mars, et l'élection ne servit à rien.

III

Le 2 février, la Convention reçut de Lebrun une lettre qui commençait par ces mots : « Un grand crime vient d'être commis, le sang des patriotes français a coulé dans l'indigne Rome. » Le fait était vrai, et c'était l'ouvrage de l'impertinence de Mackau doublée de l'imprudence de Bassville. Ce littérateur malencontreux tenait absolument à jouer le diplomate, et Mackau, qui aurait dû le guider et le modérer, l'incita au contraire et lui prépara l'occasion de sottises funestes. Les instructions du Conseil exécutif étaient arrivées à Rome, et Bassville en avait profité pour se poser en envoyé du peuple français. Sur ces entrefaites, les Romains apprirent que les vaisseaux de Latouche avaient été dispersés par une tempête. La curie se rassura, les émigrés français reprirent leurs allures provocantes, et la populace se mit à murmurer. Un officier de marine, de Flotte, envoyé par Mackau, apporta des dépêches de Monge, ordonnant aux consuls français de remplacer partout l'écusson fleurdelisé par les emblèmes républicains. Le consul qui résidait à Rome, Digne, connaissait le pays ; il hésita à exécuter les ordres de Monge. Bassville lui enjoignit d'obéir, et l'écusson fleurdelisé disparut dans la nuit du

1ᵉʳ au 2 janvier. Les élèves de l'Académie renversèrent une statue de Louis XIV élevée dans la cour du palais, et placèrent dans la salle à manger un buste de Brutus. Bassville se promena la cocarde au chapeau et se mit en rapports avec les Romains révolutionnaires. Flotte repartit pour Naples. La curie protesta contre le changement de l'écusson, rappelant l'outrage, encore impuni, qu'avait reçu à Paris l'effigie du Saint-Père. Digne persistait à refuser de placer sur sa maison l'emblème républicain. Flotte lui apporta, le 12 janvier, de la part de Mackau, l'ordre formel d'arborer cet emblème dans les vingt-quatre heures. Mackau apercevait dans l'incident qu'il allait provoquer un prétexte de grande politique à la Machiavel. « L'entêtement de la cour de Rome, sur lequel je compte, écrivait-il à Lebrun, nous mettra fort à l'aise. » Et il voyait déjà le Bourbon de Naples se coalisant avec la République pour partager le domaine pontifical.

Bassville commanda aux élèves de l'Académie de peindre un écusson et se rendit chez le cardinal Zelada. Ce ministre redoutait des mouvements populaires; il en avertit Bassville. Digne insista pour la prudence. « Vous ne connaissez pas le peuple romain, dit-il à Bassville; il n'est pas mûr pour la Révolution... Il hait les Français... Si on touche à son culte, à ses préjugés, il deviendra furibond, et rien ne pourra l'arrêter. » Ni Bassville ni Flotte ne voulurent rien entendre. « Le Pape prit son parti, écrit un diplomate espagnol... ce fut d'empêcher que les armes fussent placées, mais non de l'empêcher par l'usage de ses forces; il se servit pour cela d'une insurrection populaire. » Le 13 janvier, une foule très hostile environna l'Académie et la maison du consul de France. Le gouvernement pontifical plaça des piquets de troupe autour de cette maison et la protégea. La foule envahit l'Académie, la troupe l'en fit sortir. Bassville et Flotte eurent alors l'idée insensée de braver ce peuple ameuté, et ils se montrèrent au *Corso*, avec Amaury Duval, qui servait de secrétaire à Bassville, madame Bassville et son enfant, en voiture découverte, la cocarde au chapeau. Il était environ quatre heures. Des voix crièrent : Tue! tue! Les Français, déconcertés de n'en point imposer à ces Romains, se réfugièrent chez le banquier Moutte, qui fit échapper Flotte, madame Bassville et l'enfant. Bassville se barricada dans une chambre avec Duval. La populace les y atteignit. Bassville, blessé à mort, fut entraîné dans la rue, outragé, supplicié. On le jeta enfin dans un poste de police où il agonisa. Duval fut emmené par des soldats qui le sauvèrent. Ce coup fait, la populace alla piller l'Académie, saccagea la maison de Moutte et brûla celle de Digne. Le 14, la populace se tourna contre les Juifs qu'elle accusait de complicité avec les Français. Elle se rassembla devant Saint Pierre, demanda au Pape sa bénédiction et la licence de brûler le *Ghetto*. Certains réclamèrent l'expulsion des émigrés, car tous les Français, indistinctement, étaient détestés de ces Romains. Le gouvernement, très effrayé, fit appel aux prédicateurs populaires et pria les moines d'apaiser la foule. Elle s'apaisa, en effet, et le 16, le cardinal Zelada publia un édit : il remerciait le peuple de son attachement au Saint-Père, déclarait que ce pontife saurait maintenir la foi catholique et invitait les fidèles sujets du Pape à respecter les personnes et les propriétés.

Le Conseil exécutif, à mesure qu'il avait connu les démarches de Mackau et celles de Bassville, les avait blâmées et désavouées. Il avait chargé l'ancien secrétaire de la légation de Naples, Cacault, diplomate sage et avisé, de se rendre à Rome pour y remettre les affaires en ordre et réparer les sottises de Bassville [1]. Ces ordres fort prudents étaient à peine expédiés, que la nouvelle du meurtre arriva. Le Conseil ne balança point d'en informer la Convention. Cette assemblée avait à considérer, dans un pays étranger, les œuvres d'un fanatisme analogue à celui qui, depuis le commencement de la Révolution, avait fait commettre en France tant d'excès atroces. Elle n'admit point que la populace romaine s'arrogeât les immunités de celle de Paris. Ce qui passait, dans Paris, pour

---

[1] Lebrun à Cacault, 19 et 30 janvier; à Bassville, 25 janvier 1793.

l'emportement du patriotisme et se dérobait aux jugements, dans l'insondable mystère de la justice du peuple, ne pouvait être, partout ailleurs, aux yeux des conventionnels, qu'un complot de police. Les Romains ont été « égarés par les suggestions fanatiques de leur gouvernement », dit Lebrun. Il demanda le châtiment de cette cour insolente et hypocrite. La Convention s'y porta avec toute la superbe d'un despote d'ancien régime et toute la violence d'un pouvoir de révolution. Quelqu'un proposa de brûler le Vatican. Jean Debry cita le précédent de Jugurtha que Rome sut faire mourir dans les cachots. La Convention adopta l'enfant de Bassville et ordonna de tirer une vengeance sévère d'un attentat qui était un outrage à la souveraineté nationale des Français et au droit des gens. Bassville, dans ce décret, était qualifié de chargé des affaires de la République française à Rome, titre que la République ne lui avait jamais accordé et que Rome, par conséquent, n'avait pu méconnaître. Lebrun écrivit à Bernard, ancien secrétaire de Bernis, qui suivait toujours la correspondance : « C'est à Rome même, et les armes à la main, que nous irons demander au Pape satisfaction de cet outrage. » Il écrivit le même jour, 6 février, au général Biron, que l'on venait de transporter à l'armée des Alpes, de préparer une expédition et de se concerter, à cet effet, avec Cacault. Ce dernier eut l'ordre de se rendre auprès de Biron, à Nice, puis de là à Rome, où il réclamerait, à titre de réparation, l'envoi d'un nonce à Paris, l'expulsion du cardinal Maury et des émigrés, la punition des coupables, une indemnité pour les victimes, une compensation pour les dépenses d'armement de la flotte destinée à punir l'attentat, et la restauration de l'Académie.

Cacault était à Nice le 14 février. Biron disposait d'une douzaine de mille hommes. Il proposa de les débarquer à Civita-Vecchia, de les jeter sur Rome, d'y lever une contribution et de s'en revenir aussitôt. C'était, comme le disait Cacault, une « expédition de flibustiers ». Il fallut y renoncer, parce que la flotte de la Méditerranée se trouva hors d'état de reprendre la mer. La division de Latouche, qui avait si fort intimidé la cour de Naples, avait été désemparée; l'autre division, celle de Truguet, destinée à opérer contre la Sardaigne, avait été dispersée par la tempête. Retardée dans ses opérations, elle y échoua complètement; tout manquait à cet armement maritime, surtout les marins. Il n'y a dans l'histoire de cette calamiteuse *armada* de la République qu'un épisode intéressant. C'est celui de l'attaque, d'ailleurs inutile, de la petite île de la Magdeleine, dans les derniers jours de février. Les troupes de débarquement comprenaient des volontaires corses, et l'on y vit paraître Napoléon Bonaparte, capitaine d'artillerie de quatrième classe et lieutenant-colonel dans les gardes nationaux corses. Il avait vingt-trois ans et demi, et ce fut son début sur les champs de bataille de la France.

Le gouvernement pontifical, informé de ces événements, reprit courage et refusa de recevoir Cacault, se disant que les Français étaient loin, et que la voie de mer leur étant interdite, celle de terre leur présenterait assez d'obstacles pour que l'Europe eût le temps de les vaincre avant qu'ils fussent en route. C'est cependant sur cette voie de terre que se rabattit le gouvernement républicain. Ne pouvant se l'ouvrir de vive force, il tâcha de se procurer le passage par des négociations. Lebrun fit tâter le cabinet de Turin par le baron Vignet, ministre sarde en Suisse. Il insinua que si le roi Victor-Amédée consentait à s'allier à la République, à livrer le passage aux troupes françaises, à ratifier l'annexion de Nice et de la Savoie et à céder la Sardaigne, la République lui abandonnerait les territoires qui seraient conquis en commun sur l'Autriche, et lui livrerait Gênes[1]. Dans le même temps qu'il offrait cette cité au roi de Sardaigne, Lebrun cherchait un moyen d'en occuper le territoire, et le plus ingénieux lui parut être d'offrir aux Génois de les défendre contre les entreprises du roi de Sardaigne. La France serait ainsi munie à tout événement, soit qu'elle attaquât le Piémont en passant sur le territoire de

---

[1] Dépêche du comte d'Hauteville, 20 mars 1793; BIANCHI, t. II, p. 76.

Gênes, soit qu'elle s'entendît avec le Piémont pour démembrer cette république. Des instructions conçues dans cet esprit furent envoyées à Tilly, nommé chargé d'affaires à Gênes [1]. Le vent était aux pactes d'échange, et l'on voit que le décret du 19 novembre, non plus que celui du 15 décembre, n'avaient en rien modifié l'air du temps. Il y avait des peuples bons à affranchir, de gré ou de force : c'étaient ceux qui habitaient dans les limites naturelles de la République. Quant aux autres, ils demeuraient taillables et partageables à merci, selon les convenances de la politique.

Lebrun se flattait naguère de détacher de l'alliance de l'Empereur le roi de Prusse, « allié naturel » de la France ; il lui faisait offrir, pour prix de sa défection, la Silésie autrichienne. Désormais il n'attendait plus rien de ce monarque. Toutes les insinuations des agents secrets s'étaient émoussées sur l'entêtement de Frédéric-Guillaume. L'exécution de Louis XVI l'avait rendu intraitable. « On se flatterait vainement d'entamer avec succès une négociation avec la Prusse avant la fin de la campagne », écrivait Lebrun [2]. L'occasion se présenta de retourner le jeu, et ce ministre la saisit. La cour de Naples était encore sous le coup de la terreur que lui avait causée l'amiral Latouche, et elle s'efforçait de gagner du temps, en occupant la vanité turbulente de Mackau. Acton se mit à conférer familièrement avec lui ; Marie-Caroline le reçut, et lui fit entendre qu'elle serait heureuse, le cas échéant, de procurer la paix entre la République et l'Autriche. Lebrun, quand il en fut informé, n'y crut qu'à demi ; toutefois il écrivit à Mackau de profiter de ce prétexte pour se renseigner sur les vues de la cour de Vienne. Mackau fut autorisé, selon la rencontre, à pousser plus loin : de la même plume qui, quelques semaines auparavant, signait les refus hautains de traiter, à quelque prix que ce fût, avec l'ennemi héréditaire, Lebrun écrivit : « Sans rien avancer d'une manière positive, vous pouvez laisser entrevoir la possibilité d'un arrangement avec l'Empereur, en vous fondant

---

[1] Instructions de Tilly, 8 mars 1793 ; JUNG, *Bonaparte*, t. II, p. 419.
[2] A Biron, 6 février 1793.

sur le peu de vraisemblance qu'il y a que la République française puisse prendre confiance dans le roi de Prusse dont la conduite, depuis son arrivée au trône, n'est qu'un tissu de perfidies envers les différentes puissances dont il a paru épouser sucessivement les intérêts. Vous pourrez insinuer que le premier moyen de rapprochement de la cour de Vienne avec la République française serait une scission avec la Prusse, et que l'effet de cette scission serait de lui offrir, dans la conquête de la Silésie prussienne, le dédommagement de la perte des Pays-Bas[1]. » L'effet de ces ouvertures inconsidérées devait être de convaincre, à la fois, les Autrichiens et les Prussiens de la duplicité d'un gouvernement qui prétendait mener de front le prosélystisme et l'intrigue. Cette diplomatie ne pouvait qu'ajouter la méfiance pour le ministère français à la haine que les coalisés ressentaient pour la République.

Mackau n'avait pas besoin d'être stimulé. Sans prendre d'autres détours, il offrit tout crûment à Acton de s'entendre avec lui pour démembrer l'État pontifical. Acton écouta ; il paraît même y avoir mis quelque complaisance, soit que la proposition flattât ses propres convoitises, soit que tout artifice lui parût bon pour tenir en haleine l'insidieux envoyé de la République. Il consulta le roi, et répondit à Mackau que ce prince, fort désireux sans doute de se rapprocher de la France, hésiterait toutefois à rien entreprendre contre le Pape, parce que son peuple s'y opposerait ; les sollicitations de l'intérêt devaient céder devant le sentiment public. La leçon était piquante. Lebrun, quand il reçut l'avis de cette négociation, trouva que Mackau s'attribuait trop de licence. Le Conseil exécutif ne pouvait, lui mandat-il, lui accorder la direction de la politique française en Italie. Il l'invita à observer plus de réserve et à ne faire d'ouvertures qu'après y avoir été expressément autorisé. Cependant, si la forme de l'affaire lui déplaisait, le fond

---

[1] Lebrun à Mackau, 1ᵉʳ janvier 1793.

ne l'offusqua point. « Je vous recommande, ajouta-t-il, de donner suite aux ouvertures que vous avez entamées relativement à la cour de Vienne », et de disposer discrètement la cour de Naples à nous aider contre Rome. Se méfiant de Mackau, il envoya à Naples Reinhard, qui revenait de Londres, et qui avait le sens rassis. D'autre part, il écrivit à La Flotte qui continuait à résider paisiblement à Florence : « Il serait très possible que la conduite de Rome nous forçât à porter la guerre dans l'État ecclésiastique. Dans ce cas, il ne s'agirait de rien moins que de la destruction de cette puissance qui trop longtemps a fait la honte de l'Europe. Ses débris pourraient se partager entre le grand-duc et le roi de Naples, si l'un et l'autre de ces princes voulaient concourir au succès de nos armes[1]. » Et il mandait à La Flotte de sonder, au préalable, la cour de Toscane. « Faites entrevoir le succès des réclamations que le grand-duc aurait à former dans le partage de l'État ecclésiastique », lui disait-il, mais apportez « la plus grande prudence dans vos ouvertures et le plus profond mystère dans la société ». Cette circonspection avait sa raison d'être : Biron et Kellermann, qui commandaient l'armée destinée à l'Italie, déclaraient que cette armée était, pour le moment, incapable de prendre l'offensive[2].

Il importait d'autant plus de louvoyer autour de l'Italie, que l'on affrontait directement l'Espagne. Dès que la guerre avait été déclarée aux Anglais, Lebrun en avait informé Bourgoing, réclamant une explication catégorique de Godoy: « Nous ne pouvons rester plus longtemps dans cet état d'incertitude, disait-il, et nous voulons savoir, dans huit jours au

---

[1] Ce que Lebrun, agent de la Révolution, offrait à Ferdinand pour l'engager à reconnaître la République qui venait de tuer son beau-frère, Louis XVI, Metternich, meneur de la contre-révolution, le donna à Murat pour trahir son beau-frère, Napoléon, que l'Europe mit hors la loi. Voir l'article secret du traité du 11 janvier 1814, ANGEBERG, *Traités de Vienne*, t. Ier, p. 87.

[2] Rapports de Mackau, 20 et 29 janvier 1793; Mackau à Acton, 16 et 20 janvier; Acton à Mackau, 19 janvier; Lebrun à Mackau, 18 et 26 février, 5 mars; Lebrun à Cacault, 7 mars; Lebrun à La Flotte, 26 février, 19 mars. — MASSON, *Bassville*. — GROSJEAN, *Les relations de la France avec les Deux-Siciles*, 1789-1793, Paris, 1888. — BORNAREL, *Relations de la France et de la Toscane*, 1792-1795.

plus tard après la réception de cette dépêche, quel sera l'ultimatum de sa cour. » Lebrun s'exprimait ainsi le 2 février. Bourgoing et Godoy s'étaient déjà expliqués, et fort aigrement. Godoy prétendait que la France n'avait cessé de provoquer l'Espagne par ses armements, par sa propagande, par des outrages publics, par l'espoir fallacieux d'admettre son intercession en faveur de Louis XVI, par la façon insultante dont la Convention l'avait écartée. Bourgoing récriminait contre les préparatifs de guerre, désavoués ostensiblement et poursuivis en secret. « De votre propre aveu, monsieur le duc, vous avez manqué de parole. Quel fond voulez-vous que nous fassions désormais sur vos promesses ? N'est-il pas évident que vous n'avez cherché qu'à gagner du temps ? Or, je vous préviens que nous ne vous en laisserons pas la facilité [1]. » A la nouvelle de l'exécution de Louis XVI, la cour prit le deuil ; Godoy invita Bourgoing à s'abstenir, pour le présent, de lui rendre visite. L'opinion publique se prononça pour la guerre, et les Français qui résidaient en Espagne se virent inquiétés partout. Là-dessus Bourgoing notifia à Godoy les ordres de Lebrun, du 2 février, ajoutant qu'il se retirerait, faute d'une réponse satisfaisante. Godoy lui écrivit aussitôt : « Puisque vous me dites que vous vous proposez de quitter Madrid dans le courant de la semaine prochaine, je vous enverrai le passeport que vous me demandez. » Ces correspondances s'échangèrent le 14 février ; le 23, Bourgoing quitta Madrid [2].

Le Conseil exécutif devait s'attendre à cette rupture, et il s'y préparait [3]. Mais comme il avait peu de troupes à opposer à l'Espagne, il s'efforçait d'y suppléer en organisant à Bayonne et à Perpignan des comités de propagande. Il s'était trouvé des « patriotes » espagnols, pleins de foi et de zèle, comme les « patriotes » bataves, qui avaient pris à la lettre le décret du 19 novembre et s'étaient mis à la disposition de Lebrun. Ces Espagnols entendaient l'affranchissement de la même façon

[1] Rapport de Bourgoing, 25 janvier 1793, sur une entrevue du 23.
[2] Rapports de Bourgoing, 4, 7, 11, 14, 18 février 1793.
[3] AULARD, t. II, p. 475 ; 22 février 1793.

que les Belges et les Bataves : ce qu'ils attendaient de la France, c'était la restitution de leurs libertés nationales. Ils protestaient d'avance contre toute tentative d'imposer à leur pays le système révolutionnaire du décret de décembre. Ils assuraient que leur nation s'y refuserait : « De quel droit, diraient les Espagnols, les Français prétendent-ils nous prescrire des règles sur les moyens d'exercer notre souveraineté ? De quel droit changent-ils la manière d'exprimer la volonté générale que nous avions adoptée ?... Ce n'est donc pas la liberté qu'ils nous offrent ; ils nous prescrivent des lois impérieuses en se donnant pour nos libérateurs... » « La France », ajoutait l'un des « patriotes » qui correspondaient avec Lebrun, « la France a sans doute le droit de dire au peuple espagnol : — Vous avez un maître qui est mon ennemi naturel ; je vous ferai la guerre jusqu'à ce que vous l'ayez précipité du trône. — Mais elle n'a pas le droit de la constituer de telle ou telle façon ; c'est à l'Espagne à se donner une constitution... » Cette constitution, dans la pensée des républicains espagnols, devait être fédérative, et le Portugal devait être compris dans la fédération[1]. Cette interprétation du décret du 19 novembre, et cette application, tout espagnole, faite au Portugal du principe des frontières naturelles n'entraient nullement dans les vues des propagandistes français, et avant même de s'introduire en Espagne, ils se trouvèrent, sur la frontière même, en conflit avec les seuls et très rares Espagnols qui se montrassent portés vers la République. C'est qu'il ne fallait toucher ni à l'indépendance, ni aux coutumes, ni aux libertés provinciales, ni aux croyances, ni surtout à l'honneur de cette nation. Le gouvernement de Paris apprit promptement qu'il serait plus aisé de battre les troupes de Charles IV que de municipaliser ses sujets, de les ameuter contre les moines, d'abolir l'Inquisition et de supprimer les Cortès. L'impossibilité de pénétrer dans les provinces espagnoles et d'y faire passer nos productions révolutionnaires a fait manquer entièrement notre entreprise, écrivit, quelques

---

[1] Marchena à Lebrun, 23 décembre 1792.

semaines après, l'un des agents de la propagande. Il fallut y renoncer[1].

De toutes les négociations tentées à cette époque, il n'y eut de favorables que celles de Barthélemy dans les Cantons[2]. Sur les conseils de cet ambassadeur, Lebrun cessa de presser les Suisses sur la reconnaissance de la République. La France y gagna la confirmation d'une neutralité qui couvrait sa frontière de l'Est, et le maintien en Suisse d'un agent instruit et perspicace. De cet observatoire excellent, Barthélemy surveilla les mouvements de la politique européenne et put envoyer au gouvernement de Paris des informations sûres et suivies, qui lui furent une inappréciable ressource. Quant à Genève, le Conseil exécutif, satisfait de la révolution qui s'y était accomplie[3], avait renoué avec cette république des rapports amicaux : l'agent genevois Reybaz avait été reçu par les ministres français, le 14 janvier.

Sauf de ce côté, toutes les attaches se rompaient autour de la France. Les combinaisons prochaines échappant à Lebrun, il se rejeta sur les mouvements tournants et les efforts à distance. L'ambassade de Constantinople demeurait sa consolation dans les heures de méditation forcée; il versait, dans les mémoires incessamment remaniés qu'il dressait ou faisait dresser pour Sémonville, le trop-plein de ses illusions et de ses espérances. Sémonville attendait toujours à Gênes que le Divan voulût bien le recevoir. Il comptait que l'exemple fait à Naples rendrait les Turcs accommodants. Le coup porta en effet. Mais il était dit que Sémonville n'étonnerait jamais l'Orient par sa munificence. Au moment où il cessait de paraître suspect à Constantinople, il le devint à Paris, et son nom, découvert dans l'armoire de fer des Tuileries, mit à son ambassade des obstacles plus sérieux que toutes les dénonciations des agents de la coalition. Déjà Lebrun, fatigué

---

[1] Rapports de Borel et Comeyras, 1793. — MOREL-FATIO, *José Marchena et la propagande révolutionnaire en Espagne*, *Revue historique*, t. XLIV, p. 72 et suiv.

[2] KAULEK, *Papiers de Barthélemy*, t. II, janvier-mars 1793.

[3] Cf. ci-dessus, p. 254.

des retards que subissait cette mission et n'ayant aucun motif de s'entêter sur le nom de Sémonville, avait jugé expédient de faire précéder cet ambassadeur par un envoyé moins fastueux qui lui ouvrirait les voies, s'il y avait moyen, et, dans tous les cas, amorcerait les négociations. Il avait songé pour cet emploi à un homme parfaitement capable de le remplir, Descorches de Sainte-Croix, ancien maréchal de camp, qui avait résidé à Varsovie en qualité de ministre depuis 1791. Comme il fallait que Sémonville s'expliquât sur les papiers de l'armoire de fer, qui le montraient infiniment plus intrigant que citoyen et surtout que jacobin, le Conseil exécutif arrêta, le 14 décembre, que Descorches se rendrait par terre à Constantinople.

Cependant tout était en révolution dans la colonie française de cette ville. La nouvelle de la trahison de Choiseul-Gouffier et du décret d'accusation lancé contre lui y arriva le 8 décembre. La colonie s'assembla et nomma un chef provisoire pour soutenir ses prérogatives et ses intérêts. Elle fit choix de Fonton, premier drogman. Les têtes s'enflammèrent très vite ; comme tous les consulats se désorganisaient par l'émigration des titulaires et l'absence d'instructions, l'anarchie se mit dans toutes les petites républiques des Échelles. « Sous le prétexte d'une régénération complète, dit un rapport sur l'ensemble de ces événements, ils ne voulurent plus supporter le joug des règlements et ordonnances faits pour nos établissements du Levant par les rois de France... Les passions n'avaient plus de frein. Notre commerce, qui ne pouvait fleurir que par la tranquillité publique et par la sécurité des négociants, perdait de son activité et de sa prospérité, parce que la méfiance et les alarmes étaient générales [1]. » Le Conseil exécutif fut informé, le 22 janvier, de cet état de choses ; Descorches reçut l'ordre de partir immédiatement et se mit en route le jour même.

Il emportait les instructions destinées à Sémonville. Elles étaient par leur étendue un véritable monument, et elles

---

[1] Mémoire sur Descorches, 18 messidor an III.

méritent d'être étudiées comme l'une des pièces les plus remarquables de la diplomatie républicaine. Elles ne sont, pour le fond, qu'un commentaire des instructions sommaires dressées par Dumouriez pour la même ambassade, mais c'est un commentaire très développé, et le soin qu'on y observe de rattacher la nouvelle politique aux intérêts permanents de la France en Orient en forme le caractère le plus intéressant. Expliquer aux Ottomans la révolution du 10 août et l'avènement de la République, les convaincre de la résolution de la nation française à défendre ses droits et son indépendance, déjouer les intrigues des coalisés, gagner la confiance et le respect des Turcs, les décider à de grandes mesures contre l'Autriche et la Russie, renouer entre la France et la Turquie l'alliance interrompue par le traité de 1756, relever le commerce du Levant et maintenir l'exécution littérale des Capitulations, tels étaient les objets de la mission. Ils étaient traités en trois articles, consacrés, le premier au commerce, le second à la politique, le troisième au régime intérieur de l'ambassade et aux relations avec le clergé catholique. Le ministre prescrivait l'indifférence dans les querelles théologiques entre les chrétiens, la tolérance pour les « bons Pères » de Saint-François qui desservaient la chapelle de l'ambassade, et qui devaient d'ailleurs se conformer aux décrets sur la constitution civile, la considération pour les musulmans, qu'il importait de ne point scandaliser par de vaines tracasseries. L'article de la politique était le plus développé. « Jamais, disait Lebrun, occasion ne fut plus favorable pour engager la Porte à tirer une vengeance éclatante des injustes agressions de la maison d'Autriche et de la paix honteuse que le Grand Seigneur a été obligé de conclure avec l'impératrice Catherine... Le moment est venu pour la Porte de réparer ses pertes avec l'aide de la République. » L'ambassadeur dépeindra les grandes ressources de la France et les grands dangers que le succès de la coalition ferait courir à l'Europe, à l'Empire ottoman en particulier. Il dénoncera les projets destructeurs des deux cours impériales. Il montrera que le moment est propice pour les prévenir. Il révélera le délabrement des finances de la Russie, les divisions intestines de cet empire, et fera voir la possibilité de soulever les peuples du Liban et de la Géorgie. « C'est alors qu'en présentant dans le plus grand détail les forces maritimes que nous pouvons déployer dans l'Archipel, il fera envisager à la Porte l'indépendance de la Crimée et la destruction du port de Cherson comme une suite infaillible de l'apparition d'une escadre française dans la mer Noire... Il ajoutera combien il serait facile, sans que la Porte paraisse y entrer pour rien, de faire agir le pacha de Scutari, d'exciter des troubles dans la Hongrie et d'attaquer cette frontière au moment où la maison d'Autriche est obligée de la dégarnir et de porter toutes ses forces sur le Rhin. » Descorches partirait de là pour insinuer l'idée d'une alliance. Elle ne serait point offensive : cette stipulation est contraire aux principes républicains et effaroucherait les nations de l'Europe. Elle aurait son effet dans toutes les guerres d'une justice manifeste comme celle qui a suivi l'invasion de la Crimée. Il faudrait tâcher de l'appliquer à la guerre actuelle et à tous nos ennemis, « au nombre desquels la Russie ne peut assurément pas manquer d'être comptée, et même en première ligne ». Les Turcs attaqueraient la Russie sur la mer Noire ; ils rassembleraient une armée sur le Dniester et une autre vers le banat de Temesvar. Ces mouvements forceraient la Russie à retirer ses troupes de Pologne et l'Autriche à diviser les siennes ; la Pologne, délivrée, se jetterait de notre côté. Les secours par mer à fournir par la France n'excéderaient pas dix vaisseaux avec des frégates en proportion, lesquels seraient entretenus par les Turcs. La France enverrait des artilleurs en Turquie. Les alliés ne concluraient pas de paix séparée avant d'avoir respectivement eu toute satisfaction des cours de Vienne et de Pétersbourg, notamment avant qu'on fût revenu au traité de Kaïnardji quant aux frontières turques. La France aurait la liberté de navigation dans la mer Noire.

Cette alliance d'Orient devait, dans la pensée de Lebrun, comme dans celle de Dumouriez, se rattacher à une ligue du

Nord où entreraient la Prusse, la Suède et la Pologne. La Prusse, il n'y fallait plus songer, au moins pour un temps. Il y avait, au contraire, maintes raisons de se mettre en mesure avec la Pologne et avec la Suède. Kosciusko était à Paris. Toutes les espérances des patriotes polonais se tournaient vers la France. Lebrun avait en Allemagne un agent, Parandier, qui connaissait les affaires du Nord. Il résidait à Leipzig, d'où il suivait les affaires de Pologne. Lebrun lui écrivit le 28 février : « La République française s'occupe avec activité des grands moyens qui peuvent soustraire cette intéressante nation au joug odieux dont elle est accablée. Nous avons eu plusieurs conférences avec le brave général Kosciusko et les autres Polonais patriotes qui sont à Paris... Du courage, de l'énergie, de la persévérance, et la Pologne sera sauvée. » Lebrun promettait d'envoyer des fonds au comité polonais avec lequel Parandier était en rapport, et il ajoutait : « Le temps n'est peut-être pas éloigné où les escadres de la République, se montrant à la fois dans la Baltique et dans l'Archipel, secondées des forces de la Suède, de l'Empire ottoman et des braves Polonais, feront changer la face des affaires dans le Nord. »

La bonne volonté de la Suède était le seul élément réel de ce dessein. La Suède venait d'elle-même à la République, et comme Descorches partait de Paris, le baron de Staël se mettait en route pour s'y rendre. Le régent de Suède, le duc de Sudermanie, avait apporté tous ses soins à se dégager des liens que Gustave III avait formés avec Catherine II, et il y avait réussi. Il espéra que la France lui payerait, pour demeurer neutre, ce que la Russie lui aurait payé pour courir les risques de la guerre. Tout en se ménageant les moyens de traiter, le cas échéant, avec une monarchie française restaurée, il se prêta à des négociations avec la République, et Staël fut autorisé à retourner à Paris « pour resserrer les liens qui subsistaient depuis si longtemps entre les nations française et suédoise [1] ». On voit,

[1] Mémoire rétrospectif de Staël adressé au Comité de salut public, le 15 germinal an III (4 avril 1795).

par une dépêche que Lebrun adressait le 4 mars à Descorches, ce qu'il attendait de ces diverses négociations : « L'essentiel, disait-il, est de déterminer les Turcs à la guerre et à la commencer immédiatement. » Nous sommes en guerre avec l'Empereur, la Prusse, la Sardaigne, la Hollande, l'Angleterre ; nous allons y être avec l'Espagne. Les Turcs ont le plus pressant intérêt à sauver la Pologne ; cette République anéantie, les cours du Nord se mettront à démembrer l'Empire ottoman. Si les Turcs menacent les frontières russes, l'impératrice est forcée d'évacuer la Pologne, et nous avons la certitude qu'une violente insurrection y éclatera : « Nous en concerterons les moyens aussitôt que vous nous aurez appris que les Turcs ont adopté nos vues. » Nous espérons y attirer la Suède. Le baron de Staël arrive à Paris ; Verninac, qui a été déjà fort écouté à Stockholm, se prépare à y retourner. « Nous ne négligerons aucun moyen pour déterminer la Suède à faire une invasion en Finlande et à attaquer les Russes sur la Baltique. » Peut-être même pourrait-elle se porter sur la Poméranie prussienne ; nous envahirions en même temps la Westphalie, et nous forcerions, par ces mouvements, le roi de Prusse à restituer ce qu'il est en train d'usurper en Pologne, tout au moins à en rappeler ses troupes. « Il faudrait tâcher de faire révolter les Tartares et les Cosaques du Don, peut-être même de trouver un audacieux pour renouveler l'aventure de Pougatchef. Je rougirais d'employer ces moyens, mais nos ennemis les emploient contre nous. »

Cette pudeur était toute de rhétorique, et l'on a vu que Lebrun s'était mis parfaitement au ton des chancelleries. Ces plans n'avaient rien de nouveau pour les diplomates de l'ancien régime, et rien n'y était fait pour offusquer la modestie d'aucune cour ; mais, comme son maître Dumouriez, Lebrun rétrogradait sur la marche du temps. Il spéculait ainsi qu'aurait pu le faire un conseiller de Louis XV, initié au secret du roi, à l'époque du grand Frédéric et du partage de la Pologne. La République n'était pas encore assez vieille pour entendre ce langage. La Convention se réglait alors sur d'autres maximes, et tandis que Lebrun cheminait dans les vieux souterrains de la diplomatie classique, elle poursuivait, par-dessus la tête de ce ministre, sa course dans la grande route révolutionnaire.

IV

Il fallait des armées et de l'argent. Le Comité de défense générale fit partir Pache du ministère qu'il avait désorganisé et fit nommer, à sa place, le 4 février, le général Beurnonville[1]. C'était un officier de fortune, brillant, débrouilleur à la guerre, hâbleur dans les discours, circonspect dans les affaires : point d'éducation, peu de connaissances, nullement administrateur, mais la pratique d'un aventurier militaire, un caractère souple et de l'esprit de conduite. Le même comité fit rendre, le 17 février, après un rapport de Sieyès, un décret sur l'organisation du ministère de la guerre, et, le 26, après un rapport de Dubois-Crancé, un décret sur l'organisation de l'armée. Ce décret, qui fut la véritable loi du salut public, posa le principe de l'*amalgame,* c'est-à-dire la formation de demi-brigades ou régiments avec deux bataillons de volontaires et un bataillon de ligne. — Il faut nationaliser l'armée, dit le rapporteur, et il faut en même temps encadrer les volontaires. « Ils ont besoin du contact des principes d'ordre, de police et d'administration qui sont établis dans la ligne. » Le nom de volontaires n'avait plus, du reste, de raison d'être, car on conservait ces soldats à l'armée, qu'ils le voulussent ou non. Le décret mettait en réquisition tous les hommes de dix-huit à quarante ans. Quant à l'argent, Cambon exposa qu'il avait été fabriqué pour plus de trois milliards d'assignats[2]. Il en restait en circulation pour plus de deux milliards trois cents millions. Les contributions

---

[1] Beurnonville obtint 356 voix sur 600 votants. — Voir Chuquet, *La trahison de Dumouriez,* p. 12-14.
[2] Rapport du 1er février 1793.

étaient en retard de six cent quarante-huit millions. Les recettes ordinaires s'élevaient à deux cent vingt millions ; on pouvait y ajouter quarante et un millions de dons patriotiques. Les dépenses, depuis le commencement de la guerre, avaient atteint deux cents millions par mois. Il fallait donc trouver des ressources extraordinaires. On avait vendu pour un milliard huit cent cinquante millions de biens du clergé ; il n'en restait plus à vendre que pour trois cent quatre-vingts millions. Le nombre des émigrés pouvait être évalué à soixante-dix mille, la valeur de leurs biens à cinq milliards. Sur ces cinq milliards, deux seront consacrés à désintéresser les créanciers des émigrés, les trois autres payeront la guerre. Cambon concluait à l'émission de huit cents millions d'assignats sur ces biens. Le surplus des dépenses sera couvert par les peuples affranchis. « Tous, disait Cambon, vous devront une indemnité... Ils ne tarderont pas à s'apercevoir qu'ils ne pourront maintenir leur liberté s'ils ne s'empressent de réaliser les biens nationaux. » Les habitants d'Avignon, ceux du Comtat, ceux de la Savoie, ceux du comté de Nice se sont acquittés en se réunissant à la République ; les Belges ont fourni déjà soixante-quatre millions.

La conquête devenait ainsi une opération de finances, et la propagande se doublait d'une réquisition générale. La politique des réunions et la conception des frontières naturelles s'affermissaient dans les esprits âpres et obstinés des Montagnards. Le patriotisme impérieux et fougueux des chevaliers ès lois de Philippe le Bel ressuscite dans ces légistes armés qui s'en vont aux frontières, argumentant et bataillant tour à tour. « Marchons, écrivait Merlin de Thionville en arrivant à Mayence... Alors, le Rhin devient le premier et le plus sûr boulevard de la République française. » Il annonce que « les peuples de cette belle contrée faite pour redevenir » française vont exprimer leur désir de réunion : « L'intérêt politique veut que nous ayons le Rhin pour frontière [1]. » — « Républi-

---

[1] Merlin à Thirion, député, 4 février 1793. REYNAUD, t. II, p. 80.

cains généreux, écrit un publiciste, que la sagesse vous inspire au milieu de vos succès! La liberté elle-même va poser les bornes de votre brillant empire. C'est pour vous rendre impénétrables aux tyrans que la nature a formé ces vastes pays qui baignent l'occident et le midi de notre territoire. C'est pour vous servir de barrières que les Pyrénées et les Alpes élèvent jusqu'aux cieux leurs rochers inaccessibles. C'est enfin pour vous seuls que le Rhin et l'Escaut portent au loin le tribut de leurs ondes et semblent dessiner les frontières du patrimoine de la liberté. Parvenus à ces bornes irréfragables, bornons là nos conquêtes [1]! »

La Convention ne pouvait tarder davantage à s'expliquer sur le principe des réunions et à en poser les règles. Danton la pressait naguère de voter sans phrases. La Convention préféra se donner des motifs et les exposer à l'univers. Carnot le fit dans un rapport qu'il présenta le 14 février, à propos des vœux de Monaco et de ceux d'un certain nombre de communes allemandes limitrophes des départements du Nord-Est ou enclavées dans ces départements [2]. « Pour établir une théorie sur ces réunions de territoires, dit-il, votre comité diplomatique a dû remonter aux principes. Dans toutes matières politiques, deux points sont à considérer, et c'est à eux que tout se réduit, l'intérêt et la justice. Ils composent tout le droit des gens. » Établissant la différence du juste et de l'injuste en politique, Carnot poursuit : « 1° Toute mesure politique est légitime dès qu'elle est commandée par le salut de l'État; 2° tout acte qui blesse les intérêts d'autrui sans nécessité indispensable par soi-même est injuste. Aucune réunion, augmentation ou mutation de territoire ne peut avoir lieu... sans qu'il soit reconnu : 1° que cette mutation n'a rien de contraire aux intérêts de l'État; 2° que les communes que regarde cette mutation l'ont demandée par l'émission d'un

---

[1] Lettre anonyme à Lebrun, 8 mars 1793. — Comparer t. Ier, p. 259-260, le passage de Strabon : « Une si heureuse disposition de lieux... suffirait pour prouver la Providence..... »
[2] *Moniteur*, t. XV, p. 455-457.

vœu libre et formel, ou que la sûreté générale de la République la rend indispensable. » Il n'y a donc de justice politique que celle qui procède de l'intérêt de l'État, et il n'y a point de justice possible contre cet intérêt. Ainsi, c'est un principe que tout peuple est souverain, quelle que soit l'exiguïté de son territoire ; « mais un principe antérieur à celui-là est d'empêcher qu'aucun peuple nous impose la loi à nous-mêmes ». Or ce serait nous laisser imposer une loi, et la plus désastreuse, que de permettre « qu'une commune quelconque, en émettant son vœu d'indépendance », pût se détacher de la grande masse et jeter la France dans le fédéralisme et l'anarchie.

Les nations européennes sont divisibles, parce que c'est l'intérêt de la République de les diviser, et la République est indivisible, parce que son intérêt est qu'on ne la divise point. Il en va de même de la guerre : les subtilités, ici, ne sont point de mise. « La guerre, continue Carnot, est un état violent : il faut la faire à outrance ou rentrer dans ses foyers... Fraternisons avec les peuples, épargnons le sang de nos ennemis ; mais que les réclamations partielles se taisent devant les grands intérêts de la République. » — « C'est la loi de la nature » que chacun, dans le péril, se sauve aux dépens d'autrui, et chacun demeure seul juge de l'exercice de son droit. Pour ce qui est de la France, la nature même a marqué les limites dans lesquelles ce droit naturel s'applique, et l'histoire en a consacré l'application. « *Les limites anciennes et naturelles de la France sont le Rhin, les Alpes et les Pyrénées.* Les parties qui en ont été démembrées ne l'ont été que par usurpation ; il n'y aurait aucune injustice à les reprendre ; il n'y aurait aucune ambition à reconnaître pour frères ceux qui le furent jadis, à rétablir des liens qui ne furent brisés que par l'ambition elle-même. » Le rapport concluait que la réunion de Monaco et celle des communes allemandes étant utiles, les vœux de ces pays devaient être accueillis. La Convention sanctionna ces conclusions par un décret.

La doctrine était posée dans sa simplicité magistrale. C'était celle des « droits du Roi », qui prétend sur tout le monde, contre qui personne ne prescrit, et dont le domaine, inaliénable, est, par essence, indivisible[1]. Il n'y avait que quelques mots changés : la souveraineté populaire au lieu de la royale, et la nature à la place des archives. Cette singulière évolution des idées avait commencé en 1790 à propos de la première réunion qui s'était offerte à la France révolutionnaire, Avignon et le Comtat. Elle était accomplie et consacrée désormais, et la raison d'État révolutionnaire avait trouvé sa théorie. La Convention avait hésité longtemps à en prendre son parti. Les plus réalistes des conventionnels conservaient une sorte de pudeur du droit ; les plus idéalistes trouvaient dans leur instinct patriotique un correctif à leur ambition et à leur zèle de prosélytisme ; dans les âmes moyennes, qui composaient la majorité, il y avait comme une lutte constante entre les sollicitations de l'utopie et les nécessités de la politique. Le rapport de Carnot marquait le triomphe de la politique : la politique, dans ce rapport, décidait de tout. La justice n'y paraissait plus qu'à titre de subalterne de la raison d'État. Ce fut le code du droit des gens de la Convention : elle le ferma quand elle y fut contrainte, c'est-à-dire quand les conquêtes furent perdues ; elle le rouvrit dès qu'elle se crut libre, c'est-à-dire quand la victoire lui revint et que la France déborda de nouveau ses anciennes frontières.

Pour le moment, les pays jusqu'au Rhin étaient encore occupés en partie, et les décrets de réunion se succédèrent rapidement, à mesure que les vœux parvinrent à la Convention : ainsi, le 1er mars, Bruxelles ; le 2 mars, le Hainaut et Gand ; le 3 mars, Bruges et sa banlieue ; le 6 mars, Tournai et le Tournaisis. Au cours de ces délibérations, Cambon fit décider les règles que les généraux suivraient en Hollande : c'étaient celles du décret de décembre. « La nation française, dit Cambon, en entrant dans un pays, poursuivant, chassant les despotes, use du pouvoir révolutionnaire. Nous ne per-

---

[1] Cf. t. Ier, p. 274-278.

mettons pas qu'un individu, qu'une collection d'individus usurpe cette souveraineté. » Les Bataves seront appelés à prêter serment et à voter sur leur gouvernement. S'ils refusent le serment ou s'ils adoptent un gouvernement contraire aux principes républicains, ils seront traités en ennemis; s'ils se décident pour la liberté, telle que la République l'entend et la leur impose, la France leur promettra de ne point poser les armes avant d'avoir assuré leur indépendance. — Les conventionnels, en sanctionnant ce rapport par leurs votes, ne doutaient point qu'ils feraient le bonheur des Bataves; ils doutaient encore moins qu'ils servissent l'intérêt de la République. L'immense commerce des Hollandais ouvrait aux assignats un écoulement illimité. « Bientôt Amsterdam sera votre comptoir », dit Cambon. Quelque temps auparavant, il avait été plus clair encore : « La déclaration de guerre à la Hollande est l'opération financière la plus meurtrière que vous ayez faite contre nos ennemis... Si nos armées victorieuses entrent dans Amsterdam, toutes leurs ressources financières seront détruites. » La Hollande passait, en effet, pour la banque de l'Europe : la République méditait d'en faire une succursale de son ministère des finances [1].

C'est le 2 mars que ces résolutions furent adoptées. Le 7, Barère présenta un rapport sur les relations de la République avec l'Espagne. « Citoyens, dit-il, un ennemi de plus pour la France n'est qu'un triomphe de plus pour la liberté. La cour d'Espagne veut la guerre, elle n'a pas cessé de la vouloir. Votre courageux décret sur l'affaire de Louis a fait disparaître le voile de neutralité perfide qu'affectait la cour de Charles... Vous devez lui déclarer la guerre... Il faut que les Bourbons disparaissent d'un trône qu'ils ont usurpé avec les bras et les trésors de nos pères, et que le plus beau climat, le peuple le plus magnanime de l'Europe reçoive la liberté qui semble faite pour lui. » La guerre fut votée par acclamation.

---

[1] Rapports de Cambon, 2 mars, 1ᵉʳ février 1793.

LIVRE II

LA COALITION ET LA TERREUR

CHAPITRE PREMIER

LA TRAHISON DE DUMOURIEZ

1793

I

Le 23 janvier 1793, deux jours après l'exécution de Louis XVI, la Russie et la Prusse signèrent à Pétersbourg le traité du second partage de la Pologne. Tandis que les révolutionnaires décapitaient le représentant de la plus vieille dynastie de l'Europe, deux monarques démembraient l'un des plus anciens États de la république chrétienne. Ce rapprochement de dates est significatif. Il définit et juge l'esprit de la première coalition.

Les soldats de Catherine avaient assuré le succès des confédérés de Targowitz[1]. Cette faction accomplissait en Pologne, par la force des Russes, la contre-révolution que les émigrés français avaient espéré accomplir dans leur patrie par la force des Prussiens et des Autrichiens coalisés[2]. Les confédérés anéantirent l'œuvre réformatrice de la grande Diète de 1791 et restaurèrent partout l'ancien régime. Ils formèrent un gouvernement provisoire sous le nom de « généralité »; ils remirent

---

[1] Voir t. II, liv. IV, ch. II, *La Pologne et la Révolution française*, p. 457 et suiv.
[2] Cf. ci-dessus, p. 2-3.

en vigueur le *liberum veto;* ils suspendirent la justice régulière et y substituèrent des commissions chargées de juger selon leurs ordres; ils privèrent de leurs droits politiques toutes les personnes qui refusèrent de signer le serment de confédération. Les soldats russes se chargèrent de convertir les incertains et de châtier les dissidents. A les voir à l'œuvre, dès l'automne de 1792, on est forcé de convenir que les commissaires du Conseil exécutif en Belgique n'étaient que d'imparfaits imitateurs.

Réquisitions, pillage organisé sous prétexte de visites domiciliaires, espionnage de jour et de nuit, délations, patrouilles incessantes, arrestations arbitraires, terreur dans les villes, jacquerie militaire dans les campagnes, invasion et dévastation des châteaux, assassinat des propriétaires, viols, supplices, chauffages, incendies, toutes les horreurs de la guerre civile et de l'invasion combinées, il est impossible de percevoir aucune différence entre ce spectacle qu'offre en Pologne la victoire d'une aristocratie soutenue par une impératrice, et celui que donna en France la tyrannie anarchique des pires démagogues [1]. Ce n'était encore que la préface du démembrement, et les alliés se disposaient pendant ce temps-là à faire subir à la Pologne, par la complicité des confédérés de Targowitz, l'opération qu'ils auraient voulu faire subir à la France, par la complicité des émigrés.

Les négociations, commencées dans le Luxembourg, s'étaient continuées à Vienne, pendant les mois de novembre et de décembre, entre Haugwitz, qui représentait la Prusse, le vice-chancelier Cobenzl et son confident, le référendaire Spielmann, qui représentaient la cour de Vienne [2]. Les Autrichiens temporisaient. La Belgique était perdue, et il ne pouvait plus être question d'échanger la Bavière. Ce troc *in partibus* n'eût été qu'une confiscation hypocrite du patrimoine de la dynastie bavaroise. Ce n'était point que les Prussiens répugnassent au

---

[1] Comparer FERRAND, liv. XI. Lettres de Varsovie, 14 novembre 1792, *Moniteur*, t. XIV, p. 649, et TAINE, *La conquête jacobine La Révolution*, t. II.
[2] Cf. ci-dessus, p. 128 et suiv.

système des confiscations : ils proposaient au contraire de l'appliquer aux biens du clergé, sous le nom de sécularisations. Mais la cour de Vienne n'y voulait point entendre, autant par un scrupule catholique que par la crainte, très fondée d'ailleurs, de donner un dangereux encouragement à l'avidité prussienne [1]. Il fallait cependant que cette cour usurpât quelque part; renonçant à déposséder le clergé d'Allemagne, elle se rabattit sur la Pologne. Elle notifia, le 9 décembre, à la Prusse son intention d'entrer en marché avec la Russie et de se nantir éventuellement de territoires polonais jusqu'à ce qu'elle eût trouvé ailleurs ses convenances. Une dépêche fut adressée, à cet effet, le 23 décembre, à Pétersbourg : les acquisitions de la Prusse et de l'Autriche, y disait-on, devaient progresser toujours *pari passu;* l'Autriche n'était pas éloignée d'engager une négociation secrète de partage, sous la réserve qu'on laisserait subsister assez de Pologne pour former un État intermédiaire entre les trois États voisins [2].

La nouvelle de ces résolutions fut très bien reçue au quartier général prussien. Frédéric-Guillaume ne s'était pas remis de l'ébranlement physique et de la déception de son échec en Champagne. Sa belle confiance en lui-même et en son armée s'évanouissait. Il se méfiait de tous ses conseillers. Il voyait son trésor se vider, la discipline de ses troupes s'ébranler, l'esprit démocratique pénétrer parmi ses soldats, et l'esprit de sédition gagner ses États. Des paysans de Silésie refusaient les redevances à leurs seigneurs. L'acquisition d'une partie de la Pologne était une compensation à tant de déboires, et Frédéric-Guillaume se consolait du mécontentement de ses sujets en songeant qu'il en aurait bientôt un plus grand nombre à mécontenter. Il conclut des rapports de Haugwitz que l'Autriche lui laissait les mains libres, et il réclama aussitôt de Catherine II l'exécution de ses promesses [3].

[1] Sybel, *Trad.*, t. II, p. 299.
[2] Protocoles des conférences ministérielles des 29 et 30 novembre; Rapport de Haugwitz, 19 décembre; Vivenot, t. II, p. 310, 377, 425. — Herrmann, p. 314.
[3] Philippson, t. II, p. 26 et 145. — Sybel, *Trad.*, t. II, p. 165. — Fersen, t. II, 23 décembre 1792. — Le roi à Goltz, 25 décembre, Herrmann, p. 315.

Catherine accueillit avec humeur ces courriers d'Allemagne et les lettres de change que ses alliés tiraient sur sa caisse. « Après la belle campagne que les deux cours ont faite, elles osent encore parler de conquêtes[1]! » s'écria-t-elle. Elle aurait mieux aimé dominer dans toute la Pologne que d'en acquérir une partie et d'en livrer une autre aux Prussiens. Mais elle considéra que le roi de Prusse était homme à prendre lui-même ce qu'on ne lui livrerait point, et qu'en ce cas, se trouvant en force, il profiterait de l'occasion pour prendre davantage. Elle se résigna à délivrer à son allié le lot qu'elle lui avait fait espérer. « Il nous a mis le marché à la main, disait Markof, et si nous y avions fait quelque difficulté, il aurait incontinent fait sa paix séparée avec ces scélérats de Français, sans pour cela se désister de son acquisition en Pologne, dont on n'aurait pu le chasser que par les armes. » Catherine ne craignait rien de pareil des Autrichiens. Elle les jugeait trop engagés avec la France, par la perte même des Pays-Bas, et forcés, bon gré, mal gré, de continuer la guerre. Cette guerre servait les intérêts de la Russie. Catherine avait toutes raisons de contraindre l'Autriche à chercher ses compensations dans des conquêtes sur les Français. Elle l'exclut donc du partage, et ne régla qu'avec la Prusse. Mais comme la Prusse exigeait un morceau considérable, la Russie en prit un beaucoup plus large encore, afin, disait Markof, « de mettre en pratique le principe que le prince de Kaunitz a adopté lors du premier partage, et pour conserver la même proportion entre la puissance prussienne et la nôtre ».

Il fut décidé que la Prusse aurait Thorn, Danzig, les pays de Posen, de Kalisch, de Plock, 1,065 milles carrés, avec 1,500,000 habitants; la Russie, les palatinats de Kief, de Volhynie, de Podolie, de Vilna, en partie, 4,500 milles carrés avec 3 millions d'habitants. Ces transactions arrêtées, les deux cours résolurent de les garder secrètes jusqu'au moment où elles se seraient mises en possession et où elles pourraient

---

[1] Martens, *Traités de la Russie*, t. VI, p. 161. — Vivenot-Zeissberg, t. III, p. 102.

imposer à l'Autriche un fait accompli. Elles s'engageaient, d'ailleurs, à faciliter à cette puissance l'échange des Pays-Bas contre la Bavière « en y ajoutant tels autres avantages qui seront compatibles avec la convenance générale ». C'était l'article des conquêtes sur la France. Le roi de Prusse promettait de faire cause commune avec l'Empereur et de ne signer aucune paix séparée jusqu'à ce que l'objet de la guerre fût atteint, c'est-à-dire jusqu'à ce que les Français eussent renoncé « à leurs entreprises hostiles au dehors et à leurs attentats à l'intérieur ». Comme il fallait bien justifier « l'entreprise hostile » et « l'attentat » des alliés contre la Pologne, les diplomates qui concertaient ce guet-apens rédigèrent, sous forme de préambule au traité, une déclaration portant que c'était « l'extension d'un danger imminent et universel », c'est-à-dire le jacobinisme français, qu'ils se proposaient d'anéantir en Pologne. Les alliés sauveraient l'Europe, atteinte de gangrène à Paris, par cette opération de chirurgie qu'ils pratiqueraient à trois cents lieues de distance; c'était se moquer dans le grand style de la ligue des rois, du prétendu droit des gens de la vieille Europe et des publicistes de la contre-révolution. Le roi de Prusse ordonna à ses troupes de passer la frontière de Pologne, ce qu'elles firent le 14 janvier; puis il lança un manifeste : il annonça aux monarchies le nouveau service que la Prusse allait leur rendre en écrasant le « démocratisme français » sur le sol de la Pologne, et notifia aux Polonais que, soucieux de leur bien-être, il se proposait de leur donner « des preuves nouvelles de son affection et de sa bienveillance ». Cela fait, le traité fut signé [1].

Voilà de quoi s'occupaient les croisés de 1793, dans le temps même où le déplorable objet de leur croisade, le roi de France, montait sur l'échafaud. Les cours européennes, sous le coup de l'indignation, de la colère et de la peur, parurent un instant disposées à suspendre leurs rivalités, à faire trêve d'intrigues et à s'allier pour défendre le principe commun des

---

[1] Manifeste du 16 janvier 1793, FERRAND, t. III, p. 332. — Traité du 23 janvier 1793, MARTENS, t. III, p. 238.

monarchies. L'acte du 21 janvier ne les accorda point, mais il leur donna un prétexte pour suivre en commun, avec plus d'âpreté, leurs entreprises particulières de lucre. Les quelques royalistes éclairés qui observaient l'Europe ne s'y trompèrent point. « Les princes, écrivait Malouet, ne verront en Pologne et en France que des pièces à dévorer, des provinces à partager, des hommes à asservir. Il n'y a rien de noble, rien de généreux dans leur ressentiment, dans leur coalition contre la France... Je ne vois d'autres traces de ce prétendu système fédératif que de vaines paroles et des formules vides de sens [1]. »

II

L'Espagne fit quelque étalage. Il y eut même dans cette cour dégradée, à la nouvelle du régicide, comme une sorte de sursaut et de réveil de l'honneur monarchique. Charles IV jura de venger « cet infortuné ». Marie-Louise pleura de vraies larmes, et Godoy prit une attitude chevaleresque. La nation s'émut sincèrement. Elle avait considéré avec apathie la crise de la France jusqu'au moment où la propagande l'avait inquiétée dans ses croyances. Le régicide lui parut une œuvre démoniaque, un sacrilège odieux. En même temps l'orgueil espagnol se révolta sous l'outrage que la Convention avait fait à l'envoyé d'Espagne. En intercédant pour Louis XVI, Charles IV obéissait au sentiment public ; en méprisant cette intercession, la République blessa au cœur les Espagnols. Leur vieille haine contre les Français, étouffée par la police durant le temps de l'alliance, éclata partout en menaces contre les résidents. Des volontaires se présentèrent en foule aux bureaux de recrutement. Les paysans s'armèrent. Les moines prêchèrent la guerre sainte. « Chacun, rapporte un témoin, s'agite pour défendre

---

[1] *Mémoires*, t. II, p. 273.

les saints, la religion, la patrie. Le clergé a offert dix-huit millions et promis davantage. Les grands, bien que ruinés pour la plupart, sont prêts aux sacrifices. Les communes, les corporations s'y préparent. » Les contrebandiers de la Sierra-Morena fournirent trois cents hommes, et l'archevêque de Saragosse proposa d'armer les religieux. Ce fut comme un avant-coureur, éphémère, mais significatif, du grand soulèvement de 1808. La cour en fut gagnée. La Reine, qui avait voulu la paix afin d'en jouir avec son amant, devint soudain belliqueuse afin de jeter sur Godoy le prestige d'une entreprise populaire. Ce ministre écrivit à Londres, à Vienne et à Berlin, pour annoncer les intentions de son gouvernement et nouer des alliances. Mais comme il y avait peu de vaisseaux, très peu d'hommes et point d'argent, ce n'étaient que des menaces débiles et de grands gestes sans effet.

La consternation fut grande à Turin; mais tout ce que cette monarchie sut faire, fut de demander du secours à l'Autriche. La reine de Naples appela les Anglais à l'aide; comme la flotte de Latouche ne paraissait plus redoutable, cette cour commença de sévir atrocement contre les francs-maçons et les jeunes gentilshommes démocrates qui avaient naguère acclamé les Français. Une junte d'État, inquisitoriale et impitoyable, se mit à leur poursuite, et l'on en mena, pour annoncer la répression, trois à la potence, dont Emmanuel de Deo, qui n'avait que vingt ans.

Les quelques agents français qui résidaient encore çà et là en Allemagne écrivirent tous que le séjour, depuis le 21 janvier, leur devenait intolérable. La Diète en était encore à voter définitivement la guerre d'Empire. Elle acheva cette opération compliquée le 22 mars. La guerre votée, il restait à l'entreprendre, ce qui emportait encore des délais. Les États ne s'armaient qu'avec circonspection. Les peuples se montraient hostiles aux voyageurs français; mais les petites cours redoutaient les soi-disant protecteurs du droit monarchique beaucoup plus qu'ils ne craignaient la République. Les monarques coalisés étaient tout près, leurs troupes occupaient l'Empire;

la République était loin, et ses armées battaient en retraite. La Bavière, que l'Autriche menaçait de dévorer, ne se sentait pas empressée de soutenir cette puissance. Cependant, à Berlin, Haugwitz, nommé ministre de cabinet, fut appelé à remplacer, à Berlin, Schulenbourg tombé en disgrâce. La vieillesse de Finckenstein et la faiblesse d'Alvensleben lui donnèrent l'influence d'un ministre dirigeant; mais il n'en avait ni les vues, ni la suite, ni le caractère. « J'espère, écrivait Mercy, le 13 février, que la furie française nous servira mieux que tous les raisonnements, et je ne vois plus d'autre ressource pour nous... » C'est alors que l'Angleterre entra en scène.

Le 11 février, un message royal annonça au Parlement l'ouverture des hostilités avec la France. « Si les Français, dit Pitt, nous attaquent, parce que nous aimons notre constitution, c'est une guerre d'extermination qui commence, car c'est seulement quand le courage des Anglais sera anéanti qu'ils cesseront d'être attachés à leur constitution et de la défendre. » Malgré les efforts de Fox, de Sheridan et de Grey, une adresse d'approbation fut, après ce discours, votée par les Communes, le 13 février. Fox présenta, le 18, une motion pacifique. Il démasqua une fois de plus l'hypocrisie de la coalition et la partialité du cabinet qui menait si grand scandale de l'invasion de la Belgique par les Français, et détournait les yeux de l'invasion de la Pologne par les Russes et les Prussiens, « contre tous les droits des nations, tous les principes de la justice et de l'honneur ». La balance de l'Europe est rompue, dit-il, si la France s'agrandit; elle reprend son équilibre si ce sont les ennemis de la France qui s'accroissent! Les considérations de principe et de justice étaient familières à la rhétorique de Burke; mais elles n'étaient plus de mise. Ce champion du vieux droit public se contenta de répondre que la Hollande était infiniment plus intéressante à l'Angleterre que la Pologne. C'était la réalité des faits, mais non la vérité du droit. La Chambre repoussa la motion de Fox par 170 voix contre 44. L'embargo était mis sur les navires français depuis le 8 février. Il fut interdit aux

Anglais, comme des crimes de haute trahison, de correspondre avec la France, d'y envoyer de l'argent, des approvisionnements et des armes. Le caractère politique de la guerre se manifesta en Angleterre dès les premières occasions qu'eurent les Anglais de se déclarer. Ils étaient cependant, parmi les coalisés, les seuls qui combattissent pour quelques idées; mais c'étaient des idées tout anglaises, et la principale était celle de l'intérêt britannique. « Je crois fermement, écrivait Fersen, que les ministres ne travaillent qu'à la ruine totale de la France, et ne sont pas fort intéressés à la conservation de la famille royale [1]. »

Les Anglais s'enorgueillissaient de venger la majesté royale outragée et de défendre la foi chrétienne menacée par l'irréligion révolutionnaire; ils allaient sans cesse affirmant qu'ils ne se mêleraient point des affaires intérieures de la France, qu'ils ne voulaient que se préserver de la contagion qui y régnait et défendre leurs alliés contre les entreprises conquérantes des républicains; ils insinuaient que tout gouvernement, en France, leur serait bon à faire la paix, pourvu que la propagande cessât, que l'ordre régnât à Paris et que la France rentrât dans ses limites; mais ils entendaient bien prendre, du même coup, leur revanche de la guerre d'Amérique, assurer leur suprématie sur les mers, conquérir les Antilles, et réduire les Français pour un demi-siècle à l'impuissance. Pitt ne s'était lancé dans la guerre qu'à la dernière extrémité : la guerre renversait ses plans de gouvernement. Jugeant cette guerre inévitable, il y apporta, avec acharnement, l'esprit exclusivement anglais, qui formait son génie. Forcé de renoncer aux réformes et aux économies, il continua néanmoins de poursuivre par la guerre l'objet qu'il comptait obtenir par la paix : l'affermissement de sa dictature ministérielle, la domination du parti conservateur et l'extension de la puissance anglaise dans l'univers.

Les Anglais renouvelaient ainsi contre la France révolution-

---

[1] *Journal*, 7 mars, après une conversation avec Breteuil qui venait de Londres, t. II, p. 65.

naire la lutte nationale engagée par eux au commencement du siècle contre la France catholique de Louis XIV. Les prétextes de la lutte avaient changé ; les conditions de la rivalité demeuraient identiques. C'étaient, comme alors, la constitution et la religion du royaume qui semblaient menacées par les prétentions envahissantes et despotiques d'une doctrine politique et d'un dogme d'État différents ; c'était, comme alors, la puissance anglaise qui était compromise par la tendance de la couronne de France à la suprématie de l'Europe. Les Anglais ne voulaient pas plus de la république démocratique, après le 21 janvier 1793, qu'ils n'avaient voulu de Jacques II et de la monarchie absolue, après 1688 ; ils ne supportaient pas plus la propagande jacobine qu'ils n'avaient supporté le prosélytisme des Jésuites. Les Pays-Bas restaient, comme au temps de la guerre de succession d'Espagne, le champ de bataille et l'objet matériel de la lutte. De même que du temps de Louis XIV, les Anglais avaient besoin d'intéresser l'Europe à leur querelle, ou plutôt de se faire Européens pour que l'Europe se fît anglaise. Il leur fallait, en 1793, coaliser tous les ennemis, tous les rivaux, tous les jaloux de la France. Ils n'étaient en mesure de les coaliser que par les intérêts : c'est ce qui fit de Londres le foyer de la guerre, mais c'est aussi ce qui, dans ce foyer même, en abaissa la flamme et en obscurcit le rayonnement.

L'Angleterre ne pouvait se passer d'une armée continentale. Marlborough avait eu les Autrichiens à Blenheim ; Wellington aura les Prussiens à Waterloo. Pitt chercha partout des mercenaires, portant à la coalition ce qui lui manquait : de l'énergie et de l'argent. Il entama immédiatement les négociations avec la Sardaigne[1] et fit armer le Portugal. Lord Saint-Hélène partit pour Madrid ; il vit Godoy le 13 mars, et le 20 il envoyait à Londres un projet de traité : l'un des points de l'alliance devait être de réduire, lors de la paix, le territoire de la France. Les choses allèrent moins vite à Pétersbourg.

---

[1] Bianchi, t. II, p. 79-89.

La tsarine prit un deuil solennel : elle avait ses raisons d'État pour manifester, en toute rencontre, son aversion du régicide [1]. Elle força les Français qui résidaient dans son empire à abjurer, en forme, les principes jacobins, et à prêter serment de ne pas retourner en France tant que durerait la Révolution. Elle rompit le traité de commerce qu'elle avait avec la France, et offrit aux Anglais de renouveler celui qu'elle avait avec eux. Elle renonça même aux principes de la neutralité armée, et promit de s'employer pour obtenir du Danemark et de la Suède la même renonciation. Les Anglais auraient ainsi la main libre sur la mer, et il leur deviendrait loisible d'arrêter, même sous pavillon neutre, les convois de ravitaillements destinés à la France. Lord Whitworth tenta vainement d'obtenir davantage. Il hasarda de timides observations sur la balance de l'Europe et sur le droit public ; il insinua que la catastrophe du 21 janvier devait engager les monarques du Nord à garder quelque mesure avec les Polonais ; il montra l'embarras où seraient les chancelleries de concilier les deux entreprises parallèles, contre les deux républiques, celle de Paris et celle de Varsovie, et il souffla un mot de l'impopularité qu'un nouveau partage jetterait en Angleterre sur l'alliance russe. Catherine prit ces discours pour ce qu'ils valaient réellement, et n'en tint aucun compte. Elle se dit que les Anglais, engagés dans la lutte par leurs intérêts et par leurs passions, ne sacrifieraient ni les uns ni les autres à la conservation de la Pologne, et elle passa outre. Lord Whitworth dut s'accommoder à l'humeur de la tsarine ; il cessa de parler de la Pologne, et se tint pour satisfait de signer, le 25 mars, un traité provisoire d'amitié. Les deux puissances se promettaient de s'assister mutuellement durant la guerre et de ne pas faire la paix avant d'être assurées de la reprise des territoires conquis par les Français. Elles s'engageaient à fermer leurs ports aux navires de la République, à arrêter, par tous les

---

[1] Cf. t. I_er, p. 49-51, *Les détrônements et les régicides au XVIII_e siècle.* Ainsi, en 1804, *Le grand deuil du duc d'Enghien,* draperie de cour sur le meurtre de Paul I_er.

moyens, le commerce de la France, à empêcher tout État de donner, sous prétexte de neutralité, « une protection quelconque au commerce ou à la propriété des Français sur mer ou dans les ports de France ». C'était le premier contrat de la grande ligue du blocus de la République.

Pitt ne comptait sérieusement que sur l'Autriche. Les raisons qui avaient si longtemps lié ces deux cours leur commandaient de renouer leur alliance. L'Angleterre avait besoin d'hommes, l'Autriche avait besoin d'argent; l'Angleterre était riche, les États autrichiens étaient très peuplés; les deux gouvernements étaient intéressés à mettre la Belgique hors des prises de la France. Cette affaire de Belgique fut cependant la principale difficulté de leurs négociations, parce que si elles y apportaient toutes les deux un intérêt très vif, elles y apportaient chacune un intérêt très différent.

Il y avait eu à Vienne, après le 21 janvier, une sorte de mouvement loyaliste. Les fidèles sujets envoyèrent à la cour « des dons patriotiques », des agrafes d'or, des cœurs d'argent, des bourses et des coupes remplies de ducats, offrandes touchantes, mais qui ne donnaient pas de quoi lever un régiment. Les Magyars montrèrent autant de zèle à combattre la révolution démocratique, qu'ils en avaient mis naguère à revendiquer leurs libertés féodales : ils tenaient à leurs châteaux et à leurs prérogatives que la Révolution menaçait. Toute cette ardeur se dépensait en démonstrations. L'incertitude du gouvernement paralysait les meilleures volontés [1]. La rumeur vague d'un partage imminent de la Pologne, tramé à l'insu de l'Autriche et à son détriment, commençait à circuler et achevait de troubler l'esprit des faibles conseillers de François II. Ce prince fut averti, vers le milieu de février, que ses alliés allaient se mettre en possession, et qu'ils lui laisseraient, à titre de compensation, l'espoir de troquer la Bavière contre les Pays-Bas lorsqu'il les aurait repris à la France [2]. C'était

---

[1] Sybel, *Trad.*, t. II, p. 208; *Id.*, 4ᵉ édition, t. II, p. 199 et suiv. — Sayous, *Hongrie*, ch. III. — Fersen, t. II, p. 66.

[2] Ostermann à Rasoumovsky, 27 janvier 1793; Vivenot, t. II, p. 481.

une déception. L'Empereur put bientôt en mesurer l'étendue aux progrès que les Prussiens faisaient en Pologne, et aux nouvelles alarmantes que tous les courriers apportèrent de Varsovie.

Les Prussiens s'établissaient en maîtres dans leurs lots. Les confédérés de Targowitz, qui avaient appelé les Russes à soutenir leur faction, s'étaient assez aveuglés pour croire que Catherine, contente de rétablir l'ancien régime en Pologne, leur abandonnerait ensuite la République. Ils invoquèrent le secours de cette impératrice contre la Prusse. Catherine répondit que si les confédérés se mêlaient d'arrêter les Prussiens, ils auraient affaire aux troupes russes. Là-dessus, le ministre de la tsarine, Sievers, arriva à Varsovie. C'était un vieux routier, aux manières caressantes, au langage insinuant, retors et rompu aux manèges polonais. Il avait pour mission de faire élire une diète qui ratifierait le démembrement de la Pologne. Sievers maniait les affaires avec plus d'aisance que les commissaires de la Convention, parce qu'il les maniait depuis plus longtemps. Les conventionnels s'y mirent très vite, et ceux d'entre eux qui devinrent préfets ou conseillers d'État de Napoléon n'eurent plus rien à envier aux agents de Catherine II. L'art de ces manieurs de peuples était le plus simple de tous, à qui est le plus fort : convaincre les gens en leur faisant peur. Les pays conquis en Pologne se soumirent ; les habitants prêtèrent serment au roi de Prusse et à la tsarine. Ces monarques jugèrent alors qu'ils pouvaient ratifier leur traité et le notifier à l'Autriche.

La communication fut faite à Vienne, le 23 mars, par l'ambassadeur russe Rasoumovsky[1]. Le secret gardé sur l'opération, la duplicité de ses alliés, l'étendue de leurs bénéfices, l'ironie avec laquelle ils le renvoyaient conquérir sur la France ses propres dédommagements, le dépit d'être dupe, la colère d'être exclu du marché, l'envie enfin, jetèrent hors de lui-même l'empereur François II. Son irritation retomba sur son

---

[1] Sybel, *Trad.*, t. II, p. 197, 244 et suiv

vice-chancelier, Philippe Cobenzl, et sur le collaborateur de ce ministre malavisé, Spielmann. Leur influence baissait fort depuis la campagne de France. Le grand maître de la cour, le comte Colloredo, qui avait élevé l'empereur et savait lui parler à l'oreille, les décréditait en toute occasion dans son esprit. Il lui signalait comme le seul homme capable de rétablir les affaires et de relever la politique autrichienne, un agent zélé, répandu, actif, mais qui n'avait encore servi qu'en sous-ordres ou dans les postes de l'étranger, le baron Thugut. Ce diplomate se trouvait à Vienne. L'empereur ordonna à Cobenzl de lui communiquer toutes les correspondances sous le prétexte qu'il allait être attaché au quartier général et qu'il aurait à suivre l'ensemble des affaires. Ce n'était qu'un prétexte pour préparer l'arrivée de Thugut au pouvoir. Le partage de la Pologne porta le dernier coup à Cobenzl et ouvrit les voies au nouveau conseiller de l'empereur. Le 27 mars, Cobenzl et Spielmann reçurent leur congé. Thugut fut chargé de la chancellerie intime de cour et d'État, avec le titre de directeur des affaires politiques. Il ne prit la qualité de ministre des affaires étrangères qu'en août 1794, après la mort de Kaunitz; en réalité il remplit le poste dès le mois de mars 1793, et il l'occupa pendant toute la crise de la Révolution.

Thugut était un parvenu, et il arrivait à son heure, qui était celle de la cupidité. Il entrait dans sa cinquante-septième année. Fils d'un petit employé de Linz, élevé par les Jésuites, il apprit le turc, et fut envoyé comme drogman à Constantinople. Kaunitz l'en fit revenir et l'attacha à sa chancellerie en 1766. Le ministère français de ce temps-là, c'était le temps de Choiseul, passait pour fort engoué de l'Autriche, mais sa complaisance pour cette cour n'allait pas jusqu'à la confiance. Il cherchait à se procurer à Vienne de bons correspondants qui lui révéleraient les secrets de l'intime allié du roi. Thugut passait pour avide, besogneux, ambitieux, curieux et dépourvu de scrupules. Un agent de Choiseul l'embaucha, et suivant l'euphémisme officiel, « il entra au service du roi en l'année 1767 ». Le roi parut content de ses services, Thugut les continua dans la mission qu'il eut à Constantinople de 1769 à 1778. L'ambassadeur de Louis XV, Saint-Priest, se louait des renseignements que Thugut lui procurait et qui permettaient à la France « de voir comme dans un miroir » la politique des cours du Nord. Ce que l'on vit de plus clair en ce miroir, c'est que la France fut continuellement déçue et jouée par ces cours, et que toutes les affaires dont elle se trouvait si précisément informée tournaient à l'avantage de l'Autriche [1]. Néanmoins Thugut trouva moyen de satisfaire à la fois le roi et l'empereur : l'empereur recueillait les avantages, et le roi les nouvelles. Thugut obtint en France une pension et un brevet de lieutenant-colonel qui lui rapportaient par an 13,000 livres, et en Autriche, la qualité d'internonce, le titre de baron et la commanderie de l'ordre de Saint-Étienne. Mais il tremblait d'être découvert. La mort de Louis XV le jeta dans les angoisses. Il eut peur d'être en même temps congédié à Vienne et éconduit à Versailles. Il songea à se réfugier en France. Louis XVI montra peu de goût à l'employer, et Thugut trembla longtemps que Marie-Antoinette ne découvrît à Marie-Thérèse le secret de sa vénalité. La mort de cette impératrice le rassura. Il cessa de « servir le roi », et fit liquider, en 1780, ses pensions sous la forme d'une rente viagère équivalente. Nommé conseiller intime de l'empereur en 1783, il prit un congé et séjourna quatre ans à Paris, ce qui lui permit de connaître personnellement toutes les cabales et tous les cabaleurs du temps. Il rentra, en 1787, dans la diplomatie et revint à Vienne en 1789. Le désir de garder ses pensions fit qu'il observa une grande réserve dans les premiers temps de la Révolution. La chute de la royauté et la banqueroute générale décidèrent de ses opinions : il se montra dès lors un ardent contre-révolutionnaire, et il fit sa confession à Kaunitz et à l'empereur François, s'il ne l'avait déjà faite auparavant.

Il put démontrer sans beaucoup de peine qu'il n'avait jamais

---

[1] Voir Albert Sorel, *La question d'Orient au XVIIIe siècle*, 2e éd., Paris, 1889.

cessé de bien servir l'Autriche ; que ses pensions n'étaient qu'une immunité diplomatique ; qu'il avait tiré, à sa manière, son bénéfice de l'alliance de 1756 ; qu'il avait appliqué cette alliance à sa propre fortune, comme Kaunitz l'appliquait à la politique de la monarchie ; qu'on ne pouvait lui en vouloir de s'être fait encourager par la France à défendre les intérêts de son maître ; que la main droite qui signait avec les Turcs les traités d'extension de la frontière autrichienne [1], avait toujours ignoré ce que recevait la main gauche pour ne les point signer ; enfin, que s'il y avait péché, il avait été commis avec toutes les restrictions mentales prescrites par les auteurs; l'intention avait toujours été dirigée par le bon motif, et la faute avait été lavée par de copieuses satisfactions. Il ne manquait point, à la cour de Vienne, de casuistes pour accommoder des affaires de cet ordre. Thugut accommoda fort bien les siennes, car aucune délation, et elles ne manquèrent pas dans la suite, ne put ébranler, même un instant, la confiance que lui avait vouée François II [2].

Thugut s'était élevé en rampant, de marche en marche, jusqu'aux portes du cabinet impérial. Il était tout imbu des vieilles raisons d'État. Pour lui, la Révolution était l'œuvre d'une poignée de scélérats qui n'auraient jamais triomphé si la noblesse française eût conservé quelque énergie. Quant aux doctrines, il n'en avait cure : il condamnait celles de la Révolution sans les croire redoutables ; il défendait celles de l'ancien régime, sans les croire tutélaires. Petit, trapu, laid, brutal, mais sobre, frugal, simple de goûts, infatigable au labeur, il apportait dans la politique autrichienne plus de vigueur, plus d'invention, plus de passion surtout et plus de ressources. Mais ses passions étaient brouillonnes, ses inventions trop compliquées, ses ressources trop équivoques ; son esprit, souple et fertile, manquait d'étendue. Tous les moyens lui étaient bons. Il était l'homme le moins disposé à comprendre une

---

[1] 7 mai 1775, annexion de la Bukowine ; 12 mai 1776, rectification des limites.
[2] Pour le détail de ces antécédents de Thugut, voir l'étude intitulée : L'Autriche et le Comité de salut public, *Revue historique*, t. XVII, p. 37 et suiv.

coalition de principes, et le mieux fait pour aigrir, par son zèle même, une politique de rivalités, de trocs et d'enchères. Il considérait avec indifférence le sort de la famille royale de France. Il n'avait d'ardeur que pour l'agrandissement territorial de la maison d'Autriche et d'aversion sincère que pour la Prusse. Ces deux sentiments gouvernèrent toute sa diplomatie. Sa constante préoccupation sera que l'Autriche ne sorte pas sans dédommagement « d'une guerre qui agrandira probablement toutes les autres cours [1] ». Ce dédommagement, il le cherchera partout à la fois : en Pologne, aux dépens d'une république amie et coreligionnaire de l'Autriche; en Allemagne, aux dépens de la Bavière, sa confédérée; en Italie, aux dépens de Venise, la plus inoffensive des puissances neutres; en Orient, aux dépens du sultan, le moins jacobin des potentats ; en France, aux dépens de la monarchie même, que la coalition prétend y restaurer. On verra ce ministre captieux et agité enchevêtrer les trames les plus contraires, « divaguant et flottant au milieu des intrigues de toute l'Europe [2] », s'efforçant de s'assurer des bénéfices dans toutes les combinaisons, des garanties dans toutes les entreprises, un lot dans toutes les loteries, et de ne sacrifier les avantages d'aucun système, sauf de celui du désintéressement.

Ses vues sur la France étaient d'un cynique. Voici ce qu'il en écrivait au comte Colloredo, son protecteur intime, vieil Autrichien de tradition, grave, dévot et roué, auquel il adressait les avis qu'il n'osait pas présenter directement à l'empereur. La lettre est du premier jour d'avril, c'est-à-dire deux mois après l'exécution de Louis XVI, et lorsque Marie-Antoinette, captive au Temple, semblait, si elle n'était délivrée à temps, vouée au même supplice : « Je penserais que les prétentions et les vues des différentes factions peuvent, pour le moment, être assez indifférentes à Sa Majesté; que ce qui est essentiel pour son service, c'est qu'il y ait des partis en France qui se combattent et s'affaiblissent mutuellement, et

[1] Mémoire de mars 1793, VIVENOT, t. II, p. 498.
[2] Mot de Bonaparte, *Correspondance*, t. IV, p. 41.

qu'on profite de ce conflit pour tâcher de se rendre maître des forteresses et d'une aussi grande étendue de pays qu'on pourra, afin de faire la loi au parti qui, en dernier résultat, aura prévalu, et de l'obliger d'acheter la paix et la protection de l'empereur en lui cédant telle partie de ses conquêtes que Sa Majesté jugera de sa convenance. » — « Le seul moyen d'arriver à un accord », disait-il, dans le même temps, au ministre de Sardaigne, « ce serait de convenir d'avance des conquêtes que nous pourrons faire en commun et de les partager en parties égales [1]. »

Thugut opinait que, dans l'état des choses, il était bon de prendre acte, à tout événement, du blanc-seing que la Russie et la Prusse donnaient au troc de la Bavière; de placer, toutefois, cette lettre de change dans la caisse des réserves et de rejeter dans les futurs contingents ce troc qui désobligeait le cabinet anglais; de se rapprocher de ce gouvernement, de profiter de la mauvaise humeur où le mettait le partage de la Pologne, pour s'accommoder avec lui et obtenir ailleurs le dédommagement dû à l'Autriche, en insinuant « que nous ne répugnerions pas d'accéder au principe que les indemnités des cours coalisées doivent être obtenues aux dépens de la France ». Ces vues, exposées dans un mémoire remis par Thugut à l'empereur, prévalurent dans un conseil qui fut tenu le 11 mars, et l'on décida que Mercy serait envoyé extraordinairement à Londres pour les développer [2]. Tels étaient les sentiments de Thugut sur la restauration de la monarchie française. Quant aux émigrés, il les détestait avant d'arriver au pouvoir; lorsqu'il y fut, il les pourchassa. Avec eux, du reste, son scepticisme était de mise, et il se plaçait justement au point de vue qu'il fallait pour les juger.

Les animosités qui déchiraient cette faction ne s'apaisèrent même pas devant la majesté de l'échafaud royal. « La mort

---

[1] Vivenot, *Vertrauliche Briefe von Thugut*, Vienne, 1872, t. I, p. 13. — Rapport du marquis de Brême, 30 mars 1793; Bianchi, t. II, p. 99.

[2] Mémoire de Thugut, 3 mars 1793. Protocole de la conférence du 11 mars. Instruction à Mercy, 18 mars, Vivenot, t. II, p. 498, 499, 503.

du roi, écrit Fersen, n'a pas fait grand effet sur les émigrés ; ils se consolent avec la régence de Monsieur. Quelques-uns ont même été au spectacle et au concert[1]. » Le comte de Provence put enfin se déclarer régent sans que personne le contrariât ; il fit le comte d'Artois lieutenant général, et l'on continua de cabaler autour d'eux contre la reine qui était en prison, et contre les constitutionnels qui étaient en exil, de dénoncer le danger des deux Chambres, de célébrer la magnanimité de la Russie, de signaler le péril de l'influence autrichienne et d'affirmer la nécessité de revenir à la véritable constitution de la monarchie. Cette constitution était un mystère que personne ne pouvait pénétrer ; aussi, faute de pouvoir l'expliquer, on excommuniait ceux qui prétendaient y démêler quelque chose. Les émigrés s'épuraient avec acharnement, « chaque section du parti anathématisant toutes celles qui ne se rencontraient pas sur sa ligne géométrique d'opinions[2] ». Le tableau que fait Mallet du Pan de ces disputes byzantines semble la contre-partie de celui qu'André Chénier traçait naguère des inquisitions subtiles des Jacobins. Les émigrés se disputaient dans le désert. Il n'y avait de réel dans leurs affaires que leur inintelligence des choses, leurs rivalités incurables et leur misère profonde. Poursuivis sur la réquisition d'un créancier, à Aix-la-Chapelle, et fuyant devant les Français, les princes s'étaient séparés. Le comte d'Artois s'en fut à Maëstricht, où il faillit être arrêté pour dettes. Il passa en Angleterre, projetant de se rendre en Espagne. Le comte de Provence se retira à Hamm, où il rassembla sa petite cour de naufragés fidèles et son petit gouvernement de proscrits oisifs et agités. Le meilleur homme qui s'y trouvât, le duc de Sérent, s'épuisait à concilier les vues

---

[1] Fersen, *Journal*, 6 février 1793, t. II, p. 63. On écrivait de Berne à Barthélemy, le 30 janvier : « On est surpris de voir la légèreté avec laquelle les émigrés français qui sont ici ont pris l'événement du 21. Ils disent communément qu'ils ne peuvent regretter un roi qui a sacrifié la noblesse. » *Papiers de Barthélemy*, t. II, p. 53.

[2] Mallet du Pan, Considérations sur la Révolution française, 8 mars 1793. Sayous, t. I, p. 370.

des deux frères qui ne s'entendaient sur rien ; et le plus dévoué confident du comte de Provence, d'Avaray, borné, mais honnête, suivait avec aveuglement les conseils de l'envoyé de Catherine, Roumantsof, qui était l'oracle de ce monde désorienté.

La tsarine restait seule à les encourager. Elle leur envoyait, disait le comte d'Artois, « d'excellents courriers » ; elle leur donna, en décembre, deux cent cinquante mille roubles[1], soutint leur politique de réaction à outrance et reconnut la régence de Monsieur. Elle était le seul souverain qui n'eût point de vues directes sur le territoire de la France ; elle ne se faisait point scrupule d'inciter, sous main, ses alliés à démembrer cet État, mais elle n'avait point de gêne à afficher en public son propre désintéressement. Ses alliés, moins roués ou moins cyniques, projetaient de conquérir en France, et ne voulaient point s'engager avec la royauté en reconnaissant à Monsieur le titre de régent de France et la qualité d'allié de la coalition. « Cela changerait totalement le caractère de la guerre », répondit le roi de Prusse lorsque Catherine le fit pressentir sur cet article[2]. L'armée des princes était licenciée. Il ne restait plus que le petit corps de Condé. Thugut aurait voulu le disperser également. La tsarine pensa un moment à recueillir ces émigrés et à en former une colonie, à l'imitation de celle que Frédéric-Guillaume avait formée avec les réformés proscrits par Louis XIV. A part l'exil, il n'y avait, comme le remarquait un judicieux Anglais, aucun rapport entre les proscrits de la révocation, les plus laborieux, les plus instruits des Français, riches d'industrie, d'inventions, de traditions sociales, pénétrés de ces fortes mœurs qui avaient été le ciment de l'ancienne France, et cette troupe de nobles indisciplinés, qui n'avaient rien su conserver, rien su défendre, et ne portaient à l'étranger que les ferments, toujours actifs en eux, de la dissolution de la monarchie. L'affaire n'aboutit point, malgré le duc de Richelieu, qui la négocia. Cathe-

---

[1] PINGAUD, *Correspondance intime de Vaudreuil*, t. II, p. 113. Paris, 1889.
[2] Frédéric-Guillaume à Goltz, 9 février 1793. HERRMANN, p. 357.

rine, loin d'y perdre, y gagna encore : elle n'eut point à héberger les Condéens, et elle garda à son service le duc de Richelieu, qui valait, à lui seul, plus que toute l'émigration réunie [1]. Sur les instances de l'impératrice et du roi de Prusse, François II consentit à employer le corps de Condé.

Le projet des émigrés de faire rétablir la monarchie par l'Europe sans payer ce service en terres françaises n'était ni dans les habitudes ni dans le goût des souverains alliés ; mais, sur le procédé à employer pour subjuguer les Français, l'émigration et les cours ne pouvaient que s'accorder. Ce procédé était celui que la Convention employait pour vaincre les coalisés : la ruine et la peur. La Convention cherchait dans les conquêtes un moyen d'écouler les assignats ; les émigrés proposèrent, pour affamer la République, d'inonder la France d'assignats faux [2]. Avant que le tribunal révolutionnaire fût organisé à Paris, la Terreur était à l'ordre du jour dans les conciliabules de l'émigration et dans les conseils des coalisés. Il n'y a qu'un moyen, écrit un officier émigré au maréchal Lacy, en janvier 1793, c'est de marcher sur Paris « en jetant partout la terreur et le désordre ». Mercy répète le mot dans toutes ses lettres. « Il faut toujours en venir à cette vérité : « On ne peut écraser la Révolution que par « la terreur ». — « Ce ne seront ni une ni plusieurs batailles gagnées qui réduiront une nation, laquelle ne peut être domptée qu'autant que l'on en exterminera une grande portion de la partie active et la presque totalité de la partie dirigeante. Faire main basse sur les clubs, désarmer le peuple, détruire cette superbe capitale, foyer de tous les crimes, de toutes les horreurs, produire la famine et la misère, voilà les déplorables données de l'entreprise à remplir. » Voilà les mesures « dignes du conseil de Néron et de Caligula » que jugeait « indispensables » cet

---

[1] Whitworth à Grenville, 25 décembre 1792, HERRMANN, p. 329. Voir les papiers de Richelieu, *Publications de la Société d'histoire de Russie*, p. 22, 204, etc.

[2] Mémoire de Breteuil, lettre de Cobenzl à l'empereur, de Schulenbourg à Cobenzl, décembre 1792; VIVENOT, t. II, p. 437-444. Cf. *Papiers de Barthélemy*, t. II, *passim*, table analytique, article *Assignats*.

ancien ambassadeur de Marie-Thérèse, confident très estimé de la plus pieuse des souveraines, l'un des plus cultivés, des plus « humains » et des plus « sensibles », à coup sûr, parmi les diplomates de l'ancien régime. Voici les conseils que l'on attribue, à la même époque, à un gentilhomme très affiné par le monde, hôte aimable des philosophes et commensal exquis des cours, le prince de Ligne : « Il ne reste qu'une seule manière d'agir contre la démocratie : c'est de réduire la France et de l'affaiblir jusqu'à l'extinction des forces... Il s'agit de ruiner complètement les Français et de ne répondre à toutes leurs clameurs philosophiques que par le silence et le poids de la force... » Il faut démembrer la République de telle façon que, « quel que soit son gouvernement et ses principes, elle ne puisse devenir un sujet d'inquiétude pour les nations effrayées de la chute de ce colosse; pour que ses restes, célèbres par des crimes et des malheurs, qui serviront longtemps d'exemples, ne puissent plus sortir de l'obéissance où la force des armes les aura réduits [1] ».

Le démembrement de la France, même avec la restauration de la monarchie, l'anéantissement de la puissance française, quel que fût le gouvernement de la République, la destruction de Paris, l'extermination des républicains, l'assujettissement de la nation entière, tel est le sort que les coalisés réservaient à la France aux mois de février et de mars 1793. Les émigrés se proposaient d'ajouter à tous ces excès le rétablissement par la violence de tous les abus de l'ancien régime et la satisfaction de leurs vengeances. Et voilà ce qui se disait, non dans des manifestes destinés à servir d'épouvantail, mais dans des lettres intimes et des notes secrètes de chancellerie. La Convention y opposa des mesures terribles; mais les plus forcenés des conventionnels n'ont jamais menacé l'Europe de desseins plus effroyables que ceux qu'agitaient alors, dans leurs conversations polies et leurs lettres en style noble, les agents de la

---

[1] Mercy à Starhemberg, 6 février et 13 janvier 1793, Thurheim, p. 36, 45; *id.*, p. 30. — Mémoire attribué au prince de Ligne, 1ᵉʳ février 1793; Vivenot, t. II, p. 470.

coalition. Ce ne sont point des déclamations d'énergumènes : ce sont des intentions d'hommes d'État, froides et concertées. Elles paraissaient alors bien près de se réaliser.

III

Comme la plupart des étrangers, qui voyaient les choses du dehors et concluaient d'après les précédents, comme plus d'un philosophe sceptique et plus d'un roué, Dumouriez avait eu de bonne heure l'instinct que les armées joueraient un grand rôle dans la Révolution. Il aurait pu trouver, et, dans tous les cas, il était homme à s'approprier cette pensée que Rivarol exprimait dès 1790 : « Ou le roi aura une armée, ou l'armée aura un roi... Nous aurons quelque soldat heureux, car les révolutions périssent toujours par le sabre : Sylla, César, Cromwell. » Il aurait pu ajouter : Monck. C'était, en 1790, une conjecture probable : la Révolution n'avait pas donné sa mesure ; ce fut, en 1799, une solution fatale : la Révolution s'était dévorée elle-même. En 1792, dans l'élan de la guerre d'indépendance, dans l'enthousiasme de la guerre de propagande, lorsque l'émigration semblait encore soutenue par les alliés, lorsque la contre-révolution paraissait encore possible, quand on avait à craindre tous les périls, quand on pouvait s'abandonner à toutes les illusions, avant que la Terreur, en flétrissant les âmes, le Directoire, en avilissant les caractères, eussent plié la France à la servitude, c'était commettre une étrange méprise que d'attendre quelque succès d'un coup d'État militaire. Ce coup d'État réussit en 1799 parce que tout le monde était las, parce que sept ans de guerre continue avaient fait de l'armée le principal ressort de l'État, parce qu'on était avide de paix et d'ordre, parce que tout avait été faussé dans les esprits, et, par-dessus tout, la notion de la liberté ; parce qu'enfin le succès de la Révolution n'était plus douteux, et qu'en acclamant un général victorieux on croyait acclamer la Révolution même, confirmée et apaisée. Rien de pareil en 1792. Armée et nation se dérobaient aux complots : l'une et l'autre, confondues alors, avaient l'instinct profond des nécessités présentes. Quiconque entreprenait alors contre la République se trouvait conduit, par la force des choses, à travailler pour les émigrés et pour les étrangers, sinon à pactiser avec eux : il travaillait contre la France et contre la Révolution ; il soulevait contre lui non seulement les révolutionnaires, mais toute la France nouvelle, tout ce qui voulait défendre à la fois le territoire national et les libertés conquises. Dumouriez était incapable de le comprendre. Les événements échappaient à ses calculs. A défaut de boussole, il aurait pu se guider sur les étoiles ; mais sa vue était trop courte. Il n'avait ni le cœur assez haut placé, ni le jugement assez droit, ni l'esprit assez ouvert pour se diriger dans la tempête où il se trouvait jeté. Il discerna les écueils, et il en évita quelques-uns avec adresse ; mais il n'aperçut pas le tourbillon, et il s'y abîma.

Il avait reçu l'ordre de marcher. Il quittait, pour se jeter sur la Hollande, la Belgique où le sol était miné. « Je voulais, disait-il[1], pénétrer en Hollande, j'en avais les moyens immanquables ; il me fallait sacrifier du monde, et les Hollandais me désiraient. Maître de la Hollande, où j'aurais peut-être permis le pillage, je prenais les troupes de la république sur lesquelles je croyais pouvoir compter, et je les incorporais dans mes troupes de ligne qui commençaient à me manquer. Avec une armée aussi formidable, j'entrais dans la Belgique, je la délivrais de ses nouveaux tyrans conventionnaux ; la nation belgique m'eût fourni une nouvelle augmentation à mon armée, à l'aide de laquelle j'attaquais les Autrichiens, les faisais reculer en Allemagne, pour pouvoir ensuite, à la tête d'une armée innombrable et invincible, entrer en France, la Constitution à

---

[1] Conversation avec le comte Starhemberg, à Bruxelles, le 10 avril 1793, ZEISSBERG, t. III, p. 4. — DUMOURIEZ, *Mémoires*, liv. VIII, ch. I. — CHUQUET, *La trahison de Dumouriez*, ch. I, L'expédition de Hollande ; ch. II, Aix-la-Chapelle.

la main, exterminer la République et ses adhérents, rétablir une loi et un roi dans ma patrie, et dicter ensuite la paix au reste de l'Europe. » Le roi dont il parle eût été Louis XVII régnant sous sa tutelle constitutionnellement avec deux Chambres[1]. C'était une aventure, il s'y jeta en véritable aventurier, ne cherchant que les coups d'éclat, visant à surprendre et à éblouir. L'état de son armée l'obligeait, du reste, aux manœuvres rapides. « Tout manque aux troupes que j'emmène avec moi », écrivait-il, le 18 février, à Beurnonville. Il chargea l'un de ses lieutenants, Miranda, d'assiéger Maëstricht : il avait des intelligences dans la place et pensait qu'elle capitulerait promptement. Cela fait, Miranda marcherait sur Nimègue avec un corps qui, renforcé par une partie de celui de Valence, s'élèverait à trente mille hommes. Cependant, il s'avancerait lui-même sur la basse Meuse, la passerait vers Dordrecht, surprendrait les Hollandais et, rejoint par Miranda, les mettrait entre deux feux.

Il franchit la frontière, le 17 février, près de Berg-op-Zoom, et lança aux Bataves une proclamation destinée à séparer la nation de son gouvernement. Il menaça de répressions sévères les magistrats qui ordonneraient d'ouvrir les écluses ou de rompre les digues : leurs biens seraient vendus au profit des habitants des pays inondés. C'était habile ; mais il aurait dû agir très vite, et il fut arrêté à l'embouchure de la Meuse, faute de moyens de passage. Miranda était également arrêté devant Maëstricht : il comptait sur un coup de main, il le manqua, et comme il n'avait point d'artillerie de siège, il lui fallut se borner aux menaces et aux démonstrations. Ces retards permirent aux Autrichiens d'arriver. Clerfayt poussa devant lui le corps de Valence, qui, affaibli par les désertions et disséminé dans des cantonnements trop étendus, ne présentait pas de consistance. L'archiduc Charles marcha sur Maëstricht ; Miranda se crut perdu, leva le siège la nuit du 3 mars, et se replia sur Liège, où se trouvait Valence. Pendant tout l'hiver,

---

[1] Conversation avec Metternich, 18 juin 1793, ZEISSBERG, t. III, p. 117.

cette armée s'était débandée faute d'officiers, faute de discipline, faute de fournitures. Cet échec l'acheva [1]. Elle se retira devant l'ennemi, et la retraite se transforma bientôt en déroute. Redoutant les vengeances du prince-évêque, les habitants du pays de Liège, qui s'étaient prononcés pour la Révolution, s'enfuyaient, emportant ce qu'ils pouvaient, errant sur les routes, dans la neige, la plupart sans ressource. Les Autrichiens occupèrent Liège le 5 mars. Le prince de Cobourg, qui les commandait, frappa le pays d'une contribution de six cent mille florins, imputables principalement sur les biens des révolutionnaires : ils devaient payer le double, le triple, le quadruple et même le centuple des autres ; c'était la contre-partie du décret de décembre.

En Belgique, les commissaires de la Convention ordonnèrent aux agents du Conseil exécutif de faire transporter à Lille, « pour les mettre à l'abri des événements », l'argenterie et les objets précieux provenant du séquestre des communautés. La mesure ne devait point s'appliquer aux trésors des églises paroissiales et aux objets du culte. Les agents n'en tiennent nul compte et font main basse sur tout ce qui leur convient. A Bruxelles, à Sainte-Gudule, une bande de scélérats saccage l'église et termine le pillage par une mascarade en habits sacerdotaux. Le peuple s'indigne et devient menaçant. Les commissaires du pouvoir exécutif le font désarmer par la troupe, prennent des otages et menacent la ville d'exécution militaire. A Grammont, le commissaire français est arrêté. L'insurrection se propage dans la Flandre ; il se forme des rassemblements armés. On est à la veille de ces *Vêpres siciliennes* prédites et redoutées [2].

Le Conseil exécutif, averti du péril, se décide à rappeler Dumouriez. Ce général reçoit le 8 mars l'ordre formel de rétrograder : c'est la ruine de ses projets ; mais il connaît

---

[1] Dumouriez à Beurnonville, 12 mars 1792.

[2] Voir les lettres des représentants en mission et le rapport de Camus, 11, 18 et 22 mars, AULARD, t. II, p. 338, 340, 393, 442-446. — CHUQUET, *id.*, ch. III, Neerwinden.

mieux que personne le danger que court l'armée de Belgique, et il obéit. Tout en se préparant à combattre les Autrichiens, il s'efforce d'apaiser les Belges. A défaut du retour triomphal sur lequel il avait compté, il tâche au moins que sa rentrée en Belgique suspende le désastre. A Anvers, le 10 mars, il expulse le commissaire du pouvoir exécutif, ferme le club et rassure les autorités. Le lendemain, il arrive à Bruxelles et se rend à l'assemblée des représentants, qui l'accueille comme un sauveur. Il promet de délivrer les otages, de restituer aux églises leurs trésors, de contenir les démagogues. Il désavoue et condamne, dans une proclamation affichée sur tous les murs, ces actes de brigandage; il proteste que les Français ne sont venus en Belgique que « pour assurer la liberté et le bonheur du peuple ». Le 12, de Louvain, où il continue son œuvre, il écrit à Beurnonville : « Nous sommes environnés d'ennemis, et les plus dangereux sont les habitants, que nous avons réduits au désespoir par la tyrannie de nos agents politiques et financiers. » Et le même jour, à Lebrun : « Je vous ai prédit ce qui résulterait de l'envoi des commissaires du pouvoir exécutif. Le choix en a été mal fait; la mission était odieuse. J'ai fait replier à Bruxelles ceux d'Anvers; je vais donner le même ordre à tous les autres qui sont répandus dans les provinces belgiques; si le conseil ne se hâte pas de les rappeler, je serai forcé de les envoyer tous en France, parce que le salut de la patrie me le commande. »

Jusqu'alors, il n'agissait qu'en chef d'armée. Désormais, il agit en chef de parti. C'est qu'il est résolu à briser avec la République. Il estime qu'il n'a plus ni le choix des moyens ni le temps d'hésiter. Il écrit, le 12 mars, au président de la Convention, une lettre qui est un manifeste de guerre civile. Il y expose l'état désastreux de l'armée, il en accuse l'incurie du gouvernement et sa fausse politique. « Tant que notre cause a été juste, nous avons vaincu l'ennemi; dès que l'avarice et l'injustice ont guidé nos pas, nous nous sommes détruits nous-mêmes, et nos ennemis en profitent. » Il dénonce les agents de la propagande en Belgique, il proteste contre l'oppression des Belges. « On vous a menti sur leurs intentions ; on a opéré la réunion du Hainaut à coups de sabre et à coups de fusil. » Il montre la conséquence du « fatal décret » du 15 décembre : la révolte de la Belgique. Il demande que la Convention approuve les mesures qu'il a prises « pour sauver l'armée française, l'honneur de la nation et la République elle-même ». Sept mois auparavant, lorsque La Fayette tentait de défendre la Constitution et la royauté contre l'émeute, Dumouriez affectait l'indignation : « Il faut, s'écriait-il, terminer l'aventure du crime de Sedan et la rébellion du petit Sylla [1]. » Dumouriez en joue maintenant le personnage; il en a les desseins, il en prend le ton, il veut payer d'audace et il se perd.

Cette lettre était déjà cachetée lorsque les commissaires de la Convention à l'armée du Nord se présentèrent au quartier général. C'étaient Treilhard, Merlin de Douai, Camus et Gossuin. L'entrevue fut extrêmement animée. Les commissaires reprochent à Dumouriez d'avoir, sans leur aveu, pris des mesures de l'ordre politique contraires aux ordres de la Convention. Il répond en rebelle : « Le premier des décrets, c'est le salut public; la Convention peut de loin être trompée; elle l'est certainement sur les affaires de la Belgique. Il a porté tout le poids de la guerre, il a l'honneur de la nation et le salut de l'armée à soutenir; il en est responsable non seulement à ses supérieurs, mais à la postérité; il n'a rien fait avec précipitation ; si les commissaires de la Convention avaient voulu s'opposer à ses mesures, il aurait rendu ces ordonnances malgré eux. » Treilhard s'écrie que c'est une faute grave envers la Convention, que le général doit s'en justifier devant elle. Pour toute réplique, Dumouriez leur lit sa lettre au président, et ils le quittent indignés et consternés. Il expédie alors sa lettre et la fait imprimer.

---

[1] Lettre à Servan, de Valenciennes, 20 août 1792. Cf. ci-dessus, p. 26.

IV

Danton et Delacroix, qui se trouvaient en Belgique au commencement de la déroute, étaient partis en toute hâte pour Paris. Ils ne connaissaient encore que la moindre partie du danger : ils croyaient Dumouriez fidèle. Ils arrivèrent au milieu d'une crise aiguë des factions. Les faibles et les crédules, induits au régicide, s'étaient flattés que cet acte mettrait fin aux rivalités et fonderait l'unité de parti dans l'Assemblée. L'unité était une utopie, et les rivalités étaient incurables, parce qu'elles procédaient, non des circonstances, mais des caractères. Elles devinrent, après le 21 janvier, plus acharnées que jamais, tous se disputant les bénéfices de l'acte que tous avaient fait pour en bénéficier. Les Girondins avaient sacrifié Louis XVI afin de se cramponner au pouvoir, les Montagnards afin d'en chasser les Girondins. Toutes les occasions leur étaient bonnes à attiser leurs querelles, et toutes les affaires de l'État se tournaient en conflits de personnes. Ils y portaient l'animosité aigre et vaniteuse des disputes de gens de lettres. Faisant chacun de son amour-propre l'État même et de son *moi* la République, ils enflent le vocabulaire des polémiques de presse, tournent à crime la moindre contradiction et se traitent de conspirateurs, comme naguère les gens de lettres se traitaient de fourbes et de sots[1]. Robespierre accuse Lebrun d'être vendu à l'Autriche, Brissot d'être vendu aux Anglais, Clavière de l'être à tout le monde; tous conjurent, selon lui, de livrer la France à l'Angleterre; Rabaut, « traître comme un protestant et comme un philosophe », voulait abandonner la Savoie aux Piémontais. Robespierre le savait, il n'en avait aucun doute, « aucun », disait-il à Garat. Les

---

[1] Dubois-Crancé, *Analyse de la Révolution*, publiée par le colonel Jung, Paris, 1885, p. 115. — *Mémoires de Garat*, dans Buchez et Roux, t. XVIII, p. 329. — *L'Europe et la Révolution*, t. I, p. 234 : *La république des lettres*.

Girondins s'en prenaient surtout à Danton. Il était d'accord avec Laclos, « l'auteur du roman infernal des *Liaisons dangereuses* » ; il dressait ses complices « à l'audace et au mensonge » ; il préparait un trône à d'Orléans, s'il n'ambitionnait pas pour lui-même le protectorat de Cromwell[1]. Les séances se dissipaient en diatribes et en disputes interminables. Les désastres de la Belgique apportaient un aliment à ce feu ; on se disputa ces désastres comme un moyen de destruction, et chacun s'en arma pour anéantir ses adversaires.

Le 8 mars, l'Assemblée avait reçu les vœux de réunion du plat pays de Gand, de seize communes du Brabant, de Louvain et d'Ostende. Elle avait accepté le vœu de Louvain et renvoyé les autres au comité diplomatique, lorsque le ministre de la guerre lut les lettres de Valence et de Miranda, annonçant leur retraite. Delacroix et Danton venaient d'arriver. Delacroix exposa l'état des choses et demanda des mesures de guerre. Robespierre dénonça les généraux : derrière eux, il visait Danton qui semblait les couvrir : — Les vraies mesures, c'est une police zélée et des bourreaux rapides ; il suffit de supprimer le mal, de « purger les armées de l'esprit aristocratique... de tenir sans cesse le glaive de la loi levé sur la tête des conspirateurs puissants, des généraux perfides... de balayer les traîtres ! » La Convention vote des décrets destinés à hâter le recrutement et la concentration des troupes ; mais le coup de Robespierre a porté. Danton veut ramener les esprits : « Il faut dire à la France entière : Si vous ne volez pas au secours de vos frères de la Belgique, si Dumouriez est enveloppé en Hollande, si son armée était obligée de mettre bas les armes, qui peut calculer les malheurs incalculables d'un pareil événement ? La fortune publique anéantie, la mort de six cent mille Français pourraient en être les suites. » Il réclame des soldats, il réclame un grand soulèvement enthousiaste du pays, comme en 1792. Les forcenés ne l'entendent point de la sorte : il leur faut des délations, des geôles, des sbires, des échafauds,

[1] Conversations de Robespierre et de Salles, rapportées par Garat, *id.*, p. 338-342.

Duhem veut que la Convention expulse les journalistes et supprime les journaux. L'Assemblée passe à l'ordre du jour sur cette motion ; elle décrète l'envoi des commissaires dans les départements[1], elle en envoie dans les sections de Paris, pour animer le peuple et le pousser aux frontières. Paris s'agite, secoué par ces nouvelles. On ferme les théâtres, on bat le rappel, le tocsin sonne : les démagogues préparent une *journée* contre les Girondins et menacent la Convention.

Le 9, au début de la séance, les commissaires font leurs rapports sur leurs visites aux sections. Ils ont été accueillis, disent-ils, avec enthousiasme. Bentabole et Jeanbon annoncent que deux sections, celle de l'Oratoire et celle du Louvre, ont émis le vœu qu'il fût formé un tribunal révolutionnaire. Un député, encore inconnu, se lève et réclame la création immédiate de ce tribunal qui jugera « sans appel et sans recours les traitres et les révolutionnaires ». Il se nomme Carrier. L'Assemblée en délibère ; malgré l'opposition de Lanjuinais, elle renvoie le projet de tribunal au comité de législation. Elle décrète la réunion de Namur et d'Ostende, et s'ajourne au soir pour nommer les commissaires qui partiront pour les départements[2].

Le lendemain, 10 mars, à la nouvelle de l'occupation de Liège par les Autrichiens, la lutte recommence dans l'Assemblée. Robespierre dénonce « l'indulgence coupable » de la majorité, la mollesse des comités, la trahison des prétendus diplomates de la Gironde ; il demande qu'on épure le gouvernement et que l'on concentre le pouvoir. Il cherche à diviser, par le soupçon et la peur, cette majorité qu'il ne peut pas dominer encore. Danton, qui croit encore pouvoir la conduire, cherche à la réunir par le patriotisme et l'enthousiasme. Il rappelle les discours qu'il tenait en août et septembre 1792, lors du grand péril national[3] : « Vos discussions sont misé-

---

[1] Aulard, t. II, p. 283, 285, 295.
[2] Décret du 9 mars sur les pouvoirs du commissaire, liste et précis des missions. Aulard, t. II, p. 298-317.
[3] Voir ci-dessus, p. 34.

rables, je ne connais que l'ennemi, battons l'ennemi... Buvons le sang des ennemis de la liberté, s'il le faut; combattons, conquérons la liberté. » De grands moyens, et tout peut se rétablir. « Le peuple n'a que du sang, il le prodigue »; que les riches, tous les riches de l'Europe, prodiguent leurs richesses et « dessèchent » la dette de la République. « Voyez, citoyens, les belles destinées qui vous attendent. Quoi! vous avez une nation entière pour levier, la raison pour point d'appui, et vous n'avez pas encore bouleversé le monde! Il faut pour cela du caractère, et la vérité est qu'on en a manqué. Je mets de côté toutes les passions; elles me sont toutes parfaitement étrangères, excepté celle du bien public... » Il dévoile brusquement ses vues sur la guerre[1]. « Remarquez bien notre situation politique; quel est le point central du mouvement de nos ennemis? C'est le cabinet anglais! Pitt sait bien qu'ayant tout à perdre, il ne doit rien épargner... Prenons la Hollande, et Carthage est à nous, et l'Angleterre ne peut plus vivre que par la liberté. Que la Hollande soit conquise à la liberté, et l'aristocratie commerciale elle-même, qui domine en ce moment le peuple anglais, furieuse que le ministre anglais se soit mêlé de la coalition des despotes, et de voir son commerce anéanti, sera la première à renverser le gouvernement qui l'aura entraînée... Elle renversera ce ministère stupide qui a cru que les talons de l'ancien régime pouvaient étouffer le génie de la liberté qui plane sur la France. Ce ministère renversé par l'intérêt même du commerce, le parti de la liberté se montrera, car il n'est pas mort... Il vous attend. — Et si vous faisiez votre devoir, si la France marchait, les républicains de l'Angleterre vous donneraient la main, et l'univers serait libre. » « Donc, ajouta-t-il encore, conquérons la Hollande, ranimons en Angleterre le parti républicain, faisons marcher la France, et nous irons, glorieux, à la postérité. Remplissez ces grandes destinées : point de débats, point de querelles, et la patrie est sauvée. »

[1] Texte d'après le *Moniteur*, t. XV, p. 680, et le *Logotachigraphe*, n° 72. — ROBINET, *Danton émigré*, p. 91-93.

PERTE DE LA BELGIQUE. 345

Ces vues, que Danton n'avait peut-être pas encore dessinées dans sa propre pensée avec cette précision et ce relief, s'échappent ici, directes et prolongées, comme celles du 31 janvier. Ce jour-là, Danton avait traduit la pensée générale en montrant les limites naturelles comme le terme nécessaire de la guerre républicaine. Le 10 mars, il déclare les conditions inéluctables de cette guerre des limites naturelles qu'il a proclamée : la nécessité de conquérir la Hollande et de la dominer, pour affermir la conquête de la Belgique ; la nécessité d'abattre ou de révolutionner l'Angleterre, pour la contraindre de laisser la Belgique à la France. C'est toute la destinée de la guerre qui se déroule devant la Convention[1].

Danton adressait ses adjurations à la Plaine. Il voulait faire son levier de ce parti composé d'hommes prudents de leur personne, mais nés pour servir un maître, et désireux d'un gouvernement fort, parce qu'ils étaient à la fois avides de sécurité et capables d'emplois. Cambacérès appuya ses propositions : « Que le ministère incohérent qui se trouve organisé comme s'il existait deux pouvoirs soit changé, dit cet ancien conseiller au Parlement. Tous les pouvoirs vous sont confiés, vous devez les exercer tous ; il ne doit y avoir aucune séparation entre le corps qui délibère et celui qui fait exécuter... Il ne faut point suivre ici les principes ordinaires ; lorsque vous discuterez la constitution, vous discuterez le principe de la séparation des pouvoirs, et je demande que, séance tenante,

---

[1] Bonaparte avait certainement lu le discours du 10 mars : ce discours a été comme le thème fondamental de ses paroles et de ses écrits sur ce sujet qui occupe constamment sa pensée. Il disait encore à Sainte-Hélène : « La descente en Angleterre a toujours été regardée comme possible, et la descente une fois opérée, la prise de Londres était immanquable. Maître de Londres, il se fût élevé un parti très puissant contre l'oligarchie... » « Je n'y serais point entré en conquérant, mais en libérateur... Nous n'eussions pas présenté aux Anglais des vainqueurs, mais des frères qui venaient les rendre à la liberté. Je leur eusse dit de s'assembler, de travailler eux-mêmes à leur régénération... Quelques mois ne se seraient pas écoulés que ces deux nations, si violemment ennemies, n'eussent plus composé que deux peuples identifiés désormais par leurs principes, leurs maximes, leurs intérêts ; et je serais parti de là pour opérer, du midi au nord, sous les couleurs républicaines, la régénération européenne. » Montholon, *Mémoires* dictés à Sainte-Hélène, Paris, 1823, t. II, p. 48. — Damas-Hinard, *Dictionnaire Napoléon*, Paris, 1854, p. 26.

on organise le tribunal et le ministère. » Danton va plus loin ; les ministres doivent êtres pris dans l'Assemblée même : « ... Nous ne pouvons nous le dissimuler, il nous faut des ministres ;... déployons tous les moyens de la puissance nationale, mais ne mettons ces moyens qu'entre les mains d'hommes dont le contact nécessaire et habituel avec vous vous assure l'ensemble et l'exécution des mesures que vous avez combinées pour le salut public. »

Les Girondins s'élevèrent avec courage contre la création du tribunal révolutionnaire : c'était une juridiction d'exception, et elle menaçait leur parti. « C'est une inquisition mille fois plus redoutable que celle de Venise », dit Vergniaud. Il disait vrai. Danton et Cambacérès s'étaient figuré qu'en mêlant les deux propositions, ils les pousseraient l'une par l'autre. Leur calcul les trompa. Il n'y a point d'artifice de procédure contre la double subtilité de la jalousie et de l'intérêt. L'Assemblée vota la constitution du tribunal et ajourna celle du gouvernement. Il fut décrété, sur une motion présentée par Isnard, que le tribunal révolutionnaire jugerait sans appel, par des jurés, prononçant à haute voix [1]. Le procédé avait réussi dans le procès de Louis XVI, on le généralisa, comptant que la populace dicterait les arrêts, et que la peur serait le garant de la docilité des juges. Cette prévôté de valets de bourreau ne convenait qu'à ceux qui comptaient y livrer leurs adversaires ; la plupart des conventionnels en étaient terrifiés, mais ils espéraient s'y soustraire en contribuant à l'établir. Il en fut tout au contraire du gouvernement. Très peu le convoitaient et ceux-là jugeaient habile de dissimuler encore ; le plus grand nombre n'y prétendait point ; ils étaient à la fois effrayés et jaloux d'un pouvoir qui s'élèverait au-dessus d'eux. Ils faisaient preuve d'un désintéressement qui ne leur coûtait rien, en écartant du ministère des collègues dont ils redoutaient l'avènement. Danton, les voyant chanceler, jura qu'il ne briguerait jamais le gouvernement. « Mais, ajouta-t-il, vous

[1] 11 mars 1793. *Moniteur*, t. XV, p. 688.

ferez une chose funeste à la chose publique si vous ne vous réservez pas la faculté de prendre des ministres partout, même dans les rangs de la Convention [1]. » Il ne convainquit personne, et toute la force de ses raisons ne fit que persuader davantage ses ennemis de la nécessité de l'écarter. Il se fit une coalition pour l'exclure, et la Convention aima mieux n'avoir point de gouvernement que d'en avoir un où il pourrait figurer. Il fallait, pour amener la majorité à concentrer les forces de l'État, des détours plus subtils et surtout la contrainte de nouveaux périls.

Beurnonville avait dispersé les émeutiers le 10 mars; mais, dégoûté et découragé, il donna sa démission et demanda à retourner aux frontières. La Convention le réélut le 14[2]. Ce même jour, la lettre de Dumouriez est remise au président de la Convention. Bréard, qui occupe le fauteuil, n'ose prendre sur lui de la lire à l'Assemblée. Il la porte au comité de défense générale. Ce comité décide, le 15 mars, que Danton et Delacroix se rendront auprès de Dumouriez et le presseront de se rétracter. Le comité juge que Dumouriez est nécesssaire à la tête des armées, et que, dans le danger où l'on est, il importe de ne point engager la lutte avec lui. Cette lutte, au contraire, Dumouriez la veut, il s'y prépare, et il espère encore, par une victoire soudaine, relever le moral de l'armée, ressaisir les troupes et reconquérir le prestige dont il a besoin pour la « grande aventure ».

Il avait réuni environ 45,000 hommes. Il estimait que les Autrichiens n'en pouvaient pas mettre en ligne plus de 50,000. Il marche sur eux et, le 16 mars, les bat à Tirlemont. Ce succès rend de la confiance aux troupes. Dumouriez n'en considère pas moins sa situation comme très grave. Il ne dissimule pas le danger. Il tend même à le grossir : en cas de victoire, il augmentera ainsi son mérite; en cas d'échec, il diminuera sa responsabilité. Il écrit le 17 mars, à Beurnonville : « Quoique j'aie fait reculer hier le prince de Cobourg,

---

[1] 11 mars 1793. *Moniteur*, t. XV, p. 686.
[2] 336 voix sur 530 votants.

avec toute son armée, je n'en suis pas moins dans la position la plus terrible où on se soit jamais trouvé. L'armée est sans souliers et sans habits. Je suis dans un pays où il n'y a pas de fourrages, et je n'ai pas de quoi faire subsister ma cavalerie, ni de moyens pour traîner mon artillerie. Si j'avance, mes ressources diminuent encore, et je suis dans le cas d'être entièrement perdu... Si nous avions le moindre revers, l'insurrection serait générale contre nous, au moins dans les environs de notre armée. »

Le 18, il attaqua l'ennemi dans Neerwinden. Il emporta le village. Son aile gauche, accablée par Clerfayt, se débanda. Dumouriez, craignant d'être enveloppé, se retira. Il n'avait point été battu, à proprement parler; mais, dans les conditions où se trouvaient ses troupes, la retraite était nécessaire, et elle risquait de tourner promptement à la déroute. « Beaucoup de corps ignorent les noms des généraux qui les commandent et vont errant de village en village », rapporte un officier. Dumouriez était décidé à la guerre civile. Il s'était irrémédiablement compromis en publiant sa lettre du 12 mars. Il ne pouvait plus profiter que du désarroi de la défaite, et il le grossissait dans ses rapports, espérant que, sous le coup de l'effroi, la nation se jetterait dans ses bras. Dans la nuit du 20 au 21 mars, il rencontra Danton, qui le conjura de se rétracter ; Dumouriez consentit seulement à écrire quelques lignes au président de l'Assemblée, lui demandant de ne rien préjuger et d'attendre ses explications. Danton prit le billet et repartit pour Paris.

Le 22, Dumouriez écrivit au ministre de la guerre : « Il est temps de raisonner très en grand sur notre situation et de penser aux moyens de sauver la France et l'armée. Vous savez que j'ai toujours dit, comme je pense, que les Pays-Bas ne peuvent se défendre qu'avec de l'argent, des subsistances, des munitions et l'appui de la Hollande. L'expédition de la Hollande est abandonnée, au moins jusqu'à nouvel ordre ; ainsi, les Pays-Bas sont au premier occupant... J'ai lieu de croire que le prince de Cobourg a été considérablement renforcé, et tous les rapports font monter son armée à plus de 70,000 hommes. J'en ai tout au plus 35,000, et malheureusement ce ne sont plus les hommes de Jemappes; ils sont découragés, sans discipline, et ils manquent de tout... J'envisage ensuite l'état intérieur de la République. Je vois, par tous les rapports qu'on fait à la Convention, la guerre civile prête à éclater et déjà en train dans les départements de la Vendée, des Deux-Sèvres, de la Loire-Inférieure et du Morbihan... Voilà bien des motifs pour évacuer les Pays-Bas, pour nous remettre derrière nos places et veiller à la sûreté des départements de l'intérieur... Si j'avais des troupes bien manœuvrières, bien disciplinées, et qui eussent tous les approvisionnements dont manque l'armée, je me porterais rapidement sur une des divisions de l'armée ennemie; je la combattrais avec supériorité, et ce premier succès me rendrait offensif au lieu d'être défensif et déciderait le succès de la campagne pour nous. C'est ce que j'ai essayé à Neerwinden, et ce qui m'aurait complètement réussi si ma gauche avait combattu avec la même vigueur que ma droite. »

Il demandait des ordres ; mais bien que présentant encore à l'ennemi une force imposante, il continuait à se retirer. Le 24, il écrivit à Beurnonville d'Enghien, où il s'était arrêté : « Telle est l'affreuse position dans laquelle je me trouve; il m'a été impossible d'attendre vos ordres sur l'évacuation des Pays-Bas. Ce ne sont pas non plus les ennemis qui m'y forcent, puisqu'en sept jours de combats perpétuels, je les ai toujours tenus en respect et qu'ils mettent même beaucoup moins de vivacité dans leur poursuite. Nous devons toute notre disgrâce à notre propre armée et à sa désorganisation complète[1]. »

Pendant que la conquête de la Belgique s'écroulait ainsi, la Convention rhénane se rassemblait à Mayence. « Nous municipalisons à force, écrivait Merlin de Thionville au ministre de la guerre, et bientôt vous serez ministre d'un département de plus[2]. » Il était temps que cette Convention parût : Mayence allait être investie par les Prussiens, et le club se

[1] Chuquet, *La trahison de Dumouriez*, p. 110-117, 125.
[2] 8 mars 1793. Aulard, t. II, p. 295.

dissolvait. Le 13 mars, il ne réunit plus, en comité général, que quarante-cinq membres. Les députés arrivaient lentement. Plusieurs, ceux de Spire en particulier, s'excusèrent sur les difficultés du voyage en pays occupé et ne vinrent pas. Une centaine étaient présents le 17 mars pour l'ouverture de la Convention. La séance fut précédée d'une messe solennelle. Le lendemain, l'Assemblée délibéra que le territoire de Landau à Bingen formerait un État libre, indépendant, indivisible, séparé à jamais du Saint-Empire et régi par des lois fondées sur les principes de l'égalité et de la liberté. Le 21, considérant que cet État, environné d'ennemis, ne pourrait subsister que par la protection de la France, la Convention rhénane, à l'unanimité des cent membres présents, vota la réunion à la République française. Trois représentants, Forster, Adam Lux et Potocki, furent délégués pour porter ce décret à Paris, avec une adresse où on lisait cette phrase : « Par l'union avec nous, vous acquérez ce qui de droit vous appartient. La nature elle-même a voulu que le Rhin fût la frontière de la France; il l'était, en effet, dans les premiers siècles du royaume de France... » La Convention rhénane prononça l'expulsion des habitants non assermentés, le séquestre de leurs biens, la confiscation de ceux des émigrés. Puis, la ville étant investie, elle suspendit le 30 mars ses séances : elle ne devait jamais les reprendre.

Le même jour, la Convention de Paris recevait les députés de Mayence. Elle prononça l'incorporation des quatre-vingt-huit villes et communes représentées à la Convention rhénane. Elle avait, les jours précédents, continué de réunir des territoires du Nord et de l'Est; le 14, trente-deux communes allemandes; le 20, trois autres communes du même pays; le 23, soixante-six communes de Belgique et le territoire de Porentruy, qui forma le département du Mont-Terrible. L'ennemi occupait déjà la plupart des pays que l'on venait d'annexer, et c'était maintenant l'ancienne frontière de la France qui se trouvait menacée [1].

---

[1] Réunion de Liège, 8 mars 1793. « Les Liégeois », disent les représentants

V

Dumouriez n'avait plus le moyen de faire la loi à la Convention; c'était à lui de la subir. Il ne lui restait pas d'illusions à concevoir sur le sort qui l'attendait. Il avait des ennemis acharnés : il aurait été implacable pour eux, il prévoyait qu'ils le seraient pour lui. Ils le feraient mander à la barre, décréter d'accusation, envoyer au tribunal révolutionnaire et de là, selon toute vraisemblance, à l'échafaud. Il n'avait qu'un parti à prendre pour se soustraire à ce danger : passer la frontière. S'il s'exposait, comme La Fayette, aux prisons autrichiennes, il évitait du moins à sa patrie un grand péril, à son nom une ineffaçable flétrissure; mais il avait perdu l'instinct des grandes vérités simples. Il chercha des tempéraments dans des affaires qui n'en comportent point. Son sens moral était émoussé, et l'on vit alors sur quel fond mouvant d'aventurier s'était élevé ce simulacre de grand homme. Tant qu'il reste une chance à courir, il n'est pour le joueur ni d'emprunt qui l'humilie ni d'usure qui l'effraye. Il demanderait un enjeu à son pire ennemi. Dumouriez le demanda aux Autrichiens. L'élève de Favier, celui qui s'était fait de la haine de l'Autriche une politique et une carrière, l'auteur de la déclaration de guerre, le négociateur de l'alliance prussienne, le vainqueur de Jemappes, en vint à ce reniement de soi-même. Il n'y arriva pas d'un seul coup; il s'y achemina par degrés, par les détours et les traverses, se laissant dériver pour ainsi dire sous les sophismes de sa présomption et les tentations de sa colère. Il n'était point cependant aveuglé à ce point de méconnaître la passion nationale qui l'avait porté à la tête des armées : la haine profonde des étrangers. Il n'affronta point cette passion : il prétendit la décevoir et ruser avec elle. Il crut possible de

provisoires de ce pays, « sont Français : c'est un département frontière envahi par l'ennemi. » *Moniteur*, t. XVI, p. 336.

masquer son attaque et de dérober ses approches. Sans demander précisément à l'ennemi son alliance, il va solliciter sa neutralité et tâcher d'obtenir, par un accord secret, que l'Autriche le laisse faire ce qu'il aurait fait sans elle s'il l'avait battue. Que voulait-il? La paix et le rétablissement de la monarchie; l'Autriche devait le vouloir également. Il avait compté sur la victoire pour imposer la paix aux étrangers et la monarchie à la France; au lieu de donner la paix, il la recevrait; mais en ce qui concernait le gouvernement de la France, le dénouement resterait le même. Tels étaient le pacte criminel qu'il faisait avec sa conscience et le contrat perfide qu'il résolut de conclure avec l'ennemi. Il se trouva que l'ennemi était disposé à entrer en collusion avec lui; mais c'est en suivant des voies assez tortueuses qu'ils parvinrent à se rencontrer.

La croisade des rois était finie. Comme leurs fameux prédécesseurs du temps de Baudouin de Flandre, ces paladins s'étaient arrêtés en route, préférant la conquête de Byzance à l'assaut de Jérusalem. Catherine combattait les Jacobins en Pologne. Les Allemands brûlaient de concourir avec elle sur cette terre vouée depuis des siècles aux lucratifs exploits des Teutoniques. Cependant il y avait encore dans le camp des alliés quelques chevaliers qui rêvaient de délivrer les captifs du Temple. Peut-être n'en restait-il qu'un dont l'âme fût sincère et le dévouement absolu : c'était Fersen, le plus respectueux et le plus constant des adorateurs de Marie-Antoinette, son confident, son défenseur, son ami des mauvais jours et le seul homme peut-être auquel, dans sa détresse, elle ait osé ouvrir son cœur. Tous les moyens lui étaient bons pour la sauver; il n'était point de combinaison étrange qui le rebutât. Il avait alors, avec les amis qu'il réchauffait de son zèle, formé le plan de s'adresser à Dumouriez par l'entremise de Talleyrand, de les acheter tous les deux et d'obtenir du général qu'il livrât les princes d'Orléans qui servaient dans son armée [1]. L'Autriche les garderait en otages. Convaincu que tous les

---

[1] Fersen à Mercy, 3 février, *Journal*, 1ᵉʳ et 21 février, 10 mars 1792. *Correspondance de Fersen*, t. II.

révolutionnaires étaient plus ou moins de la faction d'Orléans, et que la Révolution n'était, au fond, que la grande conspiration de Philippe-Égalité, Fersen ne doutait point que, pour recouvrer « leurs princes », Danton et ses amis ne s'empressassent de délivrer la reine et ses enfants. Le baron de Breteuil, qui était en Angleterre, s'aboucha avec un homme qui se faisait fort d'approcher Dumouriez et se disait son aide de camp. Cet agent esquissa même un projet d'accord [1], qui fut envoyé au comte de Mercy, l'ancien ambassadeur de Marie-Thérèse à Paris. Il fallait trouver trois ou quatre millions. Mercy se chargea de les demander à Vienne et instruisit de la négociation le général en chef de l'armée, le prince de Cobourg. — Certes, lui écrivait-il, on n'en est qu'aux conjectures : « de là à l'aveu de celui que cela regarde, il y a bien loin encore. » Il faudrait lui demander, outre les princes d'Orléans, de livrer plusieurs places. Dans tous les cas, il serait fort expédient de se « débarrasser d'un adversaire au moins incommode par sa brillante activité, qui électrise les hordes, d'ailleurs si mal composées, qu'il commande ».

Cobourg était ainsi préparé à négocier lorsque, le 23 mars, il reçut auprès de Bruxelles l'adjudant général Montjoye, qui venait à lui de la part de Dumouriez. « Le général, dit Montjoye, est décidé à mettre fin à toutes les calamités qui déchiraient sa malheureuse patrie, à rétablir la royauté constitutionnelle, à dissoudre la Convention nationale et à punir les scélérats de Paris. » Il demanda que, sous le prétexte d'un échange de prisonniers, Cobourg lui envoyât un officier de confiance avec lequel il pourrait s'expliquer plus amplement. Comme il arrive souvent à la guerre, chacun des deux généraux s'exagérait les ressources de son adversaire. Cobourg estimait à 40,000 hommes l'armée de Dumouriez; il se rappelait l'effort puissant qu'elle avait fait à Jemappes, il ne se rendait pas compte de la détresse de ces troupes. Il ne disposait que de 32,000 hommes, il attendait des renforts; Dumouriez occupait

[1] Voir, dans MORTIMER-TERNAUX, t. VI, Appendice, *La Correspondance et les Mémoires de Mercy, de Cobourg et de Mack.* SYBEL, *Trad.*, t. II, p. 333 et suiv.

une bonne position, sa proposition venait à point pour permettre aux Autrichiens de gagner du temps à ses dépens et peut-être de l'amener à se retirer. Cobourg lui envoya le colonel Mack, qui passait pour un des officiers les plus distingués de l'armée autrichienne [1].

Dumouriez le reçut le 25 mars au soir, à Ath, où il s'était arrêté. Ils causèrent et dînèrent ensemble. Dumouriez s'anima. « A travers les fumées du champagne », il laissa échapper qu'il attribuait à Cobourg des forces considérables, 60,000 hommes environ. Mack conclut de cet aveu qu'il pouvait se montrer « raide et décidé ». Après le dîner, Dumouriez l'emmena dans une pièce écartée, et là, en présence du général Valence, du duc de Chartres, de Thouvenot et de Montjoye, ses aides de camp, il s'ouvrit entièrement de ses desseins : disperser la Convention, rétablir la royauté constitutionnelle avec le Dauphin, sauver la reine. Pour réussir, il avait besoin de la neutralité de Cobourg et même de son appui. Mack répliqua sur un ton péremptoire que le prince n'entrerait dans aucune négociation tant qu'il resterait un Français dans les Pays-Bas. « Mais, reprit Dumouriez, je suis aussi fort que vous ; j'attends des renforts considérables en peu de jours, et je saurai me défendre. » Mack ne répondit que par un geste significatif. Dumouriez se résigna : « Eh bien ! s'écria-t-il, les Pays-Bas ont toujours été la proie d'une bataille, j'en ai livré deux, j'ai eu le malheur de les perdre... Je subirai le sort de la guerre. » Il s'engagea à se retirer et à faire évacuer les forteresses belges. Mack déclara que Cobourg le suivrait jusqu'à la frontière, observerait ses opérations et se contenterait de les observer tant qu'il lui verrait des chances de réussir dans son entreprise contre la Convention. Dumouriez ne demandait que trois semaines. Son plan était de se rendre à Paris à marches forcées, avec des troupes sûres, et de s'emparer, en arrivant, du club des Jacobins. Ensuite, la Convention dissoute, il tâcherait d'établir une constitution raisonnable et

[1] « Un esprit juste et un génie militaire transcendant », disait Laugeron. CHUQUET, *op. cit.*, p. 48-49.

stable : la noblesse recouvrerait en partie ses honneurs et ses terres ; mais le peuple exercerait la souveraineté par ses représentants ; ce serait quelque chose comme le système anglais. La confiscation des biens du clergé serait maintenue. A aucun prix, Dumouriez ne voulait entendre parler des émigrés et du comte de Provence. « Je suis prêt, dit-il, à sacrifier des centaines de mille hommes, si je les avais, pour empêcher que des puissances étrangères s'immiscent dans cette constitution future, pour empêcher qu'aucun émigré, à commencer par M. le comte de Provence, soit admis à y concourir. » C'était faire blanc de son épée. Quand il défendait avec tant de chaleur la constitution future de la France, il introduisait déjà l'ennemi dans la place et lui en ouvrait les avenues. Il insinuait, en effet, qu'il pourrait, le cas échéant, recourir aux Autrichiens pour contenir Custine, et il pria Cobourg de tenir à sa disposition 20,000 louis à répandre dans Paris. C'est dans ces termes que l'accord se conclut. Mack partit pour en faire son rapport à Cobourg.

Le 26, Dumouriez, continuant sa retraite, arrivait à Tournai. Il y rencontra trois agents du pouvoir exécutif que Lebrun avait envoyés pour révolutionner la Hollande et qui revenaient faute d'emploi. C'étaient un Belge, Proly, qui passait pour le fils naturel de Kaunitz, un homme de lettres parisien, Dubuisson, et un Juif portugais, Pereyra, mêlés tous trois aux affaires de Hollande en 1787, et tous trois Jacobins prononcés. Dumouriez ne leur cacha rien de ses projets. — « Mais, demanda Dubuisson, qui fera la révolution? — Mon armée, s'écria Dumouriez ; oui, l'armée des mameluks. Elle sera l'armée des mameluks, pas pour longtemps, mais enfin elle le sera ; et, de mon camp ou du sein d'une place forte, elle dira qu'elle veut un roi. Les présidents des districts seront chargés de le faire accepter. La moitié et plus de la France le désire. Et alors, moi, je ferai la paix dans peu de temps et facilement. » Ses interlocuteurs n'avaient qu'à le presser pour qu'il achevât de se découvrir. Ils lui objectèrent le décret d'accusation qui le menaçait. « Je me moque de ce décret et de tous les autres, répondit-il ; je défie la Convention de le faire mettre à exécution au milieu de mon armée ; et, au reste, j'ai toujours pour dernière ressource un temps de galop vers les Autrichiens [1]. »

Il s'exaltait, il s'agitait, il n'agissait pas. Il semble, au moment décisif, avoir hésité. Voulait-il sauver les apparences, se faire attaquer, se laisser en quelque sorte forcer la main par les événements ? Était-ce simplement un effet de sa présomption et de son incurable étourderie ? Toujours est-il qu'après avoir déclaré si hautement ses desseins, il laissa aux commissaires de la Convention le temps de se reconnaître et d'aviser. Trois de ces commissaires, Delacroix, Merlin et Gossuin, étaient à Lille, lorsque, le 28, les agents de Lebrun, qui retournaient à Paris, leur rapportèrent sommairement l'entretien du 26. Le lendemain, les conventionnels reçurent de nouveaux renseignements. Leurs collègues Treilhard, Lesage et Carnot les rejoignirent. Ils invitèrent Dumouriez à venir s'expliquer devant eux. Il leur répondit le même jour : « Envoyez-moi deux ou quatre d'entre vous pour m'interroger, je répondrai ; mais je vous déclare que je ne peux pas en même temps plaider et commander. » Le 30, il eut une nouvelle entrevue avec Mack. Il lui dit que les commissaires de la Convention voulaient le faire arrêter, mais qu'il s'emparerait de leur personne, les livrerait aux Autrichiens et hâterait sa marche sur Paris. Il s'entretint avec lui, mais sans rien arrêter encore, de l'occupation éventuelle par les Autrichiens de quelques places françaises qu'il leur remettrait comme garantie de sa bonne foi. Il demanda qu'en cas d'échec, s'il était réduit à émigrer, les troupes qui le suivraient fussent prises à la solde de l'Autriche. Il oubliait les temps et les lieux, il se rajeunissait de vingt ans et se croyait en Pologne. Le 31, il rentra en France et fixa son quartier général à Saint-Amand, avec une partie de son armée campée à Maulde et l'autre partie à Bruille. Pour expliquer sa retraite, préparer l'opinion à

---

[1] Rapport des trois commissaires; Dumouriez à Beurnonville, 29 mars 1793; *Moniteur*, t. XVI, p. 19, 39; DUMOURIEZ, *Mémoires*, liv. VIII, ch. x.

son coup d'État, prévenir surtout l'effet de la remise des places aux Autrichiens, il adresse à Beurnonville des lettres destinées à être lues à la Convention. Il met cette Assemblée en demeure de changer de système, il conseille la paix, il menace enfin d'imposer ses conseils, si on refuse de les écouter :

« Pensez bien à négocier, puisque vous n'avez pas la faculté de vous battre, et croyez que les hommes qui, comme moi, ont soutenu le poids de la guerre, ne se laisseront pas écraser par de vils assassins..... Je suis bien loin d'accuser la Convention nationale des excès de quelques-uns de ses membres. Livrée à la tyrannie des tribunes, elle lutte et succombe sous une minorité qui réduit la majorité au silence. Cela ne peut pas durer. La portion d'armée qui est restée fidèle à ses drapeaux et à l'honneur français est prête à combattre également les ennemis intérieurs et extérieurs de la patrie... Où veut-on en venir?... Les commissaires de la Convention viennent de me sommer d'aller à Lille ; je vous déclare que je regarde ma tête comme trop précieuse pour la livrer à un tribunal arbitraire. Je ne peux être jugé de mon vivant que par la nation entière, comme je le serai après ma mort par l'histoire [1]. »

A Paris, l'inquiétude est extrême. On raconte que les troupes de Dumouriez lui sont entièrement dévouées, que les volontaires même le suivent, qu'il marche déjà sur Paris. Comme il est nécessaire de ménager l'armée, le Conseil et le Comité de défense essayent de démasquer publiquement Dumouriez devant les troupes. La Convention décide, le 30 mars, de le mander à sa barre. Le ministre de la guerre, Beurnonville, est chargé de faire exécuter le décret. Il est aimé des soldats, on espère qu'il les ramènera dans le devoir. Quatre commissaires l'accompagnent : Camus, Quinette, Lamarque et Bancal. Carnot, qui est à la frontière du Nord, doit se réunir à eux. Ils partent le 30, à huit heures du soir ; en route, Beurnonville reçoit les lettres de Dumouriez. Ils arrivent à Lille le matin du 1er avril. Heureusement pour la France, Carnot ne s'y

---

[1] Lettres des 28, 29, 30 et 31 mars, *Moniteur*, t. XVI, p. 15, 29, 38, 39, 40. Aulard, t. II, p. 564, 574.

trouvait pas. Ses collègues se remettent en route sans l'attendre, et ils atteignent à la nuit le quartier général de Saint-Amand.

Dumouriez[1], prévenu de leur arrivée, avait pris ses mesures. Un régiment de hussards est rangé en bataille dans la cour de sa maison. Il reçoit les commissaires au milieu de son état-major et interpelle Camus : « Vous venez apparemment pour m'arrêter ? » Camus se prépare à lire le décret ; sur les instances de Beurnonville, on passe dans une pièce voisine, mais les portes demeurent ouvertes, et les officiers peuvent tout entendre. Un dialogue rapide, sec, hautain de part et d'autre, s'engage entre le général séditieux et les représentants de la Convention. Ils le somment d'obéir ; il s'y refuse : « Je ne me rendrai pas à Paris pour me voir assassiner en chemin ou condamner par le tribunal révolutionnaire. » Un des commissaires insinue qu'il n'a aucun péril à redouter. — « Allons donc ! la Convention n'est même pas assez forte pour se mettre à l'abri des fureurs de Marat. D'ailleurs, moi absent, qui répondra du salut de mon armée? » — Beurnonville déclare que, pendant les quelques jours que durera son absence, il le remplacera. Dumouriez, à ces mots, perd toute mesure : — « Vous êtes venu pour me souffler mon commandement ! » Beurnonville s'en défend : il n'a accepté le ministère que pour mettre les armées en état de tenir la campagne. Camus coupe court à cet incident et répète la question que Dumouriez éludait toujours : — « Vous ne voulez donc pas obéir au décret de la Convention? — Je ne puis. » — Il était huit heures du soir. Les commissaires se retirent pour adresser un rapport à l'Assemblée. Dumouriez reste seul avec Beurnonville : ils avaient combattu ensemble, ils se disaient amis, Beurnonville admirait Dumouriez. Celui-ci cherche à l'entraîner. « Avec moi, du moins, vous trouverez sécurité et liberté, vous serez à l'abri des accusations de Marat. — Je mourrai à mon poste,

---

[1] Les détails qui suivent d'après la relation de Camus et les *Mémoires de Dumouriez*, liv. VIII, ch. XII. *Moniteur*, t. XXVII, p. 426 et suiv. — MORTIMER-TERNAUX, t. XI. — CHUQUET, *op. cit.*, ch. V, *La trahison*.

répond Beurnonville. Je me sacrifierai avec bonheur pour ma patrie ; je ne la trahirai jamais. Ma situation est horrible. Je vois que vous êtes décidé, que vous allez prendre un parti désespéré. Ce que je vous demande en grâce, c'est de me faire subir le même sort qu'aux députés. — N'en doutez pas, et en cela je crois vous rendre un service signalé [1]. » Ils rentrent alors dans la salle où les officiers agités, irrités, attendaient le dénouement de la crise. Bientôt les commissaires reparaissent. Dumouriez, adossé à la cheminée, répond par un refus ironique à une dernière sommation. Camus annonce alors qu'il va faire mettre les scellés sur les papiers du général. Des murmures éclatent. Camus déclare Dumouriez suspendu de ses fonctions. Les murmures redoublent. — « Allons, dit Dumouriez, il est temps que cela finisse. Lieutenant! appelez les hussards. » Les hussards n'attendaient qu'un signe. Les quatre commissaires et le ministre de la guerre sont arrêtés.

Ce qui précède était d'un rebelle ; ce qui suit est d'un cynique. Les prisonniers, parmi lesquels se trouvait un compagnon d'armes de Dumouriez, sont enfermés dans une salle basse. La nuit est humide et glaciale. On les y laisse sans feu, sans manteaux, et cependant Dumouriez écrit au général autrichien Clerfayt : « Je vous adresse quatre députés de la Convention nationale qui sont venus de la part de cette assemblée tyrannique pour m'arrêter et me conduire à leur barre. Leur projet, ou du moins celui de leurs commettants, était de me faire assassiner à Paris. Je vous prie de les envoyer à Son Altesse le prince de Saxe-Cobourg pour être gardés en otages pour empêcher les crimes de Paris. Je marche demain sur la capitale pour faire cesser cette horrible anarchie. Je compte, comme on me l'a expressément promis, sur la trêve la plus

---

[1] Il ne croyait pas dire si vrai. Beurnonville eut toujours un bonheur paradoxal, ce qui est la première qualité d'un officier de fortune. Il était, en 1789, capitaine aux Cent-Suisses. La République le fit coup sur coup colonel, maréchal de camp, lieutenant général, ministre de la guerre. Sa captivité en Autriche le sauva des périlleuses épreuves de la Révolution. Délivré en 1795, il adhéra au 18 fructidor et collabora au 18 brumaire. Le Consulat le fit ambassadeur ; l'Empire, sénateur et comte ; la Restauration, pair de France, marquis, maréchal et cordon bleu.

parfaite pendant l'expédition que je vais faire, et même sur le secours de vos troupes en cas que j'en aie besoin pour venir à bout des scélérats que je veux châtier, pour remettre l'ordre dans le royaume de France et rendre à toute l'Europe le repos et la tranquillité qu'ils ont troublée si criminellement. » Cette lettre écrite, il fit partir les prisonniers. Beurnonville voulut résister, on le frappa, et on le rejeta, blessé, dans la voiture.

Dumouriez se croyait maître de la France. Il avait compté sans elle, et il la trouva devant lui dans son propre camp. Ce fut l'armée même qui déjoua la conjuration dont elle devait être l'instrument. Les soldats avaient une notion à la fois très haute et très claire de leur devoir. Ce devoir ne pouvait être de s'entendre avec les étrangers pour marcher sur Paris. Ils aimaient leur général, parce qu'il avait vaincu l'ennemi ; en pactisant avec l'Autriche, il ruinait son prestige et devenait odieux. C'était précisément ce qu'il n'avait pas prévu, et c'est en quoi l'on a pu dire qu'il était trop vieux pour son temps et ne le comprenait pas.

Il employa la nuit à envoyer des ordres et à rédiger des proclamations aux troupes. « Je me suis rappelé ce que vous m'aviez promis : que vous ne laisseriez pas enlever votre père, qui a sauvé plusieurs fois la patrie... Il est temps que l'armée émette son vœu. Il est temps de reprendre une constitution que nous avons jurée trois ans de suite, qui nous donnait la liberté. » Il écrit à Mack, l'assure que tout va bien. Puis il s'occupe de mettre la main sur les places fortes, Lille, Valenciennes, Condé : elles seront son refuge en cas d'échec ; il les livrera aux Autrichiens s'il a absolument besoin d'eux et s'ils exigent un gage. Il charge le grand prévôt de l'armée, Lescuyer, de se rendre à Valenciennes et d'y arrêter le représentant Bellegarde ; Lescuyer y trouve deux autres conventionnels : Cochon et Lequinio ; il ne peut se saisir du premier sans s'assurer aussi de ses collègues ; il hésite, il craint d'ameuter la population, et il demande des ordres. Il les reçoit le 2 avril au matin. Mais alors Ferrand, le général qui commandait la place et dont Dumouriez se croyait sûr, est pris de scrupules. Il temporise et prévient les conventionnels. Lescuyer, troublé à son tour, leur révèle ce qu'il sait du complot. Le bruit de l'arrestation de leurs collègues par Dumouriez se répand; ils mettent en réquisition Ferrand et ses troupes, s'emparent des proclamations, se rendent dans les casernes, dénoncent la trahison et révoquent Dumouriez de son commandement. Les troupes et la foule les acclament. Le coup de main sur Valenciennes était manqué. A Lille, le même jour, Dumouriez voit ses projets détruits par les agents mêmes qu'il avait chargés de les exécuter.

Dans les camps, rien n'avait été préparé pour entraîner les troupes. Dumouriez comptait si bien sur elles qu'il avait jugé superflu de sonder les esprits de ses soldats. Cependant, à Maulde, Valence ne se décide à publier la proclamation du général que sur un ordre écrit. A Bruille, les officiers se rassemblent. Deux adjudants généraux, Pille et Chérin, proposent d'arrêter Dumouriez. Chérin court à Valenciennes prévenir les représentants. La proclamation est publiée, mais on y joint un ordre du jour rappelant aux troupes leur serment à la République. Dumouriez, prévenu de ces résistances, tâche de contenir les récalcitrants. Le 2 avril, à trois heures, il paraît au camp de Bruille. Il excellait à parler aux soldats; ils acclament en lui le sauveur de l'armée et de la patrie. Trompé par cet accueil, il reprend confiance. Il soupe, le soir, à Saint-Amand, chez madame de Genlis, avec ses lieutenants les plus dévoués. Ils se croient sûrs du succès : ils passent la nuit à former des projets, à écrire des lettres, à entraîner les incertains, à exciter les timides. Le lendemain, 3 avril, Dumouriez se rend au camp de Maulde. Le général Laveneur, qui veut rester fidèle, se dérobe sous prétexte de maladie, et dépêche à la Convention un officier de confiance, Lazare Hoche. Dumouriez se mêle aux soldats. Ceux de la ligne saluent encore une fois de leurs vivats le vainqueur de Jemappes. Les volontaires sont méfiants et murmurent. Le bataillon de Saône-et-Loire envoie, le soir, des délégués au général en chef, avec une adresse :

« La République ou la mort. » Dumouriez fait arrêter ces délégués et les livre à Clerfayt.

Tandis que ces événements se passaient à l'armée, les commissaires de la Convention, auxquels s'étaient joints Carnot et Lesage, délibéraient à Lille. Ils décrètent Dumouriez d'arrestation, lancent une proclamation aux troupes, expédient de nombreux émissaires dans les camps. Dampierre, qui s'est prononcé pour la Convention, est investi du commandement en chef. « Soldats, dit-il aux troupes, vous venez d'entendre les ordres de la Convention; c'est de cette assemblée que sortent tous les pouvoirs légitimes; c'est à elle que tout citoyen doit obéir. » Ce langage, le nom redouté de la Convention, ces grandes paroles de loi et de patrie dont toutes les âmes étaient pénétrées, remuent profondément les soldats. Les volontaires se déclarent avec violence contre Dumouriez. « Les camps, écrivent les commissaires, commencent à se débander partiellement. » C'est en vain que Dumouriez essaye de ressaisir ses troupes. Les commissaires vont le battre avec ses propres armes. Il spéculait sur la misère du soldat pour l'animer contre le gouvernement; ils écrivent à l'Assemblée : « Sur toute chose, songez à nous envoyer des fonds bien escortés et des effets de campement; mais des fonds, des fonds! » Dumouriez sortit le 4 avril au matin pour rejoindre Mack; il n'était accompagné que de huit hussards; il rencontre trois bataillons de volontaires. Davout, qui commande un de ces bataillons, ordonne de tirer sur lui; Dumouriez n'échappe que grâce à la vitesse de son cheval et à l'ordre de retraite donné, malgré Davout, aux volontaires.

L'entrevue avec Mack, retardée par cette échauffourée, eut lieu dans la nuit du 4 au 5 avril, à Bury. Dumouriez se faisait encore illusion sur le succès; mais, pour déconcerter les conventionnels, il demande aux Autrichiens de lancer un manifeste dont il remet la minute à Mack[1]. C'est une contre-partie du manifeste de Brunswick : les Autrichiens s'y présentent

---

[1] *Moniteur*, t. XVI, p. 120.

uniquement en défenseurs de la monarchie constitutionnelle; ils ne veulent que le bien de la France. C'est Cobourg qui doit signer cette proclamation. Dumouriez y attache tant de prix qu'il ne croit pas la payer trop cher par la « cession momentanée » de quelques places frontières. Mais il ne les livrera qu'à titre de gage. « Jamais, dit-il, il ne consentira au démembrement de sa patrie. » Le manifeste de Cobourg ne doit laisser aucun doute sur ce point. Il contiendra ces mots significatifs : « Je déclare, sur ma parole d'honneur, que je ne viendrai nullement sur le territoire français pour y faire des conquêtes... que si les opérations militaires exigent que l'une ou l'autre place soit remise à mes troupes, je ne la regarderai jamais que comme un dépôt sacré. »

Mack partit avec cette pièce, à trois heures du matin, pour rejoindre Cobourg, qui l'attendait à Mons. Cobourg n'était ni un politique à grandes vues, ni un guerrier très entreprenant ; il était prudent et avisé[1]. Il se trouvait hors d'état de poursuivre les Français. De plus, il jugeait la guerre périlleuse et mal engagée. Le plan de Dumouriez lui plaisait; il y voyait surtout ce grand avantage de gagner le temps de recevoir des renforts ; il se donnerait ainsi les moyens d'écraser Dumouriez si la négociation n'aboutissait pas. C'était l'avis du général prussien Tauenzien, qui représentait Frédéric-Guillaume à l'armée de Cobourg : il pensait que le roi son maître verrait dans un accord avec Dumouriez un moyen de sauver Marie-Antoinette, et qu'il l'approuverait. Cependant le projet de proclamation heurtait en plus d'un point les sentiments du prince de Cobourg. Donner sa parole lui semblait chose grave, et il se faisait scrupule de renoncer solennellement aux conquêtes. Mack le pressait de signer le manifeste. Selon lui, on jouait à coup sûr : « Si Dumouriez réussit, comme toutes les apparences le font croire, disait-il, il n'en peut résulter qu'un très grand bien pour la cause des souverains ; s'il ne réussit pas, nous aurons toujours l'avantage des nouveaux désordres, de

---

[1] Sybel, *Trad.*, t. II, p. 230; Hæusser, t. I, p. 458.

la division d'opinions, de partis que son entreprise produira dès son entrée en France. » On aurait, de plus, les places qu'il livrerait et que l'on ne pouvait prendre faute d'artillerie de siège. Sans doute, on promettrait de les garder « comme un dépôt sacré », on donnerait sa parole d'honneur de ne point faire de conquête; mais il était avec ces promesses des accommodements. En réalité, on ne s'engageait à rien. Cobourg n'avait que sa parole, il la donnait; mais, poursuivait Mack, « quoi de plus facile que de désavouer, modifier, éluder une mesure du moment, prise en son nom propre par un général qu'on pouvait toujours regarder et même déclarer comme n'ayant pas eu les pleins pouvoirs de son souverain! » Cobourg se laissa persuader par cette insidieuse casuistique : tout compte fait, s'il était désapprouvé, il en serait quitte pour évacuer les places. Il aurait tenu sa parole. « Je serais entré dans ces forteresses, ajoutait-il dans son rapport à l'Empereur, j'aurais l'avantage de les connaître et je n'aurais à coup sûr rien fait pour en améliorer l'état. » Réconforté par ces réflexions, Cobourg accepta le manifeste et le signa dans la journée du 5 avril.

La perfidie était inutile. Tout était déjà perdu pour Dumouriez. L'arrestation des commissaires de la Convention et du ministre de la guerre était maintenant connue dans les camps. Le complot était éventé. Les mêmes soldats qui l'acclamaient deux jours auparavant, honnissaient désormais en sa personne le complice des coalisés, le fauteur de la contre-révolution. Il parvint pourtant à en rallier quelques-uns. Il s'avança, le 5 avril, vers Maulde, aux cris de : « Vive le Roi! Vive M. Dumouriez! » poussés pas ces hommes que son prestige avait encore attirés. A Maulde, les troupes prennent les armes, Dumouriez les harangue et les presse de se déclarer : elles se taisent, elles résistent. Il sent qu'elles lui échappent. On lui apprend alors qu'à Saint-Amand, à son quartier général, l'artillerie se refuse et se replie sur Valenciennes. Il ne peut l'arrêter. C'est le signal de la révolte. Dumouriez avait eu l'impudence d'amener dans son escorte des hussards autrichiens. La vue de ces ennemis achève d'indigner les troupes;

c'est la trahison affichée, ils la fuient. Ce sont d'abord des hommes qui se dérobent, puis des bataillons qui se dispersent; enfin les camps entiers qui se disséminent. L'armée s'écoule vers Valenciennes, où sont les conventionnels et le nouveau commandant, celui auquel la loi ordonne d'obéir. Dumouriez n'a bientôt plus avec lui que quatre cent cinquante fantassins, autant de cavaliers, et les officiers attachés à sa fortune. Le général de l'armée du Nord n'est plus, en son propre camp, qu'un chef de partisans. Il ne lui reste, comme il le disait effrontément, d'autre ressource que « le temps de galop vers les Autrichiens ». Il franchit la frontière et passe à l'ennemi.

Il trouva chez l'ennemi la pire des humiliations et peut-être, pour homme tel que lui, le pire des châtiments; il vit qu'il était joué. Que cet ancien agent de la diplomatie secrète de Louis XV se soit mépris sur le caractère et la portée de la Révolution française, il ne faut point s'en étonner; de plus grands et de meilleurs que lui s'y sont trompés. Mais que ce roué rompu aux manèges des vieilles cours se soit fait des illusions gratuites sur les intentions des coalisés; qu'il ait cru les gagner à ses entreprises, voilà ce qui serait inexplicable si l'amour-propre n'expliquait tous les aveuglements. Les puissances ne songeaient ni à relever le trône, ni même à délivrer la reine et le Dauphin. Elles se proposaient de réduire les Français à l'impuissance et de se payer de leurs frais en démembrant la France et la Pologne. Dumouriez aurait dû le prévoir; les alliés ne tardèrent pas à le lui faire entendre.

Le prince de Cobourg l'avait reçu avec égard. Malgré la casuistique de Mack, il prenait au sérieux les promesses qu'il avait faites et l'engagement d'honneur qu'il venait de contracter par son manifeste. Cobourg avait invité les représentants des puissances et les chefs militaires des coalisés à délibérer sur les arrangements où il était entré avec Dumouriez et sur les mesures qui s'en devaient suivre dans la conduite générale de la guerre. Il se rendit avec Mack à cette conférence et emmena le général Valence pour qu'il donnât aux alliés des explications sur les projets de Dumouriez.

VI

La conférence eut lieu le 8 avril, à Anvers [1]. Elle réunit le duc d'York, chef de l'armée anglaise; lord Auckland, ambassadeur du roi George en Hollande; le prince d'Orange et son fils; le comte Keller, ministre de Prusse à la Haye; le lieutenant général prussien Knobelsdorf, remplaçant le général en chef Brunswick; le comte Starhemberg, ministre impérial en Hollande; le comte Metternich, plénipotentiaire de François II aux Pays-Bas; le prince de Cobourg, et le colonel Mack, qui avait suivi les négociations avec Dumouriez. Mack en fit un exposé et lut la déclaration qui en avait été la conséquence. Cobourg y assignait pour objet à la guerre le rétablissement de la monarchie française. Quand il arriva au passage où Cobourg déclarait qu'il ne ferait point de conquêtes, il fut violemment interrompu. Cette lecture, rapporte Starhemberg, « fut un coup de foudre pour moi », et « un tocsin général d'indignation pour toutes les autres personnes de la conférence ». Lord Auckland y vit le signe d'une trahison de l'Autriche, et son emportement fut tel qu'il pensa se retirer. Le duc d'York, « fort échauffé », se considérait comme « personnellement joué » par les Autrichiens. Le prince de Nassau et son fils « suivaient pesamment l'impulsion de leurs alliés ». Cobourg, consterné de cet orage qui se déchaînait sur lui, cherchait une contenance. « N'étant aucunement versé dans les mystères de la politique et le secret des cabinets, écrivait-il ingénument trois jours après, j'avais cru jusqu'à présent que le vœu des puissances coalisées était de rétablir en France la monarchie, l'ordre et la paix en Europe... Je trouvai que je m'étais trompé. Je vis que chacun ne pensait qu'à soi, et qu'on avait beaucoup moins en vue l'intérêt général que des

---

[1] Starhemberg à Thugut, 12 avril. Rapport de Cobourg à l'empereur, ZEISSBERG, t. III, p. 9. — MORTIMER-TERNAUX, t. VI, p. 522.

intérêts particuliers. » Lord Auckland donna clairement à entendre que le retour de l'ordre ne l'intéressait pas du tout, et annonça avec beaucoup de vivacité que le vœu de l'Angleterre était de réduire la France « à un véritable néant politique ». — « Chacune des puissances coalisées, dit-il, doit chercher à faire des conquêtes et à garder ce qu'elle aura conquis. » Puis, s'adressant à Cobourg : « Prenez toutes les places frontières de votre côté, et procurez-vous une bonne barrière pour les Pays-Bas. Quant à l'Angleterre, je le dis franchement, elle veut faire des conquêtes, et elle les gardera. » Elle voulait Dunkerque et entendait, en outre, trouver « ses convenances dans les colonies françaises [1] ». On se sépara fort irrité contre Cobourg, sa déclaration et sa parole d'honneur. Ce prince l'avait donnée; la conférence prétendait qu'il la reprît. Starhemberg et Metternich eurent toutes les peines du monde à lui éviter cet affront. Ils cherchaient à transiger; l'échec de Dumouriez leur en fournit le moyen. Ils persuadèrent, non sans difficulté, le scrupuleux Cobourg de signer une proclamation qui rétractait la précédente. Elle annonçait le retour pur et simple à l'état de guerre. Clerfayt notifia au commandant français à Maubeuge que les hostilités recommenceraient dans vingt-quatre heures.

La conférence avait exigé que Cobourg se démentît publiquement; elle refusa de recevoir Valence. Dumouriez protesta. Les Autrichiens lui firent entendre que ses protestations étaient intempestives, et que sa présence était gênante : il n'avait pas à invoquer les engagements d'autrui, n'ayant pas su tenir les siens. On l'invita clairement à ne point se mêler des affaires de la coalition. Les Autrichiens lui reprochaient d'avoir déclaré la guerre, les royalistes français d'avoir perdu la royauté; les émigrés l'insultaient en pleine rue; quelques agents trop zélés de l'empereur songeaient à le faire enlever, à le faire emprisonner, à le faire disparaître. Mercy opina

---

[1] Propos du colonel Murray; Rapport de Tauenzien, 23 avril 1793.— HÆUSSER, t. I, p. 491. — Cf. Le roi de Prusse à Goltz, 25 janvier 1793; HERRMANN, *Dip. corr.*, p. 366.

qu'il serait compromettant de conniver à ces mesures, qu'il ne fallait pas d'ailleurs décourager les défections et « fermer la porte à double tour ». Le gouvernement de Belgique se contenta d'éconduire Dumouriez, et le gouvernement de Vienne de lui interdire l'accès des États de l'empereur; l'archiduc évêque de Cologne lui ferma sa frontière. Dumouriez partit sans ressource, sans but, sans avenir, offrant des services dont personne ne voulait plus, nouant des intrigues dont tout le monde se méfiait, promenant une apologie qui ne trouvait que des incrédules, errant au hasard des complots, parasite de quiconque se disait ennemi de sa patrie, descendant par les mêmes chemins qu'il avait suivis pour s'élever et destiné, par l'invincible rébellion de la fortune, à finir en conspirateur nomade, comme il avait commencé [1].

Tandis que les agents de François II ne songeaient plus qu'à se débarrasser de ce complice compromettant, l'empereur et son ministre se flattaient encore d'exploiter sa trahison. Thugut avait consenti à approuver les négociations entamées par Cobourg, mais il ne les avait approuvées qu'autant que l'Autriche y serait de mauvaise foi. On pousserait Dumouriez en avant, puis, une fois qu'il serait en route, on profiterait du trouble même causé par son entreprise pour envahir les frontières, s'emparer des places et occuper les territoires « à la convenance » de l'empereur [2]. C'est dans cette pensée que François II ratifia, le 9 avril, la trêve conclue avec Dumouriez, et que le 10 il écrivit à Cobourg : « Comme finalement Dumouriez doit être arrivé à Paris à l'heure qu'il est, et que la confusion et la consternation doivent avoir atteint maintenant le plus haut degré en France, je vous prie, à la réception de la présente, de déclarer que, sur mon ordre, l'armistice sera rompu sur l'heure... La manière dont la France est tombée sur moi en me faisant la guerre ne me permet pas de consi-

---

[1] Vivenot-Zeissberg, t. III, p. 39, 81, 105. — Mortimer-Ternaux, t. VI, p. 585 et suiv. — *Politische Annalen*, 1793, t. V, p. 17 et suiv. — Thurheim, Lettres de Mercy, 1er, 12, 28 juin et 18 juillet 1793.

[2] Thugut à Colloredo, 1er-6 avril 1792; Vivenot, *Thugut*.

dérer si Dumouriez a proclamé roi le duc d'Orléans ou Louis XVII. »

Dans l'état de trouble où se trouvait l'armée, une attaque aurait transformé sa retraite désordonnée en un désastre sans remède. Les commissaires de la Convention conservaient des illusions sur la maison d'Autriche et se figuraient encore que, selon un mot prêté à Joseph II, mot de parade s'il en fut, le métier d'un roi était d'être royaliste. Ils se concertèrent avec Dampierre, qui avait pris le commandement en chef. Ce général écrivit, le 8 avril, à Clerfayt, en réponse à la notification qu'il en avait reçue de la rupture de l'armistice. Il y aurait peut-être intérêt à renouer la trêve, disait Dampierre[1]. Il « serait alors possible de relâcher les personnes que le pouvoir exécutif a dû faire arrêter », et l'on pourrait, après avoir député quelqu'un à Paris, « entamer une négociation et proposer l'échange des quatre députés de la Convention nationale et du ministre Beurnonville avec ces mêmes personnes détenues à Paris..... Je serais charmé de reprendre des négociations qui assurassent la gloire des deux armées, le repos et la tranquillité de l'Empire et de la République. » Prise à la lettre, cette insinuation ne se devait entendre que de plusieurs officiers allemands internés à Paris; mais elle se prêtait aisément à une interprétation beaucoup plus étendue, et il suffisait de quelque bon vouloir pour y discerner une première ouverture de l'échange qui s'opéra en 1795 : Marie-Antoinette vivait encore, et sa fille n'aurait pas été seule à en profiter. C'est sur quoi les pourparlers qui suivirent ne laissent aucun doute[2].

Cobourg fit savoir à Dampierre « qu'il n'y avait qu'un seul cas, qu'on n'avait pas besoin de nommer, dans lequel les commissaires détenus devaient trembler pour leurs jours ». Le 12 avril, sur une nouvelle réclamation des conventionnels, il leur adressa, par un trompette, une missive déclamatoire; elle commençait par une sorte d'apologie de Dumouriez; elle se

[1] Mortimer-Ternaux, t. VII, p. 71. *Moniteur*, t. XVI, p. 150. — Aulard, t. III, p. 222.

[2] Fersen, *Journal*, 20 avril 1793, t. II, p. 70 et suiv.

terminait par ces mots au sujet des commissaires détenus :
« Leur sort est entre vos mains. » Cobourg faisait allusion aux
prisonniers du Temple[1]. Les conventionnels, persuadés que
Cobourg se prêterait à un accommodement, lui écrivirent, et
Dampierre chargea le colonel Chérin de porter leur lettre.
Chérin était fils du généalogiste de France; il était instruit,
distingué, et, à défaut de clairvoyance politique, il avait un
patriotisme sincère, de l'à-propos et de la dignité. Il se présenta le 13 au soir, après une journée de combat, au quartier
général autrichien. Mais, dans l'intervalle, il était arrivé un
courrier de Vienne, et les propos que recueillit Chérin furent
tout autres que ceux qu'il espérait rapporter.

Reçu par Mack, qu'il reconnut pour avoir négocié avec
Dumouriez, il fut conduit par cet officier auprès de Cobourg[2].
La conversation dura près de deux heures, et l'on n'y fit point
autre chose que de se tâter de part et d'autre. Cobourg et
Mack, comme naguère les Prussiens dans l'Argonne, prodi-
guèrent à Chérin les politesses, dénonçant les vues ambitieuses
de l'Angleterre, regrettant la rupture de l'alliance de leur cour
avec la France, déplorant l'état anarchique de Paris et la violence du langage des conventionnels, qui dépassait toute imagination. Ils ne voulaient d'ailleurs rien faire que d'accord
avec le roi de Prusse. Cobourg ne songeait pas à renouveler
les imprudences de Brunswick. « Il n'est point entré dans ma
tête, dit-il, de pénétrer jusqu'à Paris; nous voulons seulement
des barrières pour la Belgique. » Chérin parla de façon à
convaincre ses interlocuteurs de l'unanimité des sentiments
patriotiques des Français, de l'impossibilité de détourner l'armée de ses devoirs, du mépris général où était tombé
Dumouriez dès l'instant qu'il avait paru pactiser avec l'ennemi. « Prenez, dit Cobourg, une forme de gouvernement
stable à la tête duquel il y ait un chef qui ait le titre de roi, ou

---

[1] Cobourg à Mercy, 3 mai 1793, MORTIMER-TERNAUX, t. VII, p. 72. — Cobourg aux commissaires, *Moniteur*, t. XVI, p. 159.

[2] *Entretien du colonel adjudant général Chérin avec le général prince de Cobourg et son adjudant général, colonel baron de Mack*, le 13 avril 1793, Archives nationales.

tout autre même. Alors, on pourrait prendre confiance en vous et l'on traiterait. — Reprenez, ajouta Mack, la Constitution de 1789, et la paix est bientôt faite. » Chérin répondit en républicain. Après beaucoup de propos rompus, il en vint au fait. « Je sais, dit-il à Cobourg, que les commissaires dont je vous ai apporté les dépêches vous demandent leurs collègues et le général Beurnouville, que vous détenez sans aucune raison plausible, et cela en violant toutes les lois de la justice humaine. Vous ne pouvez les considérer ni comme prisonniers de guerre, ni comme prisonniers d'État. Vous ne les avez point conquis. Ils vous ont été livrés par un traître. Il importe à votre gloire de ne pas profiter de sa perfidie. Vous écrivez aux commissaires que le sort de leurs collègues est entre leurs mains. Perdez-vous de vue tous ces prisonniers de guerre? parmi ces prisonniers, il en est de vos proches parents. — On s'est trompé, répondit Cobourg. — Le prince, ajouta Mack, n'a point certainement de proche parent parmi vos prisonniers de guerre. — Ainsi, général, poursuivit Chérin, vous persistez à ne point nous rendre les quatre députés de la Convention et le général Beurnonville? — Cela ne se peut. J'ai les mains liées à cet égard. J'ai reçu des ordres de ma cour. » Cobourg ne voulait plus rien entendre sur ce chapitre. Il revint à la paix générale. « Si, dit-il, la France se détermine à sonder la Prusse, et que vous renonciez à toutes vos conquêtes, on pourrait convenir d'une suspension d'armes. Il se formerait un congrès, et nous entrerions en négociation ouverte. » Il n'ajouta point que, dans ce cas, l'Autriche renoncerait à procurer « des barrières à la Belgique ». Cette arrière-pensée de conquête était sous-entendue dans toutes les insinuations des Autrichiens.

Ces insinuations se répétèrent, comme par une sorte d'écho, jusque vers la fin d'avril. Wurmser les fit tenir à Custine. Rivalz, qui séjournait en Suisse depuis qu'il avait dû quitter l'Allemagne, reçut des ouvertures analogues par le comte de Seckingen, qui passait pour un confident de l'empereur [1].

---

[1] Communication d'un officier de Dampierre, séance du 19 avril, *Moniteur*, t. XVI, p. 182; Custine à Lebrun, 13 avril; Rivalz à Lebrun, 17 mars 1793.

C'étaient des vœux tout personnels, vœux d'honnêtes gens ou d'empressés, vœux stériles, dans tous les cas. Ils retardaient singulièrement sur les résolutions prises à Vienne. On estimait dans cette cour que, si la République consentait à traiter de ses otages, elle prétendrait les vendre cher, plus cher assurément que l'Autriche n'entendait les payer. L'Autriche n'aurait pas refusé de les recevoir, mais, pour parler le langage cru des chancelleries, elle ne voulait les accepter que par-dessus le marché.

Les amis de la reine la voyaient perdue. Ils s'agitaient désespérément. Fersen nouait des complots romanesques, se forçant aux illusions, croyant quiconque le flattait de lui ouvrir quelque mystérieux souterrain de délivrance[1]. Mercy l'encourageait et pressait Cobourg de ses sollicitations. Cobourg en référa à Vienne. La réponse, qui se fit attendre, était significative. Le sort de la reine et de ses enfants était subordonné aux convenances générales de la politique. « Si Dampierre, écrivait l'empereur, remettait sur le tapis l'idée d'échanger la reine et la famille royale contre Beurnonville et les commissaires, vous pourriez lui laisser entrevoir que ce projet serait peut-être goûté, si la proposition en était faite dans une forme valable et par des gens qui ont en main le pouvoir de l'exécuter. » Mais dans aucun cas cet échange ne saurait motiver un armistice. Metternich écrivait, le 3 mai, à Trautmansdorf, chancelier de la cour aux Pays-Bas : « Ce que je vous ai mandé, Monsieur le comte, de la proposition qu'a faite la Convention nationale, de rendre la liberté à la famille royale si on la rendait, par échange, aux prisonniers livrés par Dumouriez, est un fait avéré, que M. le prince de Cobourg m'a confirmé lui-même, lorsque je me suis trouvé à son quartier général; mais cette proposition ayant été accompagnée de la condition d'un armistice illimité, je suppose que le maréchal n'a point jugé à propos d'y acquiescer[2]. » Et ce fut tout.

---

[1] Voir le *Journal* de Fersen, avril 1793, t. II, p. 68 et suiv.
[2] François à Cobourg, 24-29 avril 1793, Zeissberg, t. I, p. 39. — Metternich à Trautmansdorf, *Revue rétrospective*, troisième série, t. VI, Paris, 1836, p. 452, d'après l'original des Archives nationales.

CHAPITRE II

LE PREMIER COMITÉ DE SALUT PUBLIC

1793

I

L'armée de Dumouriez se retirait dans l'ébranlement de la défaite, de la misère, de la panique et du soupçon. Les places qui couvraient la frontière du Nord étaient à peine défendues. Les armées du Rhin « se trouvaient dans une espèce de désorganisation, suite inévitable d'une retraite forcée... les administrations étaient nulles, ineptes, malveillantes; partout il manquait d'hommes, d'armes, de munitions d'armes ou de bouche [1] ». Custine s'était décidé à quitter Mayence. Il y laissa 22,000 hommes, et vint s'établir avec environ 30,000 hommes autour de Wissembourg. L'armée de la Moselle occupait le pays de Trèves avec 25,000 hommes. Ce qui était au Midi comptait à peine. Ainsi les frontières s'ouvraient, et, dans l'intérieur de la République, la guerre civile sévissait. Les royalistes conspiraient dans le Sud-Est[2]; à Lyon, les modérés s'organisaient pour résister aux Montagnards; les grandes villes de Normandie se déclaraient en faveur des Girondins. La Vendée se mit en insurrection.

Le mouvement commença dans la Vendée angevine, « région perdue dans l'abandon du monde, désertée, ruinée, sans chemins, sans commerce, sans travail, sans culture, en proie à des

---

[1] Rapport de Cambon, 11 juillet 1793, sur l'état des armées en avril.
[2] Ernest DAUDET, *Histoire des conspirations royalistes du Midi*. Paris, 1881.

misères honteuses[1] ». Les grands propriétaires n'y résidaient point; les moines y étaient riches et impopulaires; le clergé séculier partageait l'indigence du peuple et en était aimé. Le paysan, très pauvre, souffrait plus qu'ailleurs des impôts, et du plus vexatoire de tous : la gabelle. Il était en révolte continuelle contre les agents de cette ferme, révolte souvent sanglante. Des bandes de faux-sauniers parcouraient les campagnes et y faisaient assaut de violence avec les gabelous. La chute du régime seigneurial et la suppression des anciennes taxes furent accueillies avec enthousiasme par ces peuples, démocrates à leur manière rurale. Ils applaudirent surtout à la disparition de la milice, qu'ils exécraient et qui remplissait les bois de réfractaires. C'était là pour eux toute la Révolution. Très attachés à leur religion et à leurs prêtres, ils virent sans regret les couvents se fermer. Quant à leurs seigneurs, ils ne les connaissaient pas. Il y avait au milieu d'eux une quantité de petits nobles, vivant sur leurs terres, médiocres, grossiers, si proches de leurs fermiers et de leurs métayers qu'ils se confondaient presque avec eux. Ils perdirent peu, n'ayant que peu ou point de privilèges utiles. La Révolution ne fit que les rapprocher davantage des paysans. La déclaration de l'égalité ne changea rien dans ces régions où la familiarité régnait avec la confiance, et quand le peuple sentit venir les déceptions, quand il se trouva menacé et se jugea opprimé, ce fut naturellement vers ces nobles campagnards qu'il se tourna pour le diriger dans ses réclamations et le guider dans ses résistances.

Les nouveaux impôts parurent plus lourds que les anciens, et la tyrannie des bourgeois des villes qui prenaient le gouvernement sembla à ces paysans aussi insupportable que le despotisme des agents du roi. La constitution civile du clergé les jeta hors d'eux-mêmes : le schisme leur fut un objet d'épouvante, et le clergé assermenté un objet d'horreur. Les prêtres non jureurs demeurèrent. Le pays tout entier conspira

---

[1] Port, *La Vendée angevine*. Paris, 1888.

à les cacher. Il se fit, pendant toute l'année 1791, dans les chaumières et parmi les petites gens, un mouvement sourd de propagande, et l'on vit croître peu à peu cette fièvre des âmes qui précède les séditions religieuses. Les croyants se rassemblèrent, la nuit, dans les granges ou sur les landes pour écouter des prédicateurs inspirés. Dans ces conciliabules, s'insinuèrent çà et là des émissaires des comités royalistes, des gentilshommes revenus de l'armée des princes, découragés de l'émigration, mais non de la guerre civile. Ces agents profitèrent, pour leur entreprise politique, de l'exaltation populaire, et les prêtres, en prêchant la résistance aux décrets schismatiques, préparèrent, en même temps, et fanatisèrent la rébellion. Les bandes qui se formaient autrefois pour combattre la gabelle se reformèrent d'elles-mêmes, poussées par la faim, et flairant l'anarchie. Des brigands masqués, envahissant les maisons isolées, extorquant l'argent par les supplices, parurent dès l'hiver de 1792, survivants des faux-sauniers et des Mandrins de l'ancien régime, premier noyau des chauffeurs et des chouans de la Révolution. Les volontaires revinrent des camps, déprimés par la misère, assurant qu'ils avaient battu l'ennemi, que le patrie était délivrée et qu'on les voulait faire tuer pour affranchir des Allemands, des Belges, des Hollandais qu'ils ne connaissaient pas.

Ainsi se préparait une insurrection qui, par son mélange de foi religieuse et de fidélité monarchique, de fanatisme et de jacquerie, par les passions dont elle sortit, par son caractère féroce, mystique et populaire, rappela à la fois la sédition des réformés cévenols, celle des paysans bretons sous Louis XIV, celle des Irlandais contre l'Angleterre, et fit pressentir la révolte des Espagnols contre Napoléon. Les décrets sur la conscription fournirent le prétexte aux meneurs, donnèrent le branle au peuple et firent l'explosion. Elle se produisit, au mois de mars, partout où se pratiqua le tirage au sort, et partout de même. Les conscrits arrivent en troupes, très souvent armés, et balayent les autorités républicaines qui se mettent en déroute comme faisaient les autorités royales quatre ans auparavant. Les séditieux s'emparent des armes des gardes nationaux ou des gendarmes dispersés. Ils ont des chefs obscurs qui les ont animés au combat, des gardes-chasse, comme Stofflet, d'anciens sous-officiers rentrés dans leurs villages; derrière ces sous-ordres, il y a des nobles qui les inspirent et les dirigent. Les insurgés les mettent à leur tête : ce sont, pour la plupart, d'anciens officiers que la bande va chercher dans leurs maisons : ainsi d'Elbée, Bonchamp, Lescure, Charette, La Rochejacquelein. Ces bandes s'en vont le long des routes, grossissant à mesure, sans ordre, à la file, « comme à la procession », un homme à peine, sur quatre, armé d'un fusil, requérant leurs vivres sur leur chemin, marchant ils ne savent où, cherchant, pour ainsi dire, la guerre qu'ils commencent d'instinct; force plus redoutable à la République, en son humilité plébéienne, que toute l'armée des princes avec son arrière-ban de soldats gentilshommes. Ils étaient 20,000 à la fin de mars, et se déclaraient déjà 50,000. Tels furent les débuts de cette insurrection mouvante qui s'intitula l'*armée catholique*. Elle y ajouta bientôt la qualification d'*armée royale*. Mais c'étaient des royalistes à leur façon rude, brutale et indépendante. Le 1er avril, les gens de Machecoul prirent cette résolution : « Le peuple de Retz et pays adjacents, rassemblé de lui-même en corps de nation, déclare qu'il ne reconnaît et ne reconnaîtra jamais que le roi de France pour son seul et légitime souverain. » Deux jours après, Souchu, ancien procureur de la famille de Charette, qui s'était érigé en chef de ce pays, faisait massacrer, à titre d'avertissement et comme entrée de jeu, cinquante-huit prisonniers républicains.

La Convention avait obéi à un instinct politique tutélaire lorsqu'elle avait doublé son décret sur la divisibilité indéfinie des pays étrangers en révolution, du décret sur l'indivisibilité de la République française. Ce déni de principes sauva l'État. Que les votes fragmentaires des populations devinssent une règle universelle de droit, au lieu d'être une mesure de fisc et de conquête, l'intégrité et l'unité de l'ancienne France étaient compromises. Les nouvelles des soulèvements arrivaient à l'Assemblée, confuses, incertaines, mais menaçantes par la progression d'exaltation et de complots qu'elles décelaient[1]. Tous ces chefs de bande que l'on signalait étaient des inconnus, et, dès l'abord, on les distingua peu les uns des autres. Le 18 mars, on lut à la Convention une lettre du représentant Niou, envoyé dans l'Ouest. « Les séditieux, disait-il, sont conduits pas des chefs exprimentés, et leurs manœuvres sont plus savantes qu'on ne devait s'y attendre... Les scélérats qui commandent ces armées rebelles se font appeler Gaston et Verteuil. » Verteuil était un gentilhomme; Gaston était un perruquier de village : il s'était mis à la tête d'une bande, et il se fit tuer obscurément le 10 avril. Son nom fut le premier que l'on lança en Europe; il frappa les esprits, et Gaston passa dans toute l'Europe pour le chef de l'armée vendéenne.

Voilà ce que la Convention apprenait des départements de l'Ouest, tandis que les courriers de l'Est lui annonçaient la retraite de Custine et ceux du Nord la trahison de Dumouriez. Il y avait là de quoi troubler des esprits moins bouleversés que ne l'étaient ceux de la plupart des conventionnels. Les Montagnards seuls gardèrent le sang-froid : c'est que, dans le péril de la France et de la République, ils voyaient leur propre péril; qu'ils avaient une volonté inflexible de se sauver eux-mêmes en sauvant la patrie, et que leur faction, associée à toutes les violences de la Révolution, était la seule qui fût en état de profiter du trouble général. « Nous sommes, écrivait l'un d'eux à un membre du Comité de défense générale, nous sommes liés de la manière la plus intime au sort de la Révolution, nous qui avons voulu la consommer... On ne pardonnera ni à vous ni à nous d'avoir voulu la liberté pure et sans mélange, et nous devons conduire au port le vaisseau de l'État, ou périr avec lui. Ne nous dissimulons pas les dangers de notre position... Partout l'on est fatigué de la Révolution. Les riches la détestent, les pauvres manquent de pain, et on leur persuade

---

[1] Cf. Aulard, t. II, p. 41, 387, 399, 405, 410, 415, 452.

que c'est à nous qu'ils doivent s'en prendre. Les journalistes ont entièrement perverti l'opinion publique. Les sociétés populaires elles-mêmes ont entièrement perdu leur énergie... Il y a plus : tout ce qu'on appelait les ci-devant modérés, qui faisaient en quelque sorte cause avec les patriotes et qui tout au moins voulaient une révolution quelconque, n'en veulent plus aujourd'hui. Ils aspirent à la faire rétrograder, disons le mot, ils veulent la contre-révolution... Que nous restera-t-il alors? A envelopper nos têtes dans nos manteaux et à recevoir le coup qui menace nos têtes... La gangrène a infesté la masse, et, si on veut la sauver, il faut commencer par la régénérer. Quelles mesures prendre pour cela? Il faut qu'elles soient grandes et rigoureuses... Dans les cas extraordinaires, il ne faut voir que la grande loi du salut public [1]... »

Les Montagnards proposèrent ces mesures, les modérés les votèrent pour ne point paraître suspects de complicité avec les traîtres. Les modérés avaient encore le pouvoir, et capitulant pour le conserver, ils continuaient de fournir à leurs rivaux tous les moyens de les en chasser. Ainsi furent votés, le 19 mars, le décret qui mettait hors la loi les révoltés de l'Ouest; le 21 mars, celui qui établissait dans toutes les communes des comités d'action et de surveillance révolutionnaire; le 28 mars et le 5 avril, une loi d'ensemble sur les émigrés; le 1er avril, le décret autorisant les commissaires dans les départements et près les armées à faire arrêter ou déporter les *gens suspects;* le 5 avril, la création de l'armée révolutionnaire de l'intérieur, de l'armée des « sans-culottes », garde prétorienne à rebours, destinée à terrifier la Convention, véritables janissaires démagogues que la Montagne se faisait attribuer par la nation et payer par les riches. La Convention enfin se livra elle-même. Un décret du 1er avril porta que les représentants cesseraient d'être inviolables et pourraient être arrêtés dès qu'il y aurait contre eux de fortes présomptions de complicité

[1] Jeanbon et Lacoste, en mission dans le Lot et la Dordogne, à Barère, 26 mars 1793. AULARD, t. II, p. 532.

avec les ennemis de la liberté, de l'égalité et du gouvernement républicain. C'était mettre l'Assemblée à la discrétion du parti qui serait assez audacieux pour usurper la dictature, c'était vouer les vaincus à la mort et les timides à la servitude. La lutte pour le pouvoir, entre la Gironde et la Montagne, n'en devint que plus acharnée.

Danton avait essayé, non de réconcilier ces factions irréconciliables, mais de les dissoudre en tirant à lui, avec les Girondins, les moins intéressés de leur personne et de leur amour-propre dans la lutte, le gros des modérés et la masse de la Plaine. Il jugeait que l'Assemblée avait encore le temps de se ressaisir. C'était assez de six mois de partialité, de déchirements et de récriminations. Il ne se sentait point sans reproches, mais il sentait sa force et sa bonne volonté. Il ne manquait d'armes ni pour attaquer ni pour se défendre. Il offrait l'oubli. Si c'était un marché, la politique conseillait aux Girondins de le conclure; si c'était un appel d'alliance, le patriotisme leur commandait de l'écouter. « Tirons le rideau sur le passé, dit Danton, dans un des jours les plus sombres de la crise. Il faut nous réunir. Je fais serment de mourir pour défendre mon plus cruel ennemi. Je demande que ce sentiment sacré enflamme toutes les âmes. Que nos échecs tournent à notre avantage. Que le Français, en touchant la terre de son pays, comme le géant de la Fable, reprenne de nouvelles forces[1] ! » Mais les Girondins professaient pour Danton une aversion, la plus insurmontable de toutes, car elle procédait moins de l'horreur que de la jalousie. Danton l'attisait sans cesse par ses motions farouches; il présentait ces motions afin d'entretenir sa popularité ; les Girondins les adoptaient, malgré eux, afin de soutenir la leur. Ils ne lui pardonnaient pas de les traîner ainsi à la remorque. Ils le redoutaient moins comme adversaire que comme allié, estimant plus sûr et plus facile pour eux de l'exclure du pouvoir que de partager le pouvoir avec lui.

---

[1] Discours du 29 mars 1793.

Il y eut des rencontres entre eux. Les Girondins, Guadet surtout, s'y montrèrent hautains, puritains et rogues. On raconte que Guadet s'écria : « La guerre, et qu'un des deux partis périsse! » Danton lui secoua les mains et répondit : « Tu veux la guerre, tu auras la mort! » Danton se jeta dans cette lutte avec toute sa fougue. Il se voyait pressé en arrière, du côté même de la Montagne, par la faction de Robespierre. S'il ne culbutait pas la Gironde et ne faisait pas place nette devant lui, il était dépassé, c'est-à-dire perdu. Tout son plan de république autoritaire s'évanouissait. Les Girondins eurent l'imprudence d'engager l'attaque. Le 1er avril, Lasource dénonça Danton et l'accusa de complicité avec Dumouriez. La réplique fut formidable. Danton accusa les Girondins de conspirer le retour de la monarchie et de vouloir rompre l'unité de la patrie. Il invoqua le pacte régicide et engloba dans une même invective « tous les scélérats, tous les aristocrates, tous les modérés ». La bataille à fond suivit de près cette escarmouche. La Gironde présenta cette bataille sur le terrain même qui en était l'enjeu.

Le Comité de défense générale nommé le 3 janvier était un premier essai pour rassembler le pouvoir, mais ce comité ne présentait qu'un moule encore flottant et flasque de gouvernement. Il comprenait vingt-quatre membres : c'était une réduction plutôt qu'une concentration de l'Assemblée. Les factions s'y étaient introduites. Les dissensions s'y perpétuaient : on y intriguait, on y parlait, on n'y agissait pas. Il délibérait et ne gouvernait point. Comme il était impuissant, il se sentit suspect, il demanda qu'on le remplaçât. Isnard proposa qu'en même temps on le concentrât sous le nom de « Comité de salut public ». La Convention chargea le Comité de défense générale de préparer un décret : le projet de décret, présenté le 25 mars, portait que le *Comité de salut public* se composerait de quinze membres. La Convention en voulut vingt-cinq et conserva le nom de Comité de défense générale. *Ce nouveau Comité de défense fut élu le 26 : Danton et Robespierre en faisaient partie, avec les principaux Girondins : Pétion, Vergniaud, Buzot, Isnard[1].

Ce comité se trouva aussi partagé que le précédent. Les Girondins furent les premiers à comprendre qu'ils devaient affermir ce conseil, sans quoi il se disloquerait de soi-même. Ils ne se mirent pas en frais de théorie. L'expédient était trouvé. Isnard avait suggéré le nom, imité de Rome; le décret du 25 mars avait posé le système. Isnard revint à la charge : « Saisissons, dit-il le 4 avril, d'une main hardie, ferme et pure, les rênes du gouvernement. Il n'est plus question de disputer sur les formes; il faut sauver la patrie. » La Convention approuva. Le 5 avril, Isnard, Barère, Thuriot, Mathieu et Danton furent chargés de préparer un décret. Ce décret fut porté le 6[2]. Le Comité prit le nom de *Comité de salut public*. Il délibère en secret. Il est chargé d'accélérer et de surveiller l'action des ministres dont il peut, au besoin, suspendre les arrêtés. Il prend toutes les mesures de défense extérieure et intérieure, sauf à référer de tout à la Convention. A part la Trésorerie, il dispose de toutes les ressources de l'État.

En même temps qu'elle s'attribuait le pouvoir exécutif au centre de la République, la Convention s'assurait l'exercice direct de ce pouvoir aux extrémités. Elle était le souverain unique et omnipotent : elle décida de se transporter elle-même par ses commissaires partout où sa souveraineté devait agir[3]. La Révolution avait supprimé les intendants et éparpillé

---

[1] Aulard, t. II, p. 491-492, 514, 555, 562. — *Moniteur*, t. XV, p. 773-774, 795. Membres du Comité de défense élus le 25 mars : Dubois-Crancé, Danton, Guyton-Morveau, Robespierre, Rühl, Fabre d'Églantine, Delmas, Bréard, Prieur de la Marne, Camille Desmoulins, Barère, Jean de Bry, Cambacérès, Pétion, Gensonné, Sieyès, Barbaroux, Vergniaud, Buzot, Guadet, Condorcet, Camus, Isnard, Lasource, Quinette.

[2] *Moniteur*, t. XVI, p. 59, 70, 75. — Aulard, t. III, p. 112 et suiv.

[3] Comparer les pouvoirs des commissaires de la Convention, décret du 9 mars 1793, *Moniteur*, t. XV, p. 663, avec les pouvoirs des intendants sous Richelieu : d'Avenel, *Richelieu*, t. IV, p. 207. Paris, 1890. — Comparer également, surtout en matière d'approvisionnements, la correspondance des représentants en mission avec les comités, et celle des intendants avec les ministres, pendant les années de disette et de guerre, notamment en 1709 : même préoccupation dominante de nourrir Paris, mêmes procédés, mêmes menaces aux agents, qui répondront sur leurs têtes des troubles que la famine peut produire à Paris.

le pouvoir entre des administrations collectives, toutes diffuses. La Convention les annula; elle revint du coup, franchissant les siècles, aux *missi* de Charlemagne et aux proconsuls de l'empire romain. Elle décréta, le 4, que ses commissaires auraient un costume et des insignes; le 7, qu'ils correspondraient avec le Comité de salut public. La veille, le tribunal révolutionnaire était entré en fonction [1]. Ainsi, en trois jours, la Convention, sous l'empire de la nécessité, improvisa un système de gouvernement et rétablit, pour sauver la Révolution, un pouvoir plus direct, plus simple, plus despotique et plus puissant que tous ceux que la Révolution avait détruits. Depuis longtemps déjà, en dépit des maximes, malgré les prétentions des théoriciens et sous les figures de la rhétorique officielle, la raison d'État gouvernait la Révolution. Son avènement fut désormais consacré, et elle reçut avec sa consécration son instrument de règne.

Ce gouvernement que la Gironde se destinait, Danton s'en empara. Il en fit son œuvre et sa chose. La Gironde l'avait obligé à abdiquer le ministère; il rentra au pouvoir par cette porte qu'elle lui avait ouverte. L'élection du Comité fut une déroute pour les modérés. Barère obtint 360 voix, Delmas 347, Bréard 325, Cambon 278, Danton 233, de Bry 227, Guyton-Morveau 202, Treilhard 167, Delacroix 151. De Bry, étant malade, refusa. Robert Lindet, qui avait réuni 122 voix, le remplaça [2]. Le Comité décida de siéger deux fois chaque jour, à neuf heures du matin et à sept heures du soir, avant et après la séance de la Convention. Il organisa deux bureaux de correspondance, l'un avec les représentants en mission, l'autre avec les ministres et les généraux. Les membres du Comité délibéraient en commun les affaires; mais ils ne pouvaient les préparer, les suivre, en assurer l'exécution qu'en se partageant les attributions et en se divisant le travail. C'était, en réalité, constituer des départements politiques au-dessus des

---

[1] Campardon, *Le tribunal révolutionnaire*. Paris, 1866. En avril 1793, à Paris : 26 accusés, 9 condamnations.

[2] Aulard, t. III, p. 133 et suiv.

ministères qui ne seraient plus que des agences d'expédition. Cambon, Guyton et Robert Lindet furent chargés des finances, de l'intérieur et des subsistances; Delmas et Delacroix, de la guerre; Barère et Danton, des affaires étrangères.

Ce Comité fut réélu le 10 mai et le 10 juin ; il gouverna la France pendant trois mois. On ne doit le confondre ni avec le Comité de l'an II, celui de Robespierre, ni avec le Comité de l'an III, celui des thermidoriens. Le Comité d'avril-juillet 1793 diffère profondément du Comité de l'an II[1]; il annonce le Comité de l'an III : il est, au fond, le comité de Danton. Il n'est point, à la vérité, composé de ses amis personnels; mais, à part Robert Lindet, Montagnard pur, et Barère, valet, transfuge et traître de toutes les factions, les autres commissaires sont des républicains déclarés, démocrates autoritaires, gens de poigne et gens d'affaires, qui subissent l'ascendant de Danton et obéissent à ses impulsions. Danton a créé ce Comité, il le façonne et il le meut. C'est le moment pour lui d'arrêter ses idées, de déclarer sa politique et de l'appliquer. Il reprend la tâche ébauchée au mois d'août 1792, mais il la reprend dans des conjonctures plus critiques, au milieu de plus de périls du dehors, de plus de rivalités au dedans; avec plus d'expérience, sans doute, avec plus d'ennemis aussi, et, ce qui est pire, avec la déception des hommes, des choses, de soi, de cette audace même qui a soulevé la République, mais qui l'a laissée retomber rompue et fracassée.

Danton n'en ressentait qu'avec plus d'impatience l'aiguillon du tumultueux et incohérent génie d'État qui bouillonnait en lui : génie tout instinctif, où se personnifiaient confusément l'instinct commun et le vœu général des citoyens : arrêter l'anarchie, reconstituer l'État, faire des *Droits de l'homme* une réalité et de la République un gouvernement, procurer la paix, rendre la sécurité au travail. « Hâtons-nous, mes amis, disait-il,

---

[1] J'entends le Comité qui gouverna en l'an II, exactement du 10 juillet 1793 au 27 juillet 1794 (9 thermidor), et où siégeaient : Robespierre, Couthon, Saint-Just, Billaud-Varennes, Collot-d'Herbois, Barère, Prieur de la Marne, Prieur de la Côte-d'Or, Robert Lindet, Lindet, Jeanbon, Carnot.

hâtons-nous de terminer la Révolution. Ceux qui font les révolutions trop longues ne sont pas ceux qui en jouissent. »
— « Je le déclare, dit-il le 10 avril, vous seriez indignes de votre mission, si vous n'aviez pas constamment devant les yeux ces grands objets : vaincre les ennemis, rétablir l'ordre dans l'intérieur et faire une bonne Constitution [1]. »

Voilà son but ; mais il n'y peut marcher que par des détours périlleux, sur une voie étroite, à côté des abîmes, au milieu d'une horde furieuse qui l'emporte plutôt qu'elle ne le suit, qui l'acclame sans le comprendre et le pousse sans lui obéir. Il la laisse vociférer, il l'excite même, espérant que par-dessus la tête de ces forcenés sa voix pénétrera jusqu'au grand peuple, le vrai peuple : ce peuple l'entendra, viendra, le soutiendra, l'aidera à fonder la démocratie et à la débarrasser de la bande des démagogues qui a renversé la monarchie, mais qui, si on ne la disperse ou ne la muselle, dévorera la République. C'est une entreprise de politique très subtile : il s'y engage avec passion et la poursuit avec emportement. Son caractère le veut, les circonstances l'y obligent. Robespierre marche sur ses flancs et le presse, marche nocturne, rampante, mais perçante et insidieuse. Danton en sera dépassé et enveloppé s'il ne se hâte. Il faut que la nation lui fasse une armée avant que Robespierre lui ait dérobé sa troupe révolutionnaire.

Son intelligence ne voit que par éclairs ; mais ces vues soudaines sont quelquefois les plus étendues. L'insurrection de la Belgique et la défection de Dumouriez l'ont éclairé tout d'un coup sur le péril où il s'engageait avec son dessein de conquête et sa magnifique imagination des frontières naturelles. Il comprend que les conquêtes absorberont la République et que les armées l'envahiront. Il se rend compte que, dans une démocratie militaire, le tribun ne sera rien, le général victorieux sera tout. La guerre aux rois refera la royauté. Danton a prêché cette guerre, il la redoute désormais. Il ne songe plus à bouleverser l'Europe, il songe seulement à y faire une brèche.

---

[1] Voir les *Notes de Courtois*, publiées par ROBINET : *La Révolution française*, 1887, p. 1015.

La paix lui semble nécessaire pour organiser la République, et la paix ne lui parait possible que par la négociation. Exterminer les coalisés est une entreprise insensée : il juge plus simple et plus pratique de les diviser.

Quant aux peuples, il en a fait l'expérience en Belgique, il n'a point trempé dans la propagande girondine. Si le cosmopolitisme de Clootz et d'Hébert a tenté un instant ses sens de démagogue, sa raison de politique et son instinct national l'en ont vite désabusé. Il a adhéré violemment au système des décrets de décembre : municipaliser et exploiter les pays voisins, en les conquérant. Ce système s'écroule par la base. Les peuples conquis honnissent cet affranchissement tyrannique; les autres peuples en sont offusqués. Les Belges se révoltent contre la conquête, et cette conquête jette l'Angleterre dans les bras de Pitt. Danton a médité les sages conseils que Talleyrand adressait, en novembre, au Conseil exécutif[1]; l'événement les a justifiés. Il devine que la République arrive à un tournant funeste : les principes démocratiques, la souveraineté du peuple, l'idée de l'indépendance nationale, tout ce qui fait le génie et la puissance de la Révolution française menace, si l'on porte cette révolution à l'étranger, de se retourner contre la France.

L'insurrection qui se lève derrière la déroute de Dumouriez et les « Vêpres siciliennes » qu'annoncent tous les rapports de Belgique suffiraient à la leçon. Les correspondances de l'Est et celles du Midi confirment cette leçon et multiplient les avertissements. « Dans les Alpes, écrit Lacombe Saint-Michel, le 17 mars, les officiers municipaux viennent au-devant des Français, en écharpe, lorsque ceux-ci sont les plus forts; mais au moindre désavantage... ils font le coup de fusil contre les Français. On assassine les dragons qui portent la correspondance dans l'intérieur des terres... Le montagnard cache son fusil, vient vous crier dans le chemin : *Ça ira!* et, s'il trouve un moment favorable, tue le Français qui se trouve

---

[1] Cf. ci-dessus, p. 221. On a trouvé une copie de ce mémoire dans les papiers de Danton : Rapport de Chénier, 18 fructidor an III. *Moniteur*, t. XXV, p. 664.

écarté¹. » Les lettres de Barthélemy sont pleines d'alarmes. Les cantons démocratiques de la Suisse se montrent les plus ardents à protester contre la propagande : les républicains qui dirigent ce pays connaissent les dangers du gouvernement populaire. Le prudent ambassadeur multiplie ses déclarations de civisme, mais il met au feu les ballots de libelles que la propagande lui expédie, convaincu qu'il suffirait de les répandre, même le plus vague, même le plus banal, comme l'*Appel à tous les peuples* de Condorcet, pour ameuter les gouvernements de la Suisse et compromettre les relations pacifiques entre la France et les cantons².

Danton ne se ménage pas en son revirement. Les contradictions ne l'embarrassent point, étant de ces politiques qui ne regardent jamais en arrière, ne connaissent du passé que l'expérience, et pratiquent pour eux-mêmes ce qu'ils demandent aux autres, l'oubli de l'irréparable. Voulant la paix, il en veut les moyens. Malgré le régicide, l'Europe offre encore des ressources, et il est encore temps de s'en saisir : rassurer les gouvernements sur l'article de la propagande et sur celui de la conquête, leur présenter dans la paix avec la République des avantages au moins équivalents à ceux qu'ils cherchent dans la guerre. La guerre de la République ne sera plus une « guerre de magnificence »,.ce sera une « guerre commune³ » où la République, ne cherchant que son intérêt, se mettra au ton de l'Europe pour traiter avec l'Europe. Engagée dans la guerre pour sa défense, la République conduira cette guerre comme tout autre État européen la conduirait. Elle envahira, parce que l'offensive est un avantage ; elle fera vivre ses armées aux dépens de l'ennemi, parce que c'est une économie ; elle occupera des territoires, parce qu'il faut des gages pour négocier les transactions. Quant aux peuples, ils suivront leur destinée. Si cette destinée les porte à s'affranchir sans que la France s'y sacrifie, et à se

---

[1] Lacombe à Barère, 17 mars 1793. Cf. AULARD, t. II, p. 378.
[2] KAULEK, *Papiers de Barthélemy*, mars 1793, t. II, p. 121, 125, 127, 132, 145.
[3] Cf. t. I, p. 261.

grouper, en républiques protégées, autour de la République française, sans que la France en éprouve de dommage ou y coure de risques, elle recevra leur alliance et en fera son profit. Mais, avec les peuples comme avec les rois, elle n'aura d'autre objet que sa sécurité et sa propre indépendance.

Le 13 avril, on lut à la Convention des lettres échangées entre Cobourg et les représentants en mission à l'armée du Nord. Il y était vaguement parlé de négociations. Ces lettres n'engageaient rien, mais elles pouvaient servir d'amorce. « Je demande, dit Robespierre, que vous prononciez la peine de mort contre les lâches qui proposeraient de transiger avec l'ennemi. Mais ce n'est pas assez, je demande qu'ils soient mis hors la loi. » Danton fit cet amendement : « La peine de mort contre quiconque proposerait à la République de transiger avec des ennemis qui, pour préliminaire, ne reconnaîtraient pas la souveraineté du peuple... » Il motiva ainsi sa motion : « Il est temps que la Convention nationale fasse connaître à l'Europe qu'elle sait allier la politique aux vertus républicaines... Nous touchons au moment où il faudra dégager la liberté, pour mieux la conserver, de tous ces enthousiasmes... Dans un mouvement d'énergie, — et, certes, ce moment était beau, — vous avez rendu un décret qui porte que nous donnerons protection aux peuples qui voudraient résister à l'oppression des tyrans, et que nous ne traiterons jamais qu'avec ceux qui auront un gouvernement en concordance avec le nôtre. Mais ce décret, singulièrement vague, vous engage à secourir quelques patriotes qui voudraient faire une révolution en Chine. Il faut avant tout songer à la conservation de notre corps politique et fonder la grandeur française. Que la République s'affermisse, et la France, par ses lumières et son énergie, fera attraction sur tous les peuples... Donnons nous-mêmes l'exemple de la raison. Décrétons que nous ne nous immiscerons point dans ce qui se passe chez nos voisins, mais que la nation s'abîmera plutôt que de souscrire à toute transaction [1]. »

[1] Texte d'après le *Moniteur*, t. XVI, p. 143, le *Journal des Débats* et le *Logotachygraphe*, cité par ROBINET, *Danton émigré*, p. 170, note.

Le décret fut ainsi voté. Robespierre demanda que ces résolutions ne portassent point préjudice aux pays réunis à la République. La Convention déclara qu'elle ne les abandonnerait point aux tyrans « avec lesquels elle était en guerre ». Mais le fait est qu'à part la Savoie, Nice et la place de Mayence, les « tyrans » les avaient repris. Ce correctif ne pouvait être repoussé sans quelque scandale. Le décret du 13 avril n'en impliquait pas moins, dans l'esprit et dans la lettre, l'abrogation des décrets du 19 novembre sur l'affranchissement des peuples et du 15 décembre sur la révolution forcée. Ce décret d'avril pouvait changer toutes les conditions de la guerre. Les décrets de novembre et de décembre ne considéraient que les peuples et ne reconnaissaient de droits qu'aux peuples qui se mettraient en révolution à la manière française. Le décret d'avril reconnaissait des « puissances »; c'est dans le gouvernement de ces « puissances » que la République renonçait à s'immiscer [1]; elle leur demandait la réciprocité et se mettait en mesure de traiter, pourvu qu'on la reconnût et que l'on renonçât à se mêler de ses propres affaires. C'était rentrer dans l'ancien droit public et remplacer la guerre de révolution par la guerre d'État [2].

La Convention fit ce qu'elle fit toujours, elle se plia aux faits accomplis et rendit un décret de circonstance. A mesure que les armées françaises s'étaient avancées dans les pays voisins, elle avait étendu ses ambitions et développé ses principes à l'avenant : ainsi le décret du 19 novembre après Jemappes, le décret du 15 décembre après la déclaration du principe des frontières naturelles, les décrets de réunion après la conquête de la Savoie, de Nice, de la Belgique et de la rive gauche du Rhin. A mesure que les armées se retiraient sur les frontières de la France, la Convention, à son tour, se retirait pour ainsi dire sur ses premiers principes et resserrait ses ambitions : la

---

[1] « La Convention nationale déclare, au nom du peuple français, qu'elle ne s'immiscera en aucune manière dans le gouvernement des autres puissances... »

[2] Comparer Mirabeau : « J'ai muselé cette assemblée vorace », 21 novembre 1790. Cf. t. II, p. 41, 86, 104-105.

République étant menacée, la Convention ne parlait plus que de la défendre; les frontières de la Gaule étant perdues, elle cessait d'en faire une loi de la nature; la propagande devenant impraticable, elle y renonçait; la France étant menacée d'invasion et de démembrement, elle se renfermait dans ses deux maximes fondamentales : la souveraineté nationale et l'indivisibilité de la République; enfin elle offrait la paix aux rois. On verra la suite des variations de cette assemblée sur ce grand objet, et l'on verra que ces variations n'ont jamais eu d'autre cause que les événements, les nécessités de la défaite ou les tentations de la victoire. Danton, le plus mobile et le plus orageux des hommes, aurait-il suivi la Convention dans tous ses revirements? Tout ce que l'on peut dire, c'est qu'en avril 1793 il vit très juste et prévit de très loin.

Cette politique ne faisait pas les affaires de Robespierre. Il avait besoin, pour arriver au pouvoir, que l'anarchie persistât, que la Révolution devînt toujours plus violente et la guerre plus acharnée. Il présenta, le 24 avril, à la Convention, un projet de déclaration des droits. On y lisait que « les hommes de tous les pays » sont « citoyens d'un même État », qu'ils doivent s'entr'aider, que « les rois, les aristocrates, les tyrans, quels qu'ils soient », sont des esclaves en révolte contre la nature [1]. Le 26 avril, Clootz développa la même thèse. Cet « éleuthéromane » cosmopolite et brouillon était en réalité profondément Allemand; les idées qu'il développait confusément étaient celles que Lessing et Herder avaient fait germer en Allemagne, que Kant formula dogmatiquement dans sa « paix perpétuelle ». Point de barrières! dit Clootz. Point de ceintures de républiques protégées, à la girondine; ces républiques seraient nécessairement opprimées par la république mère. « Les peuples sont nécessairement méchants; le genre humain est essentiellement bon. » Donc une république universelle. Clootz y défère la suprématie à la France; mais les Allemands réclameront un jour cette suprématie pour l'Allemagne :

---

[1] Louis BLANC, t. VIII, p. 266.

la république de Clootz n'est, au fond, que le Saint-Empire idéalisé; l'Allemand fermente si bien en Clootz qu'il propose de changer le nom de Français en celui de Germains et d'appeler cette « union fraternelle » des peuples : « la République des Germains [1] » . Un Dantoniste, Robert, lui répond : « Nous ne sommes pas les représentants du genre humain... Je veux cette espèce d'égoïsme national sans lequel nous stipulerions ici pour ceux qui ne nous ont pas commis... J'aime tous les peuples et particulièrement les peuples libres ; mais j'aime mieux les hommes libres de la France que tous les autres hommes de l'univers. » Robert donnait un bon commentaire du décret du 13 avril. Le Comité de salut public en faisait de meilleurs.

Le ministre des affaires étrangères, Lebrun, invita Barthélemy à répandre ce décret dans tous les cantons. Il en montra le caractère pacifique et l'intérêt général. « Où en serait la tranquillité de l'Europe, écrivait-il le 29 avril, si quelques puissances ambitieuses pouvaient changer à leur gré l'organisation intérieure des nations voisines ? En défendant ses droits, la nation française défend donc aujourd'hui les droits de tous les peuples [2]. » La France ne pense point à s'incorporer Genève. « Ce projet n'existe pas, dit Lebrun le 3 mai; il y a plus, Genève demanderait sa réunion, qu'elle ne serait pas acceptée. » Cette déclaration était sincère. Dans le temps qu'il la faisait, Lebrun y conformait ses actes. L'agent Chépy, revenu de la Belgique, bon à tout faire, même de la contre-révolution, surtout de la police, fut envoyé à Genève pour y combattre les mouvements annexionnistes. De là, Chépy devait se rendre en Savoie. Il s'appliquera, disait l'instruction qui lui fut remise le 8 mai, à éviter aux Savoisiens « toutes vexations de la part

---

[1] *Moniteur*, t. XVI, p. 253-254. Cf. Lévy-Bruhl, *L'Allemagne depuis Leibniz*. Paris, 1890, p. 26, 147, 148, 154, 157, 160, 177, 186. Considérer la progression des idées : au début de la guerre, les rois seuls sont méchants, les peuples sont bons, d'où la légitimité de l'affranchissement universel. (Discours de Grégoire, ci-dessus, p. 198, 202.) Après la révolte de la Belgique, les peuples deviennent méchants, le genre humain seul demeure bon, d'où la nécessité de la suprématie du peuple vertueux sur les autres.

[2] Kaulek, *Papiers de Barthélemy*, t. III, avril et mai 1793.

des soldats ou des clubs. Il se rappellera qu'il faut quelquefois se prêter aux faiblesses d'un peuple simple et ignorant; que le brusquer dans ses habitudes est le moyen de les lui rendre plus chères et d'éloigner sa régénération; qu'il faut l'éclairer pour le convertir, et que nulle conversion ne s'opère que par la persuasion. » Après avoir abrogé implicitement le décret du 15 décembre, le Comité désavouait la politique appliquée en Belgique à la suite de ce décret.

Chépy devait, en outre, se procurer des intelligences dans le Piémont et s'informer « si la cour tient toujours au projet de rentrer en Savoie; si elle serait éloignée d'accepter une autre province en compensation de celle-ci et du comté de Nice[1] ». C'était la conséquence pratique des vues indiquées dans le discours de Danton. La République tâchait d'entrer dans le commerce des États et de s'ouvrir le marché de la paix européenne. Si l'on veut négocier, on a besoin de renseignements sur autrui et de secret pour soi-même. Ce sont les conditions ordinaires de la diplomatie. Barère les rappela, le 3 mai, à la Convention : « De semblables mesures, ajouta-t-il, ne peuvent pas être soumises à une lente délibération, ni être mises au grand jour. » Le Comité demanda la confiance de la Convention, et sollicita un crédit pour « indemniser les alliés de la République des frais d'armement et des dépenses qu'ils feront pour le développement de leurs forces contre les ennemis ». Quelques jours auparavant, Cambon avait fait observer que les six millions attribués à Dumouriez pour des dépenses secrètes étaient épuisés. La Convention vota six millions au ministre des affaires étrangères, « mesure indispensable, dit le rapporteur, si nous voulons savoir ce que nos ennemis trament contre nous ». Elle décréta que le Comité de salut public prélèverait sur l'extraordinaire des guerres les subsides nécessaires aux alliés de la République[2]. Le Comité avait le pouvoir et l'argent. Voyons l'usage qu'il projetait d'en faire.

[1] Instruction du citoyen Chépy, 8 mai 1793. KAULEK, t. II, p. 243.
[2] Décrets du 16 avril et du 3 mai 1793.

II

C'est dans cette partie, les affaires étrangères, que s'exerça le plus directement l'influence de Danton. Elle ne se signala point par des nouveautés, tout au contraire. Du moment où la France cherchait à transiger avec l'Europe et renonçait à bouleverser la nature des choses européennes, elle devait fonder sa politique sur les intérêts permanents des nations et des États. Ces intérêts gouvernent partout, quelque nom que porte le gouvernement. Ils étaient seuls assez puissants pour forcer la main aux monarchies et les obliger à pactiser avec la République. La République devait donc rentrer dans les chemins battus, les seuls qui menassent aux chancelleries; revenir aux combinaisons classiques, les seules qui demeurassent applicables; consulter les anciens agents, les seuls qui connussent les hommes, les mœurs, les choses du monde politique. L'homme d'État n'est point celui qui se butte aux obstacles et joute le long des écueils; il voit la passe, il connait le vent et le courant, et il gouverne en conséquence. Si Danton avait considéré les choses de l'intérieur, dans leur ensemble, avec la même clarté et la même simplicité de vues que celles du dehors; s'il avait discerné ce qu'il fallait faire pour ordonner la Révolution dans l'histoire de France, comme il discerna ce qui était nécessaire pour placer la République en Europe, il eût été un très grand homme d'État, et il eût, tout simplement, barré le chemin à Bonaparte. Mais les choses de l'intérieur étaient trop complexes et trop bouleversées; Danton était lui-même emporté par le tourbillon; il y surnageait, c'était déjà beaucoup, il ne le dominait pas. Les faits européens se présentaient infiniment plus concrets, plus prolongés, plus saisissables. Il s'y débrouilla plus aisément.

Il retrouvait aux affaires étrangères Lebrun, qu'il avait mis à l'épreuve lorsqu'ils étaient collègues, qui s'était formé aux affaires et qui avait de bons collaborateurs. Il fut aidé dans sa besogne par son ami Hérault de Séchelles [1]. Hérault se faisait donner des notions sur les hommes et des idées sur les choses par un aventurier qu'il avait rencontré dans les coulisses du monde et dont il s'était naturellement rapproché après que la Révolution les avait déclassés tous les deux : le ci-devant marquis de Poterat [2]. Ce marquis jacobin, grand monteur de cabales et tripoteur d'affaires, se portait fort de rompre la coalition et d'ouvrir des pourparlers, soit avec l'Autriche, soit avec l'Angleterre. Il coudoyait dans les antichambres du Comité un abbé défroqué qui courait la même carrière, mais d'un autre côté et par d'autres moyens, étant tout Prussien de système, libelliste et compilateur de profession, flibustier d'archives, fabricant d'apocryphes, moins occupé, par vocation autant que par prudence, à tramer des séditions dans le présent qu'à ourdir dans le grand des calomnies pour la postérité : Soulavie [3]. Il s'était faufilé dans les cabinets où l'on avait, après le 10 août, dépouillé les papiers de Louis XVI. Il en tira des autographes qu'on ne revit plus, des matériaux de mémoires qu'il publia plus tard et des pièces qu'il fit paraître au printemps de 1793 sous le titre de : *Politique de tous les cabinets de l'Europe sous Louis XV et sous Louis XVI.* Ce livre contenait la substance de la diplomatie secrète du comte de Broglie, plusieurs mémoires de Vergennes et les *Conjectures raisonnées* de Favier. L'ouvrage de Favier, connu seulement des adeptes, et célèbre sans avoir été jamais livré au public, tenait lieu d'Évangile à tous les opposants de l'ancien régime, devenus les meneurs depuis 1792. L'édition qu'en fit Soulavie donna un corps de système à une politique qui était jusque-là comme flottante dans les esprits, et la popularisa [4].

Tous ces agents et conseillers officieux avaient de la diplo-

---

[1] Cf. ROBINET, *Procès des Dantonistes*, p. 156-157, 339-343.
[2] Cf. *Revue historique*, t. XVIII, p. 290 et suiv.
[3] Cf. *Revue historique*, t. XXV, p. 107 et suiv., article de FLAMMERMONT. — ARMAND BASCHET, *Histoire du dépôt des archives des affaires étrangères.* Paris, 1875, p. 386 et suiv.
[4] Cf. t. I, 304 et suiv.

matic une conception commune, très accessible à des politiques parvenus par les complots et rompus aux factions : c'est que l'Europe étant gouvernée par des princes avides et des ministres sans scrupules, rien n'était plus aisé que de les attirer par la convoitise et de les gagner par le lucre. L'envoyé de la République aux Deux-Ponts, Desportes, écrivait à Hérault : « Puisque la paix est nécessaire pour le triomphe et la propagation de nos principes, voyons si les ambitieux désirs d'un despote pourront concorder, pour un moment, avec nos grandes vues révolutionnaires. » Desportes avait un plan complet de reconstitution de l'Allemagne par la sécularisation des États ecclésiastiques : il donnait au roi de Prusse une partie de l'électorat de Cologne avec le pays de Juliers; à la Bavière, l'électorat de Trèves et le reste de celui de Cologne. Mayence formerait une république [1]. Custine, l'esprit toujours en fermentation, adressait à Guyton-Morveau des projets de rapprochement avec la Prusse [2]. Dans le même temps, et formant en quelque sorte contrepoids, Barthélemy préchait l'alliance des États secondaires ; il proposait à la République, comme la meilleure sauvegarde de l'indépendance française, la politique de Vergennes. Enfin, Caillard, retenu par Lebrun dans les bureaux, réunissait toutes ces données et rajeunissait à l'usage du Comité de salut public les innombrables mémoires dressés par l'ancienne diplomatie pour l'anéantissement de la maison d'Autriche [3].

De tous ces rapports et de toutes ces dissertations se dégage un dessein général de politique qui n'est nulle part mieux précisé que dans un document intitulé : *Idées sur un plan de pacification*, conservé aux affaires étrangères. Le contexte de ce plan le place dans la première moitié du mois de mai 1793. Il est destiné à servir d'instruction aux représentants en mission

---

[1] Desportes à Lebrun, mai 1793. *Id.*, 9 juin 1793.
[2] Sybel, *Trad.*, t. II, p. 293.
[3] *Mémoire sur les moyens employés par le gouvernement pour éviter la guerre et sur les négociations tentées avec les puissances coalisées.* — Précis d'un mémoire de Caillard, Ranke, *Hardenberg*, t. V, p. 32. — Masson, Affaires étrangères, p. 243.

près les armées. « Il est des conditions *sine qua non* dont la République ne s'écartera jamais, et sans lesquelles il faut déclarer solennellement qu'elle ne prêtera l'oreille à aucune proposition de paix. » Ce sont : la reconnaissance de la République, l'engagement de ne se point immiscer dans le gouvernement de la France, l'abandon du prétendu régent et des émigrés, et, en ce qui concerne l'Autriche, la mise en liberté des citoyens livrés par Dumouriez. « La République est bien déterminée à rentrer dans ses anciennes limites, mais elle n'entend pas qu'il en soit fait une condition préliminaire à toute négociation. » Elle gardera les pays occupés par ses armées, parce que l'abandon d'un gage serait une imprudence « sans exemple », et qu'il est nécessaire de conserver des instruments d'échange. Elle ne restituera aucune de ses enclaves, ni Mulhouse, ni Montbéliard, ni Avignon. Elle tâchera, au moyen d'indemnités ou d'échanges, de rectifier sa frontière et de se donner « des limites naturelles dont la démarcation lui assurerait un terrain continu depuis son centre jusqu'aux différentes parties de sa circonférence ». Mais elle n'ira pas au delà. Elle désavouera la propagande. Les mesures que la Convention prendra pour les prisonniers du Temple pourront être d'un grand poids. L'Autriche ne sera point troublée dans la possession des Pays-Bas ; la France s'opposera au troc de la Bavière contre cette province ; mais s'il s'y établissait une sorte de stathoudérat, avec un prince de la maison de Prusse, la France n'y mettrait point d'obstacle. Elle ne sanctionnera point le partage de la Pologne ; toutefois, si les copartageants se contentent d'une simple « non-opposition », elle fera sagement d'y consentir. Elle ne rendra pas la Savoie et Nice ; elle se prêtera à dédommager le Piémont : un partage des États du Pape pourrait en procurer le moyen. Ce partage se ferait entre la république de Venise, Naples, la Toscane et l'infant de Parme. L'infant obtiendrait Rome et céderait au Piémont Parme, Plaisance et Guastalla. « Le Pape resterait comme simple évêque de Rome, avec de simples appointements pécuniaires qui le mettraient en état de soutenir la dignité de chef de l'Église, et il faudrait soigneusement lui en conserver le titre », afin de ménager les nations catholiques. L'Angleterre est une ennemie acharnée ; cependant on essayerait de négocier la paix avec elle, en s'adressant au parti de l'opposition et en faisant appel à l'opinion publique.

Quant au procédé, il n'y en avait pas d'autre que de détacher de la coalition par des traités séparés les puissances disposées à la paix, de combattre les autres à outrance et de liguer contre elles tous les États que des inimitiés ou des intérêts communs pouvaient associer à la République. C'étaient la Suède, le Danemark, la Turquie. Il fallait toujours en revenir à cette combinaison lorsque l'on cherchait à conserver et que l'on renonçait à conquérir. Les survivants de la diplomatie secrète proposaient ces expédients à Danton, comme le comte de Broglie les avait proposés à Louis XV ; les anciens commis des affaires étrangères les avaient, de même, proposés à Choiseul, après la double et désastreuse expérience de la politique d'agrandissement, de complicité avec la Prusse de 1740 à 1748, de connivence avec l'Autriche de 1756 à 1763, dans la détresse et l'isolement de la France, l'Angleterre semblant alors irréconciliable, et les trois cours du Nord se réunissant pour démembrer la Pologne [1].

Descorches de Sainte-Croix avait été envoyé à Constantinople pour y rétablir les affaires et renouer avec les Turcs. Le 20 avril, le Comité, estimant que ce ministre devait être rendu à son poste, lui fit adresser de nouvelles instructions. Elles présentent avec celles qui lui avaient été données au mois de janvier des différences notables, qui marquent les progrès de la politique réaliste. En janvier, la délivrance de la Pologne se mêlait intimement aux combinaisons de la diplomatie républicaine, comme la révolution de la Belgique se mêlait aux combinaisons stratégiques du Conseil exécutif. En avril, les peuples ne comptent plus qu'à titre de moyens dans les des-

---

[1] Voir le duc DE BROGLIE, *Le secret du Roi*. — ALBERT SOREL, *La question d'Orient au dix-huitième siècle; Essais de critique et d'histoire :* La politique secrète de Louis XV.

seins du Comité : les Belges seront mis sous séquestre et pris en nantissement; les Polonais serviront à opérer des diversions. Le Comité spécule sur la jalousie que l'Autriche et la Prusse concevront des manœuvres de la Russie en Pologne. Leurs alarmes et leurs convoitises les porteront à éloigner une partie de leurs troupes des frontières de France pour les diriger vers la Pologne. Elles affaibliront d'autant la coalition et y ouvriront d'elles-mêmes la brèche. — « Il est question d'un partage de la Pologne, écrivait Lebrun à Descorches le 20 avril. La résistance de la France gêne les Prussiens et les empêche d'opérer contre les Polonais. L'Autriche voudrait aussi avoir les mains libres. Elle est, comme les autres, disposée à un accommodement. Nous recevons des insinuations par Florence, par Naples ; le général Cobourg, qui commande aux frontières, ne nous laisse pas manquer de proclamations, d'invitations, etc... Toutes ces pièces ne respirent que paix et modération, mais il nous parle encore de royauté et de constitution de 1789. » L'Autriche renoncera à ses prétentions, ses intérêts le lui commandent. « La paix n'est donc point impossible, même avec l'Autriche. Rien n'est encore entamé d'aucun côté, mais les négociations peuvent s'ouvrir d'un moment à l'autre. » Quant à la Pologne, « nous sommes fort éloignés de souscrire irrévocablement à son anéantissement. Mais faut-il entreprendre dès à présent sa défense contre la conjuration des trois puissances? Dans ce cas, et malgré le désir que la nation témoigne de la paix avec la Prusse, l'Autriche et l'Angleterre, il faudrait de toute nécessité continuer la guerre. » Si l'on échoue, on ruine la France sans sauver la Pologne. Quel inconvénient y a-t-il à laisser les événements suivre leur cours? La Russie se rapprochera du centre de l'Europe : en devenant accessible, elle deviendra vulnérable, et la rivalité croîtra entre elle et les deux autres États copartageants [1]. La Porte, appuyée par la France, pourra trouver

---

[1] Cf. dans *Le secret du Roi*, t. II, p. 76, les vues du duc de Praslin en 1763, et celles de Vergennes en 1774 : Instructions de Breteuil. *Recueil des instructions : Autriche*, p. 487.

un appui dans la Prusse, qui, possédant Danzig, désirera le commerce du Levant. Que les Turcs s'arment dans tous les cas, qu'ils se tiennent sur leurs gardes, et qu'ils craignent, en se confiant à la Prusse et à l'Autriche, que ces cours ne les livrent à la Russie.

Sur ces entrefaites, le Comité reçut un courrier de Constantinople. Il s'était formé un club dans cette capitale, on y chantait le *Ça ira* autour d'un arbre de la liberté; des musulmans « patriotes » avaient attaché la cocarde républicaine à leur turban. Choiseul-Gouffier avait reçu un subside de la tsarine et était parti pour la Russie [1]. Mais Descorches, arrêté à la frontière de Bosnie, réclamait en vain un firman de passage. Tandis que les Turcs le retenaient ainsi en quarantaine, ils envoyaient une ambassade pour recevoir avec magnificence un envoyé de Catherine II. Les Prussiens avaient négocié cette réconciliation. Le Comité vit bien que Descorches arriverait trop tard, et que sa mission tournerait à mal, si on le soupçonnait de venir fomenter la guerre contre les Russes. Lebrun écrivit le 6 mai à Hénin, chargé d'affaires à Venise, de se rendre à Constantinople, d'y ménager la réception de Descorches et de rassurer le Divan sur l'article de la guerre : « Vous ferez entendre que cette crainte est aujourd'hui dénuée de tout fondement. »

Pour le croire, il fallait que les Turcs et les Russes évitassent soigneusement de lire les gazettes. Autrement ils auraient vu dans le *Moniteur* que, le 7 mai, un membre du Comité de salut public, Barère, avait exposé à la tribune des vues fort différentes. « La mer Noire et la Baltique, dit-il en parlant de la Russie, n'offriront-elles pas des obstacles à tant d'ambitions? Le Nord et l'Orient n'ont-ils pas des amis naturels à nous offrir, des alliés sincères à nous présenter? La Pologne, asservie et dégradée, sera-t-elle toujours sous le knout de Catherine et sous les baïonnettes de Frédéric? » Ce discours n'était pas seulement destiné à satisfaire la galerie de Paris; il devait

---

[1] ZINKEISEN, t. VI, p. 847. — *Mémoires du comte de Ségur*, t. III. — Rapport de Descorches, 23 mars 1793. — Mémoire de Descorches, 24 janvier 1796.

exciter de l'inquiétude à Berlin et à Pétersbourg, engager ces cours à compter avec la République, montrer que, si la France retenait les Turcs au lieu de les animer, elle pouvait cependant, par une révolution nouvelle en Pologne, les inciter de nouveau à la guerre. Enfin, dans le cas où les manœuvres pacifiques ne réussiraient point, la France se ménageait un fonds de réserve dans cette Pologne dont elle faisait si bon marché à Constantinople. Lebrun écrivit le 18 mai à Parandier, qui correspondait de Leipzig avec les patriotes polonais : « Les Français ne perdent point l'espoir d'aider un jour ces patriotes à secouer leurs nouvelles chaînes. » Cet espoir devait se dérober indéfiniment aux Polonais. Il en fut de même de l'alliance turque pour les républicains. La Suède, au contraire, s'offrait d'elle-même, et une négociation en règle, engagée avec cette cour, semblait au moment d'aboutir.

Le baron de Staël, revenu à Paris, s'était abouché avec Lebrun. Il eut tout lieu de se louer du Comité de salut public, qui, rapporte-t-il, répondit à ses démarches « avec beaucoup de loyauté ». Le Comité discuta les principes d'un traité d'alliance. Lebrun en libella les clauses avec le baron de Staël. Le Conseil exécutif en adopta les dispositions le 13 mai. Le Comité les approuva le 16. Ce traité stipulait une alliance défensive : « La République française et la nation suédoise se jurent une amitié sincère et durable, et prennent, dès ce moment, l'engagement solennel de regarder comme leurs ennemis propres quiconque attaquera le territoire, la sûreté et l'indépendance de l'une des deux. » La France étant en guerre, et le *casus fœderis* existant *ipso facto*, la République promettait à la Suède 10 millions tournois au moment de la ratification du traité ; la Suède fournirait 8,000 fantassins, 10 vaisseaux, 6 frégates. Si la Suède était entraînée par la France dans une guerre particulière, la France lui payerait un subside annuel de 18 millions tournois, et la Suède ne pourrait pas armer moins de 15 vaisseaux, 12 frégates et 60,000 hommes. Le roi de Suède renonçait à prendre aucune part à la guerre de l'Empire. Les alliés s'engageaient à défendre l'indépendance et le statut territorial de ceux des États de l'Allemagne qui demeureraient neutres dans la guerre. Ils se réservaient d'admettre dans leur ligue tous les États qui y désireraient accéder, afin de « donner à toute l'Europe une haute preuve de la pureté des intentions qui les animent, désirant faire connaître d'une manière authentique que la présente alliance n'a rien qui doive alarmer la tranquillité générale, l'indépendance et les droits des autres puissances »..

Cette disposition, l'article 17 du traité, emportait une renonciation complète à la propagande. Quant à l'article relatif à la garantie des États neutres de l'Empire, l'article 14, il n'interdisait nullement à la République de conquérir pour les annexer ou pour les échanger des États ecclésiastiques de la rive gauche du Rhin, puisque ces États étaient entrés dans la coalition. Il avait pour objet d'intéresser les États de la rive droite, notamment la Bavière, à garder la neutralité. Il engageait les deux puissances garantes de la paix de Westphalie à s'opposer au troc de la Bavière, et, sous ce rapport, il complétait l'ouvrage commencé au congrès de Teschen. Staël reçut ce projet le 17 mai et l'envoya aussitôt à Stockholm pour être soumis au régent de Suède.

Aucun de ces arrangements n'était incompatible avec les intérêts de la Prusse. La rentrée de Danton aux affaires ramena sur le tapis les combinaisons esquissées au mois d'octobre. Les insinuations, d'ailleurs, recommençaient aux avant-postes de l'armée de Custine. Les Prussiens y renouvelaient leur commerce de compliments et d'allusions à la fin prochaine d'une inimitié passagère, à la conclusion possible d'une alliance contre un ennemi commun[1]. Lebrun écrivit à Custine, le 20 avril; il lui signala les avances des Autrichiens et ajouta : « La Prusse est l'alliée naturelle de la République. Il est temps qu'elle ouvre les yeux. Est-elle sincère dans ses démonstrations? Il nous importe de le savoir, et nous comptons sur vous pour nous éclairer. Je n'ai pas besoin de vous répéter qu'il

---

[1] Sybel, *Trad.*, t. II, p. 299.

n'est pas question d'entamer des négociations, mais uniquement de pénétrer les intentions des Prussiens. Je vous prie de continuer à vous entretenir verbalement avec les officiers ennemis sur tous les objets qui pourront faire connaître les intentions de leurs chefs, en vous conformant sans réserve au décret qui a été rendu à ce sujet. »

Ces moyens de communication étaient incertains. Le Comité en imagina de plus subtils, de plus détournés aussi, mais parfaitement classiques en leur complication même. L'objet du Comité était « d'inspirer de la jalousie et des inquiétudes aux puissances alliées, et surtout à la Prusse [1] ». Le procédé consacré était de simuler une négociation avec l'Autriche. Les généraux autrichiens avaient montré des dispositions pacifiques ; ces dispositions avaient été confirmées par des lettres de Florence et de Naples, par des propos recueillis, tant à Bâle qu'à Paris même, de la bouche du secrétaire de la légation de Saxe [2]. Le Comité n'y ajoutait aucune foi, mais il lui convint de laisser croire le contraire. Il fallait un intermédiaire. Le Comité le chercha en Italie.

La cour de Naples, par duplicité pure et par effroi, avait, un instant, paru désirer ce rôle ; dès qu'elle eut obtenu ce qu'elle voulait, le départ de la flotte française, elle déposa le masque. Le vide se fit de nouveau autour de l'envoyé de la République. Mackau ne voulut point s'en apercevoir. Le 19 avril, il fut invité, comme tous ses collègues, à une fête donnée à l'occasion de la naissance d'une princesse. Il crut à un retour de faveur, illumina son hôtel et se présenta au palais. Il y fut traité en intrus. La reine lui tourna le dos avec une affectation qui provoqua les rires des courtisans. Les Napolitains répandirent partout le bruit de cette insulte et la présentèrent comme une victoire ; Mackau comprit qu'il était ridicule, qu'il abaissait la République, et il demanda son rappel. Sa lettre se croisa avec un courrier de Lebrun qui lui mandait de se tenir sur la réserve, de croire peu de chose et de ne rien

---

[1] Délibération du 19 mai 1793.
[2] Lebrun à Custine, 20 avril 1793.

dire [1]. Le Comité ne tenait ni Marie-Caroline pour sincère, ni Mackau pour adroit.

Il se flatta de mieux réussir en utilisant le zèle officieux que le principal conseiller du grand-duc de Toscane, Manfredini, n'avait cessé de montrer pour la paix. Ce ministre était juste de l'humeur qu'il fallait, assez discret pour être soupçonné de dissimuler de grandes choses quand il en laissait deviner de petites. C'est la première condition de succès, lorsque l'on veut induire autrui en illusion, de n'y employer que des gens de bonne foi. Tout indiquait que c'était le cas du grand-duc et de Manfredini. Le Comité résolut de leur envoyer un visiteur de marque, et il fit choix de Sémonville [2].

Sémonville avait eu la bonne fortune que les papiers de l'armoire de fer ne fussent que des rognures, et que ces rognures ne provinssent pas de sa correspondance [3]. Il put donc protester impunément de la pureté de ses intentions et de son zèle républicain. Danton fut chargé par le Comité d'examiner son affaire. Il le fit venir, le confessa, le chapitra. Danton savait voir; il savait aussi fermer les yeux après qu'il avait vu. Il était facile dans ses liaisons, et sans préjugés sur les origines des hommes. Sémonville lui sembla une sorte de réduction de Talleyrand, et cet ancien collaborateur de Mirabeau lui parut l'agent le plus propre aux offices de la diplomatie secrète du Comité. Sémonville composa un mémoire justificatif, le Conseil exécutif rapporta l'arrêt de suspension, et le Comité décida, le 19 mai, que, toujours titulaire de l'ambassade de Constantinople, Sémonville se rendrait à son poste, ferait route par l'Italie et s'arrêterait à Florence.

Sémonville devait se présenter dans cette résidence sous le prétexte de visiter le grand-duc, dont il admirait le gouvernement. Lebrun lui remit une lettre pour Manfredini, datée du

[1] Mackau à Cacault, 4 mai; Lebrun à Mackau, 28 mai; Rapport de Reinhard, 9 juin 1793. — Masson, *Les diplomates de la Révolution*, p. 126 et suiv.

[2] Rapports de La Flotte, 14 mars, 2 avril 1793. — Manfredini à Favi, chargé d'affaires de Toscane à Paris, 29 mars 1793.

[3] Cf. ci-dessus, p. 301.

23 mai : « J'ai vu, disait-il, qu'un écrit de vous a démontré à l'empereur François la nécessité de reconnaître l'indépendance de la nation française, et, plus d'une fois, vous avez fait, dans l'intimité de la conversation, des ouvertures de pacification qui m'ont été communiquées..... Sémonville, ajoutait Lebrun, partage vos sentiments. Il désire vous connaitre. Vous êtes faits pour vous entendre [1]. » Sémonville n'avancerait aucune proposition ; il écouterait toutes celles qui lui seraient présentées et réserverait sur toutes l'opinion du Comité de salut public. Il ferait surtout l'empressé devant la galerie, et, tout en se dérobant aux engagements, il inspirerait au public l'opinion qu'il les recherchait. Il s'accommodera, disaient ses instructions, de manière à donner ultérieurement à ces relations intimes avec Manfredini « l'air d'une négociation ouverte », et s'arrangera « de façon à pouvoir toujours démentir » le bruit que l'on répandrait de cette négociation. Il poussera le grand-duc « à un parti prononcé ». « Il aura soin de se donner une attitude telle que les ministres des puissances belligérantes, et particulièrement ceux du roi de Prusse, soient dans le cas d'exciter de l'inquiétude sur la possibilité d'un accommodement de la République française avec Vienne... » — « Alarmer le cabinet de Berlin, c'est, en résultat, ce dont le citoyen Sémonville aura à s'occuper... Il entrerait dans nos vues de désunir ainsi la ligue et de ramener Frédéric à nous par cette feinte. » Quant à l'Autriche, Sémonville se pénétrera de cette maxime « que la République n'a que la guerre à traiter » avec cette maison. Lorsqu'il aura produit cet effet, qu'il aura épuisé tous les moyens de le produire, et qu'il sera avisé de son admission à la Porte, « il quittera Florence avec l'attention de laisser de son séjour un caractère d'incertitude qui puisse inquiéter la ligue [2] »..

La mission de Sémonville en Italie se rattachait encore par d'autres liens, plus directs, à celle qu'il devait remplir à

---

[1] Lebrun à Manfredini, 23 mai 1793.
[2] Instructions de Sémonville, 23 mai ; Délibération du Comité, 19 mai 1793.

Constantinople. Le Comité avait des vues sur l'Orient et sur la Méditerranée. Ces vues se découvrent dans l'instruction qui fut dressée, le 12 mai, pour Noël, envoyé à Venise en qualité de ministre : « Quelles que soient les préventions de l'aristocratie vénitienne contre la nation française, on ne peut douter que la haine contre les Russes et la maison d'Autriche ne soit encore plus forte. » La Russie veut conquérir l'Archipel; l'Autriche veut s'établir en Italie, où elle domine déjà; l'une et l'autre sont intéressées à dépouiller Venise et à la démembrer. Ajoutez les Anglais, qui, convoitant Malte, Candie et Rhodes peut-être, se disposent à ruiner son commerce; la France ne veut que se protéger. Les intérêts des deux puissances sont les mêmes dans la Méditerranée. La France ne demande à Venise, en ce moment, que la neutralité; elle est prête à négocier un traité de commerce, l'avenir le pourra transformer en alliance. « Il est plus important que jamais pour la France de conserver ou plutôt de vivifier une branche de commerce si avantageuse — le Levant — et de s'assurer une grande existence dans la Méditerranée, mine d'une richesse immense, trop négligée jusqu'à présent, et qu'il est temps d'exploiter pour balancer le désastre de nos colonies. » Que ferait Venise si la France était amenée à bombarder Fiume et Trieste? La guerre où nous sommes engagés, dira Noël, est « une guerre à mort entre nous et l'Autriche ». Il peindra comme « un gouffre dévorant » « cette puissance ambitieuse... odieuse à ses alliés même ». Il montrera ces alliés « tout prêts à applaudir au démembrement de cette puissance gigantesque ». « Il laissera entrevoir pour Venise elle-même une part considérable dans le démembrement de l'Autriche, tandis que, d'un autre côté, sa puissance pourrait s'accroître des débris du patrimoine de Saint-Pierre et des usurpations du Saint-Siège. » S'inspirant des principes du « célèbre négociateur du Bellay, de Sully, de Richelieu », la France cherche à rassembler autour d'elle les États faibles; ils sont dans la nécessité « de se tourner vers elle, comme vers leur protectrice et leur appui ». Noël travaillera à préparer cette alliance à Venise, et il s'attachera à dissiper la « calomnie » qui présente la République comme animée de l'esprit de prosélytisme.

Cette instruction achève d'éclairer l'ensemble des desseins que, sous l'impulsion de Danton, formait alors le gouvernement républicain. Ces dispositions étaient faites pour faciliter un rapprochement avec l'Angleterre. Toutes les réclamations réelles du gouvernement anglais se résumaient en une renonciation aux conquêtes et à la propagande. C'est parce que la République s'y était refusée que le ministère de Pitt avait entraîné la nation anglaise dans la guerre. Danton ne désespérait pas de convaincre les démocrates anglais des nouvelles intentions de la République, et, grâce au concours de ces démocrates, de ramener la nation anglaise à des idées pacifiques. C'était son plan depuis longtemps. Les décrets du 19 novembre et du 15 décembre en avaient rendu l'exécution impossible; le décret du 13 avril y rouvrait les voies. Thomas Paine écrivait à Danton, le 6 mai[1] : « Je me suis trouvé parfaitement d'accord avec vous quand vous avez proposé de n'intervenir dans le gouvernement d'aucune nation étrangère, et de ne pas souffrir qu'aucun pays étranger intervienne dans le gouvernement de la France. Le décret rendu à ce sujet était un acte préalable nécessaire pour le rétablissement de la paix. » Un autre démocrate anglais, Miles, le mandait naguère à Maret; il le répétait à Barthélemy; c'était, pour ainsi dire, le lieu commun de toutes les correspondances des Anglais avec les républicains.

Un de ces Anglais disposés à s'entremettre entre les deux gouvernements, Mathews, était venu à Paris au mois de mars, et s'était fait introduire chez Lebrun par Maret. Il se vantait de posséder l'accès du cabinet de Londres. Lebrun en référa, le 2 avril, à ses collègues : le conseil approuva l'idée d'employer Mathews, « considérant que son devoir est de ne négliger aucun moyen d'éviter les calamités que la guerre qui s'est allumée menace d'entraîner ». Mathews partit avec une lettre

---

[1] ROBINET, *Danton émigré*, p. 239.

de Lebrun pour lord Grenville : Lebrun demandait des passeports pour un négociateur, qui devait être Maret. Le voyage de l'émissaire n'alla point sans difficultés; à Boulogne, la commune l'empêcha de prendre la mer. Mathews poussa les hauts cris. Scipion Mourgues, qui l'accompagnait, parvint à faire lever l'interdit. Mathews réclama, pour continuer sa mission, une large indemnité : mille arpents de terre, et point de terre d'émigré. Toutefois, se voyant libre, il partit sans attendre la réponse. Quand il revint, au commencement de juin, porteur sinon de propositions, au moins de paroles intéressantes pour le Comité de salut public, Lebrun n'était plus ministre. Une nouvelle révolution avait modifié les conditions de la politique républicaine. Cette politique, telle que Danton et le Comité la concevaient au mois de mai, pouvait s'accorder avec les dispositions des cours européennes; elle ne s'accordait pas avec les passions des hommes qui se disputaient le pouvoir à Paris.

III

Ces factions vivaient du sang de l'État et s'élevaient par le péril public. La crise qui sévissait au mois de mai 1793 enflamma leurs discordes. La Convention avait décrété une levée de 300,000 hommes; cette levée s'opérait; les demi-brigades commençaient à s'organiser. L'Assemblée décida, le 30 avril, sur le rapport de Cambon, que la République aurait onze armées, et que près de chacune de ces armées elle serait représentée par des commissaires investis de pouvoirs illimités; ils seraient au nombre de soixante-sept, renouvelés chaque mois par moitié. La Convention les choisit immédiatement, et elle se dépouilla ainsi de ses membres les plus vigoureux. Elle nomma à l'armée du Nord Gasparin, Duhem, Carnot, Cochon, Bellegarde, Cavaignac; à l'armée du Rhin, Rewbell, Merlin de Thionville, Haussmann; à l'armée des

Alpes, Dubois-Crancé; à l'armée d'Italie, Barras; à l'armée de la Rochelle, Treilhard; à l'armée de Brest, Alquier, Merlin de Douai, Gillet; à l'armée de Cherbourg, les deux Prieur; à l'armée de Corse, Salicetti et Lacombe Saint-Michel. Tandis qu'elle lançait aux frontières cette redoutable phalange de légistes armés et de militaires législateurs, elle plaçait à Paris, au ministère de la guerre, un commis plus que médiocre, Bouchotte, que son obscurité seule avait recommandé, et que la Commune daignait tolérer, parce qu'elle se le figurait servile et incapable. Ce choix était moins funeste que ne l'avait été celui de Pache : avec le Comité de salut public, le ministre n'était plus qu'un expéditionnaire.

Mais tout était à refaire; la France, entamée de toutes parts, montrait des plaies partout. Aux Pyrénées, les armées républicaines, négligées, inférieures en nombre aux espagnoles, furent attaquées le 17 avril, forcées à la défensive et battues le 20 mai. A l'armée d'Italie, il n'y avait ni plan, ni direction, ni même de commandement. Kellermann, dénoncé, était mandé à Paris; Biron, suspect, était envoyé dans l'Ouest. Au Nord, les commissaires de la Convention révoquaient les chefs soupçonnés de complicité avec Dumouriez, poursuivaient ceux qui passaient pour tièdes dans les affaires, remplaçaient les anciens sans connaître les nouveaux et agitaient les camps sous prétexte d'y rétablir la discipline. Dampierre avait accepté le commandement; il avait le cœur droit, mais l'esprit plein d'anxiété; il fut tué le 1ᵉʳ mai en essayant de dégager Condé, investi par les Autrichiens. Le Comité le remplaça, le 13 mai, par Custine et désigna Houchard pour prendre la place de ce général à l'armée du Rhin. Les Vendéens s'emparèrent, le 25 mai, de Fontenay; ils marchaient sur Saumur. Leur énorme bande se grossissait tous les jours; la réputation la grossissait davantage. Une autre troupe du même genre se rassemblait dans la Lozère, sous Charrier : on disait que ce partisan disposait de trente mille hommes. A Lyon, c'était la guerre civile : les sections se prononçaient contre les Jacobins.

Ainsi croissait dans toute la République, mais à Paris surtout où tous les maux des départements venaient se concentrer, cet état de trouble et d'alarme qu'engendrent les révolutions et qui en produit sans cesse de nouvelles. Toute nouveauté paraît alors un soulagement; tout changement, une espérance. Ce sont les occasions pour les ambitieux. Ceux qui étaient aux prises dans la Convention ne pensèrent qu'à s'armer les uns contre les autres des forces populaires que l'orage déchaînait aveuglément. Les Girondins, décrédités dans Paris, attribuaient au despotisme de la Commune et des clubs la guerre civile des départements; les Montagnards, soutenus par la populace armée de Paris, attribuaient l'anarchie de la République à la dispersion de l'autorité et à l'indiscipline des administrations départementales. Chacune des deux factions chercha le remède de l'État là où elle crut trouver le pouvoir. Les Girondins se flattaient encore de rallier la majorité des conventionnels; ils se réclamaient des conseils généraux des départements; ils comptaient sur l'universelle réprobation des Français contre la tyrannie d'une cohue d'énergumènes, dont la Commune de Paris n'était que le prête-nom et dont Marat était le véritable chef. Ils résolurent de rompre avec Paris, de briser la Commune, d'établir une administration nouvelle et de convoquer à Bourges les suppléants des conventionnels pour le cas où l'Assemblée serait dissoute par une émeute.

Ces mesures auraient ruiné les Montagnards. Il ne fallut à ces révolutionnaires ni beaucoup de génie pour en juger le péril, ni beaucoup de vertu pour s'unir, afin de le conjurer. Le patriotisme, la jalousie et l'intérêt les poussaient en même temps. Danton mena l'attaque. Il y fut porté par ses calculs autant que par son caractère. Il était de ces âmes souvent contraires, mais toujours véhémentes, que l'on excite aux pires excès et aux plus grandes actions rien qu'en leur montrant qu'on les en croit capables. Les Girondins l'avaient défié, en quelque sorte. Robespierre et la Commune l'éperonnaient. Il se lança à l'assaut pour emporter la place et pour n'être point écrasé par les assaillants. En marchant toujours à la tête de cette troupe, il espérait en demeurer le chef : c'était dans tous les cas sa seule chance de garder le pouvoir, et même de garder la vie. La Révolution touchait à l'heure où ces deux choses ne se sépareraient plus, et Danton en avait le sentiment, « Il se crut, il se vit et il fut toujours menacé, dit un contemporain ; pour se sauver, lui et les siens, il franchit tous les Rubicons [1]. » Il conduisit l'affaire comme au 10 août.

La Convention, se jugeant à la merci de la Commune, avait formé une commission de douze membres chargée de prendre les mesures d'ordre nécessaires dans Paris et de reviser les arrêtés de la municipalité. Cette commission, élue le 21 mai, était en majorité girondine. Elle fit décréter l'arrestation d'Hébert et engagea la lutte, persuadée que les départements soutiendraient la Convention. Les clubs prirent les devants. Pache était maire. Il joua contre la Convention le rôle que Pétion avait joué, au 10 août, contre Louis XVI. L'insurrection, organisée par des délégués des sections, se donna un chef militaire, Henriot, un des massacreurs de septembre. Depuis le 10 mai, la Convention siégeait aux Tuileries ; le 31, ce palais fut investi par l'émeute. Sous la sommation des insurgés, la Convention supprima la commission des douze. Elle avait désarmé les Girondins ; ce n'était point assez, il fallut qu'elle les livrât. Le 2 juin, une troupe que l'on évalue à 80,000 hommes se porta sur les Tuileries, suivant Henriot et sa bande, cinq mille hommes sûrs avec 160 canons. Henriot fit mettre les pièces en batterie, tandis que la cohue vociférante qui formait son avant-garde envahissait les tribunes et les couloirs de l'Assemblée. Les sbires de la populace avaient leur liste de proscrits ; ils exigeaient vingt-deux Girondins. Barère, au milieu du tumulte, fit décider que l'Assemblée se présenterait au peuple : — Les baïonnettes, dit-il, s'abaisseront devant la majesté du souverain. — Que le souverain soit un homme ou une assemblée d'hommes, l'insurrection ne capitule que devant le souverain qui lui fait peur ; elle méprise qui lui cède et piétine qui s'abaisse devant elle. La Convention se forma en cortège.

---

[1] GARAT, *Mémoires,* Buchez et Roux, t. XVII, p. 450.

Hérault présidait; il parut le premier dans la cour du Carrousel. Henriot lui barra le passage. « Henriot, dit le président, je te somme d'obéir. — Je ne connais que ma consigne. — Que demande le peuple? La Convention n'est occupée que de son bonheur. — Hérault, le peuple ne s'est pas levé pour écouter des phrases. Tu es un bon patriote. Promets-lui sur ta tête que les vingt-deux seront livrés dans vingt-quatre heures. — Non. Au nom de la nation et de la loi, j'ordonne aux soldats d'arrêter un rebelle. — Vous n'avez point d'ordre à donner. Retournez à votre poste et livrez les députés que le peuple demande. Canonniers, à vos pièces! » — Les canonniers obéirent; les soldats apprêtèrent leurs armes. La Convention oscilla devant cette foule, cherchant une issue, arrêtée partout. Marat somma « ces lâches de rentrer! » Ils rentrèrent, les émeutiers sur leurs pas. Marat prit la présidence dans la salle envahie. Il dressa la liste; les Montagnards la votèrent. La Plaine s'abstint. Ces députés dirent, plus tard, qu'ils ne s'étaient pas trouvés libres. Ainsi furent décrétés d'arrestation vingt députés girondins, dix membres de la commission des douze, plus deux ministres, Clavière et Lebrun [1]. La Convention demeura avilie par cette journée : elle avait été violée par la populace, et le mot de Henriot : *Canonniers, à vos pièces!* devint le dernier mot des arbitres de la République, depuis le 2 juin 1793 jusques et y compris le 18 brumaire an VIII.

L'arrestation des Girondins était un attentat injustifiable contre la souveraineté du peuple, principe fondamental du nouveau droit public de la France. Mais l'histoire doit constater que ce groupe d'hommes, malgré la générosité de tous, le talent de plusieurs, la vertu de quelques-uns, n'aurait formé qu'un gouvernement de brouillons éloquents, un club de gens de lettres, le plus impuissant et le plus énervé des pouvoirs, ce

---

[1] Gensonné, Guadet, Brissot, Gorsas, Pétion, Vergniaud, Salles, Barbaroux, Chambon, Buzot, Birotteau, Lidon, Rabaud, Lasource, Lanjuinais, Grangeneuve, Lehardi, Lesage (Eure-et-Loir), Louvet, Valazé, Clavière, Lebrun, Kervelegan, Gardien, Boilleau, Bertrand, Viger, Mollevaut, Henri Larivière, Gomaire, Bergoeing.

qu'il y aurait eu de pire pour une république entamée sur ses frontières, rompue au dedans, convoitée par les étrangers, déchirée par ses propres citoyens. Les Girondins auraient donné, en quelque sorte, un corps d'État à la guerre civile. Ils auraient créé une anti-Convention qui n'aurait lancé que des décrets morts, sans force armée pour exécuter ses ordres, sans cri de ralliement surtout pour réunir autour de soi tous ces patriotes dispersés dont le concours et l'obéissance sont la première condition de salut public. Ils avaient contre eux les affiliations des Jacobins, seul lien subsistant entre ces provinces mêmes qu'ils voulaient coaliser ; l'accusation trop fondée de diviser l'État devant l'ennemi ; l'apparence, fausse, mais captieuse, de recommencer la conspiration de Dumouriez, de seconder les partisans de la royauté et les factions soutenues par l'étranger, en organisant à côté de ces factions en armes une nouvelle faction armée[1] ; les nécessités de la guerre, qui veulent l'unité d'action ; l'habitude d'attendre les ordres de Paris et de s'y conformer ; l'instinct populaire qui allait au plus pressé, c'est-à-dire à la défense nationale, et cette sorte de raison d'État confuse, mais efficace, qui, depuis le commencement, menait toute la Révolution. L'intention des Girondins était noble, car ils voulaient une république libre ; leurs moyens étaient droits, car ils ne préparaient aucun coup d'État ; mais ils s'abusaient sur la valeur de ces moyens et sur leur capacité à s'en servir. On leur reprochait leur « fédéralisme » : ils voulaient, disaient leurs rivaux, transporter en France les État-Unis d'Amérique. Les Montagnards se trompaient ici comme les Girondins eux-mêmes. Ce n'est point une fédération à l'américaine que les Girondins auraient fondée, c'est une confédération polonaise. Les puritains d'Amérique manquaient en France, et leurs mœurs n'y pouvaient être acclimatées par un décret ; mais les éléments de l'anarchie polonaise y avaient germé ; cette contagion avait déjà des foyers

---

[1] Voir, par exemple, la lettre de Davout aux administrateurs de l'Yonne, *Madame de Blocqueville*, Davout, Paris, t. I, p. 310, et le *Souper de Beaucaire*, par Bonaparte, juillet 1793.

partout; qu'elle atteignît le centre de l'État, et la France était perdue. Les étrangers y auraient trouvé ce qu'ils travaillaient à y susciter et ce qu'ils comptaient y exploiter, une seconde Pologne.

Les républicains s'armèrent dans plusieurs départements pour soutenir la cause des députés proscrits [1]. L'Assemblée s'affaissa, et toutes les choses s'y abaissèrent. Les hommes forts étaient en mission aux armées : ils désirèrent y rester. Les modérés se dissimulèrent; les faibles disparurent [2]. Il ne resta qu'un rassemblement de 220 à 250 députés, parmi lesquels les hommes les plus médiocres et les plus gâtés de l'Assemblée, les plus fanatiques et les plus serviles aussi, voués à toutes les œuvres de la violence et de la peur, et que les tribuns se disputèrent. La Convention cependant, ainsi découronnée et humiliée, gardait encore devant le peuple une sorte de prestige, mais un prestige abstrait et impersonnel. Elle était la figure du souverain. Le peuple avait l'habitude de la soumission à un être supérieur et qu'il ne voyait pas. La Convention fut cet être-là pour les Français; ils ne la connaissaient pas plus qu'ils ne connaissaient le roi. Ils subirent les révolutions du gouvernement conventionnel, comme ils auraient subi la succession de princes et de ministres dont ils auraient appris de loin l'avènement, ne les jugeant que sur leurs rigueurs, ne sachant d'eux que le fléau de leur pouvoir et le mal public qui accompagnait leur règne; dégoûtés de tous ceux qui commandaient, soulagés par leur chute; attirés vers tous les nouveaux venus, parce qu'ils en attendaient un moindre mal; les voyant s'écraser les uns les autres avec surprise d'abord, bientôt avec détachement, à la fin avec une sorte de joie, la seule qui restât aux Français dans ces temps sinistres, celle de

---

[1] Voir WALLON, *La Révolution du 31 mai :* le fédéralisme en 1793. Paris, 1886.

[2] La présence diminue : à l'appel nominal du 18 avril, Lasource est élu président par 213 voix sur 305 votants; le 2 mai, Boyer-Fonfrède est élu par 173 voix sur 290 votants; le 16 mai, Isnard par 202 voix sur 332 votants; le 30 mai, Mallarmé par 194 voix sur 335 votants; le 13 juin, Collot par 157 voix sur 241 votants; le 11 juillet, Jeanbon par 163 voix sur 286; le 25, Danton par 161 sur 186 Voir GUIFFREY, *op. cit.*, p. XXII.

penser qu'après que les maîtres se seraient tous anéantis, il resterait au peuple quelque place pour l'espérance. Cependant, quels que fussent ces maîtres, la nation leur obéit, parce qu'il fallait des maîtres pour mener la guerre et que la nation voulait se défendre. Il y eut dans le pays, malgré les vices de l'État, une révolte profonde de la vie nationale. L'impulsion héréditaire qui avait sauvé la France aux temps de la guerre de Cent ans et des guerres de religion, la sauva encore une fois. Voilà la cause réelle de la chute des Girondins et de la victoire des Montagnards. Ces derniers, comme les Girondins, identifiaient le salut de l'État avec la domination de leur parti. Cette domination, ils la poursuivaient par des coups de violence, les émeutes et les proscriptions. Mais il se trouva que le moyen d'établir et de garder la domination, l'unité du pouvoir, était aussi l'instrument du salut public. De là ces deux faits contemporains et contradictoires en apparence : la soumission de l'immense majorité des Français aux décrets de la Convention, et leur absolue indifférence, sinon leur haine pour les personnes des conventionnels, leurs disputes et leurs proscriptions [1]. Cette partie du règne de la Convention fut à la République ce que les régences déchirées et les minorités orageuses sont à la Monarchie. En usant les hommes engagés dans ces conflits stériles, elle prépara l'avènement d'un homme qui parut aux yeux du peuple suscité du sein même de l'anarchie pour l'apaiser. L'enchaînement de ces causes est évident à nos yeux, parce que la chaîne entière est déroulée devant nous ; les contemporains que l'engrenage entraînait, ne le discernaient pas. Ils se sentaient irrésistiblement emportés et ils couraient, pour n'être pas broyés. Il en alla ainsi jusqu'au jour où la machine eut accroché, roulé et écrasé tant de cadavres qu'elle s'enraya elle-même, craqua et se rompit.

[1] Cf. t. II, p. 530-535.

IV

La Commune avait vaincu, mais elle ne triomphait pas, et elle était traînée par le comité d'insurrection, comme elle-même traînait la Convention. Dans cette bande, seule force réelle qui va, pendant des mois, tyranniser Paris et usurper la République, on distingue deux troupes : les hébertistes, pirates de l'anarchie, gens de maraude et de pillage, qui ne représentent rien que des convoitises et des appétits... « fripons qui ne pouvaient manquer un jour d'être pris la main dans le sac »; et les enragés, les illuminés, visionnaires de l'anarchie, qui pourront, un jour ou l'autre, susciter une révolution sociale nouvelle, celle des prolétaires citadins, en face de la révolution des paysans, des propriétaires et des bourgeois qui était en train de s'accomplir [1].

Danton était l'homme de cette dernière révolution. Pour arriver, il avait armé et entraîné à sa suite ses pires adversaires. Il subit à son tour la loi fatale qu'il avait imposée aux Girondins après le 10 août. Il sortit blessé à mort de cette victoire, et le premier effet de son triomphe fut de l'exposer aux jalousies, aux soupçons, aux complots et aux fureurs dont il s'était servi pour renverser ses rivaux. La première conséquence politique du 2 juin fut de paralyser cet organe rudimentaire de gouvernement, le Comité de salut public, que la seule opposition des Girondins semblait contrarier deux jours auparavant. L'émeute avait fait dissoudre la commission girondine des douze ; en réalité, ce fut le comité dantoniste de salut public qui se désagrégea. Ce comité essaya, comme tous les pouvoirs révolutionnaires, de refouler le courant qui l'avait porté. Barère proposa, le 6 juin, de disperser les comités révolutionnaires. La lutte s'engagea entre ceux qui prétendaient arrêter

---

[1] Voir MICHELET, liv. IV, ch. III, § 2.

le mouvement du 31 mai, afin de demeurer les maîtres, et ceux qui voulaient le précipiter, afin de devenir maîtres à leur tour. Les discordes éclatèrent dans la Montagne même, entre la faction de Danton et celle de Robespierre, plus acharnées qu'elles ne l'avaient été, depuis septembre 1792, entre les Girondins et les Montagnards.

Le Comité de salut public avait été chargé, le 29 mai, de préparer la Constitution. Pour hâter ce travail, la Convention adjoignit au Comité cinq membres nouveaux : Couthon, Saint-Just, Hérault-Séchelles, Mathieu et Ramel. Danton acquérait Hérault : en réalité, l'élection se faisait contre lui. Quand le Comité s'organisa en sections, Saint-Just et Couthon prirent, avec Cambon, la correspondance générale, qui était la section du gouvernement. Danton demeura aux affaires étrangères avec Hérault et Barère[1]. C'était, sans doute, la section la plus importante à ses yeux; mais Robespierre, qui menait déjà tout dans la coulisse, entendait le repousser dans la diplomatie, afin qu'il s'y perdît. Les événements servirent ce calcul. Les négociations s'arrêtèrent d'elles-mêmes et se dissipèrent, pour ainsi dire, entre les mains de Danton. Il lui aurait fallu, pour réussir dans ses desseins, un gouvernement dont il eût été le chef. La faction qui dominait désormais la Convention ne le laissa au pouvoir que pour arriver à l'exclure du gouvernement. Il se vit réduit à combiner des plans que personne n'exécuta. Ces plans méritent néanmoins d'être connus. Ils ont porté des conséquences.

Lebrun se trouvait compris dans les proscriptions de la Commune. Il était suspect d'un crime très grave aux yeux de ces démagogues : la fidélité à ses amis. Danton et ceux des membres du Comité qui le suivaient estimaient Lebrun. Ils essayèrent de l'arracher aux mains des sbires municipaux, et, afin de témoigner qu'ils ne le tenaient point pour un traître, ils continuèrent de l'employer. Ils en usèrent de même avec Clavière, arrêté comme Lebrun. On eut ce spectacle bizarre

---

[1] Organisation des 13 et 15 juin 1793.

de deux ministres consignés dans leurs demeures, gardés à vue, conduits par des gendarmes aux conseils du souverain, puis ramenés chez eux, avec les mêmes formes, et expédiant, dans leur détention, les affaires les plus secrètes de l'État, en attendant qu'il plût au pouvoir insurrectionnel de les rendre à leur poste ou de les envoyer à la mort. Un comité qui ne délibérait que par la tolérance d'une bande de démagogues, un ministre qui négociait, en quelque sorte, les menottes aux mains, ne pouvaient se faire longtemps illusion sur l'action qu'ils exerçaient dans le monde. Danton garda cependant cette illusion quelques semaines, et l'on ne peut douter que, selon les termes d'une instruction de ce temps, le Comité n'ait alors « estimé le moment venu de faire aux ennemis une dernière espèce de guerre, celle des négociations [1] ».

Le 7 juin, Lebrun vint au Comité. Il présenta une circulaire destinée à tous les agents de la République [2]. Ces agents, disait Lebrun, écarteront de leurs discours et de leurs actes toute idée de suprématie et de préséance : le peuple français ne considère dans les autres peuples que des frères ou des égaux. Toutefois, si quelque État prétendait à quelque distinction particulière, « le peuple français réclamerait alors toutes les prérogatives dont il a joui dans tous les temps ». Les agents conserveront un « maintien circonspect, mesuré, mais fier »; sans provocation à l'égard des ennemis, « amical et franc » envers les amis et les neutres. Ils expliqueront la Révolution. Ils s'efforceront par leurs conversations, par des articles inspirés aux gazettes, de donner une idée avantageuse de la République, de ses ressources, de ses principes, « sans cependant se permettre des comparaisons qui pourraient faire revivre les soupçons et les défiances ». « Ils prouveront que le gouvernement que la France s'est donné est celui qui convient le plus à ses habitants, et ils insisteront fortement sur le principe que

---

[1] *Instruction* de Grouvelle, envoyé à Copenhague, 7 juin 1793.

[2] *Instructions générales pour les agents politiques de la République française en pays étrangers.* KAULEK, *Barthélemy*, t. II, p. 290. — Procès-verbaux du Comité de salut public, 7 juin 1793.

toutes les nations ont le droit imprescriptible de se donner la constitution qui leur parait la plus propre à assurer le bonheur général. » Ils éviteront, à moins d'instructions particulières, de favoriser les partis politiques qui peuvent exister dans la nation où ils résident; ils ne protégeront que les Français dignes de protection; ils seront sévères aux émigrés, mais ils auront soin, dans la protection accordée aux uns et dans la sévérité montrée aux autres, de ne contrarier en rien les lois du pays.

Les agents que Lebrun proposa au Comité semblaient bien choisis pour appliquer cette politique. Verninac fut désigné pour Stockholm, Grouvelle pour Copenhague, Descorches pour Dresde, Bourgoing pour Munich, Desportes pour Stuttgard, Maret pour Naples, Chauvelin pour Florence. Le Comité confirma la nomination de Noël à Venise et celle de Sémonville à Constantinople. Ce mouvement se faisait, en grande partie, dans le vide, car l'agrément de la plupart des cours manquait; mais les hommes désignés étaient capables. Rien de plus correct que les instructions générales qui leur étaient données à tous; rien de plus classique que les instructions particulières qui furent dressées pour les principaux d'entre eux.

Staël attendait à Paris l'approbation du traité préparé le 16 mai. La révolution du 2 juin l'effraya, tant pour sa sécurité personnelle que pour ses négociations. Cette révolution, rapporte-t-il, « jetait sur toutes les affaires qui avaient été traitées auparavant ou l'oubli ou la méfiance [1] ». Il quitta Paris, disposé d'ailleurs à renouer dès qu'il en trouverait l'occasion. Le régent de Suède donnait, dans le même temps, une preuve évidente de bon vouloir : il déclara officiellement sa neutralité et annonça l'intention de la soutenir par des démonstrations maritimes [2]. Le Comité décida que Verninac emporterait à Stockholm des pleins pouvoirs pour conclure le traité, et se rendrait d'abord en Suisse, afin de s'aboucher avec Staël. Le

---

[1] Staël au Comité de salut public, 15 germinal an III.
[2] Ordonnance du 23 avril 1793. — KOCH et SCHOEL, *Histoire des traités*, t. VI, ch. XXV : Neutralité armée.

Comité se proposait d'étendre aux autres puissances neutres les accords qu'il formait avec la Suède. Ce fut l'objet principal des instructions qui furent données, le 7 juin, à Grouvelle.

Lorsque les cours coalisées ont attaqué la France, disaient ces instructions, il semblait qu'elles n'eussent en vue que de supprimer la liberté et l'égalité. Dans le fait, elles voulaient détourner de leurs véritables desseins l'attention de l'Europe. L'envahissement de la Pologne a dessillé tous les yeux. La République française doit rassurer les puissances inquiètes et les mécontents, leur fournir des moyens d'opérer des diversions, et préparer ainsi, en divisant la coalition, le rétablissement de la paix générale. La Suède a déclaré la neutralité, le Danemark l'observe. La République se propose d'amener ces deux États à réunir leurs moyens pour protéger leur neutralité commune. Ils ont les mêmes intérêts à défendre contre le « commerce d'usurpation » qui s'est établi entre Berlin et Pétersbourg, et contre l' « association monstrueuse » de l'Autriche et de la Prusse. Le Danemark a tout à craindre de la Prusse, la Suède de la Russie. Voilà ce que doit comprendre le ministre « sage et éclairé » qui gouverne à Copenhague. Il sentira que la France est l'alliée naturelle du Danemark, de la Suède, des États indépendants de l'Allemagne. Le système des partages les menace tous. « Une telle révolution est bien plus alarmante pour les gouvernements du Nord que cette Révolution française contre laquelle on a voulu les soulever pour tromper leur attention, pour empêcher la résistance qui devait arrêter les premiers effets de ce plan monstrueux. » La Suède a traité avec la France; le Danemark doit suivre son exemple. La République est en mesure de fournir des subsides à ses alliés, de leur procurer des avantages commerciaux, des colonies même, en Amérique ou aux Indes. Grouvelle développera ces vues graduellement. Il se renseignera sur l'Allemagne; il s'y ménagera les moyens de nouer une ligue contre l'Autriche et la Russie. La Prusse, malgré son association avec les coalisés, demeure le pivot naturel de toute ligue antiautrichienne dans l'Empire, et l'on doit toujours tendre à la ramener à son rôle. « Or, nos communications étant rompues de ce côté, il y faut du moins arriver par des voies indirectes. C'est à quoi la Suède et le Danemark doivent s'employer. »

Le 8 juin, Lebrun, ramené au Comité, y apporta des renseignements explicites sur les dispositions de l'Angleterre. Mathews revenait de Londres avec une lettre de lord Grenville à Lebrun, datée du 18 mai. Grenville refusait de donner des passeports à un négociateur, tant que la France n'aurait pas « changé de principes et de conduite à l'égard des autres nations »; mais il ne refusait point d'entrer en pourparlers si la République, par la voie des parlementaires, faisait parvenir à l'Angleterre l'assurance de ses dispositions pacifiques, et offrait « à Sa Majesté et à ses alliés... une juste satisfaction, sûreté et indemnisation ». Mathews indiqua ce que lord Grenville entendait par ces mots; c'étaient, à très peu de chose près, les conditions de paix que l'Angleterre réclama toujours : abrogation du décret de propagande, rappel du décret sur la libre navigation de l'Escaut, restitution des Pays-Bas, de la Savoie et d'Avignon[1], rappel des lois contre les émigrés, restauration de la monarchie constitutionnelle avec deux Chambres. Lebrun jugeait, naturellement, ces dernières conditions inadmissibles; mais il était d'avis de ne point laisser tomber la correspondance, et il rédigea un projet de réponse. Il acceptait la communication au moyen des parlementaires, ajoutant, toutefois, que « les propositions ainsi portées ne pourront être accueillies qu'autant que l'on reconnaîtra réciproquement l'autorité de ceux qui exercent les pouvoirs du gouvernement ». Mathews était prêt à se charger du message, mais il réclamait onze mille livres sterling pour sa commission. Le Comité trouva la somme exorbitante; d'ailleurs, il se méfiait du personnage, et il le fit éconduire.

Il écouta avec plus de faveur une proposition de Lebrun, qui se rapprochait très sensiblement de l'expédient indiqué par lord Grenville. La Convention avait rendu, le 25 mai, un

---

[1] C'est la seule concession finale que fit l'Angleterre : Avignon resta à la France : Traités du 30 mai 1814 et du 20 novembre 1815.

décret, aussi humain que politique, sur l'échange des prisonniers de guerre [1]. Lebrun insinua au Comité l'idée de nommer des commissaires civils à l'armée du Nord pour négocier les cartels d'échange. Ces commissaires, dit-il, seraient chargés de « jeter adroitement ou de recevoir les ouvertures de conciliation que les circonstances pourraient amener, sans compromettre en aucune manière la dignité et les intérêts de la République ».

Le Comité approuva l'idée, et Lebrun dressa des instructions pour les commissaires qui seraient ultérieurement désignés [2] : « Il n'est aucunement question de faire, du moins en ce moment, à l'Angleterre, des propositions sérieuses. » Les commissaires se borneront à écouter; cependant ils pourront exprimer, en leur nom personnel, et comme d'eux-mêmes, « leurs regrets sur la rupture qui a éclaté entre deux peuples qui avaient les motifs les plus puissants de s'unir et de combattre l'ambition démesurée de quelques despotes de l'Europe ». Ils insinueront que la France désire la paix, mais qu'elle est bien résolue « à ne traiter avec ses ennemis qu'en souveraine »; que la reconnaissance de la République sera la première condition de tout traité, et que la France n'admettra point qu'on lui parle de compensations ou d'indemnités. Les commissaires devront, en outre, observer les relations de l'Angleterre avec ses alliés, notamment avec la Prusse, et tâcheront de pénétrer les vues du cabinet de Londres sur le partage de la Pologne et le troc de la Bavière.

Le Comité avait sous la main un observateur de premier ordre, très répandu en Angleterre, très au courant des choses anglaises, connaissant l'Europe, et parfaitement apte à une mission qui voulait autant d'intelligence que de tenue. C'était

[1] « Convaincus que l'intérêt respectif des nations belligérantes veut qu'elles se rendent sans retard ceux de leurs défenseurs que le sort des armes a mis au pouvoir des unes ou des autres, et qu'elles concilient dans ces sortes de calamités tout ce que la justice, l'humanité et la loyauté réclament d'elles... » Préambule du décret du 25 mai 1793.
[2] Délibération du Comité, 8 juin 1793; Instructions des commissaires, 18 juin 1793.

George Forster. Venu à Paris pour y porter le vœu de réunion de ses concitoyens de Mayence, Forster se trouvait sans ressource, désireux de servir sa nouvelle patrie, autant par zèle pour la Révolution cosmopolite que pour échapper aux désillusions cruelles que lui donnait le spectacle des révolutions de Paris. Il avait conçu le plan d'une grande diversion dans l'Inde. Il voulait secourir Tippoo-Saïb et faire révolter les Indous. Ce serait, assurait-il, le moyen le plus sûr de ruiner l'Angleterre : « La religion mahométane, dépouillée de son fanatisme, dans le doux climat de l'Inde, n'y met point d'entraves aux progrès des lumières; et que sait-on si, en introduisant chez les princes indiens une imprimerie, on n'aura pas plus fait pour civiliser les peuples de l'Asie que tous les conquérants qui n'y ont passé que pour leur enlever des trésors? » Lebrun porta, le 10 juin, ce projet au Comité de salut public. Le Comité ne voyait pas les choses de si loin; mais il jugea bon d'employer Forster, et il le chargea de la mission à l'armée du Nord. Il lui adjoignit un collègue, Coquebert, et décida, en outre, d'envoyer en Angleterre « deux hommes intelligents, patriotes, et propres à sonder les véritables vues du gouvernement britannique sur les événements de la guerre actuelle [1] ».

Dans le même temps, Lebrun tâchait de renouer avec la Prusse. Un ami particulier de Danton, Corbeau de Saint-Albin, résidait à Manheim et s'était procuré des intelligences au quartier général de Frédéric-Guillaume. Le ministre du duc des Deux-Ponts, le baron d'Esebeck, arrêté par Custine, était détenu à Metz. Il était vieux, maladif, pusillanime : il désirait ardemment être libre; il aimait l'intrigue, il inclinait, par politique, à s'entremettre pour la paix de la France avec la Prusse. Desportes, ci-devant ministre aux Deux-Ponts, désigné pour Stuttgard, reçut l'ordre de se rendre à Metz. Il partageait les goûts d'Esebeck pour l'intrigue et pour la Prusse. « Je réponds, écrivait-il à Lebrun, que cette cour accueillera avec transport notre première ouverture. » Quant au vieux baron,

---

[1] Instructions à Forster et à Coquebert, 18 juin ; Délibération du 22 juin 1793.

il s'adressa directement à Danton : « J'ai entendu tellement vanter votre justice et votre humanité, que je me jette dans vos bras. » Il y avait quelque fond de diplomatie sous ces propos. C'était le projet de réconcilier les deux branches de la maison palatine et de les coaliser avec la Prusse pour empêcher le troc de la Bavière. La Prusse s'y prêtait sous main, et l'on vit arriver à Metz un chambellan de Frédéric-Guillaume, le baron de Luxburg, qui visita Desportes, l'assura d'un bon accueil lorsqu'il passerait à Manheim et lui fit entendre que le roi de Prusse verrait avec plaisir un ministre de la République en Allemagne. Desportes se hâta d'en écrire à Paris et insista pour la délivrance d'Esebeck. Le Comité de salut public en fut informé le 9 juillet [1].

Dans l'intervalle, le Comité avait découvert une piste tout opposée. Lebrun avait tâté de la diplomatie autrichienne : les civilités et les invites des Bourbons de Naples et des Habsbourg piquaient sa curiosité, et flattaient peut-être son amour-propre. Il y avait cru ; il disait n'y plus croire, cependant il en gardait quelque chose. « J'ai déjà parlé, dit-il au Comité, le 12 juin, des ouvertures indirectes qui m'ont été faites à diverses reprises de la part de la maison d'Autriche. On vient encore de les renouveler, et j'ai tout lieu de me confirmer dans l'idée que de toutes les puissances qui nous font la guerre, c'est celle qui en est le plus fatiguée. J'ai une personne et des moyens certains de donner suite à ces ouvertures sans compromettre aucunement ni les intérêts ni la dignité de la République française. Je ne demande qu'à être autorisé pour envoyer cette personne à Bruxelles, et avant quinze jours on saura à quoi s'en tenir. Les conditions de l'Autriche ne sont pas défavorables : il suffirait qu'on la laissât faire en Bavière, et elle consentirait à ce que les provinces belges devinssent un État libre et indépendant. » L'agent auquel Lebrun faisait

---

[1] Rapport de Dubuisson, 12 mai ; Lebrun au Comité, 6 juin ; Desportes à Lebrun, 9 juin ; d'Esebeck à Danton, 12 juin ; Rapport au Comité, 9 juillet 1793. — Cf. SYBEL, *Trad.*, t. II, p. 295. — *L'Europe et la Révolution*, t. II, p. 449.

allusion était un citoyen Dona, naguère envoyé en qualité d'observateur à l'armée de Biron. Il y avait aussi à la frontière du Nord un citoyen Laffitte, qui se disait en relation avec un prêtre brabançon employé dans la chancellerie de Metternich. Enfin les vues indiquées par Lebrun se rapprochent singulièrement de celles que le ci-devant marquis de Poterat esquissait alors et qu'il développa deux ans plus tard au Comité de l'an III. Hérault, dont ce condottiere diplomatique s'était fait le client et le souffleur, fut chargé par le Comité de se rendre à l'armée du Nord, afin de s'y mettre en rapport avec Dona et de donner des instructions à Laffitte.

Ce choix montre que Danton se prêtait à la combinaison. On peut croire que, tout en préférant le système de la paix avec l'Angleterre et avec la Prusse, il ne voulait pas négliger les chances qui pouvaient s'offrir du côté de Vienne, et qu'il chercha dès lors de ce côté-là quelque chose de plus que la simple diversion naguère confiée à Sémonville. Les idées d'échange des prisonniers du Temple insinuées aux avant-postes, dans les jours qui suivirent la trahison de Dumouriez, se dessinèrent-elles alors avec plus de consistance dans son esprit? Y vit-il le préliminaire indispensable d'une paix sérieuse avec l'Europe? Les incessantes démarches que faisaient auprès de lui les derniers serviteurs de Marie-Antoinette tentèrent-elles sa politique? Il venait de se remarier. Il adorait sa jeune femme, qui était remplie de pitié pour la reine. Se laissa-t-il toucher? Fut-il séduit par un dessein d'une diplomatie vraiment supérieure en voyant que les diplomates de métier l'en croyaient capable[1]? Toujours est-il que précisément dans le temps où l'Autriche paraît faire de nouvelles avances, où les émissaires de Fersen et de Mercy redoublent leurs sollicitations, où ils placent toutes leurs espérances en Danton et se flattent de trouver accès auprès de lui, où l'homme qui sera, en 1795, l'intermédiaire secret de l'échange de Madame et

---

[1] Fersen, *Journal et Correspondance*, t. II, mai-août 1793. — *Correspondance de la Marck*, t. I et III. — Léouzon le Duc, *Correspondance de Staël*, p. 259 — Michelet, t. VI, p. 72.

d'un rapprochement avec l'Autriche, Poterat, rôde autour du Comité, où Hérault, qui touche à l'ancien monde et y a conservé des attaches, est envoyé en mission secrète sur les frontières de Belgique, le Comité charge Maret d'une mission à Naples, qui semble renfermer le secret de ces différentes combinaisons.

« La plus saine partie du gouvernement, rapporte Maret[1], s'entendit pour faire une démarche auprès des seules puissances encore en état d'alliance avec la République : Venise, Florence et Naples. Les républicains tenaient à n'être pas désavoués du monde entier. On se crut assuré que si ces trois États mettaient pour condition à la continuation de leur alliance la sûreté de la reine et de sa famille, elle ne leur serait pas refusée. Le projet fut arrêté, et je fus chargé de son exécution. » Cette mission de Maret était purement verbale. Les instructions écrites qui lui furent données, le 18 juin, ne présentaient qu'une application à la cour de Naples des instructions données à Noël pour Venise. Maret insisterait sur l'intérêt des États d'Italie à observer la neutralité et à s'entendre avec la République pour éloigner les Anglais de la Méditerranée. Il montrerait le Comité disposé à payer en terre italienne ses amis et clients d'Italie. Le Comité n'hésitait pas à trafiquer des peuples pour s'assurer la servilité des princes, et il recourait, pour gagner un Bourbon à la cause de la Révolution française, à l'appât dont Metternich se servit, vingt ans plus tard, pour gagner à la cause de l'ancien régime un fils de la Révolution[2]. Le citoyen Maret « prendra connaissance de tous les objets en litige entre cette cour et le Pape, et lui laissera voir de notre part l'intention de la soutenir dans toutes les réclamations de ce genre qu'elle aurait à faire. Il la pressentira sur le projet de la faire entrer dans le partage du patrimoine du Saint-Père, lui fera envisager la possibilité de ce plan et la disposition de la France à se prêter à ses convenances. » Ce document permet de conclure que

---

[1] Ernouf, *Maret*, p. 153.
[2] Traité du 11 janvier 1814. Cf. ci-dessus, p 297.

Danton et ses amis croyaient alors la paix générale possible et qu'ils la souhaitaient.

L'instruction donnée à Chauvelin pour Florence, le 7 juillet, montre qu'ils considéraient même l'hypothèse de la paix comme plus vraisemblable que celle de la continuation de la guerre. Chauvelin était invité à tenir au grand-duc des discours analogues à ceux que Maret tiendrait à Naples. Nous préférerions certainement, disait l'instruction, détacher de la coalition l'Angleterre, la Prusse et la Hollande, pour tourner toutes nos forces contre l'Autriche. C'est ce que nous cherchons à faire en ce moment, et il importe d'observer la plus grande circonspection jusqu'à ce que le Comité ait adopté sa ligne de conduite. Dans tous les cas, si la République devait négocier quelque chose avec la cour de Vienne, ce serait à cette cour de faire les avances. Il s'agit de s'enquérir de ses vues sur la Bavière, mais sans se prononcer dans aucun sens. Chauvelin pourra insinuer que si la République était conduite à porter la guerre en Italie, la Toscane trouverait la récompense de sa neutralité dans les dépouilles de la maison d'Autriche.

Ces projets et ces tentatives ne sont point de simples simulacres. Ce sont des tâtonnements incertains et obscurs, sans doute, mais dans le terrain de la mine et dans le sens du filon. Les conditions de la paix que le Comité de salut public esquisse alors sont celles qui se dessineront dès que la paix sera possible et que l'Europe la désirera. La négociation d'Italie fut le dernier ouvrage de Lebrun. Il présenta encore au Comité, le 17 juin, les instructions de Maret; mais s'il prépara celles de Chauvelin, il n'eut pas le loisir de les faire signer. La Commune avait décidé sa perte, et Danton était impuissant à défendre contre la Commune ce serviteur qui possédait son estime et sa confiance. Le 21 juin, la Convention nomma Deforgues ministre des affaires étrangères, et Lebrun ne sortit plus de prison que pour aller à l'échafaud[1].

Deforgues était un ancien clerc de Danton et sa créature

---

[1] Il fut exécuté le 27 décembre 1793.

dans la Révolution. Mais la Commune, et derrière elle Robespierre, avaient visé autre chose que le ministre en proscrivant Lebrun : ils visaient le ministère même des affaires étrangères. Ce ministère était destiné à s'annuler très promptement. Danton seul l'animait encore; il y conserva quelque influence par ses relations personnelles avec Deforgues; dans la politique générale, cette influence déclinait tous les jours. Elle parut encore dans le vote des articles de la Constitution relatifs aux relations extérieures. La Convention y inséra le décret du 13 avril et en forma les articles 118 et 119 [1]. Mais un autre esprit soufflait de nouveau sur l'Assemblée et y ramenait le courant de la propagande et de la révolution comospolites. Grégoire proposa d'insérer dans le pacte fondamental de la République une *Déclaration du droit des gens* en vingt et un articles [2]. Cette composition incohérente, où des réminiscences de Montesquieu se heurtaient à des pastiches de Raynal, n'était pas autre chose que le décret du 15 décembre traduit en maximes universelles et tourné à l'absolu : « Les peuples sont entre eux dans l'état de nature : ils ont pour loi la morale universelle... Ils sont respectivement indépendants et souverains, quels que soient le nombre d'individus qui les composent et l'étendue des territoires qu'ils occupent. » Leur souveraineté est, inaliénable; mais l'intérêt de chacun d'eux est subordonné à l'intérêt général de la famille humaine. « Il n'y a de gouvernements conformes aux droits des peuples que ceux qui sont fondés sur l'égalité et sur la liberté. » Barère invita l'Assemblée à ne pas oublier la position de la France au milieu de l'Europe : — « Il ne faut pas, dit-il, s'extravaser en opinions philanthropiques. » La majorité trouva que Barère avait raison et passa à l'ordre du jour sur la proposition de Grégoire. Mais un instant après, le rapporteur, Hérault, lut cet article [3] : « Le peuple français

---

[1] « Le peuple français se déclare l'ami et l'allié naturel des peuples libres. Il ne s'immisce pas dans le gouvernement des autres nations; il ne souffre pas que les autres nations s'immiscent dans le sien. »
[2] Séance du 18 juin 1793. *Moniteur*, t. XVI, p. 688.
[3] Article 120 de la Constitution.

ne fait point la paix avec un ennemi qui occupe son territoire. »
— « De tels articles, dit Mercier, s'écrivent ou s'effacent avec la pointe de l'épée. Vous flattez-vous d'être toujours victorieux? Avez-vous fait un pacte avec la victoire? » — « Nous en avons fait un avec la mort! » répondit Barère, et l'article fut voté sur les instances de Robespierre.

La Constitution de 1793 était mort-née. Elle n'a même pas l'intérêt d'une utopie démocratique. Ceux qui la firent voter y avaient établi la mobilité et le renouvellement incessant des pouvoirs de l'État. Ils faisaient, dans la doctrine, de prodigieuses largesses au peuple, ils adulaient sa souveraineté; ils répandaient et dispersaient l'État par cette Constitution; dans la réalité, ils ne cherchaient qu'à le concentrer, à s'en emparer et à tenir la nation assujettie. La Constitution de 1793 n'était qu'un artifice de construction destiné à masquer l'inévitable chute de la Révolution dans la dictature. Il n'y avait plus qu'à décider qui exercerait la dictature, c'est-à-dire qui serait maître du Comité de salut public. C'était un litige âpre et obscur; il devint très sanglant; mais ce ne fut plus qu'un litige de personnes.

Robespierre ne se sentait pas encore mûr pour le pouvoir; il travaillait à en chasser Danton. Il y apportait cette perfection de l'intrigue qui consiste à ne point paraître agir, mais à faire agir les autres et à se laisser porter par le courant général. Le progrès de sa domination procédait, comme par une ligne logique et rigide, du développement même de la Révolution. Danton, au contraire, était forcé de rompre ce cours direct et de se jeter dans les tourbillons et les remous. C'est la destinée de tous les tribuns qui ont en eux de l'homme d'État. Pour Danton, les événements se précipitaient trop vite; il s'arrêtait trop brusquement dans une course trop furieuse; il tournait de trop court, par un écart trop violent; il parut comme incertain, étourdi, vacillant, et ce colosse d'audace perdit son prestige devant la foule. Son dessein était politique, mais d'une politique trop complexe pour les catastrophes au milieu desquelles il devait s'appliquer. Il exigeait une marche oblique, souvent dissimulée, par suite insaisissable à la masse du public et presque toujours suspecte. Enfin il voulait du temps, et Danton n'en avait pas. Il ne put se faire reconnaître sous son nouveau visage. La suite de ses vues échappa, et l'on ne découvrit dans sa conduite que les inconséquences d'un esprit sans équilibre. De même que les désordres de Mirabeau, lorsqu'il venait à son véritable vœu, la monarchie constitutionnelle, les complicités de Danton l'entravaient lorsqu'il venait à la clémence, à l'autorité, au gouvernement, ses véritables instincts. Il était sincère, mais son passé le condamnait à n'être pas cru avant qu'il eût fait ses preuves, et la véhémence de la crise ne lui permit pas de les faire.

Il croyait à l'unité de la nation française. Il en était pénétré. Loin de recourir à des mesures terribles pour commander au peuple cette union qui existait réellement au fond des cœurs, il voulait y faire appel, au contraire, et établir sur ce sentiment héréditaire et primordial des Français toute sa république. Il se proposait, disait-il, de ramener « le règne des lois et de la justice pour tous », celui de la clémence pour les « ennemis »; reviser la Constitution, relever le commerce et l'industrie par une liberté sans limites; les arts et les sciences par des encouragements magnifiques; rassembler toutes les forces nationales en n'excluant des affaires que les frénétiques, comme Collot, Saint-Just, Billaud-Varenne; « offrir la paix aux puissances de l'Europe en continuant de les battre ».

Proposer cette paix après avoir suscité contre ces mêmes puissances une guerre sans merci de bouleversements et d'envahissements; annoncer une politique de non-intervention après s'être montré en Belgique le promoteur du décret du 15 décembre; déclarer, quand la France était refoulée dans ses anciennes frontières, que l'on renonçait aux conquêtes, après avoir, lorsque la France était victorieuse, évoqué l'inoubliable image des frontières naturelles; offrir aux cours comme gage de réconciliation la liberté de Marie-Antoinette, après avoir jeté à ces cours la tête de Louis XVI en gage de défi;

réclamer l'alliance des modérés contre la démagogie parisienne, après avoir lancé cette démagogie contre la Convention ; prétendre sauver les Girondins, après les avoir fait proscrire, tout cela par un seul coup de revirement et sous l'impression de souvenirs dont les plus anciens remontaient à sept mois, c'était demander trop à la confiance humaine et à l'optimisme public.

Ces propositions paraissaient trop contradictoires et se heurtaient en contrastes trop durs. Danton n'aurait pu les faire accepter qu'en les proclamant et en les imposant avec toute son audace ; mais ses origines et les conditions de sa carrière le forçaient à n'être politique que dans le secret, et à demeurer énergumène devant la foule. Il était obligé, afin de conserver sa popularité, de pousser « des cris de vengeance » et d'insinuer les mesures de pitié. Ses « transports démagogiques », dit un de ses confidents, « n'étaient plus qu'une hypocrisie » ; il se montrait « barbare pour ramener avec adresse le peuple au respect du sang et des lois [1] ». Les voies qu'il voulait s'ouvrir sont celles d'un dictateur parvenu ; ce ne sont pas les voies qui mènent à la dictature. Danton fournit des arguments à ceux qui l'accusaient de briguer le pouvoir, sans rassurer aucun de ceux dont il aurait eu besoin pour s'y soutenir.

Il n'était point d'ailleurs l'homme de ces vues à longue portée, de ces ressorts tendus, de ces cheminements sinueux et souterrains. S'il en avait la conception, il ne possédait point le caractère qu'il faut pour les poursuivre. Il était homme d'assaut. La guerre de siège eût vite usé sa patience. Il se produisit en lui une de ces dépressions subites auxquelles sont sujets les tempéraments emportés. Il éprouvait déjà la nausée du sang ; il ressentit le dégoût de la politique [2]. Le 8 juillet, Saint-Just lut à la tribune le rapport qui concluait à la proscription

---

[1] Garat, *Mémoires*, loc. cit.
[2] Voir Michelet, liv. XV, ch. iv. « C'est une folie, disait-il, de se proposer d'exécuter des vues politiques, sans être accusé de domination par des Barère, des Billaud, des Robespierre, et sans être foudroyé par le canon de tous les partis. » *Notes de Courtois*.

des Girondins. Danton laissa faire, et son impuissance acheva de le décourager. Le 10 juillet, le Comité de salut public fut renouvelé par une Convention démembrée qui ne comptait pas deux cents votants. Jeanbon Saint-André fut élu le premier par 192 voix, Robert Lindet le dernier, par 100. Les autres membres étaient Gasparin, Couthon, Hérault, Thuriot, Prieur de la Marne, Saint-Just. Danton était éliminé. « Je ne veux, dit-il, être membre d'aucun comité, mais je serai l'éperon de tous. » Ce sont là des propos dont on se leurre dans les grandes déceptions des hommes et des choses. Le pouvoir lui échappait ; il se figura qu'en y renonçant il confondrait ses ennemis. Il servit leurs calculs. Robespierre avait déjà pied dans le Comité. Il y entra le 27 juillet, et la perte de Danton fut résolue.

V

Il y avait encore un ministère des relations extérieures ; il n'y eut plus de négociations. L'ancien Comité en avait tenté plusieurs ; le nouveau abandonna celles que l'Europe n'arrêta point. Le successeur de Lebrun, Deforgues, avait trente-quatre ans ; Danton l'avait placé dans les bureaux de la Commune, il avait fait de lui successivement un secrétaire général du Comité de salut public, puis un adjoint au ministère de la guerre. Deforgues avait trempé dans les massacres de septembre et donné ainsi ses preuves de civisme ; mais il était de naissance aristocratique, il avait fréquenté le monde, il avait des connaissances et même quelque caractère. Il montra, dit un contemporain, « de l'esprit naturel et des lumières, et sembla vouloir ramener autour de lui la décence et l'urbanité[1] ». Il débuta par un choix excellent ; il prit comme secrétaire général Miot, qui, sorti d'une famille d'administrateurs, avait été employé

---

[1] Miot de Mélito, *Mémoires*, t. I, p. 38 ; Masson, *Affaires étrangères*, p. 286.

dans les bureaux de la guerre, et cherchait dans un ministère déjà fort effacé et en apparence inoccupé un refuge pour ces temps périlleux.

Deforgues continua d'expédier des dépêches conçues dans l'esprit où Lebrun avait eu ordre de les écrire. C'est ainsi qu'il manda, le 18 juillet, à Soulavie, envoyé à Genève, où il tracassait inconsidérément, de rentrer dans son personnage, lequel était d'observer, de se taire et de demeurer en repos. « Aspirant à tenir le fil des négociations de la France à l'extérieur, lui disait Deforgues, vous vous plaignez de n'avoir pas été autorisé par mon prédécesseur à chercher à la nation des amis et des ennemis à nos ennemis. » Genet, aux États-Unis, en usait de même, et avec plus d'imprudence. Le gouvernement américain demanda le rappel de cet agent turbulent, cabaleur et factieux. «Jamais, lui écrivit Deforgues, le Conseil n'a pu vous autoriser à exercer chez une nation amie et alliée des pouvoirs proconsulaires... Il vous est prescrit de traiter avec le gouvernement, et non avec une portion du peuple; d'être près du Congrès l'organe de la République française, et non le chef d'un parti américain... Quel serait, en France, le succès d'un agent étranger qui, au lieu de négocier avec les représentants du peuple et le Conseil exécutif, s'aviserait de s'entourer d'un parti... de faire armer des corsaires contre des nations amies, enfin de s'occuper, comme vous l'annoncez, de la convocation d'une Assemblée constituante[1] ! » C'étaient encore des commentaires du décret du 13 avril, et c'est tout ce qui restait de la politique de Danton. Le reste s'écroula.

Maret et Sémonville s'étaient mis en route pour la Suisse. Ils voyageaient avec autant de maladresse que d'indiscrétion ; le 24 juillet, ils tombèrent dans une embuscade. Le gouvernement autrichien les fit surprendre et enlever au passage sur le territoire des Grisons[2]. L'acte était une violation du droit des

---

[1] Deforgues à Genet, 30 juillet 1793. Voir sur cet épisode, CORNÉLIS DE WITT, *Washington*, p. 339 et suiv. *Jefferson*, Appendice, p. 527 et suiv.
[2] Voir pour les détails de cette affaire, *Papiers de Barthélemy*, t. II et III. Table analytique, article Sémonville. — ZEISSBERG, t. I, p. 149 et suiv. — ERNOUF, *Maret*, ch. XXI-XXIII.

gens, tel que l'enseignaient les publicistes, mais il ne dérogeait point à celui que pratiquaient les anciennes cours[1]. Maret et Sémonville furent dépouillés, emprisonnés dans les souterrains de la citadelle de Mantoue, et traités avec la brutalité qui était dans les habitudes du temps. Sur six compagnons de captivité qu'ils avaient, cinq périrent dans le premier mois. Ne pouvant user directement de représailles envers la cour de Vienne, le Comité de salut public se vengea sur les prisonniers du Temple. La mort de Marie-Antoinette fut dès lors décidée. D'ailleurs, le secret de la mission de Maret à Naples avait transpiré. Le Comité tenait à couper court à tout soupçon de pacte avec l'ennemi et de pitié pour la famille royale. La principale préoccupation des nouveaux gouvernants fut désormais de ne point paraître tremper dans les intrigues diplomatiques, on allait bientôt dire dans les complots où s'était aventuré Danton.

Le 20 août, le Comité prit une délibération de principes. Considérant « la nécessité... de montrer à l'Europe une République puissante, n'existant que par elle-même et ne voulant s'immiscer dans le gouvernement d'aucun peuple, ni s'associer à aucune de leurs guerres », il arrêta « que le ministre des affaires étrangères traiterait désormais les diverses affaires diplomatiques sur cette base constitutionnelle et s'occuperait des moyens de pénétrer et de déjouer les intrigues, les manœuvres et la coalition des tyrans de l'Europe et de leurs gouvernements, sans entendre exclure les communications amicales et commerciales qui doivent exister entre toutes les nations, pourvu qu'elles ne puissent compromettre l'indépendance de la République française, ni la lier par aucun engagement ». La première partie de ces instructions, celle qui consistait à déjouer les calculs des coalisés, était assez paradoxale; la seconde, celle de ne se lier par aucun engagement, n'était, au contraire, que trop aisée à appliquer.

La cour de Naples n'attendait, pour se déclarer, que d'être

[1] Voir t. I, p. 81, 86.

assurée de l'appui de l'Angleterre. Elle le fut le 24 août. Le 28, Acton fit voler les papiers de Mackau, voulant rentrer en possession des billets compromettants qu'il lui avait adressés au temps des ruses et des coquetteries. Quand il eut les papiers, il annonça qu'il ferait poursuivre les auteurs du vol, notifia la rupture des relations entre la France et les Deux-Siciles et invita Mackau à quitter le royaume, avec toute sa suite, dans le délai de huit jours[1]. La République de Venise en usa plus prudemment. Elle était pacifique par nécessité; mais elle se montrait hostile par antipathie de la Révolution et par peur des coalisés. Noël, arrivé le 9 juin à Venise, écrivait, le 27 juillet : « Nous vivons ici dans un isolement absolu; nul Vénitien ne nous voit, et les étrangers que notre table pourrait attirer, et qui pourraient nous fournir des instructions, nous fuient; nous sommes obligés de renoncer à leur commerce par la détresse à laquelle nous sommes réduits. » Le Sénat, sous les injonctions de l'Autriche, refusa d'accepter Noël à titre de ministre; il consentit seulement à recevoir un chargé d'affaires, Jacob, secrétaire de la précédente légation. Deforgues en instruisit le Comité le 5 septembre : « La Constitution de Venise seule devait l'écarter de notre Révolution, dit-il; aussi ne peut-on se dissimuler que ce gouvernement n'en est pas plus partisan que les autres puissances de l'Italie. »

Deforgues essaya encore quelques tâtonnements du côté de la Prusse et de l'Angleterre, mais ils se perdirent dans le vide. Le Comité se fit amener le baron d'Esebeck; ce diplomate écrivit au duc de Deux-Ponts pour engager une correspondance. Le duc répondit, le 28 août, que si son ancien ministre avait quelques communications à lui adresser, il les envoyât aux avant-postes par un trompette. Desportes demanda des instructions; Deforgues le rappela à Paris. Forster se rendit à l'armée du Nord et tâcha de communiquer avec le général anglais. Il ne reçut point de réponse. L'agent Mathews revint à Paris et conféra, le 28 août, avec Otto, chef de la première

---

[1] Rapport de Reinhard, 22 septembre 1793.

division au ministère des relations extérieures. Mathews dénonça les desseins des coalisés sur la France et les plans de partage qu'il prétendait avoir pénétrés : Dunkerque à l'Angleterre, le pays jusqu'au Rhône à la Savoie, l'Alsace et la Lorraine à l'Autriche, les Pays-Bas et la Flandre française au duc d'York, le pays jusqu'à la Gironde à l'Espagne. Il ajouta que la paix était possible avec les Anglais si la République délivrait la famille royale, rappelait les décrets de propagande, rendait la Savoie et Nice, indemnisait le Pape et les princes allemands, cédait enfin Tabago à l'Angleterre. Deforgues en fit un rapport au Comité le 1er septembre. Il n'existe, dit-il, aucune chance d'exciter une révolution en Angleterre; « depuis longtemps, on a renoncé à ce faible moyen ». Mais l'agent anglais qui est à Paris peut être utile. « Commençons par le dépayser lui-même pour mieux égarer ceux qui l'ont envoyé. Si, comme je le prétends, il nous convient de continuer la guerre avec George, ayons l'air de prêter l'oreille aux ouvertures de Mathews, renvoyons-le avec des paroles conciliantes. » C'était encore trop de diplomatie pour le nouveau Comité de salut public. Il décida, le 6 septembre, que Mathews serait mis en prison et que ses papiers seraient saisis.

Cependant, il y avait une négociation en règle engagée avec la Suède. Le Régent n'osa point ratifier le projet de traité arrêté le 16 mai. Il en proposa un autre, restreint et atténué, qui fut renvoyé à Paris et soumis au Comité le 3 septembre 1793. Ce n'était plus une alliance, ce n'était qu'une convention de neutralité armée, et la Suède y obtenait de grands avantages pour le seul mérite de défendre ses propres intérêts et ses propres droits. Elle maintenait son commerce avec la France, et la France lui payait quatre cent mille livres par vaisseau, deux cent mille livres par frégate qu'elle armerait extraordinairement pour escorter ses convois d'approvisionnements et de marchandises. De plus, si la Suède était amenée à faire d'autres armements extraordinaires, la France lui promettait un subside de vingt millions par an. Ce projet fut adopté, en principe, mais le Comité ne le ratifia point. « L'été

ARRÊT DES NÉGOCIATIONS.

se passa, rapporte le baron de Staël, sans que je pusse avoir la signature du Comité, et il fallut encore ajourner cette affaire. » Le régent de Suède, pour colorer aux yeux de l'Europe ce pacte avec la République, fit insinuer, dit-on, qu'il subordonnait son consentement à la mise en liberté des prisonniers du Temple. Cette insinuation ne fut point écoutée, et elle suffit à expliquer l'arrêt que subit de part et d'autre la négociation [1].

Cet arrêt eut son contre-coup en Orient. Les deux négociations étaient liées, et la République avait déjà éprouvé en Turquie les bons offices de la Suède. Descorches avait enfin obtenu l'autorisation de se rendre à Constantinople; mais il n'y fut admis que sous son nom de guerre, celui d'Aubry, et à titre privé. Il arriva le 8 juin [2]. Il reçut la colonie française et se présenta en qualité de commissaire civil de la Convention nationale; il s'efforça d'attirer à lui les émigrés polonais et tâcha de s'aboucher avec le Divan. Le drogman de la légation de Suède, Mouradgea, lui ménagea, le 6 juillet et le 8 août, des entrevues secrètes avec un des ministres du Sultan. Descorches constata que « tout était dit pour le moment sur l'alliance », et qu'il n'y avait pas lieu d'espérer pour lui d'être reconnu officiellement. On l'écoutait, c'était déjà beaucoup. Le reste dépendait de la République. « Le raisonnement, écrivait-il [3], ne peut plus rien partout où la peur domine... Si nous voulons imprimer aux Turcs un mouvement plus prompt, il faut nous convaincre absolument qu'il ne suffit pas de leur tendre dans l'éloignement une main vigoureuse; il faut la leur faire sentir : des vaisseaux dans l'Archipel, voilà le vrai véhicule; il n'y en a pas d'autre. » Des vaisseaux, une dépêche de Stockholm, datée du 12 juin, annonça que la Suède en enverrait si la guerre éclatait entre la Porte et la Russie, pourvu toutefois que la Porte fît les frais de l'armement. La dépêche ajoutait que la Suède était disposée à

---

[1] LÉOUZON LE DUC, *Correspondance diplomatique du baron de Staël*, p. 259.
[2] Rapport de Descorches, 9 juin 1793. — ZINKEISEN, t. VI, p. 862 et suiv.
[3] Rapport du 8 août 1793.

prendre le parti de la République. Le Divan reçut cette ouverture le 28 août; il s'en montra fort ému, et il fit répondre aussitôt au Régent « que la Porte tâcherait de prendre toutes ses mesures pour l'établissement de la République française », pourvu toutefois que la République pût se soutenir pendant l'année en cours. L'ajournement du traité avec la Suède laissa cette affaire en suspens [1].

Le Comité, au fond, n'avait d'inclination que vers la Suisse. C'était le sentiment de Robespierre, qui commençait à s'imposer; Robespierre n'eut jamais que cette idée-là dans la politique extérieure, encore n'était-ce qu'une idée d'étiquette. Il ne considérait, dans la Suisse, que le nom de république, sans se soucier des véritables dispositions des cantons et sans considérer les conséquences qu'aurait pour la France même une alliance avec cette confédération.

Le Comité décida, le 30 août, d'instituer avec les Suisses un nouvel ordre de relations. Il voulait présenter au monde, sur ce petit théâtre, « le grand spectacle de deux nations resserrant leurs liens et conciliant tous leurs intérêts avec cette franchise qui caractérise les hommes libres ». Ces nations communiqueraient directement par leurs représentants élus, et le Comité proposait d'envoyer en Suisse deux députés de la Convention. Barthélemy fut chargé de tâter le terrain; mais le Comité se méfiait de Barthélemy, et il lui dépêcha, pour l'éclairer, l'animer et le surveiller, « un agent patriote et actif », le citoyen Aubriet, secrétaire de la légation de la République en Suède. Aubriet avait une manière assez étrange d'entendre la franchise dans les rapports des nations libres. Il proposait de négocier une alliance les armes à la main, de se présenter aux Suisses avec beaucoup d'argent, beaucoup de grains et 30,000 hommes, afin, disait-il, de rassurer les populations contre les menaces de l'Autriche. Barthélemy était prudent de sa personne et fort soucieux de sa fortune; mais il montra toujours le désintéressement et le courage profes-

[1] ZINKEISEN, t. VI, p. 870. — SYBEL, *La propagande révolutionnaire* en 1793 et 1794, *Revue historique*, t. XI, p. 112.

sionnels; il ne manqua jamais d'éclairer les gouvernements qu'il servait sur la portée des démarches qui lui étaient prescrites. S'il eut quelque mérite à dire la vérité dans cette circonstance, il n'eut pas de peine à l'établir. C'était l'évidence même de l'expérience et du sens commun. Les cantons n'avaient pas reconnu Barthélemy, comment admettraient-ils les délégués de la Convention? « Quel autre résultat pouvons-nous espérer que de nous commettre au plus haut degré? » écrivait-il à Deforgues. Quant à l'alliance, « la proposition d'un traité attirera la guerre au corps helvétique de la part de nos ennemis, s'il l'accepte. Elle la lui attirera de notre part, s'il la refuse. Il ne refusera jamais, mais la lenteur de ses formes... équivaudrait, à nos yeux, à un refus. » La Suisse n'ayant point à gagner la liberté risque de tout perdre en perdant la neutralité, et cette neutralité qui couvre la frontière de la France vaut mieux pour la République qu'une alliance qui ouvrirait à l'Autriche un chemin nouveau d'invasion. « Il faut bien prendre garde, concluait-il, qu'en recherchant un grand avantage et en voulant préparer quelque consolation aux peuples libres, nous n'amenions un grand mal [1]... »

Tandis que les négociations s'arrêtaient ainsi, faute d'impulsion ou faute d'objet, la guerre était suspendue, les armées se dissolvaient faute de direction. « Nous avons fait, écrivait, le 4 août, le directoire du Bas-Rhin, les efforts les plus violents pour arracher nos défenseurs à la faim et au désespoir... Le dénuement est tel que, sans les mesures les plus promptes et les plus efficaces, nous ne pouvons plus répondre du salut de la patrie : l'armée se débandera, et bientôt, abandonnée par ses propres défenseurs, la République sera exposée à la perte la plus cruelle. » Le même appel d'alarme arrive de toutes les frontières, de tous les camps, de toutes les garnisons. C'est l'horrible famine des armées qui sévit sur la France bloquée, envahie, dévastée, anarchique, obligée, pour se sauver, de se

---

[1] Deforgues à Barthélemy, 30 août. — Délibération du Comité de salut public, 31 août. Rapports de Barthélemy, 11 et 14 septembre. Voir *Papiers de Barthélemy*, t. II, août; t. III, septembre 1793.

rationner elle-même et de se mettre en réquisition, réduisant ses départements au régime de la conquête et ses villes à celui des places assiégées. Cependant la France est obéissante et patriote. Ses ressources sont encore infinies. Mais le zèle des citoyens est paralysé, les ressources sont dissipées par l'ineptie des agents et le désordre des administrations. Bouchotte, le soi-disant ministre de la guerre, n'est que l'homme de paille de la Commune ; ses soi-disant collaborateurs, Vincent, Hébert, Ronsin, n'en sont que les pourvoyeurs ou les valets. Le Comité de salut public le voit ; il a le courage de le déclarer : « C'est là qu'est le mal, dit Barère, le 13 juin ; si la République peut périr, c'est par le ministère de la guerre. » « Il faut un ministre intelligent et actif », déclare Cambon... « Quand le Comité demande au ministre combien il a de fusils à sa disposition pour telle armée, il est quinze jours sans avoir de réponse, et tout languit. »

Bouchotte et ses suppôts laissent les généraux sans instructions, les soldats sans armes, sans vêtements et sans vivres ; mais ils font une chasse implacable aux anciens nobles qui se battent pour la République. Tout échec leur est imputé à trahison. Custine, Biron, Berthier, Menou sont successivement enlevés à leurs troupes, décrétés d'accusation ou mandés à la barre de la Convention. Le soupçon descend aux roturiers, Houchard et Kellermann subissent le sort de leurs compagnons d'armes. Le ministère excite les délations et trouve de l'argent pour soudoyer les délateurs. Les officiers, se sentant suspects, se dérobent. Personne n'ose plus donner d'ordres. La discipline disparaît, moins par le refus d'obéissance que par le refus de commandement. Dans ces armées qui, dès qu'on leur rendra la liberté de leurs mouvements, vont manifester un si pur héroïsme, révéler tant de génies spontanés, déployer tant d'émulation et d'esprit d'entreprise, il se produit un fait inouï en temps de guerre dans une armée française : la grève des officiers. A l'armée du Rhin, les commissaires de la Convention ne trouvent personne pour assumer le commandement en chef. Tous les officiers supérieurs le refusent. Il faut en investir un capitaine de dépôt. Les commissaires, faute de notions, nomment à l'ancienneté non du grade, mais des services, et l'on voit à la tête des troupes des hommes non seulement incapables de les faire mouvoir, mais de se remuer eux-mêmes. Pour remédier à l'impuissance de ces vieux soldats effacés, les commissaires en suscitent de jeunes, au hasard, les élèvent, les révoquent, les déplacent, et tout le zèle des troupes s'épuise dans ces mutations incohérentes. Le recrutement ne donne plus; les volontaires s'en retournent chez eux. « Jamais, dit un des plus illustres soldats du temps, l'armée n'avait été dans un plus fâcheux état de désorganisation [1]. » Les choses en sont là, dans le mois d'août 1793. La victoire des Montagnards avait entraîné des désordres et des désastres plus redoutables que ceux qui avaient servi de prétexte à la proscription des Girondins. La France aurait eu le temps de périr dix fois par l'incapacité de ses nouveaux maîtres et par le seul effet de leurs discordes qui ruinaient tout, paralysaient tout, si les dissensions des coalisés n'avaient été plus calamiteuses encore à l'attaque que celles des républicains ne l'étaient à la défense. Tandis que la Convention se déchirait à Paris, la coalition piétinait aux frontières, et l'on va voir qu'il était plus aisé, au mois de mai 1793, de mettre aux prises les monarchies de l'Europe que de réconcilier les factions de la République française.

[1] *Mémoires de Soult*, t. I, p. 63. *Mémoires de Gouvion Saint-Cyr*, t. I, p. 84-86, 106, 109-110, 229-230.

CHAPITRE III

LA GUERRE DE TERREUR

1793

I

Dans l'état où se trouvait alors la France, une marche directe et rapide sur Paris aurait porté des coups peut-être irréparables. Les alliés ne parvinrent pas à s'y décider : ils étaient comme englués à la frontière ; l'avidité qui les y avait attirés les y retenait. La politique avait, en 1792, contrarié et ralenti les mouvements des Allemands ; elle les suspendit en 1793.

La cour de Vienne n'admettait point que la Russie et la Prusse se procurassent, en Pologne, des bénéfices réels et immédiats, tandis que l'Autriche serait réduite, en Allemagne et en France, aux combinaisons aléatoires. « J'insiste avec persévérance, écrivait François II à Catherine, au mois d'avril, j'insiste à demander pour l'Autriche une égalité à tous égards parfaite d'avantages et d'acquisitions avec la Russie et la Prusse. » Thugut écrivait, le 14 avril, à Cobenzl, à Pétersbourg : — L'échange des Pays-Bas contre la Bavière ne peut être considéré comme un équivalent aux acquisitions de la Russie et de la Prusse en Pologne. Il est incertain, et d'ailleurs il n'apporterait à l'Empereur que l'avantage de l'arrondissement ; l'Empereur payerait cet avantage par une diminution de 1 million de sujets et de 4 millions de florins de revenu. Il lui faudrait donc, dans ce cas même, une compensation pour que les agrandissements des trois cours demeurassent équivalents.

« C'est avec regret que Sa Majesté se déterminera à chercher en Pologne, à l'exemple des deux cours, les acquisitions qui, de justice et de droit, lui compètent; mais ce parti, faute de mieux, pourrait devenir indispensable. » L'Empereur ne prenant point de terre en Pologne, il ne pourra trouver ses compensations qu'en France; l'affaire n'ira point sans difficulté, si l'on se présente dans ce pays en libérateur du peuple et en restaurateur du trône. Aussi serait-il expédient d'ajourner la reconnaissance du Dauphin comme roi et celle de Monsieur comme régent. « Cette question, conclut Thugut, dépend, du reste, de cette autre : Quel est le but de la guerre? Est-ce la restauration de la monarchie? » — Thugut emploie la forme dubitative; c'est uniquement par euphémisme. Son parti est pris, et son maître l'approuve. Non seulement l'Autriche ne reconnaîtra point Monsieur, en qualité de régent, mais elle écartera « l'absurde prétention qu'élève ce prince d'exercer sa régence dans les places conquises [1] ».

C'est sur l'Angleterre que Thugut compte le plus. S'il s'entend avec elle, il fera la loi à la Prusse et même à la Russie; mais il veut que l'Angleterre le paye, en même temps qu'elle le servira : il avait décidé que Mercy irait à Londres pour demander des subsides. Le 14 avril, le jour qu'il écrivait à Pétersbourg pour réclamer la part de l'Autriche dans le partage éventuel de la Pologne, il mande à Mercy de révéler aux Anglais le dessein de ce partage et de tâcher qu'ils s'y opposent ou du moins le restreignent. Cette restriction s'entend des lots de la Russie et de la Prusse ; mais si ces cours prennent de la Pologne, l'Autriche en prendra également; si, au contraire, elles n'en prennent point ou n'en prennent que peu, l'Autriche n'y perdra rien. Thugut le dit, le 15 avril, à l'ambassadeur anglais, Morton Eden : L'Empereur tient à ce point à l'alliance anglaise que, pour l'obtenir, il renoncerait à son plan favori, l'échange des Pays-Bas; il se résoudrait à garder la Belgique, et il se réserverait de prendre

---

[1] François II à Catherine, BEER, *Leopold II, Franz II und Catharina*, p. 187. — Thugut à L. Cobenzl, 14 avril, ZEISSBERG, t. III, p. 13. — Thugut à Colloredo, 8 juin 1793, VIVENOT, *Thugut*, t. I. — Cf. ci-dessus, p. 330.

ses indemnités en France, de façon à constituer une forte barrière aux Pays-Bas. Cette déclaration n'empêche point le précautionneux ministre de François de faire une enquête minutieuse sur les ressources de la Bavière, et de réclamer la conquête de l'Alsace, ne fût-ce qu'à titre de gage et comme moyen d'échange [1]. On ne peut faire tant de confidences à tant de gens portés naturellement au soupçon, sans s'exposer aux indiscrétions. Il s'en commet. La duplicité à double et triple fond de l'Autriche n'arrête pas seulement ses armées, elle entrave ses négociateurs, en inquiétant à la fois les alliés qu'a cette cour et ceux qu'elle recherche.

L'Empire s'alarme. Le corps germanique a déclaré la guerre selon les règles, par un acte du 28 avril; mais il ne l'a déclarée que pour se dispenser de la faire. La Diète ordonne des armements et décrète des subsides : les petits États attendent pour s'armer que les subsides arrivent, et pour fournir leur quote-part à ces subsides que les grands États fassent les avances. A part les Hessois et les Saxons qui figuraient déjà dans l'armée alliée, l'Empire ne leva, en 1793, que 17,000 hommes. La plupart des princes qui contribuent ainsi, à titre de membres de l'Empire, à la guerre impériale, prétendaient se ménager, à titre de quasi-souverains, les avantages de la neutralité. La Bavière avait souvent joué ce rôle équivoque dans les guerres précédentes. Elle y était plus intéressée que jamais. Il fallut des menaces sérieuses pour la décider à envoyer son contingent et, par suite, à découvrir ses frontières du côté de l'Autriche. Le vieil électeur Charles-Théodore se serait sans trop de résistance laissé transporter aux Pays-Bas; mais il voulait, au moins, être sûr d'y rester, et il demandait des garanties. Son héritier présomptif, Maximilien de Deux-Ponts, estimait qu'il n'y avait point de garanties rassurantes contre les Français et leur révolution : il tenait à régner à Munich, où ses loisirs

---

[1] Thugut à Mercy, 24 avril 1793, ZEISSBERG, t. III, p. 24; SYBEL, 4ᵉ édition, t. II, p. 212. — Rapport de Morton-Eden, 15 avril; HERRMANN, *Dipl. Corr.*, p. 386. — Thugut à Lehrbach, 19 avril; Mémoire de Wurmser sur l'Alsace, ZEISSBERG, t. III, p. 28, 37.

lui semblaient mieux assurés qu'à Bruxelles. Il se rendit au camp anglais, dénonça les arrière-pensées de l'Autriche et soutint que cette cour, au lieu d'envoyer des renforts en Belgique, retenait ses troupes et les disposait pour envahir la Bavière [1].

Les Prussiens étaient assez experts en manœuvres de chancellerie pour démêler le jeu de Thugut. Ils comprirent que ce ministre refusait de ratifier le traité de partage de la Pologne, animait les Polonais à la résistance, cabalait à la cour de Londres, le tout pour le plus grand dommage et pour l'humiliation de la Prusse. Tandis qu'on les écarterait ainsi de la Pologne, les Prussiens s'épuiseraient pour reconquérir la Belgique à l'Empereur, lui faciliteraient ainsi à leurs dépens le troc de la Bavière et le fortifieraient aux dépens de l'Empire et de la France. Ce n'était point l'intérêt de la Prusse d'arrondir l'Autriche en Allemagne et de faire de la France « une province autrichienne ». Haugwitz fit entendre à Vienne et à Pétersbourg que si l'Autriche continuait à s'opposer aux acquisitions de la Prusse en Pologne, le roi se considérerait comme dégagé de l'alliance de 1792, et réduirait son armée à son contingent d'Empire, c'est-à-dire à 20,000 hommes. La conduite des généraux prussiens confirma le dire des diplomates. Frédéric-Guillaume avait devant lui 22,000 Français, bloqués dans Mayence, et 20,000 dispersés et refoulés vers la frontière. Il disposait de près de 80,000 hommes. Il en immobilisa la moitié devant Mayence et forma du reste un cordon d'observation, de Kreuznach aux Deux-Ponts. S'il avait réuni ces troupes à celles de Wurmser, les alliés auraient pu écraser les Français et s'emparer de l'Alsace. C'était précisément ce que les Prussiens ne voulaient pas accomplir avant que les affaires de Pologne fussent réglées.

Devant Mayence même, ils se montraient mous, ne cherchant qu'à réduire la place par la famine. Frédéric-Guillaume, sa cour et son état-major songeaient plus à se divertir qu'à

---

[1] Sybel, Trad., t. II, p. 209, 254-255, 377. — Hæusser, t. I, p. 448, 450, 485-487. — Perthes, t. II, p. 223.

combattre. Ils se rendaient fréquemment à Darmstadt, où le landgrave donnait des fêtes brillantes pour les fiançailles du prince héritier de Prusse avec la princesse Louise de Mecklembourg. Le roi lui-même poursuivait avec moins d'éclat, mais avec un zèle tout juvénile, de nouvelles fiançailles. Ce prince considérait évidemment la polygamie comme un droit régalien ; il s'était, en 1792, séparé de la comtesse Dœnhof, couronnant par un divorce morganatique l'étrange série de ses évolutions conjugales [1]. Il offrit son cœur, toujours disponible, et sa main gauche, redevenue libre, à la fille d'un banquier de Francfort, mademoiselle Bethmann. Il lui faisait une cour assidue ; la jeune personne, au dire de l'envoyé d'Angleterre, était « tout sentiment et tout flamme » ; mais elle avait de la religion ; elle conçut des scrupules sur la validité du mariage et des inquiétudes sur la constance de l'époux. Elle refusa. Cette déception amoureuse aurait pu rejeter le roi vers les nobles distractions de la guerre. Il n'en fut rien : Frédéric-Guillaume se reporta sur la politique et chercha sa consolation dans l'accroissement de ses États. On vit poindre de nouveau quelques dispositions à se rapprocher de la France, et c'est alors que le comte de Luxburg se rendit à Metz [2]. Ces velléités s'évanouirent après la chute du parti modéré dans la République. Le 10 juin, le gouvernement prussien déclara qu'il consentait à attribuer aux Autrichiens leurs indemnités en France, mais à la condition que l'Autriche accéderait au traité de partage [3].

C'était, encore une fois, ramener toutes les affaires de la coalition à la Pologne. Comme, dans cette république, tout était à la merci de la Russie, Catherine demeurait l'arbitre du grand marché européen, le moteur essentiel de la coalition et le juge en dernier ressort du rétablissement de la monarchie

---

[1] Cf. t. II, p. 481.
[2] Cf. ci-dessus, p. 422.
[3] Sybel, *Trad.*, t. II, p. 255, 284-287. — Hæusser, t. I, p. 486-487. — Rapport d'Alopéus, 27 avril 1793. — Martens, t. VI, p. 167. — Philippson, t. II, p. 148. — *Journal de Malmesbury*, décembre 1793.

française. « Les autres, écrivait cette princesse en faisant allusion à ses alliés, les autres ont continué dans leur chemin battu; mais, si je dois être de la partie, ce n'est pas dans le chemin des sottises que je m'embarquerai [1]. » C'en eût été une, et des plus grosses, d'attirer les Autrichiens en Pologne alors qu'on pouvait les occuper ailleurs. C'en eût été une autre d'enlever aux émigrés français les illusions qu'ils avaient conçues sur le désintéressement de la Russie.

Catherine s'entendait à manier ces esprits brouillons et infatués. Elle avait expérimenté naguère le procédé : elle en usait avec les émigrés français comme elle en avait usé avec les confédérés polonais leurs émules, sauf à se conduire avec la monarchie française restaurée aussi librement qu'elle le faisait avec la république polonaise rendue à son antique constitution. Elle plaça les princes français dans le département des favoris émérites, ce qui emportait, de sa part, plus de libéralité que d'estime. La société russe ne s'y méprit point; elle traita en Polonais du parti russe, c'est-à-dire avec des égards d'apparat et beaucoup de mépris au fond, ceux que Rostopchine appelait les « illustres gueux errants ». « Je m'étonne », écrivait ce Saint-Simon, fantasque et incohérent, de Moscovie, « comment ces gens peuvent inspirer un intérêt réel. Je ne leur en aurais jamais accordé d'autre que celui qu'on a à la représentation d'une pièce touchante; car cette nation n'existe que par la comédie et pour la comédie. » Si la pièce est touchante, d'ailleurs, ce n'est pas un motif de respecter les acteurs qui la jouent. « Les scélérats et les imbéciles sont restés dans leur patrie, poursuivait Rostopchine, et les fous l'ont quittée pour grossir les charlatans de ce monde. » Il y en avait cependant qui n'étaient ni fous, ni charlatans, le duc de Richelieu, par exemple, et son ami Langeron qui servaient avec distinction dans l'armée russe. Mais le premier par la dignité de son caractère, le second par ses services, ne faisaient que mieux ressortir la frivolité des autres.

[1] *Lettres à Grimm*, avril 1793, p. 583. — Cf. Fersen, t. II, p. 415, Rapport de Stedingk, **26** avril 1793.

Cabalant à l'envi, indiscrets, importuns, vains, promenant dans les salons le personnage impertinent de l'homme de cour ruiné qui traite en Hottentots les provinciaux dont il est le parasite, les émigrés semblaient à la fois puérils et insupportables à leurs hôtes. Les vieux Russes, qui se piquaient d'avoir lu Voltaire, tenaient les révolutionnaires pour des fripons et les émigrés pour des faquins. Ils s'étonnaient surtout des incroyables et infinies divisions d'un parti qui reprochait à la Révolution de déchirer la France par les factions. « Le parti royaliste, rapporte Langeron, offrait alors dans les cours étrangères un scandale, disons même un ridicule, qui nuisit beaucoup à la cause et à ses ressources. » Partout où se trouvait un agent de Breteuil, c'est-à-dire du feu roi, on voyait un agent des princes ou de Calonne intrigant contre lui. « Les deux cabinets étaient aussi ennemis entre eux qu'ils l'étaient des républicains. » Bombelles avait représenté la coterie de Breteuil à Pétersbourg; Esterhazy représentait le parti des princes. Insinuant, intéressant, fin sous un extérieur brusque, il s'était introduit dans l'intimité de l'impératrice et s'était emparé de l'esprit de Zoubof, « prêchant le despotisme au grand-duc, dit Rostopchine, et rejetant les malheurs de la France sur l'amour que le roi avait pour le peuple, qui oublia son autorité et passa au mépris de sa personne [1] ».

La tsarine, dans le temps de son grand feu pour la chevalerie des princes et quand elle les croyait encore utiles à quelque chose, avait invité le comte d'Artois à venir à Pétersbourg. « Ensuite, raconte Langeron, elle n'avait plus paru le désirer autant, et elle mit quelques restrictions à son premier élan en sa faveur. Soit que le prince, ne pouvant les soupçonner, ne les comprit pas, soit qu'il ne voulût pas les comprendre, soit que le comte Esterhazy ne les lui expliquât point, il arriva. L'impératrice en fut contrariée et le laissa deviner aux personnes de son entourage ; mais elle était trop bonne

---

[1] Lettres de Rostopchine, Archives Woronzof, t. XVIII, p. 70-79. — Pingaud, *Les Français en R..ie,* p. 200-205. — Langeron, *Mon retour en Russie.* (Affaires étrangères.)

comédienne pour le faire paraître dans le public. » Elle reçut donc le comte d'Artois avec un étalage particulier d'honneurs et d'attentions. « Rien ne fut oublié de tout ce qui pouvait contribuer à satisfaire son amour-propre et à lui faire oublier son malheur. » Il déploya dans cette cour l'auguste niaiserie et l'exquise politesse, l'attitude et le charme par où il déçut toute sa vie tant de personnes. Comme la plupart de ses compagnons d'exil, ce prince qui poussa si loin l'inintelligence des choses avait l'esprit des mots. Les Russes jugeaient l'aristocratie française d'après Calonne et ses émules; ils furent étonnés et éblouis des grandes manières et de la parfaite éducation de ce descendant de la première maison du monde. Il leur parut « simple, décent, modeste, profondément et sincèrement affligé, sans jactance et sans affectation, montrant dans sa conversation un esprit froid et sage; il renversa toutes les idées qu'on avait en Russie de sa légèreté et de ses habitudes de jeunesse, et inspira le plus vif et le plus respectueux intérêt ». Les malveillants se dédommagèrent aux dépens de sa suite, qui s'y prêta avec indiscrétion. L'évêque d'Arras, Conzié, surprit par son « air et ses propos trop guerriers ». Ce prélat, en habit séculier, tout courtisan et tout politique, dérangeait les idées que les Moscovites se faisaient d'un homme d'Église; le duc d'Escars, trouvant mauvaise la table de l'impératrice et le laissant trop paraître, dérangea les idées qu'ils se faisaient d'un homme du monde.

Ces gentilshommes se montraient pourtant, dans les affaires, d'une docilité aux insinuations et d'une prévenance pour les intérêts russes qui auraient dû désarmer les serviteurs de Catherine, l'évêque surtout, qui passait pour une des fortes têtes du parti : il étalait, avec une onction qu'il n'apportait peut-être que là, cette reconnaissance anticipée dont les Français ont toujours été aussi prodigues à l'égard des Russes et des Prussiens que ces derniers l'ont été de déclarations d'amitié et de promesses d'alliance. Conzié et son maître n'avaient encore rien reçu qu'un peu d'argent, et déjà ils sacrifiaient toutes les traditions de la couronne. « L'alliance de l'Autriche a été funeste à la France, disait l'évêque ; la France a besoin de l'alliance de la Prusse et de la Russie, et, pour cette raison, le partage de la Pologne et l'abaissement de la Turquie ne sont point un mal pour la France [1]. » Le comte d'Artois resta un mois en Russie et partit comblé de présents. Catherine l'avait enguirlandé de toutes façons, flattant ses préjugés politiques, dénonçant les convoitises de l'Autriche « détestable, disait-elle, sous tous les rapports », vantant sa propre magnanimité, son désintéressement, son désir unique de restaurer la monarchie française dans son intégrité et dans sa splendeur. A la vérité, elle réclamait le plus profond secret sur ces généreux desseins, et elle y mettait une réserve : le concours de l'Angleterre. Cette réserve lui tenait lieu de toutes les restrictions mentales et lui permettait de promettre impunément. « Si nous ne sommes pas trahis par l'Angleterre, écrivait le comte d'Artois, ce que je ne dois pas craindre, je vois déjà vingt vaisseaux russes et une bonne armée faisant voile pour nous aller déposer sur les côtes de Normandie. » La suite montra qu'il n'était pas plus empressé de débarquer sur ces côtes que les Anglais de l'y conduire et les Russes de l'y accompagner. Il se contentait donc à peu de frais, plus dupe encore de lui-même qu'il ne l'était de l'impératrice. « Le comte d'Artois m'aime comme une mère, écrivait Catherine. J'espère qu'il dira que notre conduite a été vis-à-vis de lui franche et loyale. » Le comte d'Artois le crut avec toute la naïveté désirable, et il le répandit avec un excès d'hyperbole qui dépassa les espérances de la tsarine. « Je te jure, écrivait-il à son ami Vaudreuil, que, surtout depuis quelques jours, je ne la regarde plus que comme un ange. » Si la police, comme il est vraisemblable, intercepta la lettre et la fit copier au cabinet noir, cet ange de rhétorique dut fort divertir la ci-devant Sémiramis de Voltaire et de Diderot [2].

[1] Rapport de Stedingk, 26 août 1793. FERSEN, t. II, p. 416.
[2] LANGERON, *Mémoires inédits.* — *Lettres de Catherine à Grimm.* — Rapport de Stedingk, 26 avril 1793; FERSEN, t. II, p. 415. — Le comte d'Artois à Vaudreuil, 25 mars, 1er et 19 avril 1793; PINGAUD, *Vaudreuil,* t. II, p. 124-125, 127, 133-136.

Tandis que l'impératrice et son amant, Platon Zoubof, comblaient le comte d'Artois de ces bagatelles de cour, le ministre des affaires étrangères Marcof, créature et complaisant du favori, serviteur actif et docile de la souveraine, âpre à la besogne et tout imprégné des raisons d'État, conférait avec l'ambassadeur autrichien Cobenzl, sur les réalités de la politique[1]. « On peut tout se promettre de l'entreprise contre la France, disait Marcof ; il est de l'intérêt de toutes les puissances de détruire l'anarchie qui s'est établie dans ce pays, et de couper court par là à la contagion qui menace toute l'Europe ; d'un autre côté, il ne convient sans doute ni à votre cour ni à plusieurs autres que la France reprenne sa première prépondérance ; il paraît que ces deux objets peuvent fort bien se combiner ensemble et s'exécuter à la fois ; emparez-vous des provinces françaises qui sont à votre convenance ; que l'Espagne, la Sardaigne, s'agrandissent aussi de leur côté aux dépens de cette puissance ; l'Angleterre aussi ne s'oubliera pas. Ceci fait, travaillons tous de concert à donner à ce qui restera de la France un gouvernement monarchique, stable et permanent ; elle deviendra puissance du second ordre, qui ne sera plus redoutable à personne, et on fera disparaître ainsi le foyer de la démocratie qui a pensé embraser toute l'Europe. » Marcof pressait Cobenzl de déclarer ses goûts et de manifester les désirs de sa cour.

Cobenzl demanda des instructions. Il en reçut à la fin du mois de mai. — L'Autriche, dit-il[2] alors à Marcof, ne songeait d'abord qu'à échanger les Pays-Bas contre la Bavière ; mais la Prusse s'agrandissant en Pologne, il nous faut autre chose. — Soit, répondit Marcof ; prenez ce qui est le plus à votre convenance de la Flandre française, de l'Alsace ou de la Lorraine. Cobenzl insinua que les Français s'y opposeraient peut-être, et que, dans cette hypothèse, l'Autriche serait forcée de se rabattre sur la Pologne. Marcof n'y consentait point. « Il vous convient infiniment mieux, disait-il, de chercher

---

[1] Rapport de Cobenzl, 16 avril 1793. ZEISSBERG, t. III, p. 26.
[2] Cobenzl à Thugut, 31 mai 1793. ZEISSBERG, t. III, p. 95-101.

votre lot en Allemagne et aux dépens de la France. » Ils parlèrent de séculariser, c'est-à-dire de confisquer l'évêché de Salzbourg, qui aurait complété l'arrondissement de la Bavière et rendu le troc des Pays-Bas plus avantageux pour l'Autriche [1]. « Si vous êtes d'accord avec nous et avec le roi de Prusse, dit Marcof, qui peut vous empêcher de faire en Allemagne ce que vous voulez? Vous n'y éprouverez guère plus de difficultés que nous n'en trouvons en Pologne. »

Mais il y avait l'Angleterre, dont Marcof ne parlait point et avec laquelle l'Autriche devait compter. L'Angleterre ne voulait point entendre parler du troc des Pays-Bas. Elle voulait bien payer des subsides à l'Autriche, mais c'était pour défendre la Belgique contre les Français, et non pour livrer cette province à un principicule d'Allemagne, incapable de la conserver. Lord Grenville le fit comprendre très clairement à Starhemberg, lorsque ce comte vint en ambassade à Londres, dans les derniers jours du mois de mai. Toutefois, si l'Angleterre mettait son *veto* au troc des Pays-Bas, elle se montrait, par contre, fort désireuse de consolider la domination autrichienne dans ce pays. Il entrait dans ses vues de constituer un formidable rempart à la Belgique et, du même coup, « d'affaiblir aussi la France pour l'empêcher de nuire dorénavant au reste de l'Europe [2] ».

Le comte de Mercy, qui avait ajourné son départ pour Londres et suivait de Bruxelles les négociations avec l'Angleterre, conseillait de profiter de ces dispositions des Anglais. Il fit un plan ensuite duquel l'Autriche aurait obtenu l'Alsace, toute la Lorraine avec les trois évêchés, la Flandre française, l'Artois et la Picardie jusqu'à la Somme, sauf à laisser Dunkerque aux Anglais qui l'assiégeaient, et sur quoi ils avaient depuis longtemps jeté leur dévolu [3].

---

[1] L'Autriche se réserva cet évêché en 1797, l'acquit en 1805, le perdit en 1809 et le reprit en 1814.

[2] Rapports de Starhemberg, 24 mai 1793, 14 juin 1793. Zeissberg, t. III, p. 77, 109.

[3] Mercy à Thugut, 29 mai et 15 juin; Starhemberg à Thugut, 14 juin; Projets de convention. Zeissberg, t. III, p. 89, 100, 111, 112.

Thugut n'aimait point les spéculations dans l'espace. Ce plan, que Mercy qualifiait de « gigantesque », lui semblait sinon trop vaste, du moins trop incertain. C'était un royaume *in partibus* qu'on lui offrait là, et des billets à aussi longue échéance sur un payeur aussi récalcitrant que la République française ne lui inspiraient point de confiance. En Pologne, selon la formule consacrée, il n'y avait qu'à se baisser pour prendre. Il se baissa, et écrivit le 16 juin à Cobenzl que l'Empereur se voyait contraint de s'assurer la possession de Cracovie[1]. Ce serait la fin de la Pologne ; l'Empereur le regretterait, sans doute. Mais, ajoutait Thugut, après les démembrements qu'elle a déjà subis, « cette république ne pourra plus servir que de barrière fort imparfaite entre les puissances limitrophes ; il ne semble pas que le partage total de ce qui en reste puisse entraîner désormais de bien grands inconvénients ». Dans tous les cas, et alors même que l'Autriche trouverait à se satisfaire en France, « elle ne saurait se dispenser de profiter des conjonctures pour améliorer, corriger et fortifier sa frontière de Galicie ». Le parti de Thugut semble bien pris de ce côté. Il mande à Starhemberg de ne plus parler de la Pologne à Londres et de ne plus exciter les Anglais à s'opposer au partage. Puis il envoie un de ses agents, Lehrbach, au quartier général prussien, « avec une mission dont le but est de gagner du temps et d'amuser le tapis, autant que possible », jusqu'à ce que la cour de Vienne sache à quoi s'en tenir sur les dispositions de la Russie[2].

Cette cour se souciait médiocrement de la Bavière et même de la France : elle avait garanti la Bavière en 1773, les garanties diplomatiques se prescrivent en moins de temps qu'il ne s'en était écoulé depuis lors. La tsarine avait assuré au comte d'Artois qu'elle défendrait l'intégrité de la France contre les convoitises de l'Autriche ; mais c'étaient des politesses de cour, qui ne tirent point à conséquence. Le comte d'Artois,

---

[1] Thugut à Cobenzl, 16 juin. ZEISSBERG, t. III, p. 113.
[2] Thugut à Starhemberg, 19 juin ; à L. Cobenzl, 30 juin 1793. ZEISSBERG, t. III, p. 119, 129.

d'ailleurs, n'avait pas qualité pour en prendre acte officiellement.

En Pologne, c'était une autre affaire : la Russie opérait pour son propre compte, et l'impératrice y prenait tout au sérieux. Le 2 juillet, Cobenzl alla trouver Marcof et lui fit connaître les vues de l'Empereur sur Cracovie. Au premier mot qu'il en dit, Marcof l'arrêta. « La Flandre française, l'Alsace, la Lorraine, la Bavière, la Turquie même, dit-il, vous offrent des objets d'agrandissement bien plus à votre convenance que la Pologne. — Nous ne vous demandons la Pologne que comme un pis aller, répliqua Cobenzl ; nous préférons les conquêtes en France ; mais ces conquêtes ne sont pas faites, et malgré tous nos efforts et la ferme résolution où nous sommes de les continuer, il est possible de n'y pas réussir, lorsque la résistance est aussi opiniâtre que nous la trouvons à chaque pas. L'Électeur palatin et ses héritiers, poursuivit-il, se refusent à troquer leur patrimoine contre les Pays-Bas, le roi de Prusse les excite sous main à cette résistance et les soutient ; pour enlever quelque dépouille aux Turcs, il faudrait une nouvelle guerre. Où voulez-vous donc que nous prenions notre équivalent autre part qu'en Pologne ? — Voilà donc ce malheureux royaume entièrement anéanti ! s'écria le Russe. — Qu'est-ce que toutes ces raisons, conclut l'Autrichien, en comparaison du danger que nous restions sans équivalent de l'acquisition prussienne[1] ? »

L'argument semblait, pour un Russe, difficile à réfuter ; il n'était point fait pour gêner les Anglais, qui n'avaient point d'intérêt en Pologne et n'y trouvaient rien à conquérir. Leurs orateurs toutefois se prirent d'une belle indignation contre le nouveau démembrement que l'on opérait de cette république. Lord Grenville déclara à Starhemberg que si l'Autriche trempait dans cette opération, l'alliance en pourrait être compromise. « Cette conduite, dit-il, choquerait la nation anglaise, déjà indignée pour la même raison contre la Russie et la Prusse ; la

---

[1] Rapport de Cobenzl, 5 juillet 1793. ZEISSBERG, t. III, p. 134-135.

cour de Londres, ne reconnaissant et ne voulant jamais reconnaître une possession aussi injuste, ne pourrait la garantir[1]. » Thugut aurait pu répondre que le mot jamais est de ceux qu'en diplomatie on peut prononcer impunément, car il n'y a pas d'exemple qu'il ait arrêté quelqu'un ou empêché quelque chose. L'Angleterre avait reconnu le premier partage, elle reconnaîtrait le second : affaire de temps et de procédure : le point essentiel était de se nantir, la garantie viendrait par surcroît. Mais le nantissement devenait difficile. Les Polonais s'avisaient de résister.

Le ministre de Russie, Sievers, et le ministre de Prusse, Buchholz, avaient, le 9 avril, signifié aux confédérés de Targowitz, réunis à Grodno, les résolutions où étaient leurs souverains de procéder à un démembrement de la République. Les territoires étaient déjà occupés militairement ; mais il fallait une cession en règle : le formulaire des chancelleries l'exigeait, et cette cession ne pouvait être consentie que par une Diète. Sievers et Buchholz invitèrent donc les confédérés à en convoquer une incontinent. Les confédérés protestèrent, alléguant qu'ils avaient prêté le serment de maintenir l'intégrité de la Pologne. Sievers et Buchholz répondirent que leurs maîtres ne connaissaient point ce serment-là ; toutefois ils consentirent à prendre un biais qui parut, à la plupart des confédérés, suffisant pour sauver leur honneur. La Diète de Varsovie avait, entre autres institutions néfastes de l'ancienne Pologne, supprimé le conseil permanent, qui pouvait tout faire et ne répondait de rien. Les confédérés rétablirent ce conseil. Sievers le composa de gens à sa discrétion, et ce conseil, qui n'était compétent ni en fait ni en droit, se chargea de convoquer la Diète. Il restait encore des récalcitrants parmi les confédérés, Walewski, Rzewucki, et quelques autres. Sievers fit mettre sous le séquestre les biens de « ces citoyens aveugles », et tout céda. Stanislas-Auguste, arrivé le 22 avril, voulut abdiquer. « Mon devoir, écrivit-il à Catherine, m'interdit

---

[1] Rapport de Starhemberg, 13 juillet 1793. ZEISSBERG, t. III, p. 147.

toute participation personnelle aux mesures qui amèneraient le désastre de la Pologne. » Catherine lui donna à entendre qu'elle ne l'avait pas fait roi pour qu'il déposât la couronne au moment de servir la Russie. Il lui fallait un roi pour sanctionner la ruine de l'État polonais, et Stanislas reçut l'ordre de demeurer dans son emploi jusqu'à ce qu'il n'y eût plus de Pologne [1].

Sievers forma, en commun avec Buchholz, une caisse de corruption à l'usage des opposants paisibles. Le commandant russe Igelstrœm se chargea de persuader les récalcitrants. Les troupes ont l'ordre de « repousser les gens qui ne sont pas favorables à nos désirs, et elles n'admettent que les personnes dociles », écrivait le général prussien Mœllendorf.

Les élections eurent lieu ainsi au milieu de l'armée russe et sous les injonctions des soldats. Les troupes occupaient les abords des assemblées électorales. Les officiers désignaient les candidats aux électeurs. Igelstrœm « ne laisse voter que qui bon lui semble, écrivait l'agent prussien. Il possède l'expérience de ce genre d'opération, et il y déploie une surnaturelle activité. » Les Russes n'y apportèrent pas que de l'activité. Ils insinuèrent aux confédérés que si la Diète cédait de bonne grâce à la Russie, la Russie, en retour, les aiderait à résister à la Prusse. Les confédérés de Pologne, comme les émigrés français, leurs émules, n'avaient jamais vécu que d'illusions, mais ils en étaient insatiables. Sievers promit d'ailleurs des récompenses, et les élections s'achevèrent sans difficultés.

La Diète se réunit le 17 juin à Grodno. C'était une assemblée de commande ; il s'y trouva cependant des gens de cœur pour se révolter contre la félonie que la tsarine exigeait d'eux. La Prusse n'y avait point de parti ; la Russie en avait un considérable ; mais il y en avait un aussi qui voulait temporiser,

---

[1] Cf. Sybel, t. II, liv. VII, ch. ii et v; Lettre de Mœllendorf, *id.*, *trad.*, t. II, p. 188. — Herrmann, *Russie*, t. VI, ch. xv. — Ferrand, t. III, liv. XII. Manifeste et note de Sievers, *Moniteur*, t. XVI, p. 317 et 549. — Rapports de Buchholz, Herrmann, *Pol. Corr.*

éconduire la Prusse, s'appuyer sur l'Autriche, en appeler à l'Angleterre, et sauver quelques lambeaux du royaume en divisant ceux qui voulaient l'usurper. Le 19 juin, Sievers et Buchholz réclamèrent la formation d'un comité qui serait chargé de traiter avec eux. La Diète adressa, le 30 juin, à chacun des deux ministres une réponse différente. Elle suppliait la tsarine de ne pas exiger la ratification du partage ; elle invitait le roi de Prusse à faire évacuer les territoires occupés par ses troupes. Sievers et Buchholz réclamèrent de nouveau un comité, le 24 juin, par des notes séparées, et manifestèrent, le 29, par une note collective, leur « surprise » de voir la Diète « séparer les intérêts des deux cours alliées ».

La Diète aurait pu rappeler à Sievers ses récentes insinuations ; mais ce ministre coupa la parole aux indiscrets. Le 1ᵉʳ juillet, il fit arrêter sept des députés les plus récalcitrants, mit le séquestre sur les biens de plusieurs autres, et saisit les revenus du roi. La Diète comprit et nomma le comité. Toutefois, en autorisant ce comité à traiter avec la Russie, elle lui interdit de rien entendre de la part de la Prusse. Sievers répliqua en notifiant à la Diète un projet de convention commune aux deux États, ajoutant que la Pologne serait libre de se donner toute constitution qu'elle voudrait, sauf celle du 3 mai 1791. La Diète repoussa le projet ; Sievers avertit les députés, le 11 juillet, que s'ils continuaient de la sorte, il serait contraint « d'écarter les boutefeux, les perturbateurs de la paix et de l'ordre, vrais ennemis de leur patrie ». Cette menace n'agit point.

Alors le ministre russe en vint à la raison suprême des rois, qui est aussi, comme on venait de le voir à Paris, le 2 juin, la raison suprême des démagogues : la force brutale. Il en usa avec la Diète de Grodno comme Henriot en avait usé avec la Convention nationale. Il déclara, le 16 juillet, qu'il considérerait de plus longs délais comme une déclaration de guerre, qu'il procéderait, en conséquence, à des exécutions militaires « dans les terres, possessions et habitations » des membres de l'assemblée qui persisteraient à s'opposer « au vœu général des gens de bien et de la nation ». Il y eut des protestations éloquentes. « On nous menace de la Sibérie, s'écria un député en s'adressant au roi ; ses déserts ne seront pas sans charme pour nous. Tout nous y rappellera notre dénuement. Oui, allons en Sibérie. Conduisez-nous là, Sire ! Votre vertu et la nôtre feront pâlir nos ennemis. » Ces traits à la Vergniaud n'atteignaient pas plus Igelstrœm et ses Cosaques qu'ils n'avaient atteint Henriot et ses canonniers. La vertu qu'invoquait ce Girondin de Pologne n'était pas le fait de Stanislas-Auguste. Ce roi opina comme il avait régné, en sceptique : il démontra la vanité de la résistance. La majorité, d'ailleurs, était acquise à la Russie et considérait que l'honneur serait sauf, du moment que les volontés seraient violentées ; Grodno était en état de siège, l'assemblée gardée à vue, et les députés ne pouvaient se rendre à la promenade sans un sauf-conduit du commandant russe. Le 23 juillet, le comité signa un traité qui cédait à la Russie les territoires que cette puissance s'était attribués.

La Diète espérait, grâce à ce sacrifice, amener la Russie à abandonner les Prussiens, et elle se flattait que l'Autriche forcerait Frédéric-Guillaume à la retraite. Le Prussien Buchholz ne s'était pas résigné aisément à laisser Sievers signer seul ; mais Sievers l'avait assuré que la Russie, ayant obtenu un premier traité, ne serait que plus forte pour en exiger un second. Buchholz le réclama le 24 juillet. La Diète lui répondit par des récriminations sur le manque de parole de son roi. Il fallut les instances réitérées de Sievers pour que la Diète autorisât, le 2 août, le comité à négocier avec la Prusse, non un traité de cession, mais une simple convention de commerce. L'Autriche encourageait sous main ces malheureux Polonais à la résistance : ils avaient trop d'intérêt à la croire sincère pour démêler la triple fourberie des insinuations dont les leurrait Thugut.

Ce ministre craignait que le tapage des députés polonais n'eût son écho à Londres et ne soulevât quelque grand scandale dans le Parlement. Ses négociations avec l'Angleterre en auraient été gênées. Il imagina une combinaison insidieuse qui lui parut propre à détourner le péril, à assurer, en toute échéance, les avantages de l'Autriche, à diminuer ceux de la Prusse et à masquer à tout le monde les véritables desseins de sa cour. Il écrivit à Cobenzl, le 12 juillet, qu'il y aurait de graves inconvénients à recourir en Pologne « à des voies de contrainte trop marquées », dans un temps « où une faction criminelle » s'occupait « à déclamer contre les prétendues violences des rois et surtout à jeter un jour odieux sur le nouveau démembrement de la Pologne ». Il cita « les indécentes et coupables diatribes » de l'opposition dans le Parlement anglais, et il conclut « à ne point précipiter par des moyens rigoureux le dernier acte du démembrement ». C'était, à tous égards, disait-il, le parti le plus sage; on tiendrait ainsi la Prusse en haleine; tandis que, si on la satisfaisait en Pologne, cette cour cesserait de prendre une part active à la guerre, si même elle ne faisait défection. En traînant les choses, on amènerait un accord entre les trois cours, et lorsque, au moment de la paix générale, elles présenteraient leurs volontés à l'Europe, personne ne serait en mesure d'y résister.

Quand cette dépêche parvint à Cobenzl, le traité était signé. Cobenzl l'apprit, et il demanda aussitôt aux Russes d'en faire ajourner l'exécution en ce qui concernait la Prusse. « Vous avez là, dit-il au chancelier Ostermann, une belle occasion de nous être utiles. » Représentez aux Prussiens qu'ils ne peuvent triompher de la résistance des Polonais que par une entente des trois cours. L'Autriche, du reste, ne prétend s'agrandir en Pologne que si elle ne le fait pas en France. « Mettez donc toute l'activité possible dans vos opérations militaires, et, en procurant à la cour de Vienne ce qu'elle désire en France, vous remplissez complètement votre objet. »
— « Vous vous trompez, répondit Ostermann, sur les effets que cette marche aurait sur la conduite du roi de Prusse. » Du moment où il verra la résistance des Polonais, il sera bien plus prompt que nous à employer les moyens violents, et c'est ce que nous ne pouvons pas empêcher... Il y trouvera même des

motifs d'employer moins de forces contre la France. Nous avons des nouvelles certaines que le mécontentement est extrême dans ses États contre cette guerre... Au lieu que si l'affaire de Pologne est entièrement finie, le roi de Prusse ne peut plus, sans manquer aux engagements les plus sacrés, faire de paix séparée avec la France... « Vous demandez à présent, ajouta le chancelier russe, un lot en Pologne, que vous avez toujours annoncé ne pas vouloir. » — C'est faute de mieux, dit Cobenzl. — « Eh! conclut Ostermann, qui peut vous empêcher de prendre votre lot en France? L'Angleterre, la Prusse le désirent également et veulent y concourir... »

Mais la Prusse ne voulait concourir au démembrement de la France que si elle était assurée au préalable du démembrement de la Pologne; l'Autriche ne consentait à ratifier le partage de la Pologne que si la Prusse l'assurait d'une compensation en France. La Russie, qui était nantie, et qui tenait son traité, avait tout intérêt à laisser les Allemands en échec, et elle n'avait garde d'envoyer des troupes sur le Rhin pour hâter la fin d'une guerre si lucrative pour elle. L'Angleterre seule agissait. Tout ce qui fut fait en ces mois d'été de 1793 le fut par elle.

Fox avait encore tenté, le 17 juin, de ramener les esprits à la paix : le but de la guerre est atteint, dit-il, puisque la Hollande est délivrée et que la Belgique est reconquise. Burke le contredit avec sa véhémence accoutumée. Pitt déclara que l'Angleterre ne pourrait traiter avec la France tant que les Français prétendraient imposer les principes dits des *Droits de l'homme,* principes de conquête au dehors, de perturbation au dedans. — Avec qui traiter d'ailleurs? Les factions s'écroulent les unes sur les autres. Chaque courrier apporte le récit de nouveaux crimes. « Si nous traitions avec Marat, avant la fin de la négociation, il retomberait dans la lie populaire dont il est sorti, et il laisserait la place à un scélérat plus atroce encore que lui. » Il faut, conclut Pitt, quand on traitera, que les forces de la France soient assez affaiblies et celles de l'Angleterre assez augmentées, pour assurer la durée de la paix. — La motion de Fox fut rejetée par 187 voix contre 47, et la session fut close quelques jours après.

Pitt s'occupait d'augmenter les forces de l'Angleterre. Il ne le pouvait qu'au moyen des mercenaires, en fournissant des subsides. L'Allemagne formait le grand réservoir des hommes et le grand marché des soldats. Si les principicules de ce pays hésitaient à se battre pour l'Empire, parce qu'il fallait en payer les armements, ils étaient toujours disposés à se battre pour l'Angleterre, qui les payait. Le roi George, en sa qualité d'électeur de Hanovre, leva 14,000 hommes. Le landgrave de Cassel s'engagea à en fournir 8,000. Brunswick recevait déjà des subsides; Bade et Darmstadt en négocièrent [1]. Le Portugal, sous l'impulsion des agents anglais, conclut, le 15 juillet, un traité de défense commune avec l'Espagne, et le 26 septembre, un traité d'alliance avec l'Angleterre [2]. L'Espagne avait signé le sien, le 25 mai, à Aranjuez : les cours de Londres et de Madrid s'engageaient à se soutenir réciproquement, à ne conclure la paix que d'accord, et se garantissaient leurs possessions. Ce traité décida celui de la cour de Naples, qui fut fait le 12 juillet. Quant à la Sardaigne, elle était liée depuis le 25 avril. Victor-Amédée promettait d'entretenir 50,000 hommes pour défendre ses propres États; l'Angleterre lui payait par an cinq millions de francs, et promettait d'envoyer une flotte dans la Méditerranée. La restitution de la Savoie et de Nice était une condition de la paix. Sans rien promettre précisément, l'Angleterre encourageait toutes les ambitions de Victor-Amédée pour le cas où il serait en mesure de prendre l'offensive contre la France.

C'était beaucoup de parchemins, mais cela ne faisait point de grosses armées, et Pitt comprenait que l'on ne réduirait jamais la République si l'on ne mettait en mouvement les masses des Autrichiens et des Prussiens. C'était sa préoccupation principale. Il cherchait à lier ces cours à l'Angleterre. Il

---

[1] Traités du 23 août avec Cassel, 4 mars avec Brunswick, 21 septembre avec Bade, 5 octobre 1793 avec Darmstadt.
[2] Schæfer, *Geschichte van Portugal*. Gotha, 1854, t. V, p. 610.

traita, le 14 juillet, avec le roi de Prusse sur les mêmes principes qu'il avait traité, le 25 mars, avec la Russie : assistance mutuelle pendant la guerre, mesures communes pour empêcher le commerce des neutres avec la France, restitution des conquêtes opérées par les Français. L'Autriche se montra plus difficile : Thugut insista pour que le traité stipulât les compensations de sa cour; il réclama la constitution, aux dépens de la France, d'une forte barrière pour les Pays-Bas; moyennant cette promesse, il consentait à se désister du troc de la Bavière contre la Belgique, mais non de celui de la Bavière contre l'Alsace et la Lorrraine quand ces provinces seraient conquises[1]. L'Angleterre n'y voulut point entendre, et l'alliance fut conclue, le 30 août, dans les mêmes termes qu'avec la Prusse. C'étaient des engagements généraux et vagues; ils ne valaient que par la sincérité des contractants; cette sincérité avait sa mesure dans leurs intérêts; leurs intérêts se concentraient sur les conquêtes qu'ils pourraient faire en France et en Pologne, et leurs divisions au sujet des conquêtes à opérer en Pologne les empêchaient de s'unir pour conquérir en France.

II

Tout demeurait ainsi en suspens dans l'est de l'Europe, et toutes les opérations de la coalition dans l'Ouest s'en trouvaient arrêtées. Les alliés avaient pris trois places : Condé, le 12 juillet; Valenciennes, le 28; Mayence, le 22. Les Français étaient sortis de cette ville, réduits par la famine, avec les honneurs de la guerre. Brunswick disposait de la totalité des troupes prussiennes, 80,000 hommes, qui, joints à l'armée renforcée de Wurmser, portaient les forces des alliés, de ce côté, à 120,000 hommes. Il y avait, opérant de Trèves à Dunkerque,

---

[1]. Thugut à Starhemberg, 13 août 1793; ZEISSBERG, t. III, p. 178.

114,000 Autrichiens, sous le commandement de Cobourg, 40 à 46,000 Anglais, Hanovriens, Hessois et Hollandais, en tout 160,000 hommes. La coalition disposait donc, au mois d'août, de 280,000 hommes environ. La France leur en opposait un nombre à peu près égal, 120,000 hommes à l'armée du Nord et des Ardennes, 65,000 à l'armée de la Moselle, 100,000 à l'armée du Rhin; mais une partie de ces troupes était immobilisée dans les garnisons, et l'on a vu dans quel état de détresse elles se trouvaient en cet été de 1793. « Les alliés, dit Jomini, auraient pu former deux grandes masses, s'avancer rapidement de Valenciennes sur Soissons d'un côté, et de Mayence par Luxembourg sur Reims, de l'autre. On pouvait conduire, en quinze marches, 180,000 hommes sur Paris. » C'est le plan classique des invasions; le grand Frédéric l'avait esquissé, en 1770, pour se distraire d'un accès de goutte; ses petits-neveux l'exécutèrent en 1814, 1815 et 1870. En 1793, ils l'ajournèrent. C'est que, pas plus que les Autrichiens, les Russes et les Anglais, ils ne croyaient sérieusement à la résistance nationale des Français. Ils voyaient déjà la France réduite à l'état de la Pologne et se déchirant soi-même. Les Français se chargeraient de dévorer les entrailles du pays; l'Europe n'aurait qu'à se pencher pour découper les pièces d'honneur. c'est-à-dire les frontières. Cobourg avait l'esprit obsédé des mésaventures de Brunswick en 1792. Il ne voulait pousser vers le centre de la France qu'après s'être assuré de toute la ligne des places de la Flandre et de la Lorraine. C'était une campagne de sièges : comme elle était équivoque et lucrative, tous les alliés en adoptèrent le plan; chacun toutefois n'y concourut que dans la mesure de son intérêt. Les Anglais avaient aidé les Autrichiens à prendre Condé et Valenciennes; ils réclamèrent l'aide des Autrichiens pour prendre Dunkerque. Cobourg ne s'y prêta que mollement, avec une répugnance marquée, et se mit, pour le compte de son maître, à assiéger Le Quesnoy. Sur ces entrefaites, le 6 août, le prince de Waldeck vint proposer au roi de Prusse, de la part de l'Empereur, de combiner une attaque sur l'Alsace. Frédéric-Guillaume, qui voyait toujours derrière cette conquête le troc de la Bavière, ne voulut s'y employer qu'avec beaucoup de circonspection, tant que l'Autriche ne le satisferait point en Pologne. Il consentit à l'entreprise, mais il y ménagea singulièrement ses troupes[1].

Ils ne considéraient donc chacun que ses affaires, et temporisant de la sorte, ils ne croyaient pas les compromettre. Les habiles mêmes, et ceux qui se piquaient de prévoyance, considéraient comme désormais imprudent, sinon nuisible, de soutenir en France le parti royaliste. Si, comme les alliés n'en doutaient pas, la République s'écroulait, les royalistes pourraient élever la prétention de restaurer la monarchie dans son intégrité territoriale. Il fallait se garder de prendre avec eux des engagements dont on pouvait être embarrassé. « Nous ne soutenons efficacement aucun parti, disait lord Grenville au comte Stadion, et il n'y en a point avec qui nous fassions cause commune ; mais nous croyons devoir nous tenir près de tous, et leur donner les espérances qui ne nous engagent à rien, pour entretenir et fomenter les troubles intérieurs qui font une si puissante diversion à la guerre[2]. »

Cette diversion, Burke la prêchait aux Anglais ; Mercy ne cessait de la recommander aux Autrichiens. Mais Thugut n'y voulait rien comprendre, et le cabinet de Londres, qui en sentait l'importance, ne s'en occupa qu'après que l'occasion fut passée[3]. A part l'amiral anglais Hood qui, croisant devant Toulon, noua des relations avec les royalistes de la ville et se la fit livrer, le 28 août, les alliés ne firent rien d'efficace pour profiter des dissensions des Français. On peut même dire que par leur empressement à se saisir des places qu'ils assiégeaient et les facilités qu'ils accordèrent aux capitulations, ils aidèrent les républicains à réprimer les insurrections royalistes. Les

---

[1] JOMINI, t. IV, liv. VI, ch. xx; SOULT, t. I, p. 57 et suiv.; SYBEL, t. II, liv. VII, ch. vi; FERSEN, t. II, p. 88; MALLET DU PAN, t. I, p. 353.

[2] Note de Stadion, 21 mai 1793; ZEISSBERG, t. III, p. 71.

[3] THÜRHEIM, *Lettre de Mercy* du 24 mai 1793, p. 81. — RÉMUSAT, *L'Angleterre au dix-huitième siècle*, t. II, p. 415. — STANHOPE, *William Pitt*, t. II, p. 206. Rapport de Starhemberg, 6 septembre 1793; ZEISSBERG, t. III, p. 260.

garnisons, sortant avec armes et bagages, furent employées à l'intérieur [1].

L'armée *catholique royale* formait une énorme bande d'environ 50,000 hommes. L'ineptie des chefs que le ministère de la guerre opposait aux Vendéens avait paralysé les meilleurs éléments des troupes républicaines. Que pouvaient des lieutenants tels que Canclaux, Grouchy, Marceau, sous des « généraux » comme l'imbécile Rossignol ou le brigand Ronsin? Ce ne furent pendant tout l'été que mouvements incertains, au milieu desquels l'insurrection se propagea et l'hostilité des populations, pillées et tyrannisées, grandit contre la République. L'armée vendéenne se serait formée et serait devenue très redoutable si la division des chefs, l'indiscipline des soldats, l'absence de direction supérieure n'avaient pas été pires chez les royalistes qu'elles ne l'étaient chez les républicains. La lutte se continua obscurément, lutte d'aveugles, farouche et fanatique de part et d'autre. L'Europe n'en savait rien, et les Vendéens touchaient déjà à l'épuisement de leurs forces, que les chancelleries en étaient encore à se demander ce qu'étaient ces insurgés et ce qu'ils voulaient. Dans ces paysans armés pour leur foi, dans ces partisans intrépides qui les menaient à la guerre civile, les souverains et leurs ministres ne considéraient que des rassemblements de séditieux, entraînés par des meneurs sans aveu, tels qu'on avait coutume d'en voir en Pologne, en Bohême, en Hongrie, en Irlande. Les politiques s'en peuvent servir pour incommoder un adversaire; ils n'y voient jamais qu'une ressource d'expédient. Les noms même des chefs vendéens, Bonchamp, Lescure, Cathelineau, Charette, Stofflet, d'Elbée, étaient inconnus en Europe. Un seul y avait retenti, par l'écho fortuit d'un rapport à la Convention : c'était le nom du perruquier Gaston [2]. Ce pauvre homme s'était fait tuer depuis longtemps, misérablement, comme il avait

---

[1] C'est ainsi que la garnison de Valenciennes contribua à étouffer la révolte de Lyon, et que les 17,000 hommes de la garnison de Mayence, transportés dans l'Ouest, décidèrent la défaite de la Vendée.

[2] Cf. ci-dessus, p. 377.

vécu, lorsque, par une étrange revanche de la destinée, il devint la première personnification de cette armée où il avait été le plus humble des soldats. Quand on commença, dans l'été de 1793, à parler des Vendéens, on les désigna sous le titre de l'armée de M. de Gaston. Le perruquier passa du coup gentilhomme. Il n'entra, en effet, dans l'esprit de personne qu'on se permit de combattre pour la religion et pour le roi, sans être homme de qualité. Pour trouver à Gaston des titres suffisants à la tâche qu'il avait assumée sans mandat, on le confondit avec un Gaston, ci-devant major d'infanterie, qui avait voulu servir dans l'armée des princes, mais que l'on avait « épuré » à Coblentz parce qu'il avait servi dans les troupes constitutionnelles. Dumouriez, qui avait fini par échouer à Londres, se jeta sur cette piste, et offrit aussitôt de se rendre utile en s'informant « des projets de M. de Gaston, de leur consistance et des moyens d'y coopérer [1] ».

Cette inintelligence et ce dédain d'une insurrection qui a pris tant de place dans l'histoire s'expliquent, en grande partie, par la déception profonde que les émigrés avaient causée à leurs rares partisans en Europe et par l'antipathie qu'ils inspiraient à tout le monde. Les meilleurs d'entre eux fuyaient la politique, où ils ne voyaient que désastres, trahisons, humiliations, amertumes ; mais c'était pour tomber dans l'extrême dénuement de l'exil. Les secours qu'ils recevaient n'étaient plus que des aumônes. Chateaubriand, réfugié à Londres, y faillit périr de froid et de faim. En Allemagne, où ces malheureux abondent, leur misère est pire ; car en Angleterre, si on les abandonne, au moins on les respecte. Les Allemands ne peuvent oublier la morgue et les dissipations de l'émigration joyeuse de 1791, et ils traitent en mendiants ces gentilshommes qui naguère les traitaient en rustres. Les moins à plaindre sont encore ceux qui servent dans le corps, désormais mercenaire, de Condé : ils ont une destinée, et ils payent vaillamment de leurs personnes dans les rencontres.

[1] Fersen, t. II, p. 72. — Thürheim, *Mercy*, p. 88. — Cf. Zeissberg, t. III, table, article *Gaston*.

En Belgique, c'est un contraste perpétuel de la frivolité et du désespoir. Quelques-uns s'aventurent aux avant-postes, au risque de se faire arrêter par les patrouilles républicaines et de se faire fusiller, afin de toucher ou seulement d'apercevoir « quelques endroits de la France[1] ». D'autres qui conservent un peu d'argent se parent et vont au théâtre. Le procès de la reine et sa condamnation sont imminents, et cependant on rencontre à la comédie « tous les Français qui y sont d'ordinaire, même des femmes ! » — « Quelle nation, grands dieux ! » s'écrie un des derniers étrangers demeurés fidèles à Marie-Antoinette[2]. Quels princes ! pouvaient dire, dans le même temps, les politiques qui songeaient, non plus à soutenir, mais seulement à employer les frères de Louis XVI.

Le comte d'Artois continuait sa quête aux cours d'Europe, et commençait la série de ses refus inexplicables aux royalistes de France. Zoubof et Esterhazy lui avaient disposé un voyage à Londres, l'assurant que les Anglais feraient ce qu'il voudrait. Mais à peine arrivé en rade de Hull, sur une frégate russe, il fut mis en demeure de repartir, sous peine, s'il prenait pied en Angleterre, d'être conduit à la prison pour dettes. Le ministre de Catherine l'alla voir sur son bateau et lui conduisit le duc d'Harcourt, homme d'un sens rassis et droit, qui suivait à Londres les affaires des princes[3]. Tous deux l'engagèrent à s'en retourner. Il inclinait, paraît-il, à se montrer au camp de Condé. Les Autrichiens lui firent défense d'y paraître. Il ne lui restait que la ressource de s'aller battre en France, au milieu des Français de Vendée ; mais il voulut s'enquérir, avant de se commettre avec eux. Il se rendit à Hamm, où son frère s'était réfugié. Il le trouva préoccupé des mêmes doutes, et se demandant non s'il se rendrait dans les rangs des Vendéens, la dignité de sa régence ne le lui permettait point, mais s'il accorderait son aveu à cette soi-disant « armée catholique et royale » dont il ne connaissait l'existence que par les

---

[1] Relation inédite de M. de Fontenay, août 1793.
[2] *Journal* de Fersen, 11 août 1793 ; Fersen, t. II, p. 83.
[3] *Mémoires de Rostopchine*, Archives Woronzof, t. XVIII, p. 26 et suiv.

gazettes. Ils réunirent leur petite chancellerie, et ils procédèrent, selon toutes les règles de l'étiquette, à une information méthodique sur les gens et sur les choses des pays insurgés. Le comte de Provence gardait des événements de 1788 [1] un fond de méfiance contre la noblesse de l'Ouest, contre la noblesse bretonne en particulier : noblesse indépendante, trop sauvage et provinciale, toujours sur la défensive à l'égard de la cour, toujours en arrêt sur ses privilèges, dévouée sans doute, mais souvent révoltée et par suite suspecte à des maîtres qui préféraient la soumission au dévouement. Les princes compulsèrent les almanachs royaux, et ils y cherchèrent le nom des hommes qui, prétendait-on, combattaient pour leur cause. « Ce qui fâche le plus Esterhazy, écrivait un Russe, c'est le silence que Gaston garde sur les princes, le régent, et sur tous les émigrés. » Le comte de Provence décida de dépêcher en Vendée deux gentilshommes, MM. de Vaugiraud et d'Hervilly, qui le renseigneraient sur « les principes, les succès et la position de M. de Gaston ». On leur dressa des instructions en forme. « Il convient, disaient ces instructions, que MM. d'Hervilly et de Vaugiraud soient prévenus que M. le régent ne connaît point M. de Gaston, qu'il n'en a reçu aucune nouvelle, et que les préventions favorables qu'il peut avoir sur lui ne sont que l'effet des nouvelles qui l'annoncent comme combattant pour Dieu et le roi. Mais, pour être entièrement instruit sur ses dispositions, il est indispensablement nécessaire de savoir si c'est le roi de la constitution qu'il veut servir ou le roi de l'ancienne monarchie française. » Quoi qu'il en soit, les envoyés de Monsieur rassureront Gaston, et lui déclareront qu'on ne le gênera point dans ses opérations. Ils l'engageront à appeler les princes ; toutefois, s'il est constitutionnel, « tout ce que ces messieurs pourraient faire se réduirait à lui demander par écrit... ce qu'il entend par la constitution ». Une extrême circonspection leur fut recommandée, « en débutant avec M. de Gaston ». Il ne faut, leur dit-on, lui « prononcer le nom de Leurs

---

[1] Voir Chérest, *La chute de l'ancien régime*, t. I, ch. XIII, et t. II, ch. XIV.

Altesses Royales que lorsqu'on aura obtenu sa confiance et qu'on sera sûr qu'il sent ce qu'il doit aux princes [1] ».

Ces puérilités n'étaient faites ni pour intéresser les cours à la Vendée, ni pour relever la politique des princes. Toujours vains, du reste, jusque dans la réclamation du droit, ces princes achevaient d'aliéner l'Europe à leur cause par les actes mêmes qui les honoraient le plus. Le comte de Provence protesta contre l'occupation de Toulon : elle avait été faite au nom du roi de France ; mais l'amiral anglais n'avait pas pris le soin de distinguer suffisamment la cause du roi de celle de la constitution. Ce serait, écrivait le prétendu régent, un précédent fâcheux pour les autres capitulations, et l'on en pourrait être embarrassé lors de la paix. « La cour de Vienne, ajoutait-il, parcourt dans le Hainaut une autre direction ; elle extirpe, il est vrai, à son profit, tous les principes de la constitution ; mais elle n'en laisse aucun [2]. » Le fait est que les généraux autrichiens prenaient possession des places au nom de l'Empereur, purement et simplement, ce qui les dégageait de toute équivoque, à l'égard de la couronne de France, des scrupules constitutionnels de Monsieur et des lois fondamentales de la monarchie.

Le comte de Provence protesta encore contre cette conduite lors des capitulations de Condé et de Valenciennes [3]. Il protesta pour la forme, car il ne pouvait douter des intentions de l'Empereur. François II lui avait écrit, le 13 juillet : « Les mêmes considérations importantes qui, jusqu'ici, m'ont fait la loi relativement à la reconnaissance formelle d'une régence et à votre présence dans les armées combinées, subsistent encore dans toute leur force et continuent ainsi à me mettre hors d'état de me livrer à mon penchant sincère et de déférer à votre désir. » Ces considérations importantes étaient préci-

---

[1] *Instructions de MM. d'Hervilly et de Vaugiraud*, 25 juin 1793. — Note datée de Londres, 25 juillet 1793.
[2] M. de Castries au duc d'Harcourt, *Instructions sur la capitulation de Toulon*, Hamm, 28 septembre 1793.
[3] Ernest DAUDET, *Les Bourbons et la Russie*, p. 299. — *Mémoires d'un homme d'État*, t. II, p. 244 et suiv.

sément la conquête et la « garde noble » des places frontières. Les princes déclamaient contre l'Autriche et le système pernicieux de 1756. L'Autriche n'en avait cure, et les Anglais n'écoutaient pas. « On croit, disait l'ambassadeur impérial à Londres, que si les princes avaient montré plus de conduite et de raison, on aurait pu s'en servir utilement et les protéger ; mais leur légèreté et leur inconséquence dangereuse s'est trop prononcée, et ils se sont trop éloignés de tout le monde pour oser espérer d'en tirer jamais d'autre parti que tout au plus celui de simulacres, et d'être purement des représentants à mettre en avant si les choses prenaient une tournure favorable. » « Je vous dirai en passant, écrivait Mercy, que les braves émigrés que nous supportons si patiemment à Bruxelles et ailleurs, annoncent hautement leur désaveu, et, en cas de besoin, leur formidable opposition à toute conquête que nous pourrions faire sur le territoire français, qu'ils prennent sous leur protection immédiate. » Comme l'un d'eux se plaignait de l'affaire de Valenciennes, Mercy lui répondit : « Vous croyez donc que nous faisons la guerre pour vos beaux yeux ? Vous en verrez bien d'autres [1]. »

La cause de la famille royale n'avait jamais été embrassée avec loyauté par les monarchies européennes ; elle était désormais abandonnée ouvertement. Marie-Antoinette n'avait plus que quelques semaines, peut-être quelques jours à vivre. Elle en était venue « aux extrêmes misères sans espérance ». Il n'y avait plus un jour à perdre si l'on voulait tenter de la sauver. C'était le moindre souci des chancelleries. Le nom de la reine de France n'est jamais prononcé dans les délibérations des alliés[2]. Ils en sont là qu'en juillet un confident de l'Empereur

---

[1] Rapport de Starhemberg, 6 septembre 1793 ; ZEISSBERG, t. III, p. 258. — Mercy à Starhemberg, 21 juillet ; THÜRHEIM, p. 112. — DE PRADT, *De la Belgique*.

[2] Voici sur ce point d'histoire le plus significatif et le plus brutal des témoignages : c'est la table, très soigneusement faite, du recueil de VIVENOT et ZEISSBERG. Du 1ᵉʳ janvier au 8 novembre 1793, date à laquelle Thugut annonce la mort de Marie-Antoinette, ce recueil présente 464 pages très compactes et 302 pièces de la chancellerie de Vienne. Aux tables, l'article *Pologne* comprend 99 renvois, dont plusieurs embrassent des pièces entières ; l'article *Alsace* en com-

avoue au baron de Breteuil que si les prisonniers du Temple étaient délivrés, les Autrichiens hésiteraient à les recevoir. Breteuil en conclut, avec raison, que « c'est pour ne pas être gênés dans les arrangements qu'ils ont l'intention de faire ». Il ne restait à la fille de Marie-Thérèse que les amis de la dernière heure : Fersen, La Marck, Mercy. Cet ambassadeur, découragé par l'indifférence inouïe de sa cour, essayait d'agir par lui-même, au moyen des relations indirectes qu'il conservait encore à Paris. Il tenta de suprêmes efforts auprès de l'Empereur, de Thugut, des généraux. « Tant que la reine n'a pas été directement menacée, écrivit-il à Cobourg, on a pu garder le silence, dans la crainte d'éveiller la rage des sauvages qui l'entourent; mais aujourd'hui qu'elle est livrée à un tribunal de sang[1], toute mesure qui donne un espoir de la sauver vous paraîtra peut-être un devoir... La postérité pourrait-elle croire qu'un si grand attentat a pu être consommé, à quelques marches des armées victorieuses de l'Autriche et de l'Angleterre, sans que ces armées aient tenté quelques efforts pour l'empêcher? » Fersen réclamait avec angoisse l'expédient de la dernière heure : c'était un agent à dépêcher à Danton, que l'on jugeait accessible à la pitié et au calcul politique; de l'argent à répandre à Paris; un manifeste à lancer sur la frontière; un mouvement offensif des armées pour appuyer toutes ces manœuvres[2]. Rien n'y fit. Les lettres demeurèrent sans réponses, les généraux sans ordres et les diplomates sans instructions.

---

prend 46 dans les mêmes conditions, l'article *Marie-Antoinette* en comprend... *neuf*, dont la plupart se réfèrent à des mentions tout incidentes et purement nominales. *Suum cuique!*

[1] Décret du 1ᵉʳ août 1793. Voir ci-après, p. 471.

[2] Mercy à Cobourg, 10 août 1793, *Correspondance de La Marck*, t. III, p. 400. — Cf. Fersen, t. II, p. 83; Thürheim, p. 123-124. Sur les complots de délivrance, voir Fersen, t. II, et notamment p. 86 et suiv. Chantelauze, *Louis XVII*, p. 162 et suiv. De La Rocheterie, *Marie-Antoinette*, Paris, 1890, t. II. Robinet, *Procès des Dantonistes*, p. 311, 315, 325, 452. Cf. ci-après, p. 478.

III

« Rien ne se fait, s'écriait Danton le 1er août, alors qu'il espérait peut-être encore revenir au pouvoir; le gouvernement ne dispose d'aucun moyen politique. Il nous faut les mêmes moyens qu'emploie Pitt, à l'exception de ceux du crime... Je demande que la Convention érige en gouvernement provisoire son Comité de salut public, que les ministres ne soient que les premiers commis de ce gouvernement provisoire; qu'il soit mis cinquante millions à la disposition de ce gouvernement. »
La Convention ne connaît point les faiblesses de la coalition. Elle en voit le fantôme, qui lui apparaît énorme, envahissant, épouvantable. Elle en lit les manifestes, qui sont terrifiants. La coalition veut bloquer la France, l'affamer, la démembrer, la ruiner, l'anéantir. L'ennemi presse toutes les frontières; il a des complices partout; la guerre civile couve partout où elle ne sévit pas encore, et de tous les chefs d'armée, de tous les représentants en mission, il n'arrive que des cris de détresse et de faim, des images horribles de désordre, des dénonciations de complots, les alarmes, le soupçon, l'affolement furieux et aveugle du désespoir. Il aurait fallu plus que du génie et plus que du caractère à un homme d'État pour contenir, dans cette crise, une populace forcenée, réorganiser un gouvernement dissous, rassembler la nation en l'encadrant dans les armées, combattre, tout en constituant, et rompre la coalition par les négociations, tout en la harcelant d'attaques incessantes. Danton, qui conçut ce dessein, n'était pas de taille à l'accomplir. Il ne se trouva personne pour le tenter après lui. Ce qui fut fait le fut par la seule force des choses et comme par le jeu fatal des événements, des passions et des intérêts. Menacés à la fois par les coalisés, par les royalistes, par les républicains modérés et par les démagogues, les Montagnards ne virent, pour leurs personnes et pour leur cause, qu'un

moyen de salut : maintenir l'état de crise qui les avait portés au pouvoir, satisfaire les plus violents par l'extrême violence de leurs mesures, subjuguer, proscrire ou exterminer tous les opposants, soumettre la nation entière en la terrifiant, et, pour motiver tous ces excès, exciter une guerre tellement acharnée contre l'Europe, qu'on ne pût songer à la suspendre ou même à la modérer sans exposer la France à périr tout entière sous le coup des représailles.

Le 1ᵉʳ août, au cours du débat où Danton avait réclamé la constitution d'un gouvernement, Barère, dorénavant procureur général du Salut public, lut à la tribune un long rapport sur l'état des affaires. Il dénonça « la conjuration impie » formée, d'une extrémité à l'autre de l'Europe, contre la République. Cette conjuration allait devenir le grand secret et la grande raison d'État du gouvernement révolutionnaire, le moteur universel de la mécanique terroriste; tous les adversaires du Comité en devaient être tordus et écrasés tour à tour, aristocrates et démagogues, princes et régicides, les Girondins, Danton, Hébert lui-même. Le Comité de salut public, dans ce premier réquisitoire, ne s'en prenait encore qu'aux rois et aux royalistes. « Il faut, dit Barère, que le même jour vous frappiez l'Angleterre, l'Autriche, la Vendée, le Temple et les Bourbons. » Il faut frapper l'Autriche et l'Autrichienne, cette « femme qui a été la cause de tous les maux de la France... qui a aggravé par ses déprédations le dévorant traité de 1756 » : elle sera déférée au tribunal révolutionnaire. Il faut frapper les rois dans leur descendance et dans leurs ancêtres, couper les rameaux et anéantir la souche : les tombeaux de Saint-Denis seront anéantis [1]; tous les Bourbons vivants seront déportés,

---

[1] Violations de tombes dans les églises : guerres du Palatinat. A Spire, en juin 1689, la cathédrale est pillée, puis détruite; les tombeaux de huit empereurs sont saccagés, et leurs cendres jetées au vent. Dareste, *Hist. de France*, t. V, p. 590. A Heidelberg, en juin 1693, les femmes sont souillées et massacrées dans l'église; les tombeaux des Électeurs sont ouverts. « Le père de la duchesse d'Orléans, de Madame, fut très spécialement distingué. On lui coupa la tête, puis on lui fit, le traînant par les pieds, son triomphe autour de l'église. » C'est Mélac qui commande, « le redouté Mélac, bourreau connu des Allemands, l'homme des grosses exécutions ». Michelet, *Histoire de France*, t. XVI, p. 97. Ce

les enfants de Louis seront détenus, et les frais de leur entretien réduits au nécessaire de la nourriture. Il faut frapper les royalistes : les biens des personnes mises hors la loi par décret de la Convention seront confisqués au profit de la République. Il faut frapper les étrangers : la « terrible loi des représailles » sera mise à exécution ; tous les individus appartenant aux pays en guerre avec la République et non domiciliés en France avant le 14 juillet 1789 seront arrêtés. Il faut frapper la Vendée : la garnison de Mayence sera transportée en poste dans les départements insurgés ; on incendiera les bois, les taillis, les genêts[1] ; les forêts seront abattues, les repaires des rebelles détruits, les récoltes coupées, les bestiaux saisis ; les femmes, les vieillards, les enfants seront transportés dans les départements de l'intérieur[2] ; les biens des rebelles seront confisqués au profit de la République. — C'est le système atroce des anciennes guerres d'extermination. Le Comité connaît les précédents, et il les invoque. « Louvois fut accusé par l'histoire d'avoir incendié le Palatinat, et Louvois devait être accusé : il travaillait pour le despotisme et saccageait pour des tyrans. Le Palatinat de la République, c'est la Vendée, et la liberté qui, cette fois, dirigera le burin de l'histoire, louera votre courageuse résolution, parce que vous aurez sévi pour assurer

---

Mélac, dit Saint-Simon, avait « la manie de se rendre terrible aux ennemis... il avait réussi à faire peur de son nom... il en plaisantait le premier... D'ailleurs, doux et très bon homme, et qui souffrait tout de ses amis... sobre, simple... toujours ruminant ou parlant guerre avec une éloquence naturelle et un choix de termes qui surprenait... » *Mémoires de Saint-Simon*, année 1702. En un mot, un terroriste de l'époque classique : sensible, disert et féroce.

[1] « J'oserai vous avancer une chose qui ne sera peut-être pas de votre goût, qui est que, dès le lendemain de la prise de Manheim, je mettrais les couteaux dedans et ferais passer la charrue dessus. » Chamlay à Louvois, 27 octobre 1688. « Louvois entra jusqu'au fond dans la pensée de Chamlay... Le baron de Montclar reçut l'ordre d'occuper Heilbronn, d'en faire sauter les murailles et les tours, d'exiger des habitants, sous menace de pillage et de complète destruction, le plus d'argent possible, et cependant de faire piller et raser, dans le Wurtemberg, Stuttgart, Eslingen, Tubingen,... de soudoyer même des gens du pays, des incendiaires, afin de porter bien au delà des limites accoutumées, par la terreur des embrasements, le bénéfice des contributions. » Camille Rousset, *Louvois*, t. IV, p. 163-164.

[2] « Le roi veut que l'on avertisse les habitants de Manheim de se retirer en Alsace, et que l'on rase tous les bâtiments de la ville. » Ordre de Louvois, 10 janvier 1689. Rousset, *id.*, p. 166, 178.

les droits de l'homme. » La fin justifie les moyens : Simon de Montfort, en sa croisade des Albigeois, ne professait point d'autre doctrine. Mais tout cela fait, rien ne sera fait encore. Il faudra frapper la conjuration au cœur, c'est-à-dire à Londres. Pitt et l'Angleterre emploient contre la République « tous les crimes, l'incendie, l'assassinat, la corruption, l'espionnage, la trahison » : on les dénoncera à tous les peuples, on coalisera tout le continent contre l'Angleterre. « Un jour, les peuples de l'Europe, effrayés de la tyrannie commerciale, du despotisme politique et de la corruption extrême du gouvernement anglais; un jour, les peuples, coalisés par le besoin général de la liberté, comme les rois le sont par leurs crimes commis envers l'humanité; les peuples du continent, fatigués de cette oppression insulaire et de cette tyrannie navale, réaliseront le vœu de Caton : La Carthage moderne sera détruite[1] ! »

Tous les articles proposés par Barère furent décrétés séance tenante. Le 7 août, Garnier de Saintes[2] proposa de compléter cet ouvrage en déclarant que Pitt était hors le droit des gens, et que tout le monde avait le droit de l'assassiner. Couthon fit observer que c'était aller un peu loin, et la Convention se contenta de décréter que Pitt était « l'ennemi de l'espèce humaine ». Cependant, on ne gouvernait point davantage, et le mois d'août se passa sans que rien fût fait pour relever l'État. Le 4 septembre, on apprit à Paris la capitulation de Toulon. La ville s'agita, et les démagogues préparèrent une journée. L'arrivée de Robespierre et de Saint-Just au Comité ne les avait point satisfaits. Elle ne les rendait ni plus riches ni plus heureux que ne l'avaient fait l'avènement des Girondins et

---

[1] « Vu... qu'il n'est au pouvoir d'aucun gouvernement de transiger sur son indépendance et sur ses droits;... que si, par une faiblesse inexcusable et qui serait une tache ineffaçable aux yeux de la postérité, on laissait passer en principe... une pareille tyrannie, les Anglais en prendraient acte pour l'établir en droit, comme ils ont profité de la tolérance des gouvernements pour établir l'*infâme principe* que le pavillon ne couvre pas la marchandise... nous avons décrété... : Les îles Britanniques sont déclarées en état de blocus sur mer comme sur terre. » Décret de Milan, 17 décembre 1807.

[2] Président du tribunal civil de Saintes en 1806, chevalier de la Légion d'honneur.

celui de Danton. La misère s'exaspérait, et la folie devenait furieuse. La Convention fut investie le 5 septembre. Pache et Chaumette, à la tête d'une députation de la Commune, réclamèrent des châtiments terribles contre les affameurs et contre les traîtres. Danton, qui ne paraissait plus à la tribune que par sursauts et ne parlait plus que par accès, essaya de ressaisir encore une fois la popularité qui lui échappait. Il montra qu'il avait conservé son terrible pouvoir « d'agiter la multitude », mais qu'il avait perdu celui de la diriger. Il se fit applaudir en demandant des proscriptions. Barère résuma méthodiquement un débat sauvage et des motions désordonnées. Il développa le « grand mot » que la République devait à la Commune de Paris, et il conclut par cette proposition funeste : « Plaçons la Terreur à l'ordre du jour! » La peur, qui gouvernait la Convention, devint le principe de son gouvernement. La Convention y arriva, comme ceux qui la menaient y avaient été conduits eux-mêmes. Ils subissaient la peur, ils l'imposèrent, et, en l'imposant, ils continuèrent de la subir. « On y fut successivement entraîné, dit un témoin; on la suivit, cette marche de la Terreur, sans savoir où on allait; on avança toujours, parce qu'on n'osait plus reculer et qu'on ne voyait plus d'issue pour en sortir [1]. »

Les rigueurs contre les étrangers redoublèrent : leurs biens étaient saisis en France [2], on les mit en réquisition partout où pénétraient les armées françaises. Le décret du 15 décembre 1792 accordait encore trop de ménagements aux peuples conquis. Les agents et commissaires du pouvoir exécutif ne cessaient de réclamer des mesures plus efficaces. « Le Belge, écrivait un de ces forcenés, ne connaît que l'hostie et l'argent. Le premier mobile l'emporte encore sur le dernier. Voilà sa donnée réduite à sa plus simple expression. » Prenez des otages, lui répondait le ministre, incendiez les magasins, frappez des contributions, brûlez les vaisseaux dans les ports. « Ces principes répugnent peut-être à vos sentiments républicains, mais

---

[1] Thibaudeau, *Mémoires*, t. I, ch. v, p. 45.
[2] Décret du 7 septembre 1793.

depuis trop longtemps nous faisons la guerre en philosophes, quand nos féroces ennemis nous la font en anthropophages... Ne respectons que la chaumière du pauvre. » — « Alors, écrivait un autre agent, nous nous enrichirons des productions du fertile Piémont, nous frapperons en écus les lourdes madones ; bientôt nous le réduirons à nous demander à genoux la paix et à s'estimer fort heureux d'en être quitte pour son duché de Savoie[1]. » Le 15 septembre, Jeanbon fit décréter que les généraux républicains, « renonçant désormais à toute idée philanthropique adoptée dans la vue de faire sentir aux nations étrangères le prix et les avantages de la liberté », pratiqueraient la loi des représailles et exerceraient, « à l'égard des pays et des individus subjugués par leurs armes, les droits ordinaires de la guerre ». Le Comité de salut public dressa, ensuite de ce décret, le 18 septembre, une instruction destinée aux armées[2]. Ce n'était que l'adaptation à la guerre républicaine des coutumes appliquées, durant tout le cours du siècle, dans les guerres des monarchies. Les coalisés n'en suivaient pas d'autres, et cet exercice du droit de la guerre demeura constamment leur règle[3].

En entrant en pays ennemi, disent ces instructions, les généraux se feront remettre des otages pris parmi les notables ; ils feront désarmer les habitants. Ils lèveront sur les villes des contributions en nature ou en numéraire, proportionnées au commerce, à la population, à toutes les ressources connues du pays ; ils feront porter ces contributions principalement sur les riches, les privilégiés, les corporations religieuses. Ils donneront des récépissés. Ils se procureront, autant que possible, sur le pays, les subsistances, les approvisionnements et les équipements des troupes. Ils feront passer

---

[1] Gadolle à Lebrun, Dunkerque, 7 mai 1793 ; Lebrun à Gadolle, 14 mai, Chépy au ministre, Genève, 21 juin.
[2] Membres présents du Comité, Jeanbon, Carnot, Prieur, Saint-Just, Robespierre, Hérault, Billaud-Varennes.
[3] Cf. t. I, liv. I, ch. I : *La guerre*, p. 81 et suiv. Voir Henri Houssaye, 1814, p. 44 et suiv. — *Souvenirs du duc de Broglie*, t. I, p. 142-149, mesures des généraux de Napoléon en Espagne, en 1810. — Cf ci-après, p. 480-483.

sur les derrières de l'armée les chevaux, vivres, fourrages, bestiaux, cuivres, fers, chanvres, toiles, laines, etc., qui ne seront pas immédiatement employés. Ils saisiront l'argenterie des églises, les fonds du fisc, les propriétés publiques transportables, et les enverront sur le territoire de la République. Ils feront raser les forteresses, détruire les ponts, canaux et écluses; ils feront dépaver les chemins. Les commandants des forces navales agiront de même dans les pays où ils opéreront une descente. Tous veilleront à ce que les contributions soient levées régulièrement, « suivant les droits de la guerre »; ils auront soin d'empêcher le pillage et les excès contre les habitants des pays conquis.

L'Angleterre n'était encore que menacée. Barère proposa, le 21 septembre, les mesures destinées à l'anéantir. Il rappela que l'Angleterre devait sa prospérité à l'acte de navigation édicté par « l'usurpateur » Cromwell. Il cita des paroles attribuées récemment à Pitt : « La France doit être détachée du monde commercial et traitée comme si elle n'avait qu'une seule ville, qu'un seul port, et que cette place fût bloquée par terre et par mer. » Il ajouta : « La France bloquée! Ainsi parlaient de Rome, avant leur juste destruction, ces hommes de la foi punique, les ambitieux et mercantiles Carthaginois!... Décrétons un acte solennel de navigation, et l'île marchande sera ruinée [1]... Que Carthage soit détruite! Que l'Angleterre soit anéantie! Ce doit être le dernier article de chaque décret révolutionnaire de la Convention nationale de France. » L'acte de navigation fut voté. Il prohibait tout commerce d'importation autrement que par bâtiments français ou par bâtiments du pays neutre d'origine. La France, dit Barère, ne souffrira que d'une privation momentanée; elle y trouvera très vite un ressort qui décuplera ses ressources et

---

[1] Considérant que l'Angleterre « déclare même en état de blocus des lieux que toutes ses forces réunies seraient incapables de bloquer, des côtes entières et tout un empire;... qu'il est de droit naturel d'opposer à l'ennemi les armes dont il se sert... nous avons décrété : Les îles Britanniques sont déclarées en état de blocus. » Décret de Berlin, 21 novembre 1806.

achèvera de confondre sa rivale [1] : « Encourageons par nos propres consommations les manufactures nationales; multiplions, perfectionnons nos fabriques, de manière à rendre les besoins des autres peuples tributaires. » Les nations neutres furent invitées à s'associer à cette grande mesure : elles devaient y trouver le même intérêt que la France. Le même jour, le Comité de salut public ordonna au ministre de la marine de préparer un débarquement de 100,000 hommes en Angleterre [2]. Les 9 et 10 octobre, toutes les marchandises produites ou manufacturées dans les pays soumis au gouvernement britannique furent proscrites du sol de la République.

Mais c'était peu d'inviter les neutres à substituer leur commerce à celui de l'Angleterre; il fallait les obliger à suspendre tout commerce avec cette nation et fermer aux Anglais l'accès du continent. Cette conséquence, d'une logique inflexible, allait s'imposer bientôt aux politiques du Comité. Elle fut signalée, quelques jours après la promulgation de l'*acte de navigation*, par un illuminé de la Terreur, le Prussien Anacharsis Clootz. Il nous faut, s'écria-t-il le 5 octobre, pour triompher de nos ennemis, joindre les bouches du Rhin à celles du Rhône : « L'embouchure du Rhin est essentielle à notre bonheur... C'est en Hollande que nous détruirons Carthage... C'est du Texel que partiront nos escadres révolutionnaires [3]... » Telle est la force des choses, telles sont les nécessités de la guerre et les fatalités de la politique, qu'un rhéteur banal et un énergumène cosmopolite furent conduits à signaler comme la seule issue de la lutte, la conception hyperbolique à laquelle

---

[1] « Si je n'eusse succombé, j'aurais changé la face du commerce, aussi bien que la route de l'industrie... L'impulsion, chez nous, était immense; la prospérité croissait sans mesure... » Napoléon à Sainte-Hélène. Damas-Hinard, p. 70. — Thiers, t. VIII, p. 130-131 : Blocus continental, son succès, 1807.

[2] Guillon, *La France et l'Irlande pendant la Révolution*, Paris, 1888, p. 74.

[3] *Moniteur*, t. XVIII, p. 296. Cf. t. XVII, p. 607, Discours de Clootz, en août; Voir Avenel, *Anacharsis Clootz*, t. II, p. 209-214. — « La Hollande n'est réellement qu'une portion de la France. Ce pays peut se définir en disant qu'il est l'alluvion du Rhin, de la Meuse et de l'Escaut, c'est-à-dire des grandes artères de l'Empire... Il est temps que tout cela rentre dans l'ordre naturel... » Exposé de la situation de l'Empire, 12 déc. 1809.

aboutira treize ans plus tard, au milieu du continent conquis ou assujetti, la politique du plus puissant inventeur militaire et du plus prodigieux spéculateur d'État que le monde ait connu. Terrifier les royalistes, supprimer les Bourbons, anéantir l'Angleterre en la bloquant dans son île, voilà, dans ces mois d'août et de septembre, le programme du nouveau Comité de salut public, et ce sera l'inévitable destinée de l'Empire napoléonien[1]. La coalition, dans le même temps, et sous le même prétexte de représailles, était amenée à mettre aussi, dans la guerre contre la République, la Terreur à l'ordre du jour de ses armées et le *blocus* de la France à l'ordre du jour de ses flottes.

IV

Le 17 septembre, Mercy écrivait à Thugut une lettre désespérée : « L'Empereur laissera-t-il périr la reine sans rien hasarder pour l'arracher à ses bourreaux?... Je sais l'impossibilité qu'il y aurait à prendre, à cet égard, des mesures politiques communes à toutes les puissances; mais le chef de l'auguste maison d'Autriche, le neveu de l'auguste fille de Marie-Thérèse, destinée à monter sur l'échafaud de son époux, n'a-t-il pas des soins particuliers à remplir que la politique ne saurait condamner, et qui ne contrarient même point la politique? » — « Est-il de la dignité ou même de l'intérêt de S. M. l'Empereur de voir le sort dont son auguste tante est

---

[1] 20 mars 1804 : exécution du duc d'Enghien. — « La dynastie de Naples a cessé de régner. » Proclamation du 27 décembre 1805. — 5 et 10 mai 1808, abdication des Bourbons d'Espagne. — « L'Angleterre n'a d'autre but que d'empêcher les communications entre les peuples et d'élever le commerce et l'industrie de l'Angleterre sur la ruine de l'industrie et du commerce du continent. » Tous les Anglais qui se trouveront dans les pays occupés seront faits prisonniers; toutes les propriétés anglaises seront confisquées. Décret du 21 novembre 1806. — « Il faut que le commerce anglais trouve tout le continent fermé, et que ces ennemis des nations soient mis hors du droit commun. Malheur à la ville qui, cédant à l'égoïsme du moment, trahirait la cause commune ! » *Moniteur* du 11 novembre 1807.

menacée... sans rien hasarder pour l'arracher ou la soustraire à ses bourreaux? » Mercy était en instance depuis le commencement d'août. Il n'avait encore obtenu aucune réponse ; il n'en obtint jamais. Tout le confirmait dans cet aveu qui lui échappa un jour : « Il faut que je le dise à regret, mais la reine serait sur l'échafaud, que cette dernière atrocité ne pourrait plus arrêter les puissances, ni changer leur marche [1]. »

Le mot marche était ici tout métaphorique, car les alliés n'avançaient point. Ce qui, dans leur pensée, n'avait rien de figuré, c'était l'anéantissement qu'ils projetaient de la puissance française et la terreur dont ils voulaient frapper la France. Ce sont des idées presque banales et des mots courants dans les correspondances diplomatiques de 1793. « Qu'on y réfléchisse bien [2] », écrivait deux ans après le plus éloquent apologiste de la contre-révolution, « on verra que le mouvement révolutionnaire une fois établi, la France et la monarchie ne pouvaient être sauvées que par le jacobinisme... Les grands crimes exigent malheureusement de grands supplices... Il fallait que la grande épuration s'accomplît... Lorsque l'âme humaine a perdu son ressort par la mollesse, l'incrédulité et les vices gangreneux qui suivent l'excès de civilisation, elle ne peut être retrempée que dans le sang... Le genre humain peut être considéré comme un arbre qu'une main invisible taille sans relâche et qui gagne à cette opération... On dirait que le sang est l'engrais de cette plante qu'on appelle le génie... » Joseph de Maistre a fait la théorie mystique de la Terreur providentielle. Les meneurs de la coalition pratiquèrent d'instinct la Terreur politique. Comme les Jacobins de Paris, ils ne pouvaient s'expliquer que par un insaisissable complot l'impossibilité où ils étaient, malgré la réunion de leurs forces, l'expérience de leurs généraux, la supériorité de leur organisation, les ressources de leur propre génie, l'excel-

---

[1] Mercy à Thugut, 17 septembre 1793; *id.*, 11 octobre : « J'exposai tout ce que mon zèle put me suggérer pour prévenir une grande catastrophe. *Jusqu'à ce jour, je n'ai reçu ni réponse ni direction sur cet objet.* » ZEISSBERG, t. III, p. 275, 320. — FERSEN, t. II, p. 90.

[2] Joseph DE MAISTRE, *Considérations sur la France*, ch. II.

lence de leurs principes, de soumettre une nation en anarchie, bouleversée plutôt que conduite par des factions de scélérats qui se culbutaient incessamment les unes les autres. Ils n'y comprenaient rien, et ne comprenant pas, ils ne voyaient qu'un moyen de déjouer le complot imaginaire : exterminer les conjurés.

Les émigrés qui ne voulaient certainement pas la fin, c'est-à-dire l'anéantissement de leur patrie, s'accordaient parfaitement sur le moyen, qui était la violence. Ils la conseillaient dès le mois de juillet 1792 : ce qui s'était passé en France depuis lors les y excitait davantage [1]. Le duc de Polignac avait remis à Thugut un mémoire rédigé en avril par le duc de Castries : « Plus de ménagements, y était-il dit, plus de demi-mesures. Il faut que les brigands qui ont ravagé la France, que les factieux qui ont troublé l'Europe, que les monstres qui ont assassiné le roi, disparaissent de la surface de la terre [2]. »
« Je suis dans l'opinion que tant qu'on ne massacrera pas la Convention, la résistance durera », écrivait Flachslanden au duc d'Harcourt. C'était depuis longtemps l'opinion de Mercy. Cobourg, pressé par lui et par La Marck de tenter quelque chose pour la reine, proposait de déclarer que si les Français attentaient à sa vie, l'Autriche ferait « rouer vifs les quatre commissaires de la Convention » ; si les Français usaient de représailles, l'Autriche y répondrait par le massacre des prisonniers « que nous avons entre les mains et qui sont bien plus nombreux que les leurs ».

Il suffisait d'ailleurs de laisser les soldats suivre leurs mœurs et la coutume des guerres pour semer l'épouvante dans le pays envahi. « Un pillage réciproque signale cette guerre », rapporte Governor Morris. « Le désordre et le pillage règnent dans nos armées, écrit un Autrichien ; nous méritons déjà tous les reproches que nous avons faits si justement aux brigands que nous combattons. Nous promettons à la France l'ordre, la

[1] Cf. ci-dessus, p. 3.
[2] *De l'illégalité, du danger et de l'inutilité de toute négociation avec la France.*

paix, la tranquillité publique, la conservation des propriétés, et nos soldats volent tout ce qu'ils trouvent et détruisent ce qu'ils ne peuvent emporter [1]. » Il y a dans l'armée autrichienne où sert Condé un corps franc, les « manteaux rouges », qui décapitent les prisonniers. Ces sauvages ne prétendent nullement user de représailles contre la guillotine des Jacobins; ils n'ont aucune notion de ce qu'est la Révolution française. Ce sont des Turcs, et ils suivent leurs mœurs. On lit dans une lettre adressée de Valenciennes, le 1er août, à une gazette allemande : « Si Cobourg n'avait pas été aussi humain, s'il avait pris la ville d'assaut, comme il pouvait le faire, âme qui vive n'y serait restée. Enfants, femmes, vieillards, tout aurait été passé au fil de l'épée, et Valenciennes aurait subi le sort d'Otchakof et d'Ismaïl [2]. »

Les coalisés appliquent les procédés de conquête qu'ils reprochent aux révolutionnaires, et cela, non seulement sur le territoire français, mais sur tout territoire conquis par leurs troupes. Le roi de Prusse ordonne, le 19 mai, que le clergé catholique polonais versera à l'État prussien la moitié des revenus de ses biens, et que les biens ecclésiastiques seront administrés par le fisc. A Thorn et à Danzig, il réunit ces biens au domaine et paye au clergé la moitié des revenus [3]. L'ordre de l'ancien régime est tout aussi violenté en Pologne par les agents de la Prusse et de la Russie qu'il l'est en France par les Jacobins. Les États qui agissent ainsi de conseil, de parti pris, par expérience et par réflexion, n'ont ni une réforme sociale à accomplir, ni une patrie à défendre. Ils conquièrent. Possession légitime de l'État, traités signés solennellement, lois consacrées, religion des habitants, domaines de la couronne, biens des églises, propriétés des particuliers, liberté des individus,

---

[1] Lettre de Flachslanden citée par Jung, *Dubois-Crancé*, t. I, p. 393. — Cobourg à Mercy, 16 août 1793, *Correspondance de La Marck*, t. III, p. 404. — Morris à Jefferson, janvier 1794. Morris, t. II, p. 381. — Mercy à Thugut, 15 septembre 1793, *Correspondance de La Marck*, t. III, p. 431.

[2] Muret, *Histoire de l'armée de Condé*, t. I, p. 129. — *Politische Annalen*, 1793, t. IV, p. 19.

[3] Philippson, t. II, p. 126.

honneur des femmes, le foyer, la famille, tout est attaqué
constamment et outragé. Ce ne sont que parjures, coups de
force, séquestres et spoliations. « Les Polonais fidèles à leur
patrie furent exilés, emprisonnés », écrit un témoin ; « des
confiscations partielles annoncèrent qu'aucune propriété ne
serait plus sacrée, et que l'avidité des courtisans de Catherine
dévorait d'avance et engloutirait bientôt les plus belles possessions des propriétaires de la Lithuanie et des provinces de
Volhynie et de Podolie [1]. »

Les Autrichiens, par mollesse plutôt que par politique,
montrèrent en Belgique une modération relative. Ils y éprou-
vèrent la satisfaction rare en leurs annales d'être reçus en
libérateurs. C'était l'effet de six mois de conquête jacobine.
Le gouvernement impérial proclama une amnistie et n'édicta
point de proscriptions. Mais la violence sortit de la nation
même. C'était toujours cette même populace qui, sous l'impulsion du Jésuite Feller, voulait naguère mettre à mort les
partisans et les agents de Joseph II [2]. Ce fanatisme réagit en
raison même du fanatisme révolutionnaire qui l'avait un
instant étouffé. Les gens sages eurent vite autant d'horreur
de l'un que de l'autre. « Le mouvement rétrograde, dit un
historien belge, allait compter pour adversaires tous ceux qui
voulaient le triomphe des idées progressives sans le faire
dépendre de la réunion à la France [3]. » Il n'y avait eu, en
Belgique, qu'une minorité pour adhérer à la conquête française : l'Autriche n'avait pas besoin de recourir aux répressions. Dans le pays de Liège, au contraire, tout démocratique
et encore agité de l'antique turbulence communale, il fallut
employer la force pour rétablir le gouvernement de l'évêque.
On l'employa brutalement. Ce prince rendit une amnistie
dérisoire, car il en exclut tous ceux qui en auraient eu besoin.

---

[1] *Mémoires inédits du comte de Langeron :* Révolution et campagne de Pologne.
[2] Cf. t. II, p. 64-65.
[3] BORGNET, t. II, p. 266-285, ch. XIX. — Lettre de Mercy, 10 avril, *Correspondance de La Marck*, t. III, p. 390. — MARC-DUFRAISSE, *Histoire du droit de paix et
de guerre*, p. 243. — *Politische Annalen*, t. V, p. 127-222 : Lettres d'un voyageur sur les excès de la soldatesque des alliés.

Un bourgeois qui avait accepté les fonctions d'officier municipal et qui avait travaillé à la réunion avec la France fut pris et mis à mort. Les autres meneurs s'enfuirent et émigrèrent. Ce fut leur seul moyen de salut.

Ce fut aussi l'unique ressource des républicains de Mayence. Ils se mêlèrent aux soldats français et se dissimulèrent dans les rangs des troupes qui sortaient de la place avec les honneurs de la guerre. Ceux qui ne parvinrent pas à s'échapper se virent en butte à une populace furieuse qui les poursuivit de cris de mort et saccagea leurs maisons. L'intervention du prince Louis de Prusse fut nécessaire pour sauver du pillage les manuscrits de Forster. On incarcéra tous les membres de la Convention rhénane et tous les clubistes que l'on put découvrir. Puis l'évêque électeur, rentré dans son palais, aux acclamations de la populace, se rétablit dans son pouvoir absolu et restaura tous les abus. Il se conduisit comme tous les émigrés qui rentrent avec l'appui d'une force étrangère. Son ardeur à abuser du pouvoir pour satisfaire ses vengeances fut égale à la panique qui l'avait fait naguère abandonner le pouvoir. « Aussi déraisonnable et déréglée avait été la conduite de la démocratie mayençaise, écrit un historien allemand, aussi brutaux et effrénés furent les gouvernements que l'on restaura. » Confiscations, emprisonnements, rigueurs de toute sorte, même envers les femmes. On parodia, en la retournant, la mise en scène des clubistes. On força ces « patriotes » à assister, entre des soldats prussiens, à l'incinération solennelle des arbres de la liberté. A Aix-la-Chapelle, les bourgeois et les paysans se vengèrent lâchement sur les blessés français du vote qu'ils avaient émis par pusillanimité. A Spire, Wurmser releva le pilori, y exposa les clubistes et brûla les arbres de la liberté. A Worms, les Prussiens, en veine de gaieté soldatesque, firent brûler les arbres par les femmes des patriotes ; quant aux maris, ils les bâtonnèrent, et ceux qui se tirèrent d'affaire au prix de cette « schlague » s'estimèrent encore favorisés [1].

[1] Hæusser, t. I, p. 473; Perthes, t. I, p. 99-100; Klein, p. 226, 560; Venedey, p. 127, 168; Relation de Gœthe. *Mélanges*, Trad., Porchat, p. 165; .

La conquête républicaine avait apporté à ces Allemands de cruelles désillusions. Ils s'étaient repris à estimer leurs anciens maîtres pendant qu'ils ne les voyaient plus. Quand ces maîtres reparurent avec tout leur ancien régime, aggravé par la rancune et la colère, les impressions se renversèrent encore une fois, et une déception plus rude que la première rejeta les imaginations vers les Français. La République laissait toujours une ouverture à l'espérance. Les Allemands de la rive gauche oublièrent les excès des révolutionnaires pour ne songer qu'aux avantages de la Révolution. « Le pays, écrit un historien national de cette crise, avait pénétré la misère de son ancien gouvernement, et, en même temps, compris la possibilité de vivre sans ces charges, ces entraves, ces incommodes servitudes que l'on regardait auparavant comme une nécessité inéluctable. Une fois faite, cette double expérience ne devait pas être perdue. » Elle porta ses effets bien au delà du Rhin, et l'on vit paraître des sympathies françaises dans les pays de la rive droite, où l'on recevait les idées de la Révolution, sans avoir à souffrir la domination des révolutionnaires. L'histoire de Mayence et de sa république s'y répandit comme une sorte de légende romanesque et littéraire, comme un chapitre inédit de quelque Plutarque populaire allemand, et la comparaison qui se fit ainsi de loin entre la restauration et la conquête ne tourna point à l'avantage de la restauration. « La nation française, dit Bruno Bauer, s'était montrée sauvage et barbare dans la terreur et dans les désastres; les Allemands mirent la terreur en action au milieu de leur victoire [1]. »

La concordance entre les terroristes et les coalisés ne s'arrêta point à ces violences; on vit poindre, naître et mûrir, dans les conseils de la coalition tout ensemble et dans le Comité de salut public, la proposition terrible dont le développement devait être comme la loi de cette guerre : le *blocus*

Rambaud, ch. VIII, p. 266; Marc-Dufraisse, p. 242; Remling, t. I, p. 417-426.
[1] Perthes, t. I, p. 100. — Bruno Bauer, *Geschichte der Politik in XVIII Jahrhundert*, t. I, p. 160.

continental. Fersen écrivait, dès le printemps de 1793, au régent de Suède [1] : « Un des grands moyens de réduire la France est une ligue générale, une réunion de toutes les forces et une cessation de toutes relations de commerce avec cette puissance, pour empêcher par là toute importation de vivres dans un pays qui en manque déjà... Si ce moyen est adopté..., de deux choses l'une : ou la France, après avoir été démembrée, sera livrée à elle-même et à l'anarchie qui la détruira, ou la monarchie sera rétablie par la ligue des puissances. »

La formule est donnée. L'Angleterre l'applique sans phrases. Faute de pouvoir ébranler les grandes puissances, elle tâche de faire masse avec les secondaires et les petites. Elle contraindra d'adhérer à la ligue celles qu'elle ne peut y enrégimenter. Son commerce y trouvera avantage, et la suprématie des mers sera, pour elle, la forme et la condition du salut de l'Europe. Le 8 juin, le gouvernement anglais, se faisant une règle de la pratique qu'il suivait depuis le commencement des hostilités et appliquant à la lutte contre la Révolution les grands moyens inventés par Élisabeth et Guillaume III pour combattre les monarchies d'Espagne et de France, adresse à ses officiers une instruction qui est restée fameuse dans l'histoire des guerres maritimes. Tout bâtiment porteur d'approvisionnements destinés à la France sera capturé sous quelque pavillon qu'il navigue. Tout bâtiment qui essayera d'entrer dans un port français déclaré en état de blocus sera pris et vendu [2].

Le 17 juillet, le ministre d'Angleterre notifia ces mesures au Danemark. Il déclara que la France s'était placée hors du droit public de l'Europe, qu'il n'y avait en France aucun gouvernement reconnu par personne et avec lequel on pût entretenir des relations de neutralité. « Il est notoire, ajoutait-il, que le commerce des grains avec la France est devenu, par le fait des opérations de guerre, un commerce d'État; il est

---

[1] 28 avril 1793; FERSEN, t. II, p. 271-272.
[2] MARTENS, *Causes célèbres du droit des gens*, 2ᵉ édition, 1859, t. IV, p. 45 et suiv.

notoire également que l'un des moyens les plus efficaces de
réduire les Français à composition est de les empêcher de
remédier par des importations à la disette qui résulte de la
guerre. » Une note, écrite dans le même style, fut remise à
la Suède. La Russie appuya les injonctions des Anglais par les
menaces de ses agents et les démonstrations de ses flottes dans
la Baltique. Les révolutionnaires, disait une note du ministre
de Russie, en date du 10 août, se sont mis en état d'hostilité
avec toutes les puissances. « S'il en est auxquelles leur situation
ne permet pas des efforts aussi efficaces... il est juste qu'elles
veuillent bien concourir (à la défense de l'intérêt général) par
d'autres moyens qui sont absolument en leur pouvoir, et nom-
mément par celui de l'interception de tout commerce avec les
perturbateurs du repos public. » Le roi de Prusse adressa au
Danemark les mêmes avis.

Comme la République prenait, de son côté, des mesures
analogues, le Danemark, entre la France bloquée par l'Angleterre et l'Angleterre bloquée par la France, se vit menacé
de représailles par l'une et par l'autre, et de la ruine de son
commerce par toutes les deux. Le ministre qui gouvernait
alors ce royaume, Bernstorff, figurait au premier rang des
politiques « éclairés » de la vieille Europe. On vantait en
Allemagne ses « lumières », et en France sa « vertu ». Il se
faisait honneur de ce double suffrage ; il nourrissait secrètement l'espérance de profiter de ce double crédit pour concourir, le moment venu, au rétablissement de la paix entre les
monarchies, auxquelles il était attaché par sa naissance, et
une république dont il ne pouvait s'empêcher d'admirer les
principes. Il manœuvra, dans cette redoutable crise de 1793,
avec autant de dignité que de prudence. Il répondit aux notes
anglaises, russes et prussiennes en réclamant les droits acquis
au Danemark par la coutume et consacrés par les traités. Il
soutint que les bâtiments français pouvaient être reçus avec
leurs prises dans les ports norvégiens et danois ; il concéda
que les prises françaises n'y seraient point vendues, et que les
bâtiments de commerce danois nolisés pour la France ne

seraient point convoyés par des bâtiments de guerre ; mais il refusa de reconnaître le blocus fictif et déclara qu'il ne considérerait comme bloqués « que les ports devant lesquels se trouverait une force supérieure ». Les Anglais ne tinrent aucun compte des représentations du Danemark. Leurs croiseurs saisirent les bâtiments danois et en confisquèrent les cargaisons, la plupart du temps sans dédommagement.

Ils usèrent de plus de rigueur encore dans la Méditerranée que dans la Baltique, parce qu'ils y apportaient plus de convoitise et de jalousie. La Toscane pratiquait la même neutralité que le Danemark ; elle fut exposée aux mêmes hostilités, et le « sage » Manfredini, qui visait, en Italie, au rôle que Bernstorff désirait jouer dans le Nord, ne se tira point de ces difficultés communes avec autant de fermeté [1]. Dès le mois de mai, lord Hervey, ministre d'Angleterre à Florence, avait annoncé l'arrivée imminente d'une flotte anglaise et réclamé une rupture complète des relations entre la Toscane et la France. Manfredini, très suspect de complaisance envers la République, s'effaça pour ne point compromettre son gouvernement. Les négociations relatives à la neutralité furent conduites par Serristori, dont on connaissait le peu de goût pour la France et pour les idées françaises. Les Anglais n'y apportèrent pour cela ni plus de modération, ni plus de condescendance. Le 14 août, lord Hervey fit connaître au grand-duc que le roi George, attribuant la conduite de la Toscane envers la France « à la crainte d'offenser une nation d'assassins et de brigands », lui offrait sa protection et l'invitait à en régler l'exercice. Le ministère toscan savait que cette protection équivaudrait à une tutelle despotique ; il fit la sourde oreille et attendit les événements. Les Anglais prirent Toulon, et bientôt après l'amiral Hood vint s'embosser avec sa flotte devant Livourne. Sur ces entrefaites, le 7 octobre, Chauvelin arriva à Florence. Ce diplomate était toujours malencontreux ; sa personne était insupportable aux Anglais. Le 8, lord Hervey

---

[1] REUMONT, *Geschichte Toscana's*, t. II, p. 259 ; BOTTA, *Trad. franç.*, t. I, p. 182 ; FRANCHETTI, t. 1, p. 66.

haussa le ton, et adressa au grand-duc une note arrogante. Il se plaignit « de la partialité que le gouvernement du grand-duc témoignait en faveur des Français ». Cette « injuste et notoire partialité », ainsi que les mesures qu'elle entraîne, ajoutait-il, « sont des preuves évidentes du détriment qu'une pareille neutralité apporte aux opérations des alliés ». Il annonça, en conséquence, que si la Toscane ne rompait pas immédiatement toutes relations avec la France, et que si, dans les douze heures, « M. de La Flotte et tous ses adhérents » n'étaient pas expulsés de la Toscane, l'amiral Hood « agirait offensivement contre le port et la ville de Livourne ». « Je compterai non seulement les heures, mais les minutes », dit-il à Serristori en lui signifiant les injonctions britanniques. Serristori répondit qu'il y déférerait le plus tôt possible. Ce ministre n'était point républicain, mais il était bon Toscan, et, à défaut de « vertu », il avait de l'honneur professionnel. Il avertit les Français et tâcha de temporiser. Le lendemain, 9 octobre, lord Hervey lui écrivit que, depuis sa précédente note, il s'était écoulé vingt-quatre heures; cependant « l'infâme emblème de la rébellion et du régicide existait encore sur la maison de M. de La Flotte », et les Jacobins n'étaient pas encore chassés. Il prescrivit un dernier délai de quarante-huit heures, et mit le grand-duc en demeure de procéder incontinent à la conclusion d'un traité destiné « à éviter à l'avenir des inconvénients que pourraient faire naître les différences d'opinion sur les affaires ». Serristori invita les Français à partir; il y mit des égards, et ajouta qu'il prenait les mesures nécessaires pour « leur prêter tous les secours qu'exigent la justice et l'humanité ». Ces Français étaient, pour la plupart, des artistes réfugiés à Florence après l'assassinat de Bassville. La Flotte et Chauvelin s'en allèrent le 11. Cacault, qui résidait en Toscane avec le titre de chargé d'affaires de la République à Rome, obtint un délai de quelques jours, afin de pourvoir au rapatriement des Français expulsés. « La Toscane, écrivait-il le 18 octobre, est maintenant gouvernée par deux autorités, celle du grand-duc et de ses conseillers, honnêtes, humiliés, abattus, et celle de lord Hervey, commandant ce qui lui plaît au nom des coalisés[1]. »

Le grand-duc était un prince de la maison d'Autriche. Le cabinet de Londres jugea que lord Hervey l'avait pris de trop haut avec lui. Ce ministre fut rappelé pour s'être montré indiscret dans le style de ses notes; mais le fond demeura, et les mesures prises ne furent point rapportées. Gênes n'était qu'une pauvre république, effarée entre deux feux. L'amiral anglais Drake exigea qu'elle expulsât l'agent français, Tilly, et pour forcer la main au Sénat, il fit attaquer dans le port même de Gênes une frégate française, la *Modeste*, qui s'y était réfugiée. L'équipage fut massacré en partie, le 6 octobre, et Gênes, réduite à subir les violences des Anglais, trembla devant les représailles des républicains. Les Suisses, fort heureusement pour eux, étaient inaccessibles aux coups de l'Angleterre, et ils se montrèrent médiocrement émus lorsque, le 13 novembre, lord Fitz-Gerald leur notifia que son gouvernement ne pouvait autoriser, de la part des neutres, « aucune correspondance directe ou indirecte avec les factieux ou leurs agents », parce que « ce serait une reconnaissance de leur autorité, et par conséquent un acte préjudiciable aux puissances coalisées ». Ce n'était qu'une note de principe, mais elle faisait bien connaître les prétendus principes de la coalition.

V

Cette campagne contre les neutres et cet essai de bloquer la France furent le seul ouvrage des coalisés pendant l'été de 1793. L'automne les trouva piétinant sur les frontières de France, à peu près dans les mêmes positions qu'ils occupaient trois mois auparavant... « Nos armées étaient formidables,

[1] Rapports de Cacault, 12, 15, 18 octobre; de La Flotte, 10 octobre; de Chauvelin, 11 octobre 1793

écrivait Mercy, la campagne était très heureusement engagée. On sera étonné des minces résultats obtenus en faisant surtout la part du hasard et des fautes de l'ennemi..... Ce n'est pas aux ennemis qu'il faut s'en prendre, ajoutait-il, car non seulement ils n'ont rien fait pour s'opposer à nos progrès, mais même on pourrait dire qu'ils ont tout fait pour les seconder [1]. » Les causes de cette inaction étaient toujours les mêmes. La Prusse ne voulait marcher sur l'Alsace que quand elle tiendrait sa part de Pologne ; l'Autriche s'opposait à la délivrance de ce lot tant que Frédéric-Guillaume refuserait de contribuer à la conquête des indemnités de l'Autriche. Tel était, selon le mot de Mercy, le « labyrinthe où se perdait la coalition ». « Il faut s'armer de patience, écrivait Thugut en pensant aux Prussiens, car nous devons boire jusqu'à la lie le calice amer de notre monstrueuse alliance avec eux. »

Ce qui encourageait Thugut à patienter de la sorte, c'était un nouveau plan, très subtil, qu'il avait conçu et qui lui paraissait propre à concilier tous les intérêts, en assurant à la cour de Vienne des terres de toutes mains. L'Angleterre désire que l'Autriche conserve les Pays-Bas : l'Autriche les conservera, mais à la condition que l'Europe constituera à cette province une forte barrière du côté de la France, c'est-à-dire la ligne de la Somme. L'Angleterre, satisfaite de la sorte, forcera la Prusse à conquérir, pour le compte de l'Empereur, l'Alsace et la Lorraine. L'Empereur, en récompense, reconnaîtra le partage de la Pologne, puis, nanti, grâce aux Prussiens, de l'Alsace et de la Lorraine, il échangera ces provinces, à la barbe du roi de Prusse, contre la Bavière, réunissant enfin, par ce savant coup de partie, les trois éléments du casse-tête autrichien : le troc, le *surrogat* et l'arrondissement. Cette combinaison, pour aboutir, voulait un secret absolu. Il fallait surtout se garder des Prussiens. « On les verra toujours, écrivait Thugut, contrecarrer, entraver tout plan qui aurait pour objet quelque dépècement remarquable des possessions françaises, et conser-

---

[1] A Thugut, 2, 11 et 15 septembre 1793, *Correspondance de La Marck*, t. III, p. 411, 426.

ver et maintenir la France autant que possible dans son intégrité et son ancien état de force[1]. »

Les Prussiens prêtaient à l'Autriche des vues analogues au sujet de la Pologne, et si le « dépècement remarquable » qu'ils avaient entrepris de cette république présentait des difficultés, ils les attribuaient aux manœuvres des agents de François II. Ils se tenaient donc aux aguets. Les politiques, comme les héros de tragédie, ont toujours des confidents dont le seul rôle consiste à révéler le secret de la pièce. C'est ainsi que la Prusse fut avertie du grand projet de Thugut. Frédéric-Guillaume le dénonça incontinent à la tsarine et déclara qu'il s'opposerait à cet énorme accroissement de la maison d'Autriche[2]. Le parti de la paix mettait à profit les bruits alarmants et les inquiétudes du roi. Ce parti gagnait en crédit à mesure que les déceptions diminuaient le zèle de Frédéric-Guillaume pour la guerre de principes. Bischoffswerder tomba dans une sorte de disgrâce. Il s'était trompé dans toutes ses prophéties, et son autorité d'astrologue politique en était fort ébranlée. Il s'était permis, d'autre part, certains écarts de conduite assez bruyants qui cadraient peut-être avec ses complaisances secrètes pour son maître, mais non avec la belle morale qu'il prêchait en public. Frédéric-Guillaume entendait être seul à donner du scandale à ses peuples. Il était d'autant plus exigeant sur la vertu de ses courtisans qu'il s'attribuait plus de licence dans sa cour[3]. Le « sombre et borné » Manstein prenait dans la faveur royale la place qu'y avait occupée l'intrigant thaumaturge. Il marchait avec Lucchesini qui préparait toutes les grandes affaires, souffleur et secrétaire du roi, à qui il évitait ce que ce prince redoutait le plus, « l'odieuse nécessité de réfléchir et de penser ». Détestant et jalousant l'Autriche comme Thugut faisait de

---

[1] Mercy à Thugut; Zeissberg, t. III, p. 150. — Thugut à Colloredo, 26 août 1793; Vivenot, *Thugut*, t. I, p. 35. — Thugut à Starhemberg, 13 et 31 août; Zeissberg, t. III, p. 178, 180, 185, 231.

[2] Frédéric-Guillaume à Goltz, 6 août 1793; Herrmann, *Dipl. Corr.*, p. 393.

[3] Sur cette disgrâce de Bischoffswerder, voir Philippson, t. II, p. 145. — Rapport de Lehrbach, 23 août 1793; Zeissberg, t. III, p. 215. — Rapport à lord Grenville, 17 septembre; Herrmann, *Dipl. Corr.*, p. 384. — Sybel, *Trad.*, t. II, p. 288.

la Prusse, Lucchesini se rencontrait dans l'hostilité qu'il portait à cette cour, avec les ministres en titre, Alvensleben, Haugwitz, et un nouveau venu, un Hanovrien, Hardenberg, récemment passé du service du Brunswick à celui de la Prusse. Hardenberg était chargé d'administrer les margraviats d'Anspach et de Bayreuth : ce service le rapprochait du roi, et ce prince commençait à apprécier sa sagesse, ses ressources et sa dextérité. Cette coterie, que les événements formaient, plutôt qu'elle ne se rassemblait et ne se concertait elle-même, était conduite par une même conception des intérêts prussiens. Ceux qui la composaient tenaient « la sortie du roi de Prusse de la coalition pour le premier article de la régénération de la monarchie prussienne ». La coalition était pour eux, comme pour leurs émules de Vienne, un « labyrinthe » d'où il fallait se tirer le plus tôt possible. L'alliance qui les y avait amenés leur semblait non seulement une erreur, mais, comme à Thugut, une monstruosité. Ils inclinaient à traiter avec la France, dès que la République en présenterait le moyen, et à chercher uniquement en Pologne le dédommagement de tant de dépenses [1].

Ces sentiments étaient fort répandus dans l'armée prussienne. On s'y distrayait avec la politique de l'oisiveté de la campagne. La rivalité militaire, toujours ardente, envers l'Autriche, y aigrissait les propos. Il était plus que jamais de mode parmi les officiers d'afficher du goût pour les principes français, de jouer le philosophe et de se piquer de « vertu ». Ainsi Kalkreuth, qui servait sur le Rhin, et Moellendorf, qui commandait en Pologne, qui tous les deux se piquaient de « lumières » et passaient, à ce titre, pour les plus « vertueux » des Prussiens. Tout ce monde cabalait contre Brunswick : on lui reprochait à la fois trop de complaisance pour la coalition et trop de mollesse dans ses mesures. Ce général, disait-on, usait inutilement dans de fausses manœuvres une armée dont le

---

[1] Hüffer, *OEstreich und Preussen*, Bonn, 1868, p. 49; Pertz, *Stein's Leben*, t. I, p. 73; Haüsser, t. I, p. 510; Herrmann, *Dipl. Corr.*, p. 408; Ranke, *Hardenberg*, t. I, p. 139; Philippson, t. II, p. 171; Fersen, t. II, p. 60.

roi pouvait avoir besoin en Pologne, et que tout commandait à la Prusse de ménager.

Les Polonais, en effet, comptant sur la guerre de France pour enchaîner la Prusse, continuaient d'opposer la même force d'inertie aux réclamations réitérées du ministre de Frédéric-Guillaume. Ce monarque se voyait ainsi en échec devant deux assemblées, la Convention de France et la Diète de Pologne. Cette Diète y mettait même de l'impertinence : elle avait osé rappeler au roi de Prusse ses garanties de 1790[1]. Elle alla plus loin. A peine eut-elle ratifié le traité qui cédait des territoires à la Russie, qu'elle décréta, le 19 août, que quiconque émettrait le vœu d'un démembrement de la République au profit de la Prusse serait considéré comme traître à la patrie et traité en conséquence. Les députés prirent à témoin l'Europe, l'Univers, l'Être suprême enfin, de la fermeté de leurs résolutions. Le ministre prussien Buchholz n'avait d'autre témoignage à invoquer que celui de son collègue Sievers, et ce Russe avait tout l'air de se moquer de lui. « Ma position est désolante et affreuse, écrivait Buchholz. Je ne puis faire un pas sans l'ambassadeur de Russie ; toutes les personnes qui influent sont dépendantes de lui. »

Sievers tout d'un coup se relâcha de sa froideur. « J'ai reçu, dit-il à Buchholz, l'ordre de faire conclure avec la Prusse le traité de cession, mais d'assurer, en même temps, aux Polonais la liberté et la facilité du commerce sans lesquelles la Pologne serait dans une dépendance trop absolue de la Prusse. » Il avait rédigé, avec ces réserves, un projet de traité, et il le présenta à Buchholz comme le dernier mot des complaisances de sa cour. Buchholz trouvait le traité insuffisant, mais, de guerre lasse, il l'accepta. Sievers passa notes sur notes à la Diète les 28, 29 et 30 août, pour inviter cette assemblée à ratifier le traité disposé par ses soins et signé par Buchholz. Il donna aux députés jusqu'au 3 septembre pour ramasser leurs esprits, calmer leurs émotions et prendre leur parti de recevoir cette

---

[1] Notes des 26, 27, 30 juillet 1793 ; FERRAND, t. III, p. 389 et suiv. — Cf. t. II, p. 67.

nouvelle marque de magnanimité que leur donnait la tsarine. Cette magnanimité aux formes comminatoires souleva des tempêtes dans l'assemblée. Sievers avait de quoi répondre. Le 2 septembre, il signifia aux députés que leur conduite « ne prouvait que trop l'existence d'un germe de jacobinisme » dans la Pologne; qu'il « ne saurait plus se refuser à déraciner ce fléau pernicieux » ; que, d'ailleurs, pour assurer le lendemain, jour de l'échéance, « une tranquille délibération » à l'assemblée, il ferait entourer la salle des séances par deux bataillons de grenadiers, soutenus de quatre pièces de canon. Il ajouta que tout lui révélait une « conspiration » ourdie contre le roi et les « plus sages sénateurs ». Afin de déjouer ce complot, il annonça que les députés seraient fouillés à la porte de la salle, que ceux qui porteraient des armes seraient arrêtés, que douze officiers russes prendraient place au milieu des députés, que le commandant des troupes impériales siégerait aux côtés du roi, que des mesures seraient prises enfin pour qu' « aucun membre ne pût remuer de sa place ». Ils auraient, d'ailleurs, « une entière liberté de parler ». La Diète vota le traité avec les restrictions commerciales qu'y avait apportées Sievers, et les députés profitèrent de la liberté de parole que leur accordait le ministre russe pour invoquer encore une fois devant l'Europe le fameux traité prussien de 1790 qui garantissait l'intégrité de la Pologne.

Cependant le roi de Prusse était aux prises avec le diplomate que Thugut lui avait dépêché, dans le dessein de distraire sa méfiance et d' « amuser le tapis ». Verbeux et brouillon, le comte de Lehrbach avait paru propre à remplir ce rôle. Il trouva les Prussiens sur leurs gardes. Le 20 août, le jour même de son arrivée, Lucchesini lui déclara que le roi comptait sur l'accession de l'Autriche au traité de partage. Ce traité, dit-il, « fait actuellement, uniquement, la base de ses opérations ». Lehrbach ne put douter de la sincérité de ce propos. Le 27 août, Brunswick reçut l'ordre de suspendre tout mouvement offensif. Les Français en profitèrent pour l'attaquer, et ils tâchèrent de le déloger des positions qu'il occupait dans les Vosges. Brunswick les repoussa le 14 septembre, à Pirmasens. Le même jour, un officier autrichien, le comte Ferrari, était arrivé au quartier du roi, et l'on parvint à s'accorder sur un plan d'attaque des lignes de Wissembourg. Mais à peine cette résolution était-elle prise que survinrent les courriers de Grodno. L'effet des rapports de Buchholz sur le roi fut « profond et violent [1] ». Il parut à ce prince que le succès récent de ses troupes lui permettait de parler avec hauteur et de se retirer avec dignité. Le 22 septembre, Lucchesini, dans une note à Lehrbach [2], rappela que le roi avait subordonné son concours dans la campagne de 1793 à l'accession de l'Autriche au traité de Pétersbourg; que de fausses inductions tirées de l'attitude passive de la cour de Vienne encourageaient les illusions des Polonais; que, par suite, le roi se voyait forcé « de ramener les Polonais par les armes aux termes qui étaient précédemment arrêtés entre les trois puissances voisines de la République ». Obligé de retirer de son armée du Rhin un nombre de troupes « proportionné à la résistance » des Polonais, forcé de s'assurer ainsi, de ses propres mains, ses justes indemnités, il « abandonne à son allié le soin d'en faire autant vis-à-vis de la France », se réservant de ratifier les conquêtes de l'Autriche dans la mesure où l'Autriche ratifiera les siennes. Ses devoirs de roi lui commandent de n'imposer à ses peuples que les charges d'une guerre « utile ou inévitable »; si les alliés désirent conserver à la coalition le concours des troupes prussiennes, il est nécessaire qu'ils indemnisent la Prusse de ses dépenses. — Cela dit, Frédéric-Guillaume se mit, le 29 septembre, en route pour Berlin.

Catherine redoutait quelque coup de tête de ce genre. Elle se dit qu'elle avait tenu trop longtemps son associé en haleine, et que s'il abandonnait l'Autriche, cette cour, réduite à supporter seule le poids de la guerre de France, ne balancerait plus à s'indemniser en Pologne. En conséquence, la tsarine

---

[1] Sybel, *Trad.*, t. II, p. 179; Zeissberg, Rapports de Lehrbach, t. III, p. 196 et suiv.
[2] Zeissberg, t. III, p. 290.

écrivit à Sievers de renoncer aux restrictions apportées au commerce prussien et de faire signer, purement et simplement, le traité tel qu'il avait été disposé à Pétersbourg. Les ministres de Prusse et de Russie à Grodno se réconcilièrent aussitôt, réunirent les fonds de corruption dont ils disposaient, en firent largesse aux députés du parti russe et décidèrent d'intimider les autres par le procédé classique d'une « journée ». La Diète fut mise, le 21 septembre, en demeure de voter. Quelques membres s'indignèrent de la défection de la Russie. Ils apprirent à leurs dépens que les promesses données naguère par Sievers au nom de son impératrice sortaient de la même officine que celles que Lucchesini avait distribuées autrefois au nom de son roi.

Dans la nuit du 22 au 23, Sievers fit arrêter les députés qui avaient mal parlé. Le 23 au matin, les grenadiers et les artilleurs russes se postèrent aux postes qu'ils occupaient le 1er septembre. La Diète prétendit que les lois interdisaient de délibérer sous la menace, et elle réclama les députés arrêtés. Les Russes laissèrent la journée s'écouler en vaines paroles. Le soir, il leur parut que la Diète avait suffisamment délibéré. Le commandant Rautenfeld, qui était aussi à son poste dans la salle des séances, annonça que les députés ne sortiraient pas avant d'avoir voté. Il était autorisé, leur dit-il, à employer, pour vaincre leur résistance, les derniers moyens de rigueur. Vers trois heures du matin, comme les soldats russes allaient envahir la salle, le maréchal de la Diète demanda si personne ne s'opposait au traité. Les députés firent silence. Le maréchal déclara que l'Assemblée ne s'opposant point, le traité allait être ratifié. Ainsi fut achevé, le 25 septembre, en ce qui concernait la Prusse, le second partage de la Pologne.

Frédéric-Guillaume croisa sur la route le courrier qui lui portait cette nouvelle. Elle ne changea rien à ses résolutions : il avait à s'assurer l'accession de l'Autriche et à établir son autorité dans ces nouveaux territoires. Il continua sa route. Quelques jours auparavant, un officier supérieur prussien avait fait demander au quartier général si l'on devait reprendre l'offensive. « Il ne faut rien faire, lui répondit-on. — Nous avons la paix? insinua l'envoyé. — Nous avons ce que nous voulions, un morceau de la Pologne [1]. »

L'Autriche n'avait rien. La Prusse, selon le mot d'un diplomate russe, l'avait empêchée de « faire son coup sur la Bavière ». « Toutes ses vues, ajoutait-il, sont contrariées : elle n'a rien eu de la Pologne... l'acquisition de l'Alsace est moins probable que jamais. Peut-être tournera-t-elle ses vues ailleurs... cet ailleurs est l'Italie. Je désire qu'elle réussisse, quelque part que cela soit ; sa situation est effroyable [2]. »

Thugut pensait à Venise, et, en attendant mieux, il négociait avec la Sardaigne un traité d'alliance et d'échange. « Dans le cas, écrivait-il, où la cour de Turin ferait des acquisitions quelconques sur la France, l'Empereur prétendrait, avec elle, entrer en partage, en demandant que la part qui lui en reviendrait soit compensée par la rétrocession d'une portion de valeur égale des districts démembrés du duché de Milan. » Thugut considérait, en effet, que l'Empereur, ne pouvant « s'opposer à main armée aux progrès et conquêtes » que la Sardaigne pourrait accomplir, devait, au moins, en prélever une part. C'est sous cette condition que l'Autriche consentit, après que l'Angleterre l'en eut beaucoup pressée, à envoyer 5 à 6,000 hommes au secours de Victor-Amédée. Ces conditions n'étaient pas faites pour rassurer les Sardes, et leurs entreprises contre la France en furent fort ralenties [3]. Les Sardes avaient aussi leur système de frontières tiré des auteurs latins et fondé sur la nature ; cette nature savoyarde menait les Sardes en Dauphiné, tandis que la nature française menait les républicains en Savoie [4]. La force seule pouvait trancher

---

[1] *Mémoires de Massenbach,* t. 1, p. 196.

[2] Kotchoubey à Woronzof, janvier 1794; *Archives Woronzof,* t. XVIII, p. 71-73.

[3] A Starhemberg, 25 septembre 1793; Zeissberg, t. III, p. 296. — Thugut à Colloredo, 23 août; Vivenot, *Thugut,* t. I, p. 31. — Bianchi, t. II, ch. ii et iii.

[4] Au temps de la minorité de Louis XIII, Charles-Emmanuel, désireux de profiter des troubles pour dépecer un morceau de la France, disait aux Dauphinois : « La nature a fait des Dauphinois et des Savoisiens un seul et même peuple. Quand vous leur aurez donné un même maître, ils seront encore ces redoutables

le conflit de ces deux natures, et la force avait décidé en faveur des Français. Les Sardes auraient donc préféré quelque lambeau du Milanais.

Tout le monde voulait prendre à satiété, recevoir beaucoup, donner peu de chose. Les Hollandais s'en mêlèrent aussi, et comme l'Autriche ne consentait à leur rien céder de la Belgique, ni à leur rien laisser usurper sur l'évêque de Liège, ils menacèrent de se retirer de la coalition et se mirent sur la défensive [1]. Quant aux États qui, ne convoitant rien, se sentaient convoités, ils n'aspiraient qu'à la neutralité, et l'on vit se manifester partout, chez eux, les sentiments que Mallet du Pan observait chez les Suisses : « L'envahissement de la Pologne, écrivait-il, a concouru à révolter les esprits, à fournir une arme toute-puissante aux partisans de la République française, et à éloigner encore le vœu général de tout rapport avec ses ennemis [2]. »

La coalition s'en allait donc en morceaux. Elle remporta, le 13 octobre, un succès et s'empara des lignes de Wissembourg; mais cette attaque, très tardive, demeura sans conséquences. Les alliés avaient perdu l'occasion de l'offensive. Ils ne vont plus faire que reculer. Thugut s'irrite, maudit, se lamente et rejette sur autrui des fautes dont il est en partie l'auteur. Sa diplomatie se perd dans les rivalités de lucre; il reproche aux militaires de s'user dans les cabales. Le fait est que Cobourg, Wurmser, Clerfayt, Hohenlohe se dénoncent et s'entravent à l'envi. Ils n'auraient point, pour les arrêter, leur jalousie et leur méfiance des Prussiens, que leurs propres animosités y suffiraient. « Au milieu de tous ces combats de la vanité et de l'intérêt personnel, écrit Thugut, la monarchie s'avance à grands pas vers son entière décadence [3]. »

Par son incurie devant la catastrophe qui menace sa dignité,

Allobroges qui furent la gloire des Celtes et la terreur de Rome. Renouez la chaîne des temps; rattachez-vous à l'antique dynastie de vos rois. » HANOTAUX, *Revue des Deux Mondes*, 15 juillet 1799.

[1] SYBEL, *Trad.*, t. II, p. 382.
[2] SAVOUS, *Mallet du Pan*, t. I, p. 388.
[3] A Colloredo, 16 septembre 1793; VIVENOT, *Thugut*, t. I, p. 40.

son nom, son sang, la maison d'Autriche abdique cette majesté impériale et cette suprématie des cours dont elle était si fière. Rien n'avait été entrepris pour sauver Marie-Antoinette lorsqu'elle comparut devant le tribunal révolutionnaire. Elle fut mise à mort le 16 octobre, victime de la politique autrichienne qui ne l'avait faite reine que pour la faire haïr de son nouveau peuple, sacrifiée jusqu'à l'échafaud à l'implacable loi des princesses de sa maison : *Austria nube!* Lorsque l'événement fut connu sur la frontière, il y eut quelques discours d'indignation dans les cercles des officiers autrichiens. Clément de Metternich, alors à ses débuts, composa une dissertation de rhétorique, et se prépara, en vouant à l'exécration du beau monde ce sacrifice d'une archiduchesse, à en sacrifier une autre, dix-sept ans plus tard, aux mêmes raisons d'État. La reine de France n'avait plus de partisans. Marie-Antoinette conservait quelques amis. « Je pleurai avec eux, écrit Fersen... Je ne pouvais penser qu'à *ma* perte [1]. » Larmes silencieuses, cachées et tout humaines qui ne tempèrent point l'indifférence de la vieille Europe. Cette Europe était bien réellement corrompue dans ses moelles. Elle étalait, dans le même temps, pour sa condamnation, le spectacle des égarements de la raison d'État et celui de la dépravation politique du cœur. Mallet du Pan n'est qu'exact lorsqu'il écrit : « Les cours ont paru si peu occupées de cette catastrophe, que le public en a bientôt perdu la trace. » Thugut transmit au vice-chancelier cette nouvelle, qu'il qualifia officiellement d'*affligeante*, puis il n'en parla plus [2]. Marie-Antoinette n'était qu'une femme et une captive : elle n'était plus utile à rien. Les politiques l'abandonnaient à sa destinée. Les Vendéens formaient une armée fidèle, fanatique, redoutable : les politiques qui l'avaient méconnue longtemps ne s'en soucièrent un moment que pour la sacrifier à son tour.

---

[1] Fersen, 20-21 octobre 1793, t. II, p. 96.
[2] Thugut à Colloredo, 28 octobre 1793 ; Vivenot, *Thugut*, t. I, p. 51.

VI

Les Vendéens appelaient leurs princes : « Venez, Monseigneur, venez! » écrivaient au comte d'Artois La Rochejaquelein, La Trémoille, Talmont, d'Elbée, Lescure. Le comte d'Artois reçut cette lettre vers la fin d'août[1]. Ce n'était plus l'armée de Gaston. Parmi les signataires, plusieurs étaient de marque, et le prince pouvait, sans déroger, combattre auprès d'eux. Il n'en trouva pas le moyen. D'autres plus hardis, plus convaincus et moins soigneux de leurs préséances, l'auraient trouvé. Une barque et quelques matelots y auraient suffi. Jacques Stuart, en 1716, Charles-Édouard, en 1745, n'en avaient pas demandé davantage. Mais le comte d'Artois, qui avait le propos chevaleresque, n'avait point l'entreprise héroïque. Il se rappela que, malgré les flottes de Louis XIV, Jacques II n'était point rentré dans son royaume, tandis que Charles II, de galante mémoire, avait tout gagné à laisser faire les événements, la guerre civile, la diplomatie française et le général Monk. Le comte de Provence approuva, fort soucieux des formes et aussi peu empressé de procurer de la gloire à son frère que celui-ci de s'en acquérir. Ils écrivirent à M. d'Harcourt de sonder le gouvernement anglais sur les secours qu'il leur pourrait prêter, et M. de Tinténiac fut envoyé en Vendée pour décider les chefs de l'armée « catholique et royale » à accepter ce secours anglais. Ce n'était point une affaire simple. L'Anglais, pour ces royalistes de l'Ouest, était l'ennemi héréditaire de la couronne de France, et pour ces catholiques, l'apostat et le proscripteur de leur foi. Mais la guerre civile a ses raisons d'État et la guerre religieuse sa casuistique. Les Vendéens se dirent qu'il y avait deux France : la « vraie », qui était

---

[1] *Papiers inédits de Puisaye*, cités par Louis BLANC, t. XII, p. 255.

avec eux et avec leurs princes; la fausse, la rebelle et l'usurpée, qui était celle de la République. Si l'Anglais venait en aide au roi, c'est-à-dire à la « vraie » France, il cessait d'être un ennemi, et ce n'était plus trahir que de s'allier à lui. Les Vendéens en vinrent à cette capitulation comme y étaient venus, avant eux, les Huguenots et les Camisards, et comme y vinrent après eux les catholiques et royalistes irlandais, lorsqu'ils cherchèrent l'alliance des républicains antichrétiens de Paris. Toutefois, la méfiance d'Albion subsista dans leurs esprits; ils voulurent une garantie contre les arrière-pensées de l'Angleterre; ils crurent la trouver dans la combinaison d'un corps d'émigrés que les Anglais armeraient, qu'ils amèneraient sur les côtes et qui serait conduit par un prince français [1].

En même temps que les princes sollicitaient le secours des Anglais, les Autrichiens, sur les instances de Mercy, pressaient les Anglais d'accorder ce secours. Ils en apercevaient enfin l'utilité. Ils offraient de former à Ostende un corps où l'on réunirait « le plus d'émigrés raisonnables qu'on pourrait rassembler »; ils demandaient aux Anglais de transporter ce corps en Vendée. Les Anglais y inclinaient; mais ils désiraient, auparavant, que les Vendéens se fussent assurés d'un port de débarquement. En attendant, ils leur envoyèrent un convoi « de secours de première nécessité », qui fut dirigé vers Noirmoutier, et ils s'occupèrent de concentrer à Jersey les éléments d'une petite troupe, qui ferait une diversion en Bretagne. Le marquis du Dresnay l'organisa, et il s'efforça de combiner ses opérations avec une insurrection que le comte de Puisaye préparait dans les mêmes départements [2].

Les princes français y apportaient plus de circonspection que de témérité, et ce n'était point précisément leur rôle. Les

---

[1] Puisaye, *Mémoires*, Londres, 1803, t. II, p. 453-502. — Madame de La Rochejaquelein, *Mémoires*, p. 189 et suiv.

[2] Mercy à Starhemberg, 8 novembre 1793; Thürheim, p. 169. — Cobourg à Wallis, 9 octobre; Thugut à Starhemberg, 16 octobre; Rapport de Starhemberg, 8 novembre; Rapport de Cobourg, 12 novembre; Zeissberg, t. III, p. 318, 327, 366, 372-373. — Puisaye, *Mémoires*, t. II, p. 257-321, 460, 501. — *Correspondance inédite du marquis du Dresnay avec les princes.* — Aff. étrangères.

Anglais, qui faisaient une affaire, y mettaient de la politique, et l'on ne peut s'en étonner. Pitt connaissait les émigrés et leurs chimères; il prit ses précautions. Le 29 octobre, une déclaration royale, adressée aux Vendéens et aux Bretons, marqua les conditions de l'intervention de l'Angleterre. Le roi George considérait la paix comme impossible avec la Convention. Il ne prétendait point s'immiscer dans le régime intérieur d'un État indépendant, encore moins contester à la France « le droit de réformer ses lois »; il louait Louis XVI d'avoir tenté de supprimer les abus et « d'établir sur des bases solides la liberté personnelle et le droit des propriétés ». Ces réserves faites, il ajoutait : « Le roi promet suspension d'hostilités et amitié, sûreté et protection à tous ceux qui, en se déclarant pour le gouvernement monarchique, se soustrairont au despotisme d'une anarchie sanglante. » La déclaration insinuait que l'Angleterre exigerait de la France « une juste indemnité » et des garanties de paix. Lord Grenville s'en expliqua plus précisément dans une note qu'il remit, le 15 novembre, au duc d'Harcourt. Le gouvernement britannique, dit-il, est disposé à faciliter au comte d'Artois les moyens de se rendre à l'armée du Poitou, mais il y a des « points et des bases » à fixer préalablement, savoir : « l'objet d'une paix générale dans laquelle Sa Majesté trouverait, pour elle et pour ses alliés, satisfaction, indemnité et sûreté future »; « les moyens d'établir un gouvernement légitime, juste et modéré en France, comme le seul moyen d'assurer la tranquillité des autres nations ». Sur ces deux articles, le cabinet de Londres s'en référait à la déclaration royale du 29 octobre. Lord Grenville s'exprima dans le même sens avec Starhemberg [1].

Les alliés voulaient des garanties de paix; ils n'en trouvaient que dans le démembrement de la France et l'établissement de la monarchie constitutionnelle. Ils ne séparaient point ces deux conditions. C'est ce qui rendait l'accord impossible entre eux et le Prétendant. Ce prince ne voyait de garan-

---

[1] Rapport de Starhemberg, 13 novembre 1793; Zeissberg, t. III, p. 379

ties à la monarchie restaurée que dans la conservation intégrale du royaume, en quoi il voyait juste, et dans le rétablissement de la monarchie absolue, le *rey netto* avec l'ancien régime, en quoi il se trompait. Il ne put s'entendre avec les Anglais. Le comte d'Artois renonça à se rendre en Vendée. Le comte de Provence, sollicité par les royalistes de Toulon, montra quelque velléité de transporter sa régence dans cette place. Les Anglais, qui occupaient Toulon, s'y opposèrent, déclarant que la question de régence était réservée, et que, s'ils installaient un prince avec cette qualité dans Toulon, ils destitueraient Sa Majesté Britannique de l'autorité qu'elle possédait sur cette ville et qu'elle y devait garder jusqu'à la paix. Le comte de Provence se mit néanmoins en route et s'achemina vers Turin. Il y arriva lentement, se reposa, organisa un conseil qui devait l'assister dans le gouvernement de Toulon, et attendit un passeport que les Anglais ne lui délivrèrent point[1].

Les relations entre les princes et le cabinet de Londres allèrent s'aigrissant de plus en plus. Lord Grenville écrivit quelque temps après au duc d'Harcourt; il rappela qu'il lui avait indiqué les moyens qui s'offraient, en 1793, au comte d'Artois, pour aller prendre la direction de l'armée vendéenne, et il ajouta[2] : « Le voyage inattendu de S. A. R. Mgr le comte de Provence y a mis, dans le temps, plus d'un obstacle, et les affaires ont tant changé depuis cette époque qu'il ne peut plus être question, au moins pour le moment actuel, des projets qui avaient été formés dans d'autres circonstances. »

Les affaires n'avaient pas tant changé que le disait lord Grenville; elles continuaient, au contraire, de marcher du même pas oblique et trébuchant. La pensée des coalisés n'était ni à la maison de Bourbon, ni à l'armée « *catholique et royale* », ni à l'ordre social et monarchique menacé par la Révolution française. Elle était toute à l'équilibre européen, c'est-à-dire au lucre et à la conquête. « Nous regardons, écri-

---

[1] 28 novembre 1793. Cf. GUILHERMY, *Papiers d'un émigré*, Paris, 1886, p. 45 et suiv.
[2] 20 mars 1794.

vait Thugut [1], comme un objet essentiel de nos désirs, que la France soit, à la paix, restreinte dans de justes bornes pour prévenir désormais le retour de l'abus que la cour ci-devant de Versailles a constamment fait de ses forces, en agitant l'Europe par sa turbulence et ses intrigues [1]. » Un diplomate anglais, intimement mêlé depuis lors à toutes les coalitions de l'Europe, mandait à lord Grenville une conversation qu'il avait eue avec le grand pensionnaire de Hollande. L'état des affaires rappelait à ces politiques celui de 1701; selon eux, l'objet de l'alliance devait être de rendre au gouvernement que l'on rétablirait en France assez de force pour prévenir un retour offensif de la Révolution, mais « pas assez pour lui permettre d'être l'éternel troubleur de la paix en Europe, ainsi que cela s'est vu depuis un siècle et demi, sous les trois derniers monarques français [2] ».

Profiter de la crise, soit pour réduire la France au rôle de puissance secondaire, soit pour s'agrandir soi-même aux dépens des États faibles, telle avait été, lors de l'explosion des premiers troubles de la Révolution, la première pensée des politiques de l'Europe. Après un très court accès d'émotion monarchique, au mois de février 1793, ces empiriques incorrigibles étaient bientôt rentrés en eux-mêmes et revenus à leurs habitudes. Pareils aux praticiens grossiers de l'époque, ils ne connaissaient à toutes les maladies qu'un remède universel, la saignée. Ils ne considèrent, en France, que la destruction des anciens pouvoirs : l'anarchie qui s'étend, la guerre civile qui va dissoudre le pays, le trésor épuisé, l'État réduit à un papier-monnaie discrédité, la disette générale, les magasins vides, le peuple affamé, les armées désorganisées, sans munitions, sans arsenaux, minées par la misère, manquant de tout, surtout de chefs. Ce sont les conditions classiques des grandes curées d'État. L'Europe se dispose à en profiter, raisonnant sur la dynastie des Bourbons décapitée ou dispersée en 1793,

---

[1] A Starhemberg, 4 octobre 1793; ZEISSBERG, t. III, p. 308-310. — Cf. t. II, p. 277-279, les vues de Kaunitz dans l'automne de 1792.

[2] Malmesbury à Grenville, 3 décembre 1793.

comme elle en raisonnait au temps des désastres et de la vieillesse de Louis XIV. Les conférences d'Anvers semblent une répétition de celles de la Haye et de Gertruydenberg. Ce sont les mêmes Anglais, les mêmes Allemands, les mêmes Hollandais. Ce sont les mêmes desseins ; les prétextes seuls ont changé : en 1709 et en 1710, les coalisés se fondaient sur l'équilibre de l'Europe ; en 1793, ils se fondent sur la contagion révolutionnaire : simples formules de manifestes, destinées à l'édification des badauds et à la déception des peuples qui portent le faix de ces luttes. Dans les conseils de guerre et dans les conférences militaires, il n'y a pas d'autres motifs aux actes que les éternels motifs de la jalousie et de la cupidité. Tous les protocoles de 1793 semblent n'être que le développement de cet écrit qu'un des alliés de 1709 présentait à l'examen des plénipotentiaires de la Haye : « La France, disait-il, est trop puissante, trop concentrée, trop riche en ressources. Elle menace sans cesse, elle envahit partout, elle ne connaît d'autres lois que sa convenance. Il est nécessaire de l'investir de telle sorte qu'elle ne puisse plus bouger de chez soi..... Voici le temps de corriger un si grand abus ; il faut arrêter la rapidité du torrent de cette puissance et remplir les ravines et les ruines qu'elle a causées dans les terres de ses voisins... Il faut lui faire tant de saignées, d'ouvertures et de diversions, et l'affaiblir tellement, qu'à peine [le roi] peut-il se faire entendre dans le centre de son ancien royaume. » Et l'on n'y arrivera point si « on ne lui ferme l'entrée dans la Lorraine, si on ne lui fait rendre la Franche-Comté et l'Alsace, sans y rien réserver, et tout ce qu'il a usurpé dans le Brabant, le Hainaut, l'Artois et le Cambrésis [1] ». Voilà bien, dans toutes ses proportions et tous ses détails, le « dépècement remarquable » projeté par Thugut en 1793.

Mais si c'est toujours la même Europe, c'est toujours aussi la même France. « Ce ne fut, dit Saint-Simon, qu'un cri d'indignation et de vengeance, ce ne furent que propos de donner

---

[1] *Mémoire sur la Franche-Comté*, par un agent du roi de Prusse, publié par Bourgeois, *Neufchâtel et la politique prussienne*, p. 245 et suiv. — Marquis DE Courcy, *La coalition de 1701*. Paris, 1886.

tout son bien pour soutenir la guerre, et d'extrémités semblables pour signaler son zèle. » Les convoitises des alliés, au commencement du siècle, firent de la guerre dynastique de Louis XIV une guerre d'indépendance nationale; les convoitises des coalisés, à la fin du même siècle, firent que tout bon Français confondit la cause de la Révolution avec celle de la patrie. « Les ennemis, écrivait Torcy dans son Journal[1], s'étaient flattés de pénétrer en France sans y trouver de résistance. Le maréchal de Villars sut se poster de façon qu'ils en trouvèrent l'entrée fermée. » Ils retrouvèrent cette même entrée fermée en 1793, ils reconnurent ces mêmes Français, et c'est ce qu'ils n'attendaient point.

La Convention est ruinée, il n'y a de France que sur le Rhin, Paris n'est plus que le réceptacle de malfaiteurs décimant un troupeau d'esclaves, disait Pitt à un gentilhomme français, proscrit, mais non émigré, Narbonne. « C'est, poursuivait le ministre anglais, une question de vie ou de mort pour la civilisation... Pour le salut de l'Europe et de la société civile, nous devons être décidés à une longue guerre, à une guerre irrémissible jusqu'à l'extinction du fléau... » — Ne parlez pas de duel à mort et de guerre implacable, répondit Narbonne : vous susciterez une résistance désespérée. « L'honneur est encore dans les camps de la République... Prenez garde d'unir, malgré eux, tous ceux que vous enveloppez d'une même haine... Je ne sais aujourd'hui de la France qu'une chose : c'est que l'excès du péril peut la rendre indomptable, et que, sous la tyrannie intérieure qu'elle subit, au nom de la liberté, elle est passionnée pour l'indépendance de son territoire... Quant aux côtés faibles du pays, aux passages mal gardés, aux consciences mal défendues, je ne les connais pas; je ne les dirai pas... Personne ne vous livrera le secret et la force de la France. Ce secret et cette force sont partout [2]. »

[1] *Journal* inédit de J.-B. Colbert, marquis de Torcy, publié par F. Masson.
[2] Villemain, *Souvenirs*, t. I, p. 62-68.

CHAPITRE IV

LE GOUVERNEMENT RÉVOLUTIONNAIRE

1793

I

« Pour former un gouvernement modéré, a dit Montesquieu, il faut combiner les puissances, les régler... : c'est un chef-d'œuvre de législation. Un gouvernement despotique, au contraire, saute pour ainsi dire aux yeux; il est uniforme partout; comme il ne faut que des passions pour l'établir, tout le monde est bon pour cela[1]. » La Constitution de 1793 avait été soumise à l'acceptation du peuple. Dès que ce peuple l'eut acceptée, les Montagnards la supprimèrent. C'étaient, d'ailleurs, des docteurs à recettes qui ne restaient jamais courts de maximes et d'autorités. Rousseau avait écrit : Dans le péril des États, la volonté générale est que l'État ne périsse point : alors, « on nomme un chef suprême qui fasse faire toutes les lois et suspendre un moment l'autorité souveraine[2] ». Le 10 octobre, Saint-Just, au nom du Comité, fit décréter que la Constitution serait suspendue, et que le gouvernement serait *révolutionnaire* jusqu'à la paix. Ce titre tragique et retentissant n'était que pour masquer la simplicité toute primitive et grossière du procédé. Le jeune rhéteur s'imaginait peut-être, en sa fatuité sinistre, renouveler Sparte et imiter Lycurgue. Il renouvelait simplement les expédients des rois barbares C'était

[1] *Esprit des lois,* liv. V, ch. xiv.
[2] *Contrat social,* liv. IV, ch. vi : De la dictature.

Rome en décadence qu'il ressuscitait, et il en adaptait les institutions dégénérées à la Révolution française, comme les chefs francs les avaient adaptées à leur conquête[1].

Tout l'État se concentra dans le Comité de salut public. Ce comité avait été porté à douze membres[2]. Il s'appropria l'omnipotence royale. La Convention sanctionna le fait accompli par un décret du 4 décembre. « Tous les corps constitués et les fonctionnaires publics sont mis sous l'inspection immédiate du Comité pour les mesures de gouvernement et de salut public. » Le Conseil exécutif est sous ses ordres. « Le Comité est particulièrement chargé des opérations majeures en diplomatie; il traitera directement ce qui dépend de ces mêmes opérations. » Il correspond avec les représentants en mission, qui ne peuvent prendre, sans son aveu, que des mesures provisoires. Il a la direction supérieure et absolue des opérations de guerre. Son autocratie n'est limitée que par une formalité : rendre compte à la Convention des mesures qu'il a prises.

C'était le gouvernement que Danton n'avait cessé de préconiser. Les Montagnards le réalisèrent quand ils furent assurés que Danton en serait exclu. Ils l'avaient nommé, du 25 juillet au 8 août, président de la Convention. Cette élection même constata la ruine de son crédit. Il obtint 161 voix sur 186 votants : les chiffres les plus faibles qu'un président eût encore réunis. Il était vaincu. Il avait toujours été voluptueux. Il trouvait le bonheur dans sa maison; il s'y renferma. Il s'ima-

---

[1] « Ils font, à leur gré, les levées de soldats; il leur suffit d'envoyer un ordre à leurs comtes, et aussitôt toute la population valide prend les armes. Ils lèvent les impôts à leur gré et sur toute la population. L'un d'eux fait une ordonnance sur le dogme de la Trinité... il modifie l'alphabet... Tous ces rois, même les meilleurs, mettaient à mort les hommes qui leur déplaisaient, fussent-ils parmi les plus grands, fussent-ils de race franque. « Si vous désobéissez à nos ordres royaux, « sachez que la hache abattra votre tête... si quelqu'un méprise nos ordres, qu'il « meure. » En même temps les rois francs faisaient revivre les lois impériales sur le crime de lèse-majesté. Tombaient sous le coup de ces lois, non seulement les actes, mais les intentions et les paroles. La pénalité était la même que sous l'Empire romain, c'est-à-dire la mort et la confiscation des biens... » FUSTEL DE COULANGES, *La monarchie franque*. Paris, 1888, p. 123, 132.

[2] Jeanbon, 10 juillet, 192 voix; Barère, 192; Couthon, 176; Hérault, 175; Prieur (Marne), 142; Saint-Just, 126; Robert Lindet, 100; Robespierre, 27 juillet; Prieur (Côte-d'Or) et Carnot, 14 août; Billaud-Varenne et Collot, 6 septembre

gina que cette retraite reposerait pour ainsi dire et renouvellerait sa popularité. Il pensa qu'en résignant le pouvoir au moment où la dictature semblait être sa sauvegarde, il se placerait au-dessus de la calomnie. Il se rappela peut-être les maximes que Montesquieu prête à Sylla : « Cette même audace qui m'a si bien servi, qui a soutenu ma dictature, a aussi défendu ma vie le jour où je l'ai quittée, et ce jour assure ma liberté pour jamais. » Si Danton s'abusa lui-même, il ne fit illusion à personne. Il apprit bientôt que, dans les révolutions, le précepte de Richelieu s'applique aux tribuns comme il s'applique aux rois : « Qui quitte la partie la perd[1]. »

Le supplice des Girondins, qui eut lieu le 31 octobre, le convainquit de son impuissance à tirer désormais quelque bien d'État de ses violences démagogiques. Il se vit perdu, paya de contenance et s'étourdit. « La ruine de son parti, sa débâcle personnelle, sa popularité anéantie le consternèrent[2] », et refoulèrent, pour ainsi dire, en lui cet excès de sève qu'il avait besoin de dépenser. « Toutes les forces de cet athlète de la démocratie, dit un témoin, succombèrent sous le sentiment des crimes de la démocratie et de ses désordres. Il ne pouvait plus parler que de la campagne; il étouffait; il avait besoin de fuir les hommes pour respirer[3]. » Il rêvait l'union, qui était une utopie : il y aurait fallu des apôtres au cœur pur, des croyants désintéressés, des âmes souples et ferventes : son propre cœur était troublé, son âme bouleversée; tout était rébellion en lui-même et autour de lui. Robespierre voulait l'unité, et il la poursuivait par l'extermination des dissidents : ce n'était qu'un paradoxe, et il ne fallait pour le réaliser que du fanatisme et de la servilité, des âmes pusillanimes et des âmes intéressées, un grand inquisiteur à la tête de l'État et des valets de bourreau. Le jour de Robespierre était venu.

Lorsque la Convention mit la Terreur à l'ordre du jour, elle

[1] Cf. t. I, p. 60.
[2] Michelet, t. VI, p. 297.
[3] Garat, *op. cit.*, p. 451. Cf. Miot, *Mémoires*, t. I, p. 40.

décréta du même coup que Robespierre serait dictateur. Il
était l'homme de ce régime, ou plutôt il était la Terreur même
personnifiée dans son équivoque : le gouvernement de la peur
par la peur, — et dans son absurdité : l'idée qu'en extermi-
nant un certain nombre de Français on transformerait les
autres en Spartiates selon l'imagination de Plutarque, ou en
Genevois selon les abstractions de Rousseau. Tout ce qui avait
perdu Danton : son empirisme, le décousu de sa vie, ses revirements soudains, l'exubérance de sa parole, le prestige même
de son audace, le ton de commandement, ce fond d'homme
d'État qui se découvrait jusque dans ses discours les plus véhé-
ments et annonçait, dans le tribun, le gouvernant et le maître,
tout cela, par contraste, fit ressortir peu à peu et éclaira comme
de reflet la figure terne et le personnage étriqué de Robespierre.
Robespierre se présentait comme un philosophe ennemi des
grands, méconnu des heureux et des riches, à l'aise et à sa
place seulement parmi les petites gens, inquiet des forts,
rogue avec les hautains, empressé près des humbles, toujours
préoccupé de leur bonheur, austère, « sensible », sans gaieté,
par-dessus tout probe, sobre, chaste, économe, incorruptible,
ce qui lui élevait un piédestal de vertu dans un siècle de libertinage cynique et de vénalité. Il est le zélateur de cette égalité
jalouse qui, sous prétexte de niveler le monde, l'avilit devant
soi. Mais ce *moi* haineux et haïssable, dont il fait son dieu, il
le dissimule dans une sorte d'effusion de son âme en celle du
peuple. Sincère, d'ailleurs, en ce sophisme de sa mission, il se
croit appelé à régénérer le monde. Il porte le secret du salut
de l'humanité. Il le révélera quand l'heure sera venue ; il agit
avec la certitude qu'il le possède. Il a, dans sa pensée, un fond
de mystère qui attire les imaginations ; dans sa parole, un
fond de dogme qui subjugue les esprits ; dans sa conduite, une
logique qui les enchaîne. La clarté est funeste dans les révolutions : elle ne montre que des abîmes et des chemins périlleux ;
Danton était trop clair. Il montrait trop de hâte d'achever la
révolution ; il laissait trop peu de champ aux utopistes et aux
brouillons. Robespierre apparut comme un de ces fantômes

où la superstition populaire croit reconnaître l'image des dieux. Au fond, un de ces hommes à l'âme vaine et vide qui ne se font un nom dans l'histoire que parce qu'ils sont, un moment, les prête-noms de la fatalité.

« J'étais opposé à Robespierre, écrit le Montagnard Baudot, parce que je n'ai jamais vu en lui un but déterminé. On ne voyait pas où il voulait en venir. » Tout son prestige fut précisément de persuader au peuple qu'il en viendrait à quelque chose, et que ce serait le règne de la vertu dans la félicité universelle. Il annonce ce règne, mais il ne le montre pas; ce qu'il montre, c'est l'obstacle qui en sépare le peuple; cet obstacle est réel, il est évident, et le peuple, qui s'y heurte, croit d'autant plus au paradis caché derrière ce mur, que le choc est plus rude à qui s'y vient heurter. Robespierre est le messie dont Rousseau a été le précurseur. Ce messie, tous les misérables l'attendent, et ce prophète, quel cœur souffrant ne l'a senti se révéler à soi? Éternel délire de l'instinct humain affamé de bonheur, éternelle duperie de l'orgueil de l'homme aux prises avec l'indifférence des choses! « Dès sa jeunesse, il s'était souvent demandé pourquoi il ne trouvait pas tous les hommes bons, sages, heureux, comme ils lui semblaient faits pour l'être; il cherchait dans son cœur l'obstacle qui les en empêchait et ne le trouvait pas. Si tous les hommes, se disait-il, me ressemblaient... ils vivraient entre eux dans une très douce société. Pourquoi n'y vivent-ils pas ainsi[1]? » Pourquoi? c'est qu'il y a des méchants, et qu'ils sont conjurés contre la simplicité, contre l'innocence, contre la nature. « Vous demandez, s'écrie Jean-Jacques, s'il existait un complot. Oui, sans doute, il en existe un, et tel qu'il n'y en eut jamais et qu'il n'y en aura jamais de semblable[2]. » C'est le complot de la nature des choses contre l'utopie. C'est ce complot-là qui empêchait l'ordre de sortir du règne des anarchistes et le bonheur du genre humain du règne des révolutionnaires. Robespierre le dénonçait incessamment. Comme il met en

---

[1] Rousseau, *Deuxième dialogue*.
[2] Rousseau, *Troisième dialogue*. Voir Quinet, *La Révolution*, liv. XIV, ch. IV.

dogmes toutes ses passions, il enveloppe dans ce complot impie tous ses ennemis. Il apporte à les poursuivre la rhétorique insidieuse d'un procureur, la subtilité d'un casuiste, l'âpreté d'un sectaire, les imaginations d'un hypocondriaque hanté par les fantômes de l'envie et de la peur. Cette peur l'obsède : elle l'envahira tout entier. Il confond, dans sa vanité, qui est incommensurable, l'intérêt de son existence, celui de la Révolution, celui du genre humain. Il élève ainsi à l'état de mission providentielle cette peur qui le talonne et ce souci de sa personne qui le pousse sans cesse à réclamer de nouveaux supplices pour anéantir de nouveaux ennemis.

La délation était tout son génie; mais ce génie était précisément celui qu'il fallait pour devenir prophète au club des Jacobins. Robespierre rejetait sur les ennemis de la secte l'impuissance qui était le fait des sectaires eux-mêmes. Leur amour-propre, leurs chimères, leurs haines, tout incitait les sectaires à le croire. Chacun d'eux s'exaltait et se divinisait en lui. Son prestige se soutenait du préjugé de tous. Robespierre s'insinuait avec cette fourberie consommée que les plus fameux imposteurs ont mêlée au fanatisme. Il se proposait au peuple comme le dictateur fidèle de ses volontés. Avançant ainsi devant la foule, précédant l'arche et semblant conduire le cortège, il donnait à ceux qui le poussaient l'illusion d'une marche rigide, droit devant lui, parce qu'il marchait droit devant eux. A l'inverse de ces généraux d'armée qui s'attribuent l'honneur d'une victoire remportée par leurs soldats et se vantent d'avoir disposé des actions dont ils ne sont que les témoins, Robespierre transformait son avènement même en un sacrifice perpétuel de sa personne à la cause populaire. Il menait le club des Jacobins, maîtrisait la Convention et gouvernait le Comité de salut public; mais il n'agissait que pour tyranniser, et il ne régnait que par la guillotine. C'est toute la Terreur, et c'est aussi toute l'œuvre de Robespierre. La Convention et le Comité de salut public firent, en même temps, autre chose : la Convention décréta et le Comité organisa la défense nationale; Robespierre et la Terreur n'y furent pour rien.

Le Comité de salut public était, dans son intérieur, un conseil fort discordant. Il se composait de douze hommes, tous passionnés, mais de passions diverses, dont l'omnipotence commune ne fit qu'attiser les rivalités et aiguiser les dissidences. D'un côté, les fanatiques, les *triumvirs*, comme on les nomme, qui ont le département de la Terreur. Robespierre, avec ses deux séides : Couthon, qui est son audace, et Saint-Just, qui est sa pensée. Derrière eux, les épiant, les éperonnant, leur soufflant la mort, les hommes de sang, Billaud-Varennes et Collot-d'Herbois. Puis, pour compléter le groupe des terroristes, Prieur de la Marne, leur émissaire ; Hérault-Séchelles, leur complice ; Barère, leur coryphée ; ces deux-là prêts à tout : Hérault, pour qu'on le laisse vivre ; Barère, pour qu'on le laisse déclamer : intelligence servile, plume prostituée, parole esclave, conscience vide, œil sans regard, bouche toujours souriante au mensonge. Ils forment la majorité, mais c'est en dehors d'eux que s'opère la vraie besogne d'État. C'est le groupe des hommes de la guerre qui fait l'œuvre efficace du Comité : Robert Lindet, né administrateur ; Prieur de la Côte-d'Or, officier du génie ; Jeanbon Saint-André, ci-devant pasteur au désert, fait pour l'action. Au milieu d'eux, représentant dans la Révolution la race des grands serviteurs de l'État, comme Robespierre y représente celle des sophistes funestes, Carnot.

Il avait quarante ans. Il sortait de ce corps des ingénieurs qui formait l'élite intellectuelle de l'ancienne armée. Il avait l'esprit cultivé et de l'élévation dans le cœur. L'un de ses premiers ouvrages fut un *Éloge de Vauban*, et il se fit de ce grand homme son idéal de héros et de citoyen. Il l'égala par les vertus patriotiques, il le surpassa peut-être par les services rendus à son pays, il lui demeura inférieur par la pensée. Celle de Vauban était étendue, celle de Carnot était étroite ; Vauban avait l'âme d'un homme d'État, Carnot se montra un ministre de la guerre de premier ordre, un philosophe confus, un politique subalterne. Désintéressé de toute gloire et de toute ambition personnelle, mais entêté de ses systèmes, il porta, ce qui est habituel aux hommes de son caractère et de son origine, dans la politique, qu'il connaissait mal, toute la rigueur des sciences abstraites. Sa méthode était excellente dans la guerre, parce qu'elle y devenait expérimentale et s'appliquait à des données positives ; elle n'était plus que décevante dans le gouvernement de la société, parce qu'elle n'opérait que sur des conceptions arbitraires. Sa doctrine fit de lui un membre du Comité de salut public, et sa science militaire « l'organisateur de la victoire ».

Son entrée au Comité, qui sauva les affaires et sauva le Comité même de l'exécration de l'histoire, se fit par une sorte d'inconséquence forcée des terroristes. On était au milieu d'août, pressé par la défaite, étourdi par le désordre même des efforts de la défense. Il fallait un homme pour la guerre, car la guerre ne s'ordonne point avec des phrases, et les décrets n'y sauraient suffire. Les terroristes redoutaient les militaires : ils en peuplaient les prisons, ils condamnaient les généraux vaincus et suspectaient les vainqueurs. Mais ils craignaient davantage Pitt et les émigrés. La peur, qui décidait de tout, décida du choix de Carnot, et ce fut Barère qui le proposa. Ce matamore de tribune ne croyait point à ses gasconnades sanguinaires. Carnot et Prieur de la Côte-d'Or furent adjoints au Comité le 14 août. Carnot était pur et effacé ; il paraissait modeste ; il n'avait pas l'allure militaire. La Convention l'accepta sans méfiance. Robespierre le subit. Carnot considérait que la Révolution ne pouvait pas reculer sans s'anéantir. Son idéal républicain lui voilait les horreurs du présent. Dans le péril national, il n'envisagea que les nécessités de la défense. Il se renferma dans son rôle, se fit une sorte de stoïcisme d'État et s'imposa, comme un devoir de sa charge, cette capitulation de son humanité : laissant les terroristes guillotiner, pourvu qu'ils le laissassent défendre la France[1]. Robes-

---

[1] « Je me suis constamment renfermé dans la partie dont j'étais chargé. Je travaillais seize heures par jour, et je n'avais point l'oreille ailleurs qu'à ce qui se faisait dans mes bureaux. » Carnot, Discours du 9 prairial an III-28 mars 1793, *Moniteur*, t. XXIV, p. 570. — Cf. *Mallet du Pan*, Savous, t. II, p. 44. —

pierre et Carnot vécurent ainsi près d'une année côte à côte, s'exécrant davantage, Robespierre à mesure que Carnot rendait plus de services; Carnot à mesure que Robespierre commettait plus de crimes. « Je m'étais mis, rapporte Carnot, en position de l'appeler tyran toutes les fois que je lui parlais[1]. »
— « Si on le tolère au Comité, disait Robespierre, c'est qu'on a besoin de lui, mais au premier revers de nos armées sa tête tombera[2]. »

Ils ne faisaient guère que se coudoyer et ne travaillaient ensemble que dans les formalités. Le Comité, ayant réduit les ministres à l'emploi de commis aux écritures, fut très vite débordé par les affaires. Le travail se divisa par la force des choses, et se divisa de plus en plus par le jeu même de l'institution et par l'opposition des caractères. Chacun y trouva son compte, les uns pour leurs passions, les autres pour leur conscience. Les triumvirs s'attribuèrent la haute politique révolutionnaire, les grands décrets de proscription et de massacres : c'est de leur officine que partirent les mesures chimériques ou atroces, improvisées au jour le jour, sous le coup de la colère ou de l'effroi, sous les suggestions de la jalousie ou dans le délire de la fièvre. Robespierre, dans les grandes occasions, Barère dans les communes, exposaient ces propositions à la tribune, les rattachant, après coup, à de vagues théories de nivellement humanitaire, et masquant de prétextes hypocrites l'arbitraire de leur tyrannie. Billaud et Collot suivaient la correspondance terroriste des départements. Hérault, par calcul, Prieur de la Marne, par aptitude, se chargeaient volontiers des missions à l'intérieur. Jeanbon prit la marine; Lindet et Prieur de la Côte-d'Or, les approvisionnements; Carnot, l'organisation et les mouvements des armées. Ils eurent des bureaux sous leurs ordres pour la levée et le rassemblement des troupes de terre, pour la flotte, pour les manufactures

D'HÉRICAULT, *Révolution de thermidor*, p. 216-217 : Réponse des membres des anciens comités, extraits.
[1] Discours du 9 prairial, an III, *Moniteur*, t. XXIV, p. 570. — Cf. discours de Levasseur, 6 germinal an III, *id*., p. 74.
[2] TISSOT, *Mémoires sur Carnot*, Paris, 1824, p. 65.

d'armes, pour les subsistances militaires et les munitions.

Le Comité se réunissait, surtout dans les premiers mois, le matin à huit heures, et délibérait, lorsqu'il y avait lieu, sur les affaires générales. Les commissaires se rendaient ensuite dans leurs bureaux, leurs sections, comme on disait, pour y travailler. Vers une heure, ils allaient à la Convention. Les séances étaient courtes. Vers sept heures, les commissaires revenaient à leurs sections, et, dans la nuit, ils se rassemblaient en comité pour expédier les résolutions à prendre en commun. Ces réunions devinrent vite insignifiantes. En réalité, il y eut dans le Comité deux conseils qui siégeaient et agissaient chacun de son côté : les terroristes évitant de se compromettre dans les affaires de la guerre, les militaires répugnant à se souiller dans les affaires de la Terreur[1]. Comme il fallait cependant conserver une apparence de délibération, on décida que, pour la validité d'un ordre, trois signatures suffiraient : sur ces trois signatures, la première, celle du commissaire spécial, était seule effective ; les autres n'étaient, la plupart du temps, que des *visa*[2]. « Chacun, rapporte Carnot, expédiait lui-même ou faisait expédier dans ses bureaux les affaires qui étaient attribuées à sa compétence et les apportait à la signature ordinairement vers les deux ou trois heures du matin[3]. »

Par son unité apparente, par ses dissensions réelles, par le retentissement de ses mesures funestes, par le peu d'étalage de ses œuvres utiles, par le despotisme des fanatiques et la soumission des travailleurs, le Comité présentait une image réduite de la Convention. Là aussi on voit, autour du petit

---

[1] « Les délibérations du Comité, autres que celles qui avaient rapport à la police générale, étaient prises à l'unanimité ; les arrêtés de police générale n'étaient signés que Robespierre, Couthon et Saint-Just. » Prieur de la Côte-d'Or, 12 vendémiaire an III. — « La police générale correspondait seule avec le tribunal révolutionnaire. » Collot, *id.* — « Les opérations de police générale appartiennent toutes à Robespierre. » Billaud, *id.* — « La justice la plus rigoureuse veut que vous réduisiez la responsabilité de chacun aux actes qui sont réellement émanés de lui... Les crimes restent à ceux qui les ont commis, au triumvirat... » Carnot, 9 germinal an III. *Moniteur*, t. XXII, p. 140-142 ; t. XXIV, p. 50.

[2] Déclarations de Carnot. *Moniteur*, t. XXIV, p. 50, 74 et 570.

[3] Discours du 27 mai 1793. *Moniteur*, t. XXIV, p. 50.

noyau des terroristes aveugles et dogmatiques, une élite de patriotes ardents qui se consacrent à la guerre. Merlin de Thionville en est l'un des coryphées : type du légiste armé et cuirassé, âme de fer, de la lignée des Nogaret, mais éclairé du rayon du siècle; plein d'emportements, mais sincère et primitif en son patriotisme orgueilleux; bon à commander un assaut, né pour la conquête, et qui disparut de la scène quand s'évanouit dans les esprits l'exaltation qui l'avait fait surgir. D'autres, plus roués et plus cupides, hommes de sang doublés d'hommes d'intrigue, ne voient dans la Révolution qu'une carrière et dans la Terreur qu'un passage : ainsi Fouché, moine défroqué, proconsul de Robespierre, émule de Marat et de Chaumette, qui devint duc sous un empereur et ministre sous un Bourbon; de la race éternelle des ambitieux subtils, il eût été aussi bien Laubardemont avec Richelieu que Dubois avec Philippe d'Orléans. Enfin, le gros de la troupe, les gens de bonne volonté et les gens de peu de caractère, qui se sont réfugiés, dès l'origine, dans les comités spéciaux et qui s'y dérobent autant qu'ils le peuvent. Ils fréquentent le moins possible les séances, pour éviter les votes difficiles et les rencontres compromettantes [1].

« Participer à la Terreur qui couvrait la France de deuils, c'eût été une épouvantable lâcheté, rapporte Thibaudeau. En m'isolant entièrement des affaires, je me serais rendu inutilement suspect... Les comités les moins importants étaient abandonnés à la foule; il suffisait d'en choisir un par la simple inscription de son nom pour en être membre... Je m'occupai de l'instruction publique [2]... » Ainsi pensent les meilleurs

---

[1] Appels nominaux pour la nomination des présidents : 8 août, Herault, élu par 165 voix sur 236 votants; 5 septembre, Billaud, par 149 sur 217; 22 septembre, Cambon, par 155 sur 221; 3 octobre, Charlier, par 145 sur 212; 22 octobre, Bayle, par 208; 21 novembre, Romme, par 164 sur 205; 6 décembre, Voulland, par 106 sur 144. — Appels nominaux : pour le Comité de sûreté générale, 11 septembre, Panis, qui a le plus de voix, est élu par 108; Gaston, qui en a le moins, par 52 suffrages. — 3 août, tribunal révolutionnaire, Dobsent, qui a le plus de voix, en réunit 65; le dernier élu, 47.

[2] THIBAUDEAU, Mémoires, ch. VII. Cf. GAZIER, Études sur l'histoire religieuse de la Révolution. Paris, 1887.

esprits de l'Assemblée, et c'est ainsi que furent accomplis pendant la Terreur, mais sans la Terreur et pour ainsi dire à son détriment, les ouvrages utiles dont, après coup, les terroristes se sont réclamés pour racheter la sottise et compenser l'atrocité de leur politique. Ainsi la série de rapports, de projets et de mesures qui, de juin à décembre 1793, ont pour objet de reconstituer l'enseignement populaire détruit, et auxquels se rattachent les noms de Lakanal, de Chénier et de Romme. Ainsi, en février, la création des archives nationales; en juin, les décrets pour la conservation des monuments et pour l'établissement du Muséum d'histoire naturelle; en juillet, le musée du Louvre; en août, le décret sur l'unité des poids et mesures; l'organisation des télégraphes, entreprise en avril; enfin le calendrier républicain décrété le 5 octobre : il bouleversait des mœurs séculaires, les habitudes sociales et religieuses de la nation; ce fait seul le condamnait à succomber, bien qu'il substituât aux noms informes des vieux mois classiques des noms délicieux, sonores, signifiants et ouverts, pour ainsi parler, à la poésie des grands souvenirs [1]. « La plupart de nos travaux, dit un membre du comité d'instruction publique, se bornaient à empêcher, autant que possible, le mal de la destruction... Nous étions journellement en rapports avec des hommes du premier mérite, tels que Daubenton, Lagrange, Monge, Prony, Corvisart, Bernardin de Saint-Pierre... Les uns par patriotisme, les autres pour éviter la proscription, tous par amour des sciences et des arts, nous apportaient le tribut de leur capacité. » Ces décrets, d'ailleurs, n'étaient en général que des vœux ou des promesses. La Convention les votait sans les discuter, au hasard de ses séances entrecoupées, et comme par distraction. Ils ne reçurent leur exécution que plus tard, après la Terreur : c'était déjà quelque chose que de légiférer, en ce temps-là, sur des principes; il fallait la paix et un gouvernement pour qu'on les appliquât.

[1] L'année républicaine commença le 22 septembre. L'an II de la République commença le 22 septembre 1793. A partir de ce moment, je donnerai pour toutes les dates importantes les dénominations républicaines.

Les mesures financières, et en particulier les fameux décrets du 13 septembre sur le grand-livre et du 26 septembre sur la consolidation de la dette publique; les décrets innombrables sur les hypothèques, la comptabilité, les assignats, l'enregistrement, la gestion et la vente des biens nationaux, actes d'administration dont l'incohérence du régime faisait des actes de gouvernement, sont à peu près exclusivement l'œuvre de trois membres du comité des finances, Cambon, Ramel-Nogaret, ancien avocat du roi à Carcassonne et député à la Constituante, et Réal, avocat au parlement de Grenoble. Cambon et Ramel, démocrates sans génie, mais rudes au labeur, probes et fermes dans leurs doctrines étroites, se portaient naturellement aux mesures égalitaires. Les niveleurs du Comité de salut public trouvèrent en eux de précieux agents d'exécution pour leurs plans de réforme sociale. Emprunt forcé sur les riches, secours aux indigents, secours aux victimes de la guerre, réquisitions de toute sorte pour l'approvisionnement des armées et la subsistance de la plèbe des grandes villes : ces mesures se rattachaient toutes à la pensée d'abaisser les fortunes et d'améliorer, par l'intervention de l'État, aux dépens des plus riches, le sort des plus pauvres et des plus nombreux. Elles étaient chimériques; elles ne firent que précipiter la banqueroute de l'État, en ruinant les citoyens et en tarissant toutes les sources de l'impôt. Toutefois, il resta du travail de Cambon et du comité des finances deux ouvrages qui ont fortement contribué à asseoir la France nouvelle et à intéresser, en quelque sorte, l'économie nationale à la Révolution : le grand livre de la dette publique et le morcellement des biens confisqués, qui ont associé l'épargne populaire à la dette de l'État et à la suppression des classes privilégiées [1].

Le même mélange d'idées paraît dans la première ébauche du Code civil, qui fut adoptée dans l'été et dans l'automne de 1793, sur le rapport de Cambacérès. Pour sauver le fond des

[1] Décrets du 8 avril et du 18 septembre 1793, sur la vente par lots des biens confisqués et les facilités de payement affectées aux acquéreurs pauvres.

principes auxquels il tenait, Cambacérès avait introduit dans son projet un certain nombre de nouveautés bruyantes propres à amadouer le souverain. Il codifia des dispositions adoptées déjà par fragments ou réclamées sous forme de motions incidentes : ainsi les facilités extrêmes du divorce qui faisaient du mariage un libertinage légal ; ainsi les droits attribués aux enfants naturels et adultérins, qui étendaient aux bâtards de tous les Français les avantages monstrueux que Louis XIV avait octroyés aux siens ; ainsi les restrictions excessives apportées au droit de tester et de disposer de ses biens ; le morcellement indéfini des héritages ; l'égalité absolue entre les héritiers ; mais à côté de ces lois de circonstance, destinées à faire passer les autres, on voyait se continuer dans le travail du comité de législation cette grande refonte des lois civiles, conçue par les jurisconsultes de l'ancien régime, et qui fut accomplie par ceux du Consulat. C'est l'intérêt de l'ouvrage de Cambacérès; il est inspiré par cette maxime fondamentale de la Révolution de 1789, que, dans la propriété, le domaine direct ne peut être séparé du domaine utile [1].

Les terroristes ne se contentèrent point toujours d'un consentement tacite. Il ne leur suffisait point d'avoir des complaisants, ils voulaient des complices, et les légistes de la Convention durent plus d'une fois, pour gagner leur vie en ces temps périlleux, payer de leur plume et de leur jurisprudence, en disposant par articles et en dressant pour la pratique les édits des triumvirs. Ils le firent docilement, instruments naturels de la volonté souveraine, rompus aux déductions légales et transportant, sans aucun effort, au despotisme démocratique tous les précédents du despotisme royal. C'est ainsi que Cambacérès continua de rédiger les décrets successifs qui organisèrent le tribunal révolutionnaire [2]; que le comité de législation rassembla en une loi d'ensemble toutes les mesures de détail

---

[1] Voir VALETTE : *De la durée et de la persistance de l'ensemble du droit civil français pendant la Révolution.* Mélanges de droit, Paris, 1880.

[2] Décrets du 10 mars, du 7 mai, du 23 juillet 1793.

prises successivement contre les émigrés[1], et que Merlin de Douai prêta sa grande science du droit et sa merveilleuse habileté de légiste à la confection de ce chef-d'œuvre de la tyrannie insidieuse : la loi des suspects[2]. Cette loi est la grande pourvoyeuse de la guillotine. Nul citoyen n'est garanti de la suspicion[3]; tout comité révolutionnaire de commune peut faire arrêter un suspect. C'est la lettre de cachet livrée à la populace. Les prisons s'emplissent. Le tribunal, sans cesse activé, condamne avec fureur[4]. Tout noble qui reste en France est suspect; s'il émigre, il est coupable. Nulle distinction entre ceux qui sont partis pour combattre la Révolution et ceux que la Révolution a forcés de partir. Tous sont proscrits à perpétuité et frappés de mort civile. Leurs biens sont acquis à la République. Toute infraction, c'est-à-dire toute tentative d'émigrer, est punie de mort[5].

Cependant, le nombre des émigrés ne cesse de grandir. Il approche incessamment de ce chiffre de 150,000 qu'il atteindra, un an plus tard, dans l'été de 1794[6]. On revit alors le spectacle horrible que la France avait présenté un siècle auparavant[7], toute une population proscrite, exterminée, spo-

[1] Loi d'ensemble du 5 avril 1793. De janvier à juin, on peut compter 4 lois générales, 18 lois pénales, 20 lois sur les biens, 5 lois sur les créances des émigrés.
[2] Loi du 17 septembre, complétée le 16 décembre 1793.
[3] « Ce mot — gens suspects — a été mal interprété. On a cru qu'il ne concernait que les nobles et les prêtres... Dans la classe des ci-devant nobles, presque toute la jeunesse est émigrée : il n'est resté que les enfants, les vieillards et les femmes pour gérer leurs biens et faire passer l'argent aux autres... Les prêtres ont presque tous été déportés... » Il y a d'autres suspects. « Ce sont les boutiquiers, les gros commerçants, les agioteurs, les ci-devant procureurs, huissiers, les valets insolents, les intendants et hommes d'affaires, les gros rentiers. » Bazire, 4 septembre 1793. Moniteur, t. XVII, p. 584.
[4] En septembre, à Paris, 62 accusés, 17 condamnés; du 22 septembre au 20 octobre (vendémiaire), 53 accusés, 23 condamnés; du 22 octobre au 20 novembre (brumaire), 121 accusés, 65 condamnés; du 21 novembre au 20 décembre (frimaire), 166 accusés, 67 condamnés.
[5] Cf. Déclarations d'octobre 1685, mai 1686, octobre 1687 : peine de mort pour les hommes, galères perpétuelles pour les femmes qui émigreront; peine de mort pour ceux qui favoriseront l'émigration.
[6] H. Taine, La Révolution, t. III, p. 381. — 170,000 vers la fin de 1795. Sybel, Trad., t. IV, p. 4-7.
[7] Les calculs les plus plausibles ne portent pas l'émigration des réformés à moins de 200,000 âmes. Dareste, Histoire de France, année 1686, t. V, p. 564.

liée, non par la seule violence d'un despote, mais selon les mesures d'une législation savante et compliquée. Et, comme au siècle d'auparavant, ce sont les faibles et les inoffensifs, des femmes, de pauvres artisans, des serviteurs fidèles, toute une plèbe d'humbles et d'inconnus qui forme la masse obscure des victimes [1].

Mais voici la grande différence des temps : sous la monarchie, le service dans les armées étrangères, les complots avec des ennemis de l'État, la révolte ouverte dans les provinces, ne furent que la suite et l'effet des persécutions : les réformés ne formaient plus depuis longtemps un parti dans l'État, et loin de prétendre usurper les libertés publiques, ils réclamaient, en leurs personnes, l'exercice de la plus sacrée de toutes les libertés, la liberté de conscience. Sous la République, au contraire, les proscriptions suivirent la conspiration en armes; et l'alliance avec l'étranger d'une faction de Français qui prétendaient gouverner l'État et y rétablir, par la force de l'ennemi, le régime des privilèges dont la Révolution les avait

---

[1] Comparez la dernière, la plus complète, la plus poignante et effroyable peinture des proscriptions de la Terreur, celle de M. Taine, avec les récits les plus modérés et impartiaux historiens de Louis XIV. Par exemple, DARESTE, *Histoire de France*, t. V, p. 562 et suiv., les incarcérations, confiscations, enlèvements, séquestrations d'enfants des réformés, avec TAINE, *La Révolution*, t. III, p. 382-385, les emprisonnements en 1793-1794. Camille ROUSSET, *Louvois*, t. III, ch. VII, p. 496, les assemblées des réformés, et TAINE, t. III, p. 381-391. « Sur toutes les frontières, dit M. Rousset, t. III, p. 496, 502-513, on mit des gardes, des barques armées sur toutes les côtes. Les fugitifs repris étaient, sans rémission, sans distinction de naissance, d'éducation, de fortune, jetés pêle-mêle avec les malfaiteurs, dans la chiourme des galères. » Les femmes non nobles étaient fouettées et marquées. « Ceux qui réussissaient à gagner la terre étrangère laissaient bien souvent des traces sanglantes de leur passage, trop heureux d'avoir échappé aux derniers coups des paysans dont on avait ameuté contre eux les passions cupides et féroces... C'était la vie même de la France qui s'exhalait par tous les pores... A dater du 15 juillet 1686, il n'y a plus pour tous, hommes ou femmes, qu'une peine uniforme, la mort. » TAINE, t. III, p. 381-385 : « Il y en aurait eu davantage (d'émigrés), si la frontière n'avait pas été gardée par des patrouilles, si, pour la franchir, il n'avait pas fallu risquer sa vie; et cependant, pour la franchir, beaucoup risquent leur vie, déguisés, errants, la nuit, coûte que coûte, pour aller en Suisse, en Italie, en Allemagne et jusqu'en Hongrie, chercher la sécurité et le droit de prier Dieu à leur manière. Si quelqu'un des exilés ou déportés se hasarde à rentrer, on le traque comme une bête fauve; sitôt pris, sitôt guillotiné... Ces prisonniers d'État sont traités comme on ne traitait pas les voleurs et les assassins sous l'ancien régime. »

dépouillés. Toutefois, si ces mesures furent, dans leurs motifs, plus légitimes sous la République qu'elles ne l'avaient été sous la monarchie, le scandale fut plus grand[1]. Louis XIV ne faisait qu'abuser du principe de son gouvernement qui était la religion d'État : il faisait son métier de despote orthodoxe et d'émule de Théodose[2]. La République violait son propre droit public et son propre principe : *les Droits de l'homme*. La Révolution avait été justement faite pour éviter à jamais ces excès, les pires du pouvoir absolu. « Il y a des États », avait dit Montesquieu, en songeant aux mauvais jours de sa patrie, « où les lois ne sont rien, ou ne sont qu'une volonté capricieuse du souverain[3]. » C'est le régime que la République avait prétendu changer. Elle avait placé, comme une sorte de divinité tutélaire, l'image de la loi au seuil de la Constitution. Elle avait fait de la loi le vrai souverain des Français, et en l'élevant à cette hauteur, elle avait voulu lui rendre ce caractère auguste, immuable et religieux des constitutions antiques[4]. Mais les légistes étaient habitués à la plier à l'arbitraire de l'État; ils continuèrent, et cette apparente majesté, empruntée des anciennes républiques, ne fut plus qu'un masque à couvrir les routines du despotisme césarien. La notion même du droit disparut lorsque la loi, subornée pour ainsi dire, cessa d'être une règle inflexible de justice pour devenir un instrument de règne aux mains des factions. La loi se fit fléau.

[1] Cf. t. II, p. 231-233.
[2] « Disons à ce nouveau Constantin, à ce nouveau Théodose, à ce nouveau Charlemagne : — Vous avez affermi la foi, vous avez exterminé les hérétiques; c'est le digne ouvrage de votre règne, c'en est le propre caractère... Dieu seul a pu faire cette merveille. » Bossuet, *Oraison funèbre de* Michel Letellier, 1686.
[3] *Esprit des lois*, liv. XXVII, ch. II.
[4] Fustel de Coulanges, *La cité antique*, p. 223 et suiv.

II

Il restait un ministre des affaires étrangères, Deforgues, qui ne faisait rien, sinon supplier le Comité de lui donner des ordres. Le Comité avait d'autres objets en tête. Barère, que l'on avait placé dans la section des relations extérieures, n'y comprenait rien; Hérault, qui y avait été appelé du temps de Danton et que l'on y avait laissé, ne songeait qu'à éviter, par son inaction même, la suspicion de dantonisme et de diplomatie, suspicion déjà dangereuse et bientôt mortelle. Dans le fait, il n'y avait plus de négociations. Robespierre édicta qu'en principe il n'y en devait plus avoir. Il fit prendre, le 16 septembre 1793, un arrêté posant « des bases provisoires diplomatiques » : Pendant la durée de la guerre, la République n'aura de relations suivies qu'avec les États-Unis d'Amérique et les Cantons suisses; partout ailleurs que dans ces confédérations républicaines, elle n'emploiera que des agents secrets, des secrétaires de légation et des chargés d'affaires. Ces envoyés n'emporteront point d'instructions écrites. Cette disposition était inspirée par l'enlèvement de Maret et de Sémonville. Rien de plus aisé, d'ailleurs, à un gouvernement sans vues et sans amis que de s'en tenir à ces « bases diplomatiques » de Robespierre. L'arrêté du 16 septembre était un aveu emphatique d'impuissance. Le même jour, tous les ci-devant nobles qui pouvaient se trouver encore dans les emplois diplomatiques ou consulaires furent révoqués. Les agents firent leurs preuves de ci-devant roture, mais ils n'en furent ni mieux instruits, ni mieux payés. Leurs traitements, rongés par le discrédit des assignats, ne leur parvenaient que très irrégulièrement. Depuis que Danton n'était plus aux affaires, ils ne recevaient plus de direction. Leur correspondance, à partir du mois de juillet 1793, est une continuelle doléance sur ces deux articles, celui des ordres et celui de l'argent. A Constantinople, Descorches, que tout le monde accusait de corrompre le Divan, se voyait réduit à emprunter aux Turcs. Des frégates françaises de la station du Levant, étant en détresse, s'adressèrent à lui : « Sans moyens pour moi-même, rapporte-t-il, quel extrême embarras! Nulle ressource possible dans le commerce. Je confiai ma peine au Reis-Effendi, et aussitôt le Grand Seigneur ordonna qu'on me délivrât les fonds dont j'avais besoin. Deux fois il m'a rendu le même service [1]. »

Le 4 octobre, Deforgues sollicita une décision sur les affaires de son département « dont la marche se trouve arrêtée depuis quelque temps ». Le Comité eut alors une velléité d'action diplomatique. Il songea à organiser les émissaires secrets dont l'arrêté du 16 septembre avait décidé l'expédition. L'objet de ces émissaires devait être de renseigner le Comité sur les dissensions des coalisés et de préparer à la République les moyens d'en profiter. Deforgues en écrivit, le 25 octobre, à Barthélemy, qui, dans son ambassade de Suisse, était le véritable ministre du dehors de la République : « Si, disait-il, on faisait entrevoir à telle puissance la possibilité de la dédommager de ses pertes, à telle autre celle de s'agrandir aux dépens de l'un de ses alliés, il est vraisemblable qu'on parviendrait bientôt à les désunir [2]. » Cette dépêche montre qu'il y avait encore des gens prêts à sacrifier les principes aux intérêts. Ces transactions étaient dans les nécessités de la politique, mais elles n'étaient point dans le *Contrat social*, et si on les accorde aisément avec les desseins de Danton, on ne saurait les accommoder aux dogmes de Robespierre. Toujours est-il qu'il n'y fut point donné de suite. Barthélemy répondit qu'il n'avait reçu aucune insinuation pacifique, qu'il n'entretenait « aucune correspondance » avec les pays ennemis, que toute correspondance même lui semblait, pour le moment, impraticable, à cause de l'« inquisition » que les gouvernements exerçaient « sur tous les

---

[1] Voir *Revue historique*, t. X, p. 339, l'étude intitulée : *La diplomatie secrète du Comité de salut public*. Cf. *Papiers de Barthélemy*, t. II et III; Rivalz à Deforgues, 23 octobre 1793.
[2] *Papiers de Barthélemy*, t. III, p. 147-174.

mouvements des patriotes, des étrangers, des voyageurs, et particulièrement sur les communications épistolaires ».

Sous l'empire des mêmes pensées qui avaient fait écrire à Barthélemy, le Comité arrêta, le 11 octobre, qu'un crédit de quatre millions serait ouvert à Descorches, « pour aplanir les difficultés » et décider les Turcs à faire la guerre à l'Autriche. Il arrêta en outre que, sur la demande du Divan, quatorze officiers des corps de la marine, de l'artillerie et des ingénieurs seraient envoyés en Turquie[1]. — Le succès de la coalition serait la ruine de la Turquie, écrivait Deforgues : l'Autriche et la Russie la démembreraient, l'Angleterre prendrait l'Égypte et s'assurerait la navigation de la mer Rouge. Que la Porte se déclare : c'est son intérêt. « Vous ne devez épargner aucun soin et aucun moyen pécuniaire pour préparer cette heureuse révolution. Si les quatre millions que le Conseil a mis à votre disposition ne suffisent pas... vous êtes autorisé à faire de plus grands sacrifices... Le service que la Porte ottomane nous rendrait en attaquant l'Autriche est d'une si haute importance que la République ne saurait y mettre un trop grand prix[2]. » Mais le Divan était fort partagé entre le désir de reprendre la Crimée avec l'appui des flottes françaises, et la crainte de s'exposer, avant l'arrivée de ces flottes, à une agression des coalisés. « Que notre ami Descorches se persuade bien, disait le Reis-Effendi, que la Turquie est un éléphant qu'on ne fait pas marcher comme un lièvre. »

La prise de Toulon par les Anglais éloigna tout espoir d'une démonstration navale de la République dans la mer Noire. La Pologne était abattue, et il n'y avait aucune diversion à espérer de cette République. L'ambassadeur russe, Koutousof, qui arriva vers la fin de septembre, eut vite fait par ses présents et par ses menaces de ramener les Turcs à la prudence. « Je regarde, écrivait l'agent prussien, comme perdu tout le fruit des intrigues du sieur Mouradgea et des corruptions (?) du sieur Descorches. L'arrivée de l'ambassadeur russe achèvera de

---

[1] Deforgues à Descorches, 7 octobre. Arrêté du Comité, 11 octobre 1793.
[2] Deforgues à Descorches, 23 et 25 octobre 1793.

faire évaporer les fumées qui étaient montées à la tête des Turcs [1]. » Les quatre millions, d'ailleurs, ne furent pas envoyés, et la partie était perdue lorsque Descorches reçut le courrier de Deforgues. Il remit au Reis-Effendi, le 16 novembre, un mémoire, auquel le ministre turc ne répondit que le 6 janvier 1794. Descorches concluait judicieusement après cette entrevue : « Au point où en sont les esprits, la solution du problème est, je crois, tout entière dans les événements. Que Toulon soit repris, comme nous nous en flattons dès à présent, qu'une flotte de la République nous rouvre la Méditerranée, et nous ferons ici ce que nous voudrons [2]. » Les démarches de Descorches ne furent cependant pas perdues. Elles fournirent à la grande Catherine un prétexte pour refuser d'envoyer des Russes sur le Rhin : « Je ne puis, écrivait-elle en janvier 1794, car j'ai à attendre à tout moment d'avoir affaire aux Turcs. Descorches prêche la guerre avec les deux cours impériales à la fois. Or de ce salmigondis, il résulte que je dois être sur mes gardes et ne saurais faire marcher mes troupes dans des pays lointains en grand nombre [3]. »

La négociation de Suède, corollaire de celle de Constantinople, s'arrêta de même. Staël réclamait la ratification du traité qu'il avait préparé entre la République et la Suède. Il ne parvint pas à l'obtenir. La République était trop à court d'argent pour payer des subsides. Le Comité se contenta de recommander aux Suédois et aux Danois la défense de leur propre neutralité, c'est-à-dire de leur indépendance et de leurs intérêts. Il régla les rapports, bien réduits, du commerce français avec ces deux nations [4]. Grouvelle résidait officieusement à Copenhague, et Bernstorff se montrait toujours disposé à procurer, le moment venu, la paix générale. Mais Grouvelle ne savait que répondre aux insinuations qu'il recevait, n'ayant, disait-il, sur les plans de la République que « des pré-

[1] Zinkeisen, t. VI, p. 844-877.
[2] Rapports de Descorches, 16 novembre 1793, 14 janvier 1794.
[3] Catherine à Grimm, 25 janvier 1794. Cf. Sybel, Trad., t. III, p. 31.
[4] Deforgues à Grouvelle, 12 novembre 1793. Sur les relations commerciales avec le Nord, voir Koch et Schoell, *Histoire des traités*, t. VI, ch. xxx.

somptions très bornées ». Il demanda qu'on l'éclairât. Deforgues lui écrivit, le 23 novembre, qu'en attendant « qu'un plan général fût définitivement adopté », il s'en référait à ses lettres antérieures.

Les patriotes polonais s'agitaient et conspiraient une prise d'armes contre la Russie. Ils avaient des émissaires à Paris; Parandier, qui résidait toujours à Leipzig, continuait de correspondre avec eux. Ils sollicitaient un subside de douze millions. Parandier appuyait leur demande : « Une révolution en Pologne, disait-il, seconderait la politique française », retiendrait les Russes dans le Nord, y attirerait les Prussiens, inquiéterait les Autrichiens. Une Pologne indépendante entre dans le système de la France, qui doit être de s'environner, au delà du Rhin, « d'une ceinture de républiques fédératives [1] ». Rien ne fit : « Les affaires de Pologne, considérées isolément, paraissaient alors si désespérées, écrit un témoin; la position des réfugiés polonais, quoique avec une meilleure cause, paraissait si semblable à celle de nos émigrés, et nos moyens d'influence directe étaient si précaires et si faibles, que le ministre ne crut pas, pour le moment, devoir flatter des espérances qu'il eût été peut-être impossible de réaliser [2]. »

Cacault, toléré à Florence, en expédiait une correspondance bien nourrie; mais peut-être, disait-on au ministère, vaudrait-il mieux que Florence et Gênes fussent ennemies, « car c'est par là qu'il faudra pénétrer tôt ou tard pour venger les injures multiples de l'évêque de Rome ». A Venise, Noël, exclu comme étranger de la société des membres du sénat, et proscrit, comme Français, de celle du corps diplomatique, n'avait de communication avec personne et se voyait condamné à une existence « obscure et humiliante ». Soulavie ne faisait à

---

[1] Rapport de Parandier, 26 novembre 1793; *Mémoire sur la Pologne, Plan insurrectionnel de la Pologne*, par le même.

[2] Précis de ce qui s'est passé relativement à la Pologne, 4 avril 1794, par Reinhard. Reinhard revint à Paris en novembre 1793 et fut placé dans la troisième division : Suède, Danemark, Russie, Pologne. Masson, *Affaires étrangères*, p. 290-292.

Genève que des sottises[1]. Genet, qui en fit davantage aux États-Unis, fut rappelé le 16 octobre : « Nos rapports avec les puissances étrangères, écrivait Deforgues, sont ceux d'une place assiégée. »

Tel était le vide des affaires. Robespierre, qui en avait, après coup, formulé le principe, jugea opportun d'en développer la théorie. Il lui importait de se poser en homme d'État. Il voulait prouver à la France que le génie politique de la Révolution n'était pas mort avec Brissot et ne s'était pas effacé avec Danton. Il prétendait surprendre l'Europe en prouvant que l'homme le plus inaccessible à la corruption des cours était, en même temps, le juge le plus perspicace de leur duplicité. Il fit rassembler des notes par les commis des affaires étrangères. Soulavie, inépuisable en consultations, délayait à son usage les maximes de Favier[2]. Il rédigea de la sorte un grand discours, qu'il lut à la Convention, le 27 brumaire-17 novembre 1793. Il loua les petits États neutres, la petite bourgeoisie européenne. Cette tradition de la politique royale s'accommodait de soi-même à son tempérament. Il rassura les Suisses, caressa les Américains, dénonça l'ambition artificieuse de Catherine et montra aux puissances secondaires le danger que leur ferait courir la chute de la France. Toute cette partie, très classique d'ailleurs, était écrite de l'encre des bureaux : « Supposons la France anéantie ou démembrée, le monde politique s'écroule. Otez cet allié puissant et nécessaire qui garantissait l'indépendance des médiocres États contre les grands despotes, l'Europe entière est asservie; les petits princes germaniques, les villes réputées libres de l'Allemagne sont engloutis par les maisons rivales d'Autriche et de Brandebourg, le Turc est repoussé au delà du Bosphore, Venise perd ses

---

[1] Voir *Revue historique*, t. X, p. 348.
[2] Cf. Miot, *Mémoires*, t. I, p. 45. — Masson, *Affaires étrangères*, p. 295. — Avenel, *Lundis révolutionnaires*, p. 21, *Id.*, Clootz, t. II, p. 219. On trouva dans les papiers de Robespierre une note intitulée : « Alliance avec les petites puissances. » Une autre : « Aperçu de la politique du peuple français à l'égard des puissances », 6 novembre : chercher à détacher la Prusse, à écraser l'Autriche, réduire l'Angleterre à l'impuissance.

richesses, son commerce et sa considération,... Gênes est
effacée... » Robespierre soulignait l'éloge du Turc, « l'utile et
fidèle allié de la France ». Le maître, en effet, avait écrit :
« Ne vous appuyez avec confiance ni sur vos alliés, ni sur vos
voisins. Vous n'en avez qu'un seul sur lequel vous puissiez
compter, c'est le Grand Seigneur [1]... » Robespierre fit décréter, le 18 novembre, que, « terrible envers ses ennemis, généreuse avec ses alliés, juste envers tous les peuples », la République exécuterait fidèlement et s'efforcerait de resserrer encore
les traités qui la liaient à la Suisse et aux États-Unis, et qu'elle
ferait respecter par ses citoyens le territoire des nations alliées
et neutres. Le Comité se conforma à ce décret dans ses relations
avec la Suisse et avec les États-Unis [2]. Pour le reste, le discours
de Robespierre ne fut qu'une vaine amplification.

Rien de ce qui suivit n'autorise à croire que Robespierre ait
songé à pactiser avec l'Europe, à traiter de la paix sur le pied
du *statu quo ante,* à cesser de faire aux États une guerre de
prosélytisme; qu'il ait pensé à ériger la France républicaine
en tutrice de l'équilibre européen; qu'il ait entendu renoncer
aux conquêtes même révolutionnaires; en un mot, qu'il se soit
approprié la politique que Danton avait fait consacrer par le
décret du 13 avril. On sait peu de chose de l'histoire de la
Révolution, et l'on y comprend moins encore si l'on s'en tient
à la lettre des harangues de tribune, des affiches et des manifestes. Il faut considérer les actes. Ceux du gouvernement de
l'an II conduisaient à la guerre à outrance et au bouleversement de toute l'Europe. Robespierre avait l'esprit trop court
pour apercevoir que le plan de conquête qu'il attribuait aux
monarchies, la République allait l'accomplir au profit de la
France. Il n'avait de la logique que les formules; les lignes de
sa pensée étaient comme celles des géomètres qui ne sont ni
larges ni profondes et qui ne paraissent aller si loin que parce

---

[1] Rousseau, *Du Gouvernement de la Pologne,* ch. xv.
[2] Deforgues à Barthélemy, 18 novembre 1793. *Papiers de Barthélemy,* t. III,
p. 228 et suiv. Voir à la table l'article Robespierre et l'article Propagande. —
Cornélis de Witt, *Jefferson,* p. 557 et suiv.

qu'elles ne mènent à rien. Robespierre songeait si peu à négocier et à suspendre, sauf en Suisse et aux États-Unis, la guerre de prosélytisme, que, trois semaines après sa dissertation de chancellerie du 17 novembre, il prononça, le 15 frimaire-5 décembre, une diatribe contre tous les monarques. Cet ouvrage-là était bien de son cru. « Les rois sont le chef-d'œuvre de la corruption humaine... L'arrêt de mort des tyrans dormait oublié dans les cœurs abattus des timides mortels, nous l'avons mis à exécution. » La Convention avait voté l'impression et la traduction du discours du 17 novembre qui réprouvait la propagande et invitait l'Europe à la paix; elle vota l'impression et la traduction du discours du 5 décembre, qui ne laissait aux rois, sans distinction de grands ou de petits, que le choix de la victoire ou de la guillotine. Les considérations de Robespierre sur l'équilibre européen n'avaient pas plus de valeur pacifique que ses homélies humanitaires n'en avaient de philanthropique.

Deforgues continua de dresser des plans de négociations et de solliciter des ordres[1]. Ses desseins, comme il le reconnaissait, étaient empreints du machiavélisme le plus pur; mais, disait-il, il convient de parler aux « monstres qui gouvernent l'Europe... un langage qu'ils puissent entendre ». Il proposait d'entamer des affaires avec tout le monde à la fois et de tromper tout le monde, à l'exception de la Prusse; encore faudrait-il battre cette puissance pour l'obliger à traiter. On leurrerait l'Autriche en lui offrant la Bavière; l'Angleterre, en lui offrant les Antilles; la Sardaigne, en lui offrant le Milanais. Le projet se résumait en ces propositions : Angleterre et Autriche, à exterminer; Bourbons d'Espagne, à renverser; Hollande, à ruiner; Prusse, à vaincre; Russie, à observer; Portugal, Italie, Allemagne, à intimider et à contenir; Suède, Danemark, États-Unis, Gênes, Venise, Genève, Suisse, Porte Ottomane, à liguer et à réunir, au moins dans la neutralité. C'était l'adaptation aux circonstances du plan que les bureaux

---

[1] Considérations sur la politique de la République française à l'égard des puissances alliées, 12 frimaire an II-2 décembre 1793.

des affaires étrangères ne cessaient de préconiser depuis le commencement de la Révolution, dont Dumouriez avait tâché de former un système et que Danton avait adopté en partie. Deforgues en fit un exposé le 2 décembre 1793; il le renouvela, en termes plus pressants, le 24 janvier 1794, mais sans plus de succès.

« A Dieu ne plaise », écrivait un des membres du Comité, celui qui passait pour le plus enclin à la diplomatie, Herault, « que nous pensions à entamer aucune négociation avec des despotes stupides et féroces qui ne doivent recevoir de nous que la mort pour toute transaction! Mais au moins nous pouvons désirer d'être mieux instruits que nous ne l'avons été jusqu'à présent[1]. » Carnot le réclamait pour ses opérations, et l'on revint aux agents secrets, qui étaient la seule combinaison praticable. Il y avait à Strasbourg une agence d'espionnage que dirigeait un certain Blanié; ce policier s'occupait beaucoup plus de propagande révolutionnaire que d'observations militaires. Herault était allé en mission dans l'Est; il avait poussé jusqu'à Huningue, et il s'y était rencontré avec Barthélemy. Cet ambassadeur avait aux affaires étrangères des notes excellentes, et sa correspondance, aussi nourrie de renseignements que mesurée dans les opinions, était, en sa faveur, le meilleur des témoignages. Il fit connaître à Herault les mesures qu'il avait déjà proposées pour organiser un service d'agents secrets. Herault en fut fort satisfait, et, le 5 décembre, Deforgues écrivait à Barthélemy : « Tu as la confiance du Comité de salut public et du Conseil exécutif. L'un et l'autre rendent justice aux sentiments que tu manifestes en toute occasion, ainsi qu'au zèle et à l'excellent esprit qui dirigent ta conduite. » Deforgues invita Barthélemy à faire partir trois émissaires sûrs et intelligents qu'il avait proposés, deux pour la Haye et un pour Berlin. Barthélemy était fort secondé dans sa besogne d'informateur et de collecteur de renseignements par Rivalz et surtout par le secrétaire inter-

[1] Herault à des collègues du Comité, 11 novembre 1793. *Papiers de Barthélemy*, t. III, p. 215.

prête de l'ambassade, Bacher. Né à Thann en 1748, Bacher avait suivi la carrière militaire, étudié à Berlin, noué des relations en Prusse et fait la guerre de Sept ans. Il entra dans la diplomatie en 1777. Barthélemy l'avait trouvé en Suisse, connaissant à merveille le pays, très répandu dans les alentours, capable de voir par lui-même et de profiter des vues d'autrui. Personne n'était plus apte à diriger un service mixte d'observations politiques et militaires. Commissionné en qualité d'agent de la République à Bâle, il fut chargé de surveiller la neutralité helvétique, de suivre les mouvements des armées ennemies et de secourir les prisonniers français en Allemagne. Barthélemy, après s'être concerté avec lui sur les moyens, proposa de lui confier la direction du service secret. Deforgues y consentit, à condition que Barthélemy garderait la haute main sur ce service et en rassemblerait tous les fils [1]. La préparation du travail occupa tout l'hiver de 1793-1794; mais, faute d'impulsion, faute d'argent surtout, le service demeura incohérent et stérile. Il ne donna d'effets que dans la partie des renseignements, et c'était tout ce que l'on pouvait désirer alors. Avec le temps, les rapports de Bacher, de Barthélemy et de Rivalz se développèrent singulièrement; ils devinrent plus fréquents, plus précis, plus fermes [2]. Le Grec Stamaty envoyait quelques lettres de Hambourg; il y avait trois agents en Angleterre. Un diplomate de profession, fort expérimenté, Caillard, écrivait d'Altona. La correspondance de Grouvelle à Copenhague, celle de Parandier de Leipzig complétaient un ensemble de notions sur le Nord et sur l'Allemagne, grâce auquel on pouvait suivre de Paris, et même pressentir, les grands mouvements des coalisés.

Mais de simples observateurs, gens circonspects par tempérament et par profession, ne répondaient nullement à l'esprit de l'arrêté de septembre. Ils renseignaient, ils n'agissaient

---

[1] Deforgues à Bacher, 17 février; Barthélemy à Deforgues, 24 février; Deforgues à Barthélemy, 2 avril 1794.

[2] Sur les correspondants de Barthélemy et du ministère, voir *Papiers de Barthélemy*, t. III, articles Agents secrets et Venet (Lausanne), Sturler (Berne), Helfinger (chargé d'affaires dans le Valais).

pas. Deforgues eut l'ordre de préparer un plan plus vaste, plus révolutionnaire, plus conforme enfin, sinon au discours du 17 novembre, au moins à l'ensemble de la politique de Robespierre. On lit dans un *Mémoire sur un plan de surveillance,* élaboré aux affaires étrangères : « Les agents au dehors ne doivent pas espérer grand fruit de leur mission, du moins quant à présent; on ne peut compter qu'ils nous feront des amis. Les peuples ont le manteau du despotisme sur les yeux, et les événements ne sont pas faits pour le faire tomber. Mais s'ils ne nous font pas de bien, il faut qu'ils s'occupent de faire du mal à nos ennemis; il faut enfin abandonner pour quelque temps les principes de la délicatesse avec des ennemis aussi féroces que les nôtres. Tout moyen est bon contre une race aussi impie. Il faut s'occuper d'incendier leurs ports, leurs arsenaux, leurs ateliers, leurs vaisseaux, même faire tomber leurs grandes têtes; nous avons des Curtius, employons-les, méditons avec eux les projets les plus désastreux contre l'Anglais, l'Espagnol. » Les agents que l'on choisira « intrépides », s'occuperont de « débaucher à tout prix » les chefs des grands ateliers militaires; ils travailleront l'esprit des peuples en montrant les vices du gouvernement, le poids et l'inutilité de la guerre. Le Comité décida que des agents de cette sorte seraient expédiés vers les points principaux des frontières de terre et de mer, où ils agiraient et observeraient en même temps. Ils étaient quarante-cinq au mois de décembre. Leur nombre s'éleva à près de cent vingt. Leur correspondance est très volumineuse, mais elle est consacrée presque exclusivement à l'espionnage et à la propagande terroriste [1]. Un petit nombre d'entre eux parvint à passer les frontières. Celles d'Espagne leur demeurèrent infranchissables. Plusieurs se répandirent en Allemagne. Cinq ou six seulement ont laissé des lettres; un seul, Stamaty, a laissé un nom [2]. Une trentaine partirent pour

---

[1] *Inventaire sommaire des archives des affaires étrangères,* Mémoires et documents, France, t. 1er, p. 322-324. On retrouve, parmi ces agents, Chépy à Grenoble, Mandrillon à Dunkerque, Mourgues à Boulogne, Pereyra à Calais, Dona à Givet.

[2] Probst à Stuttgard et à Nuremberg, Franck à Strasbourg et à Vienne, Stamaty

des destinations inconnues et n'écrivirent jamais. Les dépenses secrètes d'octobre 1793 à mai 1794 ne s'élevèrent d'ailleurs qu'à 500,000 livres, en assignats, et cette somme fut employée surtout à l'intérieur [1].

Au fond, rien de fixe, rien de concerté, aucune direction même en ces velléités de révolution cosmopolite. Toute la police de la Terreur s'employait à traquer les adversaires des terroristes. Le reste était négligé et s'en allait au gré des agents, sans ordre et sans argent. Bacher écrivait, le 3 février 1794, à Deforgues : Il est question de faire en Allemagne une émission de cinq millions de faux assignats. « La République française a deux ennemis bien plus dangereux à combattre que toutes les puissances coalisées, la famine et l'introduction des faux assignats. Je vois depuis deux mois des ressources de tous les genres se présenter, sans que notre gouvernement veuille s'occuper des moyens de se procurer des comestibles, c'est-à-dire l'envoi du numéraire en Suisse. Des mesures bien calculées ont été proposées pour arrêter l'introduction des faux assignats, et aucune n'a été adoptée, pas même celle qui est la première et la plus indispensable de toutes : l'établissement d'un vérificateur des assignats à Bâle [2]. » Cependant, les efforts de Barthélemy, de Bacher, de Grouvelle, de Parandier et de leurs émules n'étaient pas perdus. Les stratégistes du Comité les recueillaient, et, tout incomplets qu'étaient les renseignements, toutes hasardées qu'étaient souvent les conjectures des agents, Carnot et ses collaborateurs en tirèrent un merveilleux parti.

à Hambourg. Cf. *Papiers de Barthélemy*. — FOURNIER, *Historische Studien*, Prag., 1885. L'auteur a relevé (p. 126, 237) la trace de ces agents de propagande dans l'Allemagne du Sud et en Hongrie (p. 215).

[1] MASSON, *Affaires étrangères*, p. 300.

[2] Le vérificateur fut nommé le 5 février 1794. Voir *Papiers de Barthélemy*, t. III.

III

Le mois d'août fut l'époque du grand péril de la France. Ce n'étaient que désastres, vertiges et désordres. Les généraux improvisés, sur les listes d'ancienneté, par les représentants en mission, tremblaient devant la guillotine et n'osaient plus risquer un mouvement. On fuyait la responsabilité, parce qu'il n'y avait ni compétence ni justice dans ceux qui en décidaient. Quand Houchard, soldat de la Révolution cependant, fut promu au commandement de l'armée du Nord, il parut terrifié. Il apprit, en arrivant à son quartier général, que, dans la nuit, Billaud-Varennes avait fait arrêter vingt-deux adjudants généraux, tout l'état-major. On lui annonça l'exécution de Custine. « C'est donc un parti pris, dit-il; on veut guillotiner tous les généraux? » — « Et toi aussi, lui répondit le conventionnel Levasseur, on te guillotinera si tu trahis. » Il vainquit le 8 septembre à Hondschoote, mais il fut battu le 15, et, le 20, le Comité décréta qu'il serait arrêté. Ainsi de tous les autres, indistinctement, ci-devant nobles ou patriotes. « Est-ce donc Pitt et Cobourg qui gouvernent la France, puisqu'on enlève à la République ses plus braves défenseurs? » s'écriait Hoche en voyant emmener son général, Le Veneur. Pitt et Cobourg faisaient, en ce temps-là, ce qu'ils pouvaient faire de mieux pour la France : ils n'agissaient pas. On lit dans une note écrite par un officier français après la perte de Toulon : « Si l'on ne peut révoquer en doute l'extrême médiocrité de nos généraux, l'incapacité de ceux de l'ennemi n'est pas moins évidente; car leurs progrès ne sont nullement proportionnés à leurs forces et à la supériorité manœuvrière de leurs troupes sur les nôtres. S'ils étaient seulement des hommes de troisième classe, ils seraient depuis longtemps dans l'intérieur de notre territoire. »

« Contentons-nous de nous défendre, écrivaient les membres

du Comité aux représentants à l'armée du Nord, après la défaite de Houchard [1]. Contentons-nous de nous retrancher, de ménager nos forces, de harceler l'ennemi... » Il faut, ajoutaient-ils, se concentrer sur la frontière du Nord. Cobourg menace Paris « et par conséquent la République entière, dont on peut presque dire que l'existence actuelle dépend de la sûreté de Paris... La conséquence de ces réflexions vous impose une responsabilité par heure et par minute. Fermez l'oreille à toute autre considération ; joignez Cobourg avec des forces respectables qui puissent le combattre avantageusement, et vous serez les sauveurs de la patrie. Autrement la République est perdue : il ne reste plus qu'à se voiler la tête... » Cette dépêche n'aurait été qu'un témoignage de l'état désespéré des affaires et n'aurait servi qu'à augmenter le désarroi des représentants et des armées si, après l'avoir expédiée, le Comité n'avait décidé, le 23 septembre, que Carnot se rendrait immédiatement à la frontière du Nord. Tout changea de face dans l'espace de quelques semaines. Cobourg, établi sur l'Escaut, tenant Condé et Valenciennes, assiégeait Maubeuge. La bataille de Wattignies, livrée le 16 octobre, força les Autrichiens à débloquer cette place et à prendre leurs quartiers d'hiver. Entre les mains d'un vrai ministre de la guerre, la République put ordonner les forces qui, depuis six mois, affluaient confusément aux armées de toutes les parties du territoire et se perdaient dans les conflits incessants de généraux écervelés et terrifiés avec des gouvernants despotiques et brouillons.

Les recrues de la grande levée décrétée en août arrivaient dans le dénuement ; il fallait les habiller, les encadrer, les instruire, les aguerrir par de petits combats, qui n'étaient, à vrai dire, que des manœuvres sanglantes. L'amalgame des conscrits avec les anciens volontaires, puis de ces volontaires avec les anciens bataillons de ligne, s'opérait lentement. Un décret du 7 janvier 1794 consacra cet ouvrage du Comité de la guerre, qui créa l'armée nationale et incorpora

---

[1] Entre le 20 et le 23 septembre.

en réalité les gardes nationales, c'est-à-dire la nation armée, dans la ligne. L'effectif total était à peine de 400,000 hommes au mois de mai 1793; il atteignit 533,000 hommes en août, 549,000 en octobre, 569,000 à la fin de l'année. Les circonstances qui permirent d'organiser ces troupes permirent de leur trouver des chefs, ou plutôt permirent aux hommes capables de commandement de se révéler à eux-mêmes, de se former, de se signaler enfin dans ces mêmes rencontres où les soldats s'exerçaient à la guerre en la faisant. Ce fut le principal mérite de Carnot de discerner ces hommes, de les pousser, de les soutenir et de concentrer leurs efforts en un effort unique qu'il dirigea.

Jourdan est nommé général en chef de l'armée du Nord le 22 septembre, et, le 26 octobre, les Autrichiens sont forcés à la retraite. Pichegru est nommé général en chef de l'armée du Rhin le 2 octobre, Hoche, général en chef de l'armée de la Moselle le 22; ils attaquent les Prussiens et les harcèlent pendant tout le mois de novembre; le 25 décembre, Hoche reçoit le commandement en chef des deux armées; le 26, l'attaque des lignes de Wissembourg commence. Les lignes sont emportées. Les alliés se retirent. L'Alsace est reconquise, et, sauf trois places, Valenciennes, Le Quesnoy, Condé, que l'ennemi tient encore, le territoire de la France est délivré sur les frontières du Nord et de l'Est. Le 29 octobre, Bonaparte est nommé commandant d'artillerie et employé au siège de Toulon; le 18 décembre, Toulon est repris. Bonaparte est nommé général, et son nom entre dans l'histoire. Aux Pyrénées, les Espagnols sont contenus, et comme ils ne se renforcent pas, il n'y a plus de péril à les attendre. Dans l'Ouest, malgré les empêchements des matamores stupides et féroces de la Commune, Kléber et ses Mayençais finissent par forcer les Vendéens et les abattre. Vaincue à Cholet, le 18 octobre, privée de ses meilleurs chefs, Bonchamp et d'Elbée, l'armée catholique et royale avait passé la Loire et s'avançait vers le Cotentin, espérant s'y retrancher et y recevoir, de la main d'un des princes, les secours de l'Angleterre. C'est moins une armée que l'émigration de tout un peuple, des femmes, des enfants, en tout près de 80,000 personnes qui s'en vont, comme en vacillant, à la dérive vers le Nord, cherchant la mer qui les protégera et leur apportera des vivres. Stofflet et La Rochejaquelein conduisent, en combattant valeureusement, cet exode calamiteux. Les Vendéens viennent s'échouer à Granville le 14 novembre. C'est la porte de la mer. Tout désemparés qu'ils sont, ils attaquent la ville. Les Républicains les repoussent. Mais les voiles anglaises ne paraissent point; le prince attendu ne se montre pas. Alors le désespoir prend ces malheureux; ils réclament leurs pays, ils exigent la retraite, et la retraite se transforme en une lamentable déroute. Ils se dispersent sur les chemins. Marceau, qui a pris le commandement en chef, écrase, le 12 décembre, au Mans, le principal de leurs détachements. Il anéantit le reste à Savenay, le 23 décembre.

La Terreur ne contribua point à ces victoires[1]. Les tueries s'organisèrent en même temps que la défense nationale; elles ne la firent pas. Les terroristes marchent sur les derrières de l'armée, et n'opèrent que sur des prisonniers et des vaincus. Il suffit de rapprocher les dates. La levée en masse est décrétée le 23 août, la Terreur le 5 septembre; le gouvernement révolutionnaire est décidé le 10 octobre, organisé le 4 décembre, il ne commence qu'alors à agir en grand : on ne peut voir un effet de ce système de gouvernement dans les mouvements militaires qui s'accomplissent du 16 octobre, Wattignies, au 26 décembre, Wissembourg. Dans le mois d'octobre, Saint-Just arrive à Strasbourg, Carrier à Nantes, Tallien à Bordeaux; Fouché et Collot sont à Lyon le 9 novembre; dans le même temps, Hoche, Pichegru, Bonaparte, Jourdan, Marceau surgissent à la tête des armées, et chacun fait son ouvrage. Tandis que Kléber et Marceau battent les Vendéens, Carrier tue les prisonniers; il fait une première noyade le 7 novembre, une autre le 10 décembre, mais il les fait hypocri-

---

[1] Voir THIBAUDEAU, *Mémoires*, ch. v.

tement, il ne les annonce que comme des accidents; ce n'est que le 31 décembre, c'est-à-dire quand les Vendéens sont écrasés, qu'il avoue son procédé et en fait un système de vengeance, non d'épouvante, l'épouvante étant désormais inutile [1]. A Paris, les têtes les plus illustres de la Révolution, celles des Girondins, celle de Barnave tombent en octobre et en novembre; mais les grands massacres ne commenceront qu'au milieu de février 1794 : le nombre des victimes du tribunal doublera alors tout à coup et s'élèvera à 116 sur 206 accusés. C'est pendant que Hoche et Pichegru manœuvrent contre Brunswick, que Saint-Just terrifie Strasbourg, et que « la guillotine y va son train [2] », que le conventionnel Lacoste écrit au Comité : « Dans la ville de Strasbourg, il n'y a pas quatre patriotes. » « La seule mesure à prendre est de faire guillotiner le quart des habitants de cette contrée et de ne conserver que tous ceux qui ont pris une part active à la Révolution; chasser tout le surplus et séquestrer leurs biens [3]. » Sous le coup de ces mesures, dont l'ineptie équivaut à une trahison, 25,000 Alsaciens émigrent en Allemagne [4]. En quoi ces hautes œuvres de Saint-Just et de Lacoste contribuent-elles à la reprise des lignes de Wissembourg? Lyon, en révolte, est repris le 8 octobre; les exécutions en masse y commencent le 4 décembre. Il faut être Fouché pour oser écrire que ces massacres de prisonniers ont éclairé le bon sens de Dugommier, dégagé le génie naissant de Bonaparte et causé la reprise de Toulon : « Et nous aussi, mon ami », mandait ce futur ministre de Louis XVIII au ci-devant comédien ambulant, Collot d'Herbois, « et nous aussi, mon ami, nous avons contribué à la prise de Toulon... en offrant aux regards des lâches qui y sont entrés, des milliers de cadavres de leurs complices... Nous n'avons qu'une manière de célébrer la victoire, nous envoyons ce soir deux cent treize rebelles sous le feu de la foudre...

[1] *Moniteur*, t. XVIII, p. 541, 670; t. XIX, p. 102.
[2] *Moniteur*, t. XVIII, p. 500, lettre du 19 novembre.
[3] Lacoste au Comité, 18 décembre, 24 novembre 1793.
[4] Voir le rapport de Barère du 27 janvier 1794.

Adieu, mon ami, les larmes de la joie coulent de mes yeux, elles inondent mon âme[1]. »

Il n'y a point entre la Terreur et la défense nationale d'enchaînement nécessaire ni de lien de cause à effet; mais les deux événements sont simultanés, et ils procèdent au fond des mêmes circonstances générales. Les mêmes circonstances, en effet, qui mènent les Jacobins à organiser sous le nom de Terreur le gouvernement de la frénésie, les conduisent à tirer de la nation française la formidable organisation des armées républicaines. Dans le gouvernement, comme dans la défense de l'État, ils ont un danger à conjurer, un obstacle à vaincre, des ennemis à terrasser[2]. Mais dans le gouvernement de l'État, ils s'égarent au milieu d'une crise très complexe qu'ils sont impuissants à dominer. Ils veulent l'unité, et ils sont divisés; ils veulent la soumission, et ils sont conjurés les uns contre les autres; ils veulent qu'on les aime, et ils se détestent; ils veulent anéantir les factions, et chacun d'eux est une faction vivante; ils veulent la confiance, et ils prêchent le soupçon; ils veulent convertir, et ils terrifient; ils annoncent la liberté, et ils imposent la dictature; ils déclarent leur dictature nécessaire, et ils n'en justifient pas la nécessité. Le peuple veut sauver la patrie et défendre la République, mais il veut aussi être bien conduit; il veut être bien gouverné, et, comme disait Danton, avec sa familiarité démocratique, il veut jouir de la Révolution : ils font de la République une geôle et de la Révolution un enfer. Le peuple leur résiste; ils prétendent le changer; au lieu de gouverner par ce peuple et pour ce peuple, ils s'épuisent à le pousser de force dans le moule étroit de leur utopie, et ce moule craque entre leurs mains. Ils ne s'expliquent pas leur impuissance à gouverner, parce qu'il n'y en a qu'une explication, que leur vanité s'y refuse et que leur sécurité en serait compromise : c'est leur incapacité. Insurgés contre la force des choses, ils ne voient d'autre ressource que d'appliquer à la France entière la contrainte

[1] *Moniteur*, t. XIX, p. 37.
[2] Cf. ci-dessus, p. 70-72, et t. II, p. 528, 530, 531, 534, 565-566.

sanglante qu'ils appliquent à la Vendée, « l'inexplicable Vendée », comme la qualifie Barère, vrai, pour une fois, à son insu, dans cet aveu qui le condamne [1]. L'obstacle était en eux-mêmes ; il ne pouvait être supprimé que par leur propre ruine, et eux seuls pouvaient se détruire.

Dans la lutte contre l'étranger, au contraire, l'obstacle est devant eux, matériel, tangible, évident. Le champ d'action est limité, les moyens sont déterminés. L'ennemi même les impose. La guerre a ses règles et ses nécessités auxquelles il faut se plier sous peine d'être vaincu. Les terroristes peuvent décréter que les ennemis sont hors la loi et qu'ils seront anéantis ; ils savent bien que ce décret ne signifiera rien, s'il n'y a pas des armées organisées pour l'exécuter. Il faut donc des armées, et les conditions mêmes de la guerre commandent le gouvernement de la guerre : c'est une dictature avec une hiérarchie subordonnée. Ce gouvernement, le plus simple et le plus élémentaire de tous, se réalise dans le Comité de salut public. Ce Comité ramène toute la politique à la force et toutes les vertus à l'obéissance : il règne aussi naturellement dans les camps que monstrueusement dans la cité. Il gouverne comme on conquiert. Il agit partout comme en pays ennemi. C'est un conseil de guerre, il est dans son élément à la guerre ; et quand il pratique sa discipline de fer, quand il opère implacablement ses réquisitions, il agit selon la nature des choses, et la nature des choses lui obéit. Ajoutez-y les passions que la Révolution a allumées : dans l'État, elles sont anarchiques ; dans la guerre, elles deviennent fécondes. Cette confiance inouïe en soi et dans ses vues, ce fanatisme aveugle et intrépide, ce *moi* envahisseur et dominateur ; cette croyance, en même temps, dans la justice de la cause et dans le succès final ; cette nécessité de vaincre ou de périr, d'exterminer l'ennemi ou d'en être exterminé, rend les révolutionnaires entreprenants et héroïques. Le même esprit fait le sectaire et le guerrier, le Jacobin et le conquérant. Et toutes les traditions de la nation qui, dans

---

[1] Rapport du 1ᵉʳ octobre 1793. *Moniteur*, t. XVIII, p. 51.

l'État, se lèvent contre eux, les soutiennent ici et les secondent. Toute la pensée active, toutes les vertus efficaces de la nation sont aux armées. Les occasions y décuplent les forces et y suscitent des vocations cachées. Plus le dégoût de la Terreur augmente, plus s'élève dans la jeunesse l'ardeur de combattre. Le citoyen est trop heureux de connaître son devoir, de le faire et d'y trouver l'honneur [1].

Les Jacobins ont expédié aux camps tous les hommes qui leur portaient ombrage dans les villes, c'est-à-dire l'élite de la France. Ils n'ont gardé pour gouverner que leurs séides et la lie grossière de la populace. Comment s'étonner ensuite que les armées soient valeureuses, et que le gouvernement soit misérable ; que personne ne résiste à l'oppression jacobine, dans le pays, et à l'impétuosité des armées sur la frontière ? Toute la France saine, valide et intelligente est à la guerre ; le reste est désarmé, débile, subjugué ; il est patriote surtout, et il se soumet pour ne point contrarier la guerre. C'est ainsi que l'essentiel, la défense nationale, s'accomplit, entre les mains de Carnot et de ses collaborateurs, par l'effort naturel de la nation française [2]. « La volonté générale est toujours droite et tend toujours à l'utilité publique », avait écrit Rousseau. C'était l'axiome fondamental de sa cité utopique. « Voulez-vous, ajoutait-il, que la volonté générale soit accomplie, faites que toutes les volontés particulières s'y rapportent, et comme la vertu n'est que la conformité de la volonté particulière à la générale, pour dire la même chose en un mot, faites régner la vertu [3]. » La vertu, c'est moi ! pensait Robespierre. Il en concluait que la volonté générale voulait son règne. Comme la France s'y montrait rebelle, il tuait pour que la peur contraignît les Français à vouloir la vertu. Or il y avait bien réellement dans le pays, cette année-là, une volonté générale des Français, la plus déclarée, la plus con-

---

[1] Cf. t. II, p. 521-523, 528-529.
[2] Cf. t. II, p. 534-539.
[3] *Contrat social*, t. II, ch. III : Si la volonté générale peut errer. — *Discours sur l'économie politique*.

stante, la plus salutaire qu'eût jamais manifestée une nation, et elle n'errait point. Mais elle n'était point que les terroristes régnassent en écorchant et en déformant la France. Elle était que la France fût indépendante, que les ennemis fussent chassés hors des frontières, que les émigrés ne rentrassent point avec l'ancien régime, que les *droits de l'homme* prévalussent, que la République triomphât, que la Révolution fût garantie. Tout cela ne se pouvait obtenir que par la guerre; c'est pourquoi il suffit d'appeler à la direction de la guerre un agent intelligent et probe de l'État pour que la nation se rassemblât en armées disciplinées et vaillantes, et que la guerre se fît avec enthousiasme.

Cet enthousiasme, les terroristes ne pouvaient que l'énerver, car leur fanatisme voulait la servitude des âmes et leur vanité l'avilissement des personnes. Il fallait des âmes de feu, des caractères d'une merveilleuse trempe pour conserver, au milieu des délations d'en bas et des jalousies d'en haut, le sang-froid, l'invention, l'initiative, non seulement le courage stoïque, mais le libre essor du génie que la volonté ne commande pas. Le patriotisme fit ce prodige. Tous les jeunes chefs de l'armée, tous les combattants portaient en leur cœur les résolutions qu'exprimait l'un des plus grands d'entre eux, lorsque, arrêté en 1793 pour avoir blâmé l'ineptie des mesures des proconsuls, il écrivait à Couthon : « Quel que soit mon sort, que la patrie soit sauvée, et je demeure content… Mais à chaque instant le danger augmente : vos généraux n'ont aucun plan… Je vous demande d'être entendu… Qu'on me laisse travailler dans ma chambre, les fers aux pieds, jusqu'à ce que les ennemis soient hors de France. Je suis sûr d'indiquer les moyens de les chasser avant six semaines. Ensuite, on fera de moi ce qu'on voudra. » C'était Hoche. Couthon le fit élargir. Carnot le fit nommer général en chef, il chassa les ennemis, et, quelques semaines après, le Comité le fit remettre en prison. Carnot signera cet arrêté : l'indépendance de Hoche, sinon son génie naissant, lui donneront de l'ombrage. C'est là, jusqu'... on métier, on peut dire dans son arme, la marque de cet esprit exclusif qui rétrécit son génie. Ce trait lui est commun avec les plus illustres hommes de guerre, sauf peut-être avec ce Vauban, qu'il avait pris pour modèle.

Ces faiblesses furent rares chez lui. Il sut s'entourer, et il y fallut du courage, de collaborateurs excellents, sortis tous de l'ancienne armée : Lacuée de Cessac, Montalembert, Favart, Laffitte-Clavé, d'Arçon, gens d'étude et de ressources qui constituèrent à l'armée française, dès la fin de 1793, le premier état-major général qu'il y eût alors en Europe. Ils opèrent sur un terrain qu'ils connaissent d'expérience ; ils discernent, d'après les correspondances des diplomates, les mouvements politiques des alliés ; ils pressentent, ils devinent, ils mesurent d'instinct les déplacements constants des masses qu'opère la Pologne ; ils spéculent sur les dissensions, ils profitent des incertitudes, et tous leurs plans se fondent sur ces calculs.

Leur stratégie est celle qui convient le mieux à une armée de formation récente, plus capable d'entraînement que de manœuvres patientes, qui ne peut s'aguerrir que par la victoire, qui ne peut vaincre qu'en attaquant et triompher que par l'élan et par le nombre ; c'est celle aussi que la politique conseille envers une coalition aux membres lourds et disloqués, qui opère avec art des mouvements de détail, mais ne parvient jamais à porter des coups d'ensemble. Condé, aux débuts de sa carrière, demandait à Turenne quelle conduite il devait tenir dans la guerre de Flandre : « Faire peu de sièges, répondit Turenne, et donner beaucoup de combats. Quand vous aurez rendu votre armée supérieure à celle des ennemis par le nombre et par la bonté des troupes (ce que vous avez presque fait par la bataille de Rocroi), quand vous serez bien maître de la campagne, les villages vous vaudront des places[1]. » Ces maximes étaient classiques. Dumouriez s'en était inspiré à Jemappes. Carnot et son état-major s'en firent un système, et ils changèrent la tournure de la guerre.

---

[1] SAINT-ÉVREMOND, *Éloge de M. de Turenne*

Les commissaires de la Convention les aidèrent souvent, et les gênèrent plus souvent encore.

Ces commissaires, c'est la Convention même qui se transporte dans les camps avec son despotisme, son énergie et ses factions. Leur œuvre est complexe, comme celle de l'Assemblée qu'ils représentent. On retrouve parmi eux, ce qu'on voit dans le Comité de salut public, les hommes de tyrannie et les hommes de guerre, opérant côte à côte, en conflits les uns avec les autres, souvent avec eux-mêmes; car il y a moins entre eux des divisions de parti que des divisions d'âme, et le même conventionnel a pu passer, sous le coup des circonstances, presque instantanément du rôle de terroriste à celui d'intendant du salut public. « Emplois redoutables », disait l'un d'entre eux, « où le moment de la réflexion était sans cesse absorbé par la nécessité d'agir [1]. » Leur tâche est d'activer les concentrations d'hommes et les approvisionnements; de maintenir la discipline; d'attiser le feu dans les cœurs; d'empêcher tout à la fois les soldats de se trop attacher à leurs chefs, les chefs de se trop attacher à leur gloire; de forcer les généraux à vouloir, la troupe à obéir, tous à vaincre. Ils donnent, dans l'ensemble, une impulsion formidable; mais, en même temps, par leurs complaisances aux délateurs, leur complaisance aux flatteries, leurs partialités, leurs révocations arbitraires, leur goût à souffler les rivalités entre les généraux, leur intolérance politique, leur esprit de discorde, l'incohérence et le despotisme de leurs ordres, ils créent presque autant d'obstacles qu'ils contribuent à en abattre.

L'ennemi, qui recevait les coups, ne se trompa point sur la main qui les portait. Un officier de l'ancienne armée royale, passé au service de la Russie et chargé par Catherine de suivre les opérations des alliés, écrivait après la campagne de 1793 [2]:

---

[1] JEANBON SAINT-ANDRÉ, *Discours à la Société des sciences de Mayence*, 1804, cité par SAINTE-BEUVE, *Nouveaux Lundis*, t. VIII, article JEANBON. Voir WALLON, *Les représentants du peuple en mission*, 5 vol. Paris, 1890.

[2] *Mémoires de Langeron* : Campagnes de 1793 en Flandre et en Alsace. — Mémoires sur la guerre, janvier 1794.

« Les désastres de cette campagne ont eu pour principales causes la prodigieuse activité des Français, leur audace, leur ténacité et la lenteur et la circonspection des Autrichiens. » Si l'on attaque les Français, si on les surprend, ils se défendent mal ; mais ils sont supérieurs dans l'offensive. C'est, poursuit Langeron, un spectacle étonnant, au premier abord, que donnent ces généraux sans naissance et sans éducation, commandant à des paysans à peine armés. Cependant ces généraux font des plans, et ces soldats les exécutent. « Il est possible d'expliquer cette énigme par le génie naturel des Français et leur impulsion dans l'attaque, et plus que tout autre par la formation de leur comité dirigeant, composé d'officiers du corps du génie et de l'artillerie, joignant à une connaissance parfaite du théâtre de la guerre celle de la collection des excellents mémoires faits par les généraux de Louis XIV et de Louis XV et par leurs états-majors... Les généraux, en suivant les plans de ce comité, feront toujours une campagne savante, si la composition de leur armée ne leur permet pas d'en faire une brillante... Les Français choisissent leur terrain, cachent leurs masses derrière un rempart de canon, et opèrent avec vigueur sur un seul point et avec toutes leurs troupes... » « Le projet insensé et affiché de morceler la France » a passionné les esprits. « La guerre est devenue nationale pour les Français ; chaque Français, de quel parti qu'il fût dans le fond de son cœur, s'est armé contre les spoliateurs. » « Les armées républicaines fortes d'une multitude d'hommes naturellement braves, que la misère, la faim et la terreur de la guillotine rendent furieux, ne sont plus telles qu'elles étaient au commencement de la guerre ; d'abord inférieures en nombre, en talent, en ressources, en habitude de la guerre à leurs ennemis, elles leur sont maintenant supérieures en tout, excepté en courage. » Les Français ont pour eux « le génie supérieur et ardent qui dirige, l'activité et la ténacité qui exécutent, l'audace qui ose tout, la folie même dont les écarts conduisent au succès, l'unité d'accord, le besoin de la guerre, la nécessité de vaincre... » « Le comité dirigeant les opérations est aussi supérieur aux généraux des alliés, que les Condé, les Turenne et les Luxembourg l'étaient aux Juan d'Autriche et au prince d'Orange [1]. »

Ainsi, au mois de janvier 1794, le territoire de la France était délivré, l'armée vendéenne écrasée, les séditions royalistes étouffées, les insurrections fédéralistes anéanties, Louis XVI et Marie-Antoinette n'existaient plus, les frères de Louis XVI étaient reniés ou abandonnés de l'Europe, les émigrés dispersés ou enrégimentés en mercenaires, la France les exécrait, l'Europe les délaissait. La nation française entière était en armes; les troupes se formaient rapidement sous des chefs consacrés par la victoire. « L'année d'épreuves était terminée, rapporte Soult. Maintenant les rôles étaient changés. » Les armées républicaines étaient mûres pour l'offensive, et elles s'y disposaient. La coalition, un instant formidable, vacillait et se lézardait. Si la Terreur avait été un instrument de salut public, la raison d'État ne l'imposait plus; mais le salut public n'avait jamais été que le prétexte de la Terreur; le salut des terroristes et leur tyrannie en étaient la seule raison d'être, elle redoubla donc, par l'effet de sa propre cause; elle devint plus féroce à mesure qu'elle parut plus inutile, et, comme pour découvrir elle-même sa monstruosité, les ennemis de la République étant abattus, elle s'acharna sur les républicains.

---

[1] Cf. dans ZEISSBERG, t. IV, p. 117 et suiv., le rapport de Mack en mars 1794 : La discipline n'a jamais été aussi sévère dans aucune armée française; leur espèce nouvelle de généraux vaut peut-être mieux que celle de l'ancienne armée. Mercy, dans un rapport à l'Empereur, confirme ce jugement; 9 mars 1794, *Id.*, p. 128 et suiv. Mallet du Pan transmet les mêmes renseignements. SAYOUS, t. II, p. 23 et suiv. Comparer l'impression d'un simple soldat français : « C'est la discipline qui a fait tous nos succès et qui a excité l'admiration de l'Europe. » LORÉDAN LARCHEY, *Journal de Fricasse*, p. 35.

FIN.

TABLE DES MATIÈRES

LIVRE PREMIER
L'INVASION ET LA RÉPUBLIQUE.

CHAPITRE PREMIER
LA GUERRE D'INDÉPENDANCE NATIONALE.
Août-septembre 1792.

I. L'INVASION. — Entrée des émigrés armés en France, leurs plans, leur conduite, 1. — L'armée alliée, 4. — Péril de la France, 5.

II. LE CONSEIL EXÉCUTIF. — Impuissance de l'Assemblée législative, 7. — Les ministres, 8. — Danton, son caractère, ses vues, son action dans le conseil, 9.

III. LES RELATIONS EXTÉRIEURES APRÈS LE 10 AOUT. — Départ des diplomates étrangers, 14. — Notification de la révolution aux puissances, Talleyrand, 15. — Plans de Lebrun, 15. — Rapports avec l'Angleterre, missions à Londres, Noël et Benoît, 17. — Projet de révolutionner l'Amérique espagnole, Miranda, 20. — L'Allemagne, 21. — Plans de paix et d'alliance avec la Prusse, 22. — L'Autriche et la Toscane, 24.

IV. LA DÉFENSE NATIONALE ET LA COMMUNE. — Dumouriez à l'armée du Nord, 25. — Alarmes à Paris, la Commune et Danton, 27. — Mesures de terreur, 28. — Plans de Dumouriez sur la Belgique, instructions de Servan, 27. — Les massacres, 31. — Marche de Dumouriez sur l'Argonne, 35. — Jonction avec Kellermann, 37.

V. LES ALLIÉS. — Déceptions des Prussiens, souffrances de leur armée, 39. — Divergences avec les émigrés, 40. — Tentatives auprès de Dumouriez, 42. — Lenteur des Autrichiens, causes : les compensations, Bavière, Alsace ou Pologne? 43. — L'Autriche incline à la paix, 44. — Inquiétudes des Prussiens au sujet de la Pologne, 45. — Comment tout le monde est disposé à négocier, 46.

VI. VALMY. — Canonnade de Valmy, 47. — Impressions au camp prussien, 49. — Plan de Dumouriez, il négocie, 50. — Westermann et Manstein, 53. — Les *points essentiels*, 54. — Entrevues de généraux et d'officiers, 55. — Négociation d'un cartel d'échange, 59. — Mémoire de Dumouriez au roi de Prusse, 61. — Second manifeste de Brunswick, 62. — Rupture des négociations, 64.

CHAPITRE II
LA GUERRE D'AFFRANCHISSEMENT.
Septembre-octobre 1792.

I. LA CONVENTION. — Proclamation de la République, 67. — Esprit de la Convention, 68. — Sa grandeur historique, 69. — Causes de ses faiblesses, 69. — Les légistes, 71. — Illusions de la majorité, 72. — Les comités d'affaires, 72. — La Plaine, les Girondins, les Jacobins, 73. — Les Girondins et Danton, 75. — Démission de Danton, 76.

II. LE CONSEIL EXÉCUTIF ET LA PRUSSE. — Le Conseil décide de négocier, 77. — Condition préalable : l'évacuation du territoire, arrêté du 25 septembre, 78. — Vues sur la négociation avec la Prusse, 80. — Vues sur la Belgique : l'indépendance, 81. — Velléités de paix générale, 82.

III. LA RETRAITE DES PRUSSIENS. — Comment les Prussiens renouent les négociations pour couvrir leur retraite, 83. — Pourquoi Dumouriez s'y prête, 85. — La Belgique, 86. — Dissidences entre Prussiens et Autrichiens, 88. — Entrevues de généraux français et prussiens, 89. — La Prusse menace de se retirer de la coalition : la Pologne, 92. — Conférence du 25 octobre, 93. — Désastre des émigrés, 95. — Fin de l'invasion de 1792, 96.

IV. LA RIVE GAUCHE DU RHIN. — État des esprits dans les pays allemands de la rive gauche du Rhin, la propagande, 97. — Custine, 98. — Occupation de Spire et de Worms, 100. — Appel à la liberté, empressement des populations, 101. — Les patriotes de Mayence, Forster, 102. — Custine à Mayence, 104. — Le club mayençais, le parti de la réunion, 107. — Les opposants, 107. — Coblentz et Francfort, 108. — Affranchissement ou conquête ? 111. — Essais de négociation avec les Prussiens : Gorani, Mandrillon, Mettra, 112.

V. LA SAVOIE, NICE, L'ITALIE, GENÈVE. — Conquête de la Savoie par Montesquiou, vœux de réunion, 114. — Anselme à Nice, incident d'Oneille, 116. — Plans de révolution en Italie, 117. — Difficultés avec les Cantons suisses, Barthélemy, 119. — Affaires de Genève, négociations de Montesquiou, conventions du 22 octobre et du 2 novembre, 122.

CHAPITRE III
LA GUERRE D'EXPANSION.
Octobre-novembre 1792.

I. VUES DE L'EUROPE. — Le partage de la Pologne et le troc de la Bavière, note de Merle, 25 octobre, 128. — Abandon de la cause monarchique et des émigrés, 130. — Échec de la ligue italienne, 132. — L'Espagne : la mise à mort de Louis XVI, seul cas de guerre ; chute d'Aranda, Godoy premier ministre, 133. — La Russie, 135. — La Turquie, intrigues de Choiseul-Gouffier, 136. — Agents français à Londres, 139. — L'Angleterre : conditions de la neutralité, la Belgique, la Hollande, la vie de Louis XVI, 142.

II. VUES DU CONSEIL EXÉCUTIF ET DE LA CONVENTION. — Conditions de paix avec l'Europe : la propagande, la conquête, la vie de Louis XVI, 144. — Comment la Convention sera portée de la guerre d'indépendance à la guerre d'expansion, puis à la guerre de révolution et de conquête, 144. — Dumouriez à Paris : ses projets de coups d'État, 147. — Expédition de Belgique décidée, 149. — L'idée de la frontière du Rhin, 150. — Arrêté du 25 octobre : ne s'arrêter que quand les ennemis seront repoussés au delà du Rhin, 151. — Rapport de Lasource sur les pays occupés : la République ne s'immiscera pas dans le gouvernement intérieur des peuples affranchis, 153. — Vues de Dumouriez sur la Belgique et les pays du Rhin : républiques protégées et réunions, 155. — Lebrun dément les projets d'annexion de la Belgique, 156. — Les colonies espagnoles; expéditions en Sardaigne et à Naples, 157.

III. CONQUÊTE DE LA BELGIQUE. — Victoire de Jemappes, 6 novembre, 159. — Comment Dumouriez organise sa conquête : les Belges conviés à l'indépendance, 160. — Les partis en Belgique; les émissaires de la propagande; comment se prépare le revirement des Belges, 163.

IV. LE DÉCRET DU 19 NOVEMBRE. — Progression des idées d'expansion, 164. — Conflits entre les nécessités de la guerre, la propagande, la souveraineté des peuples, 164. — Ouverture de l'Escaut, 167. — Vœux de réunion des pays limitrophes, 168. — Décret du 19 novembre, appel à l'indépendance des peuples, promesse de secours aux peuples insurgés, 169.

V. CONFLITS EN BELGIQUE. — Comment ce décret est interprété en Belgique, conflits entre Dumouriez et Pache, 170. — Danton en Belgique, 172. — Affranchissement ou révolution forcée? les assignats, 172. — Conflits entre Dumouriez et les conventionnels, 173. — Comment la conquête de la Hollande devient une conséquence forcée de la conquête de la Belgique, 174.

VI. MAYENCE ET FRANCFORT. — Les Prussiens à Coblentz, Custine forcé à rétrograder, 175. — Le club de Mayence, 176. — Administration provisoire des pays occupés, 177. — Commencements de réaction contre la conquête, 178. — Révolte de Francfort, 179. — Les agents secrets et les Prussiens : le roi de Prusse demande la vie de Louis XVI, 180. — Dispositions pacifiques en Allemagne, 182.

CHAPITRE IV

LA GUERRE DE RÉVOLUTION.

Novembre 1792-janvier 1793.

I. LE PROCÈS DE LOUIS XVI. — Le sort des vaincus, 184. — Les émigrés, origine des mesures prises à leur égard; confiscations et translations de propriété; la Révolution et les précédents monarchiques, 184. — Caractère du procès de Louis XVI : que ce procès est un acte politique et relève de la raison d'État, 187. — Solutions possibles, 189. — Vues des Montagnards, 191. — Vues des Girondins, comment ce parti sera entraîné à juger et à condamner Louis XVI, 194. — La procédure, 195. — L'armoire de fer, 195. — La guerre aux rois et le régicide, 196.

II. LES LIMITES DE LA RÉPUBLIQUE. — Esprit du décret du 19 novembre : la révolution de Genève, 197. — La ceinture de républiques, 198. — Où doit s'arrêter l'application du décret? le droit des peuples et les intérêts de la France. Les *limites naturelles*, 198. — Rapport de Grégoire, 201. — Réunion de la Savoie : le principe du vœu des populations, 203. — Restrictions à ce principe, 203. — La République de Rauracie, 204. — Le Conseil rassure la Suisse, 204. — Contradiction entre le décret du 19 novembre et les nécessités de la guerre en Belgique, 204. — Vues de révolution en Allemagne, en Hollande, en Italie, 208. — Bassville à Rome, 209.

III. Conflits avec l'Angleterre. — Revirement de l'opinion en Angleterre, 212. — Manifestations démocratiques, 213. — La Belgique, la Hollande, l'Église, la Constitution, 215. — Mission de Maret, 217. — Pitt se rapproche des puissances continentales, 218. — Entretiens de Grenville avec Chauvelin, de Maret avec Pitt, mesures de guerre, 219. — *Mémoire* de Talleyrand, 221. — Chauvelin est chargé de négocier à Londres et d'expliquer le décret du 19 novembre, 223. — Le principe de non-intervention en Hollande, 225. — Ouverture du parlement, discours violents contre la France, 226. — Pourparlers avec l'Espagne, 230.

IV. Le décret du 15 décembre. — Délibérations à Paris sur le sort des pays conquis, 232. — Seconde période de la guerre : révolutions et réquisitions, 233. — Rapport de Cambon et décret, 234. — Le procès de Louis XVI, 237. — Intervention de l'Espagne, 239. — Comment la question de la conquête et celle du régicide se lient, 240. — Mise en demeure adressée aux Anglais, 240. — Excitation des esprits en Angleterre, l'*alien bill*, 241. — Ultimatum de Pitt, 242. — L'Angleterre et les coalisés, 243. — Ultimatum du Conseil exécutif, la guerre à outrance, la Convention et Napoléon, 243.

V. Le comité de défense générale. — Détresse des armées de la République, 245. — Nécessité d'organiser le gouvernement de la guerre, 247. — Le comité de défense générale, premier moule du Comité de salut public, 248. — Délibération sur les plans de guerre et les limites naturelles, 250. — Dumouriez : l'indépendance de la Belgique et la restauration de la monarchie, 251. — Son voyage à Paris, déception, 253. — Incident de Naples, 254. — La Convention est saisie du conflit avec l'Angleterre, demande d'explications, 258. — Vote de l'*alien bill*, dénonciation du traité de commerce, 262. — Rupture imminente avec l'Angleterre et avec l'Espagne, 263.

VI. Le 21 janvier. — Les votes, 264. — Dernière intervention de l'Espagne, 266. — L'exécution, 266. — Conséquences du régicide, 266. — Comment la raison d'État, dont il relève, oblige à le réprouver, 268.

CHAPITRE V

LA GUERRE DE CONQUÊTE.

Janvier-mars 1793.

I. Rupture avec l'Angleterre. — Vaines tentatives pour retarder la rupture, 271. — Vues de Danton sur l'Angleterre, 272. — Mission de Dumouriez, 273. — Effet du régicide à Londres : expulsion de Chauvelin, 274. — Débats au parlement : la guerre contre la Révolution et pour les Pays-Bas, 275. — Comment la guerre devient nationale en Angleterre, 276. — Adresses des villes belges, vœux de réunion et protestations contre le décret du 15 décembre, 277. — Réunion de Nice, 278. — Discours de Danton : *les limites naturelles*, objet et fin de la guerre, 278. — Décret du 31 janvier sur les élections dans les pays conquis, 279. — Déclaration de guerre à l'Angleterre et à la Hollande, 280.

II. Les votes en Belgique et sur le Rhin. — Tyrannie des commissaires envoyés en Belgique, résistance des Belges, 282. — Comment les populations sont consultées, 283. — Votes de réunion et réserves contre le cours forcé des assignats, 284. — Danger d'une insurrection, 286. — L'esprit public dans les territoires rhénans, 287. — Réaction à Mayence, 288. — Arrivée des commissaires de la

Convention, 289. — Exécution des décrets : élections pour la Convention rhénane, 290.

III. Rome, Italie, Espagne, Orient. — Meurtre de Bassville à Rome et mesures de représailles, 291. — Expédition de Sardaigne, Napoléon Bonaparte, 294. — Ouvertures d'alliance à Turin : offre d'échanger Gênes contre la Savoie, Nice et la Sardaigne, 295. — Feintes réciproques à Naples : offre de partager le territoire pontifical, 296. — Ultimatum à l'Espagne et tentatives de propagande, 298. — Mission de Descorches à Constantinople, 301. — Projet d'une ligue du Nord, la Pologne, 304. — La Suède, mission de Staël à Paris, 305.

IV. Les réunions, rupture avec l'Espagne. — Armée et finances, 307. — La guerre d'intérêt, 308. — Rapport de Carnot sur les principes en matière de réunion, 369. — Les limites naturelles et la souveraineté des peuples, 310. — Réunion de communes belges, 311. — Application du décret du 15 décembre en Hollande, 311. — Déclaration de guerre à l'Espagne, 312.

LIVRE II

LA COALITION ET LA TERREUR.

CHAPITRE PREMIER

LA TRAHISON DE DUMOURIEZ.

Janvier-avril 1793.

I. Le second partage de la Pologne. — Les Russes en Pologne, 313. — L'Autriche réclame une part, 314. — Traité de partage du 23 janvier entre la Russie et la Prusse, 316.

II. L'Europe et le 21 janvier. — Effets et suites du 21 janvier : Espagne, 318. — Italie, 319. — Allemagne, 319. — Prusse : Haugwitz au ministère, 320. — Angleterre : la guerre d'extermination, 320. — Efforts de Pitt pour nouer une coalition, 322. — Traité avec la Russie, 323. — Relations avec l'Autriche, 324. — Les Prussiens en Pologne, 325. — Notification du partage à Vienne, 325. — Arrivée de Thugut au pouvoir, ses origines, 326. — Ses vues, 328. — Les émigrés, leurs dissensions, 331. — Comment la Russie les soutient et les leurre, le démembrement de la France et la restauration, 332. — La violence à l'ordre du jour de l'émigration et des chancelleries, 333.

III. L'invasion de la Hollande. — Complot de Dumouriez ; en quoi il se méprend sur la Révolution, 335. — Expédition de Hollande, retour offensif des Autrichiens, 336. — Retour de Dumouriez en Belgique, 338. — Il déclare la guerre civile, 339.

IV. Perte de la Belgique. — Luttes des partis dans la Convention, 341. — Essai de Danton pour rassembler la majorité : ses vues sur la Belgique, la Hollande et l'Angleterre, 343. — Le tribunal révolutionnaire, 345. — Échec d'un projet de ministère pris dans l'Assemblée, 346. — Neerwinden, 347. — Évacuation de la Belgique, 348. — La Convention rhénane, 349. — Derniers décrets de réunion, 350.

V. Dumouriez et Cobourg. — Dumouriez traite avec les Autrichiens, 351. — Retraite de Dumouriez, menaces à la Convention, 356. — Dumouriez est mandé à la barre, 357. — Il fait arrêter et livre aux Autrichiens les commissaires de la Convention, 358. — Il veut marcher sur Paris, 359. — Le manifeste de Cobourg, 362. — L'armée refuse de suivre Dumouriez, il passe à l'ennemi.

VI. La conférence d'Anvers. — Conférence du 8 avril entre les alliés : la guerre de conquête et de démembrement, 366. — Cobourg désavoué, 367. — Insinuations des conventionnels pour la délivrance de Marie-Antoinette, l'Autriche refuse de les écouter, 369.

CHAPITRE II

LE PREMIER COMITÉ DE SALUT PUBLIC.

Avril-septembre 1793.

I. La politique de Danton. — Les frontières attaquées, 373. — Insurrection de la Vendée, l'armée catholique et royale, 373. — Troubles dans la Convention, mesures révolutionnaires et mesures de guerre, 377. — La Gironde et Danton, 379. — Le *Comité de salut public* : sa constitution, 380. — Danton au pouvoir : vues sur l'organisation de la République, 383. — Sur les affaires étrangères, 384. — Revirement dans son esprit : abandon de la politique de propagande, 385. — Discours et décret du 13 avril : la guerre d'État, 386. — Opposition de Robespierre et des cosmopolites, 389. — Désaveu de la propagande en Suisse, 390.

II. Plans de diplomatie. — Les collaborateurs de Danton aux affaires étrangères, 392. — Le plan de pacification, 394. — Vues de négociations séparées avec les alliés, 396. — Orient et Pologne, 396. — Traité avec la Suède, 399. — Insinuations à la Prusse, 400. — Feintes avec l'Autriche, mission de Sémonville à Florence, 401. — La Méditerranée, instructions de Noël, à Venise, 403. — Émissaires secrets en Angleterre, 405.

III. Chute des Girondins. — Lutte pour le pouvoir entre la Montagne et la Gironde, 406. — Journées du 31 mai et du 2 juin, 409. — Proscription des Girondins, 410. — Guerre civile, 412. — Affaissement de la Convention, 412. — Obéissance et dévouement de la nation à sa propre cause, 412.

IV. Chute de Danton. — Les partis après le 2 juin, 414. — Arrestation de Lebrun, 415. — Derniers essais de négociation : instructions générales aux agents contre la propagande, 416. — Nominations diplomatiques, 417. — Essai de ligue des neutres, Suède et Danemark, 417. — Mission de Forster auprès du quartier général anglais, 419. — La Prusse : d'Esebeck et Luxburg, 422. — Idée d'échanger Marie-Antoinette : mission de Maret à Naples, 422. — Mission de Chauvelin à Florence, 425. — La Constitution de 1793 et le droit des gens, 426. — Danton est exclu du Comité, 427. — Robespierre y entre, 430.

V. Arrêt des négociations. — Deforgues aux affaires étrangères, 430. — Arrestation de Maret et de Sémonville, 431. — Naples déclare la guerre, 433. — Échec de Staël et d'Esebeck, 433. — Suspension des négociations avec la Suède, 434. — Descorches à Constantinople ; il n'est que toléré, 435. — La Suisse, 436. — Désorganisation et désarroi des armées, 437.

CHAPITRE III

LA GUERRE DE TERREUR.

Avril-octobre 1793

I. PLANS DE CONQUÊTES DES COALISÉS. — Ce qui suspend la marche des coalisés : Les affaires de Pologne, 440. — L'Autriche : question des compensations en France, en Allemagne, en Pologne, 441. — Alarmes dans l'Empire, désir de neutralité, 442. — La Prusse refuse de conquérir en France pour l'Autriche, 443. — Siège de Mayence, 443. — La Russie arbitre des affaires et de la restauration de la monarchie, 444. — Le comte d'Artois en Russie, 445. — Les apparences et les réalités de la politique russe : le démembrement de la France, 449. — Les desseins de l'Autriche : la frontière de la Somme et la Pologne, 449. — La diète de Grodno, 453. — Comment la Russie fait voter son traité de cession, 454. — La Prusse réclame le sien, 356. — L'Autriche s'y oppose, 457. — Protestations vaines des libéraux anglais, 458. — Traités de coalition négociés par Pitt, 459.

II. LA VENDÉE ET LES PRINCES. — La guerre de sièges, 460. — Refus de reconnaitre le comte de Provence, 462. — L'armée vendéenne : comment on la juge en Europe, 463. — Détresse et frivolité des émigrés, 464. — Enquête des princes sur l'armée vendéenne, 465. — Leurs vaines protestations contre les conquêtes, 467. — Abandon de Marie-Antoinette, 468.

III. LA TERREUR RÉPUBLICAINE, BLOCUS DE L'ANGLETERRE. — Le gouvernement de la peur par la peur, 470. — Manifeste du Comité : extermination de l'Angleterre, des rois, de la Vendée, 471. — La Terreur à l'ordre du jour, 473. — Instructions aux armées, 474. — L'acte de navigation et le *blocus continental*, 476.

IV. LA TERREUR MONARCHIQUE, BLOCUS DE LA FRANCE. — Les coalisés sont conduits à la guerre de Terreur en même temps que les républicains au gouvernement de la Terreur, 478. — Les émigrés la réclament, 480. — Les armées la pratiquent, 480. — En Pologne, 481. — Réaction en Belgique et à Liège, 482. — Répressions à Mayence : contre-coup en Allemagne, 483. — L'idée du *blocus continental* chez les coalisés, 484. — L'Angleterre l'applique : dans la Baltique, menaces au Danemark, 485. — Dans la Méditerranée, menaces à la Toscane, 487. — A Gênes, 489.

V. LE LABYRINTHE DE LA COALITION. — Inaction des coalisés, 489. — Nouvelle combinaison de Thugut : les Pays-Bas avec la frontière de la Somme, l'échange de la Bavière contre l'Alsace, 490. — Opposition de la Prusse : Le parti de la paix avec la France : Lucchesini, Hardenberg, les généraux, 491. — Résistance des Polonais au traité prussien, le roi de Prusse quitte l'armée du Rhin, 493. — Comment la Russie soumet les Polonais : les *journées* de Grodno, 495. — La Prusse sur la défensive avec la France, 496. — L'Autriche se rejette sur l'Italie, plan d'échange avec la Sardaigne, le Dauphiné, 497. — La Hollande et la Suisse, 498. — Affaires de Wissembourg, 498. — Exécution de Marie-Antoinette, 498.

VI. GUERRE D'EXTERMINATION A LA FRANCE. — Les princes français négocient un débarquement anglais en Vendée, 500. — Conditions auxquelles l'Angleterre y consentirait : constitution et démembrement, 501. — Conditions du prétendant : ni constitution ni démembrement, 502. — Le fond de la coalition : affaiblir la France, 503. — La coalition contre la République et la coalition contre Louis XIV, 504. — Le fond de la France : persistance de l'esprit national, 505.

CHAPITRE IV

LE GOUVERNEMENT RÉVOLUTIONNAIRE.
Septembre-décembre 1793.

I. LE COMITÉ DE L'AN II : ROBESPIERRE. — La dictature, 507. — Retraite de Danton, 508. — Avènement de Robespierre, 509. — Causes de son prestige, 512. — Le Comité : les hommes de la Terreur et les hommes de la Défense nationale, 513. — Carnot, 513. — Division du travail dans le Comité, 515. — La Convention : les hommes de sang et les hommes de guerre, 516. — Les légistes : les Comités d'affaires, 517. — Mesures financières, le grand-livre, le morcellement des biens nationaux, 519. — Le Code civil, 519. — La loi des suspects, 520. — Augmentation du nombre des émigrés, 521. — La proscription sous Louis XIV et sous la République, 522. — Abus de la loi : la loi devient fléau, 523.

II. ROBESPIERRE ET LA DIPLOMATIE. — Nullité des relations extérieures, 524. — Les bases provisoires de Robespierre, 524. — Velléités de négociation à Constantinople, 526. — Suspension avec la Suède, 527. — La Pologne, 528. — Théorie du vide : discours de Robespierre du 27 brumaire et décret du 28, 529. — La réalité : guerre à outrance, 530. — Le service secret des renseignements, 532. — Plans d'agences de révolution et de propagande, 534.

III. LA LIBÉRATION DU TERRITOIRE. — Désastres en août, 536. — OEuvre de Carnot : Wattignies, réorganisation de l'armée, 537. — La République reprend l'offensive : Jourdan, Hoche, Pichegru, Bonaparte, défaite des Vendéens, 538. — Que ces victoires ne sont pas la conséquence du gouvernement révolutionnaire, 539. — Causes de la Terreur et causes de la victoire, 541. — Le Comité en lutte contre la nation, dans la Terreur, 541. — Soutenu par la nation, dans la guerre, 542. — La volonté générale en 1793, 543. — En quoi les terroristes tendaient à la paralyser et à étouffer l'enthousiasme, 544. — La stratégie de Carnot, ses collaborateurs, 545. — Les représentants aux armées, 546. — Jugement des étrangers sur l'armée républicaine, 546. — Comment la Terreur, n'ayant plus de prétexte, va redoubler de fureur, et les ennemis de la République étant abattus, va s'acharner sur les républicains, 548.

FIN.

PARIS. — TYPOGRAPHIE DE E. PLON, NOURRIT ET Cie, RUE GARANCIÈRE, 8.

www.ingramcontent.com/pod-product-compliance
Lightning Source LLC
Chambersburg PA
CBHW070827230426

43667CB00011B/1705